Exploring WINE

와인

윤용보 · 안성근 · 박근도 · 박종철 · 정용해 공저

기문사
www.kimoonsa.co.kr

P · r · e · f · a · c · e

머리말

와인 즉 술은 문화로서 때와 장소를 불문하고 인류와 더불어 이어져 온 역사이다. 또한 소통을 도와주는 언어로서 관계를 매끄럽게 하는 윤활유이며 비즈니스의 도구이기도 하다.

그러나 와인은 하루아침에 쉽게 이해되지 않는 부분이 많다. 영어뿐 아니라 프랑스어, 이탈리아어 등 생소한 단어와 지명 등이 쉽게 익혀지지 않기 때문이다. 그러나 하나하나 알면 알수록 그 전통과 각각의 스토리에 재미마저 붙어 저절로 익혀지니 첫발을 내딛는데 너무 망설일 필요가 없다. 가까이에 접해지는 와인부터 편하게 마시며 관심을 기울이면 금세 익혀지니 걱정하지 말고 와인과 친숙해지면 되겠다.

술은 감성의 음료라는 말이 있다. 감성을 일깨우는 술은 보약이기도 하지만 지나치면 독이 되기도 하므로 아무쪼록 와인과 주류에 대한 바른 이해로 다른 문화를 이해하는 징검다리로 삼아 우리의 삶을 풍요롭게 하는 방편이기를 하는 바람이다.

어려운 여건에서 이 책이 나오게끔 노력해 준 도서출판 기문사 임직원에 감사를 표한다.

와인을 더 자세히 알고자 하는 이들을 위해 이 책의 참고문헌을 특징과 함께 소개하면 다음과 같다.

■와인의 이해

- Ed McCarthy, Mary Ewing-Mulligan, *Wine for Dummies*, Wiley Publishing.
  와인의 가격소개가 있어 품질에 대한 대략적인 이해가 빠르며 중요한 프랑스어 단어의 미국식 발음이 나온다.

■포도 품종

- Oz Clarke & Margaret Rand, "*Oz Clarke's Encyclopedia of Grapes*", Harcourt.
  품종별 설명과 더불어 중요 품종은 대표적 와인과 생산지역별 토양, 기후도 언급하고 있다.

■포도 생산지의 토양과 기후

- Hugh Johnson, Jancis Robinson, "*The World Atlas of Wine*", Mitchell Beazley

■와인의 레이블

- Philip Williamson & David Moore, "*Wine behind the label*", Williamson Moore Publishing
- Simon Woods, "*Understanding Wine Labels*", Octopus Publishing

■상파뉴, 스파클링 와인

- Tom Stevenson, "*Tom Stevenson's Champagne & Sparkling Wine Guide*", 4th Edition
- Richard Juhlin, "*4000 Champagne*", Flammarion

■유럽 와인

- Ornella D'alessio, Marco Santini, "*Wine Country Europe*", Rizzoli International Publications.
  유럽 와인산지의 여행, 와인 테이스팅, 구매, 각 유명 와인의 레이블

■프랑스 와인

- Ed McCarthy, Mary Ewing-Mulligan, "*French Wine for Dummies*", Wiley Publishing.
  프랑스 지명의 영어발음, 보르도와 부르고뉴 와인의 등급, 빈티지 차트
- Hugh Johnson, "*Bordeaux Chateaux*", Flammarion
  보르도의 유명 샤토 역사, 위치, 와인의 등급, 블랜딩 비율, 세컨드 와인 등의 자세한 설명
- Clive Coates의 "*The Wines of Bordeaux*"와 "*Côte D'or*", 그리고 John Livingstone-Learmonth의 "*Wines of the Nothern Rhôene*", University of California Press

■이탈리아 와인

- Patrica Guy, "*Wines of Italy*", Cucina Italina.
  이탈리아 와인의 역사, 품종, 산지, 테이스팅 노트, 푸드 페어링
- Ed McCarthy, Mary Ewing-Mulligan, "Italian Wine for Dummies", Wiley Publishing
  중요한 이이탈리어의 미국식 발음이 적혀 있다.
- Joseph Bastianich/David Lynch, 문세원/윤인경 역, "*이탈리아 와인 가이드*", Barom Works

■독일 와인

- Kerry Brady Stewart, "*A Traveller's Wine Guide to Germany*", Aurum Press

■스페인 와인

- Dakota Stevens, "*Spanish Wine : An Overview, History, Classification, Wine Regions, Winemaking, and Wineries*", High Quality Wikipedia Articles, 2016
- Jan Read, "*Wines Spain*", Octopus Publishing group
- José Peñin, "*Pẽin Guide to Spanish Wine*", Grupo Peñin

■구세계 와인

- Beatriz Scaglia, "*The Vintner's Compendium of Grapes : Guide To The Old World Wines Of Bulgaria, Croatia, Moldova and Turkeys*", High Quality Wikipedia Articles, 2016
- Beatriz Scaglia, "*The Vintner's Compendium of Grapes : A Guide To The Old World Wines Of Eastern Europe and Russia(Ukraine, Serbia, Cyprus and The Czech Republic*", High Quality Wikipedia Articles, 2016
- Beatriz Scaglia, "*The Vintner's Compendium of Grapes : A Guide To The Old World Wines Of Eastern Europe(Romania, Hungary, Slovakia, Slovenia and Georgia)*", High Quality Wikipedia Articles, 2016
- Beatriz Scaglia, "*The Vintner's Compendium of Grapes : A Guide To The Old World Wines Of Western Europe(Switzerland, Belgium, Luxembourg, Nertherlands, Sweden and United Kingdom)*", High Quality Wikipedia Articles, 2016
- Philipp Blom, "*The Wines of Austria*", Mitchell Beazley

■미국 와인

- Don W. Martin, Betty Woo Martin, "*The Best of Wine Country*", Discover Guide

- Peg Melnik, Tim Fish, "*The Napa & Sonoma Book*", The Countryman Press
- John Doerper, "*Oregon Wine Country*"와 "*Washington Wine Country*", Compass American Guides

■캐나다 와인

- John Schreiner, "*British Columbia Wine Country*"와 Rod Phillips, "*Ontario Wine Country*", Whitecap Books

■호주, 뉴질랜드 와인

- Oz Clark, "*Oz Clark's Australian Wine Companion*", Harcourt Inc
- Maryann Egan, "*Australian & New Zealand Wine for Dummies*", Wiley Publishing Australia
- Michael Cooper, "*Wine Atlas of New Zealand*", Hodder Moa Beckett Publishers

■남미 와인

- Beatriz Scaglia, "*The Vintner's Compendium of Grapes : A Guide To The New World Wines Of Agrentina, Chile and Mexico*", High Quality Wikipedia Articles, 2016
- Evan Goldstein, "*Wines of South America*", University of California Press, 2014
- Christopher Fielden, "*The Wines of Argentina, Chile and Latin America*", Faber and Faber

C·o·n·t·e·n·t·s

차례

제3부 **이탈리아 와인**

제4부 **구세계 와인**

제1부

와인의 기초

제1절 음료(Beverage)의 이해

1. 음료(飮料)

음료는 비알코올 음료(Non Alcoholic Beverage)와 알코올 음료(Alcoholoc Beverage)로 구분한다. 비알코올 음료는 알코올 성분이 없는 소프트 음료(Soft Beverage)이며, 알코올 음료는 알코올 성분이 포함된 하드 음료(Hard Beverage)이다.

음료의 구분

음료	구분	세부 구분	해당 음료
비 알코올 음료	청량 음료	탄산 음료	콜라, 사이다, 소다수, 토닉워터, 진저엘, 카린스 믹서 등
		비탄산 음료	광천수
	기호 음료		커피, 홍차, 녹차, 코코아 등
	영양 음료	과일 주스	오렌지, 포도, 사과, 레몬, 파인애플, 라임, 키위, 감귤, 망고, 라임, 배, 노니, 구아바 등
		채소 주스	토마토, 당근, 케일, 알로에 등
		우유	살균 우유, 미살균 우유, 발효유, 요거트
	기능성 음료		포카리스웨터, 게토레이, 화이브미니 등
알코올 음료	양조주	곡류주	맥주, 막걸리, 청주
		과실주	포도주, 사과주, 체리주, 감주, 머루주 등
	증류주	곡류주	위스키, 보드카, 소주(燒酒), 고량주
		과실주	브랜디, 진(두송자 열매)
		사탕수수	럼
		용설란	테킬라
	혼성주		슬로진, 드람뷔, 쿠앵트로, 베네딕틴, 칼루아 등
	조주(mixed drink)		칵테일(cocktail)

2. 주류(酒類)

주류란 알코올 성분 1% 이상의 음료를 통칭하며 통상 술이라 부르고 있다. 알코올 도수는 알코올 농도를 수치로 표시한 것으로 %, 또는 °로 표시하고 있다. 즉 100ml에 1ml 이상의 알코올을 포함한 음료를 가리키는 것으로 함유율이 1%이면 알코올 도수가 1°가 되는 것이다.

우리나라에서는 프랑스의 뤼삭(Gay Lussac)이 고안한 용량분을 사용하여 도수로 표기하지만 미국에서는 프루프(proof)로 표기하며 100%의 일코올을 200프루프로 표기한다. 따라서 미국의 프루프는 우리가 사용하는 용량분보다 2배의 수치가 된다.

1) 양조주(Fermented Liquor)

양조주는 효모(yeast)의 발효작용에 의하여 만들어지는 술로서 곡물(grain)이나 과실(fruits)에 함유되어 있는 당분이 효모에 의해 에틸알코올과 탄산가스를 발생시킨 것이다. 당분을 가지고 있는 것은 바로 발효가 되지만 곡물의 전분질은 엿기름(malt)으로 당화(糖化)시켜 만들게 된다.

과일로 만든 양조주는 넓은 의미에서는 모두 와인(wine)이라 하지만 일반적으로는 특히 포도(grape)로 만든 포도주를 와인이라 부른다.

곡물로 만든 양조주로는 맥주가 대표적이며 그 외에 막걸리, 청주 등이 있다.

2) 증류주(Spirits)

발효작용에 의하여 만들어진 양조주를 증류(蒸溜)하여 알코올 도수가 높은 술로 만든 것이다. 즉 알코올과 물의 비등점(沸騰點)이 다른 것을 이용하여 양조주를 가열하면 끓는점이 낮은 알코올이 먼저 증발하게 된다. 이러한 증기를 모아 냉각시킨 것이 증류주이다. 알코올이 끓는 온도는 64.65°로 비등점인 78.325° 사이의 즉 64~78° 사이에 알코올이 기화(氣化)되므로 78°를 넘기지 않으면 물은 기체화되지 않고 알코올만 증발하게 되는 것이다.

증류하기 전의 재료 즉 양조주에 따라 위스키, 브랜디, 진, 보드카, 럼, 테킬라로 나눈다.

3) 혼성주(Liquer)

혼성주는 증류주를 기본으로 하여 이에 초근목피(草根木皮), 향료, 과실, 꽃 등을 배합하고 감미료를 배합한 술이다.

4) 조주(Mixed Drink, Cocktail)

조주라 함은 알코올 음료에 또 다른 술을 섞거나 한 종류 이상의 술에 과즙류나 탄산음료, 향료 등의 부재료를 혼합하여 마시기 좋게 만든 것으로 칵테일이라고도 한다. 주재료로 쓰이는 술을 베이스(base liquor)라 하고 베이스에 따라 위스키 베이스, 진 베이스, 보드카 베이스 등으로 구별하여 부른다.

칵테일이라는 이름의 유래는 다양하지만 'Tail of Cock(수탉의 꼬리)'라는 설이 제일 유력하다.

제2절 와인의 이해

1. 와인의 개요

일반적으로 와인은 포도즙을 발효시켜 만든 천연 양조음료로 포도로 빚은 술을 의미하지만 넓은 의미로는 양조주 중에서 곡주가 아닌 과일로 만든 과일주를 통칭하기도 한다.

와인은 포도즙에 미생물인 효모가 작용하여 일어나는 과정을 통해 발효된 알코올과 수분 그리고 포도 성분이 혼합된 술이다. 포도 성분이란 알코올로 분해되지 않은 당분, 유기산, 무기질, 포도의 씨와 껍질 등에서 추출되는 타닌과 유질 성분 등을 말한다. 그러므로 와인의 종류나 품질은 모두 와인 속에 함유되어 있는 이 소량의 포도 성분에 의하여 결정되는 것이다.

포도 껍질 속의 천연 효모가 포도당을 알코올과 탄산가스로 분해하는 과정을 통해서 와인이 만들어지므로 분해가 제대로 이루어지면 잔류 당분은 거의 느껴지지 않는다. 포도즙인 와인이 병에 담긴 뒤 물처럼 투명하게 보이는 건 여러 차례의 발효와 숙성을 거쳐 침전물과 찌꺼기들을 없앴기 때문이다. 발효가 끝난 뒤의 와인은 막걸리처럼 탁하나 시간이 지날수록 찌꺼기는 침전되어 위의 맑은 부분을 따로 떠서 다른 통에 옮기기를 계속하면 숙성과정을 거치면서 투명해지는 것이다.

와인 병의 뒷면에는 성분을 표시하는 백 레이블(back label)이 붙어 있어 원료 및 함량에는 포도즙

100%라고 적혀 있다. 즉 포도를 수확해 압착하여 즙을 짜낸 뒤 이를 발효시킨 것으로 물 성분은 포도가 함유하고 있는 즙에서 나온 것이다. 따라서 물은 한 방울도 들어가지 않는다.

포도나무 한 그루에는 통상 40~50 송이의 포도가 열리며 평균 4kg 정도의 포도가 수확된다. 750ml인 와인 한 병을 만드는데 1.2~1.3kg의 포도가 들어가므로 포도나무 한 그루가 약 3병의 와인을 만드는 셈이다.

포도나무 한 그루에서 올라오는 영양분은 동일한데 포도송이의 수를 줄이게 되면 한 송이마다 농축되는 영양분이 많아지게 된다. 이러한 방법으로 명품 와인은 나무 한 그루에서 한 잔 또는 한 병의 와인만을 생산하기도 한다.

지구상에는 현재 8,500종 정도의 포도 종류가 있으나 이 중 와인을 만들 수 있는 양조용 포도는 200종 남짓에 불과하다. 양조용 포도는 식용 포도에 비해 알갱이가 작고 촘촘하며 껍질이 두껍다. 그리고 당도가 높으며 당분을 알코올과 탄산가스로 분해시킬 수 있는 천연 효모(yeast)의 양이 많다.

1) 와인의 역사

포도의 원산지는 중앙아시아 카스피 해 인근으로 그리스를 통해 로마로 전파되어 로마의 번성과 함께 유럽 전체로 확산되었다. 이러한 흔적은 프랑스, 독일과 스페인에 로마식 지명에 여실히 남아 있어 프랑스 부르고뉴의 북부지역인 꼬트 드 뉘(Côte de Nuits)에 있는 작은 마을인 본 로마네(Vosne Romanée)가 있다. 이곳은 로마군이 점령하여 그 흔적이 이름으로 남은 곳으로 4.5에이커(약 5500평)의 면적에서 일 년에 6,000병 정도 생산되는 유명한 로마네 꽁티(Romanée Conti)가 여기서 나온다.

종교 또한 와인 전파의 요소였다. 중세 시절 교황청 소속의 수도원이 포도밭을 관리하여 와인 양조기술을 발달시키면서 전매를 했었다. 프랑스 경우에는 와인의 양대 산맥인 보르도와 부르고뉴는 프랑스 혁명의 결과로 성격이 달라졌다. 즉 혁명군이 교회 소유 포도밭을 몰수하여 일반에 분양한 결과로 부르고뉴는 많은 소유주가 생겼으며 혁명의 영향권에서 벗어나 있었던 보르도는 기존의 포도밭이 그대로 남아 지금의 샤토(Château)로 남아있게 되었다.

20세기에 들어와 와인 생산국들은 세계 시장으로 진출하기 위해 등급 지역을 구분하는 법안을 만들어 자국의 와인 품질을 인증하는 제도를 만들었다. 뒤이어 신흥 와인 생산국들인 신세계에서도 이러한 체제를 갖추어 세계 시장을 넓혀왔다.

2) 알코올의 칼로리

알코올은 다른 음식보다 칼로리가 많은 편으로 탄수화물 1g이 4kcal, 단백질도 4kcal, 지방은 9kcal인데 알코올은 g당 7kcal이 된다. 따라서 술의 정확한 칼로리를 계산하려면 알코올 함량을 먼저 계산하여야 한다. 와인을 비롯한 발효주는 탄수화물이나 당분이 많이 함유되어 있으므로 이들의 함량을 분석하여 1g당 4kcal를 곱해서 더해 주어야 하지만 그 양이 얼마 되지 않으므로 칼로리 계산에 큰 영향을 미치지 못한다.

술의 칼로리가 얼마 되느냐 하는 것은 절대적으로 알코올 함량에 따라 좌우되며 500ml의 맥주 한 병은 약 200칼로리, 750ml의 와인 한 병은 약 600칼로리, 375ml의 작은 위스키라면 850칼로리가 넘는다.

엠프티 칼로리(empty calory)는 빈 칼로리란 뜻으로 칼로리만 있고 다른 영양소가 텅 빈 식품을 말한다. 곡식에 있는 비타민, 무기질, 단백질, 그리고 섬유소 등의 영양소는 거의 함유하지 않고 가공된 탄수화물과 지방에서 얻게 되는 칼로리가 이에 해당된다.

필요 이상의 칼로리는 일반적으로 체내에서 지방으로 변한다. 그러나 체중 감량을 위해 칼로리 섭취를 제한하는 경우에는 에너지를 효과적으로 이용하기 위해서 엠프티 칼로리 식품 대신 과일과 채소 같은 영양밀도가 높은 식품을 섭취해야 한다.

알코올은 많은 칼로리를 가지고 있기는 하지만 이 알코올은 체내에 저장되는 것이 아니다. 보통의 포도당은 글리코겐이라는 물질로 간에 저장되어 있다가 필요 시에 조금씩 사용되는데 알코올은 그 자리에서 바로 에너지로 변하며 몸속의 비타민과 무기질을 같이 소모해 버리게 된다. 그래서 알코올의 칼로리를 '실속 없는 칼로리' 즉 엠프티 칼로리라 하며 엠프티 칼로리는 알코올, 탄산음료, 가당음료로 대표된다.

2. 와인의 종류

와인을 구분하는 데에는 몇 가지의 구분이 있어 대개 색깔, 거품, 맛, 지역, 용도, 알코올 도수, 향의 추가 여부 등으로 나누고 있다.

1) 색상에 의한 분류

(1) 레드 와인(Red Wine)

와인을 양조할 때 레드 품종 포도의 껍질과 씨를 함께 발효시켜서 껍질의 색이 우러나오게 한 것이다. 발효된 뒤에는 씨와 껍질을 제거하며 씨와 껍질 속에 있는 타닌 성분이 함유되게 하는 이러한 제조과정으로 떫은맛이 난다. 일반적으로 화이트 와인보다 무거우며 생산지가 남쪽으로 갈수록 더 무겁고 저장기간이 대체로 길다.

(2) 화이트 와인(White Wine)

화이트 품종으로 만들거나 레드 품종의 씨와 껍질을 제거한 포도즙만으로 발효시켜 색이 엷은 무색이다. 와인의 색은 포도 껍질에서 기인하는데 레드 품종의 포도를 껍질을 제거하여 화이트 와인을 만드는 것은 프랑스 샹파뉴 지방의 레드 품종으로 만드는 샹파뉴가 대표적이다. 캘리포니아 와이트 진판델도 레드 품종인 진판델로 화이트 와인을 만드는 경우이다.

일반적으로 오래 숙성시키지 않으며 상큼하고 싱그러운 맛이다. 알코올 함량은 레드보다 낮고 산도는 더 높다.

(3) 로제 와인(Rosé Wine)

레드와 화이트의 중간색인 핑크빛을 띠고 있다. 레드 품종을 으깬 후 껍질을 제거하고 화이트 만드는 방법으로 만들거나 색소를 조금 추출해서 만든다. 대량 생산의 경우에는 레드와 화이트 두 와인을 섞어 제조하기도 한다.

(4) 이색(異色) 와인

옐로 와인(Yellow Wine)은 프랑스 동부의 쥐라에서 만드는 뱅 존(vin Jaune)을 일컫는 것으로 '쥐라의 황금'으로 불린다. 사바냉이라는 화이트 품종만으로 만드는데 복합적인 향과 긴 여운이 일품이다. 통상 50년 길게는 200년까지도 버티는 강한 와인이다.

블랙 와인(Black Wine)은 론의 코르나스, 프랑스 서남부 카오르의 와인이 블랙 와인으로 불린다. 검붉은 색과 탄탄한 바디가 특징으로 코르나스는 특히 시라로 만들어 묵직한 타닌감이 든다. 암흑 같은 붉은 색으로 와인이 담긴 잔에 손가락을 넣어 '손가락이 보이면 카오르가 아니다' 라는 말이 있다.

블루 와인(Blue Wine)은 독일에 가까운 프랑스 로렌 지방에 위치한 보주(Vosge) 지역 와인으로 와인 색이 블루에 가깝다고 이 지역 사람들이 부르는 이름이다.

그린 와인(Green Wine)은 포르투갈의 밍요 지방에서 나는 젊고 신선한 와이트 와인을 이르며 비뇨 베르도(vinho verdo)라고 부르기도 한다.

그레이 와인(Grey Wine)은 색이 매우 옅은 로제 와인을 일컫는데 주로 프로방스, 랑그독 루시옹, 알자스, 쥐라 지방의 로제 와인을 가리킨다. 로렌 지방의 르 그리 드 툴(le Gris de Toul)이 가장 유명하며 뱅 그리(vin gris)라고도 한다.

2) 맛에 따른 분류

스위트 와인(Sweet Wine) 발효되기 전 당분이 남아있는 동안에 병 속에 넣어 단맛이 난다. 프랑스 보르도의 소테른과 바작 지역의 귀부 와인, 헝가리의 토카이, 캐나다의 아이스 와인, 독일 와인 중 베렌아우스레제, 트로켄베렌아우스레제급 와인을 들 수 있다.

미디엄 와인(Medium Wine) 드라이와 스위트의 중간 맛이 나는 것으로 누구에게나 무난한 편이다.

드라이 와인(Dry Wine) 잘 발효시켜 당분이 알코올로 완전히 변하여 단 맛이 나지 않는 와인이다. 잔류당이 0.2% 이내인 것으로 대부분의 테이블 와인이 이에 속한다.

3) 용도에 의한 분류

식전주(Apéritif Wine) 식욕촉진을 위해 식전에 마셔 입맛을 돋우는 와인이다. 이에는 드라이한 화이트 와인이나 강화 와인인 스페인의 셰리가 꼽힌다. 또한 스파클링 와인도 좋다.

식중주(Table Wine) 식사 중 마시는 와인으로 음식의 종류에 따라 화이트와 레드를 선택하여 마신다.

디저트 와인(Dessert Wine) 정찬을 마친 후 먹는 디저트와 곁들여 마시는 와인으로 식후의 소화 촉진과 입 냄새를 제거하기 위한 것이다. 일반적으로 스위트 와인이나 브랜디, 스파클링 와인을 권한다.

4) 저장연도

*영(Young Wine)은 1~2년, 길게는 5년 이내의 와인을 가리킨다.
*에이지드(Aged Wine)는 5~15년 정도의 와인을 가리킨다.
*그레이트(Great Wine)는 15~50년 혹은 그 이상 된 와인을 나타낸다.

5) 탄산 여부

비발포성 와인(Still Wine) 모든 와인은 발효 시 포도 자체의 당분이 분해되면서 알코올과 함께 탄산가스가 생기게 된다. 이 탄산가스를 없앤 후 병에 담는 일반적인 와인을 이르는 것이다.

발포성 와인(Sparkling Wine) 탄산가스가 함유되어 있는 와인이다. 자연발생적으로 생성된 탄산가스를 없애지 않고 그대로 두는 방법과 1차 발효가 끝난 와인에 설탕과 이스트를 첨가하여 병 속에서 2차 발효를 통해 발생한 탄산가스로 높은 압력과 거품이 생기게 된다. 혹은 탄산가스를 주입시키기도 한다.

스파클링 와인의 생산지역은 대부분 서늘한 곳으로 프랑스 샹파뉴, 이탈리아의 아스티, 스페인의 카타루냐 지방에서 많이 생산된다.

특히 샹파뉴 지방에서 생산된 스파클링만 샹파뉴라는 이름을 사용하며 프랑스에서는 샹파뉴 이외 지방의 스파클링 와인을 무쉐(Moussex), 부르고뉴와 알자스에서 생산된 스파클링 와인은 크레망(Crémant)이라고 한다. 이탈리아의 스파클링 와인은 스푸만테(Spumante)나 프란치아코르타(Franciacorta), 독일은 젝트(Sekt), 스페인은 카바(Cava)라 한다.

일반적으로 언급되는 스파클링 와인의 질의 기준으로는 거품의 형태(Apperance of the bubbles), 거품의 느낌(Feel of the bubbles), 균형(Balance between Sweetness and Acidity), 질감(Texture)으로 평가한다.

세미 스파클링(Semi Sparkling) 탄산가스 함량이 적거나 인공적으로 탄산가스를 첨가한 와인을 말한다. 나라별 규정에 따라 CO_2 압력을 1에서 2.5atm 사이에 두고 있다. 보틀은 코르크 마개로 밀봉하고 철사망은 씌우지 않는다.

탄산가스의 함량에 따라 petillant(탄산 성분이 많음), perlant(탄산 성분이 적음)으로도 나눈다. 이탈리아에서는 프리잔테(Frizante)라 부르며 프로세코(Prosecco)가 가장 대표적이다.

6) 첨가여부

강화 와인(Fortified Wine) 브랜디와 같은 다른 술을 첨가하여 알코올 도수를 높인 와인이다. 포도의 발효 중이나 발효 후에 증류주를 배합한 것으로 일반적으로 17~22%의 알코올을 함유하고 있다.

비 강화 와인(Unfortified Wine) 포도만으로 발효시킨 일반적인 와인으로 다른 첨가술을 넣지 않는다.

가향 와인(Flavored Wine) 와인의 발효 전후에 과실즙이나 쑥 같은 약초나 향료를 첨가해 냄새를 좋게 한 것이다. 이탈리아의 베르무스(Vermouth)가 대표적이다.

7) 기타 분류

리큐어 와인(Liquer Wine) 알코올 도수가 15° 이상의 모든 와인을 말하므로 강화 와인과 농축된 스위트 와인도 모두 포함한다. 이탈리아 토스카나의 빈 산토(Vin Santo)가 대표적으로 리큐어 와인 중 일부는 당도가 높은 포도액을 첨가하여 만들기도 한다.

당도(糖度, Sweetness) 드라이, 미디엄 드라이, 미디엄 스위트, 스위트

타닌(Tannin) 떫은(Astringent), 하드, 드라이, 소프트

산도(酸度, Acidity) 산도가 없는(Flat), 상쾌한, 좋은, 시큼한

밀도(密度, Thickness) 라이트 신(Light Thin), 라이트, 미디엄, 바디드(Bodied), 헤비

뒷맛(Length) 쇼트, 억셉터블(Acceptable), 링거링(Lingering)

균형(均衡, Balance) 언벨런스, 굿, 웰 밸런스, 퍼펙트

8) 스위트 와인(Sweet Wine)

뱅 두 나투렐(Vin doux Naturels) 강한 햇빛은 포도를 성숙시키고 당도를 높게 만든다. 이렇게 높은 당도를 지닌 포도가 알코올로 변화되기 직전에 발효를 중지시키고 당분을 남긴 방식의 스위트한 와인이다.

레초토(Recioto) 수확한 포도를 음지에서 반 건조 상태의 포도로 말려 이 포도로 만든 와인이다. 수분이 마른 포도는 자연히 당도가 더 높아지게 되며 이러한 방식이 이탈리아 베네토 지역의 레초토이다.

노블 랏(Noble Rot, 귀부 와인) 따뜻하고 습한 지역에서 잘 자라는 곰팡이인 귀부균(貴腐菌, Botrytis Cinerea)은 포도즙과 당분을 농축시켜 맛이 풍부하고 짙은 와인을 만들어내게 한다.

귀부 와인은 이 귀부병에 걸린 포도로 만든 와인으로 껍질이 얇은 리슬링이나 세미용과 같은 포도의 껍질에 귀부균이 붙어 포도의 수분을 증발시킨다.

빠스리아주(Passerillage, Late Harvest) 11월 중순에서 12월에 걸치는 늦가을에 포도를 따지 않고 나무에 둔 채 그대로 건조시키는 방법을 이른다. 이렇게 되면 첫 추위에 포도나무 성장은 멈추게 되고 포도 열매는 계속 수분을 증발시켜 열매 자체가 농축되어 당을 최대로 집적시켜주게 된다.

아이스 와인(Ice Wine) 11월에서 이듬해 2월이 되어 포도열매가 꽁꽁 언 상태에서 수확하여 양조한 와인을 이른다. 이렇게 얼어서 돌처럼 딱딱한 포도를 압축하면 고농축 과즙이 한 방울씩 떨어지고 당분 수치가 35브릭스(brix)에 이르게 되어 당도가 높은 와인을 만들 수 있게 된다.

제3절 포도 품종

전 세계에서 재배하고 있는 포도 중 와인이나 브랜디 양조용이 80%를 차지하며 식용이 12%, 건포도용이 8% 정도 된다.

포도의 성질과 품질이 와인에 미치는 영향이 크므로 와인 생산국들에서는 각각의 토양에 알맞은 품종을 재배하고 있으며 산지의 특성에 맞는 품종과 재배법, 성숙도, 양조법 등을 법률로 규정하고 있다.

1. 레드 와인 품종

레드 품종은 포도 열매가 붉은 포도송이로서 이 붉은 색조는 안토시안으로 인하여 생긴다. 안토시안은 그리스어인 안토스(anthos)로 꽃을 의미하며 레드 품종 알갱이와 꽃에 함유된 유기원소의 주요 성분으로 레드 와인의 숙성 정도를 알려주는 지표가 되기도 한다.

1) 바르베라(Barberra)

기분 좋은 느낌의 산(酸)이 특징으로 타닌이 적고 맛이 신선하여 미디엄 바디의 질감을 보인다. 바로 마시는 와인뿐이 아니라 3~5년 숙성의 와인 생산에 적당하다. 이탈리아 북서부의 피에몬테가 원산지로 피에몬테, 롬바르디아, 에밀리아 로마냐에 주로 재배되고 있다.

2) 카베르네 프랑(Cabernet Fran)

카베르네 소비뇽의 오리지널 품종으로 소비뇽과 비슷하지만 포도송이가 약간 크고 숙성기간이 빠르다. 소비뇽이 깊고 진하고 풍부함에 비하여 프랑은 매혹적인 향과 부드러운 감촉으로 소비뇽이 가진 힘과 박력을 잘 길들여 완화시켜 주는 느낌이다.

약간 검은 빛을 띤 진한 적색으로 떫은맛과 신맛이 적어 부드러운 느낌이 들고 신선한다. 향은 싱싱한 채소, 피망과 감자 껍질 등으로 표현하기도 한다.[1]

3) 카베르네 소비뇽(Cabernet Sauvignon)

레드 품종의 대표 선수로 레드의 왕이라 불린다. 온화하고 건조한 기후와 공기 소통이 잘되는 척박한 자갈밭에서 자란 소비뇽이 최적의 와인을 생산해 내지만 어떤 환경 속에서도 비교적 적응을 잘 한다. 늦게 싹이 터 늦은 가을에 완숙에 이르며 와인생산자들이 와인의 품질을 높이려 할 때 찾는 남성적인 와인 스타일을 대변하는 고급 품종으로 보르도 지방의 대표적인 품종이다. 카베르네 프랑과 메를로 같은 다른 품종과 블렌딩하여 장기숙성 타입의 와인을 만든다.

신세계에서는 대개 카베르네 소비뇽 한 품종만으로 와인을 만들므로 이 품종 자체의 맛을 알려면 신세계 와인이 좋다.

산지에 따라 다른 성격을 보이는데 보르도처럼 북위 45° 선에서는 떫은맛이 강한 반면 호주나 칠레와 같이 남위 30° 선에서는 유순한 맛을 보이고 있다. 지나치게 더운 기후나 비옥한 땅에서는 주스처럼 느껴지고 너무 신선한 곳에서는 완숙에 이르지 못하여 풀냄새가 나거나 떫은맛이 날 수도 있다.

푸른빛을 띤 적포도로 씨에는 타닌이 많이 함유되어 있다. 강한 타닌으로 인해 와인의 초기에는 떫은맛이 강하지만 제대로 숙성되거나 다른 품종과 블렌딩하여 타닌이 완화되면 훌륭한 품질이 된다. 와인은 강한 적색에서 숙성에 따라 홍색으로 변한다. 숙성이 될수록 부드러워지면서 고유의 맛을 풍긴다.

타닌의 맛이 강하여 떫지만 이 떫은맛과 신맛이 잘 조화를 이룬다.[2]

4) 카리냥(Carignan)

타닌이 많아 거친 느낌을 주지만 감칠맛이 나는 향긋함이 들 때도 있다. 남프랑스와 캘리포니아에서 재배된다.

5) 카르메네르(Carmenère)

메를로와 매우 흡사하다. 메를로는 어린 잎 아랫부분이 희고 잎사귀의 가운데 부분이 기나 카르메네르는 잎 아랫부분이 붉다. 또한 메를로에 비하여 성장이 3주일 정도 늦어 블렌딩하기 적합하지 못하다. 두 품종의 차이는 칠레에서 1996년 공식적으로 인정되어 와인에 카르메네르라는 레이블이 붙은 것은 1998년에야 가능했다.

6) 생소(Cinsaut)

프랑스 남부, 남아공에서 재배하는 라이트하고 프레쉬한 레드로 블렌딩용으로 많이 쓰인다.

7) 코르비나(Corvina)

이탈리아 북부 베네토 지방의 베로나 일대가 원산지로 베네토의 발폴리첼라 와인의 주 품종이다. 약간의 타닌과 과일 향으로 신선함을 느낄 수 있으며 강한 루비 빛을 띤다.

8) 돌체토(Dolcetto)

돌체토 와인은 드라이하며 포도는 당이 그리 많지 않아 씁쓸한 맛이 난다. 이탈리아 품종으로는 드물게 산이 적은 편이며 코와 입안에 잘 익은 검은 체리가 떠오르다가 체리의 쓴맛이 끝에 남는 체리 향이 돌체토의 특징이다.

이탈리아 북서부 피에몬테의 랑게(Langhe)가 원산지로 피에몬테에서 재배되며 일부가 미국 캘리포니아에서 나온다.

9) 가메이(Gamay)

자색을 띤 적색의 연한 루비 빛이다. 딸기, 체리, 싱싱한 포도향기로 과일 향이 풍부하며 맛은 신맛을 기본으로 상쾌한 맛이 난다.

가메이로 만든 와인의 질이 좋지 않자 부르고뉴 공국(公國)의 군주(Philippe le Hardi)가 1395년 칙령으로 부르고뉴 내에서는 가메이 품종을 재배하지 못하게 하였다. 부르고뉴에서 쫓겨난 가메이가 부르고뉴의 제일 남쪽 변방인 보졸레(Beaujolais)에 자리 잡자 자신의 진가를 발휘하게 된다. 석회질이 많은 부르고뉴의 고급 토양에 맞지 않았던 가메이가 화산재와 규토 그리고 진흙질이 섞여 있던 토양에 잘 맞았기 때문이다. 그래서 상큼하고 맛깔스러운 보졸레 와인이 탄생한 것이나.

10) 가르나챠 틴타(Garnacha Tinta) / 그르나슈 누아(Grenache Noir)

전혀 생각지 못하던 야생적 풍취로 좋아하는 사람과 싫어하는 사람으로 확연히 구분되는 품종이다. 오렌지색을 약간 띤 진한 적색으로 알코올 도수가 높고 진하지만 부드러운 맛이다. 자극적인 향과 함께 과일 향 외에 여러 향이 느껴지기도 한다. 성장에 일조량이 많이 필요하고 더운 지방에서 내구성도 강해지고 감미가 우러나므로 스페인이나 론, 지중해 연안에서 많이 번성한다.

독자적으로 테이블 와인의 양조에 적합하지 않아 블렌딩에 사용되어 시라와의 조합으로 타닌과 산을 취하고, 생소(cinsault)와의 조합으로 한층 부드러워지는데 독자적으로는 로제 와인과 강화 와인에 쓰인다.

스페인 태생으로 프랑스에 전해진 것으로 영어나 프랑스어로는 그르나슈 혹은 그르나슈 누아라 부른다. 또는 알리칸트(alicantine), 카리냥(carignan), 틴토(tinto)라고도 하며 론 지방에서 시라와의 블렌딩에 많이 쓰이며 샤토뇌프 뒤파프에서 번창한다.

스페인에서 알리칸티나(alicantina)라고도 하며 프리오라토와 리오하에서 가장 기본적인 품종으로 사용된다.

11) 말벡(Malbec)

검고 진한 자줏빛으로 '검은 포도'로 알려져 있다. 암자색(暗紫色)과 제비꽃 아로마가 갖춰진 강한 타닌 성분이 특색으로 진하고 강한 맛을 보이며 잘 숙성되면 그윽하고 농후한 과일 향이 난다.

아르헨티나의 대표 품종으로 고향은 프랑스의 보르도와 루아르 지방이지만 1956년의 혹한으로 프랑스에서는 거의 자취를 감추었다. 1852년 아르헨티나로 전파된 이래 해발 800~1,000m에 이르는 멘도사에서 자리를 잡았으며 재배면적으로는 칠레가 뒤를 잇고 있다.

프랑스 남서부 카오르에서는 오세로스(auxerrois)라고 하며 또는 코(cot)나 프레삭(pressac)이라고 한다.

12) 메를로(Merlot)

타닌이 적어 블렌딩용으로 가장 많이 선호되는 품종으로 성질이 강한 카베르네 소비뇽과 잘 어울리는 동반자로 보르도에서 카베르네 소비뇽과 쌍벽을 이루는 양대 레드 품종이다.

순하고 부드러워 장기 숙성용으로는 적합하지 않지만 점토질의 차가운 토양에서는 좋은 결과를 보여주어 프랑스 포므롤의 철분이 많이 함유된 진흙질 토양에서는 좋은 색과 더불어 향이 어우러져 장기 숙성용 고급와인을 생산한다.

일찍 싹이 터 초가을이면 완숙에 이르는 조생종으로 이른 봄의 꽃샘추위에 약하다. 진한 적색에서 숙성됨에 따라 벽돌색으로 변하며 풍부한 과일 향으로 순한 맛으로 매끄러운 감촉을 지닌다. 맛이 부드럽고 풍부하고 달콤한 느낌이 들므로 푸근한 이웃집 아저씨의 이미지를 지니며, 포근한 캐시미어 스웨터 같다는 표현도 있다.

13) 몬테풀치아노(Montepulciano)

약간의 타닌과 드라이하며 바디가 강한 와인을 만든다. 품종의 이름이자 와인의 이름이며 이탈리아 토스카나 지방의 도시이름이기도 하다. 토스카나가 원산지로 아부르초와 마르케, 에밀리아 지방과 라치오 몰리제, 풀리아 등 북부에서 남부에 걸쳐 고루 재배되고 있다.

14) 무르베드르(Mourvèdre)

타닌이 많고 알코올 도수가 높은 편으로 허브향이 나며 간혹 자극적인 냄새가 난다. 남부 론과 프로방스의 방돌(Bandol) 지방을 제외하고는 별로 선호되지 않았지만 풍부한 향으로 새로 주목받고 있다.

15) 네비올로(Nebbiolo)

검은 색에 가까운 진한 적색으로 숙성 전에는 몹시 떫은 장기 숙성형 와인을 만든다. 장미, 제비꽃과 같은 꽃향기와 함께 쓴 초콜릿이나 타르라고도 표현되는 향이 개성적이다. 껍질이 두껍고 작은 품종으로 타닌과 산도가 높아 풍부한 깊이가 있는 맛이다.

이탈리아어로 안개를 뜻하는 네비아(nebbia)라 하며 늦가을 짙은 안개가 자주 덮여있는 곳에서 영그는 이탈리아 북부 피에몬테의 품종이다. 이처럼 짙은 안개를 견뎌내야 하므로 포도껍질이 두껍고 특유의 타닌이 배어 짙고 깊은 맛을 띠며 늦게 익는다.

이탈리아의 최고급 와인인 바롤로, 바르바레스코, 브루넬로 디 몬탈치노, 키안티, 산 비미냐노가 이 품종으로 만든다.

16) 네로 다볼라(Nero d' Avola)

이탈리아 시칠리아가 원산지로 바르베라처럼 신맛은 강하나 그에 비하여 타닌이 적고 쌉쌀한 드라이가 여러 음식에 잘 어울린다. 농익은 과일의 진한 풍미와 특유의 호두 껍질의 아로마가 있으며 야성의 진한 향기에 타닌이 없어도 그다지 아쉽지 않다.

네로는 검다는 뜻으로 이름에서 나타나듯 짙다 못해 검어 보이는 진자줏빛이 깊이를 가늠하게 힘들게 만든다. 블렌딩에 따라 상대를 살려주는 보완력을 지니고 있어 메를로, 시라, 카베르네 소비뇽과 곧잘 블렌딩한다.

17) 빠이스(Pais)

생산량은 많지만 질이 좋지 않아 서민들이 즐겨 마시는 와인 양조에 쓰여 번창했으나 1960년대 이후로 쇠퇴되었지만 대량 생산의 벌크 와인용으로 쓰이고 있다.

1541년 스페인의 발디비아(Pedro de Valdivia)가 칠레를 정복할 때 동행한 신부들이 유입하였고 캘리포니아에는 1796년 프란체스코회 선교사인 세라(Junipero Serra)가 식재한 것으로 알려져 있다. 칠레에서 빠이스라 하지만 아르헨티나에서 끄리오야(criolla), 캘리포니아에서 미션(mission)이라 부르는 껍질이 검은 색을 띠고 포도알갱이가 아주 작아 검은 포도로 불리고 있다.

18) 피노 누아(Pinot Noir)[1)]

토양에 대한 선호벽이 심해 까탈스럽고 변덕이 심하지만 섬세하여 복잡 미묘하게 깊은 맛이 우러나는 변덕스러운 여신이라 일컫는다. 마을이나 밭마다 혹은 같은 밭에서조차 다른 맛을 나타내므로 지역과 밭, 생산자에 따라 개성이 다양한 와인이 나온다. 다른 장소와 기후에 적응을 잘 못하고 특히 기후에 대단히 예민하여 기후가 낮으면 색이 연하고 색과 수명도가 떨어지세 된다. 소생종(부生種)으로 기후 변화에 민감하고 성격이 까다로워 재배하기가 어렵다.

일반적으로 석회질의 토양에서는 향기가 좋은 와인을 점토질 토양에서는 깊이가 있는 와인을 그리고 규산토의 토양에서는 가벼운 타입의 와인을 생산한다. 수확량을 잘 조절해 주어야 향과 질이 농축되어 세련되고 복합적인 향과 맛을 겸비한 최고의 와인을 생산한다.

보르도의 대표 품종이 카베르네 소비뇽이라면 부르고뉴는 피노 누아라 할 수 있다. 부르고뉴를 벗어나면 그만한 품질의 와인을 생산해 내지 못하는 부르고뉴 토착 품종이라 하겠다. 신비스러울 정도로 부르고뉴의 토질과 기후 속에서 최적의 환경을 느낀다.

와인색은 바랜 듯한 여린 붉은 빛깔(pale red)이거나 밝은 체리색으로 화려한 느낌이다. 부드럽고 그윽한 과일향이 풍부한 와인을 이끌어낸다. 딸기 체리 등의 과일 향과 숙성이 진행됨에 따라 부엽토, 버섯 등 흙을 느끼게 하는 향이 생겨난다.

비교적 선선한 기후를 선호하는 편이라 샹파뉴에서도 많이 재배되며 알자스, 루아르 그리고 스위스, 오스트리아, 독일과 신세계의 여러 나라에서 많이 보인다. 미국은 캘리포니아의 내파 밸리와 소노마 등 기후가 서늘한 북쪽 해안 지대와 특히 오레곤이 강세다.

어려운 공주 같은 품종, 우아하고 고전적인 실크드레스 같은 와인이라고도 한다.

19) 피노타주(Pinotage)

남아프리카의 보물이라고 일컬어지지만 싫어하는 사람은 가까이도 안가는 호불호(好不好)가 극명

---

1) 영화 사이드웨이(2004)에서 주인공의 말. "피노는 기르기 어려운 포도에요. 껍질이 얇고 까탈스럽고 빨리 익죠. 꾸준한 관심과 보살핌이 필요해요. 세상과 격리된 특별한 공간에서만 자랄 수 있어요. 피노의 가능성을 진정으로 이해하기 위해 시간을 들이는 사람에게만 자신의 전부를 보여 주죠. 그럴 때 피노는 지구상에서 가장 눈부시고 미묘하며 스릴 있고 태곳적의 그 무엇과 같은 맛과 향을 만들어내어요".

하게 갈리는 품종이다. 스텔른보쉬(Stellenbosch) 대학의 페롤드 교수가 1925년 피노 누아와 생소(cinsaut)를 교배하여 만든 품종이다.

20) 프리미티보(Primitivo)

'최초의' 라는 뜻의 이름 그대로 조생종으로 꽃의 개화에서 포도가 영그는 성장의 전 과정이 빠르다. 숙성되면서 색이 감홍색이나 오렌지 레드를 보이고 가벼운 향을 지녀 마시기가 좋다. 알코올 도수와 산도는 높으며 풀 바디의 질감을 지녔다.

미국에서 많이 보이는 진판델과 같은 종으로 알려져 있으며, 원산지는 크로아티아의 달마티아(Dalmatia)로 알려져 있고 이탈리아 남부의 풀리아와 캄파니아에서 오래 전부터 재배되었다. 풀리아의 만두리아에서 가장 좋은 프리미티보가 나오므로 'Primitivo di Manduria' 라고도 한다.

21) 사그란티노(Sagrantino)

레드 와인의 바디 형성에 영향을 주는 폴리페놀(타닌)이 많이 함유되어 있어 훌륭한 파워와 바디를 가진 와인을 만들어낸다.

축제라는 뜻의 사그라(sagra)에서 유래된 것으로 축제 때 마시는 와인이라는 의미를 가지고 있다. 이탈리아 중부 움브리아 주의 몬테팔코(Montefalco)의 기본종으로 산지오베제의 일종이라는 설도 있으나 DNA 조사 결과 다른 것으로 밝혀졌다. 전에는 몬테팔코에서 사그란티노를 이용하여 파시토(passito)라는 스위트 와인만을 생산했으나 1970년 초부터 드라이 와인을 만들기 시작해 현재는 드라이 위주로 나오며 높은 알코올 농도와 탄탄한 바디로 25년 이상의 숙성이 가능한 좋은 와인이 만들어진다.

22) 산지오베제(Sangiovese)

이탈리아 토스카나 지방이 원산지로 키안티의 대표 품종이다. 카베르네 소비뇽보다 재배하기에 훨씬 까다로운 품종으로 경작지나 영양, 시간에까지 주의를 기울여야 한다.

와인은 다른 품종과 블렌딩하는 경우가 많으며 숙성 기간에 따라 선명한 적색에서 약간 검은 빛을 띤 적색까지 다양하다. 산도가 풍부하여 오랜 숙성 후에는 부드럽고 화려한 맛을 낸다. 같이 하는 음식에 따라 다른 맛을 내는 변화 또한 풍부하다.

23) 시라 / 시라즈(Syrah / Shiraz)

검은 빛을 띤 진한 적색이나 잉크 빛에 가까울 만큼 짙다. 타닌이 많으며 알코올 도수가 높다. 자극성이 있고 뼈대 또한 튼튼한 느낌이며 껍질은 두껍고 포도나무당 수확량이 높으며 수확시기도 빠른 편이다.

향은 잘 익은 블랙베리, 나무딸기, 블랙 커런트 등의 과일 향기와 박하 향, 가죽 냄새로 표현되는 야성적인 향기, 균형 있는 농도로 입안 가득히 유순한 질감과 고혹적인 씁쓸한 맛이 느껴지고 후추 가루의 여운이 남는다.

따뜻한 기후에서 재배되며 적응력이 좋다. 추운 환경에서는 약간 가볍고 후추 냄새가 나며 향이 적어진다. 알코올과 타닌이 풍부하여 맵고 짠 음식에도 잘 어울린다.

시라 또는 시라즈라 부르는 이 품종은 강건함을 바탕으로 하므로 검투사, 혹은 학창시절 격의 없이 지내던 거칠지만 정감 있는 친구라고 평하기도 한다. 여하튼 호방하고 외

향적인 이미지다. 원산지는 고대 페르시아로 고대 로마시대로부터 귀족적인 품종으로 유명했다. 프랑스 론 지방을 대표하는 품종으로 호주에서는 쉬라즈(Shiraz)라고 부른다.

세련되게 디자인한 맵시 있는 핸드백이지만 캐주얼한 스타일의 붉은 가죽 핸드백이라는 표현이 있다.

24) 타나(Tannat)

프랑스 서남부 피레네 산맥 쪽에 있는 마디랑(Madiran)과 이루레기(Irouleguy)가 자리 잡은 바스크 지방이 원산지다. 프랑스 바깥으로 나가면 남미의 우루과이에서 하리아구(harriague)라 부르며 주 품종으로 재배하고, 아르헨티나에서도 일부 보이는데 19세기에 이민자들이 가지고 간 것으로 추정한다.

짙은 붉은 색에 넉넉한 타닌을 지녀 장기 숙성 와인을 빚으며 카베르네 소비뇽, 카베르네 프랑과 이 지방의 또 다른 토착종인 페르(Fer)와 블렌딩되어 20개월 이상 숙성기간을 거친다. 카오르(Chahors) 지역에서는 메를로나 특히 말벡과 블렌딩하여 특유의 와인을 만든다.

25) 템프라니요(Tempranillo)

스페인 북동부의 고원지대가 원산지인 스페인 토착품종이다. 맛과 향에 있어서 카베르네 소비뇽과 메를로의 중간 정도로 여겨지며 인기를 얻고 있다.

스페인의 리오하 지방은 템프라니요를 주품종으로 하며, 리베라 델 두에로에서는 틴토 피노(Tinto fino), 틴토 델 빠이스(Tinto del pais)라 부르며 이 품종으로 최상급의 와인을 양조한다. 토로(Toro) 지방에서는 틴타 데 토로(Tinta de Toro)라 한다.

이탈리아에서는 네그레토(Negretto), 포르투갈에서는 틴토 로리츠(Tinto roritz)라 한다.

호주에서는 재배량이 1999년에서 2004년이 될 때까지 불과 5년 사이에 무려 1500%나 증가하였는데 사람들이 레드 와인에 이끌리는 세계적인 추세 외에 템프라니요가 가진 싱싱한 짜임새, 매력적인 과일 향, 낮은 타닌, 많지 않은 산성이라는 성격인 것으로 보인다.

26) 투리가 나시오날(Touriga Nacional)

카베르네 소비뇽과 비슷하나 개성과 적극적인 성향이 훨씬 강한 포르투갈의 대표 품종이다. 포도 열매는 자그마하고 짙고 검붉은 색상을 띠며 즙이 풍부하다. 자두, 제비꽃 등의 풀향기와 과일 향이 풍부하며 타닌과 산도가 높다. 영(young)한 투리가 나시오날은 영한 카베르네 소비뇽을 연상시키며, 포르투갈의 도우루(Douro)에서 강화 와인으로 주목받고 있다.

27) 진판델(Zinfandel)

장밋빛부터 검붉은 색까지 색이 다양하다. 타닌이 적고 맛이 담백해 누구든 쉽게 마실 수 있는 와인을 만들며 블랙베리와 같은 과일 향이 나고 가벼운 과일 향에서 장기 숙성에 따라 진한 맛이 나오는 등 맛도 다양하다.

미국의 상점에 가면 레드에서 로제, 화이트에 이르기까지 진판델이 많이 보이는 실로 미국의 대표 품종으로 미국을 나타내는 것은 진(청바지)이 아니고 진판델이라는 말이 있다. 화이트 진판델 와인이 레드보다 많고 보편화되어 화이트 품종으로 오해하는 이도 있다.

깁스(George Gibbs)라는 사람이 1820년 오스트리아 비엔나의 왕실식물원에서 잘라온 가지 하나가 미국에서의 첫걸음이었고 1832년 보스턴 종묘장에서 재배한 기록이 보인다. 그래서 이름도 오스트리아 사람들이 일컫는 진판들러(zinfandler)라는 말에서 나오게 되었다.

UCD(University of California at Davis) 대학에서 DNA 조사 결과 이탈리아 남부 풀리아의 프리미티보(primitivo)가 같은 종류라는 것이 밝혀졌다.

2. 화이트 와인 품종

1) 알바리뇨(Albariño)

스페인에서 재배하는 독특하고 상큼한 과일 향의 화이트 와인 생산. 포르투갈에서는 비뉴 베르드라 한다.

2) 알리고테(Aligoté)

원산지가 프랑스 부르고뉴로서 두꺼운 껍질과 시큼한 맛을 지닌다. 알리고테 와인은 생산지 지명을 쓰지 않고 '부르고뉴 알리고테' 라고만 표시하나 알리고테 품종으로 양조한 와인이 AOC로 인정받는 곳은 본(Beaune)의 부즈롱(Buzeron)이 유일하기 때문이다.

3) 샤르도네(Chardonnay)

기온과 장소를 가리지 않고 잘 적응하고 병충해에 강하여 어디서든 잘 자라는 강한 품종으로 사람들이 좋아한다. 와인의 색상은 양조방법과 지역에 따라 무색에서부터 황금색에 이르기까지 천차만별이다. 맛도 신맛이 산뜻한 것에서부터 부드러우며 깊은 맛이 나는 것에 이르기까지 신맛과 깊은 맛의 조화를 이루는 와인이다. 고급 와인일수록 숙성에 의해 보다 풍부한 풍미와 질감으로 맛이 더욱 깊어진다.

레드 와인에서 카베르네 소비뇽이 가지고 있는 위치와 특성을 화이트 와인에서 갖춘 것이 바로 샤르도네다. 세계적으로 가장 유명한 화이트 와인 품종으로 글로벌 브랜드로 불리며 가장 인기 있다. 일반적으로 시원한 기후를 좋아하며 포도알은 작고 황록색에서부터 호박색에 이르기까지 다양하다. 껍질과 과육의 분리가 잘 안 된다.

샹파뉴 중 블랑 드 블랑(blanc de blanc)이라 표시되는 것이 샤르도네로 만든 것으로 샹파뉴와 부르고뉴 화이트 와인의 대표 품종으로 세계적으로도 화이트 품종 중 가장 많이 재배되며 산지와 양조자의 개성에 따라 다양한 맛과 향을 지닌 와인을 만들 수 있다. 미국과 호주에는 샤블리라고도 불린다.[3]

4) 슈냉 블랑(Chenin Blanc)

좋은 조건에서는 상쾌하면서 조화로운 산미를 지닌 달콤한 와인이 생산되며 투명에 가깝고 가볍고 상쾌하다. 높은 산미는 드라이 스파클링 와인인 크레망(Crémant)을 만들기에 좋고 식전주로도 이용된다. 프랑스 루아르 지방이 주 산지로 감미가 있는 화이트 디저트를 생산한다.

5) 가르가네가(Garganega)

풋사과의 프레쉬한 느낌을 주는 화이트 생산. 이탈리아 소아베 와인이다.

6) 게뷔르츠트라미너(Gewürztraminer)

황색 빛을 띤 연한 녹색이다. 와인의 맛은 신맛이 적고 약간 걸쭉한 질감으로 농축된 느낌이다. 장미꽃과 같은 감미로운 향과 이국적인 향신료 냄새가 강하고 알코올 도수가 높아 풀 바디 와인이 생산되는 경향이 있다.

향신료라는 뜻의 게뷔르츠(Gewürz)와 트라미너(traminer)의 합성어로 트라미너는 이탈리아 북부에 위치한 트라미너(Traminer) 마을 부근에서 자라는 포도 품종의 이름에서 연유되었다.

독일 팔츠(Pfaltz)가 원산지로 이 지역에서 생산되는 것도 좋으나 최고의 산지는 프랑스 알자스 지방으로서 드라이 와인에서부터 스위트 와인까지 고루 생산되며 알자스를 대표하는 품종으로 일컬어진다. 알자스를 이루는 보주 산맥(Vosges Mountains)이 서쪽에서 오는 비를 막으며 일조량을 확보해 주므로 건조하고 서늘한 기후가 훌륭한 게뷔르츠트라미너를 만들어준다.

이름 자체가 향이라는 의미 그대로 와인을 생산하는 포도 품종 중에서 향이 가장 진하다. 스파이시한 맛이 특징으로 리슬링과 비슷하지만 리슬링보다 건조하고 자극적이다.

7) 그뤼너 펠트리너(Grüner Veltliner)

오스트리아 토착종으로 재배면적의 40%에 이르는 주요 품종으로 오스트리아를 상징한다. 풀 바디의 탄탄한 구성과 약초나 향긋한 식물성 향이 나고 단단하고 푸른 고추 맛을 연상시키는 매운 느낌도 난다. 단단한 구조 위에 풍부한 질감이 형성되어 있으며 피니시가 지속적이다.

화이트 와인계의 말벡으로 아주 쉽게 일상에서 편하게 즐길 수 있는 와인부터 그랑 크뤼의 면모를 지닌 탁월한 와인으로도 양조된다. 별명으로 그루베(gruve)로 불리며 고품질로 웬만한 음식에 두루 어울리고 스스로는 드러내지 않으면서 음식의 본래 맛을 일깨워주는 조연 역할에 탁월하다.

8) 인졸리아(Inzolia)

드라이한 맛의 틀이 잘 갖춰진 와인을 만들므로 장기 보관이 가능하다. 이탈리아의 시칠리아 섬이 원산지로 시칠리아의 마르살라 지방의 바탕을 이루는 품종이다. 그리고 엘바 섬 일대에 분포한다. 토스카나에서는 안소니카(ansonica)라 한다.

9) 말바시아(Malvasia)

높은 당도로 알코올 도수가 높으며 아로마와 맛이 훌륭한 와인으로 신선도도 뛰어나다. 이탈리아 북부의 피에몬테와 알토 아디제, 남부 라치오, 풀리아, 사르데냐 일대와 이베리아 반도에서 많이 경작된다.

말바시아 네라(malvasia nera)는 레드 품종이며 말바시아 비앙카(malvasia bianca)의 변종도 많은데 이들 모두 말바시아로 불린다. 말보시에(malosie)는 피노 그리 품종이지만 발음이 비슷하여 혼동할 우려가 있다. 말세이(malsey)는 마데이라 섬에서 말바시아를 이용해 만든 와인 스타일을 일컫는다.

10) 마르산느(Marsanne)

재배 조건에 맞는 곳에서 자라고 양조도 주의해야 한다. 더운 기후에서는 축 늘어져서 흐느적거리게 되고 추운 곳에서는 미처 익지를 못해 개성 없는 향을 가지게 된다. 경작 햇수가 오래될수록 특성도 없어지고 무미건조해진다. 론, 호주의 골번 밸리(Goulburn)에서 재배한다.

11) 모스카토(Moscato), 뮈스까데(Muscadet)

투명에 가깝거나 약간 황색을 띤 것 등 여러 가지 색을 지닌다. 성격 또한 몹시 다양하여 가볍고 신선하며 상쾌한 신맛의 아주 드라이한 과일 맛이 나고 사과와 같은 신선한 과일 향을 느낄 수 있다.

수확한지 몇 달 만에 마시는 화이트 와인으로 병입한 뒤 바로 혹은 길어도 2년 안에 마셔야 한다. 그러나 뛰어난 뮈스까데는 셀러에서 5년 넘게 두어도 생생하게 살아있는 것도 있고 잘 숙성된 것은 뚜렷한 화이트 와인의 성격을 지니고 있다.

12) 뮐러-투르가우(Müller-Thurgau)

꽃내음이 나는 부드럽고 평범한 화이트를 만들며 독일에서 널리 재배된다. 이탈리아 북부 산이 질이 좋으며 동유럽과 뉴질랜드에서도 재배되고 있다.

13) 뮈스카(Muscat)

뮈스카는 특정 품종이 아니고 식용이나 건포도, 와인용 등으로 다양하게 쓰이는 여러 품종을 표현하는 말이다. 원래는 화이트 와인용 품종이지만 아페리티프 와인, 테이블 와인, 디저트용 와인 그리고 리큐어용으로 쓰이기도 했다. 게다가 이탈리아의 모스카토 다스티(Moscato d'Asti) 같이 순하고 부드러운 발포성 와인에서부터 스페인의 모스카델 드 발렌치아(Moscatel de Valencia)처럼 가볍고 상큼한 맛이 단맛이 나는 와인이 나온다.

14) 팔로미노(Palomino), 페드로 히메네스(Pedro Ximénez)

셰리 양조에 사용. 팔로미노는 드라이 스타일, 페드로는 스위트 스타일이다.

15) 피노 블랑(Pinot Blanc)

황색 빛을 띤 엷은 녹색으로 섬세한 신맛과 아주 드라이한 맛으로 샤르도네와 비슷하나 향이 덜하다. 이탈리아의 알토 아디제에서 생산되는 피노 블랑은 사과와 버터를 바른 과일 향과 신선한 향이 대단히 독특하고 가볍다.

16) 피노 블랑(Pinot Blanc)

가볍게 마시기 좋은 드라이 화이트 품종으로, 알자스, 이탈리아 북부에서 재배한다.

17) 피노 그리(Pinot Gris) / 피노 그리지오(Pinot Grigio)

대체로 상큼하고 가벼우며 드라이한 품종으로 강령하지는 않지만 은근한 꿀 냄새와 향기가 나기도 한다. 많이 재배되지는 않지만 용도가 다양한 프랑스 알자스의 고급 품종이다. 이탈리아에서는 피노 그리지오라 부른다.

18) 프로세코(Prosecco)

흰 꽃과 사과향의 아로마가 풍부하고 약 발포성이나 스틸 와인 양조에 쓰이며 발포성 와인인 프로세코가 인기 있다. 이탈리아 동북부의 베네치아 줄리아가 원산지로 베네토 지방의 트레비소(Treviso) 부근에 주로 분포하고 있다.

19) 리슬링(Riesling)

투명하면서 노란색을 지니며 숙성이 덜 되었을 때는 사과와 같은 신맛이 있지만 숙성이 진행되면 신맛과 단맛의 조화를 이루어 복합적인 맛이 된다. 우아하고 싱싱한 과일의 향을 느끼고 싶을 때 권하는 와인이다. 뛰어난 개성과 높은 산도 등에서 소비뇽 블랑과 흡사하지만 샤르도네처럼 오래 숙성할 수 있으며 과일 향이 훨씬 더 풍부하다. 적응력은 훨씬 뛰어나서 차가운 기후와 더운 기후에도 모두 잘 자란다. 그러나 토양에 따른 변화가 심해 까다로운 품종으로 취급된다.

독일과 프랑스 알자스의 대표적인 품종으로 알자스 리슬링은 독일산보다 산미가 더 강하고 드라이하다. 알코올 도수도 독일은 8~10%, 알자스는 10~12%다. 와인 평론가 로빈슨(Jancis Robinson)은 리슬링을 '세계 최고의 화이트 와인 재료' 라고 단언한다.

20) 루산(Roussanne)

맛은 강렬하나 뭐라고 단정하기 어려워서 묘한 흥미를 자아낸다. 어릴 때는 꽃이나 배, 허벌 티의 아로마가 연상된다. 론에서 재배한다.

21) 소비뇽 블랑(Sauvignon Blanc)

화이트 와인이 좀 무겁거나 둔하게 느껴질 때 어김없이 집어넣는 품종으로 와인은 개성 있는 짙은 녹음의 향이 특징이다. 약간 푸른빛을 띠는 담황색이 많으며 생산지나 양조자에 따라 조금씩 달라져서 드라이한 맛에서 약간의 단맛이 나는 것까지 다양한 맛에 적당한 산미의 과일 풍미를 느낄 수 있다. 같은 품종이라도 기후와 토양이 달라지면 맛도 달라지는 섯이 일반적인데 소비뇽 블랑은 어떤 기후건 어떤 토양이건 불문하고 한결같은 맛을 보이는 점이 특기할 만하다.

프랑스 루아르에서는 블랑 퓌메(Blanc Fumè) 또는 슈랭(Surin), 독일에서는 무스카트 실바너(Muskat Sylvaner)라 부른다.

프랑스에서는 보르도 그라브의 드라이 화이트, 소테른의 스위트 화이트로 나타나고 특히 루아르의 상세르와 뿌이 퓌메가 소비뇽 블랑의 독특한 영역을 갖는다. 특히 뉴질랜드에 많이 재배되고 미국 캘리포니아의 산타 클라라, 산 베니토, 리브모어에서 많이 보인다.

22) 세미용(Sémillon)

신맛은 적은 편이고 드라이한 경우에는 감귤 향이 난다. 숙성됨에 따라 황금색으로 되는데 귀부 와인은 숙성되면서 갈색으로 변한다.

병충해에 강하고 많은 수확량을 볼 수 있어 1950년대에 칠레 화이트 와인용 포도의 3/4을 차지했으며, 1820년대의 남아프리카에서는 전 포도 경작지의 90% 이상을 차지한 품종이었다. 소비뇽 블랑과의 블렌딩에 많이 사용된다.

23) 실바너(Silvaner)

오스트리아가 원산지로 덜 익은 사과 껍질에서 나는 가벼운 신맛과 흙냄새를 빼고는 자체의 향이 없어 별 특색이 없지만 가벼운 광물질의 특성을 지닌 중성적 와인을 만들어낸다. 수확량이 많고 일찍 수확할 수 있다.

24) 토론테스(Torrontés)

아르헨티나의 주요 품종으로 아로마가 진한 화이트를 만든다.

25) 트레비아노(Trebbiano)

이탈리아 북부의 롬바르디아에서 남부까지 이탈리아 전역에서 재배되며 과거에는 키안티 와인의 양조에 쓰이던 품종이다. 프랑스에서 위니 블랑(Ugni Blanc)이라 부르며 다양한 아로마가 잘 조화된 와인을 생산한다.

26) 베르델류(Verdelho)

마데이라의 강화 와인 양조용이었으나 호주에서 맛이 풍부하고 향이 많은 드라이 화이트를 만든다.

27) 베르디키오(Verdicchio)

좀 쓰지만 기분 좋은 여운을 남기며 마시기 쉬운 신선한 와인을 만든다. 포도가 다 익었을 때에도 녹색의 빛이 돌아 붙여진 이름으로 이탈리아 중부의 마르케가 원산지이다. 스푸만테를 비롯한 여러 스타일로 양조되어 이탈리아에서 인기있는 품종이다.

28) 베르멘티노(Vermentino)

이탈리아 사르데냐에서 라이트하고 향기로운 드라이 화이트를 만든다.

29) 베르나차(Vernaccia)

중세시대부터 인기를 끌어온 품종으로 드라이하고 바디가 잘 갖추어져 있어 장기 숙성에 적당하다. 디저트 와인으로도 많이 양조된다. 원산지는 이탈리아 북부 리구리아 지방으로 중부의 마르케, 토스카나, 산 지미냐노, 샤르데냐에서 많이 재배된다.

30) 비오니에(Viognier)

강하고 드라이하며 산도가 높지 않은 화이트 와인을 만들 수 있으며 복숭아, 자두 등의 과일향이 풍부하고 제비꽃, 꿀 향기 등을 지니고 있다. 따뜻한 토양을 좋아하며 키우기가 어려운 품종으로 재배에서부터 양조에서도 세심한 주의를 기울여야 한다. 다른 품종과도 잘 어울리지만 단일 품종으로 와인을 만들 때 자신의 뛰어난 성품을 잘 보여준다.

31) 비우라(Viura)

스페인 리오하 지방의 주요 품종으로 라이트하고 프레쉬한 사과 향을 지니고 있다.

제4절 포도 재배와 양조

포도밭의 고정적인 요소인 기후와 토양 즉 테루아에 잘 맞는 품종을 선택하는 것이 우선 제일 중요한 점이다. 다음 인위적인 관리 요소로서 관개, 가지치기, 수확량 조절과 시기를 들 수 있다. 테루아(Terrior)는 와인의 성격이나 품질을 결정하는 요인으로 다음과 같다.

테루아(Terrior)

기후 조건	기온, 일조량, 강우량
포도 품종	개성, 기후에의 적성, 항 병충해성
토양	토질, 수분 보유성
지형	일조 조건, 배수, 고도, 포도밭의 방향, 지형에 따른 바람이나 서리의 영향, 바람의 세기
재배법, 양조법	재배 방법, 기술, 경작자의 역량, 양조 방법

1. 포도 재배의 환경

포도 재배에 영향을 끼치는 요인으로 일조량과 기온, 밤낮의 기온 차, 포도 재배의 환경, 강수량, 습도와 기후 및 배수를 들 수 있다. 즉 겨울에 대부분의 강우량이 집중되고 비교적 높은 기온이 바닷바람으로 적당히 조절되는 지중해성 기후가 포도재배를 위한 최적의 조건이 된다.

1) 일조량

포도의 성장뿐만 아니라 완숙을 위해 채광이 중요하다. 기온이 너무 올라가지 않는 한 일조량은 많으면 많을수록 좋다.

2) 기온

포도를 생산하기 위해서는 연평균 기온이 10℃ 이상으로 최적은 14~15° 정도가 된다. 여름 평균 기온은 최소 19℃ 이상, 겨울은 영하 1° 이상이 좋다.

햇볕이 모자라는 추운 지방에서는 포도의 착색이 좋지 않아 색이 짙은 껍질의 포도가 자라기 힘들므로 좋은 레드 와인을 만들기 어렵다. 그러나 추위가 포도의 신맛을 풍성하게 해 주므로 질이 좋은 화이트 와인을 만들 수 있다. 반대로 따뜻한 지방에서는 색이나 당도가 모두 진한 포도가 자랄 수 있어 양질의 레드 와인은 만들 수 있지만 좋은 화이트 와인은 만들기 어렵다.

3) 강수량

포도나무는 연간 500~800mm의 강우량이 필요하다. 그러나 강우량이 얼마나 되느냐보다 일 년 동안에 어떻게 분배되어 내리느냐는 것이 관건이 된다. 날씨가 서늘한 겨울과 봄에 걸쳐 비의 대부분이 내리는 것이 바람직하다. 6~8월의 성장기나 9~10월의 수확기에 비가 많이 내리면 포도의 농도를 떨어뜨리고 포도가 쉽게 상할 우려가 있어 좋지 않다.

4) 추위

적당한 겨울 추위는 포도나무를 튼튼하게 단련시켜 주며 껍질 속에 숨어있는 기생충들과 나쁜 균들을 죽이므로 포도나무 자체에 이론 필요한 자연현상이다. 포도나무는 영하 15~20도까지 추위에 견딜 수 있다.

5) 지형 조건과 토양

포도밭의 기울기(경사도)와 고도, 방향 등은 포도의 품질을 결정하는 주요 요인이 된다. 남향(남반구에서는 북향)이 햇볕을 받기에 바람직하다.

강과 숲의 유무에 따라서도 생장 조건이 다르게 된다. 강은 금방 더워지거나 차가와지거나 하지 않는 성질이 있다. 따라서 하천이 가까운 곳에 있으면 급격한 기온의 변화에 의한 영향을 누그러뜨리게 해 주며 적당한 습도도 제공한다.

영양이 많은 밭은 가지와 잎이 너무 많이 자라고 뿌리도 두꺼워져 길게 자라지 못한다. 그렇게 되면 포도알로 가야 할 양분이 적어 알이 빈약해진다. 포도는 메마르고 영양이 적은 메마른 밭에서 물과 영양분을 찾아 스스로 땅 속 깊이 뿌리를 내리게 되고 그 결과로 지층 깊숙한 곳으로부터 영양분을 흡수하여 깊고 복잡한 느낌의 맛을 지니게 된다.

포도밭의 토양을 구성하는 석회, 자갈, 모래와 그리고 토양에 포함되어 있는 미네랄 성분 등에 의하여 포도의 맛은 미묘하게 달라지고 그에 따라 와인의 향과 맛이 다르게 된다.

2. 와인의 생산지

포도나무가 자라기 적당한 곳은 북반구의 위도 30~50°, 남반구의 20~40° 사이의 지역으로 연평균 기온이 10~20° 사이의 온난한 온대성 기후 지역에 위치한다. 가장 북쪽의 상한선에 있는 독일의 위도 50~51°는 예외적인 지역으로 볼 수 있다.

좋은 포도를 재배하기 위해서는 여러 가지의 까다로운 조건들에 부합되어야 하며 특히 식용이 아닌 와인 양조용 포도의 경우에는 더욱 그러하다.

현재 와인을 생산하고 있는 나라는 50여 개국으로 유럽 국가를 구세계(Old World, 舊世界)라 하며 오랜 세월의 노하우가 축적된 바탕으로 와인을 만드는 나라들이다. 이러한 구세계에 의한 와인 생산량은 세계 총 생산량의 약 70%를 점하고 있다.

이에 반하여 미국, 캐나다, 남미(칠레, 아르헨티나), 호주, 뉴질랜드, 남아프리카 공화국 등을 포함하는 나라들을 신세계(New World, 新世界) 지역이라 한다. 이 나라들은 와인 생산의 역사가 짧지만 포도 재배 조건과 광활한 농토를 배경으로 기계 수확, 대량 생산, 실험 정신을 특징으로 한다.

3. 와인의 양조

포도에는 자체적으로 포도당, 과당 등 발효에 필요한 당분을 지니고 있고 과피(果皮)에는 천연 효모가 붙어 있어 포도 과즙만으로 바로 발효된다. 알코올 발효는 효소 작용으로 당이 에틸알코올과 탄산가스로 분해되는 화학반응에 의한 것이다.

1) 레드 와인 양조[4, 5]

포도 수확 — 9월 중순~10월 초에 수확한 적포도와 과육, 씨, 껍질을 통째로 사용한다. 시기는 너무 익거나 덜 익어도 안 되므로 전적으로 재배자가 결정한다.

↓

파 쇄 — 수확 후 12시간이 지나기 전에 과육을 으깬다. 타닌을 많이 추출하기 위해 포도나무의 줄기 일부분을 넣기도 한다.

↓

1차 발효 — 산화방지와 살균을 위해 아황산과 순수 배양 효모를 첨가하기도 한다. 발효가 시작되면서 껍질 색이 추출되어 과즙이 붉어진다.

↓

압 착 — 발효 개시 5일 정도 후에 과즙을 압착하여 껍질과 씨를 제거한다. 3주 정도 지난 후 고형 성분을 분리하여 2차 발효(유산 발효)에 들어간다.

↓

2차 발효 — 압착시킨 발효액을 탱크로 옮겨 계속 발효시킨다. 이때 신맛 성분인 사과산이 유산(젖산)으로 변한다.

↓

정 제 밑에 가라앉은 침전물을 제거한다. 수확 후 이때까지 2개월 정도 소요된다.

↓

숙 성 오크통에 넣어 짧게는 몇 개월에서 길게는 수년 이상 숙성한다.

↓

병 입 → **병 숙성** 병입 전에 계란 흰자를 이용하여 부유물을 제거한다.(콜라주)

↘ ↙

출 하

2) 화이트 와인 양조[6]

포도 수확 청포도를 사용, 적포도 사용 시는 껍질을 제거하고 과육만 사용한다.

↓

파 쇄 과육을 으깬다.

↓

압 착 과육을 압착하고 껍질과 씨를 제거한다.

↓ ← 당분 첨가

발효 산화방지와 살균을 위해 아황산(SO_2)과 순수 배양한 효모를 첨가한다.

↓

정 제 밑에 가라 앉아 있는 침전물을 제거한다.

↓

숙 성 오크통에 넣어 숙성한다.

↓

병 입 → **병 숙성**

↘ ↙

출 하

3) 로제 와인 양조

레드 와인과 같은 방법 적포도의 씨와 껍질을 모두 사용해 레드 와인과 같은 방법으로 발효시킨다. 붉은 색으로 약간 착색되면 씨와 껍질을 제거하고 계속 발효시키는데 침용 과정에서 한 시간 간격으로 빛깔을 관찰해 최적의 시기를 결정한다. 이러한 방식의 대표적인 와인이 프랑스 론 지방의 따벨 로제 와인이다.

화이트 와인과 같은 방법 적포도를 압착해 씨와 껍질을 바로 제거하고 과즙을 발효시킨다. 껍질을 제거하여도 과즙에 남아있던 색소로 인하여 엷은 핑크빛의 와인이 만들어진다. 이러한 방식의 대표적인 와인이 프랑스 루아르 지방의 로제 당주(Rose d'Anjou) 와인이다.

레드와 화이트 와인을 섞어 만드는 방법 레드와 화이트 와인을 각각 만든 후에 양 와인을 섞는 방법이다. 샹파뉴의 로제 샹파뉴에만 허용된다.

4. 발효

발효한 포도즙이 와인으로 변화되는 과정이다.

당분 + 효모 = 알코올 + 이산화탄소(CO_2) + 탄소(Carbon) + 이산화물(Dioxide)

1) 포도 과분

포도 껍질에 분가루처럼 보이는 하얀 가루가 덮여 있는데 이것을 과분(果粉)이라 한다. 이 과분은 포도 껍질 구조의 일부분으로 미세한 돌기구조를 가지며 연꽃잎처럼 항상 깨끗하게 스스로 정화하는 연꽃잎 효과(lotus effect)를 지니고 있다.

과분의 성분은 '지방족 화합물'로 와인을 발효시키는 효모의 서식처이기도 하다. 어린 포도알에서부터 생긴 이 과분을 농약이나 당분으로 오해하는 경우가 많다. 농약이 없는 포도의 과립은 흰 가루가 고르게 광택없이 덮여 있다. 그러나 농약이 묻은 포도는 농약의 자극이 얼룩무늬로 나타난다. 이러한 과분은 비나 먼지, 농약 등에 의한 자극에 손상되기도 하며 과분이 잘 형성된 포도는 다른 이물질이 없어 깨끗하다. 우리나라에서는 비가림 재배나 봉지 재배를 많이 하여 과분이 고루 잘 형성된다.

2) 와인의 발효

보통 9~10월경에 잘 익은 포도를 수확한다. 이 포도를 통에 넣고 파쇄기와 압착기를 이용하여 즙을 내고 발효탱크 안에서 일정 기간 발효시키는데 당분의 알코올 분해 정도에 따라 스위트 혹은 드라이 타입이 결정된다. 스위트 와인은 통상 1리터 당 당분 함유량이 20g 이상을 말한다.

포도 1kg → 포도즙 800ml → 포도주 750ml → 알코올 90ml → 물, 기타 성분 660ml

$C_6H_{12}O_6$(Glucose/Fructose) →	$2C_2H_5OH$(Ethyl Alcohol) +	$2CO_2$(Carbon Dioxidge Gas)
(당분 100g)	이스트(알코올 51.3g)	탄산가스 49.7g

레드 와인은 색소와 타닌 추출을 위해 껍질을 넣은 채 1차 발효를 시키고, 화이트 와인은 껍질을 벗기고 으깨어 압착한 과즙만을 발효시킨다. 2차 발효는 유산 박테리아에 의한 젖산발효(말로라틱 발효) 과정으로 산을 부드럽게 하기 위해 레드 와인에는 필요하지만 화이트와 로제 와인은 생략된다.

발효조에 보내진 과즙은 효모를 첨가해 발효시키는데 내벽을 유리 등으로 처리한 콘크리트 발효조나 오크통 또는 온도 조절장치를 갖춘 스테인리스 탱크를 사용한다.

레드 와인은 색과 향의 풍미를 내기 위해서 발효 시에 30°에 가까운 온도를 유지하며 발효가 거의 끝날 즈음에 압착하여 껍질과 씨를 제거한다.

화이트 와인은 포도의 신선한 향을 유지하기 위해 20° 이하의 온도에서 발효시킨다. 주 발효를 마친 와인은 오크통이나 탱크로 이동시키며 이때 발효 시에 생긴 탄산가스가 빠지게 되고, 레드 와인은 사과산이 말로라틱(maloactic) 발효에 의해 유산과 탄산가스로 변하게 되고 산이 줄어들며 맛이 순화된다.

3) 아황산염(亞黃酸鹽, Sulfite)

식품을 가공하거나 저장하는 과정에서 채소나 과일 등의 껍질을 벗기면 갈변현상이 일어나는데 이는 색이나 향 및 영양성분 등에 영향을 주어 품질을 떨어뜨리게 된다. 이러한 현상을 막기 위한 가공방법으로 아황산염류(아황산나트륨, 아황산수소, 차아황산나트륨, 메타중아황산칼륨, 메타중아황산나트륨)를 사용하는데 이러한 아황산염은 우리 몸속에서 철과 결합하는 성질이 있어 빈혈이 생길 수도 있으며, 천식환자의 약 5% 정도는 아황산염에 과민반응을 보이기도 한다. 또한 아황산염은 와인이 발효될 때 자연적으로 발생하는 화합물로 산화를 막고 보존성을 높이는 작용을 하게 되는데 대부분의 와인 생산에 법적 한도 내에서 아황산염을 첨가하기도 한다. 이러한 아황산염의 와인에서의 역할은 다음과 같다.

박테리아 번식을 감소시킨다 와인은 유기물인 포도가 알코올로 변하는 것이므로 박테리아 감염의 우려가 있다. 박테리아의 활동이 활발하며 포도즙이 알코올로 변하기 전에 부패될 우려가 있다.

산화 방지 포도로 주스를 만들 때엔 살균처리를 하므로 아황산이 필요 없지만 와인은 최소한의 일정 기간 또는 장기간의 숙성, 보존을 하므로 산화되는 과정이 필연적이다. 따라서 보존제로 아황산염을 넣게 된다.

이산화황은 발효과정 동안에 발생되는 유황과 산소로 구성되어 자연적으로 생성되는 화합물이지만 극소량만 배출되므로 와인 양조 시에 소량의 이산화황을 와인에 첨가하여 병 안에서 행해지는 재발효 과정 중의 이스트 생성을 예방한다. 첨단화된 양조방법으로 과거처럼 이산화황에 의존하지는 않지만 미국에서는 1988년 레이블에 '아황산염 함유(contains sulfities)' 라는 문구를 써넣는 법안이 통과되어 시행되고 있다.

미국 연방법에 의한 최대섭취량은 하루 350ppm이나 와인 양조 시의 아황산염 첨가는 20리터(약 27병)당 3~4g(70~100ppm)으로 1티스푼은 보통 5~6g이 된다.

4) 블렌딩(Blending)

블렌딩이란 각각의 포도 품종이 지닌 장단점을 서로 섞어 줌으로서 단점을 보완하여 와인을 질을 높이는 방법이다.

서늘한 기후의 기후에서 자란 카베르네 소비뇽은 거칠고 강하므로 부드러운 성질의 메를로와 섞어 거친 성질을 중화시켜 준다.

품종마다 개화시기가 다르므로 예측할 수 없는 기후 조건을 극복하기 위해 두 가지 이상의 품종을 심어 기상 위기에 대처하기도 한다. 서늘한 대륙성 기후에서는 포도의 생장기간이 길므로 테루아의 특성을 축적하는 시간이 충분하여 단일 품종으로 만들어도 품질이 떨어지지 않는다. 독일의 리슬링, 피에몬테의 네비올로, 루아르의 슈냉 블랑이 그러한 예이다.

지역적 블렌딩은 다른 품종, 혹은 동일 품종이라도 테루아가 다른 지역에서 재배한 포도로 블렌딩하여 풍부한 풍미를 이끌어내는 방식이다.

제5절 와인의 숙성과 보관

브랜디나 위스키도 숙성과정을 거치지만 와인은 알코올 도수가 낮은 양조주 자체를 장기간 숙성시키면서 보관 저장한다. 숙성 기간이 오래되었다고 무조건 좋은 와인은 아니지만 숙성은 와인의 맛과 향을 좌우하는 중요한 과정이다.

1. 숙성 기간

포도의 종류, 빈티지에 따른 당도와 산도 그리고 타닌의 정도에 따라 바람직한 숙성기간이 결정된다. 오크통 자체에 있는 나무 향과 타닌은 시일이 지남에 따라 와인에서 여러 향을 느끼게 하며, 또한 오크통의 그을린 정도에 따라 달라진다. 와인 색은 초기에는 자줏빛을 띠는 탁한 색이나 숙성에 따라 점차 맑은 벽돌색으로 변한다.

와인의 숙성은 결국 자연 상태인 아로마(aroma)를 그윽하고 깊은 향(bouquet)으로 바꾸어주며 정제되지 않은 거친 타닌 성분을 부드럽게 잘 조화된 와인으로 바꾸어주는 과정이다.

와인의 음용시기는 양조 후 빨리 마시는 것과 오래 숙성시킨 후 마시는 장기 숙성형 타입으로 구분한다. 일반적으로 빠른 음용에 좋은 타입으로는 화이트는 3년 내, 레드 와인은 5년 이내가 되며 장기 숙성형은 10년 이상이 되어야 음용하기에 적합하다.

또한 각각의 와인은 최적의 음용시기가 대개 알려져 있어 이 시기를 경과하면 오래될수록 오히려 질이 떨어지게 된다. 이는 대체로 포도의 작황 상태에 따라 결정되므로 와인별 빈티지가 중요시되는 이유이다.

2. 배럴 테이스팅(Barrel Tasting, En primeur)

전년도에 수확해서 발효가 끝나 숙성에 들어간 와인들이 향후 어떻게 발전될 것인지를 예측하고, 선물거래를 하기 전에 와인의 품질을 확인하는 작업이다.

프랑스에서는 앙 프리뫼르(En primeur)라 하며 프랑스 보르도에서는 매년 3월 마지막 한 주 동안 보르도 그랑 크뤼 협회(UGCB ; Union Grands Cru de Bordeaux) 주관으로 와인 시음행사가 열리는데 와인 저널리스트들을 대상으로 한다.

소테른-바작, 그라브 페삭-레오냥, 생 테밀리옹 포므롤, 메독의 마고-뮬리-리스트락, 생 줄리앙-포이약-생 테스테프의 5군데로 나누어 시음한다. 각 지역별로 약 30개 정도씩의 와인이 나오는데 전날 오크통에서 병으로 옮겨 놓는다.

와인을 맛보면서 와인이 가지고 있는 그해 빈티지의 특성과 각 샤토 간의 차이를 감별해내게 된다. 완성된 와인들과는 달리 아직 미완성인 와인들이므로 향후의 품질을 예측할 수 있는 경험이 필요하다. 지금 예측한 내용이 실제의 결과와 얼마나 일치하느냐에 따라 칼럼니스트의 명성이 갈리게 된다. 전문가들은 이 결과를 신문, 잡지, 웹사이트에 발표하고 와이너리에서는 가격 결정에 참고하게 된다.

로버트 파커는 1982년 산 보르도 와인에 대한 정확한 예측으로 지금은 와인시장에서 세계 최고로 영향력을 가진 사람으로 우뚝 서게 되었다.

3. 오크통(Oak Barrel)

오크통은 와인을 만들 때나 숙성시킬 때 와인을 담아두는 떡갈나무로 만든 통이다. 기원전에는 가죽 부대나 암포라(amphora)라는 토기를 와인 보관과 운송에 사용하였는데 위생의 문제와 파손되기 쉬워 오크통으로 대체되었다. 그러다 오크통에 보관되었던 와인이 시간이 흐름에 따라 훌륭한 맛과 향을 가지게 되어 좋은 와인을 만들기 위해 전적으로 오크통을 사용하게 된 것이다.

와인 숙성용 통의 소재로 벚나무, 호두나무, 밤나무, 소나무, 아카시아, 삼나무(redwood) 등도 사용하지만 밤나무는 나무 조직의 입자가 커서 증발되는 양이 많으며 타닌이 강해 쓰고 떫은맛이 많은가 하면 아카시아는 와인에 노란 색을 배게 한다. 이렇게 다른 나무들은 흡수성이 강하거나 자체의 강한 향으로 와인을 변성시키지만 이에 비해 오크는 나무 조직의 입자가 조밀하며 오크통 속에서 호흡하는 와인에 여러 가지 오묘한 맛을 생성해 내게 하여 오크가 가장 선호된다. 또한 타닌은 구조를 튼튼히 해주고 항균 작용을 하기도 한다.

좋은 레드 와인과 샤르도네로 만든 화이트 와인이 오크와 잘 어우러져 배어나오는 우아한 향과 맛은 오크통으로만 만들 수 있다. 이렇게 되는 이유는 오크를 통하여 와인과 바깥 공기가 서로 소통하게 하는 역할을 하기 때문이다. 나무의 결 사이에 있는 무수한 기공을 통하여 섬세한 통풍 작용이 일어 어느 정도의 기간이 지나면 맛이 풍부해지며 볼륨감을 가지게 된다. 그리고 강한 타닌으로 거칠었던 와인이 공기와 접촉하면서 성숙해져 깊고 부드러워진다.

1) 오크통 종류와 제작

잘 마른 나무를 자르고 다듬어 불에 살짝 구우면서 휘게 하여 항아리 모양으로 만들어 와인을 보관하게 된다. 그러나 오크의 향으로 인하여 고유의 향을 잃거나 맛의 균형이 깨지는 와인은 오크통을 사용할 수 없으므로 와인이 오크의 향과 타닌을 감당할 수 있는 힘을 지녀야 한다. 또한 값비싼 오크통을 그만한 가치가 있는 와인에 쓰지 않으면 효율적이지 못하며 숙성 도중에 곰팡이가 생겨날 우려도 있다.

(2) 오크통 종류

오크나무는 슬로베니아, 스페인, 러시아 등의 유럽국가와 미국 등에서도 생산되지만 프랑스의 프레르(François Frère), 세겡 모로(Seguin Moreau)를 고급으로 친다. 프레르를 100% 공급받는 와이너리는 전 세계에서 DRC, 도멘 르루아, 도멘 데 콩트 라퐁뿐이다.

세겡모르는 샤토 마고, 샤토 뒤캠, 이 기갈, 크뤼그 등 보르도와 론, 샹파뉴 지방의 명문 와이너리에서 인기 높으며 샤토 오-브리옹에는 기술자를 파견하여 오크통을 만들어주고 있다.

이탈리아는 네비올로나 산지오베제와 같은 품종에 어울리는 유고슬라비아나 슬로베니아 산 오크통을 선호한다. 이곳의 오크는 다량의 타닌이 함유되어 있어 와인과 잘 어울리기 때문이다.

아메리칸 오크는 나뭇결이 섬세하고 규칙적이어서 위스키 숙성에 적합하고 와인에도 잘 어울리며 특히 셰리의 숙성에 좋아 스페인에서 많이 사용된다. 프랑스의 리무쟁(Limousin)은 높은 타닌과 낮은 아로마로 조직에 균형이 잘 잡혀 있으며, 중부지방의 보쥬(Vosges), 트롱세(Troncais) 그리고 부르고뉴에서도 오크통용 나무가 생산된다. 이러한 프렌치 오크는 일반적으로 와인의 향에 잘 스며든다.

따뜻한 기후에서 자란 오크나무는 기공이 크고 넓으며 강한 향을 지니고 있고, 서늘한 곳에서 자라면 기공이 작고 촘촘하며 섬세한 성격을 가지므로 어떤 스타일의 와인을 만드느냐에 따라 어떤 오크를 쓸지 결정하게 된다. 일반적으로 잘 숙성되어 밸런스를 갖춘 와인을 만들기 위해서는 서늘한 기후대의 오크나무가 선호된다.

(2) 토스트(Toast)

참나무 조각으로 불을 피워 그 열기로 널판을 유연하게 구부리는 것을 말한다. 이때 나무의 섬유질을 늘어나게 하기 위해서 분무기로 계속 물을 뿌려 나무에 수분을 공급해 주어야 한다.

불은 3단계로 조절하는데 첫 불때기인 워밍업(warming-up, pre-chauffrage), 모양 만들기인 셰이핑(shaping, citrage), 그을기인 토스트(toast, bousinage)로서 이 토스트에서 토스팅의 정도가 결정된다. 토스팅 정도에 따라 토스티 향의 정도도 달라지며 심하게 그을리면 와인 본래의 맛을 압도하게 되어 이런 통은 위스키나 브랜디에 적합하다.

(3) 오크통의 크기

오크통의 크기에 따라 와인에 미치는 영향이 달라진다. 즉 크기가 작으면 와인이 통의 내부에 닿는 면적이 많아져 오크 향을 더 많이 흡수하게 되므로 프리미엄급 와인들은 작은 오크통을 선호하게 된다.

전통적으로 샹파뉴는 205리터, 보르도와 스페인은 225리터, 부르고뉴는 228리터, 호주와 뉴질랜드는 315리터 용량을 사용하고 있다. 이탈리아에서는 바릭(225리터 용량)보다 토노(500리터 용량)를 쓰는 곳이 있으며 때에 따라서는 2,000리터들이 대용량을 쓰기도 한다.

225리터짜리 오크통인 바리크의 가격이 700유로 정도인데 미국산은 프랑스산의 절반 정도에 지나지 않는다.

2) 오크통의 수명

오크통이 와인을 발효하고 숙성시켜서 향과 맛이라는 특성을 제대로 발휘하는 기간은 새 오크통이 제일 강력하다. 3년이 되면 50% 정도의 효과이고 5년이 되면 이러한 용도로서의 수명은 다하게 된다. 5년 이상 묵은 통은 내부 벽에 와인 찌꺼기가 붙어 나무 조직 사이로 공기가 통하지 않게 되므로 보관 용기로서만 쓸 수 있게 된다.

와인을 숙성시키는 기간은 와인이 레드인지 화이트인지 또는 풀 바디인지 라이트인지에 따라 대체로 6개월에서 3년 정도가 소요된다. 오크통에서 장기간 숙성시키려면 와인 구조 자체가 타닌과 산도가 뒷받침되는 힘이 있어야 가능하다.

그러나 와인을 숙성시킬 때 100% 새 오크통을 사용하면 본래의 맛과 향이 옅어지고 오크 향만 강하게 풍기므로 바람직하지 않다. 그래서 와인 숙성 시에 몇 개월에 한 번씩 와인을 걸러줄 때에 새 통과 헌 통을 적당히 섞어 사용하고 새 통, 헌 통의 비율, 통의 사이즈, 숙성기간을 정해주며 그에 따라 다양한 성질의 와인이 나오게 된다.

이렇게 비용이 많이 드는 비싼 오크통을 사용하여 만든 와인은 소비자에게 알리게 하므로 와인이 오크통에서 숙성되면 'barrel fermented(오크통 발효)' 혹은 'barrel matures aged(오크통 숙성)' 이라고 레이블에 자랑스럽게 표기하고 있다.

오크 칩을 사용하는 경우에도 'oak influence', 'oak character', 'oak aged' 라고도 표기한다.

참나무 조각 숙성 와인 오크통 숙성 대신 양조 과정에 참나무 조각을 넣어 속성으로 오크통에서 우러나오는 향을 내게 하는 방식이다.

와인을 오크통에 넣어 나무 향이 배게 하려면 적어도 1년 이상이 걸리지만 잘게 썬 참나무를 원액 속에 넣어두면 3개월만이라도 충분하다. 비용도 10% 이하로 감소하게 되므로 신세계 양조업자들이 널리 사용하고 있다.

4. 스테인리스 통

오크통은 오크의 수종(樹種)이나 제작과정에 따라 와인의 맛이나 품질에 큰 영향을 끼치게 되므로 이를 피하기 위해서 스테인리스 스틸통을 사용하게 된다. 스테인리스통은 오크통에 비하여 값이 저렴하고 반영구적일 뿐 아니라 발효 온도 등을 자동 조절할 수 있는 시스템을 갖출 수 있어 양조에 대한 위험 부담도 적다. 또한 맛을 균일하게 낼 수 있도록 관리할 수 있으며 숙성 중인 와인의 화학적 반응을 제어할 수 있어 대량 생산형 와인 양조에 선호된다.

그리고 오크통에서 배어나오는 맛과 향을 꺼리는 생산자들은 와인 자체의 맛과 향을 살리기 위해 스테인리스통을 선호하게 된다. 화이트 와인은 대부분이 그 자체의 과일 향을 지니고 있으므로 상당수가 스테인리스를 사용하는데 부르고뉴 샤블리의 샤르도네는 포도가 가진 본연의 향을 잘 살려 상큼함이 돋보이게 하기 위해서 스테인리스통에서 숙성된다. 스파클링 와인 역시 대부분이 스테인리스에서 일차적으로 만들어지게 된다.

또한 오크통은 숙성기간 동안에 꾸준히 계속해서 와인이 공기와 통하게 하여 성숙해지게 만드는 장점이 있다. 스테인리스가 가지지 못한 이러한 장점은 통 내에 기포가 생기게 하는 방법으로 해결하게 되었으며 와인을 숙성할 때 수지(樹脂, 송진)을 첨가하는 방법도 있으며[2], 오크 에이지드(oak aged)는 오크통을 만들고 남은 조각이나 톱밥을 티백처럼 만들어 와인에 넣어 숙성시킨 것으로 마치 오크통에서 숙성시킨 것 같은 맛과 향이 느껴지게 한 것이다. 정부의 까다로운 규제를 받는 전통적인 유럽 와인들과는 달리 신세계 와인들은 여러 가지 새로운 시도를 많이 하고 있으며 저렴하고 향이 강한 테이블 와인을 만들 때 이러한 방식이 선호된다.

5. 코르크(Cork)

코르크 마개는 병입한 와인의 병 입구를 막아주는 역할을 하는 것으로 코르크를 만들기 위한 좋은 나무는 리베리아 반도와 지중해 지역에서 자라는 참나무과 나무다. 이 나무의 껍질로 코르크를 만들며 포르투갈과 스페인이 전 세계 생산량의 50% 이상을 차지하고 있다. 30년생 나무에서 약 25kg 정도의 껍질을 벗겨낼 수 있다.

코르크 섬유조직의 수명은 대략 20년 이상이나 일정 기간이 지나면 조직이 망가지기 시작하므로 와인을 장기간 보관하는 곳에서는 25~30년마다 코르크 마개를 새 것으로 바꿔주고 있다. 코르크 마개의 길이는 밀폐성을 위해 고급 와인에는 5~6cm, 단기 숙성으로 바로 마실 수 있는 와인에는 3cm 정도의 짧은 것을 사용하고 있다.

---

2) 렛스너(Retsina, 樹脂香 와인)는 그리스에서 만드는 것으로 수지(송진)를 첨가하는 것일 뿐 소나무를 배럴로 사용하는 것은 아니다. 그리스인이 3000년 이상 그 맛에 익숙해져서 선호하며, 소나무 향이 강해 이상하게 느끼는 사람이 많다.
티 와인(Tea Wine)은 스페인 발레아레스 주의 주도(州都)인 라 팔마(La Palma)에서 만드는 것으로 렛스너와 비슷하다.

1) 코르크의 특성

구조 코르크의 조직은 벌집 모양으로 쌓여진 형태로 수십만 개의 셀루로스(cellulosique)로 된 다각형 공간이다.

통기성 수억 개의 공기주머니 세포로 이루어진 cm당 4000만 개의 미세한 세포집이 압축 밀봉 상태에서도 최소한의 산소 공급이 가능하여 와인의 숙성을 도와준다. 와인을 눕혀 보관하면 코르크를 통하여 들어가는 공기의 양은 한 달에 0.01ml로 알려져 있다.

신축성 잘 썩지 않으며 가볍고 탄력과 복원력이 뛰어나서 압축 후에는 바로 팽창하여 밀봉성을 유지해 준다. 밀봉 전의 코르크 지름이 24mm 정도인데 병목에 삽입되었을 때의 지름은 15.5mm로 줄어들어 있다가 개봉되면 바로 원래의 크기로 복원된다. 코르크 사용 이유가 밀폐력, 탄력성, 복원력으로 병에서 뺐을 때의 즉각적 탄성은 85% 이상이 되어야 한다.

2) 코르크 제조 방법

(1) 껍질 벗기기(에코르사주, écorçage)

나무에서 껍질을 벗기는 시기는 6월 중순부터 8월 중순 사이로 최소 25년 된 나무의 지름이 25cm 이상이 되면 처음으로 껍질을 벗긴다. 이것으로 가루를 내어 압축시켜 저렴한 코르크 마개로 만들거나 건축의 단열이나 장식으로 사용된다.

일 년에 약 4mm 자라는 코르크나무는 처음 껍질을 벗긴지 약 10~15년이 경과되어야 두 번째 껍질 벗기기를 할 수 있다. 이 또한 좋은 품질이 아니므로 다시 10년이 더 지나 세 번째 껍질을 벗길 때에야 좋은 품질의 코르크 마개를 만들 수 있는 재료로 된다.

(2) 선별과 건조(triage et séchage des planches)

벗겨 낸 껍질은 공기가 잘 통하는 곳에서 6개월 이상 건조시키며 겨울을 난다. 이런 과정에서 비와 바람, 햇볕에 의한 산화작용으로 수액과 타닌, 페놀 성분들이 균일하게 배분되거나 열어지게 된다.

(3) 끓는 물에 넣기(부이아주, bouillage)

잘 건조된 껍질을 50~90분 정도 끓는 물에 넣으면 팽창되어 작은 기공(氣孔)들이 막혀 더욱 탄탄한 조직으로 변하여 탄력성과 유연성을 가지게 된다. 그 후 3~4주 정도 환기가 잘 되는 곳에서 지나면서 코르크가 평평해 지는 안정화 과정을 거치게 된다. 이때 전문가의 판단에 따라 한 번 더 끓는 물에 넣을 수도 있다.

(4) 자르기(tubage)

껍질 층이 코르크에 들어가지 않도록 하여 결을 따라 밴드 형태로 자른다. 다음 금속판을 이용해 둥그런 형태로 자른다.

(5) 세척(lavage)

미생물이 생겨날 우려가 있어 과산화물(peroxyde)로 소독한다. 이 용액이 잔존하면 와인의 맛이 변하므로 소독 후에는 철저히 검사해야 된다.

(6) 건조

습도가 높으면 곰팡이가 생기기 쉬우므로 세척은 짧은 시간에 하고 바로 건조시킨다.

(7) 마무리

코르크에 로고를 찍는다. 상품번호와 포도원 등의 이름을 넣어 다른 코르크와 차별성을 두게 된다. 열을 이용하여 새기는 방법은 자연스럽고 멋이 있지만 비용이 많이 들며, 잉크를 사용하면 가격도 저렴하고 다양한 문양을 빨리 인쇄할 수 있다.

(8) 파라핀(paraffine) 입히기

나무의 질이 거칠어 코르크에 포르핀을 입히면 유리병에서 마개를 쉽게 뽑을 수 있다. 실리콘(sillicone)은 열처리 과정에서 더 안정적이므로 점차 많이 사용되고 있다.

3) 리코르킹(Recorking)

오래된 와인의 코르크 마개를 교체해 주는 것이다. 통상 15년 이상 된 와인을 고객이 원해서 하는 경우가 많지만 호주의 펜폴즈 와이너리는 클리닉이라 부르며 정기적인 행사를 하고 있다. 와인의 건강검진이란 뜻에서 클리닉이라 부른다.

리코르킹 과정은 와인이 공기에 접하는 시간을 최소화하기 위해서 재빠르게 진행된다.

와인을 개봉하여 에어 컴프레서(air compressor)로 병 안에 질소가스를 충전하여 공기접촉을 막는 보호막을 친다.

테이스팅에 필요한 병 전체의 2~3%에 해당되는 소량을 따른 후 임시 코르크로 막아둔다.

테이스팅에 소모된 양을 보충하는 토핑(topping)에는 같은 브랜드의 최신 빈티지를 사용한다.

시음 평가 후 합격된 와인은 평가자가 사인을 하고 리코르킹 날짜가 적힌 새로운 레이블을 붙인다. 새 코르크 마개로 밀봉하여 캡슐을 씌운다.

4) 코르크 대체 마개

(1) 합성 코르크

자연 코르크로 봉해진 모든 와인은 정도의 차이는 있지만 코르크화(化)되고 있다. 이는 코르크 내부에서 생기는 곰팡이가 원인으로 버섯 냄새가 나게 한다. 또한 가격이 비싸서 최근에는 값이 저렴하고 장기간의 숙성이 필요없는 저렴한 테이블 와인에는 알루미늄이나 플라스틱 마개를 사용하고 있다.

플라스틱 마개는 합성 코르크(synthetic cork)로서 천연 코르크와 마찬가지로 보통의 코르크 스크루로 따면서 기능 또한 천연 코르크와 흡사하게 잘 나오고 있다.

(2) 스크루 캡(Screw Cap)

와인을 오래 보관할 경우 천연 코르크는 마개가 부패하거나 주변의 냄새가 배기도 한다. 알루미늄은 이런 우려가 없을 뿐 아니라 와인의 품질을 일정하게 지킬 수 있다. 이에 따라 알루미늄 마개를 쓰는 와인이 점차 늘어나서 고급와인으로 확산되고 있으며 호주산은 60% 이상, 뉴질랜드산은 90% 이상을 알루미늄으로 된 나사용 스크루 캡을 사용하고 있다.

코르크 마개는 비싼 것이 개당 1유로까지 하는 반

면에 나사형 알루미늄 마개는 개당 0.1유로 이하로 가격이 1/10 수분에 불과하여 경제적인 면을 고려한다면 사용이 더욱 많이 늘어날 것으로 추측된다.

6. 병(Bottle)

유리로 된 병은 맛에 영향을 주지 않고 알코올, 타닌, 페놀 등에 강하여 와인의 보관에 적합한 재료다. 병의 형태나 병에 붙이는 레이블의 디자인 등은 양조장이나 와인 생산자에 따라 나름대로의 특색을 가지고 있어 한 눈에 알아보기 쉽게 하지만 대체로 대동소이하다.

1) 유리병의 특징

와인의 병 목 부분은 와인과 공기와의 접촉을 최소화해 주고 작은 코르크 마개로 밀봉 가능케 해 주는 구조다. 어깨 부분에는 침전물을 모아두는 기능이 있다.

스파클링 와인은 병 속의 탄산가스 압력에 견딜 수 있도록 두껍고 튼튼한 유리로 만드는 등 와인의 특색이나 지역별로 특성이 있다. 와인 병 바닥의 오목한 부분을 펀트(punt)라 하며 펀트를 이용하여 오래된 와인의 침전물이 펀트 가장자리에 모이게 되어 와인을 따르려 병을 기울일 때 소용돌이가 덜 일어나거나 찌꺼기가 어느 정도 걸러지는 역할을 하게 된다. 그러므로 병 밑에 남은 찌꺼기를 그대로 남기고 위쪽의 맑은 와인만 디캔팅하면 된다.

스파클링 와인의 병은 몸통이 굵어 펀트에 엄지손가락을 넣고 따르면 편리하다. 또한 펀트는 와인병의 파열을 막기도 한다. 오래 숙성된 와인, 특히 스파클링 와인은 내부에 압력이 생겨 작은 충격에도 병이 깨질 우려가 있다. 바닥이 오목하면 테이블에 내려놓을 때 닿는 면적이 좁아 병이 받는 충격을 줄이게 된다.

유리 병의 특징

구분	특징	성격
장점	내용물에 대한 영향	맛, 냄새, 용량에 변화를 주지 않는다.
	강하다(强度, 溫度)	알코올, 타닌, 페놀 등에 강하다. 최대 40병까지 적재 가능. -15~80℃
	착색 가능(초록색, 갈색)	자외선에 강하다. 와인 색상 보존
	환경 친화적	재활용이 가능
단점	세척이 어렵다.	재활용의 경우
	무겁다. 파손의 우려	운송 및 보관, 취급상의 경우

2) 병의 용량[7]

ml은 밀리리터(milliliters)로서 1/1000리터(liter)이며, 용량은 이외에도 파인트(0.57리터), 임페리얼(6리터. imperiale), 그리고 제로봄(jerobom)에는 5리터가 있기도 하다.

병의 용량

명칭	용량(리터)	용량(온스)	병 수/케이스당	비고
Miniature	100 ml	3.4	60	
Split	188 ml	6.3	48	

병의 용량

명칭	용량(리터)	용량(온스)	병 수/케이스당	비고
Tenth	375 ml	12.7	24	하프 보틀
Fifth	750 ml	25.4	12	통상의 병
Quart	1.0 리터	33.8	12	
Magnum	1.5 리터	50.7	6	
Jerobom	3.0 리터	101.4	4	더블 매그넘
	4.0 리터	135.2	4	
	18 리터	608.4	1	

제6절 와인의 레이블

1. 와인 이름

상품명인 와인의 이름에는 몇 가지의 패턴이 있다.

1) 양조장의 이름을 상품명으로 하는 것

보르도 지방에 많은 샤토의 이름을 붙여 '샤토 쉬발 블랑(Château Cheval Blanc)' 과 같이 한다.

2) 포도 품종 이름 타입

와인의 원료가 되는 포도 품종이름을 쓴다. 미국 등 유럽 이외의 지역에서 많이 쓰며 'OO 카베르네 소비뇽' OO 샤르도네 '로 표기한다. 이러한 경우 많은 나라에서 명시한 품종의 몇 % 이상의 비율로 그 품종의 포도가 사용될 것을 법으로 요구하고 있다.

'샤르도네' 라 이름 붙여졌다면 미국에서는 연방법으로 75% 이상의 샤르도네로 만들어야 하며 다른 품종의 포도는 25% 이하로만 사용할 수 있다. 그러나 오레곤 주에서는 최소한의 비율을 90%로 정해 놓고 있다(카베르네 소비뇽만 예외적으로 75%). EU와 호주는 85%로 정해져 있다.

3) 산지 명을 상품명으로 쓰는 것

미국에서 와인을 만든 포도품종 이름을 상품명으로 하는 것과는 달리 대부분의 유럽국가에서는 지역(장소)을 상품명으로 한다. 메독(Médoc), 샤블리(Chablis), 보졸레(Beaujolais)와 같은 것이다. 정확하게는 원료가 되는 포도의 재배지역과 밭의 이름이다. 즉 포도 품종보다 포도를 만든 생산지를 더 중시하는 개념이다.

이러한 방식은 각 와인에 대해서 더 많은 정보를 주기 위해서 병마다 다양한 이름을 붙인다. 같은 품종이라 할지라도 지역별로 그 품질이 달라질 것이므로 품종과 지역이 가장 잘 조화되는 곳을 몇 백 년의 경험으로 알고 있기 때문이다.

4) 브랜드명 타입

어느 생산자가 독점적으로 사용하는 이름이다. 와이너리에서 이름을 붙이는 경우가 많은데 한 와이너리에서 여러 품종의 다양한 와인을 만들기 때문이다. 샹파뉴의 대표적 이름인 '동 페리뇽(Dom Perignon)'은 샹파뉴 개발자의 이름을 와인명으로 쓰고 있다.

와인 이름으로 특정 브랜드명을 쓰는 경우는 품종이나 지역을 나타내는 것이 아니므로 일반적으로 고가의 상품이 많다.

5) 애칭 타입

와인 제조에 얽힌 이야기나 역사상의 유래를 이름으로 사용한다. 샹파뉴의 '라 그랑담(위대한 여인)'은 샹파뉴에 일생을 바친 베브 끄리코 여사의 애칭을 와인명으로 쓰고 있다.

2. 레이블(Label)

레이블은 와인의 정보이자 이력서이다. 언제(생산연도), 어디서(생산지), 누가(생산자) 만들었고, 가문(등급)이나 힘(알코올 도수), 혈액형(포도 품종), 무게(용량) 등의 모든 정보가 레이블에 나타나 있다.

레이블에 표기되어 있는 생산지명이 많은 것을 알려주는데 부르고뉴의 경우 지역이름은 물론 포도밭 이름까지 상세히 적혀 있다. 산지명이 좁은 범위로 압축될수록 일반적으로 고급품이다.

1) 레이블의 표기 내용

레이블에는 다음과 같은 내용들이 표기된다.

* **빈티지** 연도를 표기하여 와인양조에 쓰인 포도는 언제 수확되었는지.
* **원산지** 국가, 행정구역, 포도가 재배된 지역
* 양조장 명칭
* 와인에 사용된 특별한 질의, 특정의 포도
* 출하자의 이름과 주소
* 레이블에 표기된 내용의 신뢰성을 입증할 정부의 보증
* 지역 와인 제조업자 협회의 원산지 증명
* 병입된 장소와 샤토
* 포도원 소유자의 이름

2) 프랑스 와인의 레이블

프랑스 와인은 같은 나라 내에서도 지역별로 레이블의 표기법이 다르다.

(1) 보르도 와인

(2) 부르고뉴 와인

(3) 샹파뉴

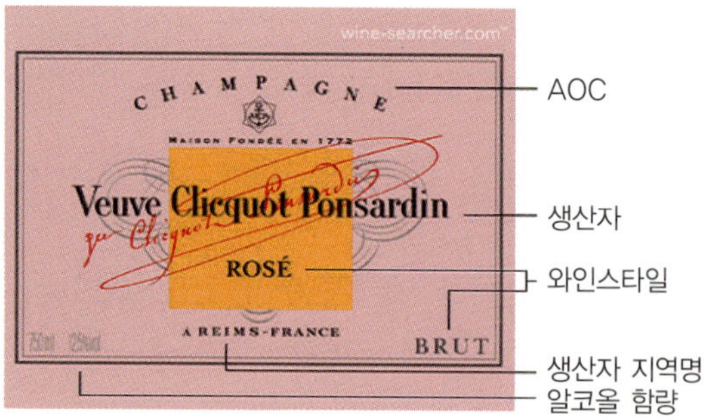

(4) 알자스 와인

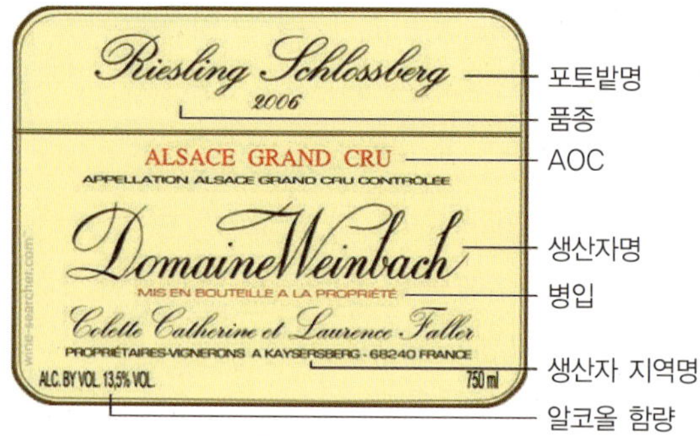

샹파뉴 레이블에는 투 이니셜(two initial)[3]을 더 표기하는 경우도 있다.

(5) 론 와인

3) 이탈리아 와인

4) 스페인 와인

3) 투 이니셜(two initial) : R-M(Recoltant-manipulant, 포도를 재배하는 생산자), C-M(Cooperativemanipultant, 포도재배업 그룹), R-C(Recolant-Cooperayeur, 와인에 자신의 레이블이나 자신의 병을 사용할 수 있는 포도재배자), M-A(Marque d' acheteur, 메이저 구입자)

5) 독일 와인

6) 미국 와인

7) 호주 와인

8) 칠레 와인

2. 각국의 품질 등급

와인 생산국에서는 자국 와인의 품질을 보존하고 관리하기 위하여 국가적 차원에서 규정을 만들어 특정기구에서 통제 관리하고 있다.

1935년 전국적 차원에서 최초로 품질관리를 실시한 프랑스의 예를 따라 각국에서는 자국의 전통과 특성에 따라 조금씩 다른 등급과 용어를 사용하고 있다.

***프랑스** AOC. Appellation d' Origine Contrôlée
AOC ~ Vin de Pays ~ Vin de Table

***이탈리아** DOC. Denominazione di Origine Controllata
DOCG ~ DOC ~ IGT ~ Vino de Tavola

＊독일 Ministry of Agriculture
QmP ~ QbA ~ Land Wein ~ Tafel Wein.
상위 등급인 Q.mP에서 6가지 스타일로 나누어진다.

＊스페인 DO. Denominación de Origen

미주

1. Oz Clarke & Margaret Rand, "Oz Clarke's Encyclopedia of Grapes", Harcourt, 2001, pp.44-45
2. Stuart Walton, "The New Encyclopedia of Wine", Lorenzo Books, Updated edition 2006, pp.38-39
3. Oz Clarke & Margaret Rand, "Oz Clarke's Encyclopedia of Grapes", Harcourt, 2001, pp.63-73
4. Tom Stevenson, "The New Sotheby's WINE Encyclopedia", DK Publishing, Third Edition, 2001, p.36
5. Robert Joseph, "French Wines", DK Publishing Book, 1999, pp.24~25
6. Robert Joseph, "French Wines", DK Publishing Book, 1999, pp.26~27
7. Harriet Lambeck, "Grossman's Guide to Wines, Beers, and Spirits", Wiley Publishing Inc, Seventh Edition, 2006, pp.9~9

제2부

프랑스 와인

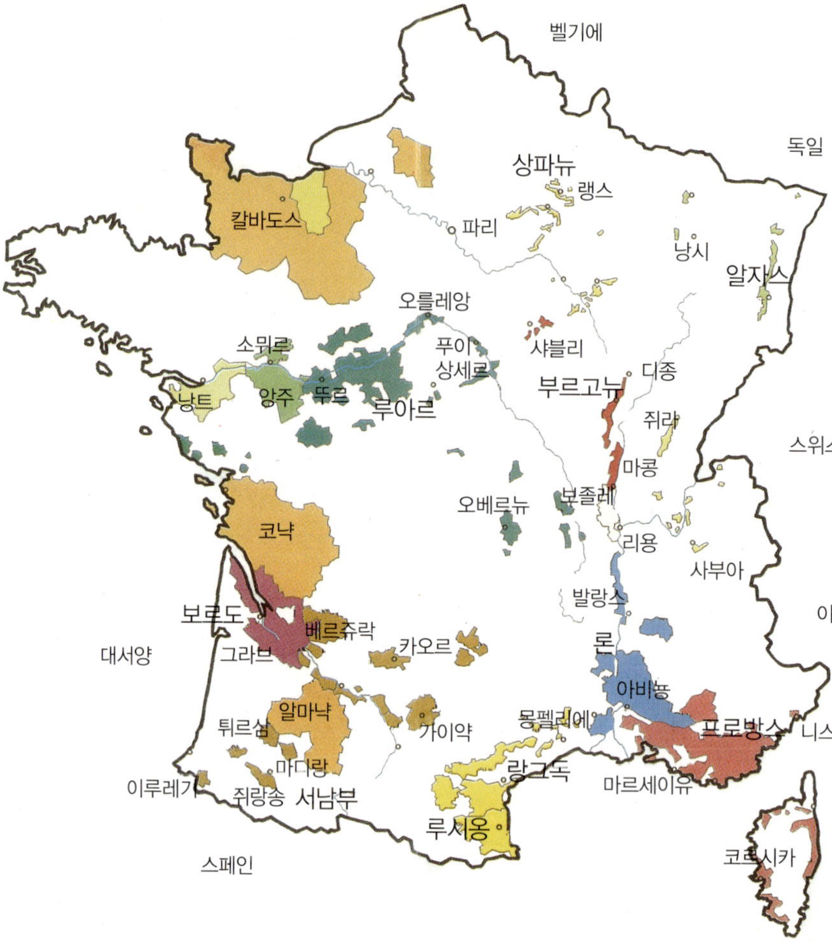

프랑스는 BC600년경부터 마르세이유 부근에서 와인 양조가 시작되었으며, 1세기에는 론 부근에서 2세기에는 부르고뉴, 3세기 때는 루아르에서 와인이 양조되었다. 8세기의 샤를르마뉴 대제 시에는 (742~814) 와인 생산이 적극 장려되었다. 1152년 아키텐(보르도 지역)의 공주 알리에노르와 헨리 2세(영국)의 결혼으로 보르도가 영국령이 되기도 했으며, 17세기 중반에는 상파뉴가 제조되었다.

1855년 메독과 소테른에서 처음으로 샤토가 등급 지정되었다. 1864년부터 창궐한 필록세라(phylloxera)로 포도밭이 완전히 황폐화되었으나 아메리카에서 들여온 품종을 접목하여 19세기 말 간신히 필록세라를 물리치기도 했다.

1935년 INAO(Institut Nationale des Appellations d' Origine ; 국립원산지명칭협회)가 설립되어 '원산지 호칭 통제법(AOC)이 제정되었고, 1945년 ' 원산지 우수품질 제한 포도주법(AO VDQS관련)이 만들어진 이후 1979년에 지방와인과 테이블와인(Vinds de Pays, Vin de Table)이 첨가되었다.

프랑스는 전 세계 와인생산량의 25% 정도인 연간 100억 병 이상을 생산하며, 인구 10명 중 1명이 와인 관련 산업에 종사하고 있는 와인의 종주국이다. 또한 전 국토에 와인생산지역이 고루 분포되어 있으며, 다양한 기후대와 토양의 특성으로 지역마다 독특한 와인이 나온다. 1인당 와인소비량은 연간 70병 정도가 된다.

프랑스는 와인의 종류가 다양하여 와인의 품질을 관리하기 위해 엄격한 법률의 제정이 필요했다. 프랑스 와인이 세계적으로 유명하고 그 품질이 인정받는 이유는 일찍부터 품질관리 체제를 확립하여 와인을 생산했기 때문이다.

프랑스의 A.O.C(Appellation d' Origine Contrôlée)제도는 와인 제조가 법률로 규제 받는 것으로서 1900년대 초부터 시행하여 1935년에 확립되었다. 이 법률은 각 포도 재배지역의 지리적 경계와 그 명칭을 정하고, 사용되는 포도의 품종, 재배방법, 단위면적당 수확량의 제한, 그리고 제조방법과 알코올 농도에 이르기까지 엄격하게 규정되어 있다.

이 규격에 맞는 A.O.C와인은 포도 재배지역의 명칭을 넣어 'Appellation (d' Origine) Contrôlée' 라고 표기한다. 보르도와인이라면 'Appellation Bordeaux Contrôlée' 라고 표기된다.

EU의 와인법에 따라 2009년부터 새로이 분류된 AOP(Appellation d' Origine Protégée) 체계는 AOP, IGP(Indication Géographique)로 구분하고 있다.

프랑스 와인의 이해

와인 생산지역	주요 생산와인	주요 포도품종
보르도(Bordeaux)	레드, 화이트	카베르네 소비뇽, 메를로, 카베르네 프랑, 소비뇽 블랑, 세미용
부르고뉴(Bourgogne)	레드, 화이트	피노 누아, 가메이, 샤르도네
꼬뜨 드 론(Côte du Rhône)	대부분 레드	시라, 그르나슈
루아르(Loire Valley)	대부분 화이트	소비뇽 블랑, 셰닝 블랑, 카베르네 소비뇽
샹파뉴(Champagne)	스파클링	피노 누아, 샤르도네
알자스(Alsace)	대부분 화이트	리슬링, 게뷔르츠트라미너
프로방스(Provence)	레드, 화이트, 로즈	그르나슈, 시라
랑그독-루시옹	레드, 화이트	카베르네 소비뇽, 메를로, 소비뇽 블랑, 샤르도네

자료 : Zraly, 2005: 19.

1. AOP(A.O.C)급 와인

프랑스의 최고 품질 와인으로 원산지 통제명칭 와인으로 불린다. 생산지역, 양조방법, 최저 및 최고 알코올 도수, ha당 최대 수확량, 재배방법과 가지치기 방법과 숙성조건까지도 농림부령으로 규정하고 있다. AOP(AOC)와인은 프랑스 와인생산량의 50% 정도를 차지한다.

2. IGP(Vin de Pays)

생산지역, 최저 알코올 함유량, 최대 생산량, 재배법, 양조법을 맞추어야 하며, 블렌드(blend) 와인 중에서 산지를 명시할 수 있는 지방 특산 와인이므로 다른 지방의 와인을 섞지 않는다. 1964년 신설된 와인 등급으로 1976년 75개의 '뱅 드 파이' 가 확정되었고 1979년부터 규정이 엄격하게 적용되었으며, 2009년부터 INAO(Institut National des Appellations d' Origine)에서 관리하게 되었다.

3. 뱅 드 프랑스(Vin de France)

뱅 드 따블(Vin de Table)로 부르던 것으로, 품종과 최저알코올 도수만 규제하며 원산지 표시를 할 수 없는 일반 상용 와인이다.

VDQS(Vin Délimité de Qualité Supérieure)

'우수 품질의 와인' 이라는 뜻으로 '원산지 명칭 우수품질 제한 와인' 이라 부른다. 생산지역, 포도품종, 최저 알코올 함유량, ha당 최대 수확량, 재배방법과 양조방법 등이 규정되어 1949년 만들어졌으며 와인분석 전문가로 구성된 공인위원회의 시음검사를 거쳐 V.D.Q.S라는 우표모양의 인쇄물을 레이블 한쪽에 붙이게 된다. 와인생산량의 1%밖에 되지 않아 2011년 'Vin de Pays' 급으로 합쳐져 와인 등급을 단순화시켰다.

제1절 보르도(Bordeaux)

프랑스 서남부지역의 대서양 연안에 위치한다. 남쪽의 피레네산맥에서 발원한 갸론(Garonne) 강과 오베르뉴(Auvergne)산맥에서 시작된 도르도뉴(Dordogne)강이 합해져 지롱드(Gironde) 강을 이루고 대서양으로 나가는 연안(沿岸)의 북위 44도 지역이다.

프랑스에서 단위 지역 가운데에서 가장 넓은 아키텐(La region d'Aquitaine)은 남북이 135km, 동서가 124km로 지롱드, 도르도뉴, 랑드, 로에갸론 및 피레네의 다섯 개 지역이 있으며 이 중 지롱드 안에 보르도가 있다. 강이 흐르는 양안에 위치한 포도밭들은 해안이 가까워 포도재배에 적합한 기후이며 자갈과 진흙으로 이루어진 척박한 토양이 포도나무들을 20m 이상 땅속으로 뿌리를 내리게 하여 향이 풍부한 포도를 만들어내고 이 포도들이 또한 우수한 품질의 와인을 만든다. 현재는 프랑스의 AOC급 와인의 1/3을 생산하는 지역이다.

단일품종의 포도로 제조하지 않고 여러 종류의 포도원액을 섞는 블렌딩 와인(blending Wine)이 대부분으로 오랜 세월의 경험으로 터득한 각 포도들의 블렌딩 비율로 인해서 복잡, 미묘한 풍미가 탄생된다. 따라서 포도품종의 이름을 사용하지 않고 생산지역이나 샤토(Château)의 이름을 상품명으로 사용한다. 연도별로 생산량과 품질수준의 차이가 크지 않으며 가격의 등락폭도 작다. 1152년 아키텐(보르도 지역)의 공국 알리에노르공주가 헨리 2세(영국)와 결혼하면서 지참금으로 보르도를 영국에 가져간 후 300년 간(1152~1453년) 영국령으로 있어서 권위와 품격을 따지는 경향이 강하다. 116년간 지속된 백년전쟁에서 가스티용 전투로 프랑스가 다시 찾기도 했다.

레드 품종 카베르네 소비뇽, 메를로, 카베르네 프랑이 주 포도품종이고, 말벡과 쁘티 베르도(Petit Verdot)는 비 주력 품종으로 소량 생산한다.

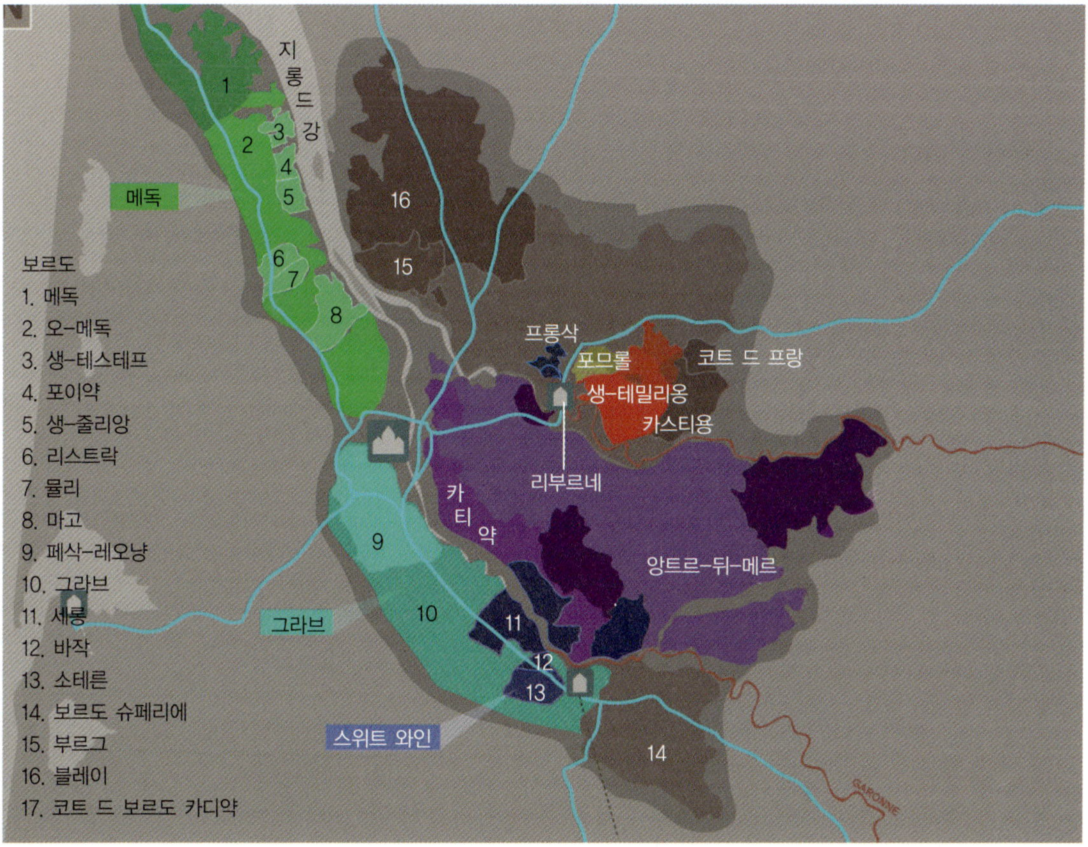

보르도 와인의 생산지역

<table>
<tr><th>지역</th><th colspan="2">AOC 지역</th></tr>
<tr><td rowspan="2">메독
(Médoc)</td><td>오-메독
(Haut-Médoc)</td><td>생-테스테프(St-Estèphe), 포이약(Pouillac), 생-줄리앙(St-Julien), 리스트락(Listrac), 물리(Moulis), 마고(Margaux), 오-메독(Haut-Médoc)</td></tr>
<tr><td>바 메독</td><td>북부 저 지역. 바 메독(Bas-Médoc)을 통상 그냥 메독이라고 부른다.</td></tr>
<tr><td rowspan="3">그라브
(Graves)</td><td colspan="2">그라브, 그라브 슈페리오레(Supérieures), 세롱(Cérons)</td></tr>
<tr><td>소테른, 바작</td><td>소테른(Sauternes), 바작(Barsac)은 그라브 지역 안이나 따로 취급</td></tr>
<tr><td>페싹-레오냥</td><td>그라브 안의 여러 마을 중 페싹-레오냥(Pessac-Lognan)은 특별 취급</td></tr>
<tr><td rowspan="2">리부르네
(Libournais)</td><td colspan="2">Canon Fronsac, Fronsac, Castillion Côtes de Bordeaux, Francs Côtes de Bordeaux, Lalande-de-Pomerol, Lussac-Saint-Émilion, Montagne-Saint-Émilion, Puisseguin-Saint-Émilion, Saint-George- Saint-Émilion</td></tr>
<tr><td colspan="2">생-테밀리옹(Saint-Émilion), 포므롤(Pomerol)</td></tr>
<tr><td>앙트르 뒤 메르
(Entre-Deux-Mers)</td><td colspan="2">Bordeaux Haut-Benauge, Cadillac, Cadillac Côtes de Bordeaux, Côtes de Bordeaux-Saint-Macaire, Entre-Deux-Mers Haut-Benauge, Graves de Vayres, Loupiac, Premières Côtes de Bordeaux, Sainte-Croix-du-Mont, Sainte-Foy-Bordeaux</td></tr>
<tr><td>동북 지역(지롱드 강 우안)</td><td colspan="2">Blaye, Blay-Côtes de Bordeaux, Côtes de Blay, Bourg, Côtes de Bourg</td></tr>
</table>

화이트 품종 소비뇽 블랑, 세미용이 주 품종이고, 뮈스까델(Muscadelle)과 위니 블랑(Ugni Blanc)은 비 주력 품종으로 소량 생산한다.

1. 메독(Médoc)

세계 최고의 와인 산지로서 보르도 북서쪽의 남북으로 80km에 걸쳐 길게 뻗어있어 '오 메독'과 '바 메독' 지역으로 나눈다. 지롱드 강의 하류 쪽에 위치하여 해발이 낮으므로 원래는 바-메독(Bas-Médoc) 혹은 'Médoc Maritime'으로 불렸다. '지롱드' 강의 왼쪽에 있어 좌안지역(左岸地域)이라 부르기도 하며 레드 와인만 생산한다.

포도 품종은 카베르네 소비뇽, 메를로 위주로 블렌딩하여 카베르네 프랑 일부와 쁘티 베르도(Petit Verdot)를 소량 더하기도 한다. 16개의 마을(communes)에서 생산되는 와인이 오-메독의 명성에 일부 가려있지만 좋은 와인들이 가격 또한 좋다.

샤토 루덴(Château Loudenne)은 생 티장(Saint-Yzans)의 지롱드 강변의 야트막한 언덕 위에 1730년에 자리 잡아 핑크 빛 단층 저택의 좋은 전망을 갖춘 방을 숙소로 제공하고 있다. 메독 지역에서 처음 만들기 시작한 화이트 와인과 더불어 부르주아급의 레드 AOC와인도 제공된다.

메도켄(Les Médocaines)

메독 지역의 루덴, 팔루메(Chteaux Paloumey), 뒤 타이안(Chteaux du Taillan), 라 투르 드 베상(Chteaux La Tour de Bessan)의 4개 샤토의 여주인들이 공동운영하는 것으로 와인의 수확 등 와인과 관광을 접목시킨 프로그램을 운영하고 있다, 블렌딩 체험은 참가자가 직접 와인을 섞어가며 자신이 선호하는 와인의 향과 맛을 만들어가는 와인 테이스팅 프로그램이다.

오 메독(Haut-Médoc)의 '오'(Haut)는 높다는 의미로 남쪽의 비교적 높은 지역이다.

'오 메독'에서 고품질의 와인이 많이 생산되며, 타닌이 많아 숙성기간이 길고 오래 보존할 수 있는 와인이 많다.

메독 지역에는 약 50개의 마을이 있는데, 그 중에서 '오 메독'의 생-테스테프, 포이약, 생-줄리앙, 마고, 뮬리, 리스트락의 6개 지역은 '오 메독' 안에 위치하지만 자신들의 이름으로 별도의 아펠라시옹을 가지고 있어 산지명(産地名)으로 마을이름을 붙일 수 있다.

크뤼(Cru)는 영어로 Growth를 의미하는 것으로 특정 재배지역이나 테루아 혹은 그곳에서 생산된 와인을 뜻하며, 그랑 크뤼는 특급 포도원이나 그곳에서 생산된 와인을 의미한다. 나폴레옹 3세 때인 1855년 파리박람회를 앞두고 보르도 상공회의소(la Cambre de Commerce de Bordeaux)가 1 만여 개의 샤토 중에서 161개를 선정하였고 1973년에 2등급이었던 무통 로쉴드를 1등급으로 상향 조정하였다.

1855년 당시 프랑스 정부는 포도주를 프랑스를 대표하는 중요한 제품으로 생각했으며 그것을 체계화하고자 하여 정해진 것으로 '보르도 '그랑 크뤼 클라세'가 전 세계 고급 와인의 표준처럼 여겨진다.

❶ **프러미에 크뤼(Premiers Cru)** First Growths(5개)

❷ **두지엠므 크뤼(Deuximes Cru)** Second Growths(14개)

❸ **트루와지엠므 크뤼**(Troisimes Cru) Third Growths(14개)
❹ **카트리엠므 크뤼**(Quartrimes Cru) Fourth Growths(10개)
❺ **생키엠므 크뤼**(Cinquimes Cru) Fifth Growths(18개)

보르도의 그랑 크뤼 1등급 프러미에 크뤼(Premiers Cru)

샤토	AOC	Second Wine
샤토 라피트 로쉴드 (Château Lafite-Rothschild)	포이약	Carruades de Lafite
샤토 라투르(Château Latour)	포이약	Les Forts de Latour
샤토 마고(Château Margaux)	마고	Pavillion Rouge de Margaux
샤토 오브리옹(Château Haut-Brion)	페삭-레오냥 (그라브)	
샤토 무통 로쉴드 (Château Mouton-Rothschild)	포이약	Le Petit Mouton de Mouton Rothschild

1) 샤토 라피트 로쉴드(Château Lafite-Rothschild)[1)]

'그랑 크뤼'를 정할 때 가장 먼저 1등급에 오른 와인으로 '1등급 중의 1등급'으로 불리며 다른 1등급에 비해 가격도 비싸다. 라피트 로쉴드 계열사의 와인들은 모두 병에 로쉴드 가문의 다섯 형제를 뜻하는 5개의 화살이 그려져 있다.

미국 3대 대통령 '토마스 제퍼슨'이 소유했던 것으로 알려진 라피트 로쉴드 1787년산이 런던 크리스티경매장에 나왔던 1985년에 포브스(Christopher Forbes)가 15만 6천 달러에 낙찰하였다. 보르도 와인이 200년까지 숙성 잠재력을 지닌 것을 감안해도 이미 식초가 되어버렸을 가능성이 크지만 포브스 가문은 이 와인을 아직 보관하고 있다.[1]

'오페라의 유령', '캐츠'로 유명한 작곡가인 웨버(Andrew Lloyd Webber)가 그동안 수집하였던 와인 1만 7000병을 뉴욕 자키스(Zachys) 경매에 2005년 내놓았는데 그 중 라피트 로쉴드 1811, 1832, 1864, 1865년산이 하이라이트였다.

붉은 문패라는 뜻[2]의 '로쉴드'[2)]의 후손인 '샤토 라피트 로쉴드'[3)]와 '샤토 무통 로쉴드'는 1845년 라피트 로쉴드의 세컨드 와인인 카뤼아드(Carruades) 포도밭을 두고 갈등을 빚기 시작하여 세계 정상급

---

1) 라피트(Lafite)란 이름은 가스꼰(Gascon)어로 'la Hite'로서 작은 언덕이란 뜻이다. 1355년 창설된 후 1868년 로쉴드(Rothschild)가의 바론(Baron James de Rothschild)이 구입하였다. 소유주인 에릭 로쉴드(Eric de Rothschild)남작이 영국 유명 정치가 가족을 초대한 만찬에서 정치가의 딸이 빈티지 차트를 펼쳐 놓으며 맛을 음미하던 중 오늘의 마지막 와인이 74년 빈티지라고 하자 발끈한 딸에게 '이 와인은 1974년산이 아니고 1874년산입니다'라고 대답한 일화가 있다. 현재 가장 오래된 와인은 1787년 빈티지이다. 보르도에서 파리로 돌아온' 리슐리외'공작이 예전보다 젊어보여 루이 15세가 비결을 묻자 라피트를 선물했다. 왕과 귀족들이 즐겨 마시고 그때부터 베르사이유 궁전의 공식와인이 되어 루이 15세와 마담 퐁파두르가 사랑하여 '왕의 와인', '젊음의 샘물'이라고 불렀다. 미국 3대 대통령인 토머스 제퍼슨이 프랑스대사 시절부터 가장 좋아하였다.
라피트 로쉴드 계열사로 같은 보르도 지역에 샤토 뒤아르 밀롱(Château Duhart Milon), 샤토 레방질(L' Evangile, 포므롤), 샤토 리외섹(Rieussec, 소테른)이 있다. 남부 랑그독 지역엔 도시에르(Château d' Aussieres), 그리고 칠레의 비냐 로스 바스코스(Los Vascos), 아르헨티나의 보데가스 카로(Bodegas Caro), 포르투갈에 퀸타 도 까르모(Quinta do Carmo)도 소유하고 있다.

2) 로쉴드(Rothschild)란 독일어로 붉은 문패 '를 뜻한다. 로쉴드 가(家)의 시조인 마이어 암셀(Mayer Amshel)이 살았던 18세기 중반의 프랑크프루트 집에 있던 붉은 문패에서 연유한다. 다섯 아들을 각각 프랑크프루트, 오스트리아 빈, 영국 런던, 이탈리아 나폴리, 프랑스 파리로 이주하면서 부를 키워 1815년부터 1914년까지는 세계 최대의 은행이었다. 둘째(빈)의 재산은 나치에 몰수당했으며, 첫째와 넷째는 후손의 없어 막내 제임스(파리)에게 재산이 상속되어 현재 EDR(Edmond de Rothschild)그룹으로 자산운용을 주력으로 하는 세계적 금융기관이다.

와인들인 동시에 적대적 라이벌의 상징이 되었다. 라피트 로쉴드는 제임스(파리)의 후손이, 무통 로쉴드는 나단(런던)의 후손이 소유하고 있다.[3]

2) 샤토 라투르(Château Latour)

포이약(Pouillac) 지역에서 생산되는 샤토 라투르(Château Latour)는 힘이 있는 세련미를 겸비한 귀족과도 같은 인상을 준다.

1378년 시작된 것으로 약 20~30년 이상 보관, 숙성했다가 마셔야 제 맛을 느낄 있는 샤토 라투르의 레이블에는 지롱드 강을 거슬러 올라오는 해적을 막기 위해 만들었던 성채의 탑 그림이 있다. 100년 전쟁 때에 황폐해진 성으로 현재는 탑 부분만 남아 있다. 빈티지가 좋건 나쁘건 한결같은 품질의 결점이 없는 와인의 대명사이다.

2011년 영국 크리스티 경매에서 6L짜리(임페리얼 사이즈) 1961년산이 13만 5천파운드(약 2억 4천만 원)에 낙찰된 적이 있었고, 2000년 6월 김대중 당시 대통령이 평양을 방문했을 때 김정일 위원장이 만찬에 내놓았다.

3) 샤토 마고(Château Margaux)

세계에서 가장 유명한 것 중의 하나로 명성이 높은 마고 지역의 대표적 와인인 샤토 마고[4]는 17세기부터 이어져 내려 온 전통방식으로 와인을 빚는다.

그리스 신전 같은 현재의 샤토는 중요기념 건축물로 지정되어 있다. 헤밍웨이가 머물었고, 손녀딸(여배우 마고 헤밍웨이)의 이름을 여기서 따서 지었다.

4) 샤토 오-브리옹(Château Haut-Brion)

1855년 샤토에 등급을 부여할 때 그라브 지역은 실시하지 않았다. 그러나 그라브 지역에 있는 오-브리옹의 명성이 이미 유럽에 널리 퍼져 있어 예외적으로 등급을 부여받았으므로, 그라브 지역에 위치하면서 예외적으로 메독 지역의 1등급 샤토이기도 하다.

500년 전 이래로 이론의 여지없이 보르도 특급 와인의 상징으로 최소 15년은 숙성시켜야 혀와 코에 관능적인 기쁨을 안겨준다.[4]

5) 샤토 무통-로쉴드(Château Mouton-Rothschild)

세계적 금융재벌 로스차일드 가문 계열의 '바롱 필립 드 로쉴드(Baron Phillipe Rothschild)[5]' 사가 생산하는 프랑스를 대표하는 최고급 와인이다.

1855년 실시된 샤토 등급 부여 때는 2등급을 받았다가 1973년 1등급으로 격상될 때 '자크 시라크' 전 대통령이 농무장관이었을 때 이 서류에 서명하였다. 1924년에는 샤토에서 병입하는 것을 처음으로

---

3) 샤토 라피트 로쉴드는 1355년 창설되어 로쉴드 가의 프랑스 분가(分家)로 1868년에 바론 로쉴드(Baron James de Rothschild)가 매입하였다.

4) 샤토 마고(Château Margaux)는 카베르네 소비뇽 75%, 메를로 20%, 카베르네 프랑 혹은 쁘티 베르도(Petit Verdot) 5%의 블렌딩으로 우아한 귀부인 이미지를 가진 샤토 마고의 복합성이 제대로 표현된 최적의 시음기간은 15년에서 50년으로 추천되며, 빈티지 중 좋은 것으로는 1990년, 1995년, 1996년, 2000년, 2003년이 추천된다.

5) '바롱 필립 드 로쉴드(Baron Phillipe Rothschild)는 로트쉴드 가문의 영국 분가. 원이름은 샤토 브랑-무통(Château Brane-Mouton)이었으나 1853년 바롱(Baron) 남작이 구입하여 샤토 무통 로쉴드(Château Mouton Rothschild)라는 지금의 이름으로 바꾸었다.

와인은 샤토 마고였습니다. 언젠가 이야기했듯이 샤또 마고의 향기는 특별합니다. 천장이 높은 장엄한 레스토랑에서 등을 곱게 편 소믈리에가 글라스에 샤또 마고를 채웠을 때……

샤토 마고의 향기는 어떤 와인과도 닮지 않았습니다. 불룩한 글라스를 들자 향기의 입자가 몸에 녹아들어 뭔가 영상으로 떠오르다가 부서지고 다시 떠오르다 부서지는 일이 되풀이되었습니다. 실제로 뭔가를 떠올릴 것도 같았습니다. 원래 향기 자체가 에로틱합니다. 향기는 음악과 달리 영상을 불러일으키지 않고 직접 내장에 작용하기 때문일 것입니다. 하지만 알랑 듀커스에서 샤토 마고의 향기를 맡았을 때, 영상이 되기 직전의 신호 같은 뭔가가 몸속에서 꿈틀거리는 것을 느꼈습니다. 그것은 잔거품을 닮았습니다. 욕조 속에서 일기 시작한 잔거품은 점점 커지고 어떤 형태로 보이기도 합니다. 하지만 거품은 터져 없어져 버립니다. 거품이 형태를 만드는 일은 결코 없습니다. 샤토 마고의 향기가 불러일으키는 뭔가는 영상이 되기 직전의 그런 잔거품 같은 것이었습니다.

샤토 마고의 향기도 뭔가를 차단시키고 뭔가를 단절시킨다. 간단히 말하자면 그것은 감상이다. 사라진 친근감을 한탄하고, 한탄하는 자신을 용서하는 감상은 관능과 가장 멀리 있다. 겹겹이 접힌 슬픔으로 샤토 마고의 향기는 존재한다.

향기는 눈앞에 있으면서 아무리 손을 뻗어도 닿지 않는 유리창 속의 꽃들 같은 것이다. 그래서 우리는 누군가의 체취나 피부의 구체적인 촉감을 원하게 된다.

언젠가는 샤토 마고를 마시게 될 것 같은 예감이 든다.[5]

도입하였고, 로쉴드는 현재 미국에서 '로버트 몬다비' 사와 오퍼스 원(Opus One), 칠레에서 '콘차 이 토로' 와 '알마비바(Almaviva)를 생산하고 있다.

1922년에 바롱 필립 로쉴드(Baron Phillipe Rothschild)가 경영을 물려받아 제일 처음 한 일이 쟝 까를뤼(Jean Carlu)에게 부탁하여 유명한 '양머리와 다섯 개의 화살' 을 그려 빈티지에 사용하였고, 1945년 제2차 세계대전의 종전을 기념하여 승리(Victory)를 뜻하는 큰 V를 붙였다. 이러한 전통은 딸에게도 계승되어 예술가들에게 레이블 디자인을 계속 부탁하여 양(무통이 프랑스어로 양이란 뜻)과 와인을 마시는 즐거움을 주제로 자유롭게 작업하여 레이블을 디자인하였다. 작가에게는 그림이 들어간 빈티지와 또 다른 빈티지의 와인을 한 케이스씩 준다.[6]

포도의 작황이 좋지 않았던 1930년산은 '무통 로쉴드' 로 판매할 수 없다고 판단하여 둘째나 막내를 의미하는 '카데(Cadet)' 를 붙여 주요고객들에게 선물하였다. 이것이 큰 인기를 얻어 다른 포도밭에서 생산

6) 1945 Philippe Julian, 1946 Jean Hugo, 1947 Jean Cocteau, 1948 Marie Laurencin, 1949 André Dignimont, 1950 George Arnulf, 1951 Marcel Vertès, 1952 Leonor Fini, 1953 Année du Centenaire, 1954 Jean Carzou, 1955 Georges Braque, 1956 Pavel Techelitchew, 1957 André Masson, 1958 Salvador Dali, 1959 Richard Lippold, 1960 Jacques Villon, 1961 Georges Mathieu, 1962 Matta, 1963 Bernard Dufour, 1964 Henry Moore, 1965 Dorothea Tanning, 1966 Pierre Alechinsky, 1967 세자르(C?sar), 1968 Bona, 1969 Joan Miro, 1970 Marc Chagall, 1971 Wassily Kandinsky, 1972 Serge Poliakoff, 1973 Pablo Picaso, 1974 Robert Motherwell, 1975 Andy Warhol, 1976 Pierre Soulages, 1977 "Tribute to Ian Barr(The Queen Mother)", 1978 Jean-Paul Riopelle(2 labels), 1979 Hisao Domoto, 1980 Hans Hartung, 1981 Arman, 1982 John Houston, 1983 Saul Steinberg, 1984 Yaacov Agam, 1985 Paul Delvaux, 1986 Bernard Séjourné, 1987 Hans Erni, 1988 Keith Haring, 1989 Georg Baselitz, 1990 Francis Bacon, 1991 Setsuko, 1992 Per Kirkeby, 1993 Balthus, 1994 Karel Appel, 1995 Antoni Tàpies, 1996 Gu Gan, 1997 Niki de Saint Phalle, 1998 Rufino Tamayo, 1999 Raymond Savignac, 2000 "Special gold enamel relief of the Augsburg Ram" (Mouton), 2001 : Robert Wilson, 2002 Ilya Kabakov 2003 "A 150th Birthday Tribute", 2004 Charles, Prince of Wales, 2005 Giuseppe Penone, 2006 Lucian Freud, 2007 Bernar Venet, 2008 Xu Lei, 2009 Anish Kapoor, 2010 Jeff Koons, 2011 Rougemont, 2012 Miquel Barceló, 2013 이우환.

되는 와인들을 혼합하여 '무통 카데(Mouton Cadet)' 라는 이름으로 판매하였는데, 이는 현재 매년 1,300만 병 이상 팔리는 세계에서 가장 많이 팔리는 와인 중 하나가 되었다.

2. 메독의 생산지

1) 생-테스테프(Saint-Estèphe)

보르도 지역의 네 군데 행정구역 중 가장 북쪽의 보르도 시에서 28km의 지롱드 강 좌안(左岸)에 위치하며, 기후는 메독과 거의 같은 온화한 해양성 기후로서 자갈 토양이다. 주 품종은 카베르네 소비뇽, 카베르네 프랑, 메를로로, 최근에는 메를로를 많이 사용하여 맛이 부드러워졌다.

1등급의 그랑 크뤼가 없이 2~5등급의 5개 샤토만 가지고 있어 상대적으로 소홀한 면이 있지만 자신들만의 고유한 색채를 지닌 작지만 유명한 뻬즈(Pez), 레싹(Leyssac), 마르뷔제(Marbuzet), 생 코르비앙(Saint Corbian), 코스(Cos), 블랑케(Blanquet)와 같은 여러 개의 촌락으로 구성된 넓은 지역이다. 이곳의 포도원들은 강 하구를 따라 7km에 걸쳐 펼쳐져 있는데, 이를 두고 '생-테스테프' 에서는 "포도나무가 강을 바라보고 있다"고 한다.

그랑 크뤼(Grand Cru Classé)와 세컨드 와인

2급	코스 데스투르넬(Ch. Cos d' Estournel)	Las Pagodes de Cos
2급	몽트로즈(Château Montrose)	La Dame de Montrose
3급	칼롱 세귀르(Château Calon Segur)	Château Marquis de Calon
4급	라퐁 로쉐(Château Lafon Rochet)	Les Pelerins de Lafon Rochet La Chapelle de Lafon Rochet
5급	코스-라보리(Château Cos-Labory)	Ch. Andron-Blanquet

자갈 토양은 배수 능력이 뛰어나서 습기와 부패를 막아주며, 메독 AOC의 다른 지역보다 석회와 많은 점토질로 이루어진 하부토는 와인에 개성을 부여한다.

전통적으로 오-메독 지방의 와인 중 숙성이 느리고 타닌이 가장 많이 함유되어, 강건하며 쉽게 꺾이지 않는 힘으로 명성이 높았다. 시간이 지날수록 복합성이 더해지고, 타닌이 과일 향에 녹아들어 완벽한 조화를 이룬다. 최근에는 보르도 타 지역 레드 와인들도 이처럼 강건한 스타일로 만드는 추세임에 반해 '생-테스테프' 와인은 과거에 비해 부드럽고 시음적기가 앞당겨지는 스타일로 바뀌어 다른 코뮌(Commune)들 간의 차이점이 점점 줄어들고 있다.

코스 데스투르넬(Château Cos d'Estournel)[7]은 '생-테스테프'의 최남단에 위치해 있으며 포이약의 샤토 라피트 로쉴드(Château Lafite Rothschild)와 마주보고 있다. 장기 숙성형으로 우아하며 농후한 와인이다. 와인 스타일도 밸런스가 좋은 것이 특징이며 빈티지에 크게 좌우되지 않고 일관적으로 최상급 품질의 와인을 생산한다. '생-테스테프의 마하라자' 라고 불리는 인도식 샤토가 매우 아름답다. '로버트 파커' 가 98~100점으로 평가하여 슈퍼 세컨드 중의 단연 으뜸이다.

몽트로즈(Château Montrose)[8]는 '장미 언덕' 이라는 뜻의 이름과 달리 보르도 와인 중 가장 억센 스타일로 숙성초기에 마시기 힘든 와인이지만 점차 부드러워진다. 보르도에서 손꼽힐 만큼 장기 숙성형 와인이며 농밀하다는 점에서 포이약의 샤토 라투르와 유사하다. 빈티지별로 기복이 있기도 하지만 좋은 빈티지에는 보르도 5대 샤토를 능가하는 와인을 만든다. 로버트 파커의 96~100점을 받은 곳으로 포도나무 사이의 간격이 정확히 1m로 심어져 있다.

칼롱 세귀르[9]는 장기 숙성형으로 진한 스타일이면서 숙성 초기에는 이해하기 힘든 와인이다. 세계적인 와인 저널리스트 아킨(Tim Atkin. MW)이 선정한 가장 저평가된 10대 보르도 와인 중 유일한 생-테스테프 와인일 정도로 그 품질이 우수하다. 74ha의 밭은 가장 북쪽에 위치한다. 라퐁 로쉐(Château Lafon Rochet)[10]는 와인 레이블에서부터 건물과 표지판 말뚝까지 노란색 일색으로 멀리서도 눈에 잘 뜨이며 와인 숙성고는 클래식공연장으로 쓰고 있다. 가격대비 좋은 와인으로 알려진 저평가된 와인 중의 하나이다. 풍부한 향도 매력적이지만 좋은 빈티지가 아닐 때는 피니시의 길이가 아쉬운 편이다.

크뤼 부르주아 익셉셔널(Cru Bourgeois Exceptionnel)급으로 샤토 펠랑 세귀르(Château Phélan Ségur)는 '샤토 몽로즈' 와 '샤토 칼롱 세귀르' 사이의 좋은 위치에 자리하고 있다. 이곳의 경사진 밭이 메를로 품종의 생장에 특히 좋아 메를로 47%로 메를로의 함량이 높아 와인이 부드러운 느낌을 갖췄으며 1980년대 중반에 와인의 품질이 급상승했고 2006년부터 최고의 와인 컨설턴트 롤랑(Michel Rolland)의 컨설팅을 받아 미래도 밝다.

샤토 레 조름 드 페즈(Château Les Ormes de Pez)는 가격에 비해 아주 훌륭하며 과

7) 데스투르넬(Louis Gaspard d'Estournel)이 1811년 만든 후 런던의 은행가를 거쳐 2000년부터 'Michel Reybier' 가 소유하고 있다. 스탕달과 마르크스가 선호했으며 우리나라에서는 정몽구 현대자동차회장이 즐긴다고 알려져 있다. 카베르네 소비뇽 60%, 메를로 40%를 사용하며, 생-테스테프에서 이례적으로 화이트 와인인 샤토 코스 데스투르넬 블랑(Château Cos d'Estournel Blanc)을 생산한다.

8) 몽트로즈(Château Montrose)는 '니콜라 알렉상드르 세귀르' 백작으로부터 '에티엔느 디오도르 뒤믈랭' 이 1778년 인수하고, '샤르몰뤼'(Jean Louis Charmolue)가문의 소유였던 1970년대 후반부터 가벼운 스타일로 생산하고 있고, 2006년에 부이게스(Bouygues)형제가 인수하여 천문학적인 돈을 투자하고 있다.

9) 샤토 칼롱 세귀르(Château Calon Segur) 와인 레이블에 있는 하트는 당시 '라피트 로쉴드' 와 '라투르' 를 공동 소유한 세귀르 후작(Nicolas Alexandre de SEGUR, 1697-1755)이 "나는 라피트와 라투르에서 와인을 만들지만 나의 마음은 칼롱에 있다"는 유명한 말을 한 것에서 유래했다. 그는 어머니로부터 샤토 라투르(Château Latour)를, 아버지로부터 샤토 라피트(Château Lafite, 오늘날의 샤토 라피트 로쉴드)를 물려받았으며 본인은 샤토 무통(Château Mouton, 현재의 샤토 무통 로쉴드)을 구입하여, 보르도 1등급 5개 샤토 중 3개를 동시에 소유했다. 이 외에도 오늘날의 샤토 몽로즈(Château Montrose), 샤토 퐁테 카네(Château Pontet Canet) 등을 동시에 소유하여 루이 15세가 '포도원 수집가', '포도밭의 왕자' 라고 부르기도 했다. 1894년 이래로는 가스크통(Gasqueton) 가문이 소유했다가 2012년에 2억 1250만 불에 매각되며 소유주가 바뀌었다.

10) '샤토 라퐁 로쉐' 는 현재 꼬냑 가문인 테쓰롱(Tesseron) 패밀리가 소유하고 있다. 이 가문은 최근 슈퍼세컨드 와인급으로 떠오른 포이약의 유망한 5등급 샤토인 샤토 퐁테 카네(Château Pontet Canet)도 소유하고 있다. 45ha의 밭에서 특이하게 샤토 라퐁 로제(Château Lafon Roset)라는 로제 와인도 생산한다.

실 향이 풍부하고 거친 면이 적어 숙성초기에도 이해하기 쉬운 스타일이다. 포이약의 샤토 랭슈 바쥬(Château Lynch Bages)의 소유주 카즈(Cazes) 가문이 소유하고 있다.

크뤼 부르주아(Cru Bourgeois)급으로 오 마르뷔제(Château Haut Marbuzet)는 생-테스테프에서 가장 이색적이며 숙성초기에 이해하기 쉬운 와인이지만 15년은 묵혀야 절정에 오르는 실망시키지 않는 와인이다. 페퍼콘(David Peppercorn)[11]이 일찍이 우수성을 극찬한 바 있다. 소유주인 뒤보스크 가문은 같은 지역의 투르 드 마르뷔제(Château Tour de Marbuzet), 캄베르-마르뷔제(Château Chambert-Marbuzet)도 소유하고 있다. 메를로 50%로 블렌딩한다.

샤토 르 크록(Château Le Crock)은 생-쥘리앵의 2등급 와인인 샤토 레오빌 푸아페레(Château Léoville Poyferre)의 소유주인 쿠벨리에(Cuvelier) 가문이 1903년부터 소유하고 있다. 유명 와인들에 비해 명성이 떨어지지만 좋은 빈티지는 10년 이상 지난 후 마시면 뛰어난 고전적인 매력을 느낄 수 있다.

메이네이(Château Meyney)는 1662년 설립된 유서 깊은 와이너리로 철분 함량이 높은 밭을 가지고 있다. 이는 페트뤼스(Pétrus)와 유사해 잘 숙성된 와인은 부엽토와 동물성 향 등이 매력적으로 가격대비 뛰어난 품질이다. 2004년부터 프랑스의 농협인 크레디트 아그리꼴(Crédit Agricole)이 소유하고 있다. 드 페즈(Château de Pez)는 강건하지만 거칠지 않은 매력적인 와인이다.

세컨드 와인(Second)

각 와이너리에서 스스로 정한 기준에 미달되어 퍼스트 레이블이 되지못한 와인으로 '명문가의 서자' 와 같은 존재이다. 대체로 수령이 5년 미만의 나무에서 수확한 포도로 만들었거나 빈티지가 좋지 않은 해의 와인이다.

슈퍼 세컨드(Super Second)

보르도에서 2등급이나 그 이하 등급의 와인이었지만 1등급에 비하여 품질에 손색이 없다고 인정되는 와인을 말한다. 1855년 등급이 정해진 이후 160년이 지나 그동안의 노력으로 당시보다 훨씬 높은 수준의 와인을 만드는 샤토가 다수 생긴 것이다.

플래그십(flagship) 와인

와이너리에서 생산하는 일련의 와인 중에서 가장 우수한 상표명으로 대표적으로 내세우는 와인이다.

2) 포이약(Paullic)

보르도 시에서 약 23km 지점의 북쪽으로는 '생-테스테프', 남쪽으로는 '생-줄리앙' 사이에 샌드위치처럼 끼어 있다. 자갈 토양이 카베르네 소비뇽에 적합하여 이 품종의 특색을 잘 살린 힘 있는 와인을 만들어내어 1등급 5개 중 3개가 이곳에서 나온다.

11) 데이비드 페퍼콘(David Peppercorn)은 소더비' 의 와인 경매사인 서클리프(Serena Sutcliffe)의 남편이자 영국 최고의 보르도 와인의 대가이다.

그랑 크뤼(Grand Cru Classé)와 세컨드 와인

등급	샤토	세컨드 와인
1등급	라피트 로쉴드(Château Lafite Rothschild)	Carruades de Lafite
	라투르(Château Latour)	Les Forts de Latour
	무통 로쉴드(Château Mouton Rothschild)	Le Petit Mouton
2등급	피숑 롱그빌 바롱(Pichon-Longueville Baron)	Les Tourelles de Longueville
	피송 롱그빌 콩테스 드 라랑드(Château Pichon Longueville, Comtesse de Lalande)	Réserve de la Comtesse
4등급	뒤하르-밀롱-로쉴드(Duhart-Milon-Rothschild)	Moulin de Duhart
5등급	퐁테-카네(Château Pontet-Canet)	Les Hauts de Pontet-Canet
	바타이예(Château Batailley)	Plaisance Saint-Lambert
	오-바타이예(Château Haut-Batailley)	La Tour d' Aspic
	그랑 퓌 라코스테(Ch. Grand-Puy-Lacoste)	Lacoste-Borie
	그랑-퓌-뒤카스(Ch. Grand-Puy-Ducasse)	Prelude a Grand-Puy-Ducasse
	랭슈 바주(Château Lynch Bages)	Château Haut-Bages Averous
	랭슈-무사(Château Lynch -Moussas)	Les Hauts de Lynch -Moussas
	다르마이약(Château d' Armailhac)	
	오-바주 리베랄(Ch. Haut-Bages Liberal)	La Chapelle de Bages
	페데스클로(Château Pédesclaux)	Licien de Pédesclaux
	클레르 밀롱(Château Clerc Milon)	
	크로와제 바주(Château Croizet-Bages)	Château Richebon

샤토 피숑 롱그빌(Château Pichon-Longueville Baron)은 2등급에 걸맞은 와인을 만들며 호텔로도 사용되고 있다. 피숑 롱그빌 콩테스 드 라랑드(Château Pichon Longueville Comtes de Lalande)[12]는 붙어있는 샤토 라투르와는 장미꽃이 울타리로 경계를 이루며 세계 100대 와인에 들어가는 부드러운 여성적 와인은 블렌딩의 메를로 함량이 높다. 그랑-퓌-라코스테(Château Grand-Puy-Lacoste)는 긴 여운을 뽐내는 밸런스의 모범이다. 퐁테-카네(Château Pontet-Canet)의 힘이 세고 타닌이 강한 와인은 포이약의 위대한 와인들의 반열에 들어가지만 가격은 여전히 평가절하된 상태다.

랭슈 바주(Château Lynch Bages)는 5등급이지만 판매가는 2등급에 버금가는, 그리고 5등급 가운데 가장 큰 곳으로 가장 강인한 와인을 생산한다. 또한 양조장 안팎을 현대 회화작품으로 장식하여 와

12) '피송 롱그빌 콩테스 드 라랑드'는 롱그빌 남작의 딸이 물려받아 '드 라랑드' 공작과 결혼하면서 '드 라랑드 공작부인의 샤토인 피송 롱그빌'이 되어 메를로 비율이 높아 부드러운 의심의 여지없는 2등급 와인이다. 1925년 네고시앙인 미아이유(Edouard Miailhe)가 매입하여 딸인 드 랑크쌩(De Lencqesaing)이 1978년 물려받았다가 2007년 루이 레데레(Louis Roederer) 샹파뉴 회사에서 매입하였다.

인 외에도 다른 볼거리를 제공하고 있으며 와인체험 프로그램 외에 미슐랭 가이드 투 스타의 레스토랑이 있는 호텔도 운영하고 있다.

3) 생-줄리앙(Saint-Julien)

포이약(Paullic)의 바로 남쪽으로 오-메독의 중심부에 있는 좁은 지역이다. 기후는 메독과 같으며, 성격은 포이약과 비슷하여 마고의 우아함과 포이약의 강건함을 지닌 와인을 생산해 낸다. 이곳 와인의 95%는 2등급 · 3등급 · 4등급 와인으로 1등급과 5등급 와인은 없다.[6]

그랑 크뤼(Grand Cru Classé)와 세컨드 와인

2등급	레오빌 라스 카즈(Château Léoville Las Cases)	Clos du Marquis
	레오빌 프와페레(Château Léoville Poyferre)	Ch. Moulin - Riche
	레오빌 바르통(Château Léoville Barton)	La Reserve de Léoville Barton
	그뤼오-라로즈(Château Gruaud-Larose)	Sarget de Gruaud-Larose
	뒤크뤼-보카이유(Château Ducru-Beaucaillou)	La Croix de Beaucaillou
3등급	라그랑주(Château Lagrange)	Fiefs de Lagrange
	랑고아 바르통(Château Langoa Barton)	Château Lady Langoa
4등급	생 피에르(Château Saint-Pierre)	
	딸보(Château Talbot)	Connétable de Talbot
	브라네르 뒤크뤼(Château Branaire Ducru)	Ch.Duluc, Ch.la Rose de France
	베슈벨(Château Beychevelle)	Amiral de Beychevelle Brulières de Beychevelle

레오빌-라스 카즈(Château Léoville-Las Cases)는 '와인 스펙테이터' 선정 세계 베스트 와인 톱 10에 들어가는 가슴을 파고드는 특출한 와인이다. 레오빌 푸아페레와 '레오빌 바르통' 으로 세 군데로 분할되었지만 모두 앞에 '레오빌' 이란 브랜드를 붙인 남성적인 강건한 와인이다. 레오빌 푸아페레(Château Léoville Poyferré)는 1960년대 한 때 품질이 실망스러워진 적이 있었지만 미셸 롤랑의 도움으로 1980년대부터 다시 '위대한 와인' 의 반열에 올랐다. 레오빌 바르통(Château Léoville Barton)은 레오빌의 3개의 샤토(바르통, 라스 카즈, 푸아페레) 중의 하나였으나 1826년 바르통(Hugh Barton)이 일부를 사 레오빌 바르통으로 나누었다. 최고급 와인들 중 가격 대비 품질이 가장 뛰어나다는 것은 그만큼 가격이 싼 경이로운 와인이다.

그뤼오-라로즈(Château Gruaud-Larose)[13]는 '와인의 왕', '왕의 와인' 으로 알려진 것으로 1892년 침몰되어 100년만인 1992년 인양된 배에 있어 화제가 되었다. 80ha의 밭에서 나온 고혹적인 와인은 엘리자베스 영국여왕이 2003년 부시 전 미국대통령, 2004년 노무현 전 대통령의 국빈만찬에 냈으며 에어 프랑스의 1등석에서 서브되었다.

뒤크뤼-보카이유(Château Ducru-Beaucaillou)는 아름다운(beau) 자갈(caillou)이라는 말대로 자갈투성이 밭에서 완숙미를 갖춘 섬세하고 우아한 긴 생명력의 '세계 100대 와인' 으로 품질이 항상 균질한 것 자체가 품질의 증거가 된다.

13) '샤토 그뤼오 라 로즈' 는 1725년 그뤼오(Joseph Stanislas Gruaud)가 설립하여 1778년 사위 라로즈(Joseph Sébastian de la Rose)가 상속받아 '그뤼오 라로즈' 가 되었다. 19세기 초 두 군데로 분할되기도 했으나 코르디에(M D Cordier)의 소유가 되면서 다시 합쳐졌고 1993년 알스톰(Alcatel Alsthom)그룹의 소유로 되었다.

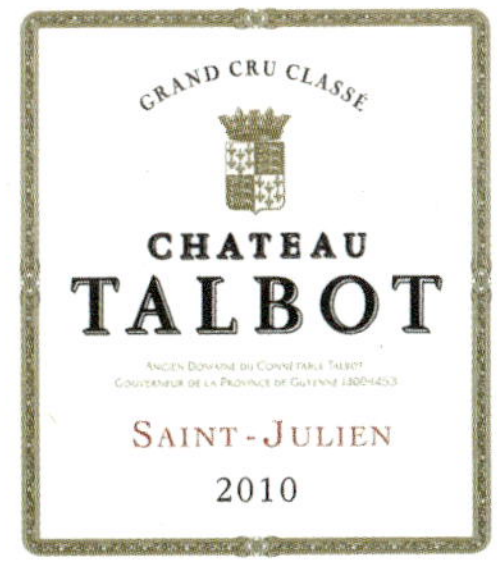

라그랑주(Château Lagrange)는 1631년 'Lagrange Montei)가 설립하여 1983년에 일본의 산토리그룹에서 매입하였다. 산토리는 ' 샤토 베슈벨 '의 소유주이기도 하다.

탈보(Château Talbot)는 영국 잉글랜드 중서부의 스루즈베리(Shrewsbury)백작인 탈보(John Talbot)의 이름이다. 그가 1453년의 가스티용(Castillon)전투에서 패배하면서 '아퀴텐' 과 '가스코뉴' 에서의 영국의 헤게모니가 상실하게 된다. 힘과 생-줄리앙의 특성인 우아함을 겸비했으며, 102ha 중 6ha에서 세미용을 재배하여 멋진 화이트를 만들어내기도 한다.

브라네르 뒤크뤼(Château Branaire Ducru)는 최상급은 아니지만 그랑 크뤼의 이름에 누를 끼칠 와인은 한번도 나온 적이 없다.

4) 리스트락(Listrac)

뮬리와 서로 붙어 있는 곳이다. '부르주아 슈페리에' 급(級)[14], '부르주아' 급(級)[15]이 있으며, 클라르크[16]의 레이블에는 '바론 에드몬드 드 로쉴드(Baron Edmond de Rothschild)' 의 이름이 적혀있다, '라피트 로쉴드' 의 공동 소유주로서 최고급 와인을 가지고 있지만 자신만의 와인을 만들고 싶었던 에드몬드 남작은 잠재력을 보유한 중급 와인을 최고의 반열에 올려놓고 싶은 도전정신이 강했던 그가 선택한 와인이 바로 '샤토 클라르크' 이었다.

두르뜨[17]는 1840년에 설립된 와이너리이자 네고시앙으로 보르도 내의 70여 개의 포도원에서 포도를 독점적으로 공급받으며 레스토랑과 바, 호텔 등의 관련 사업과 다양한 유통경로를 확보하고 있다.

푸르카-오스탕(Château Fourcas Hosten)은 어릴 때 마시면 다소 거칠지만 10년 이상이 되어야 비로소 소녀에서 숙녀로 바뀌며 20년은 거뜬하다.

---

14) '부르주아 슈페리에' 급(級). Châteaux Cap Léon Veyrin, 클라르크(Châteaux Clarke), 퐁레오 리 시뉴(Châteaux Fonréaud〈Le Cygne〉), Châteaux Fourcas-Dupré, Châteaux Fourcas-Hdsten, Châteaux Fourcas-Loubaney, Châteaux Lestage, Châteaux Mayne-Lalande, 사랑소 뒤프레(Châteaux Saransot-Dupré)

15) '부르주아' 급(級). Châteaux Ducluzeau, Châteaux La Lauzette, Châteaux Peyredon-Lagravette 등이 알려져 있다.

16) 샤토 클라르크(Château Clarke)' 의 이름은 '벨벳 장갑을 낀 강철 주먹' 이라는 뜻으로, 12세기 시토 수도사(Cistercian Monk)가 포도밭을 조성한 후 1818년 이를 인수한 아일랜드 출신 기사인 '토비 클락(Tobie Clarke)' 에서 유래했다. 12세기 수도사들이 만든 이곳을 로쉴드가 1973년 구입하여 1978년까지 와인 생산을 중단한 채 포도나무도 모두 다시 심고 정비와 설비 개선 등 와인 생산 준비에만 힘쓰다가 1998년부터는 최고의 와인 컨설턴트로 일컬어지는 미셸 롤랑(Michel Rolland)의 조언을 받아 품질 향상을 위한 노력을 지속하고 있다. 메독 지역에서는 흔치 않은 '생-떼밀리옹' 과 유사한 토질로 메를로가 잘 자라는 점토질석회(clay-limestone) 토양이다. 메를로를 많이 사용하여 부드럽고 원만하여 게다가 카베르네 소비뇽이 가지는 견고하고 균형 잡힌 구조를 겸비하고 있다. 'iron fist in a velvet glove(벨벳 글러브(메를로 70%)를 낀 강철 주먹(카베르네 소비뇽 30%)라는 표현이 딱 떨어진다.

17) 두르뜨(Château Dourthe)는 오-메독 크뤼 5등급인 벨그라브(Château Belgrave)와 Château Le Boscq(생-테스테프, 크뤼 부르주아), Château La Garde(페삭 레오냥), Château Pey Latour(보르도 Sallebouf마을), Château Reysson(오 메독), Grand Barrail Lamarzellefigeac(생-테밀리옹)의 포도원을 소유하며, 랑그독과 아르헨티나에도 샤토를 가지고 있다.

5) 뮬리(Moulis)

마고와 생-줄리앙 사이에 타닌구조를 잘 갖춘 풀 바디의 와인이 나온다. 뮬리(Moulis) AOC는 면적이 600 헥타르로서 규모는 작지만 명성은 큰 곳으로 보르도 북서쪽 20여 킬로미터, 지롱드 강 하구 좌안(左岸)에 위치한다. '뮬리' 라는 이름은 예전에 이 지역 마을에 많이 분포되어 있던 풍차와 물레방아(라틴어로 Molinis)에서 따온 것이다.

이 지역 토양과 하부토의 북쪽 경계에는 강물에서 운반된 자갈과 모래로 이루어진 퇴적지와 갸론 강의 자갈로 이루어진 언덕이 자리 잡고 있다. 남쪽은 석회층 위에 얇은 점토질이 드리워진 토양으로 이루어져 있다. 이렇게 다양한 특징을 가진 토양 때문에 뮬리를 '메독 포도 재배지의 집결지이자 진수' 라 부른다. 뮬리(Moulis)와 뮬리-장-메독(Moulis-En-Médoc)으로도 레이블에 공히 표기할 수 있는 뮬리의 명성은 와인의 품질에서 비롯됐는데, 이 지역의 2/3가 특별한(-exceptionnel) 것으로 여겨지는 와인이 생산된다. 전형적인 보르도 방식의 블렌딩으로 와인이 섬세함과 강함, 복합성이 느껴지며, 풍부한 부케 향을 선사한다. 푸조(Château Poujeaux)는 오랫동안 크뤼 부르주아의 전형이라 여겨진 곳으로 구조와 향이 샤스 스플린보다 더 단단하고 풍부하여, 뮬리 AOC에서 '샤스 스플린' 과 더불어 Top 2로 일컬어진다.

6) 마고(Margaux)

4군데의 주요 메독 지역보다 가장 남쪽의 '보르도' 시 바로 위에 위치한다. 자갈 토양의 온화한 해양성 기후로 메독의 다른 지역보다 더 향기롭고 부드러우며 풍부하다.

브랑 캉트낙(Château Brane Cantenac)은 보르도 최고 와인 가문의 상징으로 알려져 있으며[18], 90ha의 넓은 밭에서 메를로 55%의 블렌딩으로 세련된 와인이다.

지스쿠르(Château Giscours)는 1552년 설립된 곳으로 대한항공 1등석에서 제공되었으며, '최고의 와인관광 2007' 에서 '서비스 시설부문' 1등을 하기도 했다.

팔메르(Château Palmer)는 맛을 본 사람들에게는 3등급이지만 1등급 못지않은 대접을 받는 것으로 어느 빈티지라도 한결같은 와인으로서 슈퍼 세컨드의 대표적 하나로 꼽힌다.

말레스코 생-떽쥐베리(Château Malescot Saint-Exupery)는 1610년 창설된 후 '어린 왕자' 의 저자인 쌩-떽쥐베리(Antoine de Saint-Exupery)의 할아버지인 생-떽쥐베리 백작이 인수하였다가

18) 브랑 캉트낙은 샤토 마고의 주요 주주였던 프랑수와 뤼르통(Fran ois Lurton), 보르도 와인협회 회장을 지낸 그의 아들 앙드레 뤼르통(Andre Lurton), 그 다음 세대로서 보르도 그랑크뤼 샤토들의 오너인 앙리(Henri, Château Brane Cantenac), 곤자그(Gonzague, Château Dufort Vivens), 드니(Denis, Château Desmirail), '샤토 슈발 블랑' 과 샤토 디켐' 의 사장인 피에르 뤼르통(Pierre Lurton). 그리고 여러 샤토들의 오너들까지 뤼르통 가문은 보르도에서 가장 넓은 포도밭을 소유하며 가장 영향력이 있는 가문이다. 그 중에서도 '브랑 캉뜨냑' 은 뤼르통 가문의 수도(Capital)와 같은 상징성을 가지고 있다.

그랑 크뤼(Grand Cru Classé)와 세컨드 와인

등급	샤토	세컨드 와인
1등급	마고(Château Margaux)	Pavillon Rouge du ch.Margaux
2등급	로장-세글라(Château Rauzan-Ségla)	Ségla
	로장 가시(Château Rauzan-Gassies)	Chevalier de Rauzan-Gassies
	뒤포르-비방(Château Durfort-Viviens)	Second de Durfort
	라스꽁브(Château Lascombes)	Chevalier de Lascombes
	브랑 캉트냑(Château Brane Cantenac)	Baron de Blanc
3등급	키르왕(Château Kirwan)	Les Charmes de Kirwan
	디상(Château d' Issan)	Blason d' Issan
	지스쿠르(Château Giscours)	La Sirène de Giscours
	말레스코 생-떽쥐베리	La Dame de Malescot
	캉트냑-브라운(Ch. Cantenac-Brown)	Brio du Ch. Cantenac-Brown
	보이드 캉트냑(Château Boyd-Cantenac)	Jacques Boyd
	팔메르(Château Palmer)	Alter Ego de Palmer
	데미라유(Château Desmirail)	Château Fontarney
	페리에르(Château Ferriére)	Remparts de Ferriére
	마르퀴스 달레슴 베커(Becker)	Marquis d' Alesme
4등급	푸제(Château Pouget)	Antoine Pouget
	프리에레-리쉰(Château Prieuré-Lichine)	Les Cloitre du Château Prieuré-Lichine
	마르퀴 드 테름(Ch. Marquis de Terme)	Les Gondats de Marquis de Terme
5등급	도작(Château Dauzac)	La Bastide Dauzac
	뒤-테르트르(Château du-Tertre)	Les Hauts du Tertre

지금은 영국계 주거(Zuger)가 소유하고 있다. 마르퀴스 달레슴 베커(Château Marquis d' Alesme Becker)는 다른 곳에 비하여 상대적으로 덜 알려져 있다. 메를로 45%를 사용해서 그런지 비교적 가벼운 편이다.

마르잘리아(Château Marojallia)는 1999년 문을 열어 미셸 롤랑(Michel Rolland)의 자문으로 와인을 생산한지 불과 수년 만에 샤토 마고와 대등한 가격으로 거래되는 보르도의 첫 가라주와인(garage wine)[19]으로 평가된다.[7] 당글뤼데(Château d' Angludet)는 합리적인 가격에 좋은 스트럭쳐를 가지고 있다.

7) 오-메독(Haut Médoc)

온화한 해양성 기후로서 다양한 성질의 와인을 생산한다. '그랑 크뤼'는 3, 4, 5등

19) 소량 생산되어 고가에 팔리는 고품질 와인

급뿐이지만 크뤼 부르주아 급의 샤토는 이곳이 가장 많다. 소시앙도-말레(Château Sociando-Mallet)는 크뤼 부르주아에도 관심 없지만 탁월한 와인들이다. 그랑 뱅(Grand Vin)은 '훌륭한 와인' 이란 뜻이나 단순하게 와인의 품질만을 나타내는 말이 역사적 의미도 내포하고 있다.

그랑 크뤼(Grand Cru Classé)와 세컨드 와인

3등급	라 라귄(Château La Lagune)	Château Ludon-Pomies Agassac)
4등급	라 투르 카네(Château La Tour Canet)	Le Second de Canet
5등급	벨그라브(Château Belgrave)	Diane de Belgrave
	드 까망삭(Château de Camensac)	La Closerie de Camensac
	캉트메를(Château Cantemerle)	Le Baron de Cantemerle

보르도의 와인산업에는 세 가지 부문이 있다.

첫째가 샤토(Châteaux) 즉 경작자(propritaire)가 자신의 경작지(propriate)에서 포도와 와인을 생산하는 것이고, 둘째가 네고시앙(negociant)으로 다른 사람이 경작한 포도를 수매하여 자기 양조장에서 와인을 만들거나 유통하는 일을 하고 있다. 셋째는 꾸르티에(courtier)로서 경작자와 네고시앙의 중간에서 포도 매매를 알선하는 중개인 역할을 한다. 18세기부터 이들 '꾸르티에' 가 조합(le syndicat)을 결성하여 경작지 내력과 토양, 와인의 특성, 년도에 따른 기상 같은 상세한 자료를 공유하여 나름대로의 기준을 설정하여 등급을 매겨 놓았다. 이것이 1855년의 등급결정에 참고자료가 되어 오늘날에도 전통을 중시하는 샤토에서 관습적 등급인 '그랑 뱅' 을 자랑스럽게 표기하고 있다.

크뤼 부르주아(Cru Bourgeois)

1855년의 등급결정 시에 '그랑 크뤼' 급에 들지 못한 포도원 중에서 우수한 포도원들이 시장에 적극 대처하기 위해서 1920년에 '크뤼 부르주아 조합' 을 결성하였다. 1932년에 보르도 상공회의소와 5개의 중개업체(Courtier) 주관으로 분류하여 444개의 회원사가 등록하였고, 1962년에 94곳으로 줄었다가 2003년에 3개 등급으로 조정하여 현재 247곳이 이에 속한다. 유럽 연합법에 의하여 레이블에 '크뤼 부르주아(Cru Bourgeois)' 로만 표기하고 있다.

크뤼 부르주아 익셉셔널(Cru Bourgeois Exceptionnel)

샤스 스플린을 포함하여 뿌조, 드 페즈(de Pez), 오 마르뷔제(Haut Marbuzet), 라베고르스 제데(Labegorce zede), 레 조롬 드 페즈(Les Ormes de Pez), 펠랑 세귀르(Phelan Ségur), 시랑(Siran), 퐁탕삭(Pontesac)의 9개의 샤토가 있다.

샤스 스플린(Château Chasse-Spleen)은 '슬픔이여 안녕' 이란 뜻으로, 시인 보들레르[20]가 이 와인을 마시고 우울한 기분을 떨쳐버렸다고 해서 헌정한 이름이다. 등급이나 명성을 떠나 와인의 본질을 알게 해 주는 와인으로 알려져 있다. 레이블에는 그해 와인과 잘 어울리

20) 보들레르(Charles Pierre Baudelaire, 1821~1867)는 프랑스 상징주의를 대표하는 시인으로 추상과 관능이 넘치는 작품으로 시대의 영역을 넘나드며 예술가들에게 영감을 주며 많은 사람들의 사랑을 받았다.

는 시구를 붙이는데 살아있는[21] 작가의 경우에는 작가가 세상을 떠날 때까지 매년 와인을 보내주어 답례를 한다.

크뤼 부르주아 슈페리에(Cru Bourgeois Supérieur)

뮬리의 앙토니크(Château Anthonic), 물랭-아-방(Château Moulin '-a-Vent), Château Brillette, Château Dutruch Grand-Poujeaux, Château Gressier-Grand Poujeaux, Château Maucaillou 등이 잘 알려져 있다.

크뤼 부르주아(Cru Bourgeois)

뮬리의 벨 에르 라그라브(Château Bel Air Lagrave), Château Duplessis 등이 알려져 있다.

3. 그라브, 페삭 레오냥(Graves, Pessac Léognan)

보르도에서 가장 오래된 와인 산지로 클라레(claret. 프랑스산, 혹은 보르도산 레드 와인)를 퍼뜨린 곳이다. 자갈이라는 뜻의 '그라브' 라는 이름 그대로 자갈이 많은 토양으로 이것이 오히려 포도재배에 이점이 되고 있다. 남북 55km, 동서 20km의 메독보다 조금 언덕으로 숲이 많으며, 남쪽은 세미용과 소비뇽 블랑으로 화이트 와인이 많이 나오고 북쪽의 페삭-레오냥은 짜임새 있는 레드 와인을 생산한다.

그라브에는 3개의 AOC가 있다.

❶ 그라브(Graves) AOC는 레드 와인이 비중이 80%를 점한다.

❷ 그라브 슈페리오레(Graves Superiéures) AOC는 세미 스위트 화이트 생산지역이다.

❸ 페삭-레오냥(Pessac Léognan) AOC

북부 지역만 따로 떼 내어 1987년부터 페삭-레오냥이란 명칭으로 AOC를 획득했다.

1953년에 그랑 크뤼를 신설하여 1959년 화이트 부문도 첨삭했다. 2003년 그라브 와인조합(Syndicat Viticole des Graves)에서 생-테밀리옹과 마찬가지로 세 가지 '그랑 크뤼' 로 분류하고자 했으나 INAO에서는 승인하지 않고 있다. 그랑 크뤼로 올려져 있는 샤토 중에 레드는 7개였으나 '라 투르 오-브리옹(Châteaux La Tour Haut-Brion)' 이 2005빈티지를 마지막으로 생산이 중단되고 '라 미숑-오-브리옹' 으로 합병되어 6개가 되었다.

오 브리옹(Haut Brion)은 1855년 사토에 등급을 부여할 때 그라브 지역은 실시하지 않았으나 명성이 이미 유럽에 널리 퍼져 있어 예외적으로 등급을 부여받아 그라브 지역에 위치하면서 메독 지역의 1등급(프러미에 크뤼)에 올라있다. 피으잘(Châteaux de Fieuzal, Red)은 두텁고 근육질의 남성적으로 30년이 지나야 제대로 숙성되며, 보르도의 드라이 화이트 중 반드시 맛보아 할 와인이라고 로버트 파커가 소개하였다. 레드나 화이트나 가격 대비 품질이 뛰어나다.

---

21) 2000. J' ai plus de souvenirs que si j' avais mille ans(마치 천 년을 산 것보다 더 많은 추억을 난 지니고 있다). 보들레르 〈우울과 이상〉
2003. Heureux qui, comme Ulysse, a fait a beau voyage(율리우스처럼, 멋진 여행을 하는 사람은 행복하여라). 뒤 벨레〈회환〉
2004. Quelle est cette langueur qui pénètre dans mon coeur?(내 마음 속에 스며드는 이 나른함은 어디로부터 오는 것일까?). 베를렌 〈말없는 연가〉
2008. C' est toi qui dors dans l' ombre, ô sacré souvenir(어둠 속에 잠들어 있는 너, 오 숭고한 추억이여). 빅토르 위고 〈빛과 그림자〉
2009. Enivrez-vous sans cesse ! De vin, de Poéesie ou de vertu, à vorte guise(끊임없이 취하세요(항상 취해 있으라) ! 포도주에, 시건 미덕이건 무엇이건), 당신 뜻대로. 보들레르〈취하세요〉
2010. C' était l' occasion, le moment opportun, la faveur ou la saison(그것은 호기였고, 시의적절한 때였다. 특혜였을까 혹은 기회였을까). 장 필립 뚜생

스미스-오-라피트(Châteaux Smith-Haut-Lafitte)[22]의 소비뇽 블랑 화이트가 탁월하며, 와이너리 내의 온천이 나오는 곳에 1999년에 부티크호텔과 스파를 지어 같이 운영하고 있다. 라 미숑-오-브리옹(Châteaux La Mission-Haut-Brion)[23]은 입 안에 꽉 차는 강인한 와인으로 생명력이 뛰어나 장기 숙성이 가능하여 대체로 50년은 거뜬하다. 1975년산은 2050년까지 그 화려함을 뽐낼 것으로 보인다. 오-바이(Châteaux Haut-Bailly)의 우아하지만 연약하지 않은, 그리고 파프-클레멘트(Châteaux Pape-Clément)도 품질이 처지지 않는다.

레드와 화이트가 동시에 그랑 크뤼인 것은 6개로 부스코(Châteaux Bouscaut), 카르보니으(Châteaux Carbonnieux), 도멘 드 슈발리에(Domaine de Chevaliers), 라 투르 마르티약(Châteaux La Tour Martillac), 올리비에르(Châteaux Olivier), 말라르틱-라그라비에르Châteaux Malartic-Lagraviére)이다.

도멘 드 슈발리에(Domaine de Chevaliers)는 보르도의 그랑 크뤼 중 이름이 '샤토'이지 않는 몇 안되는 곳으로 미디엄 보디의 견고한 타닌과 적당한 과일 맛은 직선적이고 발랄하다. 소비뇽 블랑이 70%인 화이트 와인이 훌륭하지만 레드도 마찬가지로 둘 다 성숙하기까지 20년 이상이 걸리는 힘과 집중도를 지닌다.

화이트 그랑 크뤼인 것은 3개로 라 미숑-오-브리옹 블랑(Châteaux La Mission-Haut-Brion Blanc)[24]의 '페삭 레오냥'은 '세계 100대 와인'으로 선정된 것이며, 쿠엥-뤼르통(Châteaux Couhins-Lurton)과 쿠엥(Châteaux Couhins)이 유명하다.

라 루비에르(Châteaux La Louviére)는 '보르도 와인의 살아있는 역사'로 불리는 앙드레 뤼르통(Andre Lurton)[25] 소유로 소비뇽 블랑 85%, 세미용 15%의 화이트는 40년 이상의 장기숙성이 가능하며 샤토는 유네스코 문화유산으로 등재되어 있다.

---

22) 스미스 오-라피트(Chteaux Smith-Haut-Lafitte)는 스포츠용품점 'Go Sport'를 운영하던 카티아르(Daniel Cathiard)와 플로랑스(Florence Cathiard)부부가 1990년 인수하여 오크통도 자체 생산하며 좋은 와인을 만들고 있다. 1993년에는 포도씨에 함유된 폴리페놀 성분을 추출한' 코달리 '화장품도 생산한다.

23) 라 미숑 오-브리옹(Chteaux La Mission-Haut-Brion)은 '오-브리옹', '라빌 오-브리옹', '라 투르 오-브리옹'과 같은 오너(Domaines Clarence Dillon)이다.

24) 라 미숑-오-브리옹 블랑(Chteaux La Mission-Haut-Brion Blanc)은 2009년 빈티지부터 라빌-오-브리옹(Chteaux Laville-Haut-Brion)에서 바뀌어진 이름이다.

25) 앙드레 뤼르통(Andre Lurton)은 평생을 그라브 지역의 와인발전을 위해 노력하여 '보르도 와인의 대부', '보르도 와인의 개척자'로 불린다. 페삭-레오냥의 토양과 기후를 잘 표현하여 페삭-레오냥 AOC를 받게 만들었고 코르크마개 대신 스크류 캡을 보르도에서 처음 사용하였다.'라 루비에르' 외에 '쿠엥 뤼르통', '도작', '기봉', 'de Cruzeau', 'de Rochemorin', 'de Barbe Blanche', 'Bonnet', 'Grossombre de Saint Joseph', 'Coucheroy', 'de Quantin'의 사토도 소유하고 있다.

플로리덴(Clos Floridène)은 그라브 화이트 와인의 잠재성을 표현하고 있으며, 카름-오-브리옹(Châteaux Les Carmes-Haut-Brion)도 훌륭하다. 파프-클레망(Châteaux Pape-Clément)은 보르도의 지주였던 대주교가 1305년 교황 클레망 5세로 등극하자 이를 기념해 붙인 이름으로 풀 바디의 화려한 와인이다.

4. 소테른(Sauternes)

갸론 강(江)이 흘러가는 왼쪽에 위치하며, 따뜻한 갸론 강에 씨롱(Ciron)이라는 차가운 작은 강줄기가 흘러들어 가며 온도 차이에 의해 생기는 많은 안개가 세계적으로 뛰어난 스위트 화이트 와인을 만드는 특이한 기후이다. 이 안개로 습도가 높아 귀부균(Botrytis Cinerea)을 생기게 하는 원인이 되며 이 귀부현상이 감미로운 맛을 지니는 황금색 와인을 만들어내는 것이다. 귀부현상(noble rot)은 포도송이 전체에 한 번에 생기는 것이 아니므로 알갱이 하나하나를 그 때 그 때 마다 따내야 하며 수확을 위해서는 십 여 차례 포도밭을 들락거려야 한다. 화이트 와인 품종은 껍질이 얇은 세미용, 소비뇽 블랑으로 뮈스카델을 조금 사용하고, 레드 와인은 생산하지 않는다.

소테른 AOC 스위트 화이트 와인 생산지역으로 세부지명은 소테른, 봄, 프레냑, 파르그가 있다.

바작(Barsac) AOC 소테론 위쪽의 갸론 강 왼쪽에 위치하는 바작은 소테른의 마을 중 하나이지만 자신의 이름으로 AOC를 표시하기도 한다. 바르작에는 소테른의 프러미에 크뤼(Premier Cru) 11개 중 2개(샤토 클리망, 샤토 꾸테) 그리고 2등급 14개 중 7개가 이곳에 있다.

1) 소테른 와인의 등급(Grands Crus Classès, 1855)

(1) 그랑 프러미에 크뤼(Grand Premier Cru : First Great Growth)

특1등급은 샤토 뒤켐(Château d' Yquem)하나이다. 영주인 뤼 샬뤼스(Lur Saluces) 백작이 1847년 러시아에 다녀오면서 자신이 올 때까지 포도를 수확하지 말 것을 명령했으나 귀향시기를 놓쳐 포도가 다 곰팡이 투성이로 변했다. 하지만 버리기가 아까워 썩은 포도로 와인을 담갔는데, 맛이 달콤하고 향이 풍부한 황금색 와인으로 변했다. 그 후 소테른 지역에서는 일부러 포도수확을 11월 초순까지 늦추어 귀부현상(Botrytis Cinerea, noble rot. 貴腐)에 의해 당도와 밀도가 농축된 디저트 와인을 생산해내게 되었다. 세미용 80%에 소비뇽 블랑 20%의 블렌딩으로 숙성 4년째에 출하한다. 언덕 꼭대기에서 이웃 샤토들을 내려다 보고 있어 그 자리를 쉽게 넘볼 수 없다.

드라이 화이트 와인도 생산하지만 법률에 의해서 이는 '샤토 뒤켐' 이라는 이름을 붙이지 못하고 '소테른' 의 지명으로 표기된다. 1847년산이 2004년 Zachy' s Wine Auction에서 71,675달러에 판매된 적이 있다.

(2) 프러미에 크뤼(Premier Cru. 1등급)는 11개이다.[26)]

라포리 페이라귀(Château Lafaurie-Peyraguey)는 클리망, 리외섹과 더불어 소테른의 3총사라 불린다. 클리망(Château Climens)은 세미용 100%로 만드는 귀부와인으로 명성에는 샤토 뒤켐에 미치지 못하지만 복합적이고 매혹적이며 우아하고 달콤한 면에서는 누가 앞서는 것을 절대 용납치 못한다. 브랑 캉트냑(마고)의 소유주인 뤼르통 가의 소유이다.

리외섹(Château Rieussec)은 1984년 이래 로쉴드(Baron de Rothschild) 소유로 디켐을 제외하고 이 지역 최고의 밭으로 역시 '위대한 와인' 이다. 예전에는 색이 좀 어두웠으나 파워를 포기하고 난 이후는 맑고 깨끗해졌으며 1983년 이후 빈티지는 모두 한결같이 훌륭하다.

(3) 두지엠므 크뤼(Deuximes Crus. 2등급) : 14개

드와지-대느(Château Doisy-Daëne)는 가벼운 스타일이지만 최소 10년 이상의 숙성이 필요하며 50년 이상 보존 가능한 마법을 부린다. 필로(Château Filhot)는 보르도의회의 자문관이었던 '로망 필로' 가 17세기에 세운 곳으로 황금빛 노란색의 이 와인은 에어 프랑스의 퍼스트 클래스에 서버되었다. 드 말르(Château de Malle)는 17세기에 세워진 건물과 정원이 프랑스문화재로 등록되어있으며, 이를 포함해 2등급은 모두 14개이다.[27)]

이외에 비 등급이나 좋은 품질의 와인이 많아 드 파르그(Château de Fargues)는 '가난한 자의 디켐' 이라는 말을 듣지만 만만치 않은 가격은 그럴만한 충분한 이유가 있다. '레이몽 라퐁'[28)]과 '질레트'[29)]는 '샤토 뒤켐' 과 동열에 올려놓는 곳으로 질레트의 '크램 드 테트'[30)]는 '세계 100대 와인' 에 들어가며 50년 이상 숙성되었을 때 자신의 진가를 발휘한다.

26) 클로 오-페이라귀(Clos Haut-Peyraguey), 쿠테(Château Coutet), 기로(Château Guiraud), 라보-프로미(Château Rabaud-Promis), 레네-비그뇌(Château Rayne-Vigneau), 시갈라-라보(Château Sigalas-Rabaud), 쉬드로(ChâteauSiduiraut), 라-투르-블랑쉬(Chteau La-Tour-Blanche)

27) 다르슈(Château d' Arche), 브루스테(Broustet), 카이유(Caillou), 드와지 뒤브로카(Doisy-Dubroca), 드와지-베드린(Doisy-Védrines), 라모스 데스퓌욜(Lamothe-Despujols), 라모스-귀나르(Lamothe-Guignard), 드 미라(de Myrat), 네락(Nairac), 로메로 뒤아요(Romerdu Hayot), 쉬오(Suau)

28) 레이몽 라퐁(Raymond Lafon)은 보르도의 등급체계가 만들어진 1855년에 존재하지 않아 비등급이지만 '샤토 뒤켐' 과 같은 수준이라는 평이 있다. 세미용 80%, 소비뇽 블랑 20%를 사용하며 잠재 당도가 20이 되어야 수확한다. 그에 이르지 못하면 레이블에 '레이몽 라퐁' 이라고 쓰지 못하고 '소테른AOC' 으로 출하된다.

29) 샤토 질레트(Château Gilette)는 시멘트 통에서 18년 숙성하여 병입 후 2~3년을 지나 출시되며 한해 생산량이 3000~6000병에 불과하다.

30) 크램 드 테트(Créme de Tête). 소테른에서 첫 번째 압착에서 나오는 포도즙을 헤드와인(vin de Tête)이라 하는데, 이 헤드와인이 우수한 상태일 때 레이블에 '크램 드 테트' 라 표기한다. 탱크에서 탱크에서 18년, 병입하여 3년이라는 최소 21년 이상 숙성시켜 출시하는 곳은 여기밖에 없다. 1955년산은 29년을 숙성시켜 1984년에야 출시하였다.

2) 소테른 주변 지역

소테른 바로 위의 갸론 강의 왼쪽에 위치하며 시롱 강이 소테른과 나누고 있다. 세롱(Cérons)에서는 세미용을 70~100% 사용한 매우 좋은 드라이 화이트가 나오지만 '그라브' 라는 이름을 붙인다.

카디악(Cadillac), 루피약(Loupiac), 생-크루아-뒤-몽(Sainte-Croix-du-Mont), 생-마캐르(Côtes de Bordeaux St-Macaire)는 소테른에서 갸론 강을 건너 강 우안(右岸)에 위치하며 역시 세미용을 70~90% 사용한다. 라 람(Château La Rame)은 평범하고 활기 없는 생-크루아-뒤-몽의 아펠라시옹 중에서 유독 돋보이는 존재다.

프러미에 코트 드 보르도(Premières Côtes de Bordeaux)도 역시 화이트는 세미용이 우세하고 레드는 메를로, 카베르네 소비뇽, 카베르네 프랑을 고루 블렌딩한다.

5. 앙트르-뒤-메르(Enter-Deux-Mers)

'앙트르 뒤 메르' 라는 말이 '두 바다 사이' 라는 뜻으로 도르도뉴 강과 갸론 강 사이에 위치하는 보르도에서 가장 넓은 3,250ha에 이른다. 메독 지역보다 바람이 세고 강 가까이에 있으므로 습기가 많다.

(1) 앙트르-뒤-메르 AOC

주품종이 세미용, 소비뇽 블랑, 소비뇽 그리로 드라이 화이트 와인을 70% 이상 생산하며 레드 와인은 AOC를 보르도로 표시한다. 알코올은 최소 11.5° 이상이다.

(2) 앙트르-뒤-메르-오-브노주(Enter-Deux-Mers-Haut-Benauge) AOC

앙트르-뒤-메르와 흡사하다.

(3) 그라브 드 베이르(Graves de Vayres) AOC

화이트 품종은 세미용, 소비뇽 그리, 뮈스카델, 레드 품종은 카베르네 소비뇽과 프랑, 메를로, 말벡으로 생산량은 화이트와 레드가 비슷하다.

(4) 보르도-오-브노주(Bordeaux-Haut-Benauge) AOC

소비뇽 블랑과 세미용, 뮈스카델을 주품종으로 스위트 화이트 와인을 생산하는 작은 곳이다.

생트-푸아-보르도(Sainte-Foy-Bordeaux) 레드와 화이트의 생산량이 비슷하며 드라이 화이트와 스위트 화이트 와인이 나온다.

프러미에 코트 드 보르도(Premières Côtes de Bordeaux) 랑클로 드 샤토 르종그르(L' Enclos de Château Lezongrs)는 적당한 가격에 품질과 스타일에 일관성이 보이는 메를로 70%의 모던한 스타일의 좋은 와인이다.

(5) 카디약(Cadillac), 루피악(Loupiac), 생-크로아-뒤-몽(Sainte-Croix-du-Mont), 그리고 코트-드-보르도-생-마캐르(Côtes-de-Bordeaux-Saint-Macaire) AOC

드 세겡[31], 라투르 라갱[32], 그리고 로잔 데스파뉴(Château Rauzan d' Espagne), 투르 드 미람보

31) 드 세겡(Château de Seguin)은 세겡 백작이 780년 설립한 오래된 곳이며, 1973년 칼(Erling Carl)이 매입한 'Carl Wine' 그룹 소속으로 지금은 두 아들(Michael and Gert Carl)이 운영하며 보르도의 변두리로 주목받지 못한 지역에서 탁월한 와인을 생산하고 있다.

32) 라투르 라갱(Château Latour-Laguens)은 중국의 칭따오에 2001년 설립된 롱하이(Longhai Int' l)사가 2008년 1월 매입하여 중국기업 최초로 보르도 샤토의 주인이 되었다. 30ha에서 연간 16만병을 생산하며, 메를로 70%, 카베르네 소비뇽 25%, 카르미네르 5%를 사용한다.

(Château Tour de Mirambeau), Château Bel Air Perponcher는 소유주가 같은 사람[33]으로 세 샤토에서 각기 다른 성격의 화이트를 생산한다.

6. 리부르네(Libournais)

도르도뉴 강의 오른쪽 연안으로 점토성 토양이 주류를 이루어 '메를로' 의 고장이다.

1) 생-테밀리옹(Saint Émilion)

보르도 시로부터 동쪽으로 50km 떨어진 도르도뉴 강의 오른쪽 연안지역이다. 생-테밀리옹과 포므롤(Pomerol) 지역의 와인은 색이 진하고 맛이 순하며, 부드러운 전통적 성질이 있다. 무난한 품질이지만 뛰어난 평가를 받는다.

레드 와인만 생-테밀리옹 AOC를 쓰고, 화이트 와인은 이곳에서 생산해도 생-테밀리옹이라는 이름을 쓰지 않고 보르도라는 더 큰 지역명을 붙인다. 프러미에 그랑 크뤼는 13곳으로 1959년에 지정되었고, 1967년, 1985년, 1996년, 그리고 2006년과 2012년에 수정되었다.

(1) 프러미에 그랑 크뤼 클라세(Premiers Grand Cru Classés) A급

오존과 슈발 블랑, 그리고 2012년 수정 시 B급에서 A급으로 오른 앙젤뤼스와 파비를 포함해서 네 개다. 오존(Château Ausone)은 1718년 문을 연 보르도의 1등급 샤토 중에서 7ha로 제일 작은 곳이다. 와인은 카베르네 프랑 55%, 메를로 45%의 블렌딩으로 숙성의 슈퍼스타급이다. 세월이 쌓일수록 환상적인 맛으로 변하는 오존을 제대로 느끼려면 아주 오래 기다리는 인내심이 필요하다.

슈발 블랑(Château Cheval Blanc)은 와인을 좋아해서 '와인 왕' 으로 불리웠던 앙리 4세가 백마(슈발 블랑)를 타고 머무른 데서 이름이 유래한다. 포므롤에 인접하여 포므롤적 요소와 자갈이 많은 그라브적 요소와 생-테밀리옹적 블렌딩의 결합으로 부드러우며 강인한 최상의 와인이 나온다.[8] 카베르네 프랑 60%, 메를로 39%, 카베르네 소비뇽 1%로, 카베르네 프랑으로 만든 와인 중에 세계적 유명 반열에 오른 유일한 와인이다.

앙젤뤼스(Château Angélus)는 관능미가 넘치는 ' 세계 100대 와인 '으로 향기도 최상급이며 "묵직하면서 단단한 근육질 구조와 비길 데 없이 농밀한 느낌으로 균형미 또한 감탄할 문자 그대로의 풍요롭다" 고 로버트 파커가 평하고 있다.

파비(Château Pavie)는 생-테밀리옹 프러미에 크뤼 중에서 가장 넓은 50ha의 면적으로 메를로 70%, 카베르네 프랑 20%, 카베르네 소비뇽 10%로 세련된 와인이 나온다. 파비는 슈발 블랑보다 못하지만 품질이 아니라 가격에서만 그렇다는 말이 있다. 파비 2003에 후한 점수를 준 파커와 낮은 점수를 준 젠시스 로빈슨의 의견이 극단적으로 엇갈린 적도 있다.[34]

(2) 프러미에 그랑 크뤼 클라세 B급은 14곳[35]

발랑드로[36]는 1990년에 시작하여 미셸 롤랑(Michel Rolland)의 도움으로 100% 새 오크통에서의 유산발효(malolactic fermentation)[37]방식으로 만든다. 1994년 빈티지가 '페트뤼스' 보다 높은 94점을 받아 짧은 역사에도 불구하고 가라쥬(garage)와인으로 평가받는다.

---

33) Jean Louis Despagne는 롤랑(Michael Rollan)의 자문으로 좋은 레드도 생산하고 있다.

34) 파비(Château Pavie) 2003. 파커 ; 완벽주의자인 오너의 노력으로 풍요함과 광물성, 표현력 그리고 고상함을 두루 갖춘 숭고한 와인이다. 로빈슨 ; 식욕을 완전히 떨어트리는 너무 익어버린듯한 아로마, 이 풋내나는 와인은 보르도 레드라기보다 오히려 늦게 수확한 진판델을 상기시킨다. 클라이브 코츠 ; 이 와인이 훌륭하다고 생각하는 사람은 자신의 머리와 혀를 이식받을 필요가 있다.

라 몽도트(Château La Mondotte)는 진한 농도의 '위대한 와인' 이며, 그리고 카농-라-가플리에르(Château Canon-la-Gaffeliere)는 1971년 나이페르크 백작(Count Niepperg)이 라 몽도트, 클로 델로라투아르(Clos de l' Oratoire)와 함께 구입하여 많은 투자와 정성으로 뛰어난 구조를 지닌 명성을 얻었다.

피작(Château Figeac)은 카베르네 프랑과 소비뇽, 메를로가 35, 35, 30%로 조화롭게 섞여 우아함과 조화의 모델로 10년~25년이 적정 시음기간이다.

(3) 그랑 크뤼 클라세는 63곳

테시아[38]에서 카베르네 프랑 75%, 메를로 25%로 걸출한 르 돔(Château Le Dôme)을 만든다. 라 도미니크(Château La Dominique)에서 뛰어난 와인이 나오지만 빈티지에 따라 일관성이 결여되는 단점이 있다. 막드렌느(Château Magdelaine)는 특별한 점이 보이지 않다가 숙성이 진행되면 메를로 95%의 위력이 서서히 발하여 실크의 부드러움과 카베르네 프랑 5%의 신선함이 드러나서 20년 이상 사그라지지 않는다.

오 브리송[39]에서 롤랑(Michel Rolland)과 뒤카스(Jerome Ducasse)를 컨설턴트로 영입하여 만든 '오 브리송', '오-브리송 라 그라브(La Grave)', 라 리제르브(La Réserve) 모두가 적정 숙성이 40년이다. 카농(Château Canon)은 20세기 초 앙리에트 푸르니에[40]가 독특한 개성을 살려내어 타이방(Taillevent)[41]의 대표 브리나(Vrinat)[42]가 와인을 선정하고 라고라스(Girard-Lagorce)[43]가 쓴 '전설의 100대 와인' 에 선정되었다.

---

35) 보-세쥬르 베코(Château Beau-Séjour Bécot), 보세르주 뒤포-라가로스(Beauséjour Duffau-Lagarrosse), 벨레르(Bélair-Monange), 클로 푸르테(Clos Fourtet), 라 가플리에르(La Gaffeliére), 라르시스 뒤카스(Larcis Ducasse), 파비-마캥(Pavie-Macquin), 트로프롱 몽도(Troplong Mondot), 트로트 비에유(Trotte Vieille)

36) 발랑드로(Château de Valandraud)는 은행원이었던 튀느뱅(Jean Luc Thunevin)이 설립하여, 생산지역인 '발롱 드 퐁가방(vallon de Fongaban)의 발(val)과 아내의 이름인 안드로(Murielle Andraud)를 합쳐 만들었다.

37) malolactic fermentation : 유산발효. 거친 사과산(Malic Acid, 말산)이 부드러운 유산(Lactic Acid, 젖산)으로 변하며 산도가 감소되고 맛이 부드러워지며 와인이 버터 향을 갖게 된다. 2차 발효라 부르기도 한다.

38) 샤토 테시아(Château Teyssier)는 영국에서 온 멜터스(Jonathan & Lyn Malthus)가 1994년 샤토를 구입하여 훌륭한 와인을 만들며, 미국의 '크러쉬 패드(Crush Pad)사를 통해 포도재배와 양조 대행도 한다. 레드 와인으로 Vieux Château Mazerat, Les Astéries, Le Carré, Château Laforge, 화이트로는 Clos Nardian Saint Aubin de Branne이 나온다.

39) 샤토 오 브리송(Château Haut Brisson)은 베트남에서 태어나 프랑스문화를 접하였던 홍콩사업가 궉(Peter Kwock)이 1997년 구입하였고, 그 후 Château Tour Saint Christophe(생-테밀리옹), Château La Patache(포므롤)도 구입하였다.

40) 앙리에트 푸르니에는 페트뤼스의 마담 루바, 피숑-랄랑드의 마담 드 랑크생과 함께 보르도 양조계의 대모로 불린다.

41) 타이방(Taillevent). 1946년 개업하여 미슐랭 3스타를 30년 이상 유지한 세계 최정상급의 파리에 있는 레스토랑이다. 전 세계 3천여 종 30만 병의 와인을 선별하여 보관하고 있다.

42) 브리나(Jean Claude Vrinat) : 타이방의 소유주로 1976년 파리의 심판 때 평가위원으로 위촉된 와인 전문가이다.

43) 실비 지라드 라고라스(Sylvie Girard-Lagorce) : 음식 칼럼니스트로 '세계의 위대한 와인', '라루스 요리 대백과', '저는 와인을 맛볼 줄 몰라요' 등 음식 관련 책 40여 권을 썼다.

라 고메리(Château La Gomerie)는 생-테밀리옹의 신예의 다크호스이자 가라주와인이다. 그리고 베를리케(Château Berliquet), 다소(Château Dassault), 파비-마캥(Pavie Macquin), 트로플롱-몽도(Château Troplong Mondot)를 비롯한 여러 샤토[44]들이 그랑 크뤼급이다. 이곳의 생-테밀리옹 주변 지역들의 와인들은 생-테밀리옹 이름으로 판매되었으나 1936년에 자신들의 이름으로 AOC를 획득하였다. 모두 레드 와인 생산 지역이며 재배하는 품종은 생-테밀리옹과 같다.

뤼싹 생-테밀리옹(Lussac Saint-Emillion) AOC

몽타뉴 생-테밀리옹(Montagne Saint-Emillion) AOC

생-테밀리옹 바로 북쪽으로 점토와 석회암 토양이 주를 이룬다. 몽테기용(Château Montaigullon)은 메를로 60%의 블렌딩으로 7~10년 정도의 최적시음기이다.

푸이세갱 생-테밀리옹(Puisseguin Saint-Emillion) AOC

생-조르쥬-생-테밀리옹(Saint-George-Saint-Emillion) AOC

2) 포므롤(Pomerol)

리부르네(Libourne)의 북동쪽에 있는 700ha 정도의 작고 소박한 전원마을로 서쪽으로는 생-테밀리옹과 이어지며, 릴르(l' Isle) 강까지 내려가는 평지 위에 위치한다. 땅 색깔이 짙은 검은 색을 띠고 있어 외면받던 이곳이 1878년 파리 만국박람회에서 최고의 와인에 주는 '황금 메달' 을 '페트뤼스' 가 받음으로서 유명해졌다. 포므롤은 보르도에서 최상급의 레드 와인을 생산하는 지역으로 공식등급은 없다.

주 포도품종으로 대부분 메를로를 사용하며, 카베르네 소비뇽도 조금 사용되고 있다.

페트뤼스(Château Pétrus)[45]는 '성 베드로' 의 라틴어 발음으로 꿈의 와인, 전설의 와인, 하얀 벌판 위에 보석처럼 빛나는 검은 눈동자로 불리는 포므롤 대표 와인이다. 1920년대까지는 잘 알려지지 않았으나 엘리자베스 2세의 대관식 때 사용되면서 일약 신데렐라로 떠올랐고 재클린이 가장 좋아했던 와인이기도 하였다. 정신을 혼미하게 하는 매혹적인 향기로 사람을 희열에 들뜨게 한다.

샤토 르 팽(Château Le Pin)은 1ha 남짓한 밭에서 메를로 92%, 혹은 메를로 100%로 연간 600~700 케이스를 만드는 원조 가라주 와인이다. 15~40년의 숙성이 필요하며 빈티지에 따라서는 페트뤼스를 능가하기도 한다는 명실 공히 메를로 2인자로 문자 그대로 과일 향이 코 속으로 쏟아져 들어온다.

비외 샤토 세르탕(Vieux Château Certan)은 르 팽과 같은 소유주인 벨기에인인 중개업자 티엥퐁(Thienpont) 가(家)로, 르 팽 바로 옆에 있는 '신비스러운 와인' 으로 알려져 있다. 트로타누아(Château Trotanoy)는 무엑스 소유로 '세계 100대 와인' 으로 꼽히며 메독과 생-테밀리옹, 부르고뉴를 합한듯한 특성을 지닌 페트뤼스 만큼이나 부드러우며 농밀하다.

레글리스 클리네(Château L' Eglise Clinet)는 수확량이 많거나 빈티지가 안 좋으면 수확한 포도의

44) 클로 데 자코뱅(Clos des Jacibins), 몽부스케(Château Monbousquet), 물랭-생-조르주(Moulin-Saint-George), 시마르(Simard), 테르트르-로트뵈프(Tertre-Rô teboeuf), 라 투르 피작(La Tour Figeac), 트리물래(Trimoulet). 발랑드로(Château Valandraud)

45) 페트뤼스(Château Pétrus) : 일 년에 4000상자 정도를 생산하는데 판매도 배당제로 하고 있다. 메를로 95%, 카베르네 프랑 5%로 메를로를 베이스로 한 와인 중에 세계 최고다. 기후라면 근처의 다른 샤토도 다 똑 같은 상황인데 페트뤼스만 왜 특별한가? 가장 중요한 현상은 페트뤼스의 점토질의 토양이다.

반 정도까지 세컨드 와인인 라 쁘티 레글리즈(La Petit L' Eglise)로 만드는 품질관리로 '위대한 와인'의 반열에 오른 포므롤 최고 와인 중의 하나다.

레방질(Château L' Evangile)의 오너는 1990년부터 메독 라피트 로쉴드의 바론 로쉴드로서 이미 페트뤼스의 강력한 도전자로 나서고 있는 '위대한 와인' 이다.

라플레르(Château Lafleur)는 특이하게 카베르네 프랑을 많이 사용하여 메를로와 50%의 블렌딩한 세계에서 값비싼 와인 중의 하나이다. 10~25년의 숙성이 필요하다. 페트뤼스에 필적할 '위대한 와인' 이다. 라 플레르 페트뤼스(Château La Fleur-Pétrus)의 소유주도 무엑스(Jean Pierre Moueix)로 페트뤼스의 소유주이기도 하며, 이 외에도 호잔나(Château Hosanna)를 1998년, 프로비당스(Château Providence)를 2005년 매입하여 눈부신 변화를 이루어내고 있다.

르 봉 파스퇴르(Château Le Bon Pasteur)는 와인 컨설턴트인 미셸 롤랑 소유의 가족이 3대째 운영하는 곳이며, 이외에 잘 알려진 곳[46]이 많다.

3) 기타

(1) 코트 드 카스티용(Côtes de Castillon)

도르도뉴 강이 구비치는 우안(右岸)에 유네스코 세계문화유산으로 등재된 생-테밀리옹이 있고, 더 동쪽으로 있는 지역이다. 9개의 마을(communes)[47]이 있으며 레드 와인에만 아펠라시옹이 허용된다. 도멘 드 라(Domaine de l' A)에서 균형잡힌 와인이 나온다.

(2) 코트 드 프랑(Bordeaux Côtes de Francs)

카스티용의 바로 북쪽에 붙은 3개의 마을[48]로 1967년 '보르도 코트 드 프랑(Bordeaux Côtes de Francs)' 이라는 AOC를 따로 부여받아 레드와 더불어 화이트 와인도 공인받았다. 카스티용과 같이 품종은 메를로가 단연 우세하다.

샤토 르 퓌[49]는 이곳의 생 시바르' (Saint Cibard)에 자리 잡고 있다. 만화 '신의 물방울' 과 일본 NTV에서 '제12사도 와인' 으로 선정되어 갑자기 유명세를 탔다. 소유주 '아모로(Amoreau)' 가문이 그들의 포도밭을 INAO[50]에 단독 AOC로 규정해 달라고 요청하기도 했다.

(3) 프롱삭(Fronsac)

포므롤과 생-테밀리옹의 서쪽 지역으로 와인 성격도 이 두 지역과 비슷하다. 프롱삭 AOC와 카농 프롱삭(Canon Fronsac) AOC로 고급 레드 와인이 생산되나 색이 더 진하고 거친 맛이 난다.

---

46) 보르가르(Château Beauregard), 부르뇌프(Bourneuf), 세르탕-드 메이 드 세르탕(Certan-De May de Certan), 세르탕-지로(Certan-Giraud), 클리네(Clinet), 클로-르네(Clos-René), 라 콩세이앙트(La Conseillante), 라 크로아-드-가이(La Croix-De-Gay), 레글리즈(L' Eglise), 드 샬르(de Sales), 가쟁(Gazin), 라투르 포므롤(Latour-Pomerol), 네넹(Chteau Nnin), 라 푸엥트(La Pointe), 프티 빌라주(Petit- Village), 플렝스(Plince)

47) Castillon-La-Bataille, Saint-Magne-de-Castillon, Belvès-de-Castillon, Sainte-Colombe, Monbadon, Gardegan et Tourtirac, Les Salles de Castillon, Saint-Genès de Castillon, Saint-Philippe-d' Aiguilhe

48) Francs, Saint-Cibard, Tayac

49) 샤토 르 퓌(Château le Puy)의 역사는 12세기로 거슬러 오르며 1832년에 재건되어 과거와 현재가 조화를 이루는 곳이다. 1610년부터 '샤토 르 퓌' 를 소유한 아모로(Amoreau) 가문의 현재 오너는 장 피에르 아모로(Jean Pierre Amoreau)로 전통적인 방법으로 만들어 지난 400여 년 동안 농약을 전혀 사용하지 않은 유기농법으로 완성된 와인을 평균 수령 60년의 포도로 만든다. 이산화황도 첨가하지 않고 코르크에 왁스도 입히지 않으며 떼루아를 그대로 표현하는 것으로 알려져 있다.

50) INAO(Institut National de Appellations d' Origine) : 프랑스 와인의 원산지 명칭을 통제 · 관리 · 승인하는 국가조직으로 1935년 농림성 산하에 생겼다.

(4) 부르그(Côtes de Bourg)

보르도시의 북쪽 20km 지점, 도르도뉴 강과 갸론 강이 합류하는 유역의 오른쪽 연안에 위치한 부르그(Bourg)시를 뒤로 두고 양조장들이 늘어서 있다. 15개의 마을(communes)[51]로 AOC로는 '코트 드 부르그(Côtes de Bourg)'로 표기한다. 샤토 팔파(Château Falfas)의 슈발리에(Le Chevalier)는 자기 목소리를 내는 활기찬 와인이며, 록 드 캉베(Château Roc de Cambes)는 이 지역 최고의 와인이다.

(5) 블레이(Côtes de Blaye)

'부르그' 위에 넓게 펼쳐진 지역이다. 이 두 지역은 강수량이 많으며, 서풍과 북서풍의 바람이 메독 지역보다 강하다. AOC는 블레이(Blaye), 코트 드 블레이(Côtes de Blay), 프러미에르 코트 드 블레이(Premières Côtes de Blaye)를 사용하며, 모든 면에서 부르그와 흡사하나 화이트 와인은 생산량은 작지만 부르그보다 훨씬 중요하다. 화이트품종으로 위니 블랑(Ugni Blanc)을 많이 사용한다.

비넥스포(Vinexpo) 보르도 상공회의소 주최로 1981년부터 시작된 국제와인박람회이다. 홀수년마다 개최된다. 관광 시티투어는 매일 오전 10시 코미디광장에서 출발하며, 구어메 투어는 한 달에 두 번 첫째, 셋째 토요일에 있다. '보르도 디스커버리 패키지'는 와인과 치즈 테이스팅 및 시티투어와 와이너리 투어, 교통카드 및 박물관 입장, 와인 한 병과 와인 바에서의 테이스팅이 포함되며 매주 일요일에 실시한다. 2박에 1인당 100~400달러이다.

제2절 부르고뉴(Bourgogne, Burgundy)

보르도와 함께 프랑스 와인의 양대 산맥을 이루는 지역으로, 중심부는 코트 도르(Côte d' Or)이다. 보르도를 '와인의 여왕,' 부르고뉴를 '와인의 왕'이라고 칭하고 있을 정도로 맛이 중후하다.

포도밭의 규모가 보르도에 비하여 아주 영세하여 대체로 보르도의 약 1/3에 불과하다. 때때로 우박이 내리는 좋지 않은 기후조건이지만, 포도밭의 토양과 풍부한 일조량 등의 자연조건과 포도수확량의 제한 및 우수한 양조기법이라는 인위적 노력이 맞물려 세계적 명품을 만들고 있다.

다양한 지형과 토양으로 다른 지방에 비해 다양한 와인이 생산되지만 반면, 와인의 종류는 획일적이다. 레드 와인은 피노 누아, 화이트 와인은 샤르도네, 보졸레 레드 와인은 가메이 품종으로만 집중해서 와인을 생산한다. 그러나 같은 품종으로 만든 와인이라도 브랜드에 따라 차이가 많이 난다. 이는 토양의 성질이 다르기 때문이다. 이 지방은 지반의 융기에 의해 만들어진 완만한 경사의 구릉지로 성분이 다른 토양이 서로 겹쳐 바로 옆의 밭이 전혀 다른 성질의 것이 되기도 한다.

부르고뉴 와인은 숙성이 덜 되었을 때에는 거칠고 맛을 제대로 느낄 수 없지만, 숙성되면 부드러워지고 맛이 깊어지며, 또한 순수해지고 향과 맛이 그윽해진다는 평도 있다.

51) 부르그(Bourg)의 15개의 communes ; Bayon-sur-Gironde, Bourg, Comps, Gauriac, Lansac, Mombrier, Prignac-et-Marcamps, Pugnac, Saint-Ciers-de-Canesse, Saint-Seurin-de-Bourg, Saint-Trojan, Samonac, Tauriac, Teuillac, Villeneuve

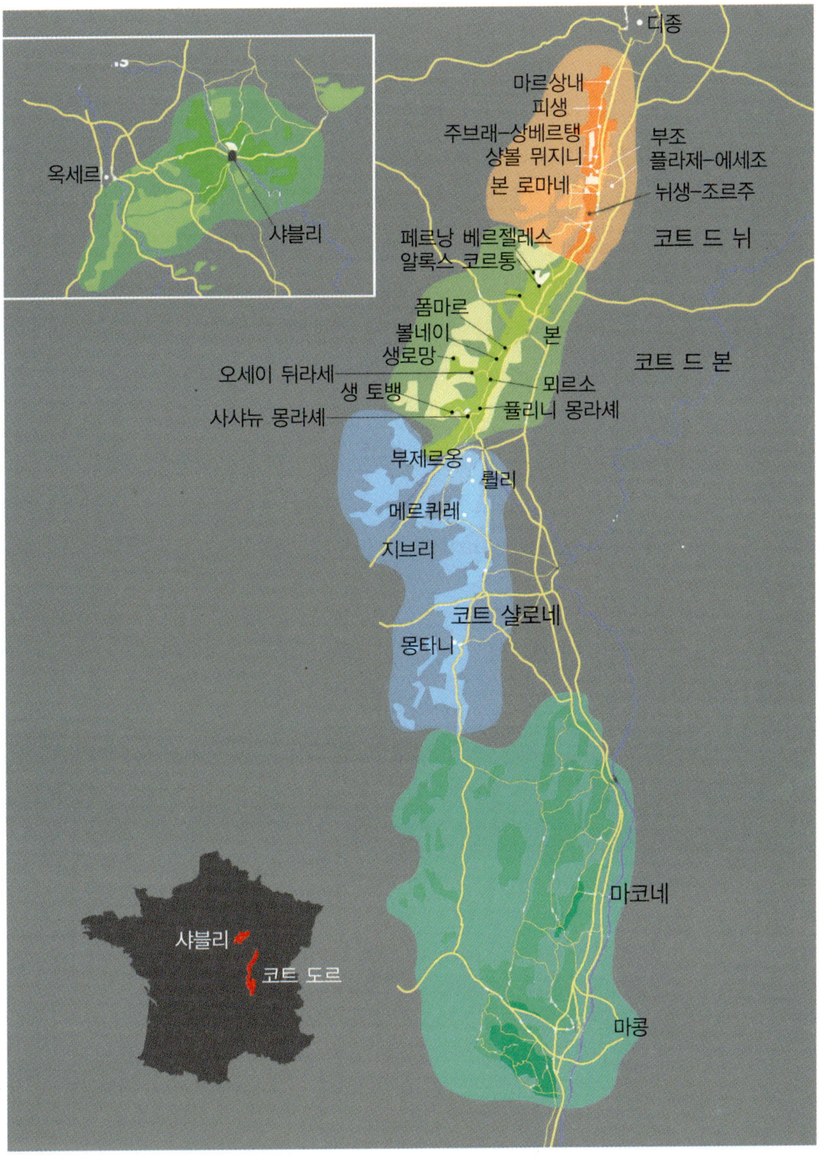

부르고뉴 와인의 특징

소규모 단위로 와인을 만드는 것이 특징이다. 프랑스혁명 때 이 지역에서는 농민들에게 포도원을 분할해서 나누어 주었다. 그 후 부모형제간에 밭을 상속해 나가는 과정에서 더욱 세분화되었고, 이런 소규모 생산자가 현재는 10,000명이나 되고, 1인당 평균 소유면적은 약 4ha(약12,000평)라고 한다.

브랜드별로 그 맛을 보면 같은 단일품종으로 만들어졌어도 각각 개성이 다른 풍미를 지니고 있다. 10m만 떨어져 있어도 토양의 성분이 다른 부르고뉴 지방의 특수한 토양과 하나의 포도밭에도 소유자가 80명이나 되는 경우가 있는 부르고뉴 지방 와인생산의 특수성 등 상호작용에 의해 부르고뉴 와인의 다양성이 만들어진다. 레드 와인 품종은 피노 누아, 가메이(보졸레 지역), 알리고테(Aligote)이고, 화이트 와인 품종은 샤르도네(샤블리 지역)이다.

부르고뉴 와인 용어

도멘(Domaine)　밭을 소유하고 재배 · 양조 · 병입에서 출하까지 일관되게 생산 활동을 하는 생산자이다. 하나의 밭에 복수의 도멘이 있는 경우가 많다. 보르도의 샤토(Château)의 개념이다. 레이블에 '미 장 부떼이유 오 도멘' (Mis en Bouteille au Domaine)라는 표기는 '도멘' 에서의 병입' 이라는 뜻으로 산지에서 병입한 것을 보증하는 말이다.

네고시앙(Negociant)　포도 재배와 양조는 하지만 병입 설비를 가지고 있지 않은 생산자로부터 와인을 오크통째 사서 같은 밭의 다른 와인과 혼합해 병입, 숙성, 출하하는 와인중개상이다. 따라서 부르고뉴의 와인양조는 양조자와 네고시앙의 기술에 따라 품질이나 개성에 커다란 차이가 나게 된다. 레이블에 네고시앙 엘르베르(Negociant-eleveur)라 표기(부르고뉴의 40%는 도멘의 와인이며, 60%가 네고시앙 와인이다)

하나의 밭을 여러 사람이 분할하여 소유하는 것이 부르고뉴의 특징이지만, 예외적으로 하나의 밭을 한 개인(혹은 한 법인)이 소유하는 경우 모노뽈이라 부른다. 유명한 '로마네 콩띠' 도 DRC(Domaine de la Romanèe-Conti)의 모노뽈 밭 중 하나이다. 클로(Clos)는 작은 경작지를 의미하고, 대부분 특급 포도밭인 경우가 많다.

부르고뉴의 와인생산지

지방		지역	
샤블리 Chablis		독특한 화이트 와인생산	화이트 100%
코트 도르 Côte d'Or	코트 드 뉘	Gevrey-Chambertin, Morey-Saint-Denis, Fixin, Chambolle-Musigny, Vougeot, Vosne-Romanée, Flagey-Echézeaux, Nuits-Saint-Georges, Marsannay, Côte-de-Nuits-Villages	레드 90% 이상. 가장 고급와인
	코트 드 본느 Côte de Beaune	Aloxe-Corton, Ladoix-Serrigny, Pernand-Vergelesses, Beaune, Chorey-lès-Beaune, Savigny-lès-Beaune, Meursault, Puligny-Montrachet, Chassagne-Montrachet, Pommard, Volnay, Maranges, Auxey-Duresses, Monthélie, Maranges, Monthélie, Saint-Romain, Saint-Aubin, Santenay	레드 75% 이상. 최상급 화이트. 가장 고급와인
코트 샬로네		Bouzeron, Givry, Rully, Mercurey, Montagny	코트-드-본느와 흡사
마코네 Màconnais		Pouilly Fuissé, Pouilly-Vinzelles, Pouilly-Loché, Saint-Véran, Màcon-Villages	샤르도네와 적합한 토양. 특유의 화이트
보졸레 Beaujolais		Brouilly, Côte de Brouilly, Chénas, Chiroubles, Fleurie, Juliénas, Morgon, Moulin-à-Vent, Saint-Amour, Régnié	라이트 레드 레드 99%

부르고뉴의 레드/화이트 와인 생산지역

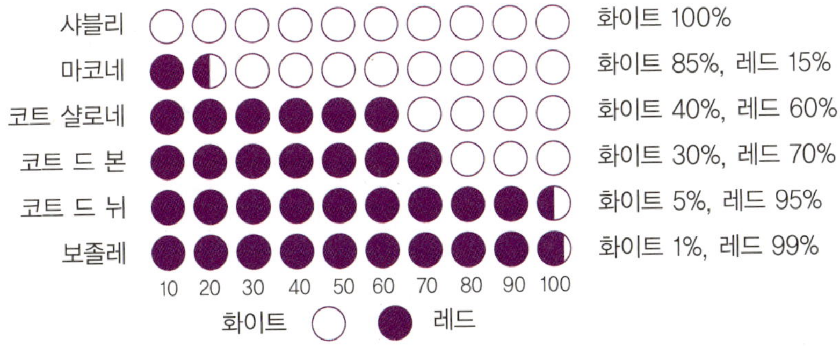

출처 : Complete Wine Course(Kevin Zraly) P.31

1. 샤블리(Chablis)

파리에서 약 180Km 지점의 부르고뉴의 북단 쓰렝(Serein) 강 유역에 위치하여 강 양쪽 20개 마을에 6,800ha에 걸친 포도원으로 구성된다. 과거 켈트어로 "강의 언덕(The Slope of the Ford)"을 의미하는 샤블리는 12세기 시토(Cîteaux)회 수도사들의 연구에 의해 샤르도네 최적지로 밝혀졌으며, 이후 오랜 기간 가장 적절한 재배, 양조 방법이 연구되어 샤르도네 단 하나의 품종만 사용하고 있다.

부르고뉴 지방의 최북단에 위치하고 있다. 샤블리의 토양은 점토와 석회질이 혼합되어 있어 샤르도네 품종과 이상적인 결합을 이루어 100% 화이트 와인만 생산한다. 전통적인 샤블리 와인에 대한 표현은 "와인표면에 초록색을 띠는 맑고 엷은 드라이 화이트 와인이다"라고 하는데, 근래에는 '맛이 짙으면서 부드럽고 원숙한 맛을 내는 와인'은 샤블리 와인을 가리킨다. 양조와 숙성으로 대부분이 스테인리스 통을 사용한다.

토양은 대표적인 두 가지로 키메리지안(Kimmeridgian)토양은 이회토, 석회암, 그리고 작은 굴 껍질이 포함되어 있어 칼슘 함량이 높은 샤블리 및 샤블리 프러미에 크뤼 지역의 대표 토양이다. 키메리지안 토양에서 얻은 와인은 풍미가 두드러지며, 즐기기 편안한 산미와 우아함을 특징으로 한다. 포틀랜디언(Portlandian) 토양은 쁘티 샤블리 및 대부분 샤블리 지역을 이룬다. 이 토양에서 얻은 와인은 미네랄 풍미를 지닌 강한 산미가 특징적이다.

와인 품질에 영향을 미치는 다양한 요소 중 샤블리 지역은 토양 외에 햇빛 노출 방향이 큰 영향을 끼친다고 한다. 남동 혹은 남서향을 최고로 치며, 결과 세렝 강의 우안은 그랑 크뤼와 프리미에 크뤼, 좌안은 프러미에 크뤼와 샤블리가 많다.

1) 샤블리의 AOC 등급

샤블리는 6개의 그랑 크뤼, 15개 프리미에 크뤼, 많은 샤블리과 쁘티 샤블리로 나누며, 그랑 크뤼 중 하나인 샤토 그루누이(Château Grenouille)는 분리 명명될 정도로 독특한 특징을 지닌다.

샤블리 와인의 등급은 4단계로 높은 등급부터 샤블리 그랑 크뤼(Chablis Grand Cru), 샤블리 프러미에 크뤼, 샤블리, 쁘티 샤블리로 구분한다.

(1) 그랑 크뤼(Grand Cru)

7곳이지만[9] 원산지 명칭은 '샤블리 그랑 크뤼'로 한 가지만 쓴다. 오크 배양을 통해 구조가 잘 잡힌 와인을 만들며 음용 시기는 5~8년으로 장기보관 와인을 만든다. 블랑쇼(Blanchots)는 그랑 크뤼 중 가장 섬세하고 향기롭다. 레 클로(Les Clos)는 26ha로 가장 평탄하고 넓은 지역이다.

프랑수아 라브노(Domaine Fran ois Raveneau)의 '샤블리-레-클로'는 '세계 최고의 100대 와인'[10]으로 우아하고 신선하여 경이롭기까지 한 드라이 화이트의 하이라이트이다. 장 폴 에 브노 드루앵(Domaine Jean Paul & Benoit Droin)의 레 클로는 힘과 무게가 있어 장기 숙성도 가능하지만 레 클로치고는 어린 시절에도 마시기 편하다. 빈센트 도비사(Vincent Dauvissat (René & Vincent)는 두 개의 그랑 크뤼와 세 개의 프러미에 크뤼를 가진 11ha의 밭 중에 1.7ha가 레 클로로서 샤블리 와인 중 최고의 품질이다.

윌리엄 페브레(Domaine William Fèvre)의 와인들은 샤블리의 전통에 가장 충실하여 순수주의자는 물론 샤블리 근본주의자도 만족시키고 있다. 발뮈르(Valmur)라는 생동감 있는 와인이 나온다. 프랑수아 라베뇌(Fran ois Raveneau)는 그랑 크뤼는 물론 프러미에 크뤼에서도 뚜렷한 자취를 남기는 와인을 내놓는다.

그르누유(Grenoulles)는 우아하고 과일 향이 특징이지만 복합적인 성질로 주목받고 있다. 보데지르(Vaudésir)는 과일 향이 특히 향기롭다. 롱-드파퀴(Maison Albert Bichot. Domaine Long-Depaquit)도 이의없는 발군의 와인을 만든다.

레 프뢰즈(Les Preuses)는 기름지고 부드러우며, 부그로(Bougros)는 강건하고 힘 있는 와인이 나오고, 발뮈르(Valmur)에서 생동감 있는 와인이 나온다.

(2) 프러미에 크뤼(Premier Cru)

17개 명칭으로 분류하며[52] 알코올 도수가 10.5도로 정해져 있고, 그랑 크뤼에 비해 장기 숙성에는 적합하지 않지만 빈티지에 따라 좋은 품질이 많으며 가격대비 가장 좋은 품질이다. 쓰렝 강 좌우에 분포한 샤블리지역과 10개의 주변 마을(코뮌)에서 각 포도원의 위치에 따라 각자 다른 개성의 와인이 생산된다.

대부분이 섬세하고 순수하며 기름진 느낌으로, 일반적으로는 우아하고 볼륨감 넘치는 풍부한 맛이 다른 와인과는 차별화되며, 음용 시기는 2~4년으로 보지만 포도원이나 빈티지에 따라 6~8년 장기 숙성되는 것도 있다. 루이 미쉘 에 피스(Domaine Louis Michel et Fils)[53]는 샤블리의 슈퍼 스타로 알려진 곳이다.

(3) 샤블리(9개)

샤블리에서 가장 많이 생산되는 등급으로 신선함과 각이 살아 있는 미네랄 풍미, 섬세함과 복합성을 특징으로 한다. 부르고뉴의 최북단에 위치하여 추위에 많이 노출되므로 봄 서리가 가장 큰 적이다. 입 안에서 풍부하고 자극적이지 않은 레몬과 향신료 맛을 느낄 수 있는데, 최적 음용 시기는 일반적으로 2년 내로 보고 있다.

52) 몽 드 밀리유(Mont de Millieu), 몽떼 드 도네르(Montée de Tonnerre), 푸르숌(Fourchaume), 바이옹(Vaillons), 몽멩(Montmains), 코드 드 레쉐(Cô te de Léchet), 보루아(Beauroy)가 잘 알려져 있고, 그 외에 Vau de Vey, Vau Ligneau, Vaucoupin, Vosgros, Les Fourmeaux, Cô te de Vaubarousse, Berdiot, Chaum de Talvat, Cô te de Jouan, Les Beauregards가 있다.

53) 루이 미쉘 에 피스(Domaine Louis Michel et Fils)의 피스(fils)는 아들이나 후손을 뜻하므로 '미쉘과 그 아들'이란 뜻으로 적어도 2대 이상의 대를 이었다는 의미이다.

(4) 쁘티 샤블리(Petit Chablis)

샤블리 입문용으로 과실향이 풍부하고 2~3년 숙성 가능하다. 샤블리 지역의 가장 평범한 와인으로 외국에서는 잘 보이지 않는다. 출시 초기 1~3년에 마시기 좋고, 3~8년 사이엔 풍부한 향과 복합성을 보여준다. 샤르도네로 만들었지만 샤블리를 마셨다고 말해야 하는 와인인 샤블리는 보통 "굴과 샤블리"로 매칭되지만, 여기서 말하는 굴에 어울리는 샤블리는 쁘티 샤블리를 뜻한다.

2) 샤블리의 기타 AOC

이랑시(Irancy), 생-브리(Saint-Bris), 부르고뉴 코트 독세르(Bourgogne Côte d' Auxerre), 부르고뉴 쿨랑주-라 비네즈(Coulanges-La Vineuse), 부르고뉴 시트리(Chitry), 부르고뉴 코트 생-자크(Côte Saint-Jacques), 부르고뉴 에피네이(Épineuil), 부르고뉴 배즐레(Vézelay), 부르고뉴 토네르(Tonnerre)

라 샤블리지엔느(Cave Cooprative La Chablisienne)

1923년 샤블리 지역 농부들이 모여 만든 프랑스 최초 '협동 조합'으로 샤블리 전체 생산량의 1/4을 차지하는 가장 영향력 있는 와이너리이다. 현재 250여 생산자들이 속해 있으며, 포도원 규모는 4700헥타르에서 연간 4백만을 생산하며 전체 생산량의 50%가 전 세계 50개국에 수출되고 있어, 조합에 속한 와인생산자들은 자부심이 대단하다. 최고가 포도원인 그랑-크뤼 그루누이 9ha 중 8ha를 보유하고 있다.

2. 코트 도르(Côte d 'Or)의 코트 드 뉘(Côte de Nuits)

영어로 '황금의 언덕'(Golden Slope)이란 의미의 '코트 도르'는 폭이 1km도 채 안되며, 길이는 50킬로에 달하는 좁고 긴 지역으로, 북쪽의 코트 드 뉘와 남쪽의 코트 드 본(Côte de Beaune)으로 나눈다. 이 지역에서는 피노 누아만을 사용하여 최고의 와인을 생산한다.

코트 드 뉘는 세계적인 레드 와인의 고향으로 25개의 '그랑 크뤼' 레드 와인 중에서 24개가 이 지역에 있다. 진한 색상, 깊은 향, 부드러운 피니쉬, 알코올 도수가 비교적 높은 장기보관용 힘센 와인을 생산한다. 부르고뉴 중에서도 가장 질이 높은 레드 와인이 나오는 지역이다.

1) 마르상내(Marsannay)

디종(Dijon) 바로 밑에 위치하며 인근의 Chenove, Couchey를 포함하여 Côte Dijonnaise라고 부르기도 한다. 레드 와인을 80% 이상 생산하며 화이트와 로제 와인도 생산한다. 가벼워서 어떤 음식에나 잘 어울리며 특히 여름에 좋다. 그랑 크뤼와 프러미에 크뤼는 없다.

2) 피생(Fixin)

그랑 크뤼 밭은 없지만 장기 숙성이 가능한 힘 있는 풀 바디 레드를 생산한다. 프러미에 크뤼는 5곳으로 레 자르벨레(Les Arvelets), 레 에르벨레(Les Hervelets), 클로 드 라 페리에르(Clos de la

Perrire. monopole), 클로 드 샤피트르(Clos-du-Chapitre. monopole), 클로 나폴레옹(Clos Napolon. monopole)이다.

그 외의 와인들은 코트 드 뉘 빌라주(Côte de Nuit Villages) 이름으로 판매된다.

3) 쥬브레-샹베르탱(Gevrey-Chambertin)

뛰어난 와인을 생산하는 것을 치하하여 1847년 루이 필립 왕이 이 명칭을 하사한 곳으로 부르고뉴에서 가장 힘 있는 와인으로 맛이 진하고 풍부한 레드 와인을 생산한다. '쥬브레' 라는 마을 이름에 샹베르탱이라는 특급 포도밭 이름을 붙여 마을 이름을 보다 돋보이게 만든 것이다. 아루스-코르통, 샹볼-뮈지니도 이와 같은 경우다.

그랑 크뤼는 9곳으로 르 샹베르텡(Le Chambertin), 샤름 샹베르텡(Charmes), 그리오트 샹베르텡(Griotte), 마지 샹베르텡(Mazis), 샹베르텡 클로 드 베즈(Clos de Bèze), 샤펠 샹베르텡(Chapelle), 라트리씨에르 샹베르텡(Latricîeres), 마조이에르 샹베르텡(Mazoyères), 뤼쇼트 샹베르텡(Ruchottes)이다.

클로드 뒤가(Domaine Claude Dugat)는 생산한 와인을 최상급 네고시앙에게 오랫동안 공급만하다가 비교적 최근에 자신의 이름으로 병입하여 내놓는 샤름 샹베르탱과 그리오트 샹베르탱이 '위대한 와인' 으로 오래 숙성도 가능할 뿐 아니라 어린 나이에도 진가를 알 수 있다.

뒤가-피(Domaine Dugat-Py)는 부르고뉴의 떠오르는 별로 샹베르탱, 마지-샹베르탱, 샤름-샹베르탱을 내놓고 있지만 매년 200여 병, 900병, 2000병만 겨우 나와 아쉬울 따름이다.

트라페 페르 에 피스(Domaine Trapet Père et Fils)의 샹베르탱은 '전설의 100대 와인' 에 들어가는 것으로 한 모금 머금으면 황홀한 액체의 부드러운 애무에 흥분을 감추지 못하고 혀는 파르르 떨기만 할 뿐이다.[11]

아르노 루쏘(Domaine Arnaud Rousseau Père et Fils)는 클라이브 코츠[54]가 1998년 평가한 부르고뉴의 별 셋을 부여한 도멘이다. 이곳의 샹베르탱 클로 드 베즈(Chambertin Clos de Bèze)도 '세계 100대 와인' 이다. 아르망 루쏘(Domaine Armand Rousseau)의 클로 드 베즈는 뛰어난 향이 정신을 혼미하게 하므로 어린 상태에 마시는 건 죄악이다.

드니 바셰레(Domaine Denis Bachelet), 르클레르(Philippe Leclere), 뒤자크(Domaine Dujac), 드니스 모르테(Domaine Denis Mortet), 푸리에(Domaine Fourrier), 몸므(Domaine Maume)도 한결같이 농도와 구조가 좋다.

프러미에 크뤼는 26곳[55]이다. 한국인, 일본인 부부가 운영하는 루 뒤몽(Maison Lou Dumont)[56]은 '신의 물방울' 에 소개되어 유명해졌다.

---

54) 클라이브 코츠(Clive Coates)는 영국의 와인평론가로 부르고뉴와인 전문가이다. 1998년 Côte d' Or, 2008년 'Wines of Burgundy' 를 펴냈다.

55) Bel Air(part), La Bossière(part), Les Cazetiers, Les Champeaux, Les Champitenois(La Petite-Chapelle로도 알려져 있다), Les Champonnets, Chapitre, Les, Cherbaudes, Au Cloiseau, La Combe-aux-Moines, Aux Combottes, Les Corbeaux(part), Le Craipillot, Les Ergot, Les Estournelles, Le Fonteny, Les Goulots, Lavaux-Saint-Jacques, La Perrière, Les Petits-Cazetiers, La Plantigone(=Les Issarts), Le Poissenot, Clos Prieur(part), La Romanée(part), Clos Saint-Jacques, Clos des Varoilles.

56) 한자로 천지인(天地人)을 레이블로 정해 떼루아의 동양적 의미를 나타내었고, 2010년 11월 '서울 G20 Business Summit' 에서 만찬주로 쓰였다.

4) 모레이-생-드니(Morey-Saint-Denis)

샹베르텡과 샹 볼 뮈지니 사이에 있는 7.5ha의 작은 마을이지만 그랑 크뤼가 5개나 있는 아주 중요한 지역이다. 우아하면서도 힘 있는 장기 숙성 타입의 레드 와인을 생산한다.

그랑 크뤼는 5개로 클로 드 타르(Clos de Tart), 클로 드 랑브래이(Clos de Lambrays), 클로 드 생 드니(Clos de Saint Denis), 클로 드 라 로슈(Clos de la Roche), 본느 마르(Bonnes Mares : 부분)[57]이다. 클로 드 타르(Domaine du Clos de Tart)는 몸므생(Mommessin)이 단독으로 소유하는 모노폴(Monopole)이다. 뒤작(Domaine Dujac)은 적어도 2, 30년은 거뜬한 와인을 생산하는 완벽주의로 알려져 있으며 섬세하고 향미가 강한 와인을 만든다.

퐁소(Domaine Ponsot)와 위베르 리니에(Domaine Hubert Lignier)의 '클로 드 라 로슈' 는 '세계 100대 와인' 으로 장기간의 보존이 가능하지만 병입 후 2~3년만에 마셔도 풍부한 맛을 드러낸다. 특히 위베르 리니에는 부르고뉴 최고의 와인 메이커로 꼽힌다.

프러미에 크뤼는 20개가 있다.[58] 세실 트랑블레(Domaine Cecile Tremblay)의 샤펠-샹베르탱(Chapelle-Chambertin)은 수령 50년이 넘는 피노 누아로 만들어 '알랭 뒤카스' 를 비롯한 여러 미슐랭 3스타 레스토랑의 와인 리스트에 이름이 빠지지 않는다.

5) 샹볼-뮈지니(Chambolle-Musigny)

이웃하고 있는 부조(Vougeot)와 함께 '코트 드 뉘' 에서 제일 먼저 포도를 재배한 곳이다. 이곳의 레드 와인은 우아함으로 유명하여 때로는 '여성적' 이라고 묘사한다. 감미로운 향과 질(質)의 조화는 이곳을 부르고뉴에서도 가장 유명한 곳으로 만드는 데 한몫했다. 본느 마르(Bonnes-Mares)는 '착한 수녀들' 이라는 의미로 '모레이 생-드니' 와 '샹볼 뮈지니' 에 걸쳐 있는 포도밭이다.

부르고뉴의 일반적 사항이 여러 사람이 공동으로 밭을 소유하고 있는 것이다. 따라서 하나의 밭 이름(그랑 크뤼든 프러미에 크뤼든)이 붙은 와인이지만 생산자는 여럿인 경우가 대부분이다.

뮈지니의 리딩 생산자들인 콩트 조르주 보귀에[59], 조르주 루미에(Domaine Georges Roumier et Fils), 조셉 드루엥(Maison Joseph Drouhin), 그리고 Domaine Jacques Frédérice 같은 경우이다. 따라서 한 생산자의 이름이 여러 밭에서 보이게 된다.

그랑 크뤼는 2개로서, 뮈지니(Le Musigny)와 본느 마르(Les Bonnes Mares : 부분)로서 뮈지니는 부르고뉴에서도 가장 매혹적인 와인으로 여성스럽게 섬세하고 향기로운 기교의 전형으로 일컫는다.

프러미에 크뤼는 레 크라(Les Cras. part) 등 23개이다[60]. 뮈지니 샤름(Musigny Les Charmes)의 뮈지니도 '세계 100대 와인' 으로 르루아(Domaine Leroy)에서 나온다. 조르주 루미에의 샹볼 뮈지니

---

57) 본느 마르(Bonnes-Mares)는 '모레-생-드니' 와 '샹볼 뮈지니' 에 걸쳐 있다. 책(저자)에 따라 양쪽에 다 쓰거나 혹은 샹볼 뮈지니에 적기도 한다. M.W. Clive Coates는 "Côte d' Or"에서, Karen MacNeil은 ??The Wine Bible??에서 샹볼 뮈지니로 분류하여 '모레-생-드니' 에서는 완전히 빼고 있다.

58) Clos Baulet, Les Blanchards, Clos de la Bussière, Les Chaffots, Aux Charmes, Les Charrières, Les Chenevery, Aux Cheseaux, Côte Rôtie, Les Faconnières, Les Genavrières, Les Gruenchers, Les Millandes, Les Mont-Luisants, Clos des Ormes, La Riotte, Les Ruchots, Sorbè, Les Sorbè, Le Village

59) 콩트 조르주 보귀에(Domaine Comte Geogress de Vogüé)는 그랑 크뤼 7곳, 프러미에 크뤼 14곳을 가지고 있다.

레 자무레즈(Les Amoureuses)는 '사랑하는 사람들' 이라는 뜻으로 샹볼-뮈지니에서 제일 좋은 밭을 가지고 있는 조르주 루미에의 와인 중에서 가장 뛰어나다.

자크-프레드릭 뮈니에(Domaine Jacques-Frédéric Mugnier)의 와인들과 지슬랭 바르토(Domaine Ghislaine Barthod. Barthod-Noëllat)의 레 크라(Les Cras)는 나이를 먹으면서 관능적으로 변하는 와인이다.

6) 부조(Vougeot)

그랑 크뤼 밭 중으로는 부르고뉴에서는 크지 않은 편이지만 코트 드 뉘 지역에서는 51ha로 가장 넓은 곳이다. 오랜 역사를 자랑하며 우아하고 적당한 진하기의 장기 숙성 타입의 레드 와인을 생산한다.

그랑 크뤼는 유일하게 클로-드-부조(Clos-de-Vougeot) 하나다. 부르고뉴 그랑 크뤼 중에서 가장 유명한 와인 중의 하나로서 뮈지니와 에세조(Échézeaux)를 경계로 하고 있으며, 포도밭 소유자가 85명으로 나누어져 있다.

부즈레(Domaine dela Vougeraie)는 6개의 그랑 크뤼, 9개의 프러미에, 12개의 빌라주급 와인을 소유하고 있으며, 르네 엥겔(Domaine René Engel)이 생산하는 와인도 매력적이다.

프러미에 크뤼는 클로 블랑(Le Clos Blanc), 클로 페리에르(Clos de la Perrière), 레 크라(Les Cras), 쁘티 부제오(Les Petits Vougeots)의 4개이다.

7) 플라제-에세조(Flagey-Echézeaux)

본 로마네의 작은 마을로 본 로마네의 AOC를 사용한다. 본 로마네보다는 품격이 약간 부족하다.

그랑 크뤼는 2군데로 에세조(Echzeaux), 그랑 에세조(Grands-Echzeaux)이다. 그랑 크뤼 외의 '프라제 에세조' 에서 생산한 와인들은 레이블에 본 로마네 AOC로 표시한다. 전설적인 와인 메이커인 앙리 자이에(Henry Jayer)의 에세조는 '세계 100대 와인' 이며, 아 에프 그로(Domaine A F Gros)가 이곳에 있다.

8) 본 로마네(Vosne Romanée)

코트 드 뉘(Côte De Nuit)에서 가장 남쪽 마을에 위치하고 있다. 매우 우아하고 부드러운 뛰어난 와인들이다. 부르고뉴에서 가장 뛰어난 레드 와인을 생산하는 지역으로 가장 고가이기도 하다.

그랑 크뤼는 6군데로서 로마네-콩티, 라 타슈, 라 그랑-뤼(La Grande-Rue), 리슈부르, 라 로마네, 로마네-생-비방(Romane-Saint-Vivant)이다. DRC(Domaine de la Romanée-Conti)는 부르고뉴에서 가장 유명한 도메인으로 로마네 콩티와 라 타슈 포도밭은 단독으로 모두 소유(모노폴)하고 있으며, 리슈부르, 로마네 생 비방, 그랑 에세조, 에세조 그리고 몽라셰 등을 소유하고 있다.

로마네-콩티(Romanée-Conti)는 세계 최고의, 가장 비싼 와인으로 평가받고 있으며 연간 약 6,000병 생산한다. 포도나무 한 그루에서 포도송이 6송이씩만을 수확하며 앞으로 점차 줄여 3송이로 조절할 계획이다. 땅 속의 수분과 영양분을 응축시키는 방식으로 와인의 질을 높이고 있어 모든 면에서 하나도

---

60) Les Amoureuses, Les Baudes, Aux Beaux Bruns(part), Les Borniques, Les Carrières, Les Chabiots, Les Charmes, Les Châtelots, La Combe d' Orveau(part), Auz(or Les Combottes(part), Aux Echanges, Les Feusselottes, Les Fuées, Les Grands Murs, Derrière La Grange, Les Groseilles, les Gruenchers, Les Hauts Doix, Les Lavrottes, Les Noirots, Les Plantes, Les Sentiers, Les Véroilles(part)

흠 잡을 데 없는, 관능적인 부드러움과 온갖 향의 집합체로 이 세상에서 가장 우아하고 섬세한 기품이 있는 세계 최고의 와인이라는데 아무도 이의를 제기하지 못한다.

DRC는 로마네-콩티 한 병에 라 타슈 3병, 리슈부르, 로마네-생-비방, 그랑 에세조, 에세조를 각 2병씩 해서 모두 12병을 한 세트로 판매하고 있다.

라 타슈(La Tâche)는 클뤼니 수도원 소속이었던 곳으로 균형 잡힌 충만감과 깊고 섬세한 맛의 DRC 독점밭이므로 모노폴(monopole)이라 표기할 수 있는 로마네 콩티의 쌍둥이 같은 레드 와인이다.

라 타슈(La Tâche)

그런 향과 맛이 나는 와인은 마신 적이 없었다. 복잡한 향기와 혀의 감촉과 맛을 가지고 있었다. 향기에 취해 있으면 혀의 감촉에 배신당하고, 혀의 감촉에 취해 있으면 맛에 배신당하고, 맛에 취해 있으면 다시 향기가 다른 쾌락을 전해 주는 것이다. 라 타슈(La Tche)는 그런 복잡함과 착란을 상징하는 와인이었다. 천천히 마시지 않으면 복잡함에 대응할 수 없으며, 이 우아한 착란을 맛볼 수 없는 것이다.[12]

리슈부르(Richebourg)는 시토 수도원 소속이었던 밭으로 로마네 콩티 북쪽으로 이어져 있으며, DRC, 앙리 자이에, 르루아 등의 소유주가 여러 명으로 여러 도메인 이름으로 와인이 생산된다. 크로 파랑뚜(Cros Parantoux)[61)]와 브륄레(Les Brûlées)의 두 밭은 지리적으로 가깝고 토양의 특질이 비슷함에도 불구하고 각 와이너리에서 생산되는 두 와인들은 전혀 다른 캐릭터를 만들어낸다.

도멘 메오-카뮈제(Domaine Méo-Camuzet)는 놀랄 정도로 부드럽고 매끄러운 '세계 100대 와인' 으로 수많은 향들이 다투듯 쏟아져 나온다.[13] 루제(Rouget)의 크로 파랑뚜와 더불어 메오 카뮈제의 오 브륄레(Aux Brû lées)는 최고급 와인의 경지로 인정받는다.

안느 그로(Domaine Anne Gros), 장 그리보(Domaine Jean Grivot)의 와인은 무거운 듯이 보이지만 매끈한 파워가 보인다.

라 로마네(La Romanée)는 총 면적이 1ha도 되지 않는 본 로마네에서 가장 작은 지역으로 로마네 콩티 사이에 작은 길 하나를 사이에 두고 있다. 콩트 리제르-벨레르(Domaine du Comte Liger-

61) 크로 파랑뚜(Cros Parantoux). 남북으로 경사가 심한 30~40cm 정도의 얕은 토양을 앙리 자이에의 조카 엠마누엘 루제가 일구어 필터링 과정 없이 숙성기간을 늘려 침전물을 자연적으로 가라앉히는 자연방법으로 품질을 높였다.

Belair)는 라 로마네(La Romanée) 밭을 단독으로 소유한 모노폴로, 로마네 콩티보다 섬세함과 우아함은 모자라지만 구조와 강건함으로 그 모자람을 충분히 보충하는 '세계 100대 와인'을 만들어낸다.

프러미에 크뤼는 클로 데 레아(Le Clos des Réas)[62]를 비롯한 14곳이다.[63] 도미니크 로랑(Dominique Laurent)에서 수령 50년 이상의 나무에서 수확한 포도와, 수령 250~300년의 오크만을 사용하여 제작한 바리크로 와인을 만든다. 피노 누아 100%로 두 번째 숙성과정에도 새 오크통을 사용하여 '200% New Magic Barrel' 이라는 소개 문구를 사용한다.

앙리 자이에(Domaine Henri Jayer)는 부르고뉴 와인 역사에서 특별한 위치에 있는 앙리 자이에가 만든 곳으로 2006년 타계한 뒤에도 오래된 포도나무로 군계일학의 명성을 그대로 이어가고 있다.

르루아(Domaine Leroy)는 9개의 그랑 크뤼, 8개의 프러미에 크뤼를 생산하며, 1989년부터 바이오다이나믹 농법으로 만드는 와인이 유명하다. 몽자르(Domaine Mongeard Mugneret), 실뱅 카티아르(Sylvain Cathiard)도 두드러지는 도멘들이라 빼 놓을 수 없는 곳이다.

라 그랑 뤼(La Grand Rue)는 라마르슈(Domaine François Lamarche)가 단독으로 점하고 있는 그랑 크뤼(1992년 이전은 프러미에 크뤼) 모노폴 밭이다.

9) 뉘-생-조르주(Nuits Saint Georges)

'코트 드 뉘' 와인거래의 중심지이며, 부르고뉴에서 가장 타닌이 많은 와인으로 장기보관이 가능한 레드 와인과 약간의 화이트 와인을 생산한다. 그랑 크뤼는 없지만 뛰어난 프러미에 크뤼를 생산하며, 인근지역인 프레모의 프러미에 크뤼까지 모두 포함한다.

프러미에 크뤼는 38곳[64]으로 색이 진하고 타닌이 풍부한 레드 와인은 Nuit Aux Argillats(commune)와 프레모(Prémeaux Les Argillières. commune)에서 나온다.

레슈노(Domaine Lechenaut)와 앙리 구주(Domaine Henri Gouges)의 페리에르(Les Perrière)가 각각 '세계 100대 와인'에 들어간다. 특히 이 포도밭의 피노 누아에서 1936년 흰 알갱이가 달린 돌연변이를 발견해서 두성 생식을 통하여 피노 블랑이 탄생했다.

클로 데 랑브레(Clos des Lambrays) 그랑 크뤼는 1981년 그랑 크뤼로 인정된 곳으로 모레-생-드니(Morey-Saint-Denis) 내의 클로 드 타르(Clos de Tart) 바로 북쪽에 있다. 이곳의 도멘 랑브레(Domaine des Lambrays)가 클로 데 랑브레의 대부분을 점하며 1990년대 중반부터 테루아를 완벽하게 표현하고 있다.

62) 클로 데 레아(Le Clos des Réas). 만화 '신의 물방울' 9권에서 혼혈 며느리(블렌딩 와인) 말고 순수함의 미학(피노 누아 100%)을 느낄 수 있는 것으로 묘사했다.

63) 오드쉬 데 말콩소르(Audessus des Malconsorts), 브륄레(Aux Brûlées), 숌므(Les Chaumes), 레노(Aux Reignots), 고다소(Les Gaudichots), 파랑투(Cros Parantoux), 라모(La Croix Rameau), 말콩소르(Aux Malconsorts), 오르보(En Orveaux), 쁘티 몽트(Les petits Monts), 루즈(Les Rouges), 쉬소(Les Suchots), 보 몽(Les Beaux Monts)

64) 북쪽지역(12곳) ; Aux Argillats, Aux Boudots, Aux Bousselots, Aux Chaignots, Aux Champs Perdrix(part), Aux Cras, Les Damodes(part), Aux Murgers, En la Perrière-Noblot(part), La Richemone, Aux Thorey(part), Aux Vignes Rondes.
중부지역(15곳) ; Les Cailles, Les Chaboeufs, Chaines-Carteaux, Les Crots(part), Les Perrière, Les Poirets(or Porrets), Les Poulettes(part), Les Procès, Les Pruliers, Les Hauts Pruliers(part), Les Roncières, Rue de Chaux, Les Saint Georges, Les Vallerots(part), Les Vaucrains.
프레모(Prmeaux. 11곳) : Les Argillières, Clos des Argillières, Clos de l' Arlot(monopole), Clos de la Marèchale (monopole), Les Didiers, Les Forê ts, Les Grandes Vignes(part), Aux Corvées, Les Corvées Pagets, Aux Perdrix, Les Terres Blanches(part).

3. 코트 도르(Côtes d' Or)의 코트 드 본(Côtes de Beaune)

코트 드 본과 오 코트 드 본(Hautes Côtes De Beaune)은 코트 도르의 남쪽 지역으로 중심지인 본느(Beaune)는 옛 성곽으로 둘러싸인 매우 아름답고 고풍이 창연한 매력적인 곳이다. 길이 25km의 완만한 구릉에 위치하며, 남쪽의 일부분이 코트 드 뉘(Côte De Nuits)와 30km에 걸쳐 접경된다.

습기가 적고 온화하여 포도가 빨리 익는 경향이 있다. 우박의 피해가 잠재하기는 하지만 그다지 많지 않다. 습기를 머금은 바람과 많은 강우량이 폐해가 된다. 완만한 경사가 진 능선이 많은데, 좋은 와인들은 이 완만한 경사의 중간능선에서 많이 산출된다. 와인생산비율은 레드 와인이 75%, 피노 누아와 샤르도네로 만든 화이트 와인이 25%이다.

코르통과 같은 훌륭한 레드 와인도 생산되지만 코르통 샤를르마뉴와 몽라셰 등 탁월한 화이트 와인을 생산하는 곳으로 알려졌다.

1) 페르낭 베르줄레스(Pernand Vergelesses)

그랑 크뤼서부터 지역 AOC에 이르는 모든 등급의 레드와 화이트 생산이 인정된 부르고뉴 유일의 지역으로, 덜 유명하나 품질대비 가격이 저렴하여 가벼운 스타일을 찾을 때 매우 좋다. 코르통과 코르통-샤를르마뉴(Corton-Charlemagne)의 밭이 이 안에 일부 포함되어 있다.

코르통은 레드, 코르통-샤를르마뉴(Corton-Charlemagne)와 샤를르마뉴 AOC는 화이트이지만 샤를르마뉴의 생산량은 극히 미미하다. 프러미에 크뤼는 일 데 베르줄레스(Ile des Vergelesses) 등 8곳[65]으로 롤랭(Domaine Rollin Père et Fils), Domaine Bonneau du Martray, Domaine Rapet Père et Fils가 알려져 있다.

2) 알로스-코르통(Aloxe-Corton)

샤를르마뉴(Charlemagne) 로마황제가 총애하여 이곳의 그랑 크뤼급 화이트 와인 생산지 포도원을 '코르통 샤를르마뉴(Corton-Charlemagne)' 로 붙였을 만큼 오래된 역사를 지니고 있다. '코트 드 본' 지역의 북쪽 끝에 있으며, 뛰어난 화이트 와인인 '코르통 샤를르마뉴' 의 명성이 높다.

그랑 크뤼는 3곳으로 코르통 샤를르마뉴(Corton-Charlemagne. 화이트)[66], 코르통(Corton. 레드, 화이트), 샤를르마뉴(Charlemagne. 화이트)이다.[67] 샤를르마뉴는 명칭만 존재하며 레이블에는 코르통 샤를르마뉴로 표기된다. 코르통에 인정하는 범위의 개수는 22개이지만, 다음과 같이 포도밭 이름을 붙여서 사용할 수 있다.

코르통 클로 뒤 르와(Corton Clos du Roi), 코르통 브레상드(Bressandes), 코르통 르나르(Renards), 코르통 마레쇼드(Maréchaude), 코르통 페리에르(Perrières).

보노 뒤 마르트레(Bonneau du Martray)의 그랑 크뤼 화이트 와인은 DRC와 더불어 두 군데 뿐이며, 코슈-뒤리(Coche-Dury)의 코르통-샤를르마뉴는 풍부한 과즙이

---

65) 베르줄레스(Les Vergelesses, or Les Basses Vergelesses), 클로 뒤 빌라주(Clos du Village. white wine only), 라 크뤼 드 라 네(La Creux de la Net. part), 엉 카라뒤(En Caradeux, part), 레 피쇼트(Les Fichots), Sous Frétille(white wine only), Clos Berthet (white wine only; a monopole owned by Domaine Dubreuil-Fontaine).

66) 코르통-샤를르마뉴(Corton-Charlemagne)는 '코트 도르' 에서 가장 큰 화이트 와인 그랑 크뤼이며, '코르통' 처럼 '라두와 세르니에', '아루스 코르통', '페르낭 베르줄레스' 의 세 지역 안에 있다. 저자(책)에 따라 라두와 세르니에(Ladoix-Serrigny) 지역으로 구분하기도 하거나, 두 군데(혹은 세 군데 지역) 다 표기하기도 한다(예 : Karen MacNeil).

67) 코르통(Corton)은 꼬트 드 본 지역에서 유일하게 레드 와인 그랑 크뤼이며, 레드 화이트 모두 생산한다.

느껴지는 강건한 '전설의 세계 100대 와인' 이다. 부샤르 페레 에 피스(Bouchard Pére et Fils), 루이 라투르(Louis Latour)[68]와 렌느 페다퀴(La Reine Pédaque)가 오래된 역사의 품질도 인정받는 생산자이다.

미셸 고누(Michel Gaunoux)의 르나르(Corton Renards)는 '세계 100대 와인' 으로 음용할 때까지 최소한 10여 년은 기다려야 하며 더 숙성될수록 타닌은 더 부드럽게 순화되고 향이 활짝 피어난다. 프러미에 크뤼는 14곳[69]이다.

3) 라두아 세르니에(Ladoix Serrigny)

대부분이 빈약하고 단순한 레드이나 근래에 많이 향상되었다. 거의 알로스 코르통(Aloxe Corton) 구역에 포함하여 취급한다. 프러미에 크뤼는 7곳이다.[70]

4) 사비니 레 본느(Savigny lès Beaune)

대부분이 미디엄 바디의 좋은 품질의 레드 와인이다. 프러미에 크뤼는 22곳이다.[71] 도멘 시몬 비제 에 피스(Domaine Simon Bize et Fils), Domaine Chandon de Briailles, Domaine Jean Marc Pavelot, Domaine Maurice Ecard가 알려져 있다.

5) 쇼레이 레 본느(Chorey lès Beaune)

가벼운 타입의 좋은 품질의 레드 와인을 중심으로 생산한다. 화이트 와인도 소량생산하고 있다. 그랑 크뤼와 프러미에 크뤼는 없고 빌라주 급만 있다. 자크 게르맹(Domainc Jacques Germain)이 알려져 있다.

6) 본느(Beaune)

디종(Dijon)이 코트 도르의 중심지라면 본느는 부르고뉴의 중추(中樞)가 된다. 대부분의 밭을 네고시앙이 소유하고 있으며 곳곳의 지하에 동굴을 만들어 다량의 와인을 저장하고 있다. 코트 도르에서 가장 넓은 곳으로 부드러운 미디움 바디 레드와 일부는 훌륭한 화이트 와인을 생산한다. 그랑 크뤼는 없고 프러미에 크뤼사 생산량의 75% 이상으로 44곳[72]이다. 루이 자도(Maison Louis Jadot)[73]는 부르고뉴 최고의 네고시앙이며, 조제프 드루앵(Maison Joseph Drouhin)도 유명하다.

---

68) 루이 라투르(Louis Latour)는 1731년 설립되어 1860년부터 수출하기 시작하여 현재 생산량의 90%가 해외로 수출되고 있다. 각국의 왕들이 애용하던 와인으로 유명하며 1985년부터는 환경 친화적으로 천적을 이용한 병충해 예방 방식으로 생산하고 있다.

69) 레 발로지에르(Les Valozières. part), 레 폴랑드(Les Paulands. part), 레 마레쇼드(Les Maréchaudes), 레 샤이요(Les Chaillots. part), 레 푸르니에(Les Fournières), 레 게레(Les Guérets), 클로 뒤 샤피트르(Clos du Chapitre or Les Meix), 레 브르코(Les Vercots). 그리고 라두아(Ladoix-Serrigny) 지역의 7개(Clos des Maréchaudes, Clos des Maréchaudes, La Maréchaude, La Courtière, Les Petites Lolières, Les Moutottes, La Toppe au Vert)가 포함된다.

70) Red wines only : Les Buis, 레 조아유즈(Les Joyeuses. part), Bois Roussot(part)
White wines only : Les Grêchons. En Naget, Le Rognet et Corton
Red and white wines : 라 코르베(La Corvée), 르 클로 도르주(Le Clou d' Orge. part), 라 미코드(La Micaude), Les Basses Mourottes, 오트 무로트(Les Hautes Mourottes. part)

71) La Bataillière(part), Champ Chevrey(part), Les Charnières, Aux Clous, Aux Fourneaux(part), Les Petits Godeaux, Aux Gravains, Aux Guettes(part), Les Lavières, Aux Serpentières, Les Talmettes(part), Aux Vergelesses, Les Basses Vergelesses, La Dominode(part), Les Hauts Jarrons, Les Jarrons, Les Bas Marconnets, Les Hauts Marconnets, Les Narbantons, Les peuillets(part), Redrescut(or Redrescul), Les Rouvrettes(part)

72) Les Aigrots, Les Avaux, Les Beaux Fougets(part), Bellisand, Blanche Fleur(part), Les Boucherottes, Les Bressandes(part), Les Cent Vignes, Champs Pimont, Les Chouacheux, Clos de l' Ecu, Clos de la Féguine(Aux Coucherias), Clos de la Mousse, Clos des Avaux, Le Clos des Mouches, Clos des Ursules(Vignes Franches), Clos du Roi(part), Clos Landry(or Clos Saint Landry), Clos Saint Anne(Sur les Grèves), Aux Coucherias, Aux Cras, A l' Ecu(part), Les Epenottes(part), Les Fèves, En

7) 포마르(Pommard)

본느(Beaunne)와 볼네(Volnay) 사이에 있는 마을로 와인도 이들 두 지역과 닮아서 섬세하다. 그랑 크뤼 밭은 없지만, 이곳에서 생산하는 것은 강한 레드 와인의 전통을 가진 타닌이 강하고 장기 숙성 타입인 강하고 진한 풀 바디의 레드 와인이다. 포도밭의 면적이 340ha에 달하는 넓은 곳이므로 어느 포도원의 어떤 포마르인지 정확하게 말해야 한다.

프러미에 크뤼는 28곳[74]이 있다. 한결같이 탁월한 파워를 지니고 있으며, 프러미에 크뤼의 70% 이상이 화이트 와인이다. 샤토 포마르(Château de Pommard)는 1855년 루이왕조의 궁정용 와인을 생산하기 위해 조성된 와이너리로 자이에(Henry Jayer)의 제자인 샤를로팽(Philippe Charlopin)이 제조한다는 내용이 레이블에 있다.

콩트 아르망(Domaine du Comte Armand)과 클로 데 제프노(Domaine du Clos des Epeneaux)는 같은 소유주(Comt Armand)로 이곳의 클로 데 제프노는 뛰어난 향으로 유명한 '세계 100대 와인'으로 포마르 와인을 화려하게 가장 잘 표현하고 있다.

Domaine Jean Marc Boillot, Domaine de Courcel가 잘 알려져 있다.

8) 볼네(Volnay)

부르고뉴의 레드 와인은 코트 드 뉘(Cote De Nuit)를 우선 들지만 볼네 또한 그에 못지않다. 제비꽃 · 나무딸기 및 잘 익은 서양자두가 혼합된 독특한 향의 볼네의 레드 와인은 언제나 부드럽게 사람을 유혹한다. 그랑 크뤼 밭은 없고 대체로 가벼운 타입으로 빨리 마시는 것이 좋은 와인이다. 부드럽고 우아한 레드 와인으로 우아하고 섬세함의 전형이다.

프러미에 크뤼는 클로 데 뒤크(Clos des Ducs), 클로 데 셰느(Clos des Chênes)를 포함한 29곳[75]이다.

마르키 당제르빌(Domaine Marquis d'Angerville)의 클로 데 뒤크(Clos des Ducs)는 공작들의 포도밭이라는 뜻으로 곱게 나이 드는 기품 있는 '세계 100대 와인' 이며, 1920년대 와인을 네고시앙에게 넘기지 않고 직접 병입해 판매하기 시작한 선두주자였다.

미셸 라파르쥬(Domaine Michel Lafarge), 위베르 드 몽티유(Domaine Hubert de Montille), Domaine Michel Lafarge, Pousse d'Or 등이 잘 알려져 있다.

Genêt, Les Grèves, Sur les Grèves(part), Les Longes(part), Les Marconnets, La Mignotte, Montées Rouge(part), Les Montrevenots(or Montremenots), En l'Orme, Les Perrières, Pertuisots, Les Reversées, Les Seurey, Les Sizies, Le Bas des Teurons, Les Teurons, Les Toussaints, Les Tuvilians, La Vigne de l'Enfant Jésus(Grèves), Les Vignes Franches

73) 루이 자도(Maison Louis Jadot)에서 만드는 와인은 본느 마르, 샹베르탱-클로 드 베즈, 슈발리에 몽라셰 레 드무아젤, 코르통 샤를르마뉴, 르 몽라셰, 뫼지니가 있다.

74) Les Arvelets, Les Bertins, Les Boucherottes, Les Chanlins Bas(part), Les Chaponnières, Les Chamots, Clos Blanc, Clos de la Commaraine, Clos de Verger, Clos des Epeneaux, Clos Micot(or Micault), Les Combes Dessus, Les Croix Noires, Les Grands Epenots, Les Petits Epenots, Les Fremiers, Les Jarollières, En Largillère(Les Argillières), Les Pézerolles, La Platière(part), Les Poutures, La Refène, Les Rugiens Bas, Les Rugiens Hauts(part), Derrière Saint Jean, Les Saussilles, Le Village.

75) Les Angles, La Barre(Clos de la Barre), Les Brouillards(part), Les Caillerets, Les Caillerets Dessus, Carelle sous la Chapelle, Champans, En Chevret, Clos des Chênes(part), Clos de l'Audignac, Clos de la Bousse d'Or, Clos de la Chapelle, Clos du Château des Ducs, Clos dela Cave des Ducs, Clos de la Rougeotte(Les Frémiets), La Gigotte(part), Lassolle(part), Les Lurets(part), Mitans, Les Pitures Dessus, Les Pointes d'Angles, Robardelle(part), Le Ronceret, Taille Pieds, En Verseuil(clos du Verseuil), Le Village(part), Frémiets-Clos de la Rougeotte

9) 몽텔리(Monthélie)

볼네와 뫼르소 사이에 위치하여 두 군데의 유명세에 가려 있음에도 불구하고 탄탄한 레드 와인이 나오며 화이트는 소량 생산한다. 프러미에 크뤼는 15곳[76]으로 이 중의 몇 곳은 잘 알려져 있지도 않고 보기도 어렵다. Domaine Didier Darviot Perrin이 선도 양조장이다.

10) 생-로맹(Saint-Romain)

코트 드 본에서 가장 높은 지대로 대부분이 벼랑과 암벽으로 된 곳이라 포도를 재배할 수 있는 곳은 얼마 되지 않는다. 화이트와 레드 와인을 다 생산하나 화이트 와인이 꽤 명망 있다. 드라이 샤르도네는 가벼운 피노 누아보다 훨씬 낫다. 프러미에 크뤼는 없지만 루이 자도를 포함한 대부분의 네고시앙들이 이곳에 밭을 가지고 있다. Domaine D' Auvenay가 알려져 있다.

11) 오세이-뒤레스(Auxey-Duresses)

석회석 잔해와 같은 돌덩이가 부서져있고 흙은 불과 15~20cm로 붉은 색 토양이다. 1980년대에는 레드와 화이트 와인 양쪽 다 품질에 심한 기복을 보였으나 차츰 부드러워졌다. 6 : 4로 레드 생산량이 조금 우세하나 화이트 생산지로서 중요한 곳이다. 그러나 프러미에 크뤼는 레드가 85%를 점한다. 프러미에 크뤼는 9곳[77]이다.

12) 뫼르소(Meursault)

'생쥐의 점프' 를 뜻하는 이곳은 미국대통령 제퍼슨(Thomas Jefferson)이 이곳을 방문했을 때 "레드 와인을 만들기에는 돌이 너무 많아 뫼르소는 오직 화이트 와인만을 만들기 위한 곳"이라고 말했을 정도로 샤르도네품종의 화이트 와인을 생산한다.

그랑 크뤼가 없는 곳이지만 화이트 와인으로 중요한 지역으로 풀 바디의 화려한 드라이 화이트 와인이 나온다. 코르통 샤를르마뉴와 몽라셰에 비해 가격이 상당히 저렴하여 세계적으로 사랑받고 있다.

프러미에 크뤼[78]는 블라니(Blagny)지역과 걸쳐있는 것을 포함하여 29곳으로 8년이 넘어야 알맞은 복합성과 더불어 입안에서 한 힘을 느끼게 하며 20년 이상의 숙성이 가능하다. 프러미에 크뤼 중 몇 개[79]는 뫼르소와 블라니의 양쪽에 걸쳐 있기도 하다.

블라니의 프러미에 크뤼는 아펠라시옹으로 '뫼르소-블라니' 로 표기 가능하다. 뫼르소의 토양이 부르고뉴 화이트 와인의 위대함을 잘 드러내고 있다.

프러미에 크뤼 중

- 페리에르(Les Perrières)는 자갈이 많고 흙이 깊지 않아 이러한 영향으로 미네랄적인 향미가 강하고 섬세한 와인이 나온다.

---

76) La Barbiére, Le Cas Rougeot, Les Champs Fuillot, Le Château Gaillard, Les Clous, Le Clou des Chênes, Le Clos Gauthey, Le Clos des Toisières, Les Duresses(part), Le Meix Bataille, Les Riottes, La Taupine, Sur la Velle, Les Vignes Rondes, Le Village(part)

77) Les Bréterins(part), La Chapelle, Climat du Val, Clos du Val, Les Bas des Duresses, Les Duresses(part), Les Ecusseaux(part), Les Grands Champs, Reugne(part),

78) Les Bouchères, Les Caillerets, Les Charmes Dessous, Les Charmes Dessus, Les Charmes de Narvaux(Genevrières), Les Charmes des Perrières, Clos des Perrires, Clos Richemont, Les Cras, Les Genevrières Dessous, Les Genevrières Dessus, Les Gouttes d' Or, Aux Perrires, Les Perrires Dessous, Les Perrires Dessus, Les Plures, Le Poruzot, Les Poruzot Dessous, Les Poruzot Dessus, Les Santenots Blancs, Les Santenots du Milieu

79) Sous Blagny, Sous le Dos d' Âne, La Jeunelotte, La Pièce sous la Bois

• 샤름므(Charmes)는 페리에르 바로 밑에 있으며, 부드럽고 밀도가 있어서 항상 산도가 높고 깊은 맛을 지닌 와인을 생산한다. 흙이 깊어서 두터운 토양이 물을 잘 함유하고 있으므로 더운 날씨에 강한 면모를 보인다.

• 쥬느브리에르(Genevrières)는 거의 흰색과 같은 토양이 얇은 곳에서 아주 섬세한 와인이 나온다.

콩트 라퐁(Domaine des Comtes Lafon)의 뫼르소 페리에르(Meursault Perrires)는 '세계 100대 와인' 이며, 뫼르소 레 샤름, 뫼르소 레 주느브리에르, 르 몽라셰, 볼네 샹트노 뒤 밀리외를 생산하며 또한 BIB[80]와인인 디투르(Dtour)가 나온다.

코세 뒤리(Domaine Jean François Coche Dury)의 '위대한 와인' 인 뫼르소 페레르와 뫼르소 빌라쥬 와인들도 탁월하며, 뒤리의 코르통 샤를르마뉴 그랑 크뤼는 0.3ha의 년 1,200병 생산이라는 희귀성과 품질로 가격도 높지만 보기는 더 힘들다.

도브네(Domaine D' Auvenay)는 풀 바디의 농도가 진하고 긴 숙성력을 지닌 '위대한 와인' 을 만들어내며, 룰로(Domaine Roulot) 외에 잘 알려진 곳들[81]이 많다.

프랑수아 조바르(Domaine Francois et Antoine Jobard)의 완벽을 고집하는 성격은 화이트 부르고뉴 와인 중에서 가장 긴 통 숙성을 고집하여 레 포루조(Le Poruzot) 프러미에 크뤼는 20년 숙성도 거뜬하다.

13) 블라니(Blagny)

프러미에 크뤼는 7곳[82]으로 뫼르소와 퓰리니-몽라셰에 걸쳐있고 작은 곳이라 간과하기 쉽다. 여기의 프러미에는 각각 뫼르소 프러미에 크뤼나 퓰리니-몽라셰 크뤼가 된다.

14) 퓰리니-몽라셰(Puligny-Montrachet)

자갈이 많은 석회석 토양으로 이루어진 이곳에서 샤르도네품종은 바로 왕이 된다. 부르고뉴 지역에서 몽라셰에서 나오는 것보다 더 좋은 화이트 와인을 찾을 수는 없다. 프랑스의 와인판매상(네고시앙), 와인양조장, 대형 포도밭을 가진 사람 중의 많은 사람들이 이곳에 자기소유의 포도밭을 가지고 있다. 4개의 그랑 크뤼급 몽라셰는 우아하고 섬세한 맛의 특급으로 세계 최고의 드라이 화이트 와인이다.

그랑 크뤼는 4곳으로,

르 몽라셰(Le Montrachet : 부분)는 가운데 위치하며 복합미가 뛰어나고, 슈발리에 몽라셰(Chevalier Montrachet)는 서쪽에 있으며 균형미를 보여준다. 도브네(Domaine d' Auvenay. Lalou Bize-Leroy)에서 풀 바디에 활력이 느껴지는 와인이 나온다.

바타르 몽라셰(Btard Montrachet : 부분)는 동쪽으로 풍만감이 넘치며, 비앙비뉴 바타르 몽라셰(Bienvenues Btard Montrachet)는 북동쪽으로 특별한 세련미가 있다.

루이 카릴론(Louis Carillon)은 묵묵히 자기 일만 하는 곳으로서 이 그랑 크뤼 와인은 보석과 같이 빛난다. 뱅상 르플레브(Domaine Vincent Leflaive)의 비앙비뉴 바타르 몽라셰는 '전설의 100대 와

80) BIB. Bag in Box의 박스와인. 혹은 캐스크(cask)와인으로도 부른다.

81) Domaine Charles et Rémi Jaoard, Domaine Robert Ampeau et Fils, Domaine Michel Bouzereau, Yve Boyer Martenot, Domaine Patrick Javillier, Matrot, Domaine Pierre Morey

82) 뫼르소 ; La Jeunelotte, La Pièce sous le Bois, Sous le Dos d' Ane, Sous Blagny,
퓰리니 몽라셰 ; Sous le Puits, La Garenne(or Sous la Garenne), Hameau de Blagny

인' 에 들어가며 섬세하면서 강인한 면모를 보여주고 있다. 또한 이 5곳의 그랑 크뤼급 몽라셰를 모두 생산하고 있다.

몽라셰(Le Montrachet)는 샤사뉴 몽라셰와 퓰리니 몽라셰 사이에 걸쳐 있는 그랑 크뤼 포도밭이다. 1962년 고속도로가 건설될 때에 1,600억 원을 추가경비로 쓰며 이 밭을 우회할 정도로 국가적으로도 중요하게 여기고 있다. 영화감독 히치 콕도 애호가였다.

DRC의 몽라셰는 로마네 꽁띠 가문에서 만든 명품 화이트 와인으로 '화이트의 귀족' 이라 불린다. 맑은 황금색을 띠며 풍부한 버터 향 · 민트 향 등의 향의 조화가 뛰어나고 과일향이 입 안에 오래도록 남는다는 평을 듣고 있다. 연간 총생산량이 2,500병에 불과할 정도로 귀하다.

> 몽라셰는 황금색 와인이었다. 이 이상의 백포도주는 없다.
> 보석이나 예쁜 꽃을 녹인 액체를 마시는 것 같았다.
>
> 자료 : 권남희 역, 1999: 151~172.

프러미에 크뤼는 '처녀들' 이란 뜻의 레 푸셀(Les Pucelles), 레 카이으레(Les Caillerets), 레 드무아젤(Les Demoiselles)이 최고의 크뤼로, 이들을 비롯한 23곳[83]이다. 죠셉 드루앵(Maison Joseph Drouhin)[84]이 있으며, 드루앵 소유의 마르키 드 라기슈(Marquis de Laguiche)는 2008년 프랑스 니콜라 샤르코지 대통령의 영국 국빈방문 때 엘리자베스 2세 여왕이 마련한 윈저궁 만찬에 2000년산이 올랐다. 에티엔 소제(Domaine Étienne Sauzet)의 레 콩베르(Puligny Montrachet, Les Combertted)는 '세계 100대 와인' 에 들어가며 유명 레스토랑에서 선점하므로 보기가 힘들다. 장 마르크 보이오(J.M. Boillot Puligny) 외 유명한 곳[85]이 많다.

15) 샤사뉴-몽라셰(Chassagne-Montrachet)

퓰리니-몽라셰와 함께 최고의 화이트 와인 산지로 퓰리니 몽라셰 정도의 섬세한 맛은 없지만 힘 있는 레드 와인과 우아한 향의 화이트 와인이 나온다.

그랑 크뤼는 3곳이다.

몽라셰(Montrachet, 부분)

바타르-몽라셰(Croits Btard-Montrachet, 부분)

크로와-바타르-몽라셰(Croits-Btard-Montrachet)는 섬세한 성격이다.

미셸 피카르(Maison Michel Picard)의 코트 드 뉘 빌라쥬(Cô te de Nuits Villages)는 2007년 남북정상회담 환송오찬에 올라 화제가 되었으며, 라모네(Domaine Ramonet), 미셸 닐롱(Domaine Michel Niellon) 외에 잘 알려진 곳[86]이 많다.

---

83) Les Chalumeaux(part), Les Champs Canet, Le Champ Gain, Au Chaniot, Le Clavoillon, Clos de la Garenne, Clos de la Mouchère, Clos des Meix, Les Combettes, Hameau de Blagny, Les Foltières(part), La Garenne, La Jaquelotte, Les Perrres, Le Peux Bois, Sous le Puits, Les Referts, En la Richarde(part), Sous le Courthil, La Truffière

84) 죠셉 드루앵(Maison Joseph Drouhin)은 샤블리에서 보졸레에 이르기까지 65ha에 달하는 부르고뉴 최대규모의 포도원을 소유하고 있다. 1998년에는 미국 오레곤에 'Domaine Drouhin Oregon' 을 만들었다.

85) Louis Carillon et Fils, Leflaive, Paul Pernot et Fils. 그리고 Olivier Leflaive Frères가 있다.

프러미에 크뤼는 블랑쇼 데수스(Blanchot Dessus)를 비롯한 50개[87]이다. 다르비오 페린(Domaine Darviot-Perrin)의 블랑쇼 데수스는 덜 알려졌지만 샤르도네의 잠재력을 잘 표현하고 있으며, 라모네(Domaine Ramonet)는 샤사뉴의 정상에 서 있는 눈부신 와인을 만든다.

16) 생-토뱅(Saint-Aubin)

몽라셰 북쪽의 해발 300m 이상의 고지대에 포도밭이 있으며 레드와 화이트의 생산량은 반반이나 탁월한 화이트 와인도 조금 생산된다. 덜 알려져 있지만 품질은 아주 뛰어나서 쇼핑 리스트에 꼭 넣어야 할 부르고뉴의 보물이다. 와인은 좀 가벼운 편이며, 레드는 샤싸뉴 몽라셰와 비슷하다. 프러미에 크뤼는 20곳[88]으로, Domaine Hubert Lamy Monnot, Domaine Marc Colin이 알려져 있다.

17) 마랑주(Maranges)

대부분이 레드 와인으로 강인하고 파워풀하다. 투박하지만 견고하여 가벼운 레드에 블렌딩하는데 아주 유용하게 쓰이기도 한다. 덜 알려져 가격이 저렴한 편이다. 프러미에 크뤼는 9곳[89]이다.

18) 상트네(Santenay)

코트 드 본의 제일 남쪽에 위치하며 카지노와 약수로도 유명한 곳이다. 라이트 바디의 비싸지 않은 레드 와인을 생산한다. 일반적으로 레드는 사샤뉴 몽라셰와 유사하지만 견고하면서 거친 면이 있다. 소량 생산되는 화이트는 색상이나 수준에서 애호가들이 선호할만한 가치가 있다. 프러미에 크뤼는 11곳[90]으로, 빈센트 지라뎅(Domaine Vincent Girardin)이 알려져 있다.

4. 코트 샬로네(Côte Chalonnaise)

샬롱 쉬르 사온느(Chalon-sur-Saone)의 서쪽에 섬 같이 따로 떨어져 있는 세 개의 지역이다. 파리로부터는 350km의 동남지역으로 북쪽의 코트 드 본(Côte De Beaune)과 남쪽의 마코네 사이에 있다. '코트 도르'를 벗어난 지역이지만 전통적으로 경작방법이나 숙성과정 등의 많은 부분이 코트 드 본과 같다. 대체로 '코트 도르' 와인보다는 값이 저렴하고 맛이 더 순하며, 값이 적당한 좋은 와인을 많이 생산한다.

---

86) Domaine Michel Colin Deléger, Domaine Jean Noël Gagnard, Domaine Jacques Gagnard Delagrange, Domaine du Marquis de Laguiche, Domaine Jean et Jean Marc Pillot 등

87) Les Baudines, Les Embazées, Clos Pitois, Francemont, Tête du Clos, Les Grands Clos, Les Petits Clos, Bois de Chassagne, La Romanée, Les Grandes Ruchottes, La Grande Montagne, En Virondot, Les Fairendes, Vigne Blanche, Morgeot, Les Brussonnes, La Cardeuse, La Grande Borne, Clos Chareau, Les Boirettes, La Chapelle, Ez Crottes, Guerchères, Les Chaumes, Champs Jendreau, La Boudriotte, Les Champs-Gains, En Cailleret, Vigne Derrière, La Maltroie, Ez Cretz, Les Places, Les Rebichets, Chassagne, Les Macherelles, Les Vergers, Clos Saint Jean, Les Combards, Les Chenevottes, Les Pasquelles, Petingerets, Les Chaumets, Les Combes, En Remilly, Les Bondues, Chassagne du Clos Saint-Jean, Les Murées, La Roquemaure, Les Petites Fairendes

88) Derrière la Tour, En Créot, Les Champlots, Sur Gamay, La Chatenière, En Remilly, Les Murgers des Dents de Chien, Les Combes, Le Charmois, Le Village(part), Les Castets(part), Derrière chez Édouard, Les Puits(part), Sur le Sentier du Clou, Les Frionnes, Sous Roche Dumay, Vignes Moingeon, Les Pitangeret, Les Perrières, Les Cortons

89) Cheilly-lès-Maranges : Les Clos Roussots, La Fussière, Clos de la Boutière.
Dezize-lès-Maranges : La Fussière, Clos de la Fussière, La Croix aux Moines.
Sampigny-lès-Maranges : Les Clos Roussots, Le Clos des Rois, Le Clos des Loyères

90) La Comme, 그라비에르(Les Gravières), Clos de Tavannes, 보르가르(Beauregard), Clos Faubard, Clos des Mouches, Beaurepaire, 파스탕(Passetemps), 말라디에르(La Maladière), Grand Clos Rousseau, 클로 루쏘(Clos Rousseau)

1) 부즈롱(Bouzeron)

부르고뉴 제3의 품종인 알리고테 품종으로 만든 신선함과 활력이 넘치는 와인이 나온다. 알리고테로 와인을 양조하는 다른 마을들은 자체의 AOC를 가지지 못하고 부르고뉴 AOC(Bourgogne AOC)를 붙이지만 이곳에서는 1979년 AOC(Aligoté Bouzeron de Appellation)를 받아 부르고뉴 전체를 통틀어 알리고테로 마을 자체의 AOC를 가진 유일한 마을이다. 알리고테는 영(young)할 때 마시는 3년을 넘기지 않는 것이 바람직하다. A 에 P 드 비앵(Domaine A et P. de Villaine)에서 알리고테와 더불어 피노 누아, 샤르도네를 사용하여 모두 우아한 와인을 생산한다.

2) 륄리(Rully)

레드와 화이트 와인의 생산량이 비슷하나 질 좋은 화이트 와인이 특히 잘 알려져 있다. 스파클링 와인의 중심지로 여기서 생산되는 스파클링 와인은 '크레망 드 부르고뉴(Crémant de Bourgogne)가 된다. 프러미에 크뤼는 23곳[91]으로 '륄리 프러미에 크뤼' AOC로 별도의 명칭을 부여받는다. Domaine Jean Claude Breliére, Domaine de La Folie, Domaine Henri et Paul Jacquesson에서 좋은 와인이 나온다.

3) 메르퀴레(mercurey)

레드 와인이 95%로 468ha, 화이트가 24ha로 코트 샬로네에서 가장 큰 아펠라시옹이다. 가격이 적당한 레드 와인을 찾는 데 가장 선호하는 마을로 질적으로 다양한 화이트 와인들도 나온다.

프러미에 크뤼는 30곳[92]으로 메르퀴레 AOC로 별도 명칭을 가지고 있다. Domaine de La Croix Jacquelet(Maison Joseph Faiveley), Domaine Emile Juillot, Domaine Michel Juillot, Domaine Jean et Fran ois Raquillet, Maison Antonin Rodet이 잘 알려져 있다.

4) 지브리(Givry)

레드 90%로 레드 와인의 생산이 우세한 곳이고, 메르퀴레와 같이 약간 검은 빛의 석회질 토양이며 칼슘이 많다. 프러미에 크뤼는 22곳[93]으로 이 또한 '지브리' AOC를 가지고 있다. 가르뎅(Domaine du Gardin), 장 마르크 에 빈센트(Domaine Jean Marc et Vincent), 프랑수아 룸프(Domaine François Lump)가 선도 양조장이다.

5) 몽타니(Montagny)

진흙 석회질 토양으로 화이트 와인의 생산이 우세한 곳이다. 1991년까지는 이 지역의 와인 모두를 프러미에 크뤼로 표시할 정도로 아주 좋은 와인들이 나오고 있다. 프러미에 크뤼는 49곳[94]으로 '몽타

91) Les Agneux, La Bressande, Clos du Chaigne, Le Champ Clou, Le Chapitre, Les Cloux, Les Ecloseaux, La Fosse, Grésigny, Margoté, Marissou, Le Meix Caillet, Molesme, Le Mont Palais, Les Pierres, Pillot, Préau, La Pucelle(or Les Pucelles), Rabourcé, Raclot, La Renarde, Clos Saint Jacques, Vauvry

92) Clos des Barraults, La Bondue, Les Byots, La Cailloute, Champ Martins, La Chassière, Clos Château de Montaigu, Les Combins, Les Crê ts, Les Croichots, Clos L' Evê que, Clos des Fourneaux, Grand Clos Fourtoul, Griffères, La Levrière, Clos de Marcilly, La Mission, Clos des Montaigues, Clos des Myglands, Les Naugues, Clos de Paradis, Les Puillets, Clos du Roi(or Clos du Roy), Les Ruelles, Les Saumonts, En Sazenay, Clos Tonnerre, Les Vasées, Les Velley, Clos Voyens

93) Clos de La Barraude, Les Berges, Boix Chevaux, Bois Gauthier, Clos du Cellier aux Moines, Clos Charlé, Clos du Cras Long, Les Grandes Vignes, Grands Prétants, Clos Jus, Clos Marceaux, Marole, Petit Marole, Petits Prétants, Clos Salomon, Clos Saint Paul, Clos Saint Pierre, Clos Les Servoisines, Vaux, Clos du Vernoy, En Vignes Rouge, Le Vigron

94) Montagny-lès-Buxy(commune) : Vignes Saint-Pierre, Les Combes, Saint-Ytages, Les Charmelottes, Champ Toizeau, Vignes sur le Cloux, Les Garchères, Vignes Couland, Les Bouchots, Les Burnins, Les Perrières, Les Treuffères,

니 프러미에 크뤼' AOC로 포도밭들이 많이 확산되었다. Cave des Vignerons de Buxy는 크뤼 중 가장 잘 알려진 Les Coères에 있다.

5. 마코네(Mconnais)

리옹(Lyon)과 본느(Beaune)의 중간지점으로 부르고뉴 지방의 남단에 위치한다. 마코네의 '네'(Nais)는 '이웃'이라는 뜻으로 마콩(Mâcon) 시의 주변경작지를 일컫는다. 포도원들은 북으로는 '코트 샬로네,' 남으로는 '보졸레'와 인접한다.

주 포도품종은 샤르도네와 가메이로 화이트 와인을 주로 생산하는 지역이다. 그리 훌륭한 와인이 나오지 않으며 가볍고 신선하다. 그랑 크뤼와 프러미에 크뤼는 전혀 없다.

1) 마콩, 마콩 슈페리에(Mâcon, Mâcon Sup66)rieur)

마코네가 샤르도네의 화이트 일색임에 반해 레드의 생산량이 75% 이상을 차지하는 마코네의 레드를 책임지는 곳이다. 레드는 가메이와 피노 누아가 담당하고 있다.

2) 마콩 블랑-빌라주(Mâcon Blanc-Village)

마콩 블랑은 마코네의 와인 중 기본 AC가 되는 것으로 가격은 높지 않으나 품질은 높은 편이다. 와인 메이커에 따라 와인의 성격이 달라지지만 40개의 빌리지에 따라 와인도 다양해진다. 마콩(Mâcon)에 지역이름을 첨가하기도 한다.

3) 비레-클레세(Viré-Clessé)

1997년에 새 아펠라시옹을 받은 지역으로 그때까지는 마콩 빌라쥬에서 루니(Lugny), 프리세(Prissé)와 더불어 가장 좋은 와인을 생산하던 곳이다. Domaine de La Bongran과 Domaine Emilian Gillet Jean Thévenet는 같은 소유주로 100% 샤르도네의 40년 이상 된 나무에서 포도를 수확한다. 앙드레 본홈므(Domaine André Bonhomme)도 알려져 있다.

4) 생-베랑(Saint-Véran)

마코네의 제일 남쪽에 위치하여 보졸레와 붙어 있으며, 1971년 생긴 아펠라시옹으로 지금은 보편화된 미각검사를 프랑스에서 처음 실시한 곳 중의 한군데이다. 마콩 빌라주와 푸이 퓌세의 두 가지의 다른 특색을 결합한 중간적인 것으로 마코네 전체에서 가격대비 가장 고품질이라고 알려져 있다. 마코네에서 베스트 생산자 중의 하나로 정평난 베르제(Maison Verget)의 '생-베랑'이 저렴하면서 가격 이상의 값어치를 하는 와인이다.

Montcuchot, Vigne du Soleil, Les Maroques, Les Beaux Champs, Les Macles, Creux de Beaux Champs, L'Épaule, Les Platières, Les Jardins, Saint-Morille, Les Vignes Derrière, Les Bordes, Les Las, Les Gouresses, Les Paquiers, Montorge, Les Resses, Le Cloux, Sous les Feilles.

Buxy(commune) : La Grande Pièce, Le Clos Chaudron, Les Vignes des Prés, Le Vieux Château, La Condemine du Vieux Château, Le Clouzot, Les Pidances, Les Coudrettes, Les Vignes Longues, Cornevent, Mont Laurent, Les Bonneveaux, Les Bassets.

Saint-Vallerin(commune) : Les Craboulettes, Les Coères, La Moullière

Jully-lès-Buxy(commune) : Les Chaniots, Chazelle

5) 푸이 로셰, 푸이 뱅젤(Pouilly Loché, Pouilly Vinzelles)

이 두 군데의 아펠라시옹은 푸이-퓌세 와인이 비싸다고 여겨질 때나 양을 생각할 때 대안으로 고를 수 있는 곳이다. 좋은 푸이-퓌세에 비해서는 좀 거칠고 활기가 없지만 좋은 것은 선명도나 성격을 감지할 수 있다. 주 품종이 샤르도네로 수확 후 3~4년 내로 마셔야 한다.

6) 푸이-퓌세(Pouilly Fuiss)

샤르도네 품종으로 만드는 화이트 와인만 생산하는 곳(Appellation)이며, 마코네의 다른 와인들보다 풀 바디의 와인이다. 가격이 일반적이거나 혹은 터무니없을 경우가 빈티지에 따라 종종 생기기도 하지만 레스토랑 와인 리스트에선 거의 빠지지 않는다.

드 퓌세(Château de Fuissé)에서 좋은 와인이 나오며, Domaine Roger Cordier, Domaine Corsin, Domaine J A Ferret, Domaine Jean Guffens Heynen, Domaine Pascal Renaud, Domaine Thibert Père et Fils, Domaine Valette, 메종 베르제(Maison Verget)가 잘 알려져 있다.

6. 보졸레(Beaujolais)

타성이나 관습 혹은 편의성에서 보졸레는 부르고뉴로 간주한다. 그러나 지역적으로는 맞지만 지질이나 기후에서 보면 전혀 다르다. 보졸레 와인의 특성은 '가메이'와 그 재배방법에 기인한다. 가메이는 다른 지역에서는 명성이 낮지만, 땅이 화강암으로 되어 있는 보졸레 지역에서는 훌륭한 포도주를 생산하는 데 결정적이다. 1395년 공작의 명령으로 부르고뉴에서 피노 누아 외의 다른 품종은 심지 못하도록 하여 가메이는 이 보졸레로 찾아들었다. 전체 부르고뉴 와인의 60% 정도를 생산하는데, 99.5%를 레드 와인만 생산하여 화이트 와인의 생산은 극히 미미하다.

보졸레 와인의 레벨별 성격

레벨	성격	가격
Beaujolais	AOC법에 최저 알코올 도수를 10도로 정해 도수가 낮고 가벼운 느낌을 준다. 타닌이 적고 과일 맛이 풍부하다. 보졸레 와인의 대부분이 여기에 속한다	$
Beaujolais Superieur	알코올 도수가 보졸레보다 1도(최저 0.5도) 높은 보졸레	$$
Beaujolais Villages	알코올 도수가 슈페리에와 같고, 북쪽지역의 특정마을에서 생산된 와인들의 블렌딩으로 마을이름이 명시되지 않는다.	$$$
Cru du Beaujolais	마을이름이 명시된 와인으로 이 표시의 와인은 깊이 있는 타입도 있다.	$$$$

1) 크뤼 드 보졸레(Cru du Beaujolais)의 AOC

크뤼 드 보졸레의 AOC 표시 가능한 마을을 살펴보면 다음과 같다.

크뤼 드 보졸레(Cru du Beaujolais)의 AOC 표시가능마을

브루이(Brouilly)	크뤼 드 보졸레의 최대산지로 가장 남쪽, 다양한 질, 3년 내 소비를 권장
코트 드 브루이 (Côte de Brouilly)	바디있는 와인으로 브루이보다 월등한 질. 3년 내 소비~10년 숙성으로 질 차이 크다.
셰나(Chénas)	숙성이 빠른 와인생산, 좋은 가격, 4년내 소비. 섬세하고 우아. 생산량이 적다.
쉬루블(Chiroubles)	보졸레의 신데렐라로 불리는 와인, 섬세, 감칠 맛, 향의 진수, 2년 내 소비
플뢰리(Fleurie)	미디움 바디의 꽃향기, 부드러운 과일향의 여성적 와인, 프랑스에서 대중적으로 보졸레 중에서는 고가이다. 4년 이상의 숙성기간이 필요
줄리에나(Julié1)nas)	풀 바디의 적당한 떫은 맛, 보졸레 크뤼의 대표적인 것으로 알려져 있으나 기대를 실망시키는 와인도 드물게 보인다. 5년 혹은 그 이상의 숙성이 필요하다.
모르공(Morgon)	전반적으로 복잡하고 강건한 와인을 생산. 수명이 5~7년으로 긴 편이다.
무랭-아방 (Moulin-á-Vent)	풍차 마을, 가장 묵직하고 힘이 있어 보졸레의 귀족으로 부른다. 3~4년의 숙성기간 필요하며 10년 이상의 보관이 가능하다.
생-타무르 (Saint-Amour)	발렌타인데이의 '사랑의 성인'(聖人)의 뜻, 부드럽고 가벼운 미디움 바디, 2~3년 이내 소비가 권장된다
레니에(Régnié)	보졸레다운 경쾌함으로 브루이와 흡사, 1988년도 마지막으로 추가 지정

마르셀 라피에르(Marcel Lapierre)의 모르공은 '세계 100대 와인'으로 일반적인 보졸레 와인과는 다르게 3~4년이 지나야 제 맛이 나며 거친 맛을 떨쳐버리고 매끄러워지기 위해서는 적어도 1년 이상의 시간이 필요하다. ETS. Georges Duboeuf가 유명하며, Un Eventail de Vignerons, Château des Jacques도 많이 알려져 있다.

2) 보졸레 누보(Beaujolais Nouveau)

햇 포도주로 세계에 그 이름이 알려진 것으로, 포도수확 후 4~6주 내에 만들어지는 그해 최초의 와인이다. 법령에 의해 1985년부터 매년 11월 셋째 목요일 0시를 기해 전 세계에 동시 출하 · 판매되도록 하였다. 이 와인은 단 몇 주 동안만 숙성하므로 포도로부터 직접 오는 천연의 활력 같은 것을 가지고 있지만, 다음해 부활절 이후를 넘기지 말고 다 소비하는 것이 좋다. 일명 '보졸레 뱅 프리뫼'(Beaujolais vin Primeur : First Wine)라고도 한다.

제3절 론(Rhône)

프랑스 남동부에 위치한 '코트 뒤 론'(Côte du Rhône). 스위스 남부 알프스에서 발원하여 제네바 호수를 거쳐 지중해를 향해 남쪽으로 흘러가는 론 강의 양쪽으로 펼쳐진 지역이다. 이곳의 와인산지는 한 때 교황청이 있었던 고도 아비뇽에서 북쪽으로 220km에 이르는 지역까지 분포되어 있으며 프랑스 제2의 와인생산지로서 가파른 경사와 화강암 토양을 가진 북부 론과 넓고 평평한 지형에 다양한 토양을 가진 남부 론으로 나눈다. 이곳의 와인을 '태양의 와인'이라고 할 정도의 태양 볕이 작렬하는 곳에서 재배된다. 따라서 포도는 완전히 익어 풍부한 향기를 지니며, 당분함량이 높고, 발효과정에 의해 알코올 도수가 높아지는 것이다.

레드 와인의 생산이 90% 이상으로 우세하지만, 화이트, 로제, 스파클링 와인도 생산하고 있다. 지역과 기후의 영향으로 높은 알코올 도수와 색이 진하고 묵직한 복합적인 특색을 지닌다.

레드 품종 시라(에르미타쥬, 코트 로티 등 북부 지역), 그르나슈(남부 론의 대표 품종), 무르베드르(Mourvdre. 색이 진하고 강하여 블렌딩용으로 좋다), 카리냥(Carignan. 로제에 많이 사용된다), 생소(Cinsaut. 색이 진하고 풍부한 맛으로 그르나슈와 많이 블렌딩된다)가 주로 쓰인다.

화이트 품종 마르산(Marsanne)은 론의 대표 화이트 품종 흔히 루산과 블렌딩된다. 루산(Rousanne)

은 우아한 맛을 내며, 비오니에(Viognier)는 매혹적인 향이 특징이나 토양 적응력이 약하여 재배나 양조 시에 조심한다. 그 외 클레레트(Clairette), 부르블랭(Bourboulenc), 픽풀(Picpoul), 피카르당(Picardan)이 있다.

론의 와인 생산지역론은 북부와 남부로 뚜렷이 구분된다.

지역	AOC
북부 론	코트 로티, 콩드리외, 샤토 그리에, 크로제 에르미타주, 에르미타주, 생 조제프, 코르나스, 생 페레
남부 론	샤토뇌프-뒤-파프, 지공다스, 리락, 타벨, 바케라스, 코트 뒤 론, 코트 뒤 론 빌라쥬, 봄 드 브니즈

1. 북부 론(Nothern Rhne)

리용(Lyon)의 바로 밑 남쪽에 있는 비엔느(Vienne)에서 시작하여 더 남쪽의 발랑스(Valence)에 이르는 60km 가량의 좁고 긴 띠 모양의 지역이다. 레드 와인은 시라로만 양조되며, 화이트는 비오니에로 고급와인을 만들지만 생산량이 적다.

1) 코트 로티(Côte-Rotie)

코트 로티는 '불타는 언덕' 이라는 뜻이나 이곳에서는 '사랑스런 언덕' 으로 부르고 있는 북부 론에서도 최북단에 위치한다. 리옹(Lyon)의 25km 남쪽 비엔느(Vienne) 시의 바로 밑으로 남쪽으로는 콩드리외, 계속해서 샤토 그리에, 생 조제프, 크로제 에르미타주, 에르미타주 순으로 생산지역이 위치하고 있다

시라 품종으로 레드만 생산하며, 100% 시라로 하거나 혹은 비오니에를 사이사이에 심어 같이 수확해서 생산지 규정에 따라 비오니에를 20% 정도 블렌딩하여 레드 와인을 만들면 와인에 신맛을 주고 부케를 강하게 만들어 주는 역할을 한다. 타닌성분이 많고 10~25년의 장기저장이 가능하다. 후추 · 제비꽃 · 송로버섯 향이 난다. 풀 바디의 시라는 론뿐이 아니라 프랑스에서도 뛰어난 훌륭한 와인으로 병입 후에도 수년의 숙성기간이 반드시 필요하다.

기갈(E Guigal)[95]의 라 물랭(La Mouline), 라 랑돈(La Landonne), 라 튀르크(La Turque)는 기갈의 '라라라 삼총사' 라 하며, 이 세 도멘의 같은 이름의 그랑 뱅(grand vin)와인은 코트 로티에서 싱글 비녀드(single vineyard)라는 개념을 최초로 사용해 레이블에 넣어 와인이름으로 붙였다.

라 물랭은 여성적, 라 랑돈은 시라 100%로 만들어 남성적, 라 튀르크는 '세계 100대 와인' 으로 2005년 빈티지를 로버트 파커가 100점 만점으로 평가했고 1985, 1988, 1999, 2003년에 이어 5번째 만점을 받기도 했다. 깊고 농밀하며 화려한 편이라고 알려진다.

장 미셸 주랭(Domaine Jean Michel Gerin)은 1983년 설립된 젊은 곳이지만 많은 찬사를 받으며 '위대한 와인' 반열에 올라 큰 성공을 거둔 곳이다.

95) 기갈(E Guigal). 기갈의 '샤토뇌프 뒤 파프' 는 파커에게 90점을 받았으며, 99년산은 스펙테이터가 '올해의 와인' 으로 선정했었다. 로버트 파커는 론 지방을 선호한다고 알려져 있으며 론의 와인으로 파커가 100점을 가장 많이 준 곳이 기갈이다. 기갈의 '꼬트 뒤 론 AOC' 와인은 깊고 밝은 석류색과 풍부한 과일향으로 88점을 받음에 비해 저렴한 가격이다. 샤토 당퓌(Château d' Ampuis), 루이 그라파(Jean Louis Gripat), 그리고 발루이(Domaine Vallouit)를 소유하여 론 지역 최대 생산자이자 네고시앙이다.

르네 로스탱(Domaine René Rostaing)의 코트 블롱(Côte Blonde)과 라 랑돈(La Landone)은 화려한 질감과 강렬한 풍미로 시음 때엔 반드시 마지막에 마셔야 할 '위대한 와인' 이다.

미셸 오지에(Michel & Stéphane Ogier)는 향기롭고 섹시하고 우아한 와인을 만들지만 생산량이 너무 적다. 레 뱅 드 비엔(Les Vins de Vienne)은 이 지역의 유명한 생산자인 프랑수와 빌라르(Francois Villard), 이브 뀌이롱(Domaine Yve Cuilleron), 피에르 가이야르(Pierre Gaillard)가 함께 만든 와인이다.

이외에도 약 60개 포도밭의 100여 곳의 생산자 중에 좋은 와이너리들[96]이 부지기수이다.

2) 콩드리외(Condrieu)

100% 비오니에 품종의 화이트만 생산한다. 제비꽃, 아이리스 등의 꽃향기와 복숭아와 살구 향 및 사향이 가득한 황금빛이 도는 화이트 와인이다. 비오니에는 다른 지역에서는 별로 없고, 론 계곡에서 소량 재배되어 수확량이 적다.

콩드리외의 구조(structure)는 탄탄한 몸체와 신선함을 바탕으로, 조금의 산도가 느껴질 뿐이다. 입안에 머금으면 그득 차오르는 느낌과 복잡한 향이 가미된다. 일반적으로 신선한 향을 느끼기 위해 생산 후 1~2년 안에 마시는 것이 바람직하나 5년이 지나면 더욱 깊고 복잡한 향과 맛을 띠게 되는 특징이 있다.

미국의 유명 작가이자 와인 칼럼리스트인 맥키너니(Jay McInerney)는 "콩드리외의 향은 봄의 꽃밭을 거니는 듯하고, 타이티에서 그린 고갱의 그림을 연상시키며, 로맨티스트와 연인들을 위한 매우 사랑스러운 와인"이라고 평했다.

앙드레 페레(André Perret)의 콩드리외 셰리(Cherry)도 '세계 100대 와인' 으로 강렬한 향을 가지고 있다.

조르쥬 베르네(Domaine Georges Vernay)에서 생산하는 'Condrieu Les Terrasses de l' Empire', 'Condrieu Les Chaillées de l' Enfer', '콩드리외 코토 드 베르농(Coteau de Vernon)은 '샤토 그리에' 가 일 년에 12,000병밖에 나오지 않아 구하기 어려우므로 대신 제안하는 같은 비오니에 와인이다.

[96] Domaine Gilles Barge, Domaine Patrick et Christophe Bonnefond, Domaine Bernard, Domaine Joël Champet, Domaine Clusel Roch, Domaine Albert Dervieux Thaize, Domaine Maurice Gentaz, Domaine Jean Paul et Jean Luc, 비달 플뢰리(J Vidal Fleury)

3) 샤토 그리에(Château Grillet)

전체 면적이 단 3ha로 프랑스에서 제일 작은 단일 AOC이다.

콩드리외 내에 위치한 네레 가셰(Neyret Gachet) 가(家) 소유의 단일 포도밭이자 동시에 AOC (Appellation Château Grillet Contrôlée)이다. 일반적으로 사용되는 샤토는 한 지역의 한 생산자임에 비하여 단일 포도밭(샤토)이 독자적 AOC를 획득하는 것은 쥬라의 샤토 살롱과 이곳의 샤토 그리에 뿐이다. 1820년 이래 한 번도 소유주가 바뀌지 않은 정통성을 이어가는 극히 드문 샤토 중의 하나로 '퀴르농스키' 가 뽑은 5대 화이트 와인에 들어간다. '전설의 100대 와인' 이나 질이 들쑥날쑥하다는 비평도 있다.

4) 크로제 에르미타주(Crozes Hermitage)

론 강과 이제르 강이 합류하는 에르미타주 북쪽 마을로 언덕으로 둘러싸인 넓은 지역으로 북부 론 전체 생산량의 절반에 육박한다. 시라 품종에 루싼느와 마르산을 15% 정도 블렌딩하여, 저렴한 가격에 빨리 숙성되는 맛이 진한 레드가 나온다. 알랭 그라이요(Domaine Alain Graillot)와 Domaine Albert Belle, Domaine du Colombier, Domaine Combier, Domaine Dard et Ribo가 알려져 있다.

5) 에르미타주(Hermitage)

'은둔자의 처소 '라는 뜻을 가진 에르미타주는 론강 안쪽에 위치한 탱(Tain) 구릉의 가파른 비탈로 레드와 화이트 와인을 생산한다. 레드 와인은 시라품종을 사용하며, 5~15년 사이가 음용 최적 시기다. 타닌 맛이 강하며, 제비꽃 · 산딸기 · 향신료향이 난다. 화이트 와인 품종인 마르산과 루산이 블렌딩되기도 하는데, 색과 맛이 진하고 풍부하여 7~8년 이상 숙성되면 중후한 맛을 느낄 수 있다.

레드나 화이트 와인 모두 숙성이 모자라면 거칠지만, 8년 정도 지나면 벨벳처럼 부드러워지고 향기와 맛이 탁월해진다. 화이트 와인 에르미타주는 마르산과 루산 품종으로 생산되며 생산량이 작다. 묵직한 풀 바디로 숙성에 8~10년이 필요하다.

들라 프레르(Delas Frères)에서 '위대한 와인' 인 레 베사르(Les Bessards), 마르키즈 드 라 투레트 (Marquis de la Tournette) 그리고 코트 로티 라 랑돈(La Landonne)이 나온다.

폴 자불레(Paul Jaboulet Ainé)의 라 샤펠(Paul Jaboulet La Chapelle)[97]' 은 프랑스 론 지역을 대표하는 최고의 와인이자 시라 품종이 연출할 수 있는 모든 것을 갖춘 명작으로 최소 30년~50년의 숙성이 가능한 고급 와인이다. 로마네 콩티, 샤토 페트뤼스와 더불어 '와인 스펙테이터' 지가 선정한 20세기의 와인 12선 중 하나이자 디캔터 지가 선정한 '죽기 전에 마셔야 할 100대 와인' 이다.

장 루이 샤브(Domaine Jean-Louis Chave)[98]는 1481년 만들어져 대대손손 이어져 온 곳으로 현지

---

97) 폴 자불레 라 샤펠(Paul Jaboulet La Chapelle) 1990년대까지 로버트 파커 3회 100점을 기록하여 화제가 되었으며, 2006년 프레이(Frey) 가문 인수 후 천문학적인 시설 투자와 함께 혁신에 대한 끊임없는 노력으로 최근 4개 빈티지(2009~2012)가 모두 로버트 파커 95점~97점에 달하고 있다. 특히 2007년에는 샤토 무통 로쉴드(Ch. Mouton Rothschild), 로마네 콩티(Romanee Conti)에 이어 크리스티 경매 낙찰가 TOP 3를 기록한바 있다. 18세기 토머스 제퍼슨은 자신의 일기에서 폴 자불레의 화이트와 레드 에르미타쥬가 세계 최고의 와인이라는 찬사를 하며 수백 병씩 구입했으며, 19세기 초에는 샤토 라피트 로쉴드, 샤토 오 브리옹보다 더 비싸게 거래되었다. 보르도의 그랑 크뤼 샤토들이 일반적으로 연간 25만 병에서 50만 병을 생산하는 것에 비해 폴 자불레는 라 샤펠을 연간 9만 병 생산할 뿐이며 40~60년 된 수령의포도나무에서 철저한 수확량 통제와 오랜 와인양조 경험으로 위대한 와인의 반열에 올려놓았다. 베싸(Bessards), 메알(Méal), 그러피유(Greffieux), 로쿨(Rocoules)이라는 서로 다른 떼루아를 가진 포도밭에서 자란 최상급의 포도를 블렌딩하여 와인에 복합성을 부여하고 고대 와인 저장고 비늄(Vineum)에서 15~18개월 숙성시킨다.

98) 장 루이 샤브(Domaine Jean-Louis Chave). '위대한 와인' 은 출고 후 4~5년간 좋은 맛을 내다가 깊은 잠에 빠져 10~15년 이후에야 깨어나며 그 후 20~30년 간 맛을 잃지 않는다. 에르미타주의 뱅 드 파유를 재건하여 한껏 농축되어 꿀과 같은 와인을 내는데 100년 이상의 보관이 가능하다.

에서는 폴 자블레와 동급으로 보고 있으며 완벽한 와인이라는 평가를 받는다. 좋은 빈티지는 적어도 20년이 지나야 되며 에르미타주는 '세계 100대 와인' 이다.

마르크 소렐(Domaine Marc Sorrel)의 르 그레알(Le Gréal)은 여분의 아로마를 위해 시라에 마르산을 일부 블렌딩하기도 한다.

샤푸티에(M. Chapoutier)[99]는 와인전문 잡지인 'Wine & Spirits' 로부터 8번이나 '세계 최고의 와인' 으로 선정되었으며 로버트 파커가 100점 만점을 12번 평가한 와인 명가이다. 샤푸티에의 르 파비용(Le Pavillon), 르 메알(Le Méal), 레르미트(L' Ermite)는 '르르르 삼총사'[100]로 불린다. 르 파비용은 65년, 르 메알은 50년, La Mordorée(코트 로티)는 60년, De l' Orée는 70년 이상의 장기 숙성이 가능하다.

샤푸티에는 이 외에도 Les Varonniers(크로제 에르미타주), Les Greffieux(에르미타주), Les Granits(생 조제프), Barbe Rac(샤토뇌프 뒤파프), Croix de bois(샤토뇌프 뒤파프)와 같은 좋은 와인을 생산하고 있다.

6) 생-조제프(Saint-Joseph)

론 강(江)의 좌측, 북부 론의 서쪽에 위치하는 1956년 아펠라시옹으로 지정된 곳이다. 북부 론에서 크로제 에르미타쥬 다음으로 넓은 곳으로 품종의 종류나 규정도 같다. 레드는 시라로 산딸기와 제비꽃향 등의 과일 향과 꽃향기가 풍부하며 2~3년 정도 숙성시킨다.

화이트는 마르산과 루산이다. Domaine Jean Louis Grippat에서 우아하다고 할 수는 없지만 탄탄한 와인을 만든다.

7) 코르나(Cornas)

론 강의 서쪽 지역으로 91ha로 면적이 작은 편이며, 시라를 사용하여 레드만 만든다. 숙성이 덜 되면 유연성이 없지만, 숙성 시엔 부드럽고 자극적 향과 더불어 견고하게 꽉 찬 느낌으로 최적 시음 시기는 적어도 10년 이상이 지나야 되어 에르미타주보다 높은 가격이다. 오귀스트 클라프(Domaine

99) 샤푸티에(M. Chapoutier). 프랑스 최대의 유기농 와인회사로 1991년부터 유기농법(bio-dynamic)으로 20여 종의 유기농 와인을 생산하고 있으며, 레이블은 점자로도 읽을 수 있게 했다. 론에서 자기 소유의 포도원이 가장 많은 회사로 프로방스, 랑그독 루시옹에 이르는 12곳의 와이너리로부터 60여종의 와인과 호주의 청정지역에서도 와인을 생산하고 있다. '건강과 와인' 재단을 운영하면서 '사랑의 포도 수확(Vendanges de Coeur)' 이라는 행사로 전 세계 자원봉사자들의 참여를 통해 기금을 마련하여 백혈병환자들을 위한 골수기증을 하고 있다.

100) 르(le)는 남성형, 라(la)는 여성형, 레(les)는 복수형

Auguste Clape)의 코르나는 '검은 석류 빛의 세계 100대 와인' 으로 남성적이라 부르는 탄탄한 골격을 지닌 와인이다. 숙성되면서 넘치는 힘을 천천히 순화시켜 점차 섬세해지고 세련되므로 진가를 제대로 알자면 적어도 20년의 인내심이 필요하다. Domaine Noël Verset의 와인도 탁월하며, 그 밖의 뛰어난 와인들[101]이 코르나의 명성을 높이는데 기여하고 있다.

8) 생-페레(Saint-Péray)

마르산과 루산으로 화이트만 만들며, 샹파뉴 방식으로 병속에서 발효가 이루어지는 스파클링이 80%를 차지한다.

9) 기타

클레레트 드 디(Clairette de Die), 코토 드 디(Coteaux de Die), 샤티용 엉 디우아(Châtillon en Diois) 그리고 크레망 드 디(Crémant de Die) 지역이 있는데 클레레트(Clairette) 품종으로 주로 화이트나 스파클링을 생산하며, 샤티옹 엉 디우아(Châtillon en Diois)에서는 레드, 로제, 화이트를 고루 만든다.

2. 남부 론(Southern Rhône)

북부 론의 발랑스(Valence) 남쪽의 50km 지점인 몽텔리마르(Montemilar), 비비에(Viviers)에서 시작하여 남부의 아비뇽(Avignon)에 이르는 지역이다. 론 강(江)이 갈라지고 또 합쳐지며 계속 따라 내려간다. 특히 건조하고 무더운 지중해성 기후로 일조량이 충분한 지역이다. 와인의 90% 이상이 두 개 이상의 품종으로 블렌딩한다.

1) 샤토뇌프 뒤 파프(Châteauneuf-du-Pape)

아비뇽(Avignon)시 북쪽의 15~20Km 지점으로 론 강의 우안(右岸)지역이다. 로마 교황권의 분열로 교황이 아비뇽으로 옮겨간 뒤[102] 론 강 상류에 새로운 거처를 마련하면서 '교황의 새로운 성' 이라는 의미의 '샤토뇌프-뒤-파프' 라는 지명이 생겼고, 이것이 그대로 와인이름이 되었다.

전통적으로 13가지의 레드와 화이트 와인품종을 섞어서 만드는데[103], 그르나슈 품종이 약 70%로 주종을 이루고 그 외에 여러 레드와 화이트로 블렌딩된다. 그러나 현재는 일부 품종만 블렌딩하는 경우가 많으며 그르나슈 100%로 만든 것도 쉽게 눈에 띈다. 좋은 빈티지는 15~20년의 보관이 가능하다. 샤또뇌프-뒤-파프는 일반적으로 진 붉은 색에 풍만하며 골격이 튼튼한 와인으로 알려져 있다.

보카스텔(Château de Beaucastel)은 샤토뇌프 최고의 와인을 만드는 곳으로 이곳의 루산 비에유 비뉴(Roussannes Vielles Vignes)는 사람들을 깜짝 놀라게 하는 비장의 화이트 와인이다. "사람이

101) Domaine Thierry Allemand, Domaine René Balthazar, Domaine Guy de Barjac, Domaine Jean Luc Colombo, Domaine Dumien Serrette, Domaine Jacques Leménicier, Domaine Jean Lionnet, Domaine Robert Michel, Domaine Alain Voge

102) 아비뇽 유수(Avignonese Captivity, 幽囚) : 프랑스 왕이 교황청을 남프랑스의 아비뇽으로 옮겨 교황(프랑스인 교황 클레멘트 5세)을 프랑스왕의 지배 아래 두었던 1309년~1377년(혹은 1417년)까지를 말한다. 1378년 로마에서 우르바노 6세가 선출되자 이에 불만을 품은 프랑스에서 대립되는 교황 클레멘스 7세를 내세워 또다시 아비뇽에 교황청을 열어 1417년까지 존속시켰다.

103) 그르나슈 외에 카리냥, 생소, 꾸느와즈(Counoise), 무르베드르, 뮈스카르댕(Muscardin), 픽풀(Piquepoul=Picpoul), 시라, 트레 누아(Terrot Noir), 바카레즈(Vaccarèse=Brun Argenté). 화이트 품종은 부르블랭(Bourboulec), 클레레트(Clairette), 마르산, 피카르댕(Picardan), 루산이 사용된다.

살면서 자신의 인생을 바꾸는 만남이 있는 것처럼 와인도 당신의 미각에 각인되는 게 있다. 샤토 드 보카스텔이 그런 와인으로 단번에 우리의 넋을 잃게 만든다. 이 와인은 고급스러운 색깔부터 잠시도 당신 곁을 떠나지 않고 맴도는 화려한 향까지 모든 게 다 예술이다. 이 원숙한 맛은 일종의 미각적 오르가즘이다"[14]. 보카스텔에서는 샤토뇌프 지역에 허용된 품종 모두 재배하여 블렌딩하고 있다. 포도나무의 수령은 평균 60년으로 수확량도 적지만 이것이 와인의 품질과 밀접한 관련이 있다. 20년 혹은 좋은 빈티지는 30년 이상의 보관이 가능하며, 보카스텔의 오마쥬 아 쟈크 페랑(Hommage à Jacques Perrin)[104)]도 걸출하다.

드 라 자나스(Domaine de La Janasse)는 평균 80년 이상 수령의 나무에서 만드는 비에뉴 비뉴(Villes Vignes), 그리고 퀴베 쇼팽(Cuvée Chaupin)으로 이 지역의 최정상에 오른 '위대한 와인' 을 만들지만 구매하기 힘든 게 큰 단점이다.

앙리 보노(Domaine Henri Bonneau)는 샤토뇌프의 '앙리 자이에' 라 불리며 세레스탱(Des Célestins)[105)]은 알코올 도수 16도인 파워 있는 와인이다. 퀴베 스페샬(Cuvée Spéciale) 1998은 와인 스펙테이터 98점, 로버트 파커의 'Wine Advocate' 96점.

레 카유(Les Cailloux)는 '위대한 와인' 으로 샤토뇌프의 빛나는 별 중의 하나이다. 제라르 샤르뱅(Gérard Charvin)에서 깊이 있고 농축된 풍미가 훌륭한 '위대한 와인' 이 나오지만 많지 않은 생산량에도 불구하고 가격이 의외로 저렴하다. 드 마르쿠(Domaine de Marcoux)는 샤토뇌프의 품질 기준을 세시하는 '위대한 와인' 이다. 클로 뒤 몽틀리베(Clos du Mont-Olivet)의 '위대한 와인' 인 샤토뇌프와 라 퀴베 뒤 파페(La Cuvée du Papet)는 전통적 스타일의 환상적인 와인들이다. 드 라 모르도레(Domaine de la Mordorée)는 평균수령 60년의 나무로 바이오다이내믹 농법으로 '위대한 와인' 을 만든다.

라 네르트(Château La Nerthe)는 샤토뇌프를 처음 세상에 알린 곳으로 보르도의 최정상급 와인이 지닌 명성과 같은 격을 지닌 곳이다. 클로 데 파프(Clos des Papes)는 와인 스펙테이터의 2007년 '세계 베스트 와인 10' 에서 1위를 차지한 샤토뇌프 와인 애호가들을 위한 와인이다. 샤토 라야스(Château Rayas)의 샤토뇌프는 100% 그르나슈의 오래된 포도나무로만 생산된 '세계 100대 와인' 으로 경이롭다고 할 수밖에 없는 와인이다.

피에르 우세글리오(Domaine Pierre Usseglio)는 평균수령 80년 나무의 포도로 수확량을 적게 하여 만드니 당연히 뛰어난 농도와 강렬한 풍미를 가진 와인이 나온다. 퀴베 드 몽 아이욀(de mon Aïeul), 프레르(des deux Prères)가 '위대한 와인' 리스트에 올라있다.

로제 사봉(Domaine Roger Sabon et Fils)의 2001년 빈티지가 RP Point 100점을 받으며 그 위상을 알린 2009빈티지는 95점을 그리고 로버트 파커는 '샤토뇌프에서 고전적이지만 지적이며 진보적인 론 지역 최고의 와인, 게다가 가격은 깜짝 놀랄만큼 리저너블'[15]하다고 하였다.

페고(Domaine du Pegaü)[106)]의 '퀴베 다 카포(Cuvee da Capo)' 의 100년 이상된 나무에서 수확한

104) 오마쥬 아 쟈크 페랑(Hommage à Jacques Perrin)은 자크 페랑이 세상을 뜬 뒤 아들이 아버지에게 헌정하게 위해 1989년 만들었다. 1989, 1990, 1998, 2007년 빈티지에 로버트 파커가 100점 만점을 부여했다.

105) 앙리 보노(Domaine Henri Bonneau)는 12대째 와인을 만드는 집안으로, 세레스탱(Châteauneuf-du-Pape Réserve Des Célestins)은 병입 후 10년이 지나야 제 맛이 나기 시작하며 30년 이상의 장기보관이 가능하다.

포도로 만든 와인들은 빈티지마다 로버트 파커로부터 100점을 받았고, 퀴베 리저브(Cuvée Réservée)는 2013 '와인 스펙테이터' 가 선정한 '베스트 와인 10' 에서 7위를 차지한 외에, 자신의 이름을 내건 '퀴베 로랑스(Cuvée Laurence)' 도 빼놓을 수 없는 명품이다. 르 비유 동존(Le Vieux Donjon)은 와인 스펙테이터 2007년 '베스트 와인 10' 에서 3위에 선정되었다.

비외 텔레그라프(Domaine du Vieux Télégraphe)는 70ha의 넓은 포도밭에서 생산량이 많은데도 불구하고 위엄있는 풍부함과 복합미를 갖춘 '위대한 와인' 의 품질을 유지하는 것이 저절로 생겨난 게 아닌 스스로에게 엄격한 규율을 적용하기 때문이다. 또한 론 갱(Rhône Gang)[107]에서 '뱅 드 타블' 급이지만 'Wanted Gang' 그리고 'Hold up' 이라는 재미있는 이름의 와인이 나온다. 그리고 훌륭한 와인을 만들어내는 곳들[108]이 샤토뇌프의 이름을 드높이고 있다.

2) 타벨(Tavel)

아비뇽의 서쪽, 론 강의 좌안(左岸)으로 '샤토뇌프 뒤 파프' 에서 5마일 떨어져 있다. 로제 와인만 만들며, 유럽 전역에서 로제 와인의 대명사로도 통할 정도로 잘 알려져 있는 타벨 로제(Tavel Ros)는 그르나슈 품종을 주축으로 다른 8개의 품종[109]이 블렌딩된 로제 와인이다. 일반적인 로제와는 달리 대체로 드라이하다.

3) 리락(Lirac)

샤토뇌프의 반대편 둑, 타벨의 바로 위에 있으며, 레드(80%) · 로제 · 화이트 와인이 나온다. 품종은 레드로는 그르나슈를 비롯한 5가지, 화이트는 비오니에를 비롯한 6가지를 재배하고 있다.

4) 지공다스(Gigondas)

샤토뇌프 위의 오랑쥬(Orange)시에서 동쪽으로 15~16km 떨어진 곳이다. 주로 레드 와인이 생산되며 샤토뇌프보다 힘차지는 않지만 더 짙으며 샤토뇌프 다음으로 남부 론에서 가장 명망 있고 가장 비싼 와인이 나온다. 때로는 탄탄한 타닌과 높은 알코올을 가지고 있어 부드러워지려면 많은 시간이 필요하지만, 그럴 만한 가치도 있다. 앞으로 더욱 발전될 기대를 기꺼이 가질 만한 곳이다. 상타 뒤크(Domaine Santa Duc)의 환상적인 '위대한 와인' 은 론 내에서 뿐 아니라 90% 이상이 해외로 수출될 만큼 해외에서도 큰 명성과 인기를 누리고 있다. 샤토 드 생콤(Château de Saint-Cosme)은 가격대비 와인의 질이 좋아 깜짝 놀라는 곳이다. Domaine Brusset의 'Les Hauts de Montmirail' 과 좋은 와인을 만드는 도멘들[110]이 많다.

---

106) 도멘 뒤 페고(Domaine du Pegaü). 와이너리 이름인 '페고' 는 14세기의 와인 용기인 '테라코타 항아리' 를 뜻하는데, 와이너리와 가까이 위치한 아비뇽에서 교황청의 유적 발굴 당시 발견된 유물 중 하나였다. 로랑스는 그들의 작은 포도원에서도 페고를 발견했고, 그녀의 조상들이 와인을 양조해 담았던 페고를 보며 가문의 와인 양조 역사에 자긍심을 느껴 도멘의 이름으로 사용하게 되었다.

107) 론 갱(Rhône Gang)은 남부 론의 샤토 몽포꽁(Château de Montfaucon, Baron Louis)의 와인메이커 로돌프 드 팽(Rodolphe de Pins), 페스키에(Château Pesquie)의 폴 소디에르(Paul Chaudiere), 샤토 생콤(Château Saint Comes)의 와인메이커 루이 바뤼올(louis Barruol), 그리고 네고시앙 회사인 아비투스(Avitus Wine)의 샤노니(Arnaud de la Chanonie)가 만든 그룹이다. 각자의 샤토를 운영하는 본업 외에 각자의 포도밭에서 나온 원액이나 다른 지역의 포도원액을 본인들만의 스타일로 재해석해 새로운 와인을 만든 것이 2004년 빈티지부터 출시되었다.

108) 샤토 보센(Château Beauchêne), Domaine Lucien Barrot et Fils, Domaine de Beaurenard, Domaine Bosquet des Papes, Les Clefs d' Or, Domaine Font de Michelle, Château Fortia, Domaine du Galet des Papes, Château de La Gardine, Domaine de Montpertuis, Château Mont Redon, Domaine La Roquette, Domaine de Saint Sifferein, Domaine de La Vielle Julienne

109) 부르블랭(Bourboulec), Calitor, 카리냥, 생소, 클레레트(Clairette), 시라, 무르베드르, 삐풀(Piquepoul=Picpoul)

5) 바케라스(Vacqueyras)

지공다스의 이웃으로 지공다스와 흡사한 점이 많다. 코트 뒤 론 빌라주(Ctes du Rhne Villages) 아펠라시옹에서 1990년 떨어져 나온 곳이다. 레드와 화이트, 로제와인을 만들지만, 화이트 와인을 잘 모를 정도로 레드 와인이 일품이다. Domaine de La Fourmone와 그리고 다른 와이너리[111]들에서 좋은 와인이 나온다.

6) 뮈스카 봄 드 브니즈(Muscat de Beaumes de Venise)[112]

코트 뒤 론의 톱 16개 안에 들어가는 것으로서 VDN와인으로 유명하다. 뮈스카 품종으로 만드는, 디저트 와인의 최고봉이라 일컬어진다. 디저트 주(酒)로는 물론, 얼음을 타서 마실 경우 식전주로도 훌륭한 매혹적인 향기가 부드럽게 자극하는 '생명의 물' 이다. 포도는 늦 수확을 하지만 늦어도 10월 중순을 넘기지 않으며 알코올 도수는 21.5%이다. Domaine de Durban이 알려져 있다.

7) 기타 AOC

그리냥-레-아데마르(Grignan-les-Adhémar)[113], 코트 뒤 비바레(Ctes du Vivarais), 코스뤼베롱(Lubéron), 방투(Ventoux), 코스티에르 드 님(Costi ères de Nîmes)에서 레드, 로제, 화이트 와인을 생산한다. 뱅소브르(Vinsobres)와 라스토(Rasteau)는 레드 생산지역이다.

라스토(Rasteau) VDN AOC는 레드, 로제, 화이트 와인을 생산하며 수확한 이듬해 8월 말까지 숙성시킨다. 라스토 랑시오(Rasteau Rancio) AOC는 라스토 VDN 와인을 오크통 숙성하며 최소 2년을 햇볕에 노출하여 노화시킨 와인을 출하한다. 라스토 오르다주(Rasteau Hors d' age) AOC는 라스토 VDN와인을 5년 이상 숙성한다. 클레레트 드 벨가르드(Clairette de Bellgarde) AOC는 클레레트 품종으로 화이트가 나온다.

3. 론 전체 AOC

1) 코트 뒤 론(Côte du Rhône)

42,000ha의 넓은 지역으로 와인은 론 전체 생산량의 2/3를 상회하며 주로 남부 론에 위치한다. 1309년부터 68년 동안(혹은 108년) 아비뇽이 교황청 역할을 하게 되어 와인의 수요가 늘어난 것이 이 지역의 와인생산을 증대시켰다.

그르나슈, 무르베드르, 카리냥, 생소가 기본 품종으로 70% 이상이 되어야 한다. 샤토 보센(Château Beauchêne)도 알려져 있으며, Maison Tardieu Laurent은 1993년 부르고뉴 '뉘 생 조르주' 지역의 팀들이 와서 부르고뉴식으로 만들고자 한 곳이다.

2) 코트 뒤 론 빌라주(Côte du Rhône Villages)

1953년에 아펠라시옹 지정된 곳이다. 14개의 포도품종과 더해서 10개 품종이 소량씩 재배되어 레드, 로제와 화이트가 소량 생산된다. 그르나슈는 맥시멈 65%, 시라, 무르베드르, 생소는 합해서 최소

110) Domaine du Cayron, Domaine des Espiers, Domaine de Font Sade, Domaine Les Goubert, Domaine de Piaugier, Domaine Saint Gayan

111) Domaine des Amouriers, Domaine Le Clos des Cazaux, Domaine de La Fourmone, des Tours

112) VDN와인. Vin Doux Naturel. 스위트한 강화 와인으로 레드와 화이트가 있으나 2/3가 화이트 와인이다.

113) 그리냥-레-아데마르(Grignan-les-Adhémar). 전의 Coteaux du Tricastin에서 명칭이 바뀌었다.

25%가 되어야 한다. '코트 뒤 론' 안의 포도원 중의 16개의 빌리지에서 생산되는 와인에 빌라주(Villages)라는 말을 덧붙여 상표에 표기된다. 이 '코트 뒤 론 빌라쥬' 상표는 서로 다른 마을의 와인을 혼합해서 만든 것이다.

케란(Cairanne)지역의 코린느 쿠튀리에(Corinne Couturier)는 여과과정을 거치지 않은 개성 있는 와인으로 야성적인 맛을 자랑한다. 또한 여러 도멘[114]에서 좋은 와인들이 나온다.

제4절 루아르(Loire)

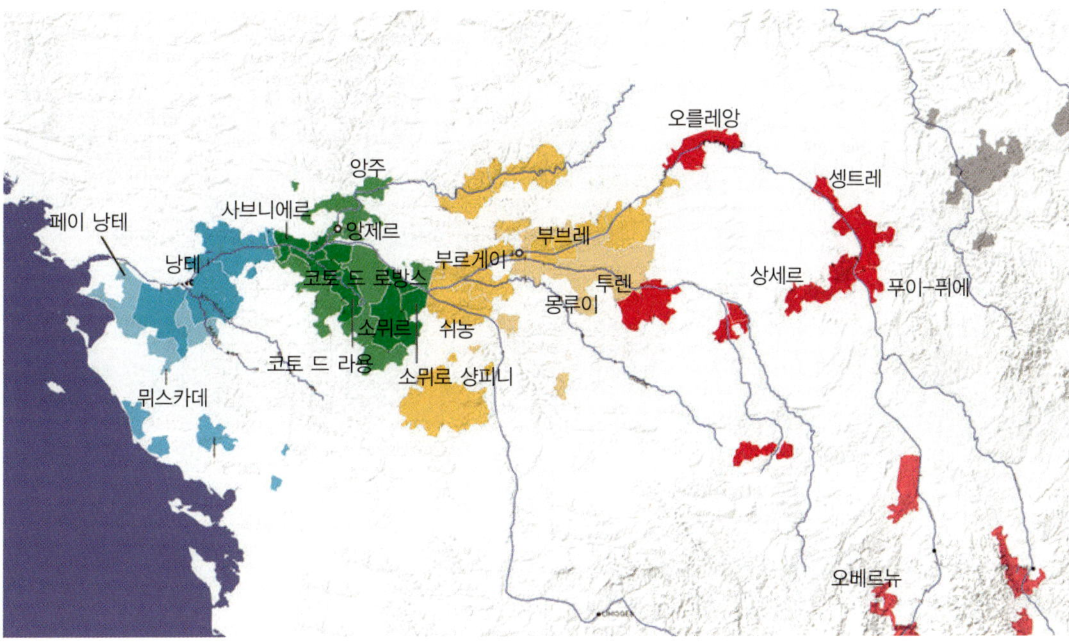

루아르 강은 처음에는 프랑스의 중앙에서 북쪽으로 향하다가 방향을 틀어 서쪽 대서양으로 흘러나간다. 이 루아르강을 따라 1,200km에 걸쳐 있는 가장 긴 포도 재배지역으로 고성(古城)과 숲이 어우러진 아름다운 풍광으로 '프랑스의 정원'으로 부르고 있다.

와인의 종류도 다채로워서 레드에서 화이트 · 로제 · 스파클링 와인까지, 그리고 아주 드라이한 와인에서 아주 스위트한 와인에 이르기까지 이곳에서는 모든 스타일의 와인이 생산되고 있다. 그 중에서 로제 와인은 모든 타입을 생산하고 있어 '로제 와인의 보고(寶庫)'라고도 하며, 특히 화이트 와인을 95% 생산하는 화이트의 천국이다.

쉬농(Chinon)과 부르게이(Bourgueil)의 가벼운 레드도 유명한데 이들 와인은 가격도 저렴하여 프랑스인들의 여름 식탁에 많이 오른다. 소다수나 스파클링 워터를 섞고 얼음을 띄워 마시면 한 여름의 좋은 친구가 된다.

114) Domaine Daniel et Denis Alary, Domaine Didier Charavin, Domaine Les Hautes Cances, Domaine de L'Oratoire Saint Martin, Domaine Rabasse Charvin, Domaine Sainte Anne, Domaine de La Soumade

화이트 와인의 품종 소비뇽 블랑(상세르, 푸이 퓌메 지역), 슈냉 블랑(Chenin Blanc. 부브래 지역), 뮈스카데, 샤르도네, 아르부아(Arbois)는 루아르 토종으로 블렌딩용이지만 점차 수요가 줄고 있다.

레드 와인의 품종 카베르네 프랑, 가메이, 피노 누아가 있다.

루아르 와인의 생산 지역은 크게 네 개의 지역인 페이 낭테, 앙주 소뮈르, 투렌, 중부 지방(Centre Nivernais)으로 나누어진다.

1. 페이 낭테(Pays Nantais) AOC

루아르 지방의 가장 서쪽에 있으며 대서양에 면해 있는 '낭트(Nantes)' 는 뮈스카데의 고장이다.

(1) 뮈스카데(Muscadet)

낭트 시 바로 밑의 남쪽에 있으며 A83 고속도로가 남북으로 지나가면서 지역을 동서로 양분하고 있다. 뮈스카데는 AOC 이름이자, 메롱 드 부르고뉴(Melon de Bourgogne 혹은 메롱)품종으로 만든 드라이 화이트 와인으로 신선한 맛과 두터운 맛을 동시에 낸다. 이곳의 뮈스카데는 가장 일반적인 것으로 1990년 후반부터 '쉬르 리'[115]표기를 금하고 있다.

(2) 뮈스카데 세브르 에 멘(Muscadet de Sèvre et Maine)

AOC에서 대부분의 뮈스카데가 생산된다. 이곳을 흐르는 세브르(Sèvre) 강과 멘(Maine) 강에서 이름을 따왔다. 생산와인의 반 가까이를 '쉬르 리' 방식으로 만들어 비디감이 있는 편으로 질감이나 입에서의 느낌이 부르고뉴 화이트와 닮아 과일 향과 산도, 질감의 균형이 좋다.

드 레퀴(Domaine de l' Ecu. Guy Bossard)의 엑스프레시옹 도르토냐이스(Expression d' Orthogneiss)가 토양의 특성을 잘 살린 바이오다이내믹 와인이다.

(3) 뮈스카데-코토 드 라 루아르(Muscadet-Coteaux de La Loire)

빈티지에 따라 질의 기복이 심하여 겨울이 따뜻한 해에는 균형이 잘 잡힌다.

(4) 뮈스카데 코트 드 그랑리외(Muscadet Côtes de Grand Lieu)

AOC에서도 뮈스카데만 나온다. 1996년 아펠라시옹을 얻은 신생지역으로 잘 만들어진 와인은 꽃 향미가 짙다. 뮈스카데 쉬르 리(sur lie)는 병입하기 전에 양조과정에서의 침전물을 그대로 둔 채 겨울을 보내고 봄에 윗부분의 맑은 액을 떠내는 것을 말한다. 따라서 와인이 상당히 맑다. Château du Cléray 등[116] 에서 좋은 와인이 나온다.

(5) 피에프 방뎅 브렘(Fiefs Vendéens Brem)

피에프 방뎅 샹토네(Fiefs Vendéens Chantonnay), 피에프 방뎅 마뢰이(Fiefs Vendéens Mareuil), 피에프 방뎅 피소트(Fiefs Vendéens Pissotte), 피에프 방뎅 빅스(Fiefs Vendéens Vix) AOC들은 카베르네 프랑, 네그레트, 피노 누아를 주로 사용한 레드 와인 그리고 로제와 화이트 와인을 생산한다.

---

115) 쉬르 리(Sur Lie). '찌꺼기 위' 란 뜻으로 발효를 마친 와인을 이스트 찌꺼기와 겨울을 넘길만큼 오래 접촉시켜 부케를 형성시키는 방법이다.

116) Domaine Chéreau Carré, Domaine de L' Ecu, Domaine Louis Metaireau, Château de La Ragotière, Domaine de La Tourmaline에서

(6) 그로 플랑 뒤 페이 낭테(Gros Plant du Pays Nantais)

폴 블랑슈 품종을 주로 사용한 화이트 와인 지역으로 '쉬르 리'가 가능하다.

(7) 코토 당스니(Coteaux d' Ancenis)

가메이를 사용한 레드 및 로제 와인 그리고 피노 그리를 사용하여 화이트 와인을 생산한다.

2. 앙주-쏘뮈르(Anjou-Saumur)

루아르 지방의 서쪽 대서양 가까이의 낭트(Nantes)와 투르(Tours) 사이에 위치하며 포도원의 대부분이 강의 남쪽 연안에 있다. 드라이한 로제 와인과 스위트 와인이 유명하여 뮈스카데 고장으로 불린다. 또한 모든 종류의 다양한 품종의 포도도 재배가능하다.

1) 앙주(Anjou)의 AOC

(1) 앙주(Anjou)

다양한 품종으로 만든 다양한 종류의 와인이 나오므로 루아르와인의 축소판으로 삼아도 좋을 정도로, 포도 품종은 레드로 가메이, 카베르네 소비뇽, 카베르네 프랑. 화이트는 슈냉 블랑, 샤르도네, 소비뇽 블랑을 사용하며, 레드와 화이트의 생산량은 각각 절반가량 된다.

(2) 앙주 빌라주(Anjou Villages)

이곳의 편암질 토양에 잘 맞는 카베르네 프랑과 카베르네 소비뇽으로 로제를 많이 만들었으나 1980년대부터 소비량의 감소로 로제에서 레드로 돌아선 곳이다. 샤토 푸티으(Château de Putille), Domaine Richou, Château de Tigné에서 좋은 와인이 나온다.

(3) 앙주 빌라주 브리삭(Anjou Villages Brissac)

앙주 빌라주의 하위 AOC로 1998년에 공식적으로 인정받아 빈티지는 1996년부터 사용할 수 있다.

(4) 카베르네 당주(Cabernet d' Anjou)

1905년부터 카베르네 프랑과 카베르네 소비뇽만 사용하여 로제를 만들어낸다. 싼 가격으로 벌크 판매만 하므로 명성이 평가절하되어 있다.

(5) 로제 당주(Rosé d' Anjou)

앙주 AOC에서 로제와인만 따로 떼어내어 AOC를 부여받은 것으로 카베르네 프랑, 카베르네 소비뇽, 가메이를 사용한다.

(6) 사브니에르(Savennière)

슈냉 블랑으로 훌륭한 화이트를 생산하는 곳이다. 프레드리히(Jacqueline Friedrich)는 "세상에서 가장 지적인 와인", 맥닐(Karen MacNeil)은 "슈냉 블랑으로 만들 수 있는 가장 훌륭한 드라이 와인"이라고 했다. 샤토 데피레(Château d' Epiré), 도멘 데스 보마르(Domaine des Baumard), Château de Chamboureau에서 좋은 와인을 생산한다.

(7) 사브니에르 쿨레 드 세랑(Savennière Coulée de Serrant)

사브니에르의 하위 AOC로 포도밭은 니콜라스 졸리 소유의 하나뿐인 모노폴인 Château de La Roche aux Moines이다. 이곳에서 만든 '클로 드 라 쿨레 드 세랑(Clos de la Coulée de Serrant)' 은 바이오 다이나믹으로 재배된 친환경적 슈냉 블랑 포도 100%로 만든 화이트 와인이다.

최상의 자연친화적인 환경에서 재배하여 내성이 강해 쉬 상하지 않으므로 개봉 후 며칠이 지나도 상하지 않는다. 마시기 하루 전부터 마개를 열어두기를 권하는 탄탄한 보디감이 있으며 최적 시음기간은 10~15년이다. 해에 따라 들쑥날쑥한 게 딱 한 가지 흠이다. 퀴르농스키[117]가 뽑은 '최고의 화이트 와인' 에 몽라셰, 샤토 뒤켐, 샤토 그리에(론), 샤토 살롱과 함께 올랐으며 역시 '세계 100대 와인' 으로 꼽힌다. 오너인 졸리(Nicolas Joly)는 2001년에 'Return to Terrior[118]' 를 만들었다.

(8) 사브니에르 로슈 오 무안(Savennière Roche-Aux-Moines)

사브니에르의 하위 AOC로 포도밭은 로슈-오 무안(Château de la Roche-aux-Moines), Château de Chamboureau, Domaine-aux-Moines의 세 개뿐으로 모두 니콜라스 졸리의 소유이다. 슈냉 블랑으로 세미 스위트 화이트가 생산된다.

2) 앙주(Anjou)의 스위트와인 생산 AOC

(1) 앙주 코토 드 라 루아르(Anjou Coteaux de la Loire)

1946년 AOC를 획득하여 슈냉 블랑으로 화이트만 만든다. 미디엄스위트와 스위트가 나오며 스위트 와인은 소테른을 연상시킬 만큼 감미롭다. 21세기에 들어서 카베르네 프랑과 카베르네 소비뇽 밭이 급격히 늘어 생산되는 레드는 앙주 AOC로 나온다.

(2) 본조(Bonnezeaux)

슈냉 블랑의 보트리티스 혹은 과숙된 포도를 사용한다.

(3) 코토 드 로방스(Coteaux de L' Aubance)

라용과 아주 유사하며 1950년에 아펠라시옹을 획득한 곳이다. 슈냉 블랑으로 미디엄 스위트를 만드는 것이 기본이다. 근래에 대중적인 레드와 로제, 그리고 드라이 화이트를 만들지만 스위트와인 외에는 앙주나 앙주 빌라주 AOC로 판매된다. Domaine de Montgilet가 알려져 있다.

(4) 코토 뒤 라용(Coteaux du Layon)

사브니에르가 루아르에서 가장 훌륭한 드라이 화이트를 만든다면 이곳에서는 슈냉 블랑으로 가장 훌륭한 스위트 화이트를 생산한다. 까르트 드 쇼메(Quarts de Chaume)는 2003년 AOC를 획득했으나 2009년 해제되어 다시 코토 뒤 라용으로 합쳐졌고 대부분 파스리아주[119] 방식으로 만든 스위트 와인이 나온다.

---

117) 퀴르농스키(Curnonsky. 1872~1956) : 본명은 Maurice Edmond Sailland로 필명인 퀴르농스키 혹은 애칭 퀴르(Cur)로 불린다. INAO(프랑스 국립 원산지 명칭 통제 및 품질관리원)의 창립자. RVF(프랑스 와인 리뷰)와 미슐랭가이드의 '프랑스 요리와 와인' 창간자. '프랑스 와인 아카데미' 창설자

118) '자연으로 돌아가자' 는 취지로 친환경농호법을 추구하는 와이너리들의 모임으로 12개국의 150여 곳이 회원으로 가입되어 있다. 알자스 10, 부르고뉴 12, 보르도 10, 샹파뉴 3, 코르세 2. 쥬라 2, 랑그독 루시옹 8, 루아르 12, 프로방스 6, 론 10, 사보아 1, 쉬드 두스 3, 독일 5, 오스트리아 4, 스페인 8, 이탈리아 25, 포르투갈 1, 슬로베니아 2, 스위스 1군데이다.

119) 파스리아주(passerillage). 지푸라기 와인, 혹은 건포도 와인. 포도를 말려 농축시킨 알갱이로 만든 와인이다. 바닥에 짚을 깔고 위에 포도를 놓아 햇볕이나 혹은 지붕을 덮어 말려 스위트 와인을 만든다.

보마(Domaine des Baumard)의 '위대한 와인'은 너무 완벽하여 인간미가 없다고 할 정도이며 슈냉 블랑으로 만드는 스위트 화이트 와인인 까르트 드 쇼메(Quarts-de Chaume)는 이 지역의 표상으로 자리매김한다.

조 피통(Domaine Jo Pithon), 페트릭 보도인(Domaine Patrick Baudouin), 피레-비세(Château Pierre-Bise)와 필립 들레보(Philippe Delesvaux)의 보트리티스 와인(Sélection de Grains Noble)이 알려져 있고 레드, 화이트 와인도 생산한다.

(5) 코토 뒤 라용 빌라주(Coteaux du Layon Village)

'코토 뒤 레용'의 하위 AOC로 '코토 뒤 라용' 뒤에 마을(village) 명칭을 붙인다. '라용'과 와인, 품종이 동일하다.

3) 앙주(Anjou)의 기타 AOC

(1) 앙주 가메이(Anjou Gamay)

AOC에 가메이라는 말이 들어갈 정도로 가메이 품종만 사용하여 레드와 로제를 생산한다.

(2) 앙주 무쉐(Anjou Mousseux)

병입 후 2차 발효하며 9개월 이상 숙성하는 화이트 및 로제 스파클링 와인이 생산된다.

(3) 앙주 프티랑(Anjou Pétillant)

이탈리아의 프리잔테와 비슷한 세미-스파클링 와인으로 셰닝 블랑으로 만들어 출고되기 전 9개월 이상의 숙성을 거친다.

(4) 로제 드 루아르(Rosé de Loire)

카베르네 소비뇽과 프랑, 피노 누아와 가메이로 로제를 생산하며 이 AOC의 명칭으로 다른 곳에서도 나오지만 주로 앙주에서 생산된다.

4) 소뮈르(Saumur) AOC

(1) 소뮈르(Saumur)

카베르네 프랑을 주품종으로 한 레드, 슈냉을 사용하는 화이트가 나오며 레드 생산량이 화이트 와인의 배 이상이 된다. 생-쥐스트(Domaine de Saint-Just)는 레드 스파클링이 유명하며 소뮈르 와인의 대명사로 불린다.

(2) 소뮈르 무쉐(Saumur Mousseux)

샹파뉴를 제외하고 프랑스에서 스파클링이 제일 많이 알려진 곳으로 루아르에서 가장 좋은 품질의 스파클링 와인을 생산하고 있다. 루아르 스파클링 와인생산자의 상위 3개사도 이곳에 위치하고 있다. 가메이와 슈냉 블랑을 제외한 다양한 품종으로 스파클링 외에도 레드와 로제도 나온다.

소뮈르의 레드 크레망인 라르드와지에[120]는 샹파뉴와는 전혀 다른 스파클링이 된다. 부베 라뒤베(Bouvet Ladubay)는 무쉐의 선두주자이며, 그라티엔 메이어(Gratien & Mayer)도 샹파뉴의 상위 레벨에 버금가는 스파클링으로 자리매김하고 있다.

---

120) 라르드와지에(L' Ardoisier)는 카베르네 소비뇽이 주는 볼륨감과 카베르네 프랑이 남기는 드라이한 여운이 있는 레드 스파클링이다.

(3) 소뮈르-상피니(Saumur-Champigny)

카베르네 프랑, 카베르네 소비뇽 그리고 피노 다뉘스(Pineau d' Aunis)로 만든 우아한 레드 와인이 나오며 음용시기는 5~10년이다. 샤토 셍트르(Château de Chaintres)는 와인도 발군이지만 하절기의 매주 토요일에 숙식과 와인 테이스팅이 포함되는 와인스쿨이 운영된다.

도멘 생 뱅셍(Domaine Saint Vincent), 생-쥐스트(Domaine de Saint-Just), Clos Rougeard, Domaine Filliatreau, Château du Hureau에서도 좋은 와인이 나온다.

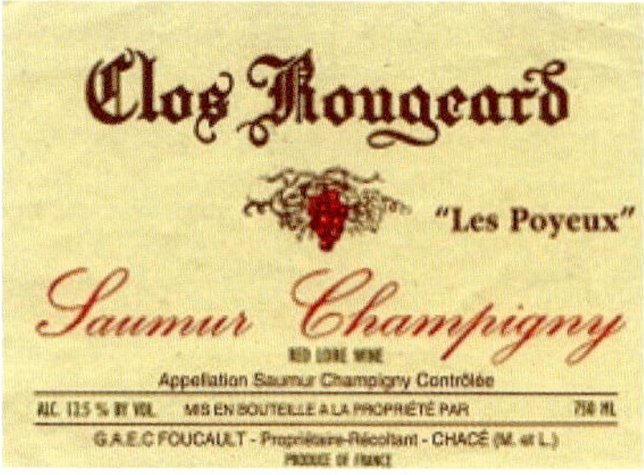

(4) 카베르네 드 소뮈르(Cabernet de Saumur)

카베르네 프랑, 카베르네 소비뇽으로 로제 와인을 생산하는 곳이다.

(5) 코토 드 소뮈르(Coteaux de Saumur)

슈냉 블랑으로 미디엄 그리고 보트리티스나 과숙 포도로 스위트 화이트 와인을 만든다.

(6) 크레망 드 루아르(Crémant de Loire)

스파클링 와인으로 루아르 전역에서 나오지만 주로 소뮈르 지방이 많다. 랑글루아 샤토(Domaine Langlois-Château)에서 슈냉 블랑, 샤르도네, 카베르네 프랑으로 블렌딩 혹은 단독으로 신선하고 생기넘치는 스파클링을 만든다.

3. 투렌(Touraine)

루아르 지방의 동쪽 중앙에 위치하며, 르망(Le Mans) 밑의 투르(Tours)시를 가운데 두고 있는 소뮈르의 우측지방으로 투르를 동에서 서로 관통하는 루아르 강의 연안에 남북으로 포도밭들이 있다.

포도밭 뒤로 아름다운 고성들이 위용을 자랑하는 이 지역은 다양한 와인이 나온다. 화강암 지질의 밭에서는 과일향이 살아있는 부드러운 와인이 나오고 점토와 석회암이 혼합된 곳에서는 복합적인 향미를 지닌 짜임새 있는 와인이 생산된다.

이 지방의 부르게이, 생 니콜라 드 부르게이, 쉬농에서는 카베르네 프랑을 브르통(Breton)이라고 부르는 카베르네 프랑의 고장이기도 하다.

(1) 투렌(Touraine)

다양한 토양에 다양한 품종으로 레드, 로제, 화이트의 다양한 와인이 나오는 곳이다. 와인의 질도 어떨 때는 감탄할 만큼 좋으나 어떨 때는 지루하고 따분한 느낌이 들 때도 있다. 레드 및 로제는 카베르네 프랑이 많이 쓰인다. 앙리 마리오네(Henry Marionnet)의 로모랑탱(Romorantin) 품종으로 만든 프로비냐주(Vin de Pays du Loir-et-Cher Provignage)는 1870년대의 필록세라를 피한 포도나무(pré-phylloxérique)로도 이미 전설이다.

(2) 투렌 앙브아즈(Touraine-Amboise)

레드, 로제, 화이트, 드라이에서 세미 스위트까지 여러 종류 와인이 나온다.

(3) 투렌 메즈랑(Touraine Mesland)

레드, 로제, 화이트, 드라이에서 세미 스위트까지 여러 종류 와인이 나오지만 레드의 생산량이 80%에 이를만큼 월등히 우세하다. 가메이와 슈냉 품종이 많이 쓰인다.

(4) 투렌 아제-르-리도(Touraine Azay-le-Rideau)

화이트는 1953년, 로제는 1976년 아펠라시옹을 받은 화이트와 로제만 생산하는 곳이다. 작은 면적으로 잘 알려지지 않았지만 다양한 화이트가 나온다. 샤토 아제-르-리도(Château Azay-le-Rideau)가 있다.

(5) 부르게이(Bourgueil)

쉬농의 서쪽과 북쪽으로는 루아르 강을 건넌 곳에 있으며, 루아르 지방에서 카베르네 프랑을 최초로 재배한 곳으로 카베르네 프랑을 주로 사용하며 카베르네 소비뇽도 10%까지 사용 가능하다. 레드와 로제 와인을 만든다. 와인생산자 조합인 'Cave Cooperative de Vins de Bourgueil' 가 있으며 전체 경작지의 1/4(350ha)를 차지한다.

피에르-자크 드루에(Domaine Pierre-Jacques Druet)는 부르게이에서 가장 훌륭한 와인이며, Domaine Yannick Amirault와 여러 도멘[121]에서 좋은 와인이 나온다.

(6) 생-니콜라 드 부르게이(Saint-Nicolas de Bourgueil)

부르게이와 흡사하지만 생산되는 강건한 와인은 첫해에 마셔도 혹은 매년 마시거나 10년 이상 되어 마셔도 좋다.

(7) 쉬농(Chinon)

파리와 보르도의 중간에 위치하며 위도 상으로는 부르고뉴와 같다. 서북쪽으로 흐르는 비엔느(Vienne)강이 루아르 강과 합류하기 직전에 위치한 곳으로 서북쪽으로는 바로 소뮈르가 있으며 프랑스의 정원이라 불린다.

소비뇽 블랑, 슈냉 블랑 그리고 뮈스카데 같은 화이트 와인으로 유명한 루아르에서 쉬농은 이례적으로 95% 이상이 레드 와인인 특별한 지역이다. 레드는 비교적 가벼운 타입이다. 레드와 로제는 카베르네 프랑을 주로 사용하며 카베르네 소비뇽도 10%까지 사용 가능하다. 화이트는 슈냉 블랑을 사용한다.

루아르의 쉬농, 부르게이, 소뮈르 샹피니에서는 카베르네 프랑만으로 우수한 와인을 만드는데 그 중 쉬농은 가장 실키하고 부드러운 와인이며 100년 전만 해도 보르도의 마고(Margaux)와 동급으로 여겨졌다. 일반적인 쉬농 와인은 힘이 부족한 편이지만 튀포[122] 토양에서 나온 와인들은 힘과 구조감까지 갖추고 있다.

---

121) Domaine Cathérine et Pierre Breton, Domaine de La Lande, Domaine du Bourg, Vignoble de La Jarnoterie, Domaine Joël Talua.

122) 튀포(Tuffeau). 진회색의 해양성 퇴적물이 풍부한 루아르 지역 고유의 석회암반.

샤를르 조게(Domaine Charles Joguet)의 '쉬농 클로 드 라 디오트리(Chinon Clos de la Dioterie)'는 '세계 100대 와인'으로, 로버트 파커도 "샤를르 조게의 와인에는 이 지역 최고의 와인이라는 평을 들을만한 무언가 특별한 것이 있다"고 했다.

팔뤼스(Domaine de Pallus)를 운영하는 수르대(Sourdais)가족은 1891년 이 지역에 정착하였으며 베트랑 수르대(Bertrand Sourdais)가 보르도, 스페인, 칠레를 거치며 경험을 쌓은 와인메이커로 프랑스 와인의 미래를 이끌어갈 천재 양조가로 주목받고 있다. 이곳의 레 팡세 드 팔뤼스(Les Pensees de Pallus)는 카베르네 프랑 100%로 만든 레드 와인으로 첫맛은 가볍지만 시간이 지날수록 타닌이 부드러워지며 풍부한 맛의 깊이가 점점 묵직하게 느껴진다. 부드러운 안심스테이크와 잘 어우러진다.

쿨리-뒤테이(Couly-Dutheil)는 120ha의 넓은 밭에서 생산하는 좋은 와인들 가운데 클로 드 레코(Chinon Clos de l' Echo)는 5년이 지나야 제목소리를 내는 와인으로 빼어나다고 장담할 수 있다.

(8) 부브래(Vouvray)

투르 시의 동쪽 외곽의 루아르 강 북쪽에 있다. 372년에 세워진 성 마르탱(Saint Martin) 수도원이 그 시작으로 포도밭은 로마 시대에 조성되었으며 1936년에 아펠라시옹을 부여받았다. 주 품종인 슈냉 블랑(Chenin Blanc)으로 세 가지 와인을 만든다. 슈냉 블랑은 발효 시 거품을 내므로 빈티지가 좋지 않을 때는 스파클링으로 만들며 주로 드라이 화이트와 스위트 와인을 생산한다. 세미 스위트인 무아레우(moellcux)와 감미로운 두(doux) 그리고 일부 노블 랏(noble rot)이 나온다.

도멘 위에(Domaine Huet)는 르 오 리외(Domaine Le Haut-Lieu)라는 이름도 같이 쓰는 '위대한 와인'으로 각각의 포도밭에서 얻은 와인들을 병입 직전까지 분리해서 양조하는 방식을 사용한다.

샹팔루(Domaine Didier Champalou)의 모엘로(CC Moelieux)는 레이블에 트리 드 방당주(Trie de Vendange. 선별 포도 수확)이라는 설명이 있는 스위트 화이트 와인으로 만만치 않은 가격이 성격 또한 만만치 않음을 암시해 준다. 클로 노댕(Domaine du Clos Naudin)의 스위트 화이트인 구트 도르(Goutte d' Or)와 Domaine des Aubusières도 알려져 있다.

(9) 몽루이(Montlouis. Montlouis-sur-Loire)

루아르 강 남쪽지역으로 부브래와 강을 사이에 두고 마주 보고 있다. 1938년에 아펠라시옹을 얻었지만 뛰어난 이웃 덕에 이름이 거의 알려지지 않았다. 부브래와 흡사하지만 가격이 더 싸며 빨리 숙성된다. 프랑수아 시데인(François Chidaine), 타유 오 루(Domaine de la Taille aux Loops)에서 드라이 와인에서 스위트 와인까지 다양한 와인을 생산하며, Domaine Dele´tang, Clos Habert, Domaine Moyer에서 좋은 와인이 나온다.

4. 상세르, 푸이-퓌메(Sancerre, Pouilly-Fum)

프랑스의 중앙에 위치하므로 중부 지방(Centre Nivernais)이라고도 불리는 투렌지방 투르(Tours)

시의 서남쪽이다. 루아르 밸리의 동쪽 끝의 지역으로 파리의 바로 남쪽에 있는 오를레앙(Orlans) 밑의 부르쥬(Bourges)시의 좌우에 포도밭들이 있다. 시(市)의 오른쪽에서 위로 흘러가는 루아르 강은 좌측으로 상세르, 우측으로 푸이-퓌메를 가르고 있다. 북서쪽으로 흐르는 루아르 강은 오를레앙(Orlans)을 지나면서 남서로 꺾어지며 서쪽의 대서양을 향해 흘러간다.

소비뇽 블랑의 고장이지만 부르고뉴에 가까워 스타일은 부르고뉴 타입에 가깝다.

(1) 상세르(Sancerre)

이곳은 소비뇽 블랑이 번성하여 생동감 있는 드라이 와인을 만들어 푸른 잔디의 싱그러운 향을 느끼게 해 준다. 가볍고 드라이하며 더 생동감이 있어 생선이나 해산물, 여름에 더욱 어울리는 와인이다. 화이트로 1936년 AOC를 받았으며, 약 25% 정도 피노 누아로 생산되는 레드와 로제는 1959년 아펠라시옹을 획득했다. 앙리 부르주아(Domaine Henri Bourgeois)는 10대에 걸쳐 와인을 만들고 있으며, 도멘 앙리 펠르(Domaine Henry Pellé)와 여러 도멘[123]에서 좋은 와인이 나온다.

(2) 푸이-퓌메(Pouilly-Fum)

역시 소비뇽 블랑이 주 품종으로 상세르보다는 조금 무거우나 덜 향긋하며, 부싯돌이나 미네랄향이 흥미를 돋운다. 연어와 같은 큰 생선이나 닭고기, 송아지고기에 잘 어울린다. 디디에 다귀노(Didier Dagueneau)의 퀴베 실렉스(Cuvée Silex)는 위대한 와인의 귀감이 되며, 경주마를 뜻하는 퓌르 상(Pur Sang)도 그에 못지 않는다. 장 클로드 샤틀랭(Domaine Jean Claude Chatelain), 라두세뜨(Domaine de Ladoucette)에서 좋은 푸이-퓌메(Pouilly-Fumé)를 만든다.

(3) 기타 AOC

메네투-살롱(Menetou-Salon)은 '상세르의 가난한 사촌'이라 불릴 정도로 같은 품종, 같은 토양, 같은 기후 그리고 상세르와 같은 방식으로 와인을 만들고 있다. 캥시(Quincy)는 1936년 AOC를 획득하여 소비뇽 블랑으로 화이트만 생산하고 있다. 뢰이(Reuilly)는 부르쥬 시(市) 좌측의 작은 지역으로 화이트는 소비뇽 블랑, 레드와 로제는 피노 누아와 피노 그리로 만든다.

제5절 샹파뉴(Champagne)

샹파뉴 지방은 프랑스 와인산지 중 최북단에 위치한 곳으로 파리에서 북동쪽으로 145km 떨어져 있다. 위도가 높은 곳에 위치해 있어 대륙성 기후의 영향을 받아 연간 평균기온이 10℃의 춥고 서늘한 곳에 위치한 샹파뉴는 옛부터 알코올 도수가 낮고 신맛이 강한 와인 밖에 만들지 못했다. 따라서 일반포도주를 만들기에 적합한 햇볕에 잘 익은 포도를 수확하기가 힘든 지역이다. 그래서 화이트 와인에 설탕과 효모를 첨가하여 병 안에서 재발효시키고 발효를 위한 탄산가스를 밀폐시켜 발포성 와인을 개발한 것이다.

---

123) Domaine Alain Cailbourdin, 알퐁스 멜로(Alphonse Mello), 코타 프레르(Cotat Frères), 루시앙 크로셰(Lucien Crochet), 기통 페레 에 피스(Gitton Père et Fils), 뱅상 피나르(Domaine Vincent Pinard), Domaine Vacheron

샹파뉴란 프랑스 북부지역인 샹파뉴 지방에서 만들어지는 발포성 와인[124]을 말한다. 따라서 이 지방의 와인은 모두 샹파뉴가 되므로 지역에 따른 특색은 없으나 중요한 것은 생산자이다. 어느 정도의 규모가 되어야 혼합기술을 잘 살릴 수 있기 때문이다. 대부분의 샹파뉴는 레드와 화이트품종을 섞어 양조하고, 레드 와인과 화이트 와인을 혼합해서 만드는 것도 있다. 대개 혼합하는 포도의 수확년도는 다르지만, 포도의 수확상태가 특히 좋은 해는 그 해의 포도만을 사용하며, 이것이 '빈티지 샹파뉴'가 된다.

프랑스 내 다른 지방에서 나오는 스파클링 와인은 크레망(Cremant) 혹은 무세(Mousseux)라 하며, 독일에서는 젝트(Sekt), 스페인은 까바(Cava), 이탈리아에서는 스푸만테(Spumante)라 한다.

샹파뉴는 우선 품위가 있다. 발포성이 있으며 축제에 쓰이는 특별한 타입의 와인이다. 좋은 샹파뉴는 포도의 신선함과 섬세함을 지니고 있다. 당도는 없는 것이 대부분이며 약간의 산미가 균형을 이루는 독특한 향을 지니고 있다. 섬세하고 우아한 거품이 화려하게 솟구쳐 올라가며 반짝이는 황금빛 포말에 눈부신 별들이 투명한 글라스에 쏟아진다. 이런 아름다움 때문에 샹파뉴는 흔히 축제의 팡파르를 위해 쓰인다.

중세시대 탄산가스 때문에 '악마의 와인'이라며 생산자들이 기피했던 샹파뉴는 베네딕트 수도원의 수도사였던 '동 페리뇽'(Dom Pierre Prignon, 1638~1715)이 탄산가스를 처리하면서 새롭게 태어났다.

주요 포도 품종으로는 레드 품종으로 피노 누아와 피노 뮈니에 그리고 화이트 품종으로 샤르도네가 주요 세 품종이다. 이외에 아르반(Arbane), 쁘티 머슬리에(Petit meslier), 가메이 피노 블랑, 프로망토가 일부 사용된다. 전체적으로 레드 품종의 재배면적이 75%를 차지하는데 레드 품종이 많이 들어갈수록 무거운 스타일이 된다.

1. 샹파뉴의 특성

1) 품종별 카테고리

샹파뉴는 보통 레드와 화이트 품종을 불렌딩하여 만든다.

(1) 블랑 드 블랑(Blanc de Blanc)

화이트 와인 품종인 샤르도네 100%로 만든 화이트 와인을 일컫는다. 맛과 향이 그리 진하지 않고 미묘한 느낌을 주므로 가격이 일반 샹파뉴보다 조금 더 비싸다. '블랑 드 블랑'에는 빈티지와 논 빈티지가 각각 있다.

(2) 블랑 드 누아(Blanc de Noir)

이는 100% 레드 와인 품종으로만 만든 것으로 피노 누아가 가장 많이 사용되며, 피노 뮈니에도 일부 사용된다.

2) 샹파뉴의 빈티지 카테고리

(1) 논 빈티지 샹파뉴(Non-Vintage Champagne/Multiple Vintage)

여러 해의 와인을 혼합하여 만들며, 1차 2차 압착으로 얻어진 포도즙을 모두 사용하여 만든다. 샹파

124) 1927년 제정된 법에 따라 프랑스 상파뉴지방에서 만들어진 스파클링 와인만 상파뉴라고 할 수 있다. 스위스의 뉴사텔 주(州)에 있는 상파뉴(Champagne)마을은 서기 885년부터 1000년 이상 이 지명을 사용해 왔지만 이 마을에서 생산되는 와인은 물론 빵, 과자, 향수 등 다른 제품에도 자기 마을 이름인 상파뉴를 표기하지 못한다. 대신 상프(Champ), 상파뉴(Champagnoux)라는 이름을 사용하기도 하지만 짝퉁 취급을 받아 매출이 격감되었다. 스위스는 EU에 가입하지 않았지만 스위스항공의 EUso 취항 조건으로 1988년 상파뉴라는 이름의 배타적 사용권을 인정한 것이다.

뉴의 전형적인 블렌딩은 레드품종 2/3와 화이트품종 1/3로 하는 것이 보통이다. 레이블에 수확년도가 표시되지 않은 것으로 전체 샹파뉴의 80% 이상을 차지한다. 3년이나 그 이상의 수확된 포도로서 몇십 군데 포도밭의 포도를 블렌딩하는 수도 있으며, 법적으로는 15개월 이상의 숙성기간을 두도록 하고 있으나 통상 2~3년 정도 숙성시키고 있다. 최적음용 시기는 2~3년 내이다.

(2) 빈티지 샹파뉴(Vintage Champagne/Regular Vintage)

기후가 좋은 해에는 포도가 충분히 잘 익어 다른 해의 와인과 블렌딩할 필요 없이 그 해의 포도만으로 좋은 와인을 만들어내므로, 이렇게 특정년도의 포도만으로 만든 것이다. 표시된 수확년도의 포도가 반드시 80% 이상이어야 하며, 논 빈티지보다 2년 이상의 숙성기간을 더 거치게 된다. 빈티지 와인출하 여부는 제조회사에서 결정하며 수확년도와 생산지(하우스)가 명시된다. 모에 샹동(Moët Chandon)사의 빈티지 샹파뉴 생산 년도는 1743년 창업 이래 260년 동안 단 69번뿐이었다. 10~15년 장기보관이 가능하다.

(3) 프리미엄 빈티지(Premium Vintage)

프레스티지 퀴베(Prestige Cuvée), 테트 드 퀴베(Tête de Cuvée), 퀴베 스페시알(Cuvée Speciale)이라고도 한다. 장기간 숙성시킨 최고의 빈티지 샹파뉴로 고급포도밭에서 최고의 포도를 수확해서 첫 번째 압착 포도즙만 이용해서 만들어야 한다. 잘 알려진 모에 샹동의 동 페리뇽, 뢰데레의 크리스탈, 뵈브 끌리코의 라 그랑 담 같은 값비싼 것들이다.

3) 샹파뉴의 당도(糖度)와 성격

당 성분을 얼마나 추가했는지의 정도에 따라 6가지로 나누어진다. 표기규정에는 없지만 당이 3g 이하로 첨가되었을 경우에는 '브뤼 제로' 혹은 '울트라 브뤼'로 적을 때도 있다. 그리고 당이 전혀 첨가되지 않았을 때에는 '브뤼 나튀르' 혹은 '도자주(dosage) 제로'로 표기하기도 한다.[125]

샹파뉴의 당도

유형	잔여당분	내용
엑스트라 브뤼(Extra Brut)	0~6	완전 드라이에서 몹시 드라이
브뤼(Brut, Dry)	3~15	완전 드라이에서 상당히 드라이
엑스트라 섹(Extra Sec: Off Dry)	12~20	상당히 드라이에서 드라이 아님
섹(Sec: Medium Dry)	7~35	중간 드라이
드미 섹(Demi-Sec: Quite Sweet)	35~50	상당히 스위트
두(Doux: Sweet)	50 이상	매우 스위트

주 : 잔여당분의 수치는 리터당 함유된 그램 양을 나타내는 것으로 6은 6%, 즉 6그램의 의미이다.

4) 샹파뉴의 레이블

각각의 레이블에 표기된 이니셜 코드를 읽으면 생산자가 어떤 방식으로 샹파뉴를 만들었는지의 이해가 빠르다.

125) 엑스트라 브뤼(Extra Brut), Brut Intégral, 혹은 Brut Nature라 표기하기도 한다.

NM : 네고시앙 마니퓰랑(Négociant-Manipulant) 여러 포도원의 와인을 구매한 뒤 이를 블렌딩하여 만드는 샹파뉴이다. 샹파뉴 지역에는 총 300여 개 마을에서 15,000명 이상의 사람들이 포도를 재배하고 있다. 이들에게서 포도나 와인을 사들여 양조하는데, 중요한 것은 얼마나 좋은 포도의 퀴베(1차 추출와인)를 사들일 수 있는가 하는 구매력이다. 이러한 방식은 떼루아의 고유한 특성을 살리기 어렵다는 면도 있지만 대부분의 대형 샹파뉴 하우스들이 이에 속하며 생산량의 90% 정도가 수출되고 있다.

RM : 레콜랑 마니퓰랑(Récoltant-Manipulant) 자신의 밭을 소유하여 직접 재배한 포도로 양조한 샹파뉴를 일컫는다. 단일 밭에서 나오는 포도로 생산하므로 해당 지역의 테루아가 섬세하게 반영되어 맛과 향의 미묘한 차이를 느낄 수 있다. 전체 샴페인 생산량의 20% 정도가 이에 속하며 직접 재배한 포도만을 사용함이 원칙이지만 5%까지는 구입해온 포도나 와인을 사용하는 것이 허용되고 있다.

CM : 코페라티브-마니퓰랑(Coopérative-Manipulant) 여러 명의 포도재배업자가 공동으로 생산하고 판매하는 협동조합. 마이 그랑 크뤼(Mailly Grand Cru)가 이에 속한다.

SR : 소시에테 레콜랑(Société de Récoltants) 동업관계로 시설을 같이 쓰며 같이 생산한다. 같은 가족인 경우도 많다.

ND : Négociant-Distributeur 와인을 자체 생산하지는 않고 판매만 하는 회사.

MA : 마르크 다슈퇴르(Marque d' Acheteur) 레스토랑이나 와인상, 슈퍼마켓에서에서 구매하여 회사(와이너리)나 브랜드 이름하에 판매되는 와인. 이런 경우를 B.O.B(Buyer' s Own Brand)와인이라고도 한다.

RC : 레콜탕 코페라퇴르(Récoltant coopérateur) 협동조합. 협동조합의 규정대로 샹파뉴를 생산하며 판매는 자신의 독자적인 이름(레이블)으로 하는 회사.

메토드 샹프누아즈(Méthod Champenoise) 병 속에서 2차발효하는 과정을 말하며 이와 똑같은 방법으로 만들어도 샹파뉴 이외의 지역에서는 이 문구를 사용할 수 없다. 다른 곳에서는 메토드 클라시코(Classico) 혹은 메토드 트라디시오넬(Traditionnelle)라 표현한다.

샹파뉴 병의 사이즈(Bottle Size)와 명칭은 다음과 같다.

샹파뉴의 병 사이즈[16]

명칭	용량(리터)	온스	비고
피콜로(Piccolo)	0.187	6.3	1.5 glasses 스프릿(Split)
드미(Demi)	0.375	12.7	2.5 glasses 하프 바틀(Half-bottle)
바틀(Bottle)	0.75	25.4	5 glasses
마그넘(Magnum)	1.5	50.7	2 bottles 매그넘(Magnum)
제로보암(Jeroboam)	3.0	101.4	4 bottles
르호보암(Rehoboam)	4.5	152.1	6 bottles
므두셀라(Methuselah)	6.0	204.8	8 bottles
살마나자르(Salmanazar)	9.0	307.2	12 bottles

명칭	용량(리터)	온스	비고
발타자르(Balthazar)	12	409.6	16 bottles
느부갓네잘(Nebuchadnezzar)	15	507	20 bottles

스프릿(split)은 쿼터 보틀(Quarter Bottles)이라고도 하며, 용량은 0.188리터(18.8 centiliters)이다. 샹파뉴의 병 무게는 일반 와인 병 보다 무거우므로 병의 무게를 줄여 운송비를 절감하고자 하는 시도도 있다. 포메리(Pommery)는 2003년부터 기존의 900g 보다 7% 가벼운 835g으로 줄여 물류비 절감 효과를 보고 있는데, 이렇게 하면 한 트럭에 4,000개 이상의 병을 더 실을 수 있게 되었다고 밝혔다.

샹파뉴 병 속의 압력은 6기압 정도로 자동차 타이어 압력의 세 배쯤에 해당되며 한 병의 거품 숫자는 5,000만개에서 1억 5천만 개로 추정하는 이들도 있다.

2. 샹파뉴의 주요 생산지와 등급

1) 샹파뉴의 주요 생산지[17]

(1) 몽타뉴 드 랭스(Montage de Reims)

랭스 산악지대는 동서로 20km, 남북으로 10km로 레드 품종인 피노 누아와 피노 뮈니에를 주품종으로 사용하여 강건하고 깊이 있는 와인이 나온다.

(2) 발레 드 라 마른(Vallée de La Marne)

'몽타뉴 드 랭스'에서 남서쪽에 위치하며 서쪽으로 길게 펼쳐 진 지역으로 샹파뉴 전체의 AOC와인의 70%가 이곳에 위치한다. 품종도 '랭스'와 마찬가지로 레드 품종이 우세하나 와인은 강건함은 모자라지만 역시 좋은 향과 우아함과 더불어 그윽하다.

(3) 꼬트 데 블랑(Côte des Blancs)

'발레 드 라 마른'에 붙어서 우측 하단에 위치한다. 이름 그대로 화이트 품종이 우세한 지역이다.

(4) 꼬트 데 세잔(Côte des Sézanne)

서쪽 지방으로 샤르도네가 주품종이다.

(5) 오브(Aube)

코트 도르에 인접한 가장 남쪽에 위치하며 피노 누아를 재배한다.[18]

2) 샹파뉴의 크뤼(Cru)

지역	빌리지(villages)
몽타뉴 드 렝스 (Montagne de Reims)	앙보내(Ambonnay), 보몽 쉬르 벨(Beaumont-sur-Vesle), 부지(Bouzy), 루브와(Louvois), 퓌주외(Puisieulx), 실르리(Sillery), 베르지(Verzy), 베르즈내(Verzenay), 마이(Mailly)
꼬트 데 블랑 (Cte des Blancs)	아비즈(Avize), 크라망(Cramant), 슈이(Chouilly), 와리(Oiry), 오제(Oger), 레 메닐 쉬르 오제(Le Mesnil sur Oger)[126]
발레 드 라 마른 (Valle de la Marne)	아이(A), 투르 쉬르 마른(Tours sur Marne)[127]

그랑 크뤼는 전체의 5%로 17개의 크뤼가 있고, 프러미에 크뤼(Premier Cru)는 전체의 13%로 38개의 크뤼가 있다.

아베나이(Avenay), 샹피용(Champillon), 쉬니-레-로즈(Chigny-les-Roses), 꾸이(Cuis), 퀴미에르(Cumires), 디지(Dizy), 오비레이(Hautvillers), 그로브(Grauves), 마뢰이 쉬르 아이(Mareuil sur A), 릴뤼 라 몽타뉴(Rilly la Montagne), 트레-파이(Tr-pail), 베르튀(Vertus)

두지엠므 크뤼(Deuxièmes Cru)는 전체의 82%이다.

3. 샹파뉴의 생산지와 리딩 샹파뉴 하우스(Leading Champagne House)

1) 아이(A) 소재

(1) 볼랭제(Bollinger)

007영화 시리즈의 'Die Another Day'에서 샹파뉴에 굶주린 제임스 본드가 감옥을 나온 직후 호텔에서 주문한 샹파뉴이다. 블랭저 샹파뉴 중에서는 '블랭저 R.D[128]'는 최고급으로 꼽는 것으로 30년 이상의 연륜이 들어야 문을 개봉해야 한다. 1884년 영국 왕실로부터 샹파뉴 하우스 최초로 왕실인증서(Royal Warrant)를 받아 130년째 영국 왕실 공식 샴페인으로 자리하고 있다. 2012년에는 샹파뉴 하우스 최초로 프랑스 정부가 수여하는 EPV(Entreprise du Patrimoine Vivant, 살아있는 문화유산 기업) 마크를 받아 전통과 장인정신을 입증하기도 했다. 피노 누아를 60% 이상 사용하므로 일반 샹파뉴보다 장기 숙성한다.

고세(Gosset), 빌카르 사몽(Billecart Salmon), 드 메릭(De Meric), 데츠(Deutz), 앙리 지로(Henri Giraud), 피리포나(Philipponnat)는 이름만 기억해도 충분히 그럴 가치가 있다.

2) 시니 레 로즈(Chigny Les Roses) 소재

카띠에르(Cattier)의 셀러는 샹파뉴에서 가장 깊은 약 30m의 지하 3층이며 이곳에서 잘 만들어진 와인 생산량의 55%를 해외로 수출하며 가격 또한 저렴하다.

3) 디지(Dizy) 소재

자크송(Jacquesson et Fils). 오래 전부터 샹파뉴의 선도그룹으로 실망할 일이 없는 자크송의 샹파뉴는 미국으로 많이 수출되고 있다.

4) 에페르네(Épernay) 소재

모에 에 샹동(Mot et Chandon) 동 페리뇽(Dom Prignon)은 가장 많이 알려진 특급 샹파뉴로 와인 속에 거품을 붙잡아두는 샹파뉴를 처음 만든 오빌레 수도원의 수도사 '피에르 페리뇽'[129]에서 이

---

126) 레 메스닐 쉬르 오제(Le Mesnil sur Oger)는 화이트품종만 그랑 크뤼에 해당된다.

127) 투르-쉬르-마른(Tours-sur-Marne)의 그랑 크뤼는 레드 와인품종만이며, 프러미에 크뤼는 샤르도네로 된다.

128) R.D. Recently Disgorged. 장기간 병숙성 후 최근에 데고르쥬망을 시킨 샹파뉴

129) 1668년~1715년 사이에 성 베네딕트의 수도승 피에르 페리뇽 (Pierre Perignon)이 발포성 샹파뉴를 발명한 것으로 알려져 있다. 샹파뉴의 와인들은 추운 날씨로 인해 포도들을 늦게 수확하게 되어 포도껍질에 있는 이스트가 당분에서 알코올로 전환하는 시간이 충분하지가 않아 이른 봄에 이스트가 잠에서 깨어나 발효하기 시작하고 탄산가스를 배출하여 스파클이 거품형태로 머물게 된다. 그러나 가스의 압력을 유지할 수 없어 병들이 쉽게 깨져 버리므로 페리뇽이 이러한 압력을 충분히 견딜 수 있는 병과 코르크마개를 발명하였고 적포도로 화이트 와인을 만들었다.

름을 따왔다. 1952년 영국여왕 엘리자베스 2세의 대관식에 공식 샹파뉴로 쓰인 것을 비롯해, 1981년 찰스 왕세자가 결혼 때에도 사용되었다. 서양영화에서 남자가 여자를 유혹할 때 무기로 쓰는 단골와인이기도 하다.

페리에 주에(Perrier jouët) "눈으로 마시는 샹파뉴"라는 찬사를 받는다. 병 디자인은 아르누보 유리공예가인 '에밀 갈레' 의 아네모네를 모티브로 한 것이다.

폴 로저(Pol Roger) 영국 수상이었던 윈스턴 처칠이 평생 폴 로제를 매일 두 병씩 마시며 사랑했던 보답으로, 1965년 처칠경이 91세로 죽자 영국시장에 출하되는 자사의 모든 샹파뉴 병에 25년간 검은 리본을 조기(弔旗)로 달아 그를 애도했다. 또한 빈티지가 좋은 해에만 윈스턴 처칠(Cuvèe Sir Winston Churchill)이라는 이름으로 명품을 만들고 있다. 피노 누아로 만들어 진한 농도와 잘 숙성된 우아한 샹파뉴로 감칠맛을 보인다.

알프레드 그라티엥(Alfred Gratien), 하이섹 모노뽈(Heidsieck & Co. Monopole), 샤를 에드시엑(Charles Heidsieck), 마른 샹파뉴(Marne & Champagne)

5) 르 메닐 쉬르 오제(Le Mesnil sur Oger) 소재

살롱(Salon)은 완벽주의의 표상이며 최상의 빈티지는 바로 전설로서 30년이 지나야 마음을 열어보인다. 퀴베(Cuve) S는 기분 좋은 신맛이 환상적으로 심미적인 특별한 샹파뉴이다. 무타르(Moutard Pere et Fils)의 샹파뉴 중에서 퀴베 오 세파쥬(Cuvée des 6 Cépages)가 특히 흥미롭다.

6) 마이(Mailly) 소재

마이(Mailly) 그랑 크뤼는 마이 샹파뉴 제조 협회(Association of Mailly Champagne Producers)에서 만든 것으로 라임스에 소재하는 70여 개 회원이 1929년 설립한 공동조합 형식이다. 샹파뉴의 319개 AOC 크뤼[130] 중 17군데만이 그랑 크뤼로서 이 그랑 크뤼에서만 수확한 포도로 만든 샹파뉴를 양조한다.

7) 물랭 다르장솔 베르튀(Moulin d' Argensole Vertus) 소재

두외이야르 마에(Doyard-Mah). 100% 샤르도네로 두외이야르 마에(Doyard-Mah Carte D' or)를 만든다.

8) 랭스(Rheims) 소재

샤를 하이직(Charles Heidsieck)은 정교한 논 빈티지(NV)를 만들지만 NV임에도 블렌드의 연령을

---

130) 크뤼 AOC 258개, 프러미에 크뤼 44개, 그랑 크뤼 17개(2011년 8월 31일 현재)

131) 크뤼그(Krug). 어니스트 헤밍웨이, 우디 알렌, 앨튼 존, 카트리느 드뇌브, 샤론 스톤, 마돈나, 조르주 아르마니, 데이비드 베컴, 마리아 카잘스, 나오미 캠벨, 이브 몽탕, 코코 샤넬 등이 애호가로 알려져 있다.

알리기 위해 레이블에 연도가 붙는다. 크뤼그(Krug)[131]는 세계 최고의 자리를 두고 크리스탈과 자리를 다투는 샹파뉴로 생산량이 동 페리뇽의 10분의 1에 불과하다. 미국 음식 평론가 폴 레비는 "천사가 특히 착할 경우 하느님이 천사에게 내리는 샹파뉴"라 했고, "샹파뉴가 비싸다고 불평하는 사람들에게 해답을 제시하는 샹파뉴"라는 찬사를 받고 있다.

크뤼그의 클로 뒤 메스니(Clos du Mesnil)은 다른 밭이나 다른 빈티지를 쓰지 않는 시간과 공간을 한정한 것으로 강인함과 섬세함이 특징으로 보존기간은 거의 무한한 '전설의 100대 와인'이다. 그리고 콜렉시옹(Collection)과 그랑 퀴베(Grande Cuvée)는 블렌딩 예술의 지표와 같다. 루이 뢰더레(Champagne Louis Roederer)의 크리스탈(Cristal)은 세계 최고급 샹파뉴로 러시아 황실에 샹파뉴를 공급하며 투명한 크리스탈 병으로 탄생시킨 왕실전용이었다. 지금은 유리병을 사용하지만 이름과 명성은 그대로이다. 궁극의 호사로운 와인으로 무릉도원에서 마셔야 어울린다.

피페르 에드시엑(Piper Heidsieck)[132]은 마리 앙투아네트 왕비가 아껴서 유럽 왕실 14개국의 공식 샹파뉴가 되었었다. 마릴린 몬로는 "나는 샤넬 No.5로 잠자리에 들고 피페르 에드시엑으로 아침을 시작한다"고 인터뷰에서 말했다.

뤼나르(Ruinart)의 동 뤼나르(Dom Luinart)는 프랑스에서도 엘리제궁처럼 극히 제한되고 특별한 장소에서만 서빙 될 정도로 귀한 샹파뉴이다. 콩코드 비행기의 파리-뉴욕 간 첫 비행 때부터 기내 서빙이 시작되었고, 대한항공이 1999년부터 일등석에서 서빙하고 있다.

태탱저(Taittinger)[133]의 콩트 드 샹파뉴(Comtes de Champagne)는 샤르도네로 만들어 가볍고 섬세하여 여성들에게 어필한다고 알려져 있다. 영국 'International Wine Challenger' 에서 2004, 2005년 연속으로 금메달을 수상하였고, 에어 프랑스, 브리티시 에어웨이, 아시아나 등의 항공사 기내용으로 공급되었다.

뵈브 클리코 퐁사르댕(Veuve Clicquot Ponsardin)의 라 그랑 담(La Grande Dame)은 '위대한 여인' 이라는 뜻이다. 이러한 칭호를 받은 퐁사르당여사의 이름으로 레이블에 남은 샹파뉴이다. 퐁사르당 여사는 27세에 과부가 되어 평생 샹파뉴를 만들었으며, 샹파뉴 속의 찌꺼기 제거방법을 개선하는 뿌피트루(Pupître)를 발명하여 세계 최초로 맑고 투명한 샹파뉴 제조에 성공했다.

앙드레 클루에(André Clouet), 브루노 미셸(Bruno Michel) 등이 인지도가 높은 곳[134]이다.

---

132) 피페르 에드시엑(Piper Heidsieck) : 설립 200주년인 1985년에 출시된 퀴베 레어(Cuve Rare)의 병 디자인은 쥬얼리 브랜드 '반 클리프 앤 아펠' 사가 맡았다. 1916년 1차 세계대전 발발 2년째에 러시아 황제 니콜라스에게 화물을 싣고 가던 배가 독일 잠수함 공격으로 침몰한 후 1998년 찾아낸 배에서 에드시엑 2000병이 발견되어 병당 27만 5천 달러에 팔렸다.

133) 태탱저(Taittinger) : 1734년 설립된 샹파뉴 중 세 번째로 오래된 곳으로 제1차 세계 대전 때 이 지역에 주둔하던 군장교인 태탱저(Pierre Tattinger)가 구입하여 이름도 Fourneaux에서 바꾸며 Mailly에서 Rheims로 소재지도 바꾸었다. 지하저장고는 깊이가 10~20m, 총연장 길이는 200km 정도 된다.

9) 투르 쉬르 마른(Tours sur Marne) 소재

보몽 드 크레이에레스(Beaumont des Crayères)는 마르되이유의 협동조합(Cooperative de Manipulation)으로 조합원이 재배한 포도만을 사용하여 샹파뉴를 만드는 브랜드다. 로랑 페리에(Laurent Perrier)의 그랑 시에클 알렉산더 로제(Grand Siècle Alexander Rosé)는 쎄니에(Saignée) 방식[135]의 대표적인 로제 샹파뉴로, 그랑 시에클은 '찬란한 시대' 라는 뜻의 드골 전 대통령이 직접 지은 이름이다. 퀴베 로제 브뤼(Cuvée Rosé Brut)는 샹파뉴 하우스 최초로 스틸 탱크를 사용해 만들었다.

비유카르 살몽(Billecart-Salmon), 르네 콜라르(René Collard), 로저 푸이용(Roger Pouillon), 타를랑(Tarlant)이 나름대로의 앞서가는 장점이 있다.

10) 우빌(Urville. Bar sur Aube) 소재

드라피에(Drappier)는 샹파뉴로서는 처음으로 2009년에 아황산염을 첨가하지 않은 와인을 만들어 그랑 상드레(Grande Sendre)는 그 중 농염하면서 특별히 발랄함도 동시에 지녔다.

세르쥬 마티외(Serge Mathieu)의 샹파뉴는 볼랭제의 느낌에다 저렴한 가격이라 놀랍다.

11) 코트 드 블랑(Côte de Blanc)

멈(G. H. Mumm & Cie)의 까브는 1853년부터 70년이 걸려 만든 지하 15m 깊이에 길이가 25km에 이르며 2500만 병이 숙성되고 있다. 활기찬 젊은이에게 어울리는 프랑스에서 가장 잘 나가는 브랜드로 판매량으로는 세계 3위이다. 포메리(Pommery)는 루브르박물관에 밀레의 '이삭 줍는 여인' 을 기증하였으며, 그 외 유명한 곳[136]이 많다.

12) 기타

아그라파르(Agrapart)는 그랑 크뤼들인 아비즈(Avize), 오제(Oger), 크라망(Cramant), 와리

---

134) 바롱 로쉴드(Baron de Rothschild), 브르노 파이야르(Bruno Paillard), 카티에르(Cattier), 도이츠(Deutz), 에글리 위리에(Egly-Ouriet), 앙리 빌리오(Henri Billiot & Fils), 앙리오(Henriot), 자크송(Jacquesson), 제롬 프레보(Jérôme Prévost), 랑송(Lanson), 필리포나(Philipponnat), 레이몽 불라르(Raymond Boulard), 빌마르(Vilmart)

135) 쎄니에(Saignée) : 레드 와인의 색을 더 진하게 우려내기 위해 침용 중인 와인에서 과즙을 일부 덜어내기도 하는데, 침용 중인 통 옆구리에 구멍을 내고 과즙을 덜어내 로제 와인을 만드는 방법.

136) 알랭 로베로(Alain Robert), 클로드 카잘(Claude Cazals), 콩트 오두앙 드 당피에르(Comte Audoin de Dampierre), 드 수사(De Sousa et Fils), 델라모트(Delamotte), 디볼트-발루아(Diebolt-Vallois), 자크 셀로스(Jacques Selosse), 라망디에-베르니에(Larmandier-Bernier), 릴베르-피스(Lilbert-Fils), 피에르 지모네(Pierre Gimonnet), 피에르 피터(Pierre Peters), 뵈브 푸르니(Veuve Fourny)

(Oiry)에 모두 걸쳐있어 이러한 테루아의 정수를 받으려 노력하고 있다. 타랑(Tarlant)은 외일리(Oeuilly)에 위치히여 1687년부터 샹파뉴를 생산해 왔으며 빈티지와 프레스티지 샹파뉴는 새 오크통을 사용하며 모두 피노 누아와 샤르도네를 블렌딩하여 만든다.

4. 샹파뉴 제조방법

제조 방식을 메토드 샹푸누아즈(Méthod Champenoise)라고 한다.

1) 포도수확(방당주. Vendange)

9월 중순에서 10월 초에 걸쳐 잘 익은 포도를 선별하여 손으로 수확한다.

2) 압착(프레쉬라주. Pressurage)

4,000kg 포도에서 2,050리터의 포도즙을 얻는다. 압착은 적포도의 껍질에서 색소가 우러나오지 않도록 신속하게 한다. 첫 번째 압착을 테트 드 퀴베(Tête de Cuveé) 두 번째 압착을 타이유(Premiere Taille)라 한다. 프레스티 퀴베 샹파뉴는 퀴베만 사용하고 샹파뉴는 타이유까지만 사용한다.

3) 1차 발효(페르망타시옹. Fermentation)

수확한 포도를 압착해 나온 포도즙으로 하며, 보통 포도 품종별로 따로 대형 스테인리스 스틸 탱크에서 발효시킨다. 발효는 포도즙 속에 있는 당분이 효모 작용하는 것으로 이때 알코올과 탄산가스가 만들어지는데 탄산가스는 공기 중으로 날아가고 2~3주가 되면 기포가 없는 일반 와인인 스틸(still)와인이 된다.

4) 블렌딩(아상블라주. Assemblage)

혼합하는 과정으로 2~3월에 시작한다. 어떤 포도품종을 어떤 비율로 배합하는지, 어느 해 담은 와인을 얼마나 섞는지, 어느 포도밭의 것을 얼마나 섞는지를 정해야 한다. 그래서 이 배합기술에 따라 샹파뉴의 스타일이 결정되기 때문에 이 기술을 '예술'(blender's art)이라고 부른다.

5) 병입(티라주. Tirage)

블렌딩한 와인에 재 발효를 일으키기 위해서 당분과 효모의 혼합액을 첨가해 병에 넣고 임시마개로 밀봉한다. 와인 1리터에 설탕 4g을 넣어 발생하는 탄산가스의 압력이 약 1기압 정도이므로 적정량을 계산하여 넣는다.

6) 2차 발효(두지엠므 페르망타시옹. Deuxième Fermentation)

병입한 와인 병을 옆으로 눕혀서 10~12도 사이에서 보관한다. 이때 서서히 발효가 진행되며 찌꺼기도 바닥에 가라앉게 된다. 또 알코올함량도 1~2% 증가한다.

7) 숙성(세주르 엉 카브. Séjour en Cave)

발효가 끝나면 지하 셀러로 옮겨 숙성시키며, 이때 이스트 찌꺼기와 와인이 접촉하면서 향이 더 좋아진다. 빈티지를 표시하지 않은 것(non-vintage champagne)은 15개월 이상(통상 18~30개월) 숙성시키며, 빈티지 와인(vintage champagne)은 3년 이상 숙성시키는데, 대부분 더 오랫동안 숙성시킨다.

8) 병돌리기(Remuage)

'르뮈아주' 는 '돌리다' 라는 뜻이다. 샹파뉴는 2차 발효로 생성된 탄산가스가 발생하면서 병 속에 찌꺼기가 남아 있다. 이때 탄산가스의 손실 없이 찌꺼기를 제거하기 위해서 뿌피트루(Pupître)라는 '∧' 모양의 45도 경사진 나무판에 구멍을 뚫고 샹파뉴를 꽂아 넣고 병을 회전시키면 찌꺼기가 밑으로 침전되어 병목 부분에 쌓인다. 이 작업은 사람이 손으로 병을 하나씩 회전해야 하는 작업으로 1명의 전문가가 하루에 4~5만 병을 돌리는 데 8주 정도 소요된다(1회에 약 3cm 정도 회전×8회). 요즈음은 지로파렛(Gyropalette)이라는 기계로 대체하는 곳도 있는데, 이 기계로는 1주일에 이 작업이 다 완료된다.

9) 침전물 제거(Dgorgement)

'데고르쥬망' 은 병목 부분에 모인 침전물을 제거하는 것이다. 병을 거꾸로 세워서 병목 부분을 순간 냉동시킨 후 마개를 열면 탄산가스 압력에 의해서 찌꺼기를 포함한 얼음이 밖으로 튀어 나온다. 이 과정을 거치면 맑고 깨끗한 샹파뉴를 만들 수 있다. 이 침전물을 오래 품고 있으면 풍미가 좋아지므로 '블랭저' 사에서는 'Bollinger R.D' 라고 표기하여 최근에 침전물을 제거했다는 것을 나타내고 있다.

10) 보충(도자주, Dosage)

침전물이 포함된 얼음을 제거하고 그 빈 공간만큼 다른 샹파뉴이나 설탕물을 첨가하는 것을 말한다. 이때 첨가된 설탕물의 농도에 따라서 샹파뉴의 스타일이 결정된다. 도자주 후에 정식 코르크를 밀봉하면 한 병의 샹파뉴가 완성된다.

제6절 알자스(Alsace)

주도(州都)는 스트라스부르(Strasbourg)로 독일 국경에 인접해 있다. 알자스는 프랑스의 북동쪽 코너로 보쥬(Vosges) 산맥의 측면이다. 라인(Rhine) 강과 독일 서남부의 슈바르츠발트 삼림지대가 독일과의 경계를 만들어 주는 독일국경에 인접한 구릉지다. 보쥬(Vosges) 강에서 발원한 여섯 개의 강이 97km를 흘러가면서 포도원을 잘 육성하여 주는데, 170km에 이르는 포도원 가도(街道)는 장관을 이룬다.

알퐁스 도데의 '마지막 수업' 으로 잘 알려진 이곳은 독일과의 끊임없는 분쟁지역이었던 곳이다. 그 유산으로 독일어가 공용으로 쓰이며, 음식이나 주거환경 그리고 와인에서까지 독일적인 특성이 묻어난다. 알자스는 17세기에 프랑스에 속해졌다가 1871~1919년 사이에는 독일로 편입된 적이 있었다. 포도품종은 독일과 거의 같지만, 다른 점은 대부분의 독일 와인이 미디움 드라이나 스위트한 반면, 알자스 와인은 드라이한 편이다.[19]

위도 상 북쪽에 있어 추운 기후일 것이라 예상하지만, 보쥬(Vosges) 산맥의 보호로 따뜻한 편이며, 프랑스에서도 가장 건조한 지역 중의 한 군데로 포도육성에 좋은 기후이다. 알자스에는 미슐랭 별을 받은 레스토랑이 26곳으로 그중 별 셋도 세 군데가 있다. 주도인 스트하스부르 남쪽 콜마르(Colmar)

시 인근의 리퀘위르(Riquewihr)는 알자스 와인투어 시에 빠트리기 아까운 아름다운 관광마을로 와인과 더불어 15~16세기에 지어진 옛 건물들도 이채롭다.

1. 알자스의 포도품종

알자스에서는 여러 품종을 섞는 블렌딩 방식은 일반적으로 사용하지 않으며 다른 프랑스 와인과는 다르게 레이블에 품종을 표시하고 목이 길고 날씬한 녹색 병인 플루트(Flute)를 사용하고 있다.

화이트 품종 리슬링 23%, 게뷔르츠트라미너 19%, 피노 블랑 20%, 피노 그리 7%(Zraly, 2005: 21), 뮈스카, 샤르도네, 실바너 등으로서, 화이트 와인을 91% 생산한다.

❶ **리슬링** 알자스 와인의 왕으로 과일향을 가지며, 탄탄하고 견고한 드라이 와인을 만든다. 몇 년 내에 소비해야 하지만 좋은 빈티지는 10년이나 그 이상의 장기보관이 가능하다.

❷ **게뷔르츠트라미너** 강렬하고 색다른 향긋한 향과 맛을 가지고 있어 좋아하는 사람과 싫어하는 사람으로 나뉘는 품종이다. 신맛이 적고 알코올 도수가 높은 특성을 알자스에서 잘 드러내 주며, 그 조화는 풍만함과 부드러움으로 나타난다.

❸ **피노 블랑** 알자스의 네 가지 화이트 주품종 중 가장 가벼워서 전통적인 알자스 스타일을 다시 생각하게끔 하는 와인을 만들어낸다. 대부분이 아주 드라이하고, 일부는 미디움 드라이하며, 시음기간은 빨리 소비하는 편이 좋다.

❹ **피노 그리** 이탈리아의 피노 그리지오(Pinot Grigio)와 같은 품종에 속하기는 하지만, 알자스의 것은 풍성하고 향긋하게 그리고 풀 바디의 개성 있는 와인을 만들어낸다[137].

레드 품종 피노 누아는 알자스의 유일한 레드 품종이나 많이 재배하지는 않는다.

2. 스위트 알자스 와인(Late Harvest)의 타입

타입명	내용	포도 품종
알자스 방당주 타르디브 Alsace Vendange Tardive	늦게 수확하다의 의미, 귀부균 포도를 수확 후 남은 포도를 11~12월에 수확	게뷔르츠트라미너, 피노 그리, 리슬링, 뮈스카 중 선택
셀렉시옹 드 그랑 노블 Sélection de Grains Nobles	귀부균 포도 수확 후 건조된 포도를 수확	
뱅 달자스 에델츠비커 Vin d' Alsace Edelzwicker	고급 품종을 섞은 것	실바너, 피노 블랑에 게뷔르츠트라미너를 혼합
	장티(Gentil) ; 고급	게뷔르츠트라미너, 리슬링, 뮈스카를 50% 이상 혼합한 것

3. 알자스의 AOC(Alsace AOC)

1) 그랑 크뤼(Alsace Grand Cru)

1975년 쉬로스베르그(Schlossberg)가 그랑 크뤼(Grand Cru)로 처음 인정받은 이후 1983년, 1992

137) 토카이-피노 그리(Tokay-Pinot Gris)라고도 하며, 이는 헝가리의 유명한 디저트 와인인 토카이(Tokaji)에서 따왔지만 아무런 연관이 없는 알자스 와인이다.

년에 추가되었고, 마지막으로 2007년 카페르코프(Kaefferkopf)가 추가되어 51개[138]가 되었으며 알자스 전체 와인 생산량 중의 4% 정도가 해당된다.

알자스 그랑 크뤼의 사용 품종은 리슬링, 게뷔르츠트라미너, 피노 그리의 세 가지 품종 중 하나만 사용하든지, 혹은 이 세 가지가 기본으로 들어가며 그 외 뮈스카 등의 여러 품종 중 한 가지가 들어간다. 블렌딩 시에는 AOC에 따라 리슬링이 50~70%로 우세하거나 혹은 게뷔르츠트라미너가 60~80%로 우세해지기도 한다.

위겔 에 피스(Maison Hugel et Fils)는 미국에서 제일 많이 팔리는 알자스와인이다. 1639년 시작해 지금까지 12대에 걸쳐 와인을 만들고 있는 곳으로 1715년에 만들어진 생 카테린(Saint Caterin) 오크통은 세계에서 가장 오래된 오크통으로 기네스북에 등재되어 있다. 작황이 특히 좋은 빈티지는 주빌레(Jubilee)라는 레이블을 붙인다.

바인바흐(Domaine Weinbach)는 9세기부터 와인을 양조한 알자스에서 가장 오래되어 카푸치노 수도회에서 1600년대 초에 와인양조 공동체를 설립하였고 최근에는 인근 2ha에 클로 데 카푸친(Clos des Capucins)이라는 이름을 부여했다. 1898년 팔러(Faller) 가에서 인수한 이후 대를 이어 명성을 이어가고 있다. 퀴베 생 카테린(Cuvée Saint Caterin), 알텐베르그(Altenberg) 등 유명와인을 많이 생산한다. 진트 훔브레흐트(Domaine Zind Humbrecht)의 와인은 마법과도 같아서 레이블을 가리거나 눈을 감아도 생기발랄한 산도와 잔류당의 조화가 완벽에 가깝다. 리슬링(Heimbourg Riesling)은 2011년 2월 IOC 2018 동계올림픽 평가단이 내한했을 때 피닉스파크에서 이건희 회장이 선정하였고, 셀렉시옹 그랑 노블(Sélection de Grains Nobles)은 '세계 100대 와인' 리스트에 오른다.

Domaine André Kientzier은 그 우아함을 잘 형용할 수 없는 알자스의 슈퍼스타이며, 렌느 뮈레(René Muré)의 퀴베 V(Cuvée V)[139]는 부드러운 타닌이 느껴지는 피노 누아이다. 폴 블랑(Paul Blanck) 외 많은 곳[140]에서 알자스의 좋은 와인을 만든다.

2) 알자스(Alsace)의 AOC

(1) 알자스(Alsace. Vin d' Alsace) AOC

알자스 지방 와인의 대부분이 '알자스 AOC' 이름으로 생산되며 블렌디드 화이트이다. 트랭바흐(Maison FE Trimbach)[141]는 자타가 공인하는 알자스의 최고의 하우스로, 클로 생-윈느(Clos Saint-Hune)는 '전설의 100대 와인' 이자 '죽기 전에 꼭 맛봐야 할 와인 1001가지' 에 수록되어 있으며 맛을

138) Bas-Rhin(14곳). Altenberg de Bergbieten, Altenberg de Wolxheim, Bruderthal, Engelberg, Kastelberg, Kessler, Kirchberg de Baar, Moenchberg, Muenchberg, Praelatenberg, Steinklotz, Wiebelsberg, Winzenberg, Zotzenberg
Haut-Rhin(37곳). Altenberg de Bergheim, Brand, Eichberg, Florimont, Frankstein, Froehn, Furstentum, Geisberg, Gloeckelberg, Goldert, Hatschbourg, Hengst, Kaefferkopf, Kanzlerberg, Kirchberg de Ribeauvillé, Kitterlé, Mambourg, Mandelberg, Marckrain, Ollwiller, Osterberg, Pfersigberg, Pfingstberg, Rangen, Rosacker, Saering, Schlossberg, Schoenenbourg, Sommerberg, Sonnenglanz, Spiegel, Sporen, Steinert, Steingrubler, Steinklotz, Vorbourg, Wineck-Schlossberg, Zinnkoepflé

139) 퀴베 V(Cuvée V)의 V는 보르부르(Vorbourg)의 첫 글자로 알자스에서 그랑 크뤼 원산지명칭은 리슬링, 피노 그리, 게뷔르츠트라미너, 무스카트 만으로 정해져 있어 피노 누아로 만든 이 퀴베는 보르부르로 표시할 수 없다.

140) 브루노 소르그(Domaine Bruno Sorg), Domaine Albert Boxier, 조스메이어(Josmeyer), 마르셀 데이스(Domaine Marcel Deiss), Domaine Marc Kreydenweiss, Maison Kuentz-Bas, 오스터탁(Domaine Ostertag), 쉴룸베르거(Schiumberger), Domaine Schoffit

141) 트랭바흐(Trimbach). 알자스에서 개인이 100% 소유주인 와이너리의 이름은 그랑 크뤼로 사용할 수 없어 "AOC 알자스"라고만 붙인다. 공식적으로는 낮은 등급이지만 세계 최고의 드라이 화이트 와인 중 하나로 알자스의 그 어떤 드라이 와인보다도 가격이 높다.

제대로 보려면 적어도 20년은 기다려야 한다. 프랑스 내의 미슐랭 3스타 레스토랑의 와인 리스트 필수 목록으로 알려져 있다.

마르셀 다이스(Domaine Marcel Deiss)는 농축된 향의 고품질만 나오는 곳으로 알텐베르그 드 베르크하임(Altenberg de Bergheim)은 그 중 단연 선두이다. 레옹 베예(Léon Beyer)의 리슬링도 훌륭하지만 피노 그리는 그 누구도 따라오지 못하며, 파펜하임(Pfaffenheim)의 와인은 수출이 많아 외국에 더 잘 알려져 있다. 보트 귈(Domaine Bott-Geyl), 마르크 크에이덴바이스(Domaine Marc Kreydenweiss), 롤리 가스망(Rolly Gassmann), 쟁-옹브레(Domaine Zind-Humbercht)도 유명하다.

(2) 크레망 달자스(Crémant d' Alce) AOC

1976년 AC를 획득하여 생산량의 90% 이상이 스파클링 와인이다. 피노 블랑이 기본으로 사용되며 리슬링, 피노 그리, 오세루아, 샤르도네 그리고 피노 누아까지 6종류만 사용할 수 있다. 피노 누아로는 뛰어난 로제를 만든다.

도프 에 물랭(Dopff au Moulin)은 16세기부터 시작한 곳으로 크레망으로 유명하다. 도프 에 이리온(Dopff & Irion)의 리슬링, 게뷔르츠트라미너 장기보관용으로 안성맞춤이다. 볼프베르제(Wolfberger)는 크레망 외에 그랑 크뤼 등 질 좋은 다양한 와인을 생산한다.

코트 드 툴(Côte de Toul), 모젤(Moselle) AOC는 레드, 로제, 화이트 와인을 생산한다.

제7절 쥐라, 사브아(Jura, Savoie)

프랑스의 동쪽 국경지역으로 스위스와 마주보고 있는 산악지방이다. 부르고뉴의 동남쪽에 위치하며, 오른쪽으로는 스위스 제네바(Geneve)와 레망(Leman)호수가 있다. 스위스국경과 인접한 프랑스 외곽에 위치하며 와인생산지보다 파스퇴르의 고향으로 유명하다. 와인수출량도 많지 않고 전통적인 생산방식을 고집하는 경향이기도 하다.

1. 쥐라(Jura)

스위스국경과 인접한 고원지대로서 프랑스 특유의 와인이 숨겨져 있는 곳이다. 수출량은 극히 미미하나 가격은 대체로 비싸며, 유행을 쫓지 않는다. 뱅 존(Vin Jaune), 뱅 드 파이유(Vin de Paile)라는 지역 특유의 와인이 있다.

1) 포도 품종

레드 품종은 풀사르(Poulsard), 트루소(Trousseau), 피노 누아 그리고 화이트 품종은 사바냉(Savagnin), 샤르도네, 피노 블랑이 재배된다.

2) 와인의 종류

(1) 뱅 존(Vin Jaune)

사바냉 단일품종으로 만든 옐로 와인이다. 셰리를 만드는 방식과 흡사하며, 발효를 거친 와인을 오크통에 넣으면 표면에 부알르(voile) 혹은 베이으(veil)라는 효모의 표피 막[142]이 온전히 들어서게 되는데 2~3년의 시간이 필요하다. 그리고 통에서 최소 6년간 숙성되는데 이 기간에 손은 전혀 대지 않고 와인이 산화되며 노란색으로 변하면서 용량의 1/3이 증발된다. 그러한 결과로 와인은 구성이 무거워지고 드라이해지며 드라이 셰리와 유사해지지만 강화와인은 아니다. 이때 저장고에 습도가 높으면 알코올이 묽어지므로 반드시 건조해야 한다.

클라브랭(Clavelin)이라는 620ml의 작달만한 병을 사용하는데, 이 병은 1리터의 와인을 오크통에서 6년 동안 숙성시킬 때 증발하고 남는 양과 일치한다. 뱅 존은 서브되기 전 적어도 반나절은 전에 오픈시켜야 한다. 오래 된 와인은 1~2주 전에 마개를 열어두어야 할 정도로 깊이가 깊다. 와인은 비싸기도 하고 보기도 힘들지만 애써 구할 가치가 충분히 있다.

(2) 뱅 데 파이유(Vin de Paile)

잘 알려지지 않았지만 이곳에서는 뱅 존과 같은 취급을 받는 쥐라의 특급품이다. 최소 2개월 이상 포도송이째로 짚 위에서 말린 포도를 압착해 만들므로 이름이 파이유(paile=짚의 뜻)이다. 요즈음은 환기가 잘 되는 곳의 서까래에 걸거나 얇은 판 위에서 말리기도 한다. 이렇게 건조시키므로 당도와 다른 요소들이 농축되어 담황색인 풍성한 와인이 되지만 그리 달지는 않고 산도와의 균형이 잘 잡혀 매우 훌륭하다. 병입된 채 숙성시킬 수 있는 알코올 도수가 높은 와인이고, 생산량이 적고 생산원가도 비싸므로 가격 또한 비싸다. 그래서 생산량이 점점 줄어드는지 모르겠다.

3) 쥐라(Jura) AOC

(1) 코트 뒤 쥐라(Côtes du Jura)

롱 르 소니에(Lons le Saunier)시를 중심으로 12

142) 셰리의 피노(fino)와 흡사. 산화하면서 향을 만들고, 특히 식초로 변환되는 것을 막아준다.

개의 작은 마을이 남쪽의 생 타모르(Saint Amour)에서 북으로 길게 뻗은 지역이다. 대부분이 샤르도네에 사바냉(savagnin)을 따로 조금 블렌드한 화이트 와인으로 평범하다. 다를래(Château d' Arlay)와 라베(Domaine Julien Labet), Domaine Jean Bourdy는 '뱅 존' 의 좋은 생산자이기도 하다.

(2) 크레망 뒤 쥐라(Crémant du Jura)

레드, 로제, 화이트, 뱅 존, 뱅 드 파이유를 생산한다.

(3) 아르부아(Arbois)

파스퇴르(Louis Pasteur, 1822~1895)의 고향으로 제일 북쪽에 위치하며 쥐라의 5군데 AOC 중 생산량이 제일 많고 마을이름이 곧 AOC이다. 레드와 화이트가 반반이며 레드, 로제, 화이트, 스파클링(아르부아 무쉐라 부름), 그리고 '뱅 드 파이유' 의 대부분이 이 아르부아(Arbois)[143] 지역에서 생산한다. 자크 퓌페네(Jacques Puffeney)는 5년 이상의 숙성과정을 거쳐 10년 이상을 지나 마시며 시음하기 2시간 전에 디켄팅하는 40년 이상의 보존이 가능한 뱅 존을 만든다.

(4) 레투알(L' Etoile)

롱 르 소니에(Lons le Saunier)시의 서북쪽에 붙어있는 작은 곳이다. '코트 뒤 쥐라' 와 유사한 화이트 와인만 나온다. 마을협동조합으로 사용하는 아펠라시옹으로 사바냉 품종으로 만든 '뱅 데 파이유' 가 특별하다. 레드와 화이트, 스파클링 와인도 조금 생산한다.

(5) 샤토 샬롱(Château-Chalon)

쥐라 지방의 중앙부에 있는 42ha의 가장 작은 곳이다. 오로지 사바냉 품종으로 뱅 존(Vin Jaune)만 만드는 유일한 AOC이자 와인이다. 와인은 620ml의 작달만한 병의 클라브랭(Clavelin)에 담기며 100년을 두고 마실 수 있다.

도멘 롤레(Domaine Rolet)의 뱅 존은 수확을 일부러 늦춘 다음 화이트 와인으로 만들어 다음 해 봄까지 발효가 진행되게 하며 표면에 효모막이 생겨 수년이 지나면서 호박빛을 띠어가는 '전설의 세계 100대 와인' 이다.

앙드레 미레유 티소(André & Mirelle Tissot), Domaine Berthet Bondet, 마클(Domaine Macle), 자크 포레(Jacques Foret)가 가장 잘 알려져 있다.

(6) 막뱅(Macvin du Jura)

늦 수확 포도로 만든 주스에 포도 찌꺼기로 만든 브랜디인 마크(Marc)를 첨가하여 1년 이상 숙성하는 알코올 16~22° 의 와인을 생산하는 곳이다.

2. 사부아(Savoie) AOC

스위스 제네바(Geneva)의 남쪽 바로 아래에 위치한 앙시(Annecy) 시를 우측에 두고 좌측 론 강 사이에 있다. 각각 다양한 성격을 많은 이 지방 재래종으로 각각 다양한 성격의 와인을 만드나 수출은 거의 하지 않는다. 화이트의 생산량이 60%로 우세하고 레드와 로제도 일부 생산한다.

---

143) 아르부아(Arbois)라는 같은 이름의 화이트 와인품종이 있다. 루아르(Loire) 지방의 토착종으로 별 특성이 없고, 재배면적도 점차 줄어들고 있다(Clark, 2001: 38; MacNeil, 2001: 261).

(1) 뱅 드 사부아(Vin de Savoie)

사부아 지역에서 가장 넓은 곳이다. 사부아에서 레드와 로제도 유일하게 생산하는 곳으로 화이트의 절반 가까이 생산한다. 사브아의 모든 생산자들이 모두 이 아펠라시옹을 사용한다. 대부분이 지역품종인 쟈케르(Jacqure)를 사용하여 화이트 와인을 만들며, 샤르도네로 일부 블렌딩한다.

아프르몽(Apremont), 아빔므(Abymes), 크레피(Crépy), 쇼타뉴(Chautagne), 몽메리앙(Montmlian)와 같은 16군데의 크뤼 빌라주에서는 각자 자기들의 이름을 사부아 아펠라시옹에 덧붙여 사용한다. 크레피(Crépy)는 샤셀라(Chasselas)로 드라이 화이트 와인을 만드는 아펠라시옹이다. 카베르네 프랑으로 레드와 로제 와인을 만든다. 와인은 흥미롭기도 하고, 때로는 따분하기도 하다.

(2) 루세트 드 사브아(Roussette de Savoie)

화이트만 나오며, 화이트 와인 품종 중에서 AOC를 가진 사보아의 큰 자산이다. 와인은 기분전환이 되는 꽃향기를 지니며 얼얼한 신맛을 신선하게 제대로 느끼려면 오래 숙성되기 전에 마셔야 한다. 프라니(Frany), 마레스텔(Marestel), 몽투(Monthoux), 몽미노(Monteminod)는 루세트만 100% 사용하는 빌라주로서 아펠라시옹에 자신의 이름을 붙일 수 있다.

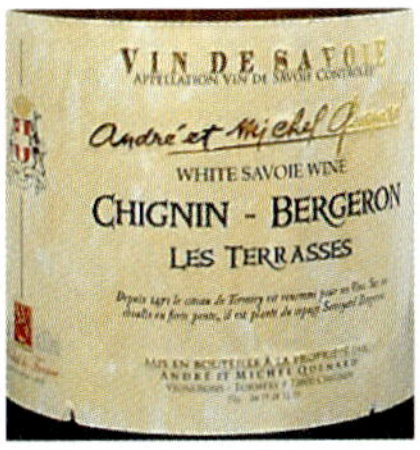

뒤파스퀴에(Domaine Dupasquier)의 알테스 품종으로 만든 마레스텔(Marestel) 그리고 앙드레 에 미셸 케나르(Domaine André et Michel Quénard)는 특히 루산 품종의 Chignin Bergeron(commune)의 와인이 훌륭하다.

(3) 세셀(Seyssel), 세셀 무쉐(Seyssel Mousseux), 세셀 몰레트(Seyssel Molette)

루세트와 지방 품종인 몰레트(Molette)로 만드는 드라이 화이트 와인을 생산하는 작은 아펠라시옹들로 사부아에서 잘 알려져 있다. 세셀(Seyssel)과 무섹(Mousseux)이라는 스파클링 와인은 몰레트를 기본으로 하여 루세트를 10% 이상 사용하며, 강화 와인도 나온다.

(4) 뷔제(Bugey)

레드, 로제, 화이트, 스파클링을 생산한다. 뷔제 마니클(Manicle), 뷔제 몽타니외(Montagnieu), 뷔제 세르동 메토드 앙세스트렐(Serdon Méthod Ancestrale), 루세트 뒤 비제, 루세트 뒤 뷔제 몽타니외, 루세트 뒤 뷔제 비리외-르-그랑(Virieu-le-Grand) AOC의 작은 지역으로 나누어져 있다.

제8절 프로방스(Provence)

1. 프로방스(Provence)

북으로는 알프스, 오른쪽으로는 이탈리아를 국경에 접하고 남으로는 니스(Nice)에서 프랑스 제2의 도시인 마르세이유(Marseille)에 이르는 지중해 연안의 프랑스에서도 가장 아름다운 동남부 지방이다.

액상 프로방스(Aix-en-Provence)는 고대 번창했던 수도이기도 하며, 좋은 일사광선과 기후는 빈센트 반 고흐(Vincent Van Gogh)와 같은 훌륭한 예술가를 끌어들이는 요인일 뿐만 아니라 포도재배로도 적격이어서 프랑스에서 가장 오래된 포도재배지역이다.

로제 와인이 가장 큰 AOC 지역으로 유명하며, 레드 와인도 갈채를 받고 있다. 프랑스에서도 20세

기까지는 로제의 소비량이 전체 와인의 10% 이하였으나 지금은 20%를 상회하며 점진적으로 증가세에 있다.

이는 와인에 대한 선호도가 가벼운 맛으로 이동한 면도 있으며, 레드와 화이트의 중간 성격으로 대체적으로 어떤 음식과도 잘 어울리며 와인의 선별이 복잡하지 않고 가격이 저렴하다는 여러 요인이 작용한 결과이다. 와인 구매의 선택권과 더불어 여성의 와인 소비량이 크게 늘었다는 점도 근래의 추세이다.

1) 프로방스의 주 포도 품종

레드가 단연 우세한 지역으로 레드와 로제 와인은 이웃한 지방인 랑그독-루시옹과 같은 품종을 사용하고 있다. 즉 레드 와인은 그르나슈, 생소, 무르베드르, 카리냥, 시라, 카베르네 소비뇽이다. 화이트 품종으로는 위니 블랑, 클레레트(Clairette)와 마르산(Marsanne)이 있다.

2) AOC 생산 지역

(1) 코트 드 프로방스(Côte de Provence)

이 지방에서 최대의 생산량을 내는 AOC이다. 생산량의 75%는 로제, 20%는 레드, 나머지 5%가 화이트로 로제의 고장이다. 여름 관광객이 주 고객이 되므로 이곳에서는 서머 로제(Summer Ross)라고도 부른다. 레드 와인은 카리냥(Carignan) 품종이 기본이 되며, 예상 밖으로 화이트 와인의 품질도 좋다.

Domaine de La Courtade, Domaine Rabiega가 알려져 있다.

'코트 드 프로방스' AOC 뒤에 하위지역인 생-빅투아르(Sainte-Victorie), 프레쥐(Fréjus), 라 롱드(La Londe)를 붙인 별도의 아펠라시옹이 있으며 모두 로제를 80~90% 생산하는 로제 마을이다. 오트(Domaine Ott)는 풀 바디의 화이트, 산뜻한 드라이 로제가 유명하다.

(2) 코트 덱셍 프로방스(Côte d' Aix-en-Provence)

항구도시 마르세이유(Marseilles) 바로 위쪽에 위치하며, 오래된 도시인 액스(Aix)는 프로방스의 중심이 되는 지역이다. 다양한 와인을 생산하며, 질도 전반적으로 수준 이상이다. 화이트 · 레드와 로제 와인을 생산한다. 시몬(Château Simone)의 팔레트(Palette)는 클레레트 품종으로 만든 역시 '세계 100대 와인' 이다.

(3) 방돌(Bandol)

마르세이유와 툴롱(Toulon) 사이의 지중해를 면한 지역으로 해안에는 리조트들이 즐비하다. 프로방스에서 가장 탄탄하고 오래 숙성할 수 있는 와인은 이곳에서 나온다.

피바르농(Château de Pibarnon)의 방돌은 '세계 100대 와인' 으로 적어도 10년 이상이 되어야 제 맛이 나며, 탕피에(Domaine Tempier)는 레드와 로제 와인을 생산하는 이곳의 선두주자로 레드 와인으로 훌륭한 명성을 가지고 있다. 베리에르(Chéne bleu Domaine de La Verrière)의 레이블 아벨라르는 12세기의 아벨라르 신부(Peter Abelard. 1079~1142)의 스캔들에서 따온 것으로 멋진 객실과 식당을 와이너리 내에 갖추고 있다. 그리고 좋은 와인들[144]이 여름 휴가객들의 흥을 더 돋운다.

(4) 카시스(Cassis)

마르세이유(Marseilles) 가까이의 지중해 연안의 작은 AOC 지역으로, 같은 이름의 블랙 커런트로 만든 리큐어와는 아무런 관련이 없다. 화이트 와인을 주로 생산하며, 레드와 핑크 와인도 일부 나온다. 마들레느(Clos Sainte Magdeleine)가 추천된다.

(5) 코토 바루아(Coteaux Varois)

툴롱(Toulon) 위의 내륙으로 그르나슈, 시라, 무르베드르 품종을 80% 이상 조합해 섞은 레드 와인은 좋은 편이지만 화이트 와인은 따분하다. 지역 협동조합이 장악하여 여러 가지 퀴베를 생산하나 빨리 마시는 스타일만 내고 있어 1990년부터 개별 독립 와이너리가 분발하고 있지만 아직 괄목할 수준은 안 된다.

(6) 팔레트(Palette)

마르세이유 바로 위의 액상 프로방스에 둘러싸여 있으며, 프로방스에서 면적이 28ha로 가장 작고 존재감도 희미한 지역이다. 1987년 이전에는 주로 벌크로 판매되던 지루하고 따분한 와인이었지만 세대가 바뀌면서 작은 와이너리들이 자신의 이름으로 출하시킬 정도로 진전되고 있다.

이곳의 80%는 샤토 시몽(Château Simone)의 소유로서 좋은 해의 레드와 특히 로제는 꽤 괜찮아서 평균 수령 50년 이상 되는 로제는 아마 여기 밖에 없을성 싶다. 그르나슈와 무르베드르를 비롯한 수십 개의 품종이 자라고 있어 포도나무 전시장 같은 밭이 깔끔한 공원 옆에 자리한다.

144) Domaines Bunan, Moulin des Costes, Mas de La Rouvière, Domaine Ray Janne, Domaine Ott Château Romassan

(7) 벨레(Bellet)

니스시(市)의 배후로 32ha 면적인 역시 작은 곳이다. 홀로 뚝 떨어져 이탈리아와 가까운 만큼 와인도 이탈리아와 프랑스를 섞어 놓은 듯하며, 브라케(Braquet)라는 독특한 품종을 사용하여 그르나슈, 생소 등을 일부 블렌딩하여 만든 로제, 그리고 레드가 우세하며 조금 나오는 화이트는 Rolle 품종을 사용하여 흥미롭다. 서늘한 기후로 인하여 프로방스 내에서도 다른 곳들의 와인과는 차이가 나서 화이트와 로제 와인은 산도가 좀 높은 편이다.

벨레(Château de Bellet)는 보르도에서 사용하는 오크 배럴의 배나 되는 용량인 450리터의 큰통을 사용하여 2년 이상 숙성시킨 와인을 출하한다.

(8) 레 보 드 프로방스(Les Baux de Provence)

카베르네와 시라를 주품종으로 하여 레드와 로제 와인을 만든다. 제초제와 살충제를 사용하지 않는 유기농재배에 힘쓰고 있다. 트레발롱(Domaine de Trévallon)의 부슈 뒤 론(Vin de Pays des Bouches de Rhône)은 '세계 100대 와인'으로 프로방스에서는 특이하게 카베르네 소비뇽과 시라를 반반씩 블렌딩했다.

(9) 피에르베르(Pierrevert)

레드와 로제가 90% 나오는 지역으로 그르나슈와 시라를 주 품종으로 쓰고, 화이트는 그르나슈 블랑, 베르망티노를 주로 사용한다.

2. 코르시카(Corsica)

코르시카는 잘 알려진 대로 나폴레옹(Napoleon)의 고향으로, 프로방스에서 동남쪽으로 약 150km 떨어진 곳에 있는 산이 많은 아름다운 섬이다. 남북으로 200km, 동서로 100km에 달하는 큰 섬으로 해변에는 리조트와 비치가 즐비하다. 이곳의 와이너리 소유주는 이탈리아 사람이 많아서 와인뿐 아니라 모든 면에서 이탈리아의 영향이 크다.

포도 품종은 레드는 그르나슈, 생소, 카리냥 외에 이 지방 자생종인 니에루치오(nielluccio)와 시아카렐로(sciacarello)가 많이 쓰인다. 화이트는 베르멘티노(vermentino)이며, 레드가 우세하여 미디움-바디의 좋은 가격의 레드와 로제 와인으로 알려져 있다.

아펠라시옹으로

- 뱅 드 코르스(Vin de Corse)의 와인 생산 중 반 이상을 로제가 차지한다.
- 아작시오(Ajaccio). 레드 생산량이 60%를 차지한다.
- 파트리모니오(Patrimonio). 레드가 50%, 로제가 생산량의 40%를 차지한다.

제9절 랑그독(Languedoc), 루시옹(Roussillon)

프랑스 최남단의 지중해 지역으로 마르세이유의 좌측에 있는 도시 님(Nîmes)과 아를(Arles)에서 지중해를 따라 카르카손(Carcassonne)과 나르본(Narbonne)에 이르는 지역이다. 지중해 영향으로 포도경작에 아주 적합하지만 간혹 폭풍우의 우려가 있다.

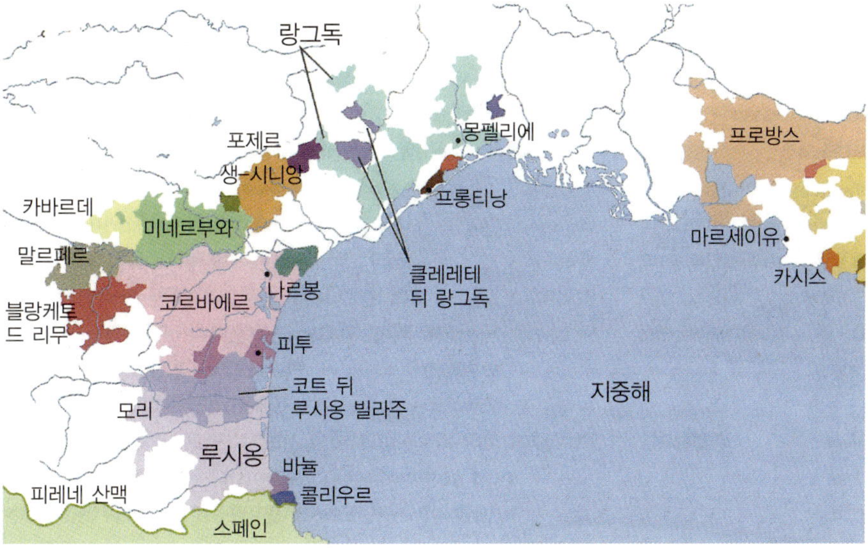

생산량의 95%가 레드나 로제로서, 레드 와인은 포도 알 째 담그는 발효방식을 써서 만들어 진하면서도 떫은맛이 적다. 다양한 포도품종과 현대적인 기술로 벌크와인에서 테이블 와인으로 또 고급 와인으로의 발돋음이 두드러지는 지역이다.

레드 품종 토착품종인 그르나슈, 카리냥, 생소가 기본이며 그리고 떼레 누아 등과 뒤늦게 인정한 비토착품종으로 카베르네 소비뇽, 메를로, 시라, 무르베드르.

화이트 품종 클레레테(clairette), 위니 블랑, 삑풀, 마카베오(maccabéo) 등과 마찬가지로 나중에 인정한 샤르도네, 셰닝 블랑, 소비뇽 블랑을 재배하고 있다.

1. 랑그독(Languedoc)

다양한 지형과 토양으로 레드, 로제, 드라이화이트, 스위트화이트, 스파클링 와인 등 모든 종류의 와인을 생산한다. 테이블 와인뿐 아니라 양질의 와인도 많이 나오고 있어 지난 20년 동안의 생산량은 반감되었지만, AOC 와인은 5배나 증가되었다.

프랑스 대부분의 지역에서 와인들은 AOC(Appellation d' Origine Contrle) 규정대로 표기하지만, 랑그독의 와인들은 두 가지 표기법을 레이블에 사용하고 있다. 첫째는 AOC법, 둘째는 포도의 품종이나 소유주를 나타내는 방법이다.

예전에는 저가 벌크와인 생산지로 치부되었지만 근래에 론이나 부르고뉴의 유명 생산자들이나 세계 유수의 와이너리들의 투자가 늘어날 만큼 그 가치를 인정받고 있는 지역이다.

1) 랑그독의 내륙 지방

(1) 랑그독(Languedoc)

레드와 남쪽지방의 품종들로 블렌딩한 화이트, 연한 로제 와인들이 아직은 평범하지만 전반적으로 향상되고 있는 곳이다. 그르나슈, 시라, 무르베드르가 레드 블렌드의 많은 부분을 점하며, 평범한 카리냥도 점차 좋아지고 있다.

이곳의 크뤼는 15개이다.[145] 프리에르 드 생-장 베비앙(Prieuré de Saint-Jean Bébian)의 좋은 빈티지의 레드는 그르나슈, 무르베드르, 시라를 1/3씩 그리고 샤토뇌프에서 사용하는 품종들을 조금씩 모두 사용하여 수십 년 이상 가는 명품이다.

페이레 로제(Domaine Peyre Rose)의 레옹(Cuvée Clos Léone)은 95% 시라와 5% 무르베드로로 만들고, 시스테(Les Cistes)는 85% 시라와 15% 그르나슈로 만든다. 숙성고를 오크가 아닌 화려한 분홍색의 스테인리스를 이용하지만 둘 다 정말 탁월한 와인이다.

마 줄리앙(Domaine Mas Jullien)은 프랑스 와인전문지 '라 르뷔 뒤 뱅 드 프랑스(La Revue du Vin de France)' 가 2013년 최고의 랑그독 와인으로 선정한 '랑그독의 별' 로서 생산량이 제한적이라 외국에서는 흔히 보이지 않는다.

푸에슈-오(Château Puech-Haut)[146]는 랑그독의 테루아를 드러내는 와이너리로 와인 컨설턴트들이 뒷받침하여 각종 와인 언론과 평론가들로부터 그 품격과 가치를 인정받고 있다.

도피야크(Domaine d' Aupilhac)는 카리냥 100% 와인이 유명하다. 드 라르졸(Domaine de L' Arjolle)은 뱅 드 페이(Vin de Pays)급이지만 묵직하게 균형잡힌 와인들로 유명하다. 비뉴론 뒤 발 도르비외(Les Vignerons du Val D' Orbieu)의 퀴베 미티크(La Cuvée Mythique)도 강력 추천되는 와인이며 그 외 추천할만한 에스테이트들[147]이 있다.

(2) 클레레테 뒤 랑그독(Clairette du Languedoc)

클레레테 품종으로 화이트 와인만 생산하며, 아로마가 넘치는 가벼운 타입으로 일찍 마시는 게 좋으나 생산량이 점차 줄고 있다.

(3) 포제르(Faugres)

1982년 AC로 지정되어 코토 뒤 랑그독과 재배하는 품종이 비슷하지만 자신의 개성을 지니고 있는 지역이다. 레드와 로제가 나오며 조금 생산되는 로제 와인이 정말 괜찮다. Domaine Jean Michel Alquier의 메종 존느(La Maison Jaune)와 'Faugères Les Bastides' 는 비싸지만 그럴 가치가 충분히 있다. 화이트도 거론할 가치가 있는 와인이다. Château des Estanilles도 알려져 있다.

(4) 생-시니앙(Saint-Chinian)

포제르(Faugre)의 좌측에 위치하며, 모든 면에서 포제르와 거의 흡사하다. 레드와 로제가 나오며 레드 와인이 장기보관 가능하다는 것이 인상 깊은 점이다. 생-시니앙 베를루(Saint-Chinian Berlou), 생-시니앙 로케브륀(Saint-Chinian Roquebrin)은 그르나슈, 시라, 무르베드르를 사용한 레드를 생산한다. Domaine Borie La Vitarèle, Château Cazal Viel이 알려져 있다.

(5) 미네르부와(Minervois)

'생-시니앙' 에서 또 좌측에 위치하며, 포제르(Faugre)나 생-시니앙과 비슷하나 첨언할 것은 화이

145) 카브리에르(Cabrières), 라 클라프(La Clape), 코토 드 라 메자넬(Coteaux de la Méjanelle), 그레 드 몽펠리에(Grès de Montpellier), 몽페이로(Montpeyroux), 피케플 드 피네(Picpoul de Pinet), 픽-생-루(Pic Saint Loup), 카투르즈(Quatourze), 코토 드 생-크리스토(Coteaux de Saint-Christol), 생-드레제리(Saint-Drézéry), 코토 드 베라르게(Coteaux du Vérargues), 생-조르주-도르케(Saint-Georges-d' Orques), 생-사튀르냉(Saint-Saturnin), 테라스 뒤 라르자크(Terrasses du Larzac), 페제나(Pézenas)

146) 푸에슈-오(Château Puech-Haut) : 미셸 롤랑(Michel Rolland)과, 잰시스 로빈슨이 카멜레온 같은 컨설턴트라고 평가한 클로드 그로(Claude Gros), 컨설턴트로는 로버트 파커가 2010년 최고의 양조가로 꼽은 필립 캄비(Philippe Cambie), 그리고 현 와인메이커 마티유 키앙피(Mathieu Ciampi)에까지 이른다. 매년 재능 있는 아티스트들과 사용한 오크통을 활용하여 '오크통 컬렉션' 을 선보이고 있다.

147) 로르튀스(Domaine de L' Hortus), Domaine Saint Andrieu, Mas Bruguière, Château de Lascaux, Château de La Roque

트 와인이 조금 나온다는 것이다. 1985년 AC를 획득한 후부터 질이 차츰 나아지고 있다. 미네르부와-라-리비니에르(Minervois-La-Livinière)도 레드 생산지역이다.

마사미에 라 미냐르드(Château Massamier La Mignarde)에서 명품인 도뮈스 막시무스(Domus Maximus)를 생산하며, 보리 드 모렐(Domaine Borie de Maurel)에서는 다양한 종류의 와인을 생산한다. 그 외 추천할 곳[148]이 많다.

(6) 코르비에르(Corbires)

11군데의 각기 다른 토양에서 다양한 성질의 포도가 생산되어 골격이 탄탄한 레드 와인을 만들며, 로제와 화이트 와인도 조금 생산되고 있다. 코르비에르-부트낙(Corbires Boutenac)은 레드만을 생산한다. Château de Caraguilhes의 여러 생산자[149]가 선도하고 있다.

(7) 피투(Fitou)

1948년에 AOC를 받은 지역으로 랑그독뿐 아니라 루시옹을 포함해서 가장 오래된 AOC 지역으로 랑그독과 루시옹의 경계를 이루고 있다. 전적으로 카리냥으로 만드는 레드 와인만 나오다가 근래에 무르베드르와 시라를 조금씩 늘려가고 있다.

Domaine Bertrand Bergé, Château de Nouvelles가 알려져 있고, 생산량의 90%를 이 지역에 있는 일곱 군데 협동조합에서 담당하는데 그 중 몽 타흐(Les Producteurs du Mont Tauch)에서 45%를 취급한다.

프롱티냥(Frontigne, 혹은 뮈스카 드 프롱티냥), 뮈스카 드 뤼넬(Muscat de Lunel), 뮈스카 드 미르발(Muscat de Mireval)은 모두 뮈스카 블랑 아 프티 그랭(Muscat Blanc à Petits Grains) 품종으로 VDN(스위트 강화 와인)을 생산한다.

2) 랑그독의 남부지역

니스에서부터 시작된 지중해안이 서쪽으로 오다 남쪽 스페인을 향해 방향을 트는 곳에 있는 나르본느(Narbonne)의 좌측에 있는 피레네 산맥이 시작되는 지역이다. 동서 15km, 남북 20km의 작은 와인 산지로 지중해의 뜨겁고 건조한 기후, 대서양의 습한 공기, 높은 산맥에서 불어오는 바람의 영향으로 화이트 와인 생산에 적합한 환경을 형성한다. 테루아의 차이에 따라 오탕(Autan), 메디테라네앙(Mediterraneen), 오세아니크(Oceanique), 오트 발레(Haute Valle)의 4지역으로 나눈다.

(1) 리무(Limoux)

샤르도네, 그리고 모작(Mauzac)으로 만든 화이트가 나온다. 리무에서 열리는 엉 프리뫼르(En Primeur) 행사는 아직 출시되지 않은 와인을 테이스팅하고 오크통을 경매로 낙찰 받는 시스템이다. 이 행사는 세계 각지의 스타급 셰프들이 참여하여 경매로 구입한 와인에 자신들의 레스토랑 이름을 붙여 리미티드 에디션(Limited Edition)을 만든다.

(2) 블랑케트 드 리무(Blanquette de Limoux)

오크 배럴의 샤르도네가 의무사항이며, 셰닝 블랑도 많이 재배하는 화이트 와인지역이다. 도멘 드

148) Château Coupe Roses, Château Fabas, Château de Gourgazaud, Domaine Lacombe Blanche, Domaine Luc Lapeyre, Château d' Oupia, Domaine Piccinini

149) Château Cascardais, Domaine du Grand Crès, Château Les Palais, Château Saint Auriol, Château La Voulte Gasparets

바로나크(Domaine de Baron' Arques)[150]는 1998년 바롱 필립 로쉴드그룹의 최고경영자인 바로네즈 로쉴드의 두 아들이 랑그독-루시용 지역의 포도원을 인수하며 시작되었다.

Les Caves du Sieur d' Arques도 알려져 있다.

(3) 크레망 드 리무(Crmant de Limoux)

크레망 드 리무는 예전에는 전통적으로 스파클링 와인 지역이었으며, 1990년 이래로 샤르도네나 셰닝, 혹은 두 가지를 블렌딩하여 30% 이상을 사용하고 있다.

(4) 블랑케트 메토드 앙세스트랄(Blanquette Méthode Ancestrale 혹은 리무 메토드 앙세스트랄)

모작(Mauzac) 품종으로 드라이화이트와 부드러운 발포성 와인을 만든다. 록 당글라드(Roc d' Anglade)는 뛰어난 와인이나 생산량이 적어 부티크 와이너리에 속한다. Domaine de Baruel, Fortant de France도 알려져 있지만 뱅 드 파이(Vin de Pays)급으로 빼놓을 수 없는 곳이 있다. 바로 도마스 가삭과 라 그랑주 데스 페레(Domaine La Granges des Pères)이다. 도마스 가삭(Mas de Daumas Gassac)은 1978년 카베르네 소비뇽 80%로 만든 첫 생산인 레드를 내놓아 '랑그독의 샤토 라피트'라는 말을 들을 정도로 그랑 크뤼 와인과 견줄만한 품질이라 일컬어지며 실제로 20년 이상 버틸 힘을 가진다. 다큐멘터리 '몬도비노'에서 이곳의 오너 에메 기베르(Aimé Guibert)와 풍광을 담고 있다. 두 군데 다 레롤(Vin de Pays de l' Hérault)이라는 AOC를 붙인다.

(5) 카바르데, 말르페르(Cabardes, Malepère)

랑그독 지역의 서남쪽 끝으로 다양한 토양과 기후를 가지고 있다. 카바르데는 1999년, 말르페르는 2005년에 AC의 지위를 획득했다.

2. 루시옹(Roussillon)

프랑스의 가장 남쪽, 지중해에 면한 프랑스가 끝나고 스페인으로 이어지는 스페인과의 접경 지역으로 피레네-조리앙탈(Pyrénées-Orientales)이라는 주(州)에 속한다. 주도(州都)는 페르피냥(Perpignan)이며, 살바도르 달리(Salvador Dali)에게 많은 영감을 준 도시로 스페인의 카타루냐(Catalunya) 지방과 붙어있다. 따라서 프랑스와 스페인 문화가 교차하면서 모든 면에서 그 영향이 스며있다. 서쪽의 피레네(Pyrénées)산맥, 북쪽의 코르비에르(Corbières)산맥, 남쪽의 알베르(Albères) 산악지대 등이 루시옹을 둘러싸고 동쪽은 지중해와 맞닿아 있다. 산악지대에서 지중해로 빠져나가는 아글리(Agly), 테트(Têt), 테크(Tech) 등 세 개의 강줄기는 계곡과 평지를 형성하여 다채로운 지형과 복합적인 토양을 선사하며, 포도밭의 80% 정도가 산악지대 경사면의 자갈밭에 조성되어 있다.

1) 루시옹의 AOC

(1) 코트 뒤 루시옹(Côte du Roussillon)

118개 마을의 가장 넓은 면적으로 일반적으로 쉽게 마실 수 있는 가벼운 스타일의 와인을 생산한다.

---

150) 도멘 드 바로나크(Domaine de Baron' Arques는 미국의 오퍼스 원과 칠레의 알마비바에 이어 또 다른 최고급 와인을 생산하고자 한 그들은 토양을 개량하고 생산시설을 정비해 2003년 리무(Limoux) AOC 와인으로 인정받게 되었다. 1998년부터 2002년까지는 '바로나크'라는 이름으로 뱅 드 페이(Vin de Pay)급 와인을 생산하였으나 2003년부터는 AOC 등급으로 승격되며 이름도 지금의 도멘 드 바로나크로 바뀌었다.

레드 품종 시라, 무르베드르, 카리냥의 세 가지는 반드시 블렌딩해야 하며, 그르나슈, 생소도 허용되어 있다.

화이트 품종 그르나슈 블랑, 마카뵈(Macabeu), 루산, 마르산, 베르멘티노(Vermentino), 말부아지 뒤 루시옹(Malvoisie du Roussillon)을 사용한다.

(2) 코트 뒤 루시옹 빌라주(Côte du Roussillon Villages)

1996년과 1997년엔 코트 뒤 루시옹 빌라주(Côtes du Roussillon Villages)에 두 개의 개별 마을 명칭이 추가로 지정되었으며, 2003년에는 '코트 뒤 루시옹 빌라주'에 포함되지 않았던 일부 마을들이 코트 뒤 루시옹 레 아스프레(Côtes du Roussillon Les Aspres) AOC/AOP로 지정되어 '코트 뒤 루시옹 빌라주' 뒤에 마을이름인 라투르-드-프랑스(Latour-de-France), 카라마니(Caramany), 토타벨(Tautavel)이 붙는다. 도멘 고비(Domaine Gauby)는 뮌타다(Muntada)를 비롯한 알코올 함량이 높은 와인을 만든다.

(3) 콜리우르(Collioure)

지중해와 면한 해변지역으로 완숙된 포도를 사용한다. 원래는 바뉠스 지역 등에서 자가 소비용으로 생산하던 와인으로 허용된 품종 중 최소 2가지 이상을 블렌딩한다. 레드, 로제, 화이트를 생산한다. 라 렉토리(Domaine de La Rectorie)에서 스위트 강화와인인 레온 파르세(Cuvée Léon Parcé)가 나오며, 마 블랑(Domaine du Mas Blanc)과 Domaine La Tour Vieille도 알려져 있다.

2) 뱅 두 나튀렐(Vins Doux Naturels ; VDN) AOC

주정강화와인으로 루시옹을 대표하는 와인 스타일 중 하나이다. 루시옹의 뱅 두 나튀렐(VDN)의 생산량은 프랑스 전체의 80%에 이르며 생산 지역과 스타일 또한 다양하다. VDN은 나무통이나 유리병에서 30개월 이상 장기간 숙성하는데 그 방법이 다양하다. 푸드르[151], 드미-뮈[152], 배럴(barrel) 등 다른 크기의 나무통에 담아 실내에서 보관하거나 드미존(demijohn)과 같은 유리병이나 나무통에 담아 옥외에서 숙성하기도 한다. 특히 옥외에 보관한 VDN은 햇볕과 온도 변화에 노출되어 숙성이 촉진되므로 특유의 풍미를 더욱 강하게 드러낸다. 이렇게 야외에서 숙성한 와인은 그대로 병입하거나 나무통에 보관한 와인과 블렌딩하여 길게는 몇 십 년에 이르기까지 장기간 숙성하기도 한다.

(1) 바뉼(Balnyuls), 바뉼 그랑 크뤼(Banyuls Grand Gru)

바뉼은 작고 조용한 항구도시로 스페인과의 국경에 위치하며 포도밭들은 피레네 산맥의 구릉지대에 있다. 병이나 배럴 또는 큰 유리병 등을 이용하여 숙성하는데 그르나슈가 50% 이상 포함되어야 한다. 화이트 품종은 그르나슈 블랑, 그르나슈 그리, 마카뵈, 말부아지 뒤 루시옹, 뮈스카 달렉상드리, 뮈스카 아 프티그랭이다. 레드 품종은 그르나슈(50% 이상), 카리냥, 시라, 생소를 사용한다. 컬러, 산화, 숙성 기간 등에 의해 분류하며 그르나(Grenat), 리마주(Rimage)[153], 로제(Rosé, 튈레(Tuilés), 앙브레, 오르다주[154], 랑시오(rancio)가 있다.[155]

151) 푸드르(foudre). 5천 리터 이상 크기의 커다란 나무통
152) 드미-뮈(demi-muid). 150~300 리터 크기의 나무통
153) 리마주(Rimage). 카타루냐어로 포도의 나이를 뜻하며, 빈티지 와인에 붙는다.
154) 오르다주(Hors d' Age). 튈레나 앙브레를 5년 이상 숙성하면 오르 다주(Hors d' Age)라는 명칭을 쓸 수 있다.

바뉼 그랑 크뤼(Banyuls Grand Gru)는 목재 통에서 최소 30개월 이상 숙성해야 하는 등 일반 바뉼에 비해 생산조건이 더욱 엄격하다. 그르나슈가 75% 이상 블렌딩되어야 한다. 레투알 바뉼(L' Étoile Banyuls)에서는 1945년 이후의 모든 빈티지를 보유하고 있으며 해마다 특정 빈티지의 병입 및 출시를 결정한다. 이곳 옥상에서는 드미 존에 담긴 와인들이 태양 아래 그대로 노출되어 있으며 저장고에는 푸드르와 배럴 안에 담겨 있거나 이미 병입된 와인들이 숙성되고 있다.

아베 루(La Cave de l' Abbé Rous)의 카브에는 거대한 푸드르들 중에 200년 전에 만들어진 것도 있다. 외부에 길게 쌓여 있는 650리터 들이 배럴들과 2단으로 길게 늘어선 배럴들의 하단부 배럴에서 숙성된 와인을 뽑아낸 후 상단에 새로운 와인을 채움으로써 균일한 품질을 꾸준히 유지하는 솔레라(solera) 시스템을 차용한다. 일부 특별한 바뉼들이 이 외부의 오크통에서 1년 동안의 산화 숙성을 거쳐 출시된다.

마 블랑(Domaine du Mas Blanc. Docteur Parcé)에서 포르투와 비슷한 강화 와인과 솔레라 스타일의 탁월한 비강화 레드인 콜리우레(Collioure) 그리고 최고의 바뉼인 알코올 16.5°의 스위트 강화 와인인 라 쿰므(La Coume)를 생산하고 있다.

(2) 모리(Maury)

북으로 코르비에르(Corbieres)와 남으로 피레네산맥 사이에 위치한다. 화이트 와인도 있으나 레드 와인이 주를 이루며 그르나슈를 75% 이상 블렌딩한다. 컬러, 산화, 숙성 기간 등에 의한 분류로는 블랑, 그르나, 튈레, 앙브레, 오르나주, 랑시오, 모리 섹(Maury Sec, 레드)은 모리 아펠라시옹에서 나오는 드라이 와인으로 그르나슈(주품종), 카리냥, 시라 중 두 종 이상을 블렌딩한다. 풍미가 강렬하고 타닌감이 좋다. 또한 2011년에는 주정강화에만 국한되던 모리지역의 통제 명칭을 드라이 와인에도 사용할 수 있게 되었다(Maury Sec).

마 아미엘(Domaine Mas Amiel)은 155ha에서 90% 이상을 그르나슈 누아를 재배하지만 한 그루당 와인이 세 잔 나올 정도로 생산성이 떨어진다. '전설의 100대 와인' 인 모리(Maury)는 15년 이상 숙성시키면 과실 맛과 향이 더할 나위 없이 풍부해지는 알코올 16°의 강화 레드 와인이다. 르 술라(Domaine Le Soula)와 마타사(Matassa)는 뱅 드 파이(Vin de Pays)급이지만 도저히 뺄 수 없는 화이트 와인을 생산하는 곳이다. 코트 카탈랑(Vin de Pays des Côtes Catalanes)으로 표시된다.

(3) 뮈스카 드 리브잘트(Muscat de Rivesaltes)

뮈스카 달렉상드리아(Muscat d' Alexandria)와 뮈스카 아 프티 그랭(Muscat à Petits Grains) 두 가지 품종으로 양조되며 수확 후 2월 1일까지 숙성해야 한다. 세련된 꽃 향과 감귤 및 살구 등 달콤한 과일 향이 두드러진다.

뮈스카 드 노엘(Muscat de Noël)은 예외적으로 수확한 해 11월 셋째주 목요일부터 출시하며 크리스마스 뮈스카라고도 한다. 뮈스카 섹(Muscat Sac)은 햇빛이 강하게 쬐면 포도의 수분이 증발하여 더욱 높은 당도로 된다.

---

155) 랑시오(Rancio). 오랜 숙성이나 급격한 산화로 로스팅한 견과의 풍미가 드러나면 랑시오(Rancio)라고 한다.

(4) 리브잘트(Rivesaltes)

뱅 두 나튀렐(vins doux naturels ; VDN)을 생산하는 곳으로 프랑스 전체의 VDN생산의 반을 차지하며, 그르나슈 누아, 그르나슈 그리, 그르나슈 블랑, 마카뵈(maccabéo)가 쓰이며 리브잘트 앙브레(Rivesaltes Ambrés) 와인에는 뮈스카(Muscat)가 20%까지 배합되기도 한다.

(5) 그랑 루시옹(Grand Roussillon)

이곳의 생산자들[156]은 리브잘토 AOC를 선호하므로 보기 드문 아펠라시옹이다.

주정강화 와인(酒精强化 Wine)

와인에 주정, 즉 브랜디 원액(Eau de Vie) 등 높은 도수의 알코올을 더하여 강화한 와인을 의미한다.

알코올 도수는 16~20% 수준으로 농밀한 풍미와 부드러운 질감 덕에 마시다 보면 취하기 십상이다. 이렇듯 주정강화와인은 향기가 짙고 단 맛을 지닌 경우가 많아 알코올 도수가 높아도 부담스럽지 않다. 용어의 직관적 의미는 '순도 높은 알코올로 강화된 와인' 이지만 실상은 '모든 요소들의 표현을 극대화한 와인' 이 바로 주정강화 와인인 셈이다. 주정강화 와인으로는 포르투갈의 포르투[157]와 마데이라[158], 스페인의 셰리, 그리고 이태리의 마르살라가 있다.

이렇듯 주정강화 와인은 주로 더운 환경에서 와인의 변질을 막음과 동시에 독특한 풍미를 더하기 위해 탄생했다.

뮈타주(Mutage)

순도 높은 알코올 첨가를 통한 발효의 중단이다. 일반적인 발효 과정 중에 전체 포도즙 5~10% 분량의 순도 96° 의 브랜디를 첨가하면 당분을 알코올로 바꾸는 효모의 발효 작용이 멈춘다. 이렇게 발효되지 않은 포도의 천연 당분이 단맛을 내기 때문에 뱅 두 나튀렐(Vins Doux Naturels), 영어로 'natural sweet wine' 이 된다.

뮈타주 방식을 처음 발견한 사람은 몽펠리에 대학 학장이자 마요르크(Majorque) 왕실의 의사였던 아르노 드 빌라노바(Arnau de Vilanova)가 1285년 루시옹의 주도 페르피냥(Perpignan)에서 뮈타주 방식을 발견하였다.

---

156) Domaine Gauby, Domaine Cazes Frères, Domaine des Chênes, Domaine For a Réal, Domaine Gardiés

157) 포르투와 셰리(port, Sherry)는 프랑스와의 100년 전쟁으로 영국이 보르도 와인을 수입 중단하고 대안으로 포르투갈과 스페인 와인이 선택되었기 때문이다. 보르도에서 와인을 수입할 때 보다 훨씬 길어진 수송기간 동안 와인이 변질되는 것을 막기 위해 와인에 브랜디를 첨가한 것이다.

제10절 프랑스 서남부 지역(Sud-Ouest, Southwest France)

프랑스의 남서쪽 코너로 위로는 보르도, 왼쪽으로는 대서양, 밑으로는 피레네(Pyrenees) 산맥이 스페인과 국경을 이루고 있다. 그리고 오른쪽으로는 지중해성 지방인 루시옹(Roussilon)과 맞닿아 있다. 이 지방은 특히 알렉산더 뒤마의 "3총사" 이야기의 배경이 되는 지방으로 툴루즈(Toulouse)가 가장 큰 도시이다.

봄과 겨울은 습도가 높고 여름이 길며, 대서양과 지중해의 해양성 기후의 영향을 받는다.

레드 품종은 카베르네 소비뇽, 카베르네 프랑, 메를로로 보르도와 비슷하고 타나(Tannat)도 조금 쓰이는데 특히 카오르에서 사용한다. 화이트 와인은 드라이나 스위트 모두 세미용, 소비뇽 블랑, 뮈스카델 등으로 좋은 와인을 만든다.

보르도와 가까운 지방으로 그 명성에 가려 국제적인 인지도가 높지 않지만 인지도에 비해 질 좋은 와인이 나오는 곳이다.

1. 도르도뉴, 베르주락(Dordogne, Bergerac) AOC

보르도 인근(Bordeaux Satellites) 지역이다.

(1) 베르쥬락(Bergerac), 코트 드 베르주락(Côtes de Bergerac)

도르도뉴 강을 사이에 두고 남북으로 나뉘어진 곳으로 보르도와 비슷한 레드와 화이트 와인을 생산하나 가격은 보르도와 비슷하지 않다. 벨뷔 쉬르 발레(Château Bellevue sur Vallée)의 밥(Le vin de Bob)은 2003년 첫 출시 때부터 그랑 뱅에 오른, 24ha에서 6000병만 생산하는 가라주 와인이다. 와이너리들[159]은 카베르네 소비뇽과 메를로로 레드 와인을 만들며, 카베르네 프랑으로 레드와 로제 와인을 만든다. 화이트 와인의 주품종은 세미용과 소비뇽 블랑이다.

(2) 몽바지약(Monbazillac)

도르도뉴 강 하단 지역으로 보르도의 소테른과 비슷한 보트리티스 스위트 와인이 전문이다. 소테른에 비해서는 복합성과 함께 질 차이가 나고 가격도 당연히 떨어진다. 티레퀴 라 그라비에르(Château Tirecul La Gravière) 외 여러 곳[160]에서 계속 힘쓰는 중이다.

(3) 소씨냑(Saussignac)

몽바지약 옆의 작은 스위트 화이트 아펠라시옹으로, 세미용이나 뮈스카델을 베이스로 한 화이트를 꽤 만드는 곳[161]이 여러 군데다. 셰닝 블랑이나 소비뇽 블랑도 허용된다.

(4) 페샤르망(Pécharmant)

베르쥬락과 인접한 레드 와인의 생산지역이다. 보르도 품종을 사용하며 메를로는 오히려 보르도를 능가할 정도로 전체적으로 질이 높다.

---

158) 마데이라(Madeira) : 마데이라가 유명해진 이유도 대항해시대 기나긴 항해를 떠나던 선박들의 중간 기착지가 되면서부터다. 장기간의 항해 중 마실 귀중한 와인이 더운 날씨로 변질되는 것을 막기 위해 알코올을 첨가했고 독특한 환경의 영향으로 개성적인 풍미를 갖추게 된 것이다.

159) Château de La Colline, Château Tour des Gendres

160) Château Bellingard, Château Fonmourgues, Domaine Grande Maison

161) Château Les Miaudoux, Domaine de Richard, Clos d' Yvigne, Domaine du Cantonnet

(5) 로제트(Rosette)

세미용과 소비뇽 블랑을 주품종으로 하는 스위트와 화이트 아펠라시옹으로 강북의 아주 작은 곳이다.

(6) 몽라벨, 코트 드 몽라벨, 오 몽라벨(Montravel, Côtes de Montravel, Haut-Montravel)

베르쥬락의 서쪽 끝자락으로 보르도와 가장 가까운 지역이다. 화이트 와인 아펠라시옹으로 주로 세미용을 사용하며, 드라이, 세미-스위트 드라이, 스위트의 세 가지로 나누는데, 드라이 몽라벨은 아주 좋다. 코트 드 몽라벨, 오 몽라벨은 몽라벨과 거의 흡사하며 세미 스위트, 스위트가 나오지만 양이 적다.

(7) 코트 드 뒤라(Côtes de Duras)

도르도뉴(Dordogne) 강 남쪽지역으로 보르도의 '앙트르 뒤 메르'와 경계하고 있다. 품종은 보르도와 같고 보르도 스타일의 쓸만한 와인이 나오며 화이트는 꽤 괜찮은 편이다. 로랭(Domaine de Laulin)의 소비뇽 블랑으로 만든 화이트는 인근에서 제일 낫다.

2. 갸론(Garonne)의 AOC

(1) 뷔제(Buzet)

보르도에서 남동쪽으로 90km 떨어진 가론 강 유역으로 바로 밑에는 알마냑(Armagnac)이 붙어있다. 뷔제시(市)를 포함한 26개 마을(commune)이 AOC를 이루며 보르도 스타일의 다양한 와인이 생산된다. 지역 협동조합이 아펠라시옹 전체 생산량의 95%를 담당하고 있다.

(2) 카오르(Cahors)

롯(Lot) 강의 굴곡을 감싸고 있는 4,500ha의 포도밭은 레드 와인만 생산하는 프랑스 서남부의 고급 레드 와인 생산지역이다. 프랑스 말벡 와인의 생산지로 약 2천 년 전부터 말벡 와인을 생산해 온 곳이다. 라그라제트(Château de Lagrezette)[162]는 카르티에(Cartier) 사장을 지낸 페랭(Marie Therese & Alain Dominique Perrin)이 1980년부터 운영하고 있어 카르티에 파티는 꼭 나오므로 일명 '카르티에 와인'이라고도 한다. 넓은 대지 이용률과 최적의 말벡 포도를 생산해내는 자연 기후로 세드르(Château du Cèdre)와 같은 좋은 생산자들[163]이 많다.

죠지 비구루(Georges Vigouroux, Château de Mercues, Château de Haute Serre)는 1887년 설립된 말벡 품종 전문의 독립 가족 경영 회사로 카오르 지역의 말벡의 아버지라는 수식어를 얻고 있다. 조르주 비구루, 굴르양 말벡(Georges Vigouroux, Gouleyant Malbec)[164]은 누구나 편하게 즐길 수 있는 와인이며, 피그멘텀 말벡(Georges Vigouroux, Pigmentum Malbec)[165]은 카오르 말벡의 클래식한 풍미를 잘 나타내고 있다.

---

162) 라그라제트(Château Lagrezette)의 피조니에(Le Pigeonnier)는 말벡 100%의 적정숙성 25년이며, 퀴베(Cuvée Dame Honneur)는 말벡 91%, 메를로 9%의 적정숙성 기간이 35년이다.

163) Clos La Coutale, Clos de Gamot(Château du Cayrou), Château Lamartine, Domaine Pineraie, Domaine des Savarines, Clos Triguedina, Château Les Rigalets

164) 조르주 비구루, 굴르양 말벡(Georges Vigouroux, Gouleyant Malbec)의 굴르양(Le Gouleyant)은 "Easy to Drink"를 의미하는 불어로, 말벡과 메를로의 블렌딩으로 풍부한 과실맛과 부드러운 타닌감이 더해진 와인이다.

165) 조르주 비구루, 피그멘텀 말벡(Georges Vigouroux, Pigmentum Malbec)은 카오르의 말벡을 잘 표현하고 있는 진한 흑장미 빛의 색감으로 육류요리와 잘 어울리며 특히 햄버거와 뛰어난 매칭을 보여, 북미에서는 햄버거 와인이라는 애칭으로도 불린다.

(3) 코트 드 뒤라(Côtes de Duras)

레드 및 로제는 카베르네 소비뇽, 메를로, 카베르네 프랑, 말벡, 화이트는 슈냉 블랑, 뮈스카델. 모자크, 소비뇽 블랑을 사용한다.

(4) 코트 뒤 마르망데(Côtes du Marmandais)

가론(Garonne)강 가의 보르도의 그라브 동쪽지역으로 강을 사이에 두고 양팔을 벌린듯이 좌우로 서있는 보르도 남쪽 지역이다. 1990년 AOC를 받아 쉽게 마실 수 있는 레드 와인이 기본이 되며, 아주 적은 양의 로제와 화이트 와인이 나온다.

레드는 카베르네 프랑, 카베르네 소비뇽, 메를로를 최대 75%까지 사용할 수 있고 그 외 가메이, 시라를 사용한다. 화이트는 소비뇽 블랑과 뮈스카델, 세미용, 위니 블랑을 사용한다.

(5) 프롱통(Côtes du Fronton)

토착품종인 네그레트(Négrette)를 50% 이상 사용하여 만든 레드 와인이 두드러지며 로제도 일부 생산된다. 툴루즈(Toulouse)시 바로 위에 있어 생산량은 거의 툴루즈에서 소비된다.

Château Bellevue La forêt, Château Baudare, Château Le Roc이 알려져 있다.

(6) 가이악(Gaillac)

와인 생산이 1세기 때부터 이루어진 아주 오래된 곳으로 중심이 되는 가이악(Gaillac) 시와 알비(Albi) 시는 아주 아름다운 곳이다. 우수한 화이트 디저트 와인이 전문이고, 과일 향의 가벼운 스파클링 와인도 생산한다. 스위트 와인은 기이악 두(Gaillac Doux), 가이악 무쉐(Gaillac Mousseux)라는 아펠라시옹을 쓰기도 한다. 로베로 플라죄레(Robert & Bernard Plageoles)는 가이악의 토착 품종으로 독특한 스타일의 다양한 와인을 빚으면서 전통을 복구하고 있으며, Domaine de Labarthe, Château Montels, Domaine des Très Cantons이 알려져 있다.

(7) 마르시약(Marcillac) AOC

지형이나 지세가 포도를 재배하기에 어려운 지역이나 1990년 AOC를 획득한 곳으로 레드 와인 생산이 90% 된다.

(8) 코토 드 케르시(Coteaux de Quercy)

카베르네 프랑을 주 품종으로 하는 레드 와인 생산지역이다.

타리케(Domaine du Tariquet)[166]는 대서양과 피레네 산맥 사이의 가스코뉴(Gascony) 지방에서 가격대비 최고의 화이트 와인이다. 미슐랭 3스타 레스토랑과 고급 호텔의 와인 리스트에 타리테 클라식, 콰트르 세파쥬(Les Quatre Cépages)는 거의 빠지지 않는다.

(9) 브뤼루와(Côtes de Brulhois)

뷔제의 남동쪽으로 AOC는 아니지만 보르도의 레드 품종인 카베르네 프랑과 매를로로 만드는 다크 레드 와인이 좋다.

---

166) 타리케(Domaine du Tariquet) : 알마냑을 생산하기 위해 재배하던 위니 블랑과 콜롱바르(Colombard) 품종을 사용해 만든 화이트 와인이 크게 성공했다. 인접한 보르도보다 땅값과 인건비가 저렴해 가격경쟁력이 있었고, 꽃과 과일의 향 그리고 균형잡힌 산도가 어필한 것이다. 프랑스 최대의 굴 양식장이 있는 보르도 인근 알카숑(Arachon)지역의 레스토랑 판매 1위를 차지하고 있다.

(10) 엥트레게스 르 펠(Entraygues Le Fel), 에스탱(Estaing), 코트 드 밀로(Côtes de Millau)

2011년 AOC를 획득한 곳으로 레드, 로제, 화이트를 생산한다.

3. 피레네(Pyrénées, Gascony) 지역의 AOC

(1) 마디랑(Madiran)

타닌이 높은 탄나(Tannat) 품종으로 만든 독한 레드 와인을 안정시키려면 몇 년의 기간이 필요하지만 그 힘은 없어지지 않는다. 잘 익으면 팔팔한 생기도 보이고, 고상함도 갖추어진다. 과일 향을 두드러지게 하기 위해 두 가지 카베르네가 같이 블렌딩된다.

(2) 파세랑 뒤 비크 빌(Pacherenc du Vic-Bilh)

마디랑 안에 있는 별도의 아펠라시옹으로 일반적으로 스위트 화이트 와인을 생산한다. 몽튀[167]의 오너인 브뤼몽(Alain Brumont)은 70%, 75%, 혹은 100%의 타나로 만든 와인으로 마디랑을 와인지도에 이름을 올리게 한 이다. 몽튀 프레스티주(Château Montus Prestige)는 투박한 타나 만으로 만든 '세계 100대 와인' 으로 보르도 그랑 크뤼들과 어깨를 나란히 하고 있다. Château d' Aydie(Domaine Frédéric Laplace), Château Barrejat, Domaine La Chapelle Lenclos(Domaine Mauréou)이 잘 알려진 와이너리[168] 중에서도 탁월하다.

(3) 생-몽(Saint-Mont)

레드 와인은 페르 세르바두(fer servadou)와 탄나를 사용하며, 재래종 화이트 와인은 뤼피악(ruffiac)과 쁘티 꾸르뷔(petit courbu)가 있다. 게중에는 아주 멋진 향도 보인다.

(4) 튀르상(Tursan)

강건한 탄나 품종으로 좀 독한 레드 와인을 만들며, 화이트 와인은 바로크(Baroque)라는 지역품종으로 오크통에 숙성시킨다.

(5) 쥐랑송(Juranon)

스페인 국경 가까이에 있는 서남부 지방의 최남단으로 포(Pau)강이 흐르는 곳에서 화이트 와인만 생산하는 지역으로 가이약(Gaillac)과 비슷하다. 1936년 AOC로 지정되었으며 비옥하고 습기많은 땅에서 잘 자라는 쁘티 망상(Petit Manseng)으로 스위트, 그로 망상(Gros Manseng)으로 드라이 화이트를 빚으며 또한 꾸르뷔(Courbu)라는 로컬 품종을 사용하여 질적으로 우수한 화이트 디저트 와인을 생산한다.

도멘 코아페(Domaine Cauhapé)의 쁘티 망상으로 빚은 스위트 와인들은 걸작이며 여러 생산자[169]들도 좋은 와인을 낸다.

(6) 쥐랑송 세크(Juranon Sec)

쥐랑송과 동일하나 화이트 와인이 나온다.

---

167) 샤토 몽튀(Château Montus)의 오너인 브뤼몽(Alain Brumont)은 부스카세(Château Bouscasse)와 Domaine Meinjarre도 소유하고 있다.

168) Domaine Berthoumieu, Domaine Capmartin, Domaine Labranche laffont, Domaine Sergent

169) Domaine Bellegarde, Clos Guirouilh, Clos Lapeyre, Domaine Nigri, 클로 위루라(Clos Uroulat)

(7) 베아른(Béarn, Béarn Bellocq)

마디랑의 서쪽에 있으며, 마디랑보다 부드러운 편이지만 특별한 개성이 보이지 않는다. 레드, 로제, 화이트가 생산되며 로제의 생산량이 75%를 차지한다.

(8) 이루레기(Iroulguy)

피레네 산맥을 경계로 스페인과 인접한 곳으로 사용하는 언어가 프랑스도 스페인도 아닌 바스크(Basque)어를 사용하는 지역이다. 타닌이 많고 향긋한 레드, 파워풀한 로제 그리고 화이트도 생산하는 AOC로 레드가 주 생산품이다.

미주

1. Benjamin Wallace, 박현주 역, "The Billionaire' s Vinegar(억만장자의 식초)", 예담, 2009, p.7, pp.102-110
   Wikipidia, "Christopher Forbes", From Wikipedia, the free encyclopedia
2. Joachim Kurz, 이선희 역, "로스차일드가와 최고의 와인", 뮤진트리, 2008, p14
3. Joachim Kurz, 이선희 역, "로스차일드가와 최고의 와인", 뮤진트리, 2008
4. Sylvie de Giraud-Lagorce, 최재호 역, "100 Vins de Légende", Al Dente Books, 2008, pp.106~107
5. 村上 龍, 권남희 역, "와인 한 잔의 진실", 창해, 1999: pp33~52.
6. Karen MacNeil , "The Wine Bible", Workman Publishing co, 2001, p.132
7. Robinson, Jancis, jancisrobinson.com (April 5, 2001). "Bordeaux 2000 - tasting notes
8. 알렉시스 리쉰, Sylvie de Giraud-Lagorce, 최재호 역, "100 Vins de Légende", Al Dente Books, 2008, p.126, 재인용
9. Serena Sutcliffe, "Wines of Burgandy", Mitchell Beazley Wine Guide, Fully revised and updated by Neil Beckett, Revised ditions 2005, pp.51~53
10. Sylvie de Giraud-Lagorce, 최재호 역, "100 Vins de Légende", Al Dente Books, 2008, pp.30~31
11. Sylvie de Giraud-Lagorce, 최재호 역, "100 Vins de Légende", Al Dente Books, 2008, p.71
12. 村上 龍, 권남희 역, 상게서, 1999: 55~74.
13. Sylvie de Giraud-Lagorce, 최재호 역, "100 Vins de Légende", Al Dente Books, 2008, p.118
14. Sylvie de Giraud-Lagorce, "100 Vins de Légende", Al Dente Books, 2008, pp.34~35, 재인용
15. Robert M. Parker, Jr, "The World' s Greatest Wine Estates", Simon & Schuster, 2005, pp.409~410, 재인농
16. Harold J. Grossman, "Grossman' s Guide to Wines, Beers & Spirits", Wiley Publishing Inc, 7th Revised Edition 2006, pp76. 그리고 Karen MacNeil, "The Wine Bible", Workman Publishing, 2001, p.177을 참고하여 재구성
17. Zraly는 Windows on the World Complete Wine Course, Sterling Publishing Co. 2005에서 꼬트 드 세잔느(Cte de S?zanne)를 제외한 네 군데로 분류하고 있다.
18. Richard Juhlin, "4000 Champagne", ?ditions Hammarion, 2002, p.122
19. Ornella s' Alessio, Marco Santini, "Wine Country Europe", Rizzoli International Publications, 2005, pp.134~135

제3부

이탈리아 와인

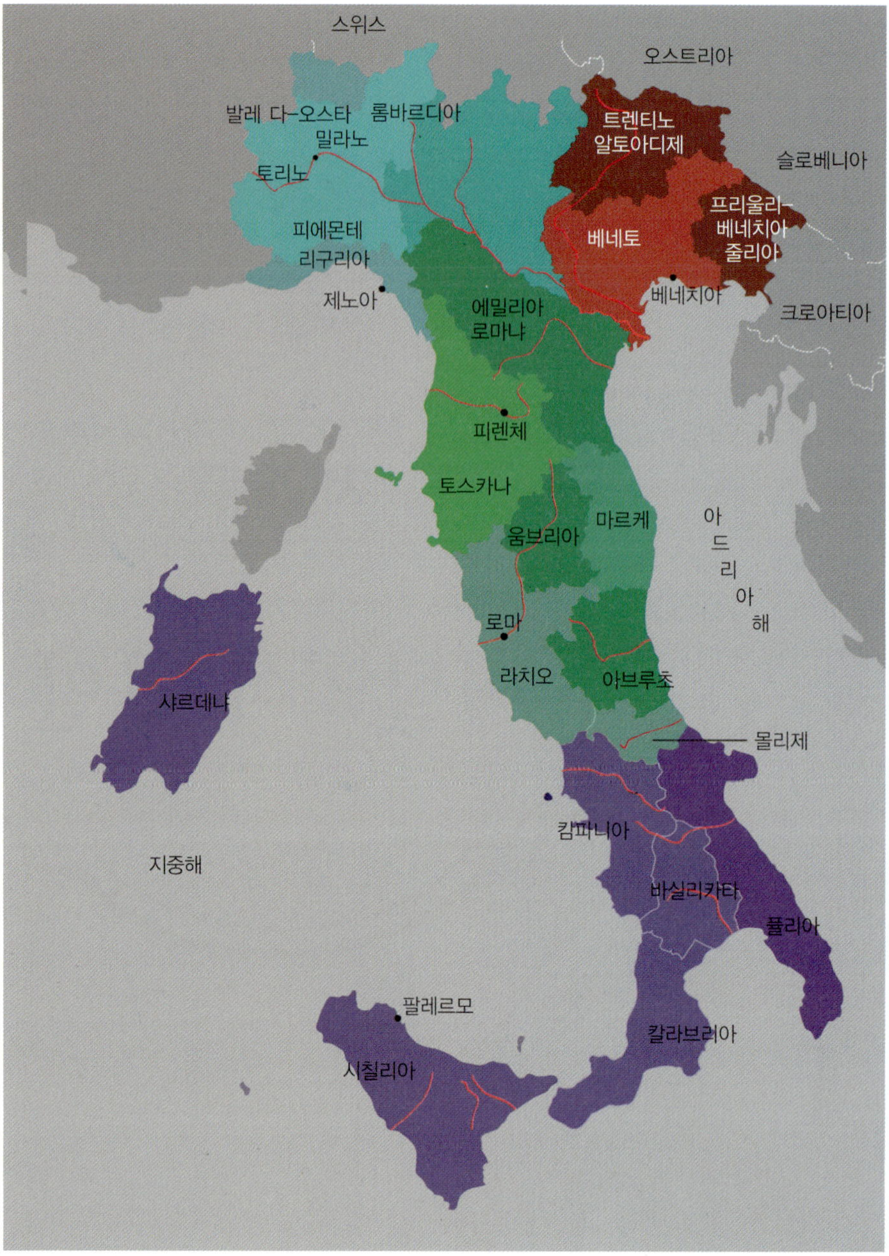

이탈리아는 포도 재배면적으로는 세계 3위, 생산량으로는 프랑스와 근소한 차이로 1, 2위를 다투는 와인 대국이다. 또한 4,000년 이상 와인을 생산한 역사와 16세기까지 세계 와인을 리드해 온 전통을 지닌 나라로 유럽 와인생산의 30% 이상을 차지하며, 세계 와인의 20% 이상을 점하는 세계 최대의 와인생산국이다. 국토가 지중해로 돌출한 반도국가로 남북으로 길게 뻗은 지형은 지방에 따라 기후와 풍토의 차이가 있어 와인의 종류도 다양하다.

북부는 서늘한 대륙성 기후, 남부로 내려갈수록 따뜻한 지중해성 기후의 특징을 보인다. 이탈리아 화이트 와인은 타 지역에 비해 미네랄리티가 도드라지는 것이 특징이며 레드 와인은 평균적으로 산도가 높다. 남부로 갈수록 과일 향이 진해지고 색상도 진해진다. 또한 타닌과 산도는 부드럽고 낮아지며 바디감은 높아지는 경향이 있다. 이러한 특징은 이탈리아에만 국한되는 것이 아니라 기후가 따뜻해질수록 나타나는 현상이다.

제1절 이탈리아 와인의 특성

이탈리아 와인의 포도 품종

1,500여 종의 와인이 생산되는데, 80% 이상이 레드 와인이 점하고 있다. 바르베라, 네비올로, 돌체토, 프레이사, 그리뇨리뇨 등 대개의 와인은 포도품종 이름을 사용하지만 지명을 사용하는 와인도 있다.

오래 전부터 각 지역에서 고유의 토착 품종으로 특색 있는 와인을 만들어왔는데 토착품종이 아닌 프랑스품종이나 국제 품종이 이탈리아에 도입된 시기는 1820년대부터 프랑스와 인접한 피에몬테 지방에서부터 시작되었다. 필록세라에 의해 피해를 입었던 19세기 말 후반부터 베네토 등의 동북부 지방에서부터 외래종을 받아들였고, 1960년대 이후에는 외래 품종이 바탕이 된 슈퍼 투스칸의 성공에 따라 확산되었다.

이탈리아는 약 400여 종의 포도품종이 재배되고 있어 DOC, DOCG 와인 생산에 사용되는 품종이 공식적으로 293종에 이르고 있다.

하나의 품종이 레드와 화이트 와인의 원료로 각각 사용되는 경우가 있는데, 이때에는 비앙코와 네로를 품종 뒤에 붙여 구분한다. 피노 네로(카나이올로 네로, 그레코 네로, 말바지아 네로 등이 대표적인 품종으로 이 품종의 이름 뒤에 비앙코를 붙이면 화이트 와인의 원료가 되는 것이다.[1]

이탈리아 레드 와인의 포도품종

품종이름	성격	주 재배지역
바르베라	타닌이 적고 신선한 맛	피에몬테, 롬바르디아
코르비나	약간의 타닌과 과일 향, 루비색	베네토 지방의 베로나 일대
돌체토	드라이하며 약간 씁쓸한 맛	피에몬테의 랑게(Langhe)
몬테풀치아노	드라이하고 과일 향 강한 바디와 좋은 틀	아브루초, 마르케, 라치오, 에밀리아, 몰리세, 뿔리아
네비올로	과즙 · 방향 · 타닌이 풍부, 미디움과 풀 바디	피에몬테 지방, 이탈리아 명품 와인
프리미티보	성장이 빠른 조생종, 진판델과 유사(동일)	풀리아, 캄파니아 지역
사그란티노	타닌이 풍부, 힘이 있다.	움브리아 지방의 몬떼팔꼬
산지오베제	제비꽃 향 · 과일 향이 풍부, 토스카나 와인의 기본	토스카나, 에밀리아 로마냐, 움브리아, 라치오, 마르케
네로 다볼라	부드러운 질감, 훌륭한 여운, 오랜 숙성 가능	시칠리아 섬의 토착품종

이탈리아 화이트 와인의 포도품종

품종이름	성격	주 재배지역
코르테세	신맛이 강하다.	피에몬테, 롬바르디아
인졸리아	풍부한 과일 향, 장기보관 가능	시칠리아, 엘바 섬
말바시아	높은 당도, 다양한 품종으로 다양한 와인 양조	피에몬테, 알토 아디제, 라치오, 풀리아, 사르데냐
모스카토	풍부한 아로마, 다양한 스타일 양조	전 국토, 특히 피에몬테
피노 리지오	드라이한 와인재료	이탈리아 동북부 지방
프로세코	사과 · 꽃 향, 발포성 와인 양조	베네토 지방
트레비아노	소아베의 원료, 다양한 아로마, 프랑스의 위니 블랑(Ugni Blanc)	이탈리아 전역
베르나차	셰리 형태의 디저트 와인 양조	마르케, 토스카나, 사르데냐
베르디키오	다양한 와인 양조	마르케 지방
가르가네가	깔끔 간결한 맛, 소아베 와인	베네토 지방

1. 이탈리아 와인의 레이블(Label)

이탈리아 와인은 회사 명칭이 크게 표기되나 고급 와인의 경우 지역을 표시하기도 한다. 기재사항은 상표, 지역명, 등급, 빈티지, 로고, 병입 장소, 생산회사 이름과 주소, 알코올함량, 용량 등이다.

대개의 와인들은 상표나 이름을 붙일 때 품종과 생산지명을 함께 표기하는 경우가 많으므로 와인의 이름만으로도 언제, 어디서, 누가, 어떤 품종으로 만든 와인이라는 것을 쉽게 알 수 있다. 브루넬로 디 몬탈치노(Brunello di Montalcino)라는 와인은 품종인 '브루넬로'와 지역명인 '몬탈치노'가 전치사 '디'(di: 영어로 of의 뜻)와 같이 쓰인 것으로 '몬탈치노의 브루넬로', '몬탈치노에서 브루넬로 품종으로 만든 와인'이라는 의미이다.

품종과 산지명을 결합하여 같이 쓰는 와인에는 Barbera d' Alba, Brachetto d' Acqui, Brunello di Montalcino, Lambrusco di Sorbara, Montefalco Sagrantino, Montepulchiano d' Abruzzo, Moscato d' Asti, Moscato di Sardegna, Nebiolo d' Alba, Vernaccia di Giminano와 같은 것들이 있다.

이탈리아 와인의 주요 용어

Abboccato(아보카토), Amabile(아마빌레)	세미-드라이, 세미-스위트
Amarone(아마로네)	쌉쌀하다는 뜻
Annata(아나타), Vendemmia(벤더미아)	수확, 수확연도, 빈티지
Bianco(비앙코), Nero(네로), Rosso(로쏘)	화이트, 다크 레드, 레드 와인
Cantina(칸티나)	양조장
Casa Vinicola(카사 비니콜라)	와인 생산자
Cherasuolo(체라수올로)	짙은 로제 와인
Chiaretto(키아레토), Rosato(로사토)	로제 와인
Classico(클라시코)	역사가 있는 특정의 포도원에서 생산한 와인을 지칭 어떤 와인이 생산되는 핵심 지역, 전통 지역

Dolce(돌체)	아주 단, 스위트 와인
Fattoria(파토리)	농장
Frizzante(프리잔테)	세미 스파클링 와인
Liquoroso(리코로소)	강화 와인
Millesimo(밀레지모), Vendemmia(벤데미아)	빈티지, 수확
Passito(파씨토)	그늘에서 말린 포도로 만든 스위트 와인
Recioto(레치오토)	파씨토 방식이지만 기간이 오래(2~3개월)된 방식의 와인
Ripasso(리파쏘)	발효 후 남은 껍질을 와인에 첨가하여 색과 향을 더하는 방식
Riserva(리세르바)	규정된 알코올 도수와 숙성기간을 상회한 와인, 보통 오크통 숙성와인
Secco(세코)	드라이, 드라이 와인
Spumante(스푸만테)	스파클링 와인의 총칭
Superiore(수페리오레)	알코올 도수가 규정보다 0.5도 이상 높은 것.
Tenuta(테누타)	포도밭
Vin Santo(빈 산토)	'Holy Wine' 이란 뜻으로 수확한 포도를 말려 건포도 상태에서 압착한 주스를 3~5년 발효, 숙성시켜 알코올 14~17° 로 만든 대부분 스위트 와인.
Vino Novello(비노 노벨로)[1]	햇와인으로 10월 말부터 판매가능하며 수확한 해의 연말까지 병입해야 한다.
당도	Secco-Abboccate-Amabile-Dolce 순서로 높아진다.

2. 이탈리아 와인의 특징과 등급

이탈리아 정부가 프랑스의 AOC법을 모방하여 '와인 품질 등급법' 인 DOC법을 1963년 제정하여 1967년부터 시행하고 있다.

DOC규정에는 각 지역의 지리적 경계와 사용하는 품종과 블렌딩 비율, 양조 및 저장 장소와 양조 방법, 최소 알코올 농도, 숙성기간, 용기의 형태 및 용량, 단위면적당 수확량 등을 규정하고 있다.

QWPSR[2]에는 DOC와 DOCG의 두 가지로 분류하며, 그 외에 IGT와 VdT가 있다.

DOCG(Denominazione di Origine Controllata Grantita) 생산지명을 규제하고 보증함이라는 의미로 이탈리아의 최상위 와인 등급이다. DOC급 와인 중 품질이 뛰어난 5종을 생산하는 지역을 선정하여 1895년 DOCG급이라는 등급을 만들었다. 전체 생산량의 약 5%에 해당되며 DOC와인 중 10년 이상 된 곳을 심사하여 결정한다.

이에는 브루넬로 디 몬탈치노, 카르미나노, 키안티, 키안티 클라시코, 베르나차 디 산 지미나노, 비노 노빌레 디 몬테풀치아노의 6개가 있다. 레드 와인의 경우 병목에 붉은색, 화이트는 연두색 띠를 병목에 둘러 알아보기 쉽게 하였지만 요즘에는 구분이 사라졌다.

1) Vno Giovane(비노 지오바네) : 이탈리아 최초의 누보 와인은 'Vinot' 란 이름으로 1975년 안젤로 가야가 생산했다.
2) QWPSR. Quality Wines Produced in a Specific Region

DOC(Denominazione di Origine Controllata) '와인품질 등급법'에 의해 1963년 최초로 규정된 등급으로 DOCG 다음의 우수한 품질의 와인으로 QWPSR의 기본등급이기도 하다. DOCG와 DOC는 프랑스의 AOC와 같은 등급이라고 생각하면 된다.

포도의 품종은 표기하지 않고 원산지만 표시한다. 색상과 품종, 최소 알코올 도수, ha당 최대 수확량, 사용된 포도의 종류별 함량 %, 숙성기간이 규정되어 있으므로 특정지역의 등록된 포도밭에서 정해진 양만 생산한다. DOC가 되기 위해서는 하위 등급인 IGT를 5년 이상 유지해야 하며 332개의 DOC(2014년 기준)가 존재한다. 전체 생산량의 약 25%로 그 중 60%가 레드 와인이다.

IGT(Indicazione Geografica Tipica) 1992년 법령에 의하여 새로 생겨 1995년부터 시행된 지방 특산 와인이다. 프랑스의 '뱅 드 파이(Vin de Pays)'에 해당되며 레이블에 표시된 지역에서 수확한 포도를 85% 이상 사용하여 만들어야 한다. 포도의 품종과 생산지역, 빈티지를 표시해야 하지만 DOC나 DOCG와 달리 포도밭이 정해진 것이 아니고 여러 규정에 얽매일 필요가 없어 다양한 실험으로 좋은 와인을 만들려는 노력이 계속되고 있다. 전체의 약 30%가 이에 해당한다.

VDT(Vino Da Tavola) 일반 상용 테이블 와인으로 프랑스의 VDT(뱅 드 따블)에 해당한다. 상표에 레드, 화이트, 로제를 표시하며 규제가 일체 없으나 외국산 포도를 혼합하지는 못한다. 약 40% 정도 된다.

이탈리아는 전체 20개 주에서 와인이 생산되는데 DOC 등급 와인 생산이 가장 많은 주는 피에몬테(Piedmont) 주이며 생산량이 가장 많은 곳은 베네토, 다음으로 풀리아와 에밀리아-로마냐 주가 뒤따른다. 이탈리아는 품종만 가지고도 책을 낼 수 있을 정도로 다양한 토착품종이 존재하지만 화이트는 트레비아노, 레드는 산지오베제 품종을 가장 많이 재배한다.

3. 등급 명칭 변경

프랑스에서의 등급 변경과 마찬가지로 이탈리아도 EU의 규정에 따라 2008년 등급 명칭이 변경되었다. DOP(기존의 DOCG와 DOC), IGP(기존의 IGT 탄생), Vino(기존의 Vino da Tavola)의 세 단계로 된 것이다. 그러나 이탈리아는 종래의 표기법도 인정하고 있다.

새로운 명칭	기존의 명칭	내용
DOP(Denominazione di Origine Protetta)	DOCG((Denominazione di Origine Controllata Grantita)	DOC와인 10년 이상 중 수준 이상을 심사 결정
	DOC(Denominazione di Origine Controllata)	IGP와인 5년 이상 중 특별 떼루아, 지역 특성 심사
IGP(Indicazione Geografica Protetta)	IGT((Indicazione Geografica Tipica)	특정지역 표시, 품종과 제반 규정 준수
Vino	Vino da Tavola	원산지 구분이 없음. 품종, 빈티지 무표기 가능

3) 산지오베제(Sangiobase) : 산도가 풍부하여 오래 숙성되는 경우 아주 부드럽고 화려한 맛을 낸다. 힘이 넘치지만 환경에 민감하고 완전히 익히는 것이 어려워 자칫하면 와인의 신맛이 강해지기도 한다.
지역에 따라 달리 부르는데 몬테풀치아노에서는 프루놀로 젠틸레(prugnolo gentile), 몬탈치노는 브루넬로(Brunello), 그로세토 지방에서는 모렐리노(Morellino)라고도 한다.
열매가 굵고 껍질이 두꺼운 산지오베제 그로소(grosso), 열매가 작은 산지오베토(sangioveto)로 또 나뉜다.

스푸만테라고 불리는 이탈리아의 스파클링의 경우, 보다 많은 변화가 있어 스틸 와인의 클라시코(Classico)에 해당하는 '스토리코(Storico)' 라는 용어가 생겨났으며 스타일에 따라 5가지로 분류한다.

스푸만테의 분류

명칭	구분	구분
비노 스푸만테(Vino Spumante)	알코올 8.5% 이상	3기압 이상
VSQ(비노 스푸만테 디 콸리타, Vino Spumante di Qualita)	알코올 9% 이상	3.5기압 이상
VSQDOP(Vino Spumante di Qualita a Denominazione Origin Protetta)	알코올 9.5% 이상	3.5기압 이상, 원료 포도가 DOP 등급
VSQTA(Vino Spumante di Qualita del Tipo Aromatico)	알코올 9% 이상	3기압 이상, EU지정 품종 사용(모스카토, 게뷔르츠트라미너, 프로세코 등)
VSQTADOP(Vino Spumante di Qualita del Tipo Aromatico a Denominazione Origin Protetta)	알코올 9.5% 이상	3기압 이상, EU지정 품종을 사용, 원료가 DOP급일 때

제2절 이탈리아의 중서부 지방 와인 생산지

이탈리아의 중부지역(Toscana, Umbria, Roma, Lazio)으로 북쪽과 동쪽의 아펜니노(Appennines) 산맥과 서쪽의 타이레니안(Tyrrhenian)해 사이에 있다. 르네상스의 발상지인 피렌체와 피사, 볼게리, 몬탈치노를 중심으로 한 토스카나 지방과 이탈리아의 수도인 로마를 포함하고 있다. 대부분의 땅이 암석과 편암으로 되어 있어 메마르나 올리브와 포도나무만은 잘 자란다.

주 재배품종은 산지오베제[3]로 이탈리아의 대표적인 토종 레드 와인품종의 하나이다.

1. 토스카나(Toscana)

단테와 보카치오의 고장, 성(聖) 프란시스(Francis)의 아씨시(Assisi) 그리고 피렌체를 안고 있는 이 지방은 와인제조의 전통과 역사를 가진 고급 레드 와인산지다. 비교적 가벼운 맛을 지니고 있어 프랑스의 보르도에 비견되고 있다.

레드 와인 품종 산지오베제, 카나욜로, 카베르네 소비뇽, 메를로, 그리고 시라, 알리칸테, 칠리에졸로를 사용한다.

화이트 와인 품종 트레비아노, 베르멘티노, 베르나차 그리고 말바지아, 그레케토, 소비뇽 블랑을 재배한다.

1) 키안티(Chianti)

(1) 키안티(Chianti) DOCG

피사부터 아레초를 지나 시에나에 이르기까지의 중부 토스카나의 넓은 지역이다. 14세기에 피렌체

공화국이 피렌체와 시에나 사이의 포도산지에 '키안티'라는 이름을 붙인 게 시초였으며 1870년대에 리카솔리(Bettino Recasoli)가 키안티 레드 와인의 제조방식을 만들었다.

즉, 산지오베제를 베이스로 하여 카나욜로를 조금 섞어 부드럽게 만들고, 화이트 품종을 더 섞어 신선함을 더하는 방식이다.

20세기 들어 정부가 키안티를 특정 와인지역이 아닌 하나의 브랜드로 인식하여 원래의 키안티 지역인 현재의 키안티 클라시코 지역을 토스카나 중부의 광활한 지역으로 확장시켰다.

키안티의 하위지역으로는 키안티 콜리 아레티니(아레초 근처), 콜리 플로렌티니(피렌체 남부), 콜리 세네시(시에나를 둘러싼 지역), 콜리네 피사네(피사 남쪽), 몬탈바노(피렌체 서쪽), 루피나(피렌체 동쪽), 키안티 몬티스페로톨리(피렌체 서쪽)가 있다.

오래 전부터 짚으로 둘러싼 병인 피아스코(Fiasco)를 1980년 때까지 사용한 레드 와인 지역이다.

키안티의 레벨은 다음과 같이 구분한다.

❶ 키안티(Chianti)는 기본급인 일반 와인으로서 가격대 $

❷ 키안티 수페리오레(Chianti Superiore)는 고급 와인. 가격대 $$

❸ 키안티 클라시코(Chianti Classico)는 키안티 내의 특정지역에서 나온 것으로, 전통적 방식으로 한정된 양만을 생산한다. 가격대 $$$

❹ 키안티 클라시코 레세르바(Chianti Classico Reserva)는 클라시코 지역에서 나온 것으로 최소 2년 이상 숙성된 것. 가격대 $$$$

키안티 클라시코는 다시 숙성년도에 따라 지오바네(Giovane : 젊은), 베키오(Vecchio : 오래된)로 구분한다.[4)]

프레스코발디(Marchesi de' Frescobaldi)의 니포자노(Nipozzano)와 몬테소디(Montesodi)는 산지오베제를 가장 풍부한 아로마로 표현하면서 가격도 부담없는 와인이다.

(2) 키안티 클라시코(Chianti Classico) DOCG

키안티 중에 토양과 기후조건이 좋은 키안티 내의 특정지역으로 와인 병목에 수탉 문양이 있는 것이 특징이다. 산지오베제 100%로 만들며 숙성연도에 따라 지오바네와 베키오로 구별한다. 병입되어 포장까지 완료된 키안티 와인에는 DOCG와 DOC를 인증하는 레이블을 붙이는데, 이는 정부에서 공인하여 붙이는 것이다. 이와는 별도로 콘소르지오(Consorzio)라는 동업자조합에서 기준을 통과한 제품에 부착하는 표시가 있다. 수탉모양을 한 이 표시가 바로 고전적인 키안티 와인이라는 인증으로서, 이것을 부착한 와인은 전통적인 방식으로 제조된 '키안티 클라시코'이다.

카르피네토(Carpineto)는 키안티 지역에서 제일 먼저 첨단 양조 기술을 받아들여 세계 수준에 맞는 와인을 생산하기 시작했다. 개성 있지만 공격적이지 않은 맛과 향, 부드럽고 우아한 타닌, 입안에서의 오랜 지속성이 특징이다. 2008년 와인스펙테이터 100대 와인으로 키안티 클라시코는 2010년 월스트리트 저널 추천 와인이며, 도가졸로(Dogajolo)도 탑 클래스이다.

루피노(Casa Ruffino)는 1884년 니스 전시회의 금메달, 토리노의 동메달, 1895년 보르도에서 금메달을 수상하여 이름을 날리기 시작하여, '뉴요커의 와인'이라는 별명을 가질 정도로 뉴욕에서 가장

4) 이 또한 색깔로 구분하는데, 지오바네(젊은)는 빨간색, 베끼오(오래된)는 노란색으로 수탉의 색깔에서 나온 것이다. 지오바네는 1~3년 정도의 숙성, 베끼오는 최소 3년 이상의 숙성으로, 보존용은 10~15년이 최적음용시기이다.

많이 팔리며 영화 '악마는 프라다를 입는다' 에서 여러 차례 등장하였다. 제2차 세계 대전 후에 토스카나의 8군데의 포도밭 1500만 ha를 일구고 있다.

볼파이아(La Volpaia)는 키안티 중심부의 '여우의 굴' 이라는 의미의 볼파이아 지역에 있으며 포도재배와 양조 외에 2000년에 문을 연 요리학교에 레스토랑과 와인실습실을 갖추고 있다.

폰토디(Fontodi)는 감베로 로쏘[5]에서 13차례나 최우수품질 평가를 받는 키안티 와인의 자긍심을 가지고 있다. '비냐 델 소르보'(Vigna del Sorbo)와 100% 산지오베제로 만든 수퍼 투스칸인 '플라치아넬로 델라피에베' 도 생산하고 있다.

카스텔로 데이 람폴라(Castello dei Rampolla)도 '위대한 와인' 리스트에 오른 이름이다.

디에볼레(Dievole)는 1090년 처음으로 문서화된 빈티지 와인을 출시한 곳으로 키안티 클라시코 시리즈가 유명하다.

레오나르드 다 빈치(Leonardo da Vinci), 케르치아벨라(Agricola Querciabella), 베라차노(Castello di Verrazzano) 외에 유명한 곳[6]이 기라성 같이 많다.

(3) 콘소르지오 비노 키안티 클라시코(Consorzio Vino Chianti Classico)

'키안티 클라시코 조합' [7]은 키안티 클라시코 지역 와인의 우아함과 가능성을 알리는 것을 목표로 하고 있다. 1924년에 33개의 지역 와이너리를 구성원으로 조합이 시작되었고 이때부터 고대 키안티 군사의 심벌이었던 검은 수탉(nero gallo)을 협회의 상징으로 삼게 되었다. 가입된 와이너리의 수는 570개로 키안티 클라시코 생산지정의 95%를 차지하고 있다.

(4) 콜리 델에트루리아 첸트랄레(Colli dell' Etruria Centrale) DOC

토스카나 중부 아레초와 피렌체, 시에나 지역의 산악지대에 있는 포도원으로 키안티 DOCG와 대부분 겹친다. 다양한 성격이 와인이 생산되어 레드와 로제 와인은 산지오베제를 주로 사용하고, 화이트 와인은 트레비아노를 50% 이상 사용한다.

바로네 리카솔리(Barone Ricasoli)는 키안티의 창시자로 알려진 와이너리로 1141년에 시작된 세계

5) 감베로 로쏘(Gambero Rosso) : 이탈리아 와인 전문 평가서

6) 카스텔로 디 아마(Castello di Ama), 카스텔로 비키오마지오(Castello Vicchiomaggio), 파토리아 라 마사(Fattoria La Massa), 펠시나 베라덴가(Fèlsina Beradenga), 멜리니(Melini), 몬테베르티네(Montevertine), 셀바피아나(Fattoria Selvapiana)

7) 정식 명칭이 'Consorzio del Marchio Storico Chianti Classico' 로서 1924년 조합이 창립되면서 사용한 검정색 바탕의 노란 수탉 모양의 문장을 사용하고 있다. 현재 600명이 넘는 업자들이 250여 종의 와인을 생산하는 규모이다. 키안티 끌라시코를 생산하는 전체생산업자의 약 80% 정도가 가입되어 있다.

에서 가장 오래된 기업 중 네 번째로 와인업계로는 두 번째이다. 브로일로(Barone Ricasoli Chianti Classico Brolio) 외 여러 와인[8]이 나온다.

마체이(Mazzei)는 바디올라 등의 와인을 생산하며 B & B(Bed & Breakfast)시설도 갖추고 있다.

파토리아 니타르디(Fattoria Nittardi)[9]는 1183년에 지어진 곳으로 1530년 미켈란젤로가 이 집을 소유하여 조카에게 관리를 맡기면서 '교황을 위한 와인을 보내라'는 메시지를 남겼다고 한다. 이런 전통을 따라 2003년도부터 '넥타 데이(Nectar Dei)'를 베네딕토 교황에게 바치는 것을 시작으로 매년 6병씩 보내고 있다. 첫 빈티지인 1981년부터 아트 레이블을 시작하여 이탈리아의 '무통 로쉴드'라는 별명을 얻었다. 카사노바 디 니타르디 2011 빈티지는 물방울 화가로 잘 알려진 김창열 화백이 그렸다.

(5) 빈 산토 델 키안티(Vin Santo del Chianti) DOC

아레초(Arezzo), 피렌체, 피사, 피스토이아(Pistoia), 프라토(Prato) 그리고 시에나(Siena)를 포함하는 지역이다.

빈 산토[10]는 트레비아노와 말바지아로 만든 토스카나의 전통적인 DOC 디저트 와인으로 3~4년의 배럴 숙성기간을 거친다. 건조시킨 포도를 사용하여 통에서 몇 년간 숙성시켜 만든 황금색의 디저트 와인이다. 빈 산토라는 이름은 토스카나나 혹은 이탈리아 전역에 몇 군데나 있는 이름으로 혼동의 우려가 있다.

(6) 빈 산토 델 키안티 클라시코(Vin Santo del Chianti Classico) DOC

키안티 클라시코 DOCG와 일치하는 지역이다. 트레비아노 또는 말바지아를 70% 이상 사용하여 빈 산토만 만든다.

2) 몬탈치노(Montalcino, Siena)

시에나 남쪽의 32km 지점의 옴브로네 강과 오르치아 강으로 둘러싸인 키안티 클라시코에서 남쪽으로 그리 멀지 않은 곳에 있다.

---

8) 바로네 리카솔리(Barone Ricasoli), Castello di Broilo, Gran Selezione Castello di Brolio, Riserva Rocca Guicciarda Colledila, Rocca di Montegrossi, Gran Selezione Colledila, Waitrose Chianti, Gaiole

9) 파토리아 니타르디(Fattoria Nittardi)의 소유주인 피터 펨퍼트(Peter Femfert)는 독일의 예술품 수집가이자, 유명 화랑인 '디 갤러리'(Die Galerie)의 대표. 니타르디의 와인 레이블에 참여한 예술가들을 보면 프랑스의 화가이자 조각가인 'Robert Combass', 프랑스의 일러스트레이터 'Tomi Ungerer', 이탈리아 트랜스아방가르드 작가인 'Mimmo Paladino', 존 레논의 부인이자 일본의 설치 미술가인 'Ono Yoko', 〈반지의 제왕〉의 호빗족 마을을 디자인한 Friedensreich Hundertwasser' 등이 있다.

10) 빈 산토(Vin Santo). 와인과 위스키의 중간쯤 되는 스위트 와인으로 이탈리아에서 가장 특징적인 디저트 주이며, 아몬드와 캐러멜 향이 난다.

(1) 브루넬로 디 몬탈치노(Brunello di Montalcino) DOCG

이탈리아에서 최초로 DOCG등급을 획득한 곳으로 이곳의 와인들은 색이 짙고 향이 코끝에서 맴도는 좋은 품질로 이를 보존하기 위해서 정부에서는 산지오베제의 맛을 살리려고 최소한의 숙성기간을 두었다. 규정으로는 나무통에서 2년, 병 속에서 2년을 의무적으로 숙성시켜야 하는데 이로서 프랑스 와인에서도 느낄 수 없는 몬탈치노 와인의 섬세함이 태어난다.

브루넬로는 지방사투리로서 정식이름은 산지오베제이며, 특히 포도 알이 굵은 종류를 이 지방에서 부르는 이름이다. 토스카나에서도 이곳에서 산지오베제가 가장 잘 자란다.

카스텔 지오콘도(Castel Giocondo. Marchesi de' Frescobaldi)[11]는 문서 기록으로 1342년부터 와이너리의 역사가 시작되어 토스카나에서 가장 큰 포도밭을 소유하고 있다. 토스카나 외 다른 지역으로는 와이너리를 확장하지 않는다는 원칙을 가지고 운영하고 있으며 토스카나 지역에 5천 헥타르의 토지를 소유하고 있다. 카스텔로 반피(Castello Banfi)는 산지오베제를 중심으로 한 여러 품종을 재배하며 글라스 박물관, 숙박시설, 레스토랑, 스파 & 피트니스 센터 등을 고루 갖추고 재즈 페스티벌도 열고 있다.

비온디 산티(Biondi Santi)의 '브루넬로 디 몬탈치노'는 세계 100대 와인으로 최하 10년이 지나야 와인의 가치가 드러나며 50년까지 인내심을 가지고 기다려야 진가가 나타난다. 병 개봉 후 한나절 이상 숨을 쉬게 해 주라고 병에 명기되어 있다.

리비오 사세티(Livio Sassetti)의 페르티말리(Pertimali) 밭에서 '위대한 와인'이 되는 브루넬로 디 몬탈치노 와인을 생산한다.

솔데라(Soldera)는 오너인 솔데라가 와인계의 괴짜로 통하는 골수 전통주의자로서 카제 바쎄(Case Basse)를 비롯한 모두 환상적인 '위대한 와인' 들을 빚고 있다.

피에베 디 산타 레스티투타(Pieve di Santa Restituta)가 안젤라 가야와 동업하여 만드는 와인은 빈티지로부터 적어도 8년은 지나야 마시며 30년이 되어야 비로소 속마음을 비친다.

포지오 안티코(Poggio Antico)는 생산량의 85%를 수출하는 브루넬로 디 몬탈치노 대표 주자 중 한 곳이다.

리지니(Lisini), 살비오니(Salvioni), 안드레아 코스탄티(Andrea Costanti), 아르지아노(Argiano),

11) 카스텔 지오콘도(Castel Giocondo. Marchesi de' Frescobaldi) : 연간 90여 개 국에서 약 843만 병의 와인이 팔리고 있다. 포도밭은 총 8개이다. 그 중 프레스코발디 와인은 Castello di Nipozzano, Castello di Pomino, Castelgiocondo, Tenuta di Castiglioni, Tenuta dell' Ammiraglia 5개의 포도밭에서 생산되며, Luce della Vite Estate, Conti Attems, Ornellaia Estates 등 3개의 포도밭에서는 그룹에 속한 또 다른 명성있는 와인들이 생산되고 있다. Castelgiocondo Brunello di Montalcino, Castelgiocondo Brunello di Montalcino Riserva 와인도 생산. 1995년에는 로버트 몬다비(Robert Mondavi)와 합작하여 Luce와인을 탄생시켰고, 이후 2005년에 지분을 모두 사들이면서 지금은 100% 프레스코발디 그룹이 소유하고 있다. 같은 해인 2005년에는 오르넬라이아 이스테이트도 매입하였다.

포데레(Podere), 시로 파첸티(Siro Pacenti), 우첼리에라(Uccelliera), 레 마키오케(Le Machioche), 카사노바 디 네리(Casanova di Neri)들은 최상급 와이너리로 손꼽힌다.

(2) 콘소르지오 델 비노 브루넬로 디 몬탈치노(Consorzio del Vino Brunello di Montalcino)

브루넬로 디 몬탈치노 와인협회로서 1967년 만들어졌다. 몬탈치노의 DOC 와인(브루넬로 디 몬탈치노, 로쏘 디 몬탈치노, 모스카델로 디 몬탈치노, 산타 안티모들을 외부에 알리고 보호하는 일을 하고 있다. 현재 총 250개의 와이너리가 가입되어 있으며 생산량의 약 65%가 해외 시장에 수출되고 있다.

(3) 모스카델로 디 몬탈치노(Moscadlelo di Montalcino) **DOC**

남부 토스카나로서 모스카토 비앙코를 85~100%, 다른 허가받은 화이트를 15% 이하 블렌딩한다.

(4) 오르치아(Orcia) **DOC**

몬탈치노와 몬테풀치아노 사이의 오르차 강의 북쪽 지역이다. 트레비아노와 산지오베제를 주 품종으로 화이트와 레드, 빈 산토가 나온다.

(5) 로쏘 디 몬탈치노(Rosso di Montalcino) **DOC**

산지오베제(브루넬로) 100%로 만든 레드로 브루넬로의 동생 격 와인이다. 브루넬로용 포도밭이나 심은지 얼마 안 되는 나무 혹은 브루넬로를 만들기에 수준이 떨어지는 포도로 만든다. 빈티지가 좋지 않을 때 브루넬로를 포기하고 로쏘를 담그는 곳도 있다. 브루넬루와 흡사하나 라이트 바디로 숙성이 덜 되었을 때 마시기 편하며 숙성기간이 1년이다. 브루넬로 디 몬탈치노 DOCG와 지역이 100% 일치한다.

(6) 산탄티모(Sant 'Antimo) **DOC**

몬탈치노의 수도원의 이름을 딴 DOC로 몬탈치노 전역에서 생산된다. 단일 품종의 이름이 붙은 화이트나 레드 와인은 해당 품종의 85% 이상을 사용해야 한다. 테누타 산 귀도(Tenuta San Guido)의 첫 빈티지인 사씨카이아(Sassicaia)는 최초의 슈퍼 투스칸이 되었다.

3) 몬테풀치아노(Montepulciano)

(1) 로쏘 디 몬테풀치아노(Rosso di Montepulciano) **DOC**

비노 노빌레 디 몬테풀치아노 DOCG 지역과 거의 일치하며 산지오베제를 70% 이상 사용하여 만든 레드 와인이 나온다. 숙성은 단지 6개월만을 요한다.

(2) 비노 노빌레 디 몬테풀치아노(Vino Nobile di Montepulciano) **DOCG**

토스카나의 동남쪽 오르치아 강과 키아나 강에 둘러싸인 몬테풀치아노가 중심으로 완만한 언덕지대에서 포도를 재배한다. 산지오베제를 70% 이상 사용하며 전통적으로 산지오베제를 이용한 레드 와인을 생산해 왔다. 2년의 오크통 숙성이 규정되어 있다. 근래에 들어 카베르네나 특히 메를로와 같은 품종의 재배가 늘어나고 있는 곳이다.

와인의 이름에서도 볼 수 있듯이 노빌레(Nobile)는 '귀족의' 라는 뜻으로 이 와인의 품격이 귀족적이고 고급스럽다는 의미를 내포하고 있다. 폴리치아노(Poliziano)는 적극적으로 앞서 나가는 제품을 만들어 오늘의 비노 노빌레가 있게 만들었다.

발디피아타(Valdopiatta)는 아름다운 농장에서 호텔과 레스토랑을 운영하며 산지오베제의 품격이 드러나는 우아한 와인을 만든다.

(3) 빈 산토 디 몬테풀치아노(Vin Santo di Montepulciano) DOC

말바지아를 70% 이상 사용하여 황금색이나 호박색인 화이트(디저트) 와인을 만든다. 레드 와인은 산지오베제를 50% 이상 사용하여 만들며, 호박색을 띤 레드 와인 색깔이다. 화이트 와인은 3년, 레드 와인은 8년 이상 숙성시킨다.

아비뇨네시(Avignonesi)의 오키오 디 페르니체(Occhio di Pernice)는 토착종인 프루놀로 젠틸레만으로 만드는 스위트 로제 와인이다. 포도를 돗자리 위에서 7개월 건조하는 아파시멘토(appassimento)방법으로 수분의 70%가 없어지게 하여 오크통에서 10년간 숙성하면 알코올 16°의 이탈리아에서 가장 달콤한 체리 향 와인이 된다.

(4) 발디키아나(Valdichiana) DOC

몬테풀치아노와 아레초 사이의 움브리아와의 접경지인 완만한 구릉지이다. 산지오베제 외 여러 품종을 사용하며 레드, 화이트, 스파클링이 나온다.

4) 피렌체, 토스카나 중부(Siena, Prato, Pistoia) 지방

(1) 카르미냐노(Carmignano) DOCG

피렌체에서 서쪽으로 16km 정도 떨어져 있는 작은 지역으로 카르미냐노가 중심이다. 토스카나의 DOCG 와인 중에서 덜 알려진 곳으로 자식 많은 집의 부모 관심을 받지 못한 둘째나 셋째 정도의 처지이다. 역시 산지오베제가 중심으로 레드 와인만 생산한다.

카페차나(Capezzana), 아르티미노 파토리아 암브라가 이 지역의 세 주도자로 산지오베제로 이국적인 맛을 내는 와인을 만드는데 여러 품종 중에서 산지오베제를 50% 이하로만 지키면 되는 규정이 비교적 자유롭기 때문이다.

(2) 바르코 레알레 디 카르미냐노(Barco Reale di Carmignano) DOC

피렌체 서쪽의 카르미냐노 DOCG와 일치한다. 산지오베제를 50% 이상 사용하여 레드와 빈 산토를 만든다.

(4) 비앙코 델렘폴레제(Bianco Dell' Empolese) DOC

피렌체 서쪽의 아르노 강 양안에 걸쳐 있으며 트레비아노를 80% 이상 사용한 드라이 화이트가 나온다.

(5) 산 지미냐노(San Gimignano) DOC

베르나차 디 산 지미냐노 DOCG와 거의 일치하는 지역이다. 로쏘는 산지오베제 50% 이상, 로사토는 60% 이상 사용하여야 한다. 몬테니돌리(Azienda Montenidoli)는 감베로 로쏘 등의 여러 상을 수상하며 인정받고 있으며 체사니 빈센조(Cesani Vincenzo)의 노란 밀짚색의 사니체(Sanice)도 훌륭하다.

(6) 발 다르비아(Val d' Arbia) DOC

키안티 클라시코 지역을 관통하는 아르비아(Arbia) 강에서 연유한 이름이다. 시에나에서 퍼져 나온 언덕 지역으로 강줄기를 따라 굽이친다. 트레비아노와 말바시아를 70~90% 사용한 화이트가 나온다.

라이트 혹은 미디엄 바디로, 성격은 드라이, 미디엄 스위트, 스위트의 종류가 있다.

(7) 베르나차 디 산 지미냐노(Vernaccia di San Gimignano) DOCG

시에나 북서쪽 키안티 클라시코 DOCG와 인접한 곳으로 산 위로 높은 탑들이 연출하는 중세풍 도시인 산 지미냐노가 중심으로 포도밭은 도시의 동쪽에 있다. 1966년에 이탈리아 최초의 DOC 지역이 되었고 1993년에는 DOCG로 승격되었다.

베르나차를 사용하여 풀 바디의 파워를 갖춘 이 화이트 와인은 다른 품종을 쓰려면 아로마가 없는 허가받은 것으로 10% 이하를 사용하여야 한다. 테루치 & 푸토드(Teruzzi & Puthod)의 테레 디 투피(Terre di Tufi)는 샤르도네와 베르멘티노를 함께 블렌딩함으로서 이 10% 규정에 위반되어 'Toscana IGT'급에 머물지만 아무튼 토스카나의 거물 생산자가 이름을 걸고 만든 것이다. 빈첸초 체사니(Vincenzo Cesani)는 루엔초(Luenzo, IGT)라는 좋은 와인을 만들며, 모르모라이아(Mormoraia), 지오반니 파니치(Giovanni Panizzi), 멜리니(Melini)는 이름을 꼭 알아두어야 할 곳이다.

5) 토스카나 서북 지방(Massa-Carrara, La Spezia(Liguria), Lucca, Pistoia)

(1) 비안코 델라 발디니에볼레(Bianco della Valdinievole) DOC

피렌체 북서쪽 루카와의 사이로 트레비아노를 70% 이상 사용한 드라이 화이트와 빈 산토를 생산한다.

(2) 칸디아 데이 콜리 아푸아니(Candia dei Colli Apuani) DOC

토스카나 북부 리구리아 접경지의 해안 비탈로 포도나무들이 바닷바람을 바로 맞고 있다.베르멘티노를 70~80%로 주로 사용한 화이트 와인과 빈 산토가 나온다.

(3) 콜리 디 루니(Colli di Luni) DOC

토스카나 최북단으로 지중해를 따라 토스카나와 리구리아 지방 양쪽에 걸쳐 있다. 베르멘티노와 산지오베제로 화이트와 레드 와인이 나온다.

(4) 콜리네 루케시(Colline Lucchesi) DOC

토스카나 서북부 루카 위의 세르초 강의 인근 구릉지이다. 산지오베제를 주로 사용한 레드 와인, 트레비아노, 베르멘티노, 말바시아를 주로 쓰는 화이트 와인을 생산한다. 테누타 디 발지아노(Tenuta di Valgiano)는 20년이 지나야 문을 여는 힘이 넘치는 와인이다.

(5) 몬테카를로(Montecarlo) DOC

루카(Lucca)시의 동쪽 지역으로 트레비아노와 세미용을 비롯한 다양한 품종으로 미묘한 향이 있는 드라이 화이트 와인을 생산한다. 레드 와인은 산지오베제와 시라 등의 다양한 품종을 이용하여 만든다.

6) 토스카나 동북 지방(Arezzo)

(1) 비안코 베르지네 발디키아나(Bianco Vergine Valdichiana) DOC

트레비아노를 주로 사용한 드라이 화이트 와인과 조금 스위트한 편인 스파클링 와인을 생산한다.

(2) 코르토나(Cortona) DOC

아레초 남동쪽에 있는 움브리아의 접경에서 그리 멀지않은 토스카나의 가장 동부지역이다.산지오베제, 말바시아를 주로 사용한 레드와 화이트, 빈 산토가 나온다. 리제르바는 8년 이상 숙성하여야 한다.

(3) 포미노(Pomino) DOC

루피나 인근으로 모래토양과 언덕이 많은 지역이지만 기후는 온화하다. 프랑스에서 이주해 온 사람의 노력으로 샤르도네, 메를로 등의 프랑스 품종이 우세한 곳이지만, 1960년대의 DOC법에 맞추기 위하여 산지오베제와 같은 이탈리아 품종도 재배하였다. 프레스코발디(Marchesi de' Frescobaldi)와 셀바피아나가 이 지역을 지배하고 있다.

7) 토스카나 해안지역(Arezzo, Firenze, Livorno, Pisa, Pistoia, Prato)

(1) 비안코 피사노 디 산 토르페(Bianco Pisano di San Torpè) DOC

아르노 강 남쪽 피사와의 사이로 트레비아노 75% 이상 사용한 드라이 화이트가 나온다.

(2) 볼게리(Bolgheri) DOC

토스카나 해안의 리보르노와 그로세토 사이에 언덕과 평원이 섞인 지역이다. 트레비아노, 베르멘티노, 소비뇽 블랑을 각각 70%까지 사용한 화이트, 카베르네 소비뇽, 산지오베제, 말바시아를 사용한 레드가 나온다. 품종이 명시된 화이트 와인은 그 품종을 85% 이상 사용한다.

슈퍼 투스칸의 원조인 사씨카이아가 나오는 작은 지역으로 사씨카이아는 카베르네 소비뇽을 80% 이상 사용하고 있다.

레 마키올레(Le Macchiole)는 지중해의 슈발 블랑으로 불리며 2000년 빈티지부터 카베르네 프랑만 사용한다.

안티노리(Marchesi Antinori)[12]의 구아도 알 타쏘(Tenuta Guado al Tasso)와 마르텔리 부스드라기(Martelli & Busdraghi) 에스테이트에서 베르멘티노로 토스카나를 잘 표현한 화이트 와인을 만든다. 안젤로 가야(Angelo Gaja)[13]를 폄하하는 사람들은 불행하게도 그의 와인의 위대함을 아직 파악하지 못한 것이다.[2]

투아 리타(Tua Rita)는 1985년 설립되어 이탈리아의 최고 양조 컨설턴트들[14]의 손을 거쳐 슈퍼 투스칸인 레디가피를 생산하여 전설로 또 오른 곳이다. 지우스토 디 노트리(Giusto di Notri)라는 '위대한 와인' 도 생산한다.

---

12) 안티노리(Marchesi Antinori)는 '안티노리 후작' 이라는 뜻으로 1180년부터 와인을 생산하여 피렌체 와인 길드에는 공식적으로 1385년에 가입하였고 현재 26대째 와인 생산을 이어오고 있다. 수퍼 투스칸인 티냐넬로(Tignanello)와 솔라이아(Solaia)를 티냐넬로 밭에서 만들고 있다.

13) 안젤로 가야(Angelo Gaja)의 카마르칸다(Ca' Marcanda) 에스테이트에서 여러 품종을 달리 혼합한 블렌딩 레드 와인인 프로미스(Promis), 카마르칸다, 마가리(Magari)를 내고 있다. 피에몬테의 바르바레스코에서 재차 언급.

14) 리카르도 코타렐라, 루카 다토마(Luca d' Attoma), 스테파노 키오키올리(Stefano Chioccioli) 등

(3) 칸디아 데이 콜리 아푸아니(Candia dei Colliapuani) DOC

리구리아 접경지인 토스카나 북부 해안의 비탈진 포도원들로 지중해를 내려 보고 있다. 베르멘티노를 70~80% 사용하여 화이트를 만든다. 향이 진한 드라이 화이트를 생산한다.

(4) 엘바(Elba) DOC

역사적으로 유명한 이 섬의 이름을 붙이는 다양한 와인이 나온다. 트레비아노로 만든 드라이 화이트 와인, 병숙성의 스파클링 와인, 산지오베제를 주로 사용한 레드 와인 등을 생산한다.

(5) 몬테레조 디 마싸 마리티마(Monteregio di Massa Marittima) DOC

80% 이상 산지오베제를 사용하고 있지만 그 비율이 점차 줄어 카베르네와 메를로 및 시라 품종이 차츰 늘고 있다. 모리스 팜즈(Moris Farms)의 아볼토레(Avvoltore)로 75%의 산지오베제로 골격을 잡고 20%의 카베르네로 깊이를 더하는 플래그-십 와인으로 속살을 보려면 20년은 기다려야 한다.

(6) 몬테스쿠다이오(Montescudaio) DOC

트레비아노와 말바시아 및 베르멘티노를 사용하여 드라이 화이트 와인을 만든다. 트레비아노로 자연적인 산도가 높아 갈증을 해소하는 상쾌함까지 가진 와인을 만들어내고 있다.

(7) 발 디 코르니아(Val di Cornia/Val dii Cornia Suverto) DOC

볼게리의 남쪽에 있는 지역이다. 대부분 라이트와 미디엄 바디의 와인으로 트레비아노와 베르멘티노를 주로 사용한 화이트 와인, 레드와 로제 와인은 산지오베제와 카베르네 소비뇽과 메를로를 주로 사용하여 만든다. 이곳의 주요 와인생산지는 수베레토(Suvereto), 빈센초(Vincenzo), 캄피랴 마리티마(Campiglia Marittima), 피옴비노(Piombino)로 레이블에 표기하고 있다.

8) 토스카나 남부 지방(Grosseto)

(1) 안소니카 코스타 델라르젠타리오(Ansonica Coasta Dell' Argentario) DOC

토스카나 남단의 지중해 해안지역으로 라치오와의 접경지이다. 안소니카를 85% 이상 사용한 드라이 화이트를 생산한다.

(2) 비안코 디 피틸리아노(Bianco di Pitigliano) DOC

토스카나 남단의 라치오 접경지이다. 트레비아노를 50~80% 사용하여 만든 소프트 드라이 화이트를 주로 생산한다.

(3) 카팔비오(Capalbio) DOC

남부 그로세토의 산악지대이다. 산지오베제를 50% 이상 사용한 레드 와인, 트레비아노를 50% 이상 사용한 빈 산토와 화이트 와인을 생산한다.

(4) 마렘마(Maremma Toscana) DOC

그로세토를 중심으로 하는 해안지역으로 2011년 DOC로 지정된 곳이다. 토스카나의 최남단으로 이탈리아의 캘리포니아로도 불린다.

레드 품종은 카베르네 소비뇽, 카나이올로 네로, 칠리에지올로, 메를로, 산지오베제, 시라를 사용하며, 화이트 품종은 안소니카, 샤르도네, 말바지아, 소비뇽 블랑, 트레비아노, 베르멘티노, 비오니에 등 여러 품종을 사용하며 와인의 종류도 다양하다.

(5) 몬테쿠코(Montecucco) DOC

옴브로네 강 서쪽 구릉지로 그로세토 인근이다. 1998년 DOC로 지정된 곳으로 레드와 화이트 와인을 각각 산지오베제 60%, 트레비아노 60%를 블렌딩하여 만들고 있다.

유명 와이너리

일 보로(Il Borro)는 르네쌍스를 꽃피운 메디차가가 운영하던 양조장이다. 지금은 페라가모 창업주의 손자인 페라가모(Salvatore Ferragamo)가 이곳의 이름을 딴 '일 보로' (Il Borro)라는 명품 와인을 만들고 있다. '일 보로' 와 더불어 이곳에서 생산되는 와인은 '피안 디 노바' (Pian di Nova)와 '폴리쎄나' (Polissena)로 세 종류 모두 토스카나 IGT 등급의 레드 와인이다. '아르파' 시리즈도 나온다.

세테 폰티(Tenuta Sette Ponti)[15]의 오레노(Oreno)는 2005년 첫 빈티지가 나와 2006, 2007년산이 연속으로 감베로 로쏘의 3 비키에리[16]를 획득했다.

(6) 모렐리노 디 스칸자노(Morellino di Scansano) DOC

토스카나 남부 옴브로네 강과 알벤가 강 사이의 구릉지로 스칸사노(Scansano)시 주위의 높은 지역이다. 산지오베제 85~100%로 향기로운 드라이 레드 와인을 만든다. 모리스 팜스(Moris Farms), 에릭 반티(Erik Banti), 파토리아 레 푸필레(Fattoria Le Pupille)와 같은 에스테이트가 선구자 역할을 했다.

(7) 파리나(Parrina) DOC

트레비아노와 안소니카 및 샤르도네를 베이스로 한 화이트 와인, 레드와 로제 와인은 산지오베제를 주로 사용하여 만든다.

(8) 소바나(Sovana) DOC

산지오베제, 카베르네 소비뇽, 메를로, 알레아티코(Aleatico) 품종을 사용하는 완전 레드 와인 생산 지역이다.

(9) 슈퍼 투스칸(Super Tuscan)

이탈리아에서 DOCG, DOC와 같은 등급을 받기 위해서는 이탈리아 토착품종을 사용해야만 한다. 그러나 이러한 규정에 얽매이지 않고 국제품종을 사용한 와인들을 생산하기도 하는데 품질이 뛰어나 '슈퍼 투스칸' 이라 부르며 '비노 다 타볼라' 로 표기하기도 한다.

1970년대 사씨카이아, 티나넬로, 솔라이아 등의 와인들이 명성을 떨치게 됨이 슈퍼 투스칸의 시작이었다. 그러나 DOC법에는 토스카나 지역의 품종을 사용해야만 DOC로 인정받을 수 있다는 조항 때문에 '비노 다 타볼라' 에 그치고 말았다.

---

15) 세테 폰티(Tenuta Sette Ponti)의 Crognolo 2007, Poggio al Lupo 2007이 2 비키에리 획득.

16) 감베로 로쏘(Gambero Rosso). 와인평가 연감이다. 비키에리(bicchieri)는 유리잔의 복수형으로 단수형은 비키에레(bicchiere). 와인잔 3개를 받으며 뜨레 비키에리로 그 해의 와인 중에서 가장 뛰어난 것이다. 와인 잔 3개를 받은 와인이 10개를 넘을 때마다 그 포도원에 별을 부여한다. 별 4개는 '안젤로 가야', 별 3개를 받은 곳은 '라 스피네타(바롤로)' 가 유일하다.

전통적인 이탈리아 와인은 보떼(Botte)라고 불리는 1000리터에서 10000리터에 이르는 거대한 슬로베니아 오크통에서 오랜 기간 와인을 숙성한다. 이는 와인에 지나친 오크 풍미가 배어들지 않게 하기 위해서다. 대신 와인의 자가 숙성을 중요하게 여긴다. 그러나 요즘은 전통적인 스타일을 벗어나 작은 오크통에서 숙성하여 진한 오크 풍미를 가진 와인들이 생산되기도 하는데 그 대표적인 예가 바로 슈퍼 투스칸 와인이다.

다음은 슈퍼 투스칸 와인들이다.

아비뇨네지(Avignonesi) 지금은 카베르네 소비뇽을 15% 정도 섞지만 처음에는 메를로로만 만들어 출시되었다. 과일 향과 부드러운 타닌을 언제나 풍성하게 보여준다.

카파지오 산 마르티노(Villa Cafaggio San Martino) 순수 산지오베제 와인으로 색이 짙고 감칠맛이 있으며 힘찬 와인이다. 수확을 줄이고 최신식 양조방법으로 이 지역에서 드물게 농축방법을 성공시켰다.

라 브란카이아(La Brancaia) 스위스계 회사인 포데레 브란카이아에서 달콤하고 부드러우며 편하게 마실 수 있는 레드를 만들었다.

카마르티나(Querciabella Camartina) 산지오베제 60%, 카베르네 소비뇽이 35%, 그리고 메를로와 시라를 소량 배합한 농축된 복합적 향의 와인이다. 근육질도 엿보이며 게다가 격조마저 높다. 1996년 빈티지 이래로 모두가 다 탁월한 와인이다.

카살페로(Barone Ricasoli Casalferro) 이 감칠 맛 나는 레드 와인은 직접 재배한 산지오베제 80%와 메를로 20%의 배합으로 양조했다. 검은 빛에 억센 느낌의 와인으로 산지오베제 100%에서 그 억센 기운을 누그러뜨리기 위해 메를로를 배합한 것이다. 거의 끊임없이 진한 과일 향과 견고한 타닌으로 훌륭한 세련미를 보이고 있다.

체파렐로(Isole e Olena Cepparello) 순수 산지오베제로 만든다. 재배지 중 가장 좋은 포도밭의 가장 좋은 포도를 선정하여 만드는 방식으로 토스카나 지역에서 언제나 가장 정교하게 양조되는 레드 와인이다. 1997년 빈티지(96점)는 훌륭한 품질로 1999년 와인 스펙테이터가 선정한 100대 와인 중에서 3등을 하였다.

콜레지오네 데 마치(Isole e Olena Cabernet Sauvignon Collezione de Marchi) 1986년 첫 빈티지 이래로 이탈리아 최고의 순수 카베르네 소비뇽 레드 와인이다. 특히 1990년, 1997년 빈티지는 최고의 와인들이다.

콜타살라(Coltassala) Castello di Volpaia에서 산지오베제로 만든 와인

코르타치오(Villa Cafaggio Cortaccio) 산 마르티노(San Martino)의 큰 형격인 이 레드 와인은 순수 카베르네 소비뇽 스타일로 근래에는 매년 빈티지가 점점 나아지고 있다.

코르자노(Fattoria Corzano Paterno II Corzano) 카베르네 소비뇽과 메를로 및 산지오베제의 배합으로 생산된 지 5~6년 후에 개병하면 좋을 견고하고 지성적인 레드 와인이다.

펠치아이아(Felciaia) 유명 키안티 에스테이트인 빌라 라 셀바(Villa La Selva)가 산지오베제만으로 만들었다.

플라치아넬로(Fontodi Flaccianello) 1981년 첫 생산된 이 와인은 산지오베제만으로 만들어져 항상 탁월한 품질로 이탈리아 토착품종만으로 고품질을 생산할 수 있다는 것을 입증하고 있다. 견고한 타닌의 기개와 원숙함은 와인의 수명을 대단히 오랫동안 보장한다.

폰탈로로(Fontalloro) 레이블에 키안티 클라시코가 없지만 키안티 클라시코 테루아가 묻어나는 산지오베제 100%의 와인이다.

갈라트로나(Fattoria Petrolo Galatrona) 1994년의 첫 빈티지 이래 명성이 급상승한 와인으로 최고의 포므롤 와인을 생각나게 하는 순수 메를로 와인이다.

그라타마코 로쏘(Grattamacco Rosso) 토스카나의 전설인 마우리치오 카스텔리의 손길이 닿아 탄생한 섹시하고 감칠 맛 나는 레드 와인이다.

그로소 세네세(Grosso Senese) Il Palazzino에서 산지오베제로 만들었다.

구아도 알 타쏘(Antinori Guado al Tasso) 때로는 소박한 면도 보이나 진하고 힘찬 와인의 농익은 향과 부드러운 타닌이 입안을 가득 채운다. 카베르네 소비뇽 60%, 메를로 30%, 시라 10%의 배합 와인이다.

일 소다치오(Il Sodaccio) Montevertine에서 산지오베제로 만들었다.

이 소디 디 산 니콜로(I Sodi di San Niccolò) Castellare에서 산지오베제로 만들었다.

라마이오네(Marchesi de' Frescobaldi Lamaione) 순수 메를로 와인으로 부드럽고도 귀여운 스타일로 소비자를 만족시킨다. 1997년 빈티지(96점)는 지금까지 나온 것 중에서 가장 좋은 와인이다.

라파리타(Castello di Ama Vigna l'Apparita) 순수 메를로 와인이지만 남성적이고 진한 와인이다. 언덕 경사면에서 재배하여 타닌의 견고한 기개가 남아 있다.

레 페르골로 토르테(Le Pergolo Torte) Montevertine에서 산지오베제로 만들었다.

루체(Luce) 산지오베제와 메를로로 만든 이탈리아와 미국의 합작품. 부드럽고 고급스럽지만 가격은 상대적으로 비싸지 않다.

루피카이아(Lupicaia) 부드러운 보르도 와인 생산으로 오랜 역사를 지닌 테리치오(Tenuta del Terriccio)가 카베르네 소비뇽과 메를로로 만들었다.

마르티노(Villa Cafaggio San Martino) 산지오베제 100%의 와인으로 색이 짙고 감칠맛이 있는 힘찬 와인이다. 수확을 줄이고 최신식의 양조방법으로 이 지역에서 드물게 농축방법을 성공시켰다.

마세토(Tenuta dell' Ornellaia Masseto) 르 팽(Le Pin)이 보르도의 진귀한 최고의 와인이듯이 마세토는 순수 메를로 와인으로 이탈리아의 르 팽이라고 부른다. 요염한 향과 부드러운 타닌을 지닌 세상에서 가장 매력적인 와인 중의 하나이다.

메쏘리오(Le Macchiole Messorio) 순수 메를로 와인으로 생산량이 아주 적다. 품질이 일정치 않으나 좋을 때는 아주 훌륭하다. 1997년 빈티지(97점)는 풍부한 과일 향으로 선풍적인 반응이 있었다. 오너인 캄폴미(Eugenio Campolmi)가 갑자기 세상을 뜨면서 전설처럼 떠올랐다.

몬테 안티코(Monte Antico) 산지오베제로 만든 Monte Antico의 작품.

올마이아(Col d' Orcia Olmaia) 가장 좋은 카베르네 소비뇽 품종을 선정하여 산 안젤로 스칼로(Sant' Angelo Scalo) 타운의 인근인 콜 도르치아 몬탈치노(Col d' Orcia의 Montalcino)에서 양조하는 이 와인은 굉장히 농익은 향을 가지고 있으면서 힘찬 와인이다.

오르넬라이아(Tenuta dell' Ornellaia Ornellaia) '볼게리' 지역 최고의 보르도 스타일 와인으로 카베르네 소비뇽 65%, 메를로 30%, 카베르네 프랑 5%로 블렌딩하였다. 1998년 빈티지는 와인 스펙테이터 2001년 '올해의 와인' 으로 선정되었다. 같은 집에서 나오는 마세토와 더불어 가격은 비싸지만 맛은 그 가격을 훌쩍 뛰어 넘는다. 한 때 미국의 로버트 몬다비사 소유이었던 적이 있어 내파 밸리의 이미지도 풍긴다.

팔레오 로쏘(Paleo Rosso) 광팬들이 동분서주하며 구매하려 하며 게다가 소량생산이라 시중에는 보이지 않는 메를로와 카베르네 소비뇽의 부티크 와인이다.

페르카를로(Percarlo) San Giusto에서 산지오베제로 만들었다.

포기오 알 솔레(Poggio Al Sole Serraselva) 메를로 60%, 카베르네 소비뇽 40%로 블렌딩한 보르도 스타일의 띄어난 와인이다.

람폴라(Castello dei Rampolla d' Alceo) 1995년에 처음 데뷔한 이 와인은 카베르네 소비뇽 85%와 쁘티 베르도 15%의 보르도 스타일로 만들어 벽돌집을 만들듯 명성을 하나하나 쌓아 올렸다.

레디가피(Tua Rita Redigaffi) 레디가피는 동네의 작은 개울 이름이다. 마세토, 메쏘리오와 더불어 메를로 100%로 만드는 메를로 삼총사로 강력한 파워를 지녔다. 토스카나의 토양이 메를로와 얼마나 잘 어울리는지 보여준다. 1994년에 태어나 2000년산을 로버트 파커가 100점 만점으로 평가했다. 전 세계 와인수집가의 마음을 사로잡으며, 특히 1997년(97점) 빈티지 와인은 감미롭고 요염한 와인이다.

리콜마(San Giusto a Rentennano La Ricolma) 메를로 100%로 대단히 부드럽다. 풍부하고 농익은 맛이지만 세련미가 있고 단단한 느낌이 남는다.

사프레디(Fattoria Le Pupille Saffredi) 야생적이고 풍부하다 못해 폭발적인 아로마와 진하고 강한 맛의 색다른 레드 와인으로 마렘마 최고의 생산자인 레 푸필레(Le Pupille)가 만든 마렘마 최고의 와인이다.

사마르코(Castello dei Rampolla Sammarco) 1996년까지는 이탈리아의 블루칩(Blue Chips)이었으나 근래에는 다소 빛이 바래긴 했다. 그러나 여전히 견고하고 진한 맛의 최고 수퍼 투스칸이다. 카베르네 소비뇽 80%, 산지오베제 20%의 블렌딩 와인이다.

사셀로(Sassello) 부드럽고 우아하며 순수한, 산지오베제 100%의 키안티 최고의 와인하우스인 카스텔로 디 베라차노(Castello di Verrazzano)에서 만든다.

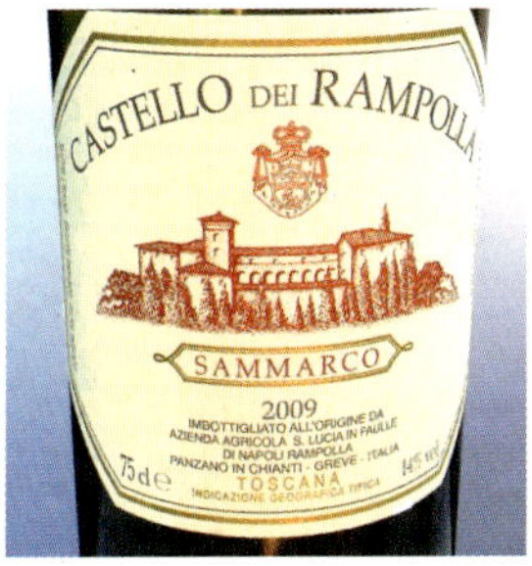

사씨카이아(Tenuta San Guido Sassicaia) '돌이 많은 땅'을 뜻하는 이 이름은 최고의 수퍼 투스칸 와인으로 평가받고 있다. 숙성이 진행될수록 더욱 더 그 진가를 발휘하며, 로버트 파커 94점 등 유명 와인 평론가들에게 높은 평점을 받았다. 또렷한 타닌감과 함께 전설적이라 표현할 만큼 긴 피니쉬를 느낄 수 있다.

카베르네 소비뇽 75%, 카베르네 프랑 25%의 보르도 스타일의 블렌딩 와인으로 전 세계 이탈리아 와인의 수집가를 위한 최고의 레드 와인이다. 1968년 출시되어 1985년 세계 와인전문가들로부터 평점 100점을 받아 세계적 명성을 얻게 된 최초의 수퍼 투스칸이다. 이로서 이탈리아 와인이 세계시장에서 고급 와인으로 인정받게 한 주역이다.

삼성그룹의 이건희 회장이 2002년 추석선물로 사용한 것으로도 알려져 있다.

시에피(Fonterutoli Siepi)[17]

진하고 농익었지만(메를로), 아직 매끄럽고 견고한 골격(산지오베제)은 남아 있다. 즉 산지오베제와 메를로가 서로 조화되는 성질을 갖고 있다는 것을 실증해 준다. 감베로 로쏘

(Gambero Rosso)의 3글라스, 즉 만점인 트레 비끼에리(Tre Bicchieri)에 총 29회 선정되어 토스카나에서 최다 선정 와이너리로 뽑혔으며 이탈리아 전체에서도 최다 순위 4위에 선정되었다.

솔라이아(Antinori Solaia) 최초의 '슈퍼 투스칸' 와인 중의 하나로 단일 포도원의 카베르네 소비뇽 80%, 산지오베제 20%로 형제격인 티냐넬로와 정반대로 블렌딩한 레드 와인이다. 1997년 빈티지가 와인 스펙테이터 2000년에 이탈리아와인으로서는 처음으로 올해의 와인으로 선정되며 '이탈리아 와인의 모든 장점을 집약한 와인' 이라는 찬사를 받았다. '따스한 햇빛' 이라는 뜻을 가진 이름이다.

솔라티오 바실리카(Solatio Basilica) Villa Cafaggio에서 만든 산지오베제 와인이다.

솔렝고(Tenuta di Argiano Solengo) 독특한 풍미가 있는 솔렝고는 짙은맛의 매력적인 와인이다. 초기에는 산지오베제를 섞었으나 현재는 카베르네 소비뇽, 메를로, 시라를 같은 비율로 배합하고 있다.

수무스(Summus) 미국인 소유의 반피가 만드는 훌륭한 산지오베제 와인으로 가격도 좋다. 자매격으로 보이는 엑셀서스(Excelsus)도 나온다.

테리네(Terrine) Castello della Paneretta에서 카나욜로로 만들었다.

테스타마타(Testamatta) 비비 그라츠(Bibi Graetz)[18]가 2000년 첫 빈티지를 출시하여 2006년 빈티지가 와인 스펙테이터(Wine Spectator)로부터 98점을 받았다. 이후 매해 900병 한정 생산되는 콜로레(Colore)와 함께 대표적인 슈퍼 투스칸 와인의 하나로 자리매김했다. 산지오베제 100%이다.

티냐넬로(Tignanello) 토종품종인 '산지오베제' 를 사용하여 1975년 처음 나와서 세계에서 이탈리아 와인의 독창성을 인정받은 것이다. 티냐넬로를 만드는 안티노리(Marchesi Antinori)는 9군데의 와이너리 중 토스카나 지방에서 생산된 것만 안티노리 브랜드를 붙이고 다른 지역 와인에는 독자 브랜드를 붙여 지역별로 와인을 특화하고 있다. 벨벳 같은 타닌감이 입안을 채워주며, 탄탄한 구조와 긴 여운이 뛰어난 장기 숙성용 최고급 레드 와인이다. 삼성그룹 이건희 회장이 명절 때마다 주요계열사 사장들에게 와인선물을 할 때 2003년 추석선물로 이 '티냐넬로' 를 선택한 것으로 알려져 있다. 미슐랭 3스타 고든 램지 등 유명 레스토랑과 CEO들이 애호하는 와인으로도 유명하다.

틴스빌(Tinscvill) 몬산토(Monsanto)에서 산지오베제로 만들었다.

---

17) 시에피 : 1435년부터 24대째 와인을 만들어오는 유서 깊은 마쩨이(Mazzei) 가문의 대표 와인이다. 마쩨이에서는 토스카나의 '키안티 클라시코' 지역에 카스텔로 디 폰테루톨리, 토스카나의 '마렘마' 지역에 벨구아르도(Belguardo), 시실리의 노토(Noto) 지역에 지솔라(Zisola) 와이너리를 소유하고 있다. 그 중 시에피가 생산되는 카스텔로 디 폰테루톨리는 117ha의 넓은 포도밭에서 화학비료를 전혀 사용하지 않고 포도를 재배한다.

18) 비비 그라츠(Bibi Graetz) : 와인메이커이자 와이너리 소유주이며 화가이다. 금속 조각 예술가인 아버지가 이탈리아 피렌체의 아름다운 빈칠리아타 성(Castello di Vincigliata)을 매입해 정착하면서 예술과 와인 양쪽 모두와 친해질 수 있었다. 아카데미아 델라르떼(Academia dell' Arte)에서 예술을 전공한 그는 1990년대 후반부터 와인 양조에 뛰어들어 명성 높은 와인 컨설턴트 알베르토 안토니니(Alberto Antonini)와의 협업을 통해 최고 수준의 와인을 만들어내었다. 한국에서는 만화 〈신의 물방울〉에 엔트리급 와인 카사마타(Casamatta)가 소개되었고, 이후 테스타마타 등 프리미엄 와인들이 소개되면서 매년 뛰어난 품질로 입지를 다지고 있다. 테스타마타 2010년 빈티지는 평론가 제임스 서클링(James Suckling)으로부터 98점을 받았다. 비비 그라츠 와인의 모든 레이블은 비비 그라츠 자신이 직접 그린 것이다. 아름다운 색감이 조화롭게 표현된 테스타마타나 콜로레의 추상적인 레이블은 그 자체로 와인에 품격을 높인다. 감각적인 곡선으로 아름다운 여성들을 표현한 레 치칼레(Le Cicale)나 소포코네(Soffocone) 같은 레이블에는 관능적인 매력이 담겨 있다. 성(性)적인 이미지의 레이블을 금지하는 미국 법규 때문에 미국, 인도로의 수출이 금지되어 직접 옷을 그린 레이블로 교체해 판매하기도 했다.

토리오네(Fattoria Petrolo Torrione) 메를로가 약간 들어간 우아한 산지오베제 와인으로 아주 미묘한 품질이다.

토르테(Montevertine Le Pergole Torte) 산지오베제 100%로 입 속에서 느끼는 맛과 향이 환상적으로 조화를 이루어 훌륭한 부르고뉴 와인을 떠올리게 한다.

트리노로(Tenuta di Trinoro) 토스카나의 컬트 와인(Cult Wine)이다. 토스카나의 쉬발 블랑으로도 일컬어진다. 카베르네 소비뇽 55%, 카베르네 프랑 35%, 쁘띠 베르도 10%로 블렌딩하였다.

비냐 달체오(Vigna d' Alceo) 람폴라(Castello dei Rampolla)에서 카베르네 소비뇽으로 만들었다.

2. 움브리아(Umbria)

토스카나 주의 동쪽으로 접하며 이탈리아에서 바다를 접하고 있지 않은 유일한 지역이다. 대학도시인 페루지아(Perugia)와 성 프란시스로 유명한 아씨시(Saaisi)가 있는 이탈리아의 심장부라고 부른다. 양질의 포도를 대량 수확할 수 있는 자연조건이 잘 갖추어진 지역이다. 플로렌스 사람들이 지배해 온 지역으로 문화뿐 아니라 농경이나 음식까지 토스카나의 연장선에 있다. 교황의 여름 휴가지로 알려져 있는 오르비에토(Orvieto) 마을은 중세시대부터 복숭아 향이 특징인 화이트 와인으로 알려져 있었으나 1960년대부터 룬가로티(Giorgio Lungarotti)에 의해 레드도 생산되기 시작하였다. 이제는 레드 와인이 차지하는 비율이 40% 가까이 된다.

레드 와인 품종 산지오베제와 사그란티노[19] 그리고 가메이와 카베르네 소비뇽, 메를로, 토스카나의 고유 품종인 카나이올로가 재배된다.

화이트 와인 품종 그라케토, 트레비아노 그리고 샤르도네, 베르델로(verdello), 드루페지오(drupeggio)가 있다.

1) 움브리아의 DOCG

(1) 몬테팔코 사그란티노(Montefalco Sarrantino)

산지오베제가 60~70%로 주를 이루고 여기에 최소 10%의 사그란티노를 더하고 나머지는 양조업자가 다른 품종을 임의로 정해서 만든다. 아르날도 카프라이(Arnaldo Caprai)는 사그란티노가 타닌은 많지만 이탈리아 최고의 와인 중 하나라는 것을 증명하였다.

(2) 토르지아노 로쏘 리세르바(Torgiano Rosso Riserva)

토르지아노는 페루지아의 건너편 티베르(Tiber)강의 동쪽 연안이다. 1991년에 DOCG를 획득한 레드 와인으로 산지오베제를 주로 사용하여 만들고, 3년 이상의 숙성을 거치며, 빈티지에 따라 10년 이상 숙성시키는 것도 있다.

(3) 몬테팔코(Montefalco)

북으로 아씨시(Assasi)와 토르지아노(Torgiano), 남으로 마사 마르타나(Masa Martana)와 스폴레토(Spoleto)가 있는 움브리아의 중심이 되는 곳이다.

19) 사그란티노(Sagrantino). 움브리아에서만 보이는 품종으로 이탈리아에서 재배되는 레드 와인품종 중 타닌(폴리페놀)이 제일 많이 함유되어 있어 바디형성에 큰 영향을 주고 있다.

중세 때부터 재배되어 온 토착종인 사그란티노를 100% 사용하여 만든 레드 와인이 생산되고 있다. 1979년에 DOC 등급을 받은 후 1992년 다시 DOCG 등급을 획득한 움브리아의 대표적 와인이다. 전통적으로는 스위트 와인이었으나 지금은 풀 바디의 드라이한 레드 와인으로 통한다. 진한 붉은 빛을 띠며, 감미로운 향과 드라이하며 깨끗한 맛을 가지고 있다.

2) 움브리아의 DOC

(1) 아멜리아(Amelia)

테르니(Terni) 지역으로 트레비아노로 화이트 및 스위트 화이트, 산지오베제로 레드 및 로제 와인을 생산한다. 오키오 페르니체(Occhio di Pernice)는 산지오베제를 50% 이상 사용한 스위트 와인이다.

(2) 아씨시(Assisi)

페루자(Perugia) 동쪽의 아씨시 시(市) 주변지역으로 움브리아의 최상의 드라이 화이트 와인은 그레체토(Grechetto)로 만들며, 레드 · 로제 와인도 생산하고 있다.

(3) 콜리 알토티베리니(Colli Altotiberini)

움브리아의 가장 북쪽 지역으로 티베르강(江) 양안을 따라 있는 좁고 긴 구릉지역이다. 산지오베제를 주로 사용한 드라이 레드와 로제 와인, 트레비아노가 주원료인 드라이 화이트 와인이 생산된다.

(3) 콜리 아메리니(Colli Amerini)

움브리아에서 가장 남쪽에 있는 지역으로 트레비아노로 만든 드라이 화이트 와인, 드라이 레드 와인, 풀 바디의 드라이 로제 와인은 산지오베제를 주로 사용한다.

(4) 콜리 델 트라시메노/트라시메노(Colli del Trasimeno) DOC

움브리아 서쪽의 넓은 지역으로 중부 이탈리아에서 제일 큰 호수인 트라시메노호(湖)를 둘러싼 구릉지이다. 트레비아노를 주로 사용한 화이트 와인, 산지오베제를 주로 사용한 드라이 레드 와인이 생산된다.

(5) 콜리 마르타니(Colli Martani)

티베르 강(江) 동쪽 연안의 넓은 지역으로 세 가지의 화이트 와인과 산지오베제를 주로 사용한 레드 와인이 나온다.

(6) 콜리 페루지니(Colli Perugini)

페루지아 남쪽의 구릉지로 페루지아와 테르니에 걸쳐 있다. 알토티베리니와 품종을 재배하고, 와인의 종류와 성격이 흡사하다.

(7) 라고 디 코르바라(Lago di Corbara)

코르바라(Corbara) 호수 주변 지역으로 티베르강 좌안에 있다. 세 가지 종류의 레드 와인이 나온다.

(8) 오르비에토(Orvieto)

움브리아에서 생산되는 DOC 와인의 70%를 차지하는 움브리아 와인의 중심축에 서 있다.그레체토(Grechetto)를 60% 이상 사용한 오르비에토 화이트 와인이 나온다. 오르비에토에서는 화이트 와인을 광범위하게 만드는데, DOC 규정으로는 화이트는 트레비아노가 40~60%, 베르델로 15~25% 그리고 그레케토, 카나이올로, 비앙코(여기서는 드루페조라 부름), 말바시아를 비롯한 다른 품종을 혼합할 수 있어 와인마다 성격이 제각각이다. 목이 긴 풀치넬라(pulcinella)라는 병을 사용한다.

(9) 로쏘 오르비에토(Rosso Orvieto)

아레아티코(Aleatice) 외에 8가지 품종을 70% 이상 사용한 레드 와인 로쏘 오르비에타노(Rosso Orvietano)가 생산된다.

(10) 스폴레토(Spoleto)

트레비아노로 화이트, 스파클링, 스위트 와인을 생산한다.

(11) 토디(Todi)

그레케토로 드라이화이트와 스위트화이트 그리고 산지오베제로 레드 및 로제를 만든다.

(12) 토르지아노(Torgiano)

트레비아노를 주로 사용하여 만든 화이트 와인과 드라이 로제 와인이 있으며, 18개월 이상 숙성시킨다. 룽가로티(Lungarotti)[20]는 1960년대에 화이트 일색인 이곳에서 루베스코(Rubesco)로 레드 와인에 상업적 정체성을 부여하였다. 화이트로는 Torre di Giano를 생산한다. 안티노리(토스카나)의 카스텔로 델라 살라(Castello della Sala)는 샤르도네 80%에 그레케토 20%의 IGT로 1987년 첫 빈티지로 '20세기를 빛낸 100대 이탈리아 와인'에 오른 화이트로 이곳에서 가장 인지도가 높은 와인이다.

3. 라치오(Lazio)

이탈리아의 수도인 로마(Roma)와 라치오(Lazio)를 포함하는 지역으로, 라치오는 로마 외곽에 위치하여 전통과 문화유산이 산재한 지역으로 로마시대부터 재배되어 온 포도품종들이 여전히 재배되는 곳도 있으며, 그러한 전통적인 방식으로 와인을 생산하는 곳도 있다. 테베레(Tevere)강 왼쪽의 구릉지대는 로마시대 이전의 에트루리아시대까지 거슬러 올라가는 역사를 가지고 있다.

이곳에서 생산하는 와인의 80% 이상이 화이트 와인이며, DOC 와인의 95% 이상이 역시 화이트 와인으로 레드 와인은 찾아보기 힘들다. 매년 평균 600만 헥타 리터가 넘게 생산하는데, 개운한 느낌을 주는 드라이 화이트 와인으로 아페리티프용으로서 와인애호가들에게 선호된다.

주 품종은 말바지아와 트레비아노이다. 말바시아 품종은 전형적으로 스위트 와인에 많이 쓰이지만 라치오에서는 드라이하며 감귤향이 풍부한 와인이 된다. 레드 와인 품종은 카베르네 소비뇽, 카베르네 프랑, 메를로와 체사네세(Cesanese)이다. DOCG는 없으며 DOC는 지형적으로 로마를 관통하는 테베레 강을 기준으로 삼아 북쪽 지역과 강의 남쪽 지역으로 구분한다.

1) 라치오 북부지역 DOC

(1) 알레아티코 디 그라돌리(Aleatico di Gradoli) DOC

라치오의 최북단으로 볼세나 호(湖) 위에 있는 지역이다. 알레아티코 100%로 만든 스위트 레드 와인과 디저트 와인이 생산되고 있다.

20) 룽가로티(Lungarotti). 이곳의 그라지오니 발리오니(Grazioni Baglioni)라는 와인박물관은 1974년에 세워져 이탈리아 와인의 역사를 잘 보여주고 있다. 옆의 트레 바셀레(Le Tre Vaselle)에는 호화스러운 호텔, 레스토랑, 컨퍼런스 센타가 있고, 또한 올리브오일 박물관도 있다.

(2) 체르베테리(Cerveteri)

로마 북쪽의 좁고 긴 해안 구릉지역이다. 산지오베제와 몬테풀치아노를 60% 이상 사용한 드라이 레드와 그리고 다른 다양한 레드 와인도 나온다. 화이트 와인은 트레비아노를 50% 이상 사용하여 만든다. '체르베테리 비안코'는 꽤 유명한 대중적 드라이 화이트 와인이다.

(3) 콜리 에트루치 비테르베시(Colli Etruschi Viterbesi) DOC

볼세나 호를 에워싸고 토스카나 접경지에까지 이르는 곳이다. 산지오베제와 몬테풀치아노 등의 품종으로 블렌딩한 드라이 와인과 스위트 레드 와인 및 로제 와인, 트레비아노와 말바시아 등으로 블렌딩한 드라이, 스위트 화이트 와인이 있다. 그리고 열 가지의 다양한 품종으로 만든 드라이, 스위트 와인을 생산한다.

(4) 에스트 에스트 에스트(Est! Est!! Est!!!)

몬테피아스코네(Montefiascone) DOC로 불리던 곳으로, 로마 북쪽의 볼세나(Bolsena) 호를 감싸고 있는 비테르보(Viterbo) 지역이다. 트레비아노 65%, 말바시아 20%로 만든 세미 드라이 스타일의 화이트인 '에스트 에스트 에스트(Est Est Est)'[21]라는 특산 와인이 있다.

(5) 오르비에토(Orvieto)

라치오의 북단 볼세나 호의 오른쪽으로 움브리아까지 겹쳐 있다. 트레비아노를 주로 쓰는 화이트가 나오고 레드도 일부 생산한다.

(6) 타르퀴니아(Tarquinia)

테베르 강에서 토스카나 경계에 이르는 라치오 해안의 광활한 지역으로 체르베테리 DOC와 흡사한 곳이다. 산지오베제를 중심으로 한 레드, 트레비아노를 주로 사용한 화이트 와인을 생산한다.

(7) 비냐넬로(Vignanello)

움브리아에서 라치오로 흐르는 티베르 강 연안이다. 산지오베제와 칠리에졸로로 만든 레드와 로제 와인, 트레비아노로 만든 화이트 와인 그리고 스푸만테가 나온다. 팔레스코(Falesco)는 메를로의 잠재력을 간파하여 제대로 된 레드 와인을 만들 수 없다고 여겨지던 이 지역의 이미지를 몬티아노(Montiano)를 내놓음으로서 파커의 '위대한 와인' 반열에 올려놓아 완전히 바꾸어 버렸고, 카베르네 소비뇽으로 만든 마르칠리아노(Marciliano)도 이에 버금간다. 피오라노(Fiorano)의 세미용 화이트 와인들은 30년이나 장기 숙성 가능한 슈퍼급이다.

2) 라치오 남부지역

라티움지방의 DOC 와인의 80%를 생산하는 곳이다.

(1) 아프릴리아(Aprillia)

로마 남쪽의 해안 평야지대로 라티움 지방의 와인 르네상스로 불리는 곳이다. 단일 품종의 레드는 산지오베제, 화이트는 트레비아노를 각각 95% 이상 사용하여 만든다.

---

21) Est Est Est. 12세기 무렵 와인애호가인 독일의 사제가 로마를 방문하면서 하인을 앞서 가게 하고 맛있는 와인이 있는 집에는 '에스트'('여기에 있다'는 뜻)라고 써놓게 하였다. 사제가 이 마을에 당도하자 'Est Est Est'라는 글자가 보여 아예 짐을 풀어 놓고 본격적으로 마시다가 너무 많이 마셔 죽었다는 유래가 있다.

(2) 아티나(Atina)

라치오의 동남부로 아브루초와 몰리세의 경계와 가까운 전통적으로 레드 와인이 우세한 지역이다. 레드는 카베르네 소비뇽을 50% 이상 사용하며 메를로도 일부 쓰인다.

(3) 비안코 카페나(Bianco Capena)

로마 북부 티베르 강 연안이다. 말바시아를 주로 사용하고 트레비아노로 받쳐 주는 드라이 화이트 와인을 생산하고 있다.

(4) 카스텔리 로마니(Castelli Romani)

로마 남부의 넓은 지역이 다 포함된다. 화이트 와인은 말바시아와 트레비아노를 각 70% 이상 사용하고, 레드와 로제 와인은 체사네세(cesanese), 메를로, 몬테풀치아노 산지오베제 등을 각각 85% 이상 사용하여 드라이, 스위트 와인이 나온다.

(5) 체사네세 델 필리오(Cesanese di Piglio)

로마 동쪽의 산악지대로 남동부 지방에서 품질이 제일 좋으나 산악지방의 환경에서 경작에 어려움이 많다. 체사네세를 90% 이상 사용한 레드 와인 종류만 나온다.

(6) 체사네세 디 아필레(Cesanese di Affile)

체사네세 델 필리오 DOC 인근으로 모든 면에서 서로 흡사하다.

(7) 체사네세 디 올레바노 로마노(Cesanese di Olevano)

체사네세 디 아필레 DOC와 비슷한 성격이다.

(8) 치르체오(Circceo)

라치오 남부의 해안지역이다. 트레비아노를 주로 사용한 드라이 화이트 와인, 메를로와 산지오베제를 85% 이상 사용한 레드 와인과 로제 와인이 나온다.

(9) 콜리 알바니(Colli Albani)

로마 남쪽 티레노 해에 가까운 구릉지이다. 말바시아 디 칸디다를 60% 이상 사용하고 트레비아노가 받쳐서 드라이, 스위트 화이트 와인과 스파클링 와인을 생산한다.

(10) 콜리 델라 사비나(Colli della Sabina)

로마 북쪽 티베르 강의 우안(右岸)에서 움브리아와의 경계에 이르기까지 계속 북쪽으로 연이은 지역이다. 레드는 산지오베제 40~70%로 중심이 되고 몬테풀치아노를 15~40% 사용한다. 화이트와 스파클링 와인은 트레비아노와 말바지아를 각각 40% 이상 사용한다.

(11) 콜리 라누비니(Colli Lanuvini)

로마 남쪽 지역으로, 말바시아 품종을 주로 사용하여 드라이와 세미 스위트 화이트 와인을 만든다.

(12) 코리(Cori)

역시 로마 남쪽으로 말바시아와 트레비아노로 만든 드라이 화이트 와인, 몬테풀치아노를 주로 사용한 드라이 레드 와인이 생산된다.

(13) 프라스카티(Frascati)

로마 남쪽 인근 지역이다. 말바시아와 트레비아노로 만든 화이트만 생산한다. 이탈리아의 가장 대중적인 화이트 와인을 생산하는 곳 가운데 하나로 국제시장에 저렴한 가격으로 나와 성공을 거두었다. 폰타나 칸디다(Fontana Candida)와 고토 도로(Gotto d' Oro)가 대중적 브랜드로 가볍고 특성 없는 와인이 어디서나 눈에 뜨인다.

카스텔 드 파올리스(Castel de Paolis)의 무파 노빌레(Muffa Nobile)는 세미용 80%, 소비뇽 블랑 20%의 스위트 와인으로 전형적인 귀부(noble rot)의 아로마가 느껴진다.

(14) 제나차노(Genazzano)

로마 남동쪽 지역으로, 말바시아 등으로 화이트, 산지오베제 등으로 드라이 레드 와인을 만든다.

(15) 마리노(Marino)

로마 남쪽 마리노 인근으로 말바시아 디 칸디다(malvasia di candida)를 주품종으로 사용하며, 트레비아노도 많이 사용하는 지역이다. 드라이, 세미 드라이, 세미 스위트 화이트 와인과 스파클링 와인을 대량 생산한다.

(16) 몬테콤파트리 콜로나(Montecompatri Colonna)

로마 남부 프라스카티의 동쪽에 붙어 있는 작은 지역으로 와인의 품종이나 성격이 프라스카티와 흡사하다.

(17) 네투노(Nettuno)

로마에서 남쪽으로 60km 떨어진 해안가에 있는 지역이다. 화이트는 트레비아노와 여기서는 카치오네(cacchione)라 하는 벨로네(bellone)로 만든다. 메를로와 산지오베제로 빨리 마시기 좋은 레드 와인도 생산한다.

(18) 로마(Roma)

말바시아, 벨로네 등으로 화이트와 스파클링, 몬테풀치아노, 카베르네 프랑 등으로 레드 와인을 만들고, 지역품종으로 로제 와인을 생산한다.

(19) 테라치나(Terracina, Moscato di Terracina)

모스카토로 화이트, 스위트화이트, 스파클링을 만든다.

(20) 벨레트리(Velletri)

마리노 남부 지역으로, 말바시아를 주 품종으로 드라이나 스위트 화이트 와인, 스위트 스파클링 와인, 산지오베제와 몬테풀치아노로 드라이 레드 와인이 나온다.

(21) 차가롤로(Zagarolo)

로마 동쪽 지역으로, 말바시아와 트레비아노로 드라이, 스위트 화이트 와인을 만드는 곳으로 생산량이 미미하다.

제3절 이탈리아의 서북부 지방 와인 생산 지역

이탈리아 북서쪽의 피에몬테, 리구리아, 발레 다오스타, 롬바르디아를 포함하는 지방이다. 북쪽으로 알프스산맥과 맞닿아 있고 아래로는 리구리아(Ligurian)해, 서쪽으로는 프랑스의 프로방스지방과 연결되어 있다. 가을이 길어서 늦게 성숙되는 네비올로 품종이 자라기에 이상적이다.

1. 피에몬테(Piedmonte)

이탈리아어로 '아름다운 기슭' 이란 뜻의 피에몬테는 스위스 남쪽 지방으로 좌측으로는 프랑스와 국경을 접하고 있다. 주도(州都)인 토리노(Torino)에서 남쪽으로 60km 내려가면 있는 알바(Alba)에서 바롤로와인과 트뤼프(송로버섯)가 생산된다.[3] 인접한 토스카나 주와 함께 이탈리아 최고의 최대의 와인 생산지역으로 최상품의 와인을 생산하며 포 계곡(Po Valley) 주변에서 가장 많은 포도들이 재배된다. 대륙성 기후로 알프스 산맥으로 인한 '비 그늘 효과(rain shadow effect)' 를 누린다. 주된 토양은 석회질이 많이 포함된 이회토(Calcareous Marl)와 사암(Sandstone) 토양이다.

주 포도품종은 네비올로(Nebiolo)[22] 품종으로, 이외 품종으로는 과일 맛이 풍부하고 타닌이 강한 돌체토, 피에몬테에서 가장 많이 재배하는 산도가 높고 부드러운 타닌의 바르베라, 모스카토[23], 코르테제(Cortese), 아르네이스(Arneis), 에르바루체(Erbaluce), 파보리타(Favorita=베르망티노) 등의 품종이 있다. 거의 단일 품종으로 와인을 만들며 레드가 65%, 화이트가 17%, 스푸만테(스파클링)가 18%를 점한다. 80년대 이후로는 카베르네 소비뇽, 샤르도네, 메를로, 시라, 소비뇽 블랑 등의 국제품종도 재배하기 시작했다.

피에몬테의 DOCG와 DOC 지역은 포(Pó) 강과 토리노 시를 경계로 남과 북으로 나눌 수 있다.

1) 피에몬테 남부 DOCG와 DOC

(1) 피에몬테 남부 DOCG

아스티(Asti) DOCG 피에몬테의 주도(州都)인 토리노의 동남부 타나로 강 연안의 아스티(Asti)시 그리고 시 동남부에 위치한 아스티 DOCG는 이탈리아에서 가장 중요한 스파클링 생산지로 유명한 곳으로 독특한 스파클링 와인의 이름이기도 하다. 아스티와인은 예전에는 스파클링을 뜻하는 스푸만테가 아스티 이름 뒤에 붙여 사용되었지만 지금은 아스티라는 이름 하나로도 족하다.

당도가 높은 모스카토[24] 품종 100%로 양조하며 풍부한 향과 기포 그리고 산도가 달콤함과 더불어 상쾌하게 어우러져 있다. 병 숙성 방식이 아니므로 빨리 마시는 편이 좋다.

아스티 와인은 포도액이 발효되기 시작하면 일단 멈추었다가 다시 시작하기를 몇 번이나 되풀이하는 독특한 과정을 거치므로 알코올 도수가 8% 정도밖에 안되며 따라서 포도의 신선한 향이 그대로 전해진다.

모스카토 다스티(Moscato d' Asti) DOCG 아스티와 같은 품종, 같은 지역, 같은 DOCG이다. 아스

22) 네비올로(Nebiolo). 피에몬테의 대표 포도품종. 지역 방언으로 Spanna, Sori' 라고도 불린다. 재배하기 까다로운 만생종으로 타닌이 풍부하고 산도와 알코올 함량은 높은 편으로 묵직하고 가득 찬 느낌의 와인을 만든다.
23) 모스카토(Moscato). 뮈스까 블랑 아 쁘띠 그랭과 같은 품종
24) 모스카토 비앙코(Moscato Bianco). 프랑스어로는 Muscat a Petit Gran)

티와 거의 흡사하지만 다른 점은 세미 스파클링이라는 점으로 향이 보다 섬세하며 알코올 농도도 일반적으로 5~6%로 더 낮다. 이는 스푸만테 범주에 들지 않고 일반 화이트로 분류되며 병마개도 일반 와인과 같다.

간치아(Gancia)는 이탈리아 최초로 스프클링 와인을 만든 곳으로 지하 와인 셀러는 유네스코 문화유산으로 등재되어 있다. 스크리말리오(Cantine Scrimaglio)는 1200년대부터 포도를 재배한 곳으로 패션 와인, 아트 와이너리로 알려져 있다. 바바(Bava)는 매년 각국의 유명 요리사와 건축가를 섭외해 콘셉트 디너를 연다. 바바의 스트라디바리오(Bava Barbera d' Asti Superiore Stradivario)에는 바이올린 스케치를 넣었다.

사라코(Paolo Saracco)와 같은 규모가 작은 와이너리들[25]은 장인정신을 가지고 달콤함을 보완해 주는 매콤 새콤한 맛을 가지고 천연당도와 더불어 훌륭한 산도를 가진 아스티, 모스카토 다스티를 만들고 있다.

바르바레스코(Barbaresco) DOCG 타냐로(Tanaro) 강 유역에 계단식으로 된 비탈로 된 DOCG이다. 바롤로와 함께 피에몬테를 대표하는 와인으로 바르바레스코 와인의 45%를 생산하는 곳으로 최고의 포도밭들이 이곳에 있다. 와인의 색상이나 성격은 네이베보다 대체로 가벼운 편으로 라이트 바디, 좋은 향과 탄탄한 구조를 지니고 있다.

최소 알코올 12.5%이며 역시 네비올로 100%로 양조되며 바롤로와는 품종이나 토양, 기후가 같으므로 매우 흡사한 성격을 가지고 있으나 바롤로보다는 부드럽고 일찍 숙성된다. 바르바레스코, 네이베, 트레이소 마을에서 주로 생산하며, 1년의 오크 숙성을 거친 최소 2년, 리제르바는 4년의 숙성기준이 있다.

네이베(Neive)는 바르바레스코에서 가장 풀 바디의 타닌이 많은 와인이 나온다. 트레이소(Treiso d' Alba)는 높은 구릉지대로 덜 알려져 있지만 바르바레스코 와인의 20%가 이곳에서 나온다. 라이트 바디의 경향이 있는 우아한 와인이다.

마을별로 뛰어난 바르바레스코를 생산하는 '크뤼'[26]도 알려져 있다. 가야(Cantina Gaja)는 감베로 로쏘(Gambero Rosso)에서 별 4개를 받은 이탈리아의 유일한 곳으로 네비올로 100%로 만든 4종의 바르바레스코를 생산하여 바롤로에 밀려있던 바르바레스코의 우수성을 세계에 알렸다. 이 중

25) Cascina Fonda, Loazzolo, Forteto della Luja
26) 바르바레스코 지역 ; 몬테피코(Montefico), 몬테스테파노(Montestefano), 라바자(Rabaja)
네이베(Neive)지역 ; 알베사니(Albesani), 산토 스테파노(Santo Stefano), Bricco di Neive, Galina
트레이소(Treiso)지역 ; 파조레(Pajore), 브리코 디 트레이소(Bricco di Treiso)

소리 틸딘(Sori Tildin), 산 로렌조(Sori San Lorenzo), 노르말 바르바레스코(Normal Barbaresco)는 '이탈리아 명품 10대 와인' 에 들었고 그리고 코스타 루시(Costa Russi)도 나온다.

브루노 지아코사(Bruno Giacosa)의 바르바레스코 와인들은 10년이 지난 시점부터 숨겨둔 마법을 펼쳐 보이는 '위대한 와인' 이다.[4] 고급 바르바레스코를 만들기에 온 힘을 쏟는 와이너리[27]도 많다.

바르베라 다스티(Barbera d' Asti) DOCG 1970년 DOC, 2008년 DOCG로 된 곳으로 세부지역으로는 몬페라트(Montferrat), 아스티(Asti), 니차(Nizza)가 있다. 바르베라 품종의 원산지가 아스티일 것으로 추측될 정도로 이곳에서 200여 년 전부터 재배되었다.

최소 90% 이상을 바르베라 품종을 사용하고 프레이사(Freisa), 그리놀리뇨(Grignolino) 그리고 돌체토(Dolcetto)로 밸런스를 갖추어 최저 알코올을 12.5%로 맞춘 레드 와인이다. 다스티의 어떤 곳은 과일 향과 더불어 높은 산도의 생기있는 바르베라를 만들며 또 어떤 오래된 와이너리는 진하고 원숙하여 농후한 최상의 바르베라를 생산한다.

레이블에 니차(Nizza), 티넬라(Tinella) 그리고 콜리 아스티아니(Colli Astiani. Asti)라고 적을 수 있다. 10~12년의 저장이 가능하다. 브라이다(Braida. Giacomo Bologna)의 브리코 델루첼로네는 바르베라로 만들지만 바르베라에서 결여된 타닌도 모자람이 없어 20년은 거뜬한 와인이다.

라 모란디나(La Morandina)의 모스카토 다스티는 정말이지 여름날 오후에 간절한 세미스파클링 스위트 화이트이며, 코포(Coppo)의 포모로소(Pomososso)는 바르베라의 자랑거리 중 하나로 자리매김하고 있다.

바르베라 델 몬페라토 수페리오레(Barbera del Monferrato Superiore) DOCG 제노아(Genova) 위의 아스티(Asti)와 알레산드리아(Alessandria)시에 위치하며 2014년 DOCG를 획득한 곳이다. 예전에는 바르베라 다스티의 하부지역으로 모든 면에서 같으나 단지 알코올 도수가 최저 13%로 바르베라 다스티보다 0.5% 높다.

바롤로(Barolo) DOCG 피에몬테 남단의 타나로(Tanaro) 강 유역에 위치한 마을 이름이자 와인 이름이다. 바롤로 와인은 '이탈리아 와인의 왕' 으로도 불린다. 알코올 함량은 최저 12.5%로 바디가 묵직하며 좋은 빈티지로 잘 만들어진 바롤로는 지구상의 가장 좋은 와인 중 하나로 꼽히기 때문이다.

바롤로는 이탈리아를 대표하는 파워풀하고 드라이한 와인[28]으로 강건한 산도와 더불어 입안을 채우는 타닌은 육중한 바디감을 선사한다. 네비올로 한 품종으로만 만들므로 포도 자체의 순수함을 느낄 수 있다. 수확 해의 11월 1일부터 최소 3년(오크 숙성 2년)간 숙성이 필요하다. 리제르바의 경우 오크 숙성 3년을 포함한 5년의 숙성 기준이 있다. 양조장이나 빈티지에 따라 7~10년이 지나야 출시하는 경우도 있다. 너무 일찍 개봉해서 정작 맛이 좋아질 무렵엔 마실 게 남아있지 않는 걸 우려하기 때문이다. 따라서 마실 때엔 한 두 시간 전에 미리 개봉하고 디캔팅을 거치는 것이 좋다. 거친 타닌과 산도가 특징이지만 요즈음엔 현대적인 방법으로 작은 오크통을 사용하고 마세레이션(침용)시간을 줄이면서 부드러운 스타일의 바롤로를 생산하기도 한다. 바롤로를 만드는 네비올로는 부르고뉴의 피노누아와 자주 비교가 되곤 한다.[29]

27) 로아냐 이 팔리에리(Roagna I Paglieri) Ceretto, 미켈레 키아를로, Ca' del Baio, Fratelli Cigliuti, Marchesi di Gresy 등

28) 바롤로(Barolo). 숙성이 더딘 품종인 네비올로로 만들어지는 와인으로 네비올로는 10~11월경이 되어야 수확을 모두 마치게 된다. 이 시기에는 피에몬테의 날씨가 추워져 양조를 위한 발효가 충분히 진행되지 않고 잔당이 남는 까닭에 주로 스위트한 스타일의 와인을 생산해 왔다. 그러다 19세기 중엽에 와서, 팔레티(Faletti)가문과 프랑스의 양조가 루이 우다르(Louis Oudart)가 선별된 효모를 사용함으로써 잔당을 제거해 파워풀하고 드라이한 와인을 만드는 데 성공했다.

바롤로는 이탈리아 북서부의 피에몬테주, 알바 지역의 11개 마을에서 생산한다.[30] 이 중 전체 바롤로의 80% 이상이 5개의 마을에서 생산하는데 서쪽 지역의 바롤로, 라 모라마을과 동쪽 지역의 몬포르테 달바, 세라룽가 달바, 카스틸리오네 팔레토 마을이다.[5]

토양의 차이로 인해 서쪽 지역은 비교적 부드럽고 과일 향이 많은 와인이 생산되며, 동쪽 지역은 힘차고 구조감이 좋은 와인이 생산된다.

엘리오 알타레(Elio Altare)는 숙성기간이 짧아도 좋은 품질의 바롤로를 만들어 '모던 바롤로' 로 일컬어지며 로버트 파커가 '위대한 와인' 의 반열에 올려놓았다. 클레리코(Domenico Clerico)는 파커의 '위대한 와인' 에 들어가며[6] 바롤로 치아보토 멘틴 지네스트라, 바롤로 모스코니 페르크리스티나, 바롤로 파자나를 내놓고 있다.

지아코모 콘테르노(Giacomo Conterno)의 몬포르티노 바롤로(Monfortino Barolo)는 'The king of wine and wine of king' 이라 불리며 출시 후 10년은 지나야 비로소 숨어있던 마법이 드러난다. 포데리 알도 콘테르노(Poderi Aldo Conterno)는 지아코모의 아들로 1969년 자립하여 만든 그랑부씨아(Granbussia Barolo)도 '이탈리아 10대 와인' 으로 1989년 빈티지를 로버트 파커가 98점 평점하였다. 폰타나프레다(Fontanafredda)는 바롤로로 유명하지만 견고하면서도 상쾌한 아스티 스푸만테도 만들고 있다.

지아니 갈리아르도(Gianni-Gagliardo)의 바롤로는 세련된 슈트를 차려입은 멋쟁이 느낌으로 우리에게 빌라 엠(Villa M)으로 잘 알려졌다. 루치아노 산드로네(Luciano Sandrone)의 바롤로 레 비네(Le Vigne)와 바롤로 칸누비 보스키스(Cannubi Boschis)도 역시 '위대한 와인' 에 걸맞는 힘과 우아함을 결합한 네비올로의 전형을 보여준다.

파올로 스카비노(Paolo Scavino)에서 나오는 '위대한 와인' 은 바롤로로 만든 브릭 델 피아스(Bric dël Fiasc), 칸누비(Cannubi), 로케 델아눈치아타(Rocche dell' Annunziata)가 있다.

피오 체사레(Pio Cesare)의 바롤로는 탄탄한 근육의 힘이 넘치는 20대 남성의 느낌으로 소유하는 여러 다른 포도원에서 수확한 포도를 블렌딩하여 만든 와인의 70%가 해외로 수출되고 있다. 프루노토(Prunotto)는 겨울이 끝날 때까지 발효를 거치며 대형 오크통을 사용하는 전통적인 바롤로

29) 피에몬테의 네비올로는 밭 하나에 주인이 여럿인 경우가 있으며, 재배가 까다롭고, 재배하기에 따라서 다양한 개성을 보여 고랑을 사이에 두고도 포도 맛이 다르다는 이야기가 나오는 것이 마치 부르고뉴 피노누아와 흡사하다.

30) 바롤로 DOCG의 11개 마을. 바롤로(Barolo), 카르틸리오네 팔레토(Castiglione Falletto), 세라룽가 달바(Serralunga d' Alba), 케라스코, 디아노 달바, 그린자네 카부르, 라 모라(La Mora), 몬포르테 달바(Monforte d' Alaba), 노벨로, 로디, 베르두노. 바롤로는 석회질의 이회토로 부드러운 스타일이 나오며, 라 모라 마을은 부드러운 스타일, 석회질의 이회토로 아로마가 풍부하고, 몬포르테 달바와, 세라룽가 달바, 그리고 카스틸리오네 팔레토는 사암토양으로 높은 타닌과 구조가 잘 잡혀있는 강건한 스타일이다.

생산자에 속한다. 프루노토 부시아 바롤로는 단일 밭 부시아(bussia)에서 나는 포도로만 생산한 것으로 진하고 타닌이 강하며 선생님 말씀 잘 듣는 모범생 느낌이다.

라 스피네타(La Spinetta)는 감베로 로쏘로부터 별 세 개를 받은 '이탈리아 10대 와인'으로 와인은 에너지가 넘친다. 로베르토 보에르지오(Roberto Voerzio)[31]의 바롤로 와인은 위엄 있고 복합적이며, 바르베라는 심오하여 그를 능가하는 바르베라는 없다고 할 정도의 '위대한 와인'이다. 그리고 포도밭의 중요성을 인식해 최적의 조건을 지닌 포도밭을 일구며, 훌륭한 품질의 와인을 생산하는 와이너리들[32]이 많다.

브라케토 다퀴/아퀴(Brachetto d'Acqui/Acqui) DOCG 아스티 남서쪽 몬페라토 언덕으로 아스티 DOCG와 겹친다. 일반적으로 아퀴라고 편하게 부르며, 아퀴(Acqui)라는 브라케토 품종으로 만드는 스위트 레드로 스파클링도 보이기도 한다. 레드와 드라이한 타입도 존재하긴 하지만 점점 줄어드는 추세다.

가비(Cortese di Gavi/Gavi) DOCG 이웃한 리구리아 주의 영향을 많이 받고 있는 가비는 1000년 이상 오래된 생산지역으로 바르베라와 돌체토를 사용한 레드가 나왔다. 그러나 토착종인 코르테세는 스파클링 와인을 만드는 원료로 높은 산도와 미묘한 향을 가지고 있다. 이 높은 산도는 친숙해지기 부담스러운 면이 있으나 잘 만들어진 가비는 농익은 사과와 포도, 꿀, 꽃 등의 향이 나며 다소 옅은 노란색을 띤다. 코르테세 100% 사용한다.

비네 레갈리.반피(Vigne Regali. Banfi)는 프린시페싸(Principessa Gavia)로 유명하며, 빌라 스파리나(Villa Sparina)는 다른 가비와인들보다 풍부하고 진한 맛을 가지고 있으며 자신의 땅에 를레 & 샤토(Relais & Château) 호텔과 레스토랑을 세웠다.

라 스콜카 솔다티(La Scolca Soldati)는 톰 크루즈가 2006년 로마 근처의 고성에서 결혼식을 올릴 때 드라이 스파클링인 이 라 스콜카 단탄(La Scolca Soldati D'Antan)으로 축배를 들었으며, 그리고 많은 와이너리[33]가 까다로운 코르테세 품종에서 농축된 사과와 복숭아 맛을 뽑아내고 있다.

돌체토 디 디아노 달바(Dolcetto di Diano d'Alba/Diano d'Alba) DOCG
알바 시의 바로 밑 바롤로 인근의 타나로 강 우안의 작은 지역이다. 돌체토 100%를 사용한다.

돌리아니(Dolcetto di Dogliani Superiore/Dogliani) DOCG 피에몬테의 가장 남쪽지역으로 타나로 강을 따라 남쪽으로 이어진다. 100% 돌체토 품종으로 양조하여 1년 이상 숙성한다.

오바다(Dolcetto di Ovada Superiore/Ovada) DOCG 오바다는 가비 왼쪽의 피에몬테지방의 제일 남쪽에 자리하고 있는 곳이다. 해양으로부터의 영향과 거친 토양에 철저히 동화된 이곳의 돌체토는 다른 지역보다 타닌이 많은 풀 바디로 숙성될수록 더 좋아진다. 돌체토 100% 사용한다.

31) 로베르토 보에르지오(Roberto Voerzio)의 비니에토 포조 델아눈치아타(Barbera d'Alba D.O.C. Vignetto Pozzo dell'Annunziata Riserve), 베키에 비티 데이 카팔롯 에 델레 리제르바(Barolo D.O.C.G. Vecchie Viti dei Capalot e delle Brunate Rieserva), 사르마사 디 바롤로(Barolo D.O.C.G Sarmassa di Barolo)는 모두 매그넘 병으로 출하된다.

32) 바롤로 지구 ; Paolo Scavino, Marchesi di Barolo, Sarmassa 등이 고급스럽고 따스한 느낌의 바롤로를 만들고,
카스틸리오네 팔레토 지구 ; Rocche, Vietti, Aurelio Settimo, Giuseppe Mascarello 등이 있다.
세라룬가 달바 지역 ; Lazzarito, Vigna Rionda, Oddero, Prap?, Mauro Sebaste, Ornato, Monfortino 등
몬포르테 달바 지역 ; Armando Parusso, 포데리 콜라 등이 진하고 타닌이 강한 와인을 만든다.
그리고 Bartolo Mascarello, Giuseppe Rinaldi, Bruno Giacosa, Luciano Sandrone, Michele Chiarlo 등이 있다.

33) Broglia, Castelari Bergaglio, Castello di Tassarolo, 미켈레 키아를로

니차(Nizza) DOCG 2014년 DOCG를 받았고 그 전에는 '바르베라 다스티 DOCG'의 하위지역이었다. 바르베라 100%의 레드 와인을 생산한다. 알코올은 최저 13%이며 최저 숙성기간은 18개월, 리세르바는 30개월이다.

로에로(Roero) DOCG 알바 서쪽의 경사가 가파른 지역이다. 바롤로와 바르바레스코 반대편에 위치하여 성격이 바롤로나 바르바레스코보다 가벼운 타입이다. 레드는 네비올로 베이스(최소 95%), 화이트와 스파클링은 아르네이스 품종 100%로 양조한다.

2005년 DOCG로 승급되어 한 지역이 화이트와 레드 모두 DOCG 자격을 최초로 받았다.

마테오 코레자(Matteo Correggia) 외에 다른 곳[34]의 아르네이스(Roero Arneis)도 마셔볼만 하다. 말비라(Malvira), 안젤로 네그로(Angelo Negro), 카시나 카로카, 마테오 코르자에서 바롤로의 스모키한 강렬함과 구조감을 가진 로에로 와인을 출시하고 있다.

(2) 피에몬테 중부 DOC

피에몬테(Piemonte) 넓게는 피에몬테 전역, 좁게는 피에몬테의 최북단 스위스 국경에 인접한 곳을 이르며, 바르베라, 그리노리뇨, 브라체토 품종으로 레드를 만들고, 화이트는 코르테세(cortese), 모스카토와 샤르도네로 만든다. 브루노 체레토(Bruno Ceretto)는 '위대한 와인'에 오른 '바롤로 브리코 로케'와 '바롤로 브루나테', '바르바레스코 브리코 아실리'를 생산한다.

알타 란가(Alta Langa) 피에몬테의 남동부의 대부분의 지역으로 샹파뉴 방식으로 만든 스파클링에 이 명칭을 붙인다. 품종은 피노 누아와 샤르도네를 90~100% 사용한다.

알부냐노(Albugnano) 아스티 좌측에 있는 곳으로 네비올로를 85% 이상 사용한 드라이, 세미 드라이 레드와 로제가 나온다.

바르베라 달바(Barbera d'Alba) 알바 시를 중심으로 한 넓은 지역이다. 바르베라 다스티, 바르베라 델 몬페라토와 함께 바르베라의 베이스라인(baseline) 와인으로 치는 곳이다[7]. 바르베라 100%로 신선한 붉은 과일 맛이 강조되어 신맛이 나며 간결하고 기름기가 없는 와인이다.

바르베라 다스티(Barbera d'Asti) 아스티를 중심으로 하는 지역으로 바르베라를 85~100% 사용한다.

바르베라 델 몬페라토(Barbera del Monferrato) 바르베라와 돌체토 등으로 레드 와인을 생산한다.

칼로쏘(Calosso) 아스티에서 남쪽으로 20km 떨어진 곳이다. 모스카토 비안코가 주품종이며 바르베라, 돌체토, 네비올로, 샤르도네, 프레이자도 사용된다.

치스테르나 다스티(Cisterna d'Asti) 로에로에서 아스티에 이르는 지역으로 크로아티나를 80~100% 사용하여 레드 와인을 만든다.

콜리 토르토네지(Colli Tortonesi) 피에몬테의 동쪽 끝의 구릉지이다. 화이트이든 레드든 알레산드리아에서 허가받은 품종이면 어떤 것이라도 사용할 수 있다. 돌체토, 코르테세 바르베라 품종을 각각 85% 이상 사용한 화이트, 레드가 나온다.

콜리나 토리네제(Collina Torinese) 토리노 시 외곽지역으로 포 강을 따라 형성된 구릉지이다. 바르베라 60% 이상, 프레이서 25% 이상, 다른 품종 15% 이하를 사용한 레드가 나온다.

34) 카시나 카로싸(Cascina Ca' Rossa), 몬키에로 카르보네(Monchiero Carbone), 비에티(Vietti), Malvira

콜리네 살루체시(Colline Saluzzesi) 피에몬테 서남부의 포(Poe)강의 양쪽 유역에 걸쳐있는 지역으로 피네롤레제 밑에 있다. 네비올로, 바르베라 또는 펠라베르가를 60% 이상 사용한 풀 바디의 스위트한 레드와 스파클링도 나온다.

코르테제 델알토 몬페라토(Cortese dell' Alto Monferrato) 아스티의 남쪽으로 피에몬테와 리구리아를 가로지르는 아펜니노산맥에 이르는 곳이다. 코르테제를 85% 이상 사용하여 만드는 섬세한 드라이 화이트와 스파클링도 일부 생산된다.

돌체토 다퀴(Dolcetto d' Acqui) DOC 아스티 동남쪽 보르미다 강을 따라 형성된 구릉지로 아퀴(acqui)라는 이름은 이곳의 아퀴 테르메(Acqui Terme)에서 나온 것이다. 돌체토 100%로 꽃향기로 유명한 레드 와인이다.

돌체토 달바(Dolcetto d' Alba) 타나로 강, 알바의 동쪽으로 돌체토 100%의 레드 와인만 나온다.

돌체토 다스티(Dolcetto d' Asti) 아스티 지방의 남동쪽으로 모스카토 다스티 DOC와 일부 겹친다. 지역 포도밭에서 생산되는 돌체토 품종 100%로 만든 가벼운 레드가 나온다.

돌체토 델레 랑게 몬레갈레시(Dolcetto delle Langhe Monregalesi) 피에몬테의 최남단에 있으며, 돌체토 100%를 사용한 레드 와인 생산 지역이다.

프레이자 다스티(Freisa d' Asti) 프레이자로 만든 드라이나 스위트 레드, 스파클링 와인이 나온다. 아스티를 둘러싸고 있으며 바로 밑으로 바르베라 다스티, 몬페라토, 그리놀리노 다스티, 돌체토 다스티 등의 DOC 지역이 옹기종기 서로 붙어 있는 곳이다.

프레이자 디 키에리(Freisa di Chieri) 토리노 동쪽의 키에리를 중심으로 하는 구릉지이다. 프레이자를 100% 사용한 레드가 나오며 스파클링도 조금 생산한다.

가비아노(Gabiano) 아스티 북쪽의 포 강 근처 작은 지역이다. 바르베라를 90~95%, 프레이사, 그리놀리노를 10% 이하를 사용한 드라이, 미디엄 바디의 레드를 생산한다.

그리뇰리노 다스티(Grignolino d' Asti) 아스티 주변의 언덕지대로, 그리뇰리노 품종을 90% 이상 사용하며 프레이사도 조금 사용되는 레드 와인이 나온다. 가벼운 타입으로 색이 밝다.

그리뇰리노 델 몬페라토 카살레제(Grignolino del Monferrato Casalese) 대부분이 포 강 남쪽에서 재배되는 그리뇰리노를 90% 이상 사용하며 프레이사도 일부 사용하는 레드 와인이 나온다.

랑게(Langhe) 알바 인근으로 타나로 강 동쪽에 위치하며 바롤로, 바르바레스코, 로에로 등의 DOC, DOCG와 겹친다. 허가받은 품종이면 어떤 것이든 상관없지만 레드든 화이트든 단일 품종이 명시된 품종은 100% 사용하여야 한다.

가야(Gaja)는 누구라도 인정하는 피에몬테 최고의 가문으로 소리 틸딘(Sori Tildin), 소리 산 로렌초(Sori San Lorenzo), 코스타 루시(Costa Russi)와 같은 다수의 싱글 비녀드와 14개의 포도밭 그리고 토스카나에도 두 곳의 토지를 가진 곳으로 족히 30년은 묵힐 수 있는 명품들을 생산해내고 있다. 브루노 지아코사(Bruno Giacosa)의 나이들수록 격조가 붙는 원숙미로 유명한 와인은 가야의 와인에 필적할 상대로서 이탈리아의 천재로 불리는 지아코사의 작품이다.

체레토(Ceretto)는 아르네이스 품종의 개척자로서 최고의 아르네이스 생산자이며, 아코르니오(Accornero)는 바르베라로, 엘리오 알타레(Elio Altare)와 아젤리아(Azelia)는 네비올로를 주로 사용하여 매력있는 와인을 생산한다.

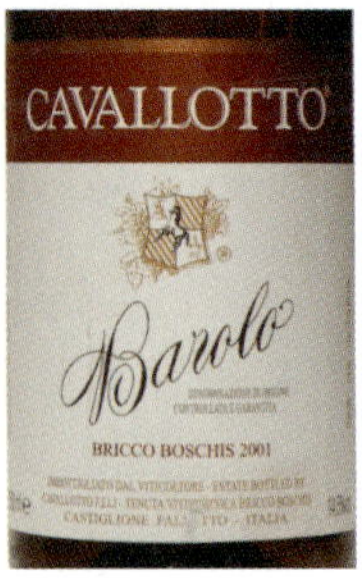

카시나 코르테(Cascina Corte)는 돌체토로, 카비올라(Ca' Viola)는 바르베라의 비율을 매년 달리하는 블렌딩으로 장기숙성형 좋은 레드 와인을 만든다. 말비라(Malvirà)의 비르벳(Biret)은 브라체토로 만든 스위트 스파클링으로 시간이 지나면서 점점 희미해지는 원초적인 아로마의 신선함을 보이기 위해 출하를 11월, 2월, 5월로 나누어 실시하며, 말비라의 아르네이스로 만든 선명한 노란 밀짚색의 드라이 화이트와 네비올로로 만든 레드는 보기만 해도 눈부시다. 카발로토(Cavallotto), 콘테르노 판티노(Conterno Fantino), 마테오 코레지아(Matteo Correggia), 로마노 돌리오티(Romano Dogliotti), 라 스피네타(La Spinetta), 엘리오 그라소(Elio Grasso) 외에 놓치면 안 되는 곳[35]이 많다.

로아촐로(Loazzolo) 피에몬테에서 가장 작은 DOC지역으로 모스카토 100%로 만든 스위트 화이트가 나온다. 때로는 노블 랏(noble rot)의 영향으로 높은 당도와 알코올(15.5도)가 보이기도 한다.

말바시아 디 카조르초 다스티(Malvasia di Casorzo d'Asti) 아스티와 알레산드리아 사이에 있는 타나로 강의 북안(北岸)이다. 말바시아 디 카조르초를 90% 이상 사용하여 스위트하고 가볍고 부드러운 레드 와인이 나온다. 꽃향기와 더불어 좋은 향이 있으며 드물게 스파클링 와인도 보인다.

말바시아 디 카스텔누오보 돈 보스코(Malvasia di Castelnuovo Don Bosco) 아스티 북서쪽 구릉지로 스위트하고 향긋한 세미 스파클링 레드 와인을 생산한다. 말바시아(디 쉬에라노)를 85% 이상 사용하고 때로는 프레이자도 조금 사용하기도 한다.

몬페라토(Monferrato) 리구리아 접경지에서 포 강에 이르는 넓은 지역으로 아스티와 알레산드리아에서 허가받은 품종은 무엇이든 쓸 수 있다. 레드, 화이트, 스파클링도 나오며 글로벌 품종도 쓰인다.

네비올로 달바(Nebbiolo d'Alba) 알바 부근의 타나로 강 양안으로 로에로 DOC와 겹친다. 네비올로 100% 사용 지역이다.

피네롤레세(Pinerolese) 토리노 시 남쪽의 포 강이 흘러가는 좌안에 있는 작은 지역이다. 바르베라,

35) 안드레아 오베르토(Andrea Oberto), 아지엔다 아그리콜라 바즈라(Azienda Agricola G.D. Vajra), 바르톨로 마스카렐로(Bartolo Mascarello), 피오렌조 나다(Fiorenzo Nada), 조르지오 펠리세로(Giorgio Pelissero), 주세페 마스카렐로(Giuseppe Mascarello), 주세페 리날디(Giuseppe Rinaldi), 루치아노 산드로네(Luciano Sandrone), 마르카리니(Marcarini), 파이틴(Paitin), 파올로 스카비노(Paolo Scavino), 파루소(Parusso), 프로두토리 델 바르바레스코(Produttori del Barbaresco), 로베르토 보에르지오(Roberto Voerzio), 실비오 그라소(Silvio Grasso), 비네티 마싸(Vigneti Massa)

보나르다, 돌체토, 네비올로 또는 네레토를 50% 이상 사용한 레드 와인 그리고 바르베라, 보나르다, 프레이자, 돌체토, 두 당리(Doux d' Henry)를 각각 사용한 다섯 가지의 단일 품종 레드 와인이 나온다.

루비노 디 칸타벤나(Rubino di Cantavenna) 아스티 북쪽의 포 강 유역의 작은 지역으로 가비아노 DOC와 거의 겹친다. 바르베라를 75~90% 사용, 그리뇰리노를 25% 이하 사용한 레드가 나온다.

루케 디 디 카스타뇰레 몬페라토(Ruché di Castagnole Monferrato) 아스티 북동쪽 타나로 강을 사이에 두고 알레산드리아 시와 마주 보고 있는 강북지역이다. 루케를 90% 이상 사용하여 만들어 향이 뚜렷하며 조금 스위트하나 드라이에 가까운 미디엄 바디의 레드가 나온다.

발수사(Valsusa) 토리노 시 좌측의 피에몬테에서 가장 서쪽 프랑스 국경 가까이 홀로 떨어져 있는 곳으로 레드 와인만 생산하는 곳이다. 바르베라, 돌체토, 네레타(Neretta)를 각각 60% 이상 사용하거나 혹은 블렌딩하기도 하는 드라이 레드를 만든다.

베르두노 펠라베르가(Verduno Pelaverga) 바롤로 DOCG와 북쪽 경계와 겹친다. 펠라베르가를 85% 이상 사용한 드라이 레드가 나온다.

3) 피에몬테 북부 DOCG와 DOC

(1) 피에몬테 북부의 DOCG

에르발루체 디 칼루소(Erbaluce di Caluso/Caluso) 토리노 북동쪽 도라 발테아 강을 따라 형성된 곳이다. 에르발루체 100%로 화이트 와인만 양조한다. 중세에는 황금색이나 호박색의 디저트와인으로 유명하였고 지금은 칼루소 파시토 리쿼로소(Caluso Passito Liquoroso)라는 강화와인이 나온다. 높은 산도를 가진 드라이 화이트가 나오는 곳이지만 높은 산도가 스위트와인을 만들기에 적절하다. 일부 스푸만테나, 파시토(passito)스타일의 진한 황금색 스위트 와인도 생산한다.

가티나라(Gattinara) 베르첼리 시 북쪽 언덕 지대로 네비올로를 90%, 보나르다(Bonarda)나 다른 품종을 최대 10%를 사용하여 최소 알코올 12%인 레드 와인을 만든다. 3년 이상(2년은 오크통)을 숙성하고 리제르바는 4년 이상 숙성한다.

오래될수록 적갈색을 띠며 꽃 향이 섞인듯한 섬세하고 진한 향이 특색으로 가벼운 산이 포함된 맛과 과즙 맛이 어우러진다. 바롤로, 바르바레스코보다 가볍지만 산도는 높다.

겜메(Ghemme) 세시아 강 동쪽지역이다. 가티나라와 매우 흡사하며, 네비올로를 65~85% 사용하고 보나르다, 베스폴리나(Vespolina)와 기타 품종을 블렌딩한다. 최저 숙성기간은 3년으로 4~5년이 최적이다. 바롤로나 바르바레스코보다 가볍지만 산도는 높고, 섬세하고 독특한 향과 에테르향의 그윽한 특징을 보이며 드라이하고 약간 텁텁하다.

(2) 피에몬테 북부의 DOC

보카(Boca) 피에몬테에서 가장 북쪽에 자리한 곳 중의 하나로 세시아 강 오른편에 위치한다. 네비올로를 45~70%, 베스포리나를 20~40%, 보나르다를 20% 이상 사용한 레드 와인을 만들며, 최소한 3년 이상 숙성시킨다.

브라마테라(Bramaterra) 피에몬테 북부의 세시아 강 서쪽이다. 네비올로를 50~70% 사용하는 빨리 마시기 좋은 레드가 나온다.

카나베제(Canavese) 투린 북동쪽의 구릉지로 에르발루체 디 칼루소 DOC와 겹친다. 화이트는 에르발루체 100%이며, 레드는 네비올로, 바르베라, 프로이자 또는 네레토를 60% 이상 사용한다. 단일 품종의 레드 와인은 명시된 품종을 85% 이상 사용하여 네비올로와 바르베라로 만든다.

카레마(Carema) 피에몬테의 서북지역으로 발레 다오스타와 가장 가까운 구릉지이다. 네비올로를 85% 이상, 다른 허가받은 레드품종을 15% 이하 사용한 레드가 나오며, 이곳의 토양이 라이트, 미디엄 바디의 기품있는 와인을 만든다. 카레마 와인의 높은 산도는 장기보관을 가능케 하며 와인은 20년 이상의 장기 숙성을 요한다.

콜리네 노바레지(Colline Novaresi) 파라, 겜마, 보카 등 여러 DOC와 겹치면서 동쪽으로 더 퍼져있다. 에르발루체(Erbaluce) 100%로 만드는 드라이 화이트, 레드는 보나르다를 40% 그리고 네비올로와 베스포리나(Vespolina)를 30% 이상 사용한 드라이 레드를 만든다.

코스테 델라 세지아(Coste della Sesia) 가티나라 인근으로 네비올로, 보나르다, 베스폴리나, 바르베라 또는 크로아티나를 50% 이상 사용한 드라이 레드, 로제 와인 그리고 에르바루체를 100% 사용한 드라이 화이트도 나온다.

파라(Fara) 노바라와 가티나라 사이 세시아 강 동쪽 구릉지이다. 네비올로를 30~50%, 보나르다를 40% 이하 사용한 가장 라이트한 바디의 레드가 나온다.

레소나(Lessona) 레소나를 중심으로 한 북쪽 지역으로 마조레 호수와 가깝다. 네비올로를 75% 이상 베이스로 한 레드 와인이 나오며 숙성되면 제비꽃 향이 난다.

싯차노(Sizzano) 겜메 DOCG의 남쪽 지역으로, 네비올로를 40~60%, 베스포리나를 15~40%, 보나르다를 25% 이상 사용한 라이트 바디의 레드를 만든다. 다른 와인들보다 빨리 마시기에 적합하다.

베르무트, 버머스(Vermut, Vermouth)

1786년 카르파노(Antonio Benedetto Carpano)가 화이트 와인에 30가지 이상의 약초와 향료를 넣어 처음 만들었다. 1820년 조카인 지우세페 카르파노(Giuseppe Bernardino Carpano)가 베르무트 양조회사를 만들어 양산했다.

알코올 16° 정도로 식전주나 디저트 와인으로 어울리고, 칵테일에 사용 시에는 프랑스 버머스는 드라이하여 마티니에 어울리고 이탈리아는 스위트하여 맨해튼에 어울린다.[8, 9]

카르파노는 현재 밀라노의 프라텔리 브란카(Fratelli Branca Distillerie)에서 카르파노 클라시코(Carpano Classico Vermuth), 카르파노 비안코(Carpano Bianco), 안티카 포르무라(Carpano Antica Formula)와 푼트 에 메스(Punt e Mes)를 출시하고 있다.

2. 리구리아(Liguria)

컬럼버스의 고향인 제노아(Genoa)가 주도(州都)인 곳으로 프랑스 국경에서 토스카나 해안을 따라 형성되어 있다. 조선업을 비롯한 중공업이 발달한 곳으로 긴 해안을 따라 아름다운 항구도시들이 산재하여 있다.

좁고 작은 지역으로 올리브 농장이 포도원의 5배에 달할 정도로 와인의 생산량은 많지 않으나 포도 연구의 낙원이라고 불리는 곳으로 고대의 포도원들도 있다. 세 곳의 하위지역으로 코스타 데 세라(Costa de Sera), 코스타 데 캄푸(Campu), 코스타 다 포사(Posa)가 있다.

리구리아에서 생산하는 와인의 80%가 화이트 와인이며, DOC는 전체의 12% 정도에 지나지 않는다. 포도 품종을 보면 100여 종의 포도품종과 함께 지역토종이 많이 재배된다.

화이트 품종은 보스코[36], 피가토[37], 베르멘티노[38], 그리고 알바롤라(albarola), 트레비아노, 비안체타(bianchetta), 부제토(buzzetto. 트레비아노의 한 종류), 루마씨나(lumassina), 롤로(rollo), 비안케타 제노베세가 있다. 레드 품종은 오르메아스코[39], 로쎄세(rossese), 바르바로싸(barbarossa), 산지오베제, 칠리에지올로(ciliegiolo)를 사용한다.

1) 리구리아의 DOC

(1) 친퀘 테레(Cinque Terre / Cinque Terre Sciacchetrà)

이탈리아 서해안의 제노바(Genova)와 라 스페치아(La Spezia) 사이에 지중해의 가파른 절벽 사이에 붙어 있는 작은 마을로 유네스코 세계 문화유산(UNESCO World Heritage)으로 지정되어 있다.

이름 자체가 '5개의 땅' 이란 뜻으로 5개의 고립된 마을[40]이 급경사의 절벽 사이에 있다. 코스타 데 세라(Costa de Sera), 코스타 데 캄푸(Costa de Campu), 코스타 다 포사(Costa da Posa)의 세 하위 지역으로 되어 있다.

화이트 와인은 보스코를 40% 이상 사용한 라이트 바디가 나오며, 친퀘테레를 주로 사용한 호박색 디저트 와인은 알코올농도가 17% 정도 된다.

스치아체트라(sciacchetra)는 토착 품종으로 만든 개성이 강한 와인이다.

(2) 콜리 디 레반토(Colli di Levanto)

북서쪽으로 친퀘테레와 만나는 해안 포도밭으로 리구리아의 제일 동쪽 끝이다. 베르멘티노와 산지오베세를 각각 40% 이상 사용하여 화이트와 레드 와인을 만든다.

(3) 콜리 디 루니(Colli di Luni)

라 스페치아(La Spezia)가 중심지로서 해안을 따라 리구리아와 토스칸 지방에 걸쳐 있다. 베르멘티노와 트레비아노로 화이트 와인을, 산지오베제를 60~70% 사용하여 레드 와인을 만든다,

(4) 골포 델 티굴리오(Golfo del Tigullio)

제노아의 동쪽 20km 정도의 해안지역으로 유명한 리조트지역이다. 포르토피노 동쪽의 해안과 내

36) 보스코(bosco). 꽤 가벼운 스타일로 친퀘 테레의 계단식 포도원에서 주로 키우는 화이트 품종이다.
37) 피가토(pigato). 찌르는 듯한 맛에 허브향이 나는 독특한 화이트 품종이다. 리비에라 서부의 알벤가 근처에서 밀집 재배된다.
38) 베르멘티노(vermentino). 이국적인 아로마를 지니며 한 모금 마시면 소금기를 완연히 느낄 수 있는 짠맛이 난다. 리구리아의 동부, 서부에서 고루 볼 수 있는 촉촉한 포도로 이 지역의 거칠고 강한 자연환경에 잘 적응한 화이트 품종이다.
39) 오르메아스코(ormeasco). 돌체토를 리구리아식으로 부르는 이름이다.
40) 친퀘 테레(Cinque Terre). 몬테로소 알 마레(Monterosso Al Mare), 베르나차(Vernazza), 코리닐리아(Corniglia), 마노롤라(Manorola), 리오마기오레(Riomaggiore)

륙 구릉지에 있는 포도원에서 베르멘티노나 비안케타 제노베세를 20~70% 사용한 화이트 와인 그리고 칠리에지올로나 돌체토를 20~70% 사용한 레드가 나온다.

(5) 포르나시오(Pornassio/Ormeasco Di Pornassio)

해안 도시 산 레모와 멀지 않은 프랑스와 가까운 곳으로 오르메아스코를 95% 이상 사용하는 레드가 나온다.

(6) 리비에라 리구레 디 포넨테(Riviera Ligure di Ponente)

제노아부터 프랑스 국경에 이르는 넓은 지역으로 DOC 내의 임페리아 지방의 와인 생산량이 많다. 각 두 가지씩의 화이트와 레드 와인이 나오는 곳이다. 화이트 와인으로는 피가토(Pigato)와 베르멘티노(Vermentino)가 있다. 피가토는 피에몬테 지방의 가비(Gavi)와 흡사하여, 꽃향기가 있는 풀 바디의 드라이 화이트 와인이며, 베르멘티노는 피가토에 비하여 좀 가벼운 대신 더 섬세하다.

베르멘티노와 피가토는 똑같이 허브 성질과 혀를 씻겨주는 듯한 특성을 가지고 있으며 혀끝에 닿는 순간 소금기가 느껴진다.[10] 레드 와인은 돌체토의 한 종류인 오르메아스코(Ormeasco)로 만들며, 드라이한 미디엄 바디 와인이다.

베르멘티노 와인으로 유명한 곳은 바르델리니(Colle dei Bardellini), 테레 비안케(Terre Bianche)가 있으며, 피가토 와인은 마사레티(Cascina Feipu dei Massaretti), 브루나(Azienda Agricola Bruna), 파랄디(Loredana Faraldi)가 알려져 있다.

(7) 로쎄제 디 돌체아쿠아(Rossese di Dolceaqua)

리구리아 서쪽 끝으로 프랑스와의 국경선을 따라 알프스 산자락에까지 이른다. 로쎄제 품종으로 같은 이름의 향이 가득한 레드 와인을 만든다. 영(young)할 때 좋은 와인이다.

(8) 발 폴체베라(Val Polcevera)

제노아 북부의 작은 계곡지대다. 제노아의 특정지역에서 생산되는 화이트에는 코로나타(Coronata)라는 이름을 더 붙인다.

3. 발레 다오스타(Valle d' Aosta)

서쪽으로 프랑스와 북으로는 스위스와 접해 있으며, 알프스의 몽블랑 자락 밑에 위치하는 알프스로 둘러싸인 아름다운 곳이다. 이탈리아의 20개 주 중에서 가장 면적이 작은 특별주[41]로, 주도(州都)는 아오스타(Aosta)로 프랑스어가 많이 사용되며, 곳곳에 프랑스문화의 흔적이 많이 보인다. 포도밭들은 300미터 높이에서 시작해 대부분 해발 1200m 이상의 높이에 있어 유럽에서 가장 높은 포도원들이다.

1) 발레 다오스타의 포도의 품종

레드 와인 품종 쁘티 루즈(petit rouge), 프레메타(prëmetta), 피코텐드로(picotendro. 네비올로), 푸민(fumin) 그리고 피노 누아, 가메이, 그르나슈, 시라를 사용한다.

화이트 와인 품종 블랑 드 모르젝스(blanc de morgex), 모스카토, 프티트 아르빈(petite arvine), 샤르도네 그리고 뮐러 투르가우, 피노 그리를 재배한다.

2) 발레 다오스타 DOC, 레이블의 표기

이곳의 DOC는 전체를 포괄하는 '발레 다오스타 DOC' 하나로 DOC 생산비율은 약 25% 정도가 된다. 발레 다오스타라는 이름은 전 지역에 걸쳐 생산되는 모든 와인에 표기되며 대부분 다른 품종이름으로 구분되는 13종류의 와인이 있다. 또 다른 12종류의 이름에는 레이블에 표기하기도 하고 표기하지 않아도 되는 일곱 개의 하위지역이 있다.

❶ 모르젝스 에 라 살레(Morgex et La Salle) 서쪽 끝의 몽블랑 가까운 곳이다.
❷ 앙페르 다르비에르(Enfer d'Arvier) 발레 다오스타의 서부지역으로 아오스타의 서쪽에 있는 아르비에(Arvier) 인근 지방이다.
❸ 토레트(Torrette) 아오스타 좌측의 산악지대 아르비에 인근 지역이다.
❹ 뉘(Nus) 뉘를 종심으로 한 아오스타의 동쪽에 있는 넓은 지역이다.
❺ 샹바브(Chambave) 뉘의 바로 동쪽에 붙은 아오스타 동쪽 마을이다.
❻ 아르나 몽조베(Arnad-Monjovet) 샹바브의 남쪽과 동쪽에 걸쳐 있는 도라 발테아 강을 따라 피에몬테와 가까운 지역이다.
❼ 돈나스(Donnas/Donnaz) 피에몬테와 인접한 발레 다오스타에서 가장 동남쪽에 위치한 지역이다.

3) 발레 다오스타 DOC 와인

3개 하위지역에서 생산되는 와인은 12종류이며, 그리고 품종와인 10종류, 그 외의 와인 3종류를 합하여 25가지 종류의 와인이 발레 다오스타 DOC 와인에 속한다. 그러나 어느 것이 품종이고 어느 것이 지명인지 쉽게 구분이 되지 않는다.

하위지역에서 언급된 와인을 종류별로 구분해 보면 다음과 같다.

화이트 와인 샹바브 뮈스카, 뉘 말부아지에 외에 '발레 다오스타' 라는 지역명 뒤에 샤르도네, 뮐러-투르가우 등의 와인품종 이름을 붙인 와인들이다.

레드 와인 발레 다오스타' 라는 지역명 뒤에 푸민, 가메이, 쁘티 루즈, 피노 누아, 누보, 루즈 등의 와인품종 이름을 붙인 와인들이다.

로제 와인 발레 다오스타 프레메타, 발레 다오스타 로사토

41) 이탈리아에는 지방행정단위로 일반주 15군데와 특별주 5개로 20개 주가 있다. 일반주는 피에몬테, 롬바르디아, 베네토, 리구리아, 에밀리아 로마냐, 토스카나, 움브리아, 마르케, 몰리제, 아브루쪼, 라치오, 캄파냐, 칼라브리아, 바실리카타, 풀리아이다. 특별주는 발레 다오스타, 트렌티노 알토 아디제, 프리울리 베네치아, 시칠리아, 사르데냐이다.

스파클링 와인 '블랑 드 모르젝스 에 드 라 살레 스푸만테'는 품종과 지명이 합쳐져 이름이 된 경우이다. 지역 협동조합인 블랑 드 모르젝스(Cave du Vin Blanc de Morgex et de La Salle)에서 좋은 와인을 만날 수 있다.

스위트 와인 샹바브 뮈스카 플레트리, 뉘 말부아지에 플레트리

4) 와인재배지역

(1) 발디네(Valdigne)

발레 다오스타의 서북지방으로 모르젝스(Morgex) 지역은 해발 1,200미터에 위치하여 19세기에 전 유럽에 필록세라(Phylloxera)병이 만연했을 때에도 워낙 높은 곳이라 무사한 곳이다. 블랑 드 모르젝스 에 드 라 살레(Blanc de Morgex et de la Salle)의 모르젝스(morgex)품종은 가벼우면서 찌를듯한 산도로 뼛속까지 드라이하며 이것으로 만드는 화이트 와인과 스파클링 와인이 나온다. 생산자로는 알베르 브베(Maison Albert Vevey), 마르치아노 브베(Marziano Vevey), 카를로 첼레가토(Carlo Celegato) 등이 있다.

(2) 발레 첸트라레(Valle Centrale)

발레 다오스타의 중부지역으로 아오스타를 중심으로 한 동쪽과 서쪽지방이다. 이곳에서 대부분의 와인을 생산하며, 네 군데의 포도재배지역이 있다.

앙페르 다르비에(Enfer d' Arvier)는 프띠 루즈를 베이스로 돌체토와 피노 누아 및 가메이를 블렌딩해 만든 레드 와인으로 가볍고 마시기 편하다. 토레트(Torrette)는 쁘티 루즈를 70% 사용하고, 피노 누아와 가메이, 푸민, 비앵 드 뉘 및 돌체토를 블렌딩할 수 있다. 라이트 바디의 레드 와인이 보졸레의 느낌이 나며, 차갑게 마시면 좋다.

뉘(Nus)를 만드는 비엔 드 뉘(vien de nus)는 이곳 외에 보이지 않는 거의 멸종 단계의 토착 품종으로 이 뉘를 50% 이상 그리고 쁘티 루즈나 피노 누아를 40% 이상 사용하여 만드는 향이 진한 드라이 레드 와인이다. 샹바브(Chambave)는 프띠 루즈 60% 이상으로 베이스로 사용하고, 돌체토와 가메이 및 피노 누아로 블렌딩하는 향이 진한 드라이 레드를 생산한다.

에치오 보야트(Ezio Voyat)의 뮈랄리(Rosso Le Muraglie)는 대표적 와인이다.

(3) 바싸 발레(Bassa Valle)

아르나-몽조베(Arnad-Montjovet)는 피코텐드로(네비올로) 품종의 고향으로 네비올로를 70% 이상 그리고 돌체토와 비엔 드 누스 및 피노 누아를 블렌딩한 미디엄 바디의 드라이 레드 와인이 생산되어 강한 타닌 성분에 풍부한 아로마가 느껴진다.

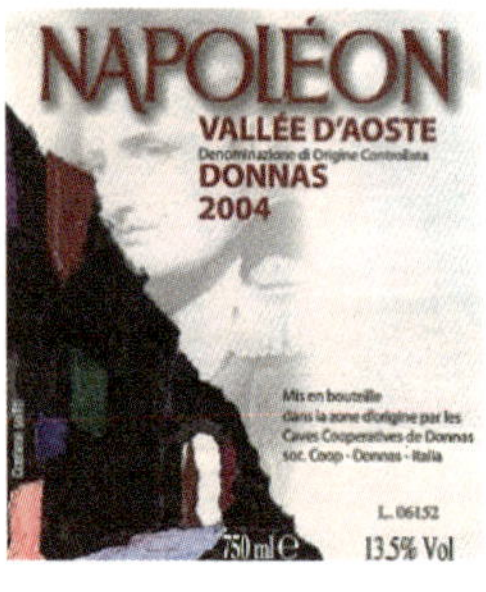

협동조합인 키우바(La Kiuva)와 보닌(Dino Bonin)이 주요 생산자이다. 돈나스(Donnas)는 한 때 분리된 DOC였으나 발레 다오스타라는 명칭으로 합해지면서 하위 지역으로 분류한다. 네비올로를 85% 이상 사용하고 프레이사와 비엔 드 뉘를 블렌딩한 레드 와인을 생산한다. 협동조합인 코페라티브 돈나스(Caves Cooperatives de Donnas)가 주요 생산자이다.

4. 롬바르디아(Lombardia)

피에몬테 북동쪽으로 북으로는 스위스와 국경을 접하고 있으며, 알프스와 프레 알프스와 아펜니니(Apennines) 사이에 있는 지역으로 산악기후에 의해 많은 영향을 받아 온 곳이다. 마지오레(Maggiore) 호와 가르다(Garda) 호 및 코모(Como) 호 등 맑고 푸른 호수들이 산재해 있으며, 밀라노가 주도(州都)이다.

화이트 와인 품종 샤르도네는 프란치아코르타 지방의 주품종으로 스틸 화이트, 샹파뉴 방식으로 만드는 스파클링에 사용된다. 가르가네가, 피노 비안코, 트레비아노 디 루가나, 리슬링

레드 와인 품종 바르베라, 보나르다, 키아벤나스카(chiavennasca. 네비올로), 람부루스코. 피노 누아, 우바 라라(Uva rara)

1) 롬바르디아 DOCG

(1) 프란치아코르타 DOCG

베르가모와 브레시아 사이 이세오 호(湖) 남쪽 구릉지로 이탈리아에서 가장 좋은 스파클링 와인을 생산하는 지역이며, 스파클링 와인의 이름이기도 하다. 이곳은 1967년도에 DOC(Denominazaione d' Origine Controllata)로 지정되었으며, 생산되는 여러 와인 중 스파클링 와인이 1995년으로 DOCG급으로 승격되었다.

프란치아코르타(Franciacorta)는 스파클링 와인을 지역명과 같은 이름으로 표기하여 이탈리아의 스푸만떼라 하지 않고 '프란치아코르타'로 따로 부른다. 레이블에는 양조에 관한 일체의 언급 없이 '프란치아코르타'라고만 표시한다. 1차 발효에 이어 병입된 상태에서 효모를 통한 2차 발효과정을 거치는 과정이 샹파뉴와 동일하며 당도 명칭도 샹파뉴와 같다. 또 다른 방식은 사텐(satén)[42]으로 표기하기도 하고, 그리고 도자주(dosage)[43]를 넣지 않은 파 도세(Pas Dosé)[44] 방식이 있다. 피노 네로, 샤르도네, 피노 비앙코를 주품종으로 사용하며, 화이트 품종으로만 양조할 경우 '사텐(Satèn)'이라고 레이블에 표시한다.

일반 프란치아코르타는 최소 25개월 숙성(이 중 18개월 병 숙성)하며 빈티지 프란치아코르타(밀레시마토 ; 'Millesimato'라고도 함)는 최소 37개월 숙성(이 중 30개월 병 숙성)하는데 해당 빈티지에

42) 사텐(satèn), 크레망(crémant)방식으로 재배한 화이트품종으로만 만든 와인으로 샹파뉴 방식보다 기압이 약간 낮다는 뜻.
43) 도자주(dosage). 와인과 설탕시럽을 섞은 혼합물을 보충함. 산도가 지나치게 높아지는 것을 조정하는 역할도 한다. 이탈리아어로는 도사토(Dosato)라 한다.
44) 파 도세(Pas Dosé). 파 오페레(Pas Operé)라고도 하며 병입 전에 도자주(dosage)를 하지 않음을 의미한다.

수확한 포도가 85% 이상이어야 한다. 빈티지 프란치아코르타가 '리제르바'로 출시되려면 효모와 함께 최소 5년 이상 숙성, 총 67개월 이상 숙성시켜야 한다.

벨레비스타(Bellavista), 카델 보스코(Ca' del Bosco), 카발레리(Cavalleri)가 프란치아코르타의 잠재력을 확인시켜 준다. 사텐(Satèn)은 부드럽고 로제는 조금 무거우며 넌 빈티지 브뤼가 상쾌하다.

(2) 올트레포 파베제 메토도 클라시코(Oltrepo' Pavese Metodo Classico) DOCG

파비아(Pavia)는 롬바르디아의 서남지방으로 밀라노의 바로 남쪽에 있고, 포강(江)의 남쪽이기도 하여 '포강 너머의 파비아'라는 뜻이기도 하다. 롬바르디아 전체 와인생산량의 반 이상을 차지하고, DOC 와인의 2/3 이상을 점하고 있기도 하다.

레드와 스파클링, 화이트 그리고 로제 와인을 생산한다. 사용하는 품종은 바르베라, 크로아티나, 우바 라라(Uva Rara), 베스폴리나(Vespolina), 피노 네로(Pinot Nero) 등이다.

전통방식의 스파클링 와인, 최소 70%의 피노네로(피노누아) 품종으로 양조, 85% 이상 사용하였을 경우에 레이블에 피노네로 또는 피노네로 로제라고 표시한다. 프란치아코르타보다는 숙성 요구기간이 짧다.

논 빈티지는 15개월, 빈티지는 2년 이상 숙성을 해야 한다. 스틸 와인의 경우 올트레포 파베제 DOC로 출시한다. 마르틸데 올트레포 파베세(Azienda Agricola Martilde Oltrepò Pavese)와 베르체시 델 카스텔라초(Vercesi Del Castellazzo Oltrepò Pavese)의 부드럽고 마시기 편한 레드는 외부에서 찾기가 쉽지 않지만 과일 농축액의 무게가 상당하다.

(3) 모스카토 디 스칸조(Moscato di Scanzo/Scanzo) DOCG

2002년 DOC, 2009년 DOCG로 승격된 곳으로 같은 이름의 품종 100%를 사용한 스위트와인인 모스카토만 생산한다.

(4) 스포르차토 디 발텔리나(Sforzato di Valtellina. Sfurzat di Valtellina) DOCG

아마로네와 유사한 반 건조 포도로 양조한다. 네비올로 품종을 사용하며 오크통 1년을 포함한 2년 이상 숙성해야 한다. 최저 알코올은 14%이다.

(5) 발텔리나 슈페리오레(Valtellina Superiore) DOCG

롬바르디아의 최북단 코모 호(湖)의 동쪽에 위치하여 알프스의 가파른 경사가 시작되는 곳이기도 하다. 네비올로로 만드는 라이트 바디의 레드 와인이 스위스 국경지대인 아다(Adda) 강변의 발텔리나(Valtellina) 와인생산지에서 나온다.

발텔리나 슈페리오레(Valtellina Superiore)는 롬바르디아 주의 대표적인 레드 와인으로 네비올로 품종을 90% 이상 사용하여 만든다. 과육의 향이 진하게 느껴질 만큼 향이 강하고 드라이하며 타닌의 맛이 떫으면서 감칠맛이 도는 것이 특징이다.

2년 이상 숙성해야 하며, 발텔리나 슈페리오레 리세르바(Superiore Riserva)는 4년 이상의 숙성을 요한다. 네 군데 생산지역별로 숙성기간의 차이가 있다.

사쎌라(Sassella) 지역은 8~10년, 인페르노(Inferno) 지역은 5~6년, 그루멜로(Grumello) 지역은 3~4년이 이상적이고, 발겔라, 마리지아(Valgella, Mariggia) 지역이 레이블에 생산지들로 표기된다. 니노 네그리(Nino Negri)의 스푸르사토 친퀘 스텔레(Sfursat 5 Stelle) 그리고 알도 라이놀디(Aldo Rainoldi)의 와인들이 발텔리나 와인의 대표적이라 할 수 있다.

3) 롬바르디아 DOC

(1) 보티치노(Botticino)

브레시아 동쪽으로 바르베라 30%, 마르체미노 20%, 산지오베제와 스키아바는 10% 이상 사용하며 그리고 다른 품종은 10% 이하씩 사용한 드라이 레드가 나온다.

(2) 보나르다 델로트레포 파베세(Bonarda dell' Otrepò Pavese)

2010년 DOC 지정된 곳으로, 롬바르디아의 서남부 파비아(Pavia) 지역으로 포 강 위에 위치한다. 크로아티나(=보나르다)를 재배한다.

(3) 부타푸오코 델로트레포 파베세(Buttafuoco dell' Oltrepò Pavese)

2010년 새로이 DOC 지정된 곳으로 크로아티나(Croatina. Bonarda), 바르베라. 우바 라라 외 여러 품종을 재배한다.

(4) 카스테지오(Casteggio)

파비아에서 25km 남쪽으로 다양한 품종을 재배하지만 프리잔테를 많이 생산한다.

(5) 카프리아노 델 콜레(Capriano del Colle)

브레시아 남쪽의 완만한 구릉지로 트레비아노를 주로 사용한 드라이 화이트 그리고 프리잔테와 드라이 레드가 나온다.

(6) 첼라티카(Cellatica)

브레시아 서쪽의 구릉지. 마르체미노와 바르베라를 주로 사용한 드라이 레드 생산지다.

(7) 가르다(Garda an inter-regional)

살로(Salò) 위에 있는 가르다 호(湖)의 좌안에 있는 곳으로 가르다 호 건너편의 베네토 주와 흡사하다.

(8) 가르다 콜리 만토바니(Garda Colli Mantovani)

가르다 호의 남쪽 지대로 화이트는 가르가네가, 트레비아노, 샤르도네를 주로 키우며, 레드는 메를로와 론디넬라를 이용한 드라이 레드가 나온다.

(9) 람부르스코 만토바노(Lambrusco Mantovano)

롬바르디아의 최남단으로 위로 베네토 아래로 에밀리아 로마냐 사이에 있는 평야지대이다. 람부르스코를 주로 사용한 레드와가 나온다.

(10) 루가나(Lugana an inter-regional)

가르다 호의 남쪽 연안 평야지대이다. 트레비아노를 주로 사용한 화이트가 나온다.

(11) 리비에라 델 가르다 브레시아노(Riviera del Garda Bresciano)

가르다 호의 서쪽 연안으로 살로 바로 위의 지역이다. 리슬링을 사용한 화이트, 그로펠로를 주로 사용한 레드가 생산된다.

(12) 산 콜롬바노 알 람브로(San Colombano al Lambro)

브레시아 바로 밑에 있는 완만한 구릉지대로 크로아티나와 바르베라를 주로 사용하고 우바 라라로 보완하는 드라이 레드 와인 한 가지 타입만 만든다.

(13) 산 마르티노 델라 바탈리아(San Martino della Battaglia an inter-regional)

가르다 호의 남쪽 연안으로 루가나 DOC와 겹쳐있는 평야로 토카이 프리울라노를 사용한 화이트 와인만 나오는 곳이다.

(14) 스칸초(Scanzo)

베르가모와 이세오 호 사이에 있는 롬바르디아의 한 가운데로 모스카토 디 스칸초 100%의 화이트만 나오는 지역이다.

(15) 테레 디 프란치아코르타(Terre di Franciacorta)

이세아 호 밑으로 프란치아코르타 DOCG와 겹친다. 프란치아코르타는 스파클링 와인만 생산하기 때문에 스틸 와인이나 비발포성 화이트 와인일 경우 테레 디 프란치아코르타(Terre di Franciacorta) DOC 혹은 DOC급이 아니면 '세비노(Sebino) IGT'로 판매한다. 2008년 이전에는 '쿠르테프랑카(Curtefranca) DOC'로 칭했다.

(16) 발칼레피오(Valcalepio)

롬바르디아의 중앙으로 서쪽의 베르가모에서 동쪽의 이세오 호에 이르는 지역이다. 화이트는 피노 비안코와 샤르도네, 레드는 카베르네 소비뇽과 메를로를 주로 사용한다.

(17) 발텔리나(Valtellina Rosso)

롬바르디아의 최북단으로 스위스에 인접한 알프스 계곡을 이루는 끝자락의 가파르고 높은 언덕과 산악지대이다. 지아벤나스카(Chiavennasca. 네비올로) 최소 80%로 양조한다. 롬바르디아에서 가장 중요한 레드 와인 생산지역이다.

니노 네그리(Nino Negri)는 치아벤나스카 품종의 선도업체로 스푸르사트 5 스텔레(Sfursat 5 Stelle)라는 최상급 와인을 만들었다.

(18) 발테네지(Valtenesi)

그로펠레(Groppello)라는 토착품종으로 로제를 생산하며 2011년에 DOC로 인정되었다.

제4절 이탈리아 동북 지방

1. 트렌티노 알토 아디제(Trentino Alto Adige)

위로는 알프스너머 스위스와 오스트리아, 우측으로는 돌로미테스(Dolomites)산맥으로 둘러싸인 이탈리아의 가장 북쪽에 있는 동북지역이다. 90% 이상이 산악지역으로 알프스를 따라 산세가 아름답다.

스위스에서 시작한 아디제 강이 동쪽으로 흐르다가 볼차노(Bolzano)에서 이사르코 강을 합류하여 남쪽으로 꺾어진다. 주도(州都)인 트렌토(Trento)와 베로나를 지나 아드리아 해로 흐른다.

화이트 와인 품종 샤르도네, 트라미너, 피노 그리조, 뮐러 투르가우, 노시올라(Nosiola)가 있다.

레드 와인 품종 카베르네 소비뇽, 카베르네 프랑, 메를로, 테롤데고(Teroldego), 람부르스코, 스키아바(Schiva), 라그레인(Lagrein), 마르체미노(Marzemino)를 재배한다.

1) 트렌티노(Trentino) 지방의 DOC

(1) 카스텔러(Casteller)

트렌티노의 가장 남쪽으로 스키아바를 베이스로 한 라이트 레드 와인이 나온다. 드라이 혹은 세미 스위트 와인 스타일도 있으며, 가볍게 마시기에 좋아서 지역에서 거의 다 소진된다.

(2) 라고 디 칼다로(Lago di Caldaro. Caldaro)

칼다로 호 인근의 트렌티노 북부로 알토아디제의 접경지이다. 스키아바를 85% 이상 사용한 레드 와인만 나온다.

(3) 테롤데고 로탈리아노(Teroldego Rotaliano)

메차코르나 인근으로 아디제 강과 노체 강이 합류하는 지점이다. 기원 후 200년경부터 재배되었던 테롤데고는 레드 와인품종의 이름으로, 테롤데고 100%의 진한 색의 타닌이 많은 강건한 스타일의 레드 와인을 만든다.

(4) 트렌티노(Trentino)

트렌토 전역으로 스무 종이 넘는 와인을 생산하며 이 지역 와인의 90%는 대규모 협동농장에서 나오고 있다. 샤르도네와 비안코를 80% 이상 사용해 화이트를 만들고, 레드는 카베르네 프랑, 카베르네 소비뇽, 메를로를 주로 쓴다. 그 외에도 많은 품종을 키우고 있다.

(5) 트렌토(Trento)

트렌티노 지역과 일치하는 넓은 곳이지만 스파클링 와인으로만 알려져 있다. 화이트와 로제 와인도 나오는데 샤르도네와 피노 비앙코, 피노 네로, 피노 뫼니에를 사용한다.

오랫동안 이탈리아에서 가장 좋은 스파클링 와인을 만드는 1902년 세워진 페라리(Ferrari)[45] 와이너리가 있는 곳으로 국제적으로 많이 알려졌다. 리세르바 델 폰다토레(Riserva del Fondatore)는 이탈리아 최고의 스푸만테로 1902년 와이너리를 창립한 줄리오 페라리의 이름을 붙였다.

(6) 트렌티노 소르니(Trentino Sorni)

이탈리아에서 가장 작은 DOC로 DOC 보다 하위지역으로 여겨지기도 한다. 가파른 능선에 자리 잡은 포도밭에서 화이트 와인은 노시올라(Nosiola), 뮐러-투르가우, 실바너, 피노 비앙코, 피노 그리지오, 샤르도네를 사용하여 만든다. 레드는 테롤데고, 스키아바, 라그레인(Lagrein)을 사용한다.

(7) 발다디제(Valdadige)

7가지 스타일의 와인이 나오는데, 모두 그리 비싸지 않다. 레드 와인은 스키아바, 람브루스코, 메를로, 피노 네로, 라그레인(Lagrein), 테롤데고, 네그라라(Negrara)로 만든 드라이 혹은 세미 드라이 타입이다. 화이트 와인은 9가지 이상을 블렌딩한 드라이와 세미 스위트 그리고 로제 와인이 나온다. 포라도리(Foradori)에서 돌로미티(Dolomiti) IGT이지만 엄선한 테롤데고로 만들어 감베로 로소에서 글라스 세 개를 받은 그라나토(Granato)라는 세계적 와인을 낳았다.

---

45) 페라리(Ferrari). 트렌티노에서 스파클링 와인의 선구자로, 매년 450만 병을 양산하는 세계 10위권의 스파클링 와인회사다. 내부는 1200만 병의 와인이 각각의 단계별로 숙성되고 있다. 1971년 루넬리(Lunelli)가에서 인수하였지만 최소 8년을 숙성시키는 고급와인에는 페라리의 이름을 붙이고 있다.

2) 알토 아디제(Alto Adige) DOC

스키장으로 유명한 볼차노(Bolzano)를 중심으로 한 알토 아디제는 중세시대 이래 오스트리아 티롤(Tyrol) 주의 남부지방이었으나 1919년 이탈리아에 귀속되어 지금도 알토 아디제를 남 티롤(South Tyrol)이라고도 부르고 있다. 이탈리아어와 독일어를 같이 쓰며 와인 문화는 오스트리아, 독일 쪽과 공통점이 많고 레이블은 독일식으로 쓰는 경우가 많다.

대부분이 산악지역으로 전체면적 중 약 15% 정도에서 포도재배가 가능하다. 와이너리의 대부분이 남쪽이나 혹은 동쪽을 향한 경사면에 위치한다. 게뷔르츠트라미너, 실바너, 케너(Kener), 라그라인(Lagrein) 등의 품종을 주로 사용하여 대부분 화이트 와인을 생산한다.

이 지역 와인의 70%가 대규모 협동농장에서 생산되고 있다.

(1) 알토 아디제 쉬드티롤(Alto Adige Südtirol, Südtiroler(독일어))

프랑스 품종이 많이 재배되는 지역으로 생산량이 많다. 샤르도네, 피노 그리지오, 피노 비앙코, 뮐러 트루가우, 소비뇽 블랑 등이 주 품종이며 실바너와 게뷔르츠트라미너 품종도 재배한다. 레드는 테롤데고(Teroldego) 특히 스키아바(Schiava=Vernatsch) 품종이 유명하다.

(2) 알토 아디제 라고 디 칼다로(Alto Adige Lago di Caldaro, Kalterersee/Kalterer(독일어))

DOC 지역 중에 오래된 넓은 곳으로 칼다로 호수에 가까운 알토 아디제 내의 지정 지역에서 생산된 와인이면 DOC 명칭에 '알토 아디제/쉬드 티롤(Alto Sdige/Südtirol)이라는 문구를 추가할 수 있다.

'알토 아디제 라고 디 칼다로'로 인정받으려면 지정된 9개 마을[46]에서 생산해야 한다. 스기아바 품종을 85% 이상 사용하여 부담 없이 마시기에 적합한 레드 와인을 만든다.

(3) 발다디제(Valdadige)

트렌티노와 겹치는 지역이다.

(4) 산타 마달레너(Alto Adige Santa Maddalener)

볼차노 시 북측 외곽으로 이사르코 강과 아디제 강의 합류지점에 있는 알토 아디제의 하위지역이다. 스키아바(Schiava)를 90% 이상 사용하여 베이스 삼아 만든 진한 컬러와 과일 향이 가득한 레드 와인을 만든다.

3) 기타 지역

전에는 DOC였으나 DOC에서 해제된 곳 혹은 와인이 생산되는 하위 지역은 다음과 같은 곳이 있다.

(1) 메라네세 디 콜리나(Alto Adige Meranese di Collina)

메라노(Merano) 시 인근 아디제 강 양안에 걸친 알토 아디제의 하위지역이다. 해발 300~600m의 포도밭은 주로 남향의 경사로 되어 있다. 스키아바 100%로 스키아바로 만든 와인 중에 향이 제일 가득한 레드 와인을 만든다.

(2) 테를라노(Alto Adige Terlano)

테를라노 시 부근의 넓은 곳으로 알토 아디제의 하위지역이다.

46) '알토 아디제 라고 디 칼다로'로 인정받는 지정된 9개 마을. Appiano, Bronzolo, Caldaro, Cortaccia, Egna, Montagna, Ora, Termeno, Vadena

피노 비안코, 샤르도네를 50% 이상과 다른 여러 품종을 사용하여 화이트 와인만 만드는 곳이다. 칸티나 테를란(Cantina Terlan)은 약 100명의 회원에 150ha에 이르는 면적으로 라 라리타(La Rarita)는 샤르도네, 소비뇽 블랑, 피노 비앙코로 각각 만들어 가격이 비싼만큼 품질도 그에 상응하여 20년 이상도 거뜬하다. 피니쉬가 긴 소비뇽의 콰르츠(Quartz)는 우아하다.

(3) 콜리 디 볼차노(Alto Adige Colli di Bolzano)

볼차노 시 우측 외곽으로 아디제의 하위지역이다. 스키아바를 베이스로 90% 사용하고 나머지는 라그레인이나 피노 네로로 만든 라이트 바디의 화이트 와인이 나온다.

(4) 발레 이사르코(Alto Adige Valle Isarco)

이사르코 강 연안의 알토 아디제 하위지역으로 이탈리아 최북단에 있는 전 DOC 지역이다. 게뷔르츠트라미너, 실바너, 뮐러-투르가우, 피노 그리지오(독일식 이름은 룰란더), 케르너와 같은 독일품종의 화이트 와인이 나온다. 이곳에서 생산하는 레드 와인은 단 한 개로, 스키아바 품종을 60% 이상 사용하고 있다.

(5) 알토아디제 발레 베노스타(Alto Adige Valle Venosta)

북서쪽으로 멀리 떨어져 스위스와 오스트리아와의 국경 가까이에 있으며, 리슬링으로 만든 화이트 와인이 잘 알려져 있다. 샤르도네 외에도 다른 화이트 품종도 많이 재배되고 레드도 일부 나온다.

2. 프리울리-베네치아 줄리아(Friuli-Venezia Giulia)

이탈리아의 북동쪽 끝에 위치하여 좌측은 베네토, 북쪽과 동쪽은 오스트리아, 슬로베니아에 둘러싸여 있으며 남쪽으로는 아드리아 해가 있다. 주(州)의 동남쪽인 아드리아 해안에 면해 있는 주도(州都)인 트리에스테(Trieste)는 아름다운 항구도시로 해안을 따라 늘어선 바로크풍의 건축물들이 도시의 품격을 더해 주고 있다.

동쪽으로 슬로베니아(Slovenia)와 국경을 접하고 있는 콜리오(Collio)와 콜리 오리엔탈리 델 프리우리(Colli Orientali del Friuli) 지역에서 좋은 와인을 생산한다.

이웃 나라인 오스트리아와 슬로베니아의 영향을 많이 받아 이탈리아가 레드 와인의 국가로 알려진 반면, 화이트 와인이 이곳의 와인생산량의 수위를 차지한다.

화이트 와인 품종 글로벌 품종은 샤르도네와 소비뇽 블랑, 리슬링, 게뷔르츠트라미너, 피노 그리지오, 피노 비앙코, 그리고 이 지방 토착품종인 토카이 프리울라노(tocai friulano), 말바시아 이스트리아나, 리볼라 지알라(ribolla gialla), 피콜리트가 있다.

레드 와인 품종 메를로와 카베르네 프랑, 카베르네 소비뇽, 그리고 토착종으로 가볍고 마시기 좋은 레포스코(Refosco), 농축미가 있는 스키오페티노(Schioppettino), 거칠고 신맛이 강한 타첼렌게(Tazzelenghe)가 있다.

1) 프리울리-베네치아 줄리아의 DOCG

(1) 콜리 오리엔탈리 델 프리울리 피콜리트(Colli Orientali del Friuli Picolit) DOCG

중앙의 라만돌로 DOCG와 겹치는 곳으로 하위지역인 라만돌로와 치알라(Cialla), 코모 디 로사초

(Corno di Rosazzo)에서 두 가지의 파시토(passito)와인이 나온다. 즉, '콜리 오리엔탈리 델 프리울리 피콜리트' 와 '콜리 오리엔탈리 델 프리울리 피콜리트 치알라' 이다. 치알라에서 피콜리트(picolit)로 만드는 세미 스위트 화이트 와인, 리볼라 지알라로 만든 드라이 화이트 와인, 베르두초로는 드라이와 세미 드라이 및 스위트 화이트 와인을 만든다. 다양한 품종을 사용하는 드라이 레드 와인도 생산한다.

(2) 라만돌로(Ramandolo) DOCG

콜리 오리엔탈리 DOC 안의 북쪽 지역으로 타르첸토(Tarcento) 마을 인근의 작은 곳으로 2001년 DOCG가 되었다. 베르두초(Verduzzo)로 만든 화이트 스위트 디저트 와인을 생산한다.

(3) 로자초(Rosazzo) DOCG

이곳은 특히 천년 이상이나 된 오래된 수도원인 아빠지아 디 로사초(Abbazia di Rosazzo)에서 재배하던 '리보라 지알라' 품종으로 유명하다. 드라이 화이트, 세미 드라이, 스위트 화이트, 드라이 레드 와인을 생산한다.

2) 프리울리-베네치아 줄리아의 DOC

(1) 카르소(Carso)

아드리아 해를 따라 이손초(Isonzo) 강에서부터 남으로 길게 뻗어 슬로베니아와의 경계에 접하고 있는 지역이다. 레포스코(Refosco)와 관련이 있는 품종인 테라노(Terrano)를 사용한 레드 와인과 글로벌 품종의 레드와 화이트를 생산한다.

(2) 콜리 오리엔탈리 델 프리울리(Colli Orientali del Friuli)

지역 이름이 '프리울리의 동쪽 언덕' 이란 뜻으로 만차나 우측에서 슬로베니아와 알프스 산자락을 따라 길게 있는 지역이다. 글로벌 품종과 토착 품종이 다양하게 재배되고 쓰인다.

코르몬스(Cantina Produttori Cormons Soc, Coop)[47]는 '지역 양조 협동조합' 으로 1985년부터 레이블은 세계 유명 예술가들이 3명씩 만들고 있으며 1989년산에 백남준의 작품을 실었다. 이곳의 델리 파체(Vino Della Pace)는 '평화 와인' 의 의미로 서로 다른 문화의 평화적인 공존을 염원하는 메시지를 전달한다.

아바치아 디 로사초(Abbazia di Rosazzo)는 이 지방 유명 메이커로 론코 델레 아카치에(Ronco delle Acacie) 샤르도네가 알려져 있다. 리비오 펠루가(Livio Felluga)는 프리울리에서만 자라는 피콜리트(Picolit) 품종으로 달지만 달지 않은 스위트 화이트를 만든다. 자연적으로 피어나는 산도가 단맛을 잡기 때문이다. 그리고 피노 그리지오로 드라이 화이트를 만든다.

레 두에 테레(Le Due Terre)는 화이트 와인이 주류인 이 지역에서 로포스코와 스키오페티노의 블렌딩인 레드를 만들어 독특한 개성을 보여준다. 미아니(Miani)의 비앙코(Colli Orientali del Friuli Bianco)는 풍부하고 달콤한 프리울리의 슈퍼 화이트로 결코 싸지 않은 가격 값을 장기간 우아하게 나이 들면서 톡톡히 해내며, 일 년에 1,000상자 생산하는 메를로로서는 다소 높은 알코올 14.5° 의 레드는 높은 가격이지만 결코 돈이 아깝지 않다.

---

47) 코르몬스(Cantina Produttori Cormons Soc, Coop). 이곳의 포도나무는 세계 5대륙의 포도원으로부터 받은 600여 종으로 '세계의 포도밭' 이라는 별명과 '포도품종 박물관' 이라는 말을 듣는다. 생산되는 와인은 세계 90여 개국 정상에게 보내고 나머지는 경매나 자선행사에서 판매한다.

(3) 콜리오 고리치아노(Collio Goriziano/Collio)

슬로베니아와의 접경 산악지대로 많은 포도원들이 동쪽으로 슬로베니아에 걸쳐 있어, 슬로베니아에서 생산되는 와인들의 병 레이블에서도 콜리오라는 이름을 쉽게 볼 수 있다. 이탈리아의 화이트 와인 중에서 콜리오 와인은 풀 바디에 속하는 편이다. 화이트 와인으로는 토카이 프리울라노 품종이 이 지역에서 제일 뛰어나고, 피노 비앙코, 피노 그리지오, 소비뇽 블랑, 샤르도네를 사용하며, 토착종인 리보라 지알라와 말바지아 이스트리아나(Malvasia Istriana)도 좋은 품질이다.

레드 와인은 카베르네 프랑과 메를로 품종이 주도한다.

콜레 두가(Colle Duga)의 토카이 프리울라노(Tocai Friulano)는 이곳의 선도적 드라이 화이트 와인이며 피노 그리지오와 샤르도네도 역시 깔끔하다.

그라브너(Gravner) IGT는 포도를 으깨지 않고 진행하는 발효법으로 타닌이 많은 스타일의 화이트 와인인 브레그(Breg Anfora)를 내놓아 깨끗하고 아로마가 풍부한 스타일의 화이트를 만드는 프리울리 사람들을 경악하게 하고 있다.

(4) 프리울리 안니아(Friuli Annia)

남쪽으로 아드리아 해와 접한 남부지역이다. 말바시아 이스트리아나, 샤르도네를 사용하는 화이트와, 카베르네 프랑, 카베르네 소비뇽, 메를로를 사용한 레드 와인 그리고 샤르도네와 피노 비앙코를 사용한 스파클링 와인을 생산한다.

(5) 프리울리 아퀼레이아(Friuli Aquileia)

아드리아 해 연안에 있는 고대 로마 도시 아퀼레이아에 있는 평원 지역이다. 메를로 100%의 로제와, 샤르도네 등의 화이트, 카베르네 프랑, 소비뇽 등의 레드 와인이 나온다. B&B를 같이 운영하는 포파니(Azienda Agricola Foffano)는 1789년부터 와인을 생산하고 있다.

(6) 프리울리 그라베(Friuli Grave)

탈리아멘토(Tagliamento) 강 양안에서 서쪽 베네토 쪽으로 뻗은 광활한 평원이다. 화이트와 스푸만테는 샤르도네와 피노 비앙코 등을 사용하고, 레드는 카베르네 프랑, 카베르네 소비뇽, 메를로 등을 사용한다.

(7) 프리울리 이손초(Friuli Isonzo)

이손초 강을 따라 있는 동남 지역으로 강 남쪽으로 내려가면 모래 섞인 비옥한 토양이 된다. 화이트는 샤르도네와 그 외의 품종, 그리고 토카이 프리울라노를 40~50% 사용한 화이트, 레드는 카베르네 프랑, 카베르네 소비뇽, 메를로를 사용한다. 비에 디 로만스(Vie di Romans)는 샤르도네와 소비뇽 블랑, 피노 그리지오로 입맛 까다로운 사람을 만족시킬 수 있는 화이트를 만든다.

슈퍼 화이트(Super Whites)

프리울리의 화이트 와인은 다양한 품종을 다양하게 블렌딩하여 사용하는 만큼의 와인의 성격도 다채롭지만 레이블에는 별다른 정보가 없다.

이런 화이트 와인들을 슈퍼 화이트[48]라 하며 성격을 알아두면 프리울리의 화이트를 아는데 시행착오를 조금이나마 줄일 수 있다.

보르고 델 틸리오(Borgo del Tiglio)는 말바시아 이스트리아나 품종의 가치를 확인시켜 주는 곳이다.

실비오 예르만(Silvio Jermann)에서 만든 빈티지 투니나(Vintage Tunina)는 시원하고 아로마가 풍부하여 세계적으로 상위권에 들어갈 만한 품질의 풀 바디 화이트 와인으로 10년의 숙성이 필요하다.

(8) 프리울리 라티사나(Friuli Latisana)

아드리아 해와 가까운 라티사나 외곽지역으로 베네토와 접해 있다. 메를로를 70~80% 사용한 로제 와인, 그리고 드라이 화이트와 레드, 스푸만테를 생산하며 샤르도네와 피노 비앙코 및 피노 네로로 만드는 세미 드라이 스파클링 와인이 나온다.

(9) 콜리 오리엔탈리 델 프리울리(Colli Orientali del Friuli), Colli Orientali del Friuli Cialla

우디네(Udine) 지방으로 프리울라노, 소비뇽 블랑, 샤르도네 등으로 화이트 와인이 나온다.

(10) 리존-프라마지오레(Lison Pramaggiore)

라티사나 시 북쪽 외곽으로 베네토와 붙어 있는 곳이다. 프리울리노 등으로 화이트 와인을 생산한다. 스키오페토(Schiopetto)는 이탈리아 동북부의 최고의 와인 중 하나로 블랑 데스 로시스(Blanc

48) • 실비오 예르만의 빈티지 투니나(Vintage Tunina) • 예르만 비나이올리(Jermann Vinnaioli)의 카포 마르티노(Capo Martino) 부드러운 크림 맛 • 미아니. 비앙코(Colli Orientali del Friuli Bianco) • 바스티아니치(Bastianich) 베스파 비앙코(Vespa Bianco) 복합적 크림 맛, • 라 카스텔라다(La Castellada). 비앙코 델라 카스텔라다(Collio Bianco della Castellada) 풍부한 스모키와 달콤함, • 비에 디 로만스(Vie di Romans). 플로르 디 우이스(Friuli Isonzo Flors di Uis) 이슬같은 이국적인 아로마 • 프리메 노테(Prime Note). 농익고 부드러운 감귤과 복숭아 향 • 리비오 펠루가(Livio Felluga). 테레 알테(Colli Orientali del Friuli Terre Alte). 깨끗하고 밝은 소비뇽의 특성 • 론코 델 겔소(Ronco del Gelso). 라티미스(Friuli Isonzo Latimis) 산뜻한 아로마와 농후함, • 비에티(Vietti). 트레 비네(Barbera d' Asti Tre Vigne) 깊은 금빛에 파인애플 향 • 스키오페토(Schiopetto)

des Rosis Venezia Giulia IGT)는 슈퍼 화이트의 일원으로 풍부한 아로마와 달콤하고 견고하며, 피노 비앙코, 말바지아, 소비뇽 블랑이 품질을 자랑한다.

차모(Le Vigne di Zamò)는 화이트와 더불어 레드 와인도 품질을 인정받는다.

3. 베네토(Veneto)

유명한 물의 도시 베네치아(Venezia)가 주도(州都)로 로미오와 줄리엣의 무대인 베로나(Verona) 외에 파도바(Padova) 등의 유명한 도시들이 있다. 포(Po)강과 아드리아(Adria)해의 끝에 뻗쳐 있는 기름진 평원으로 이루어져 있으며, 프레-알프스(Pre-Alps) 지역이 가장 중요한 포도재배지역으로 기후의 변화가 심한 편이다.

이탈리아의 주별(州別) 와인의 생산량은 4위이지만, DOC 와인생산량은 1위 지방이다.

베로나의 가르다(Garda)호 동쪽 연안에서 이 지방의 3대 와인인 바르돌리노, 베로나 북쪽에서 발폴리첼라와 쏘아베가 나온다.

화이트 와인 품종 가르가네가, 트레비아노, 피노 그리지오, 글레라(프로세코)가 주로 쓰이며, 그 외 샤르도네, 리슬링이 재배되며 스위트는 베스파욜라(Vespaiola)가 쓰인다. 베네토의 와인생산량 중 화이트가 60% 이상을 차지한다.

레드 와인 품종 코르비나, 론디넬라, 몰리나라, 그리고 카베르네 소비뇽, 카베르네 프랑이 있다.

1) 베네토의 DOCG

(1) 아마로네 델라 발폴리첼라(Amarone della Valpolicella) DOCG

발폴리첼라 DOC 중 2009년 레초토(스위트)와 더불어 아마로네가 DOCG로 인정받은 것으로 통상 아마로네[49]로 불린다. 아마로네는 '훌륭한 식전주'라는 뜻으로 코르비나 50%, 론디넬라 5~30%, 그리고 다른 품종을 최대 25%까지 블렌딩한 드라이 레드 와인이다. 높은 알코올 도수, 두터운 타닌, 진한 농도로 어린 상태도 좋지만 좋은 빈티지는 병입 후 20~30년이 지나야 풍부한 향이 흘러나온다.

로마노 달 포르노(Romano Dal Forno)는 파커의 '위대한 와인'에 이름을 올려서가 아니라 실제로 발폴리첼라와 아마로네 와인의 최고봉이다. 한 그루의 포도나무에서 단 한 병만 만들거나 빈티지가 나쁘면 아예 와인을 만들지 않는(2005, 2007년) 외에도 여러 이유가 있을 것이다.

아마로네 삼총사인 볼라 아마로네(Bolla Amarone della Valpolicella) → 마시 아마로네(Masi Amarone della Valpolicella)[50] → 알레그리니 아마로네(Allegrini Amarone della Valpolicella)[51] 순으로 점점 진해지며 스위트 와인이 아니지만 이들은 혀끝으로 진하고 달콤한 맛을 느낄 수 있으며 무게나 점도도 입안에서 확실히 느껴진다.

알레그리니의 라 그롤라(La Grola)는 IGT급이지만 발폴리첼라를 대표하는 와인 중의 하나이다.

---

49) 아마로네(Amarone). 1930년대 한 생산자가 레초토 와인을 만들던 중 알코올 발효 과정에서 중간에 발효를 차단하지 못해 모든 당분이 알코올로 바뀌며 단맛이 전혀 없는 드라이한 와인이 되었다. 이 와인에서는 쓴맛과 함께 아주 뛰어난 맛과 향이 동시에 느껴져 이를 계기로 아마로네 와인을 생산하게 되었다. 아마로네 이름 역시 이탈리아어로 'Amaro' 즉, '쓴'이라는 단어에서 유래된 것이다. 이렇게 탄생된 아마로네 와인은 1945년부터 본격적으로 병입되어 시장에 유통되기 시작했고 이후 1968년 DOC 등급을 받았고, 1990년대 중반 이후부터는 생산량이 더욱 늘어나게 되었다.

50) 마시(Masi)는 보스카이니(Boscaini)가문에서 1353년부터 와인을 양조하는 곳으로 베네토지역 와인양조 기술에 혁신을 불러 일으켰다.

51) 알레그리니(Allegrini)는 '신곡'의 저자인 단테의 아들 알레그리니(Pietro Allegrini)가 1353년 피렌체에서 옮겨 와 후손이 1557년부터 와인을 만들던 곳이다.

퀸타렐리(Giuseppe Quintarelli)는 완전 발효가 이루어져 모든 당이 다 소진된 전통적인 문자 그대로의 드라이 레드로 15.5° 의 높은 알코올 도수만큼이나 아로마가 차고 넘친다.

미디엄 바디 생산자로는 체사리(Cesari), 레 살레테(Le Salette), 테데스키(Tedeschi)가 있고, 코르테 산타알다(Corte Sant' Alda), 산탄토니오(Tenuta Sant' Antonio)는 진한 과즙같이 무게감이 좋다.

톰마소 부솔라(Tommaso Bussola)는 빈티지 포트와인과 겨룰 만큼 진하고 독한 힘이 느껴지며, 톰마시(Tommasi), 스페리(Fratelli Speri), 베르타니(Bertani), 레 라고세(Le Ragose), 레 살레테(Le Salette), 아코르디니(Accordini), 같은 전통적인 방법으로 아마로네를 만드는 생산자들의 이름도 빼놓을 수 없다.

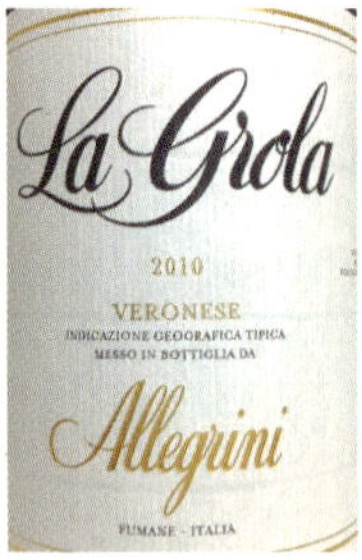

(2) 레초토 델라 발폴리첼라(Recioto della Valpolicella) DOCG

발폴리첼라 DOC 중 2009년 아마로네와 더불어 레초토가 DOCG로 인정받은 것으로 통상 레초토로 불린다.

레초토는 로마시대부터 유행한 것으로 당분을 농축시키기 위해 포도를 나무에 달린 채 건조시키거나 짚을 깔고 짚 위에서 건조시키는 아파시멘토 방식[52]으로 만든다. 이 와인은 아이스와인이나 귀부와인과는 또 다른 스타일의 스위트 와인으로 잘 익은 포도를 수확해 4~5개월 정도 줄에 매달거나 담아 바람이 잘 통하는 곳에서 건조시킨다. 이 과정에서 포도의 수분은 줄어들고 당은 농축되면서 단맛이 느껴지는 레치오토 델라 발폴리첼라 와인이 만들어진다.

사진 출처 ; Massi

52) 아파시멘토(appasimento). 10월 초에 수확한 포도를 그라티치(graticci)라 불리는 짚 돗자리 위에서 1월까지 건조시키면 포도의 무게가 30~40% 정도 줄어들며 압착과 양조과정으로 이어진다.

(3) 바르돌리노 수페리오레(Bardolino Superiore) DOCG

바르돌리노 좌측의 가르다 호 연안이다. 바르돌리노 DOC에서 사용하는 품종과 마찬가지로 코르비냐가 주품종이지만 바르돌리노의 론디넬라 대신 몰리나라가 10~40%로 그 다음 주요 품종이다. 바르돌리노 DOC 중의 1년 이상 숙성된 레드 와인만 해당된다.

(4) 콜리 디 코넬리아노(Colli di Conegliano) DOCG

베네토의 중앙에 있는 발도비아데네 시 인근지역이다. 레드 와인은 메를로를 40% 이하로 사용하고 카베르네 소비뇽, 카베르네 프랑, 마르체미노(marzemino), 인크로초 만초니(incrocio manzoni)로 만들며, 스위트 레드인 레프론톨로[53]가 생산된다.

화이트 와인은 만초니 비안코(manzoni bianco) 최저 30%, 피노 블랑과 샤르도네를 30~70%, 그리고 소비뇽 블랑, 샤르도네, 리슬링을 사용한다. 파시토 스타일인 토르키아토 디 프레고나[54]는 드라이나 스위트 두 종류가 나온다.

말볼티(Carpenè Malvolti)의 설립자 안토니오 카르페네는 1877년 이탈리아 최초의 양조학교(Scuola Enologica)를 설립하였고, 이곳은 발포성 와인 프로세코(Prosecco)의 역사에서 빼놓을 수 없는 중요한 이름으로 우아함과 독특한 개성으로 세계시장을 사로잡았다.

(5) 콜리 에우가네이 피오르 다랑치오(Colli Euganei Fior d'Arancio, Fior d'Arancio Colli Euganei) DOCG

파도바와 아디제 강 사이의 넓은 곳이다. 화이트는 가르가네가를, 레드는 메를로를 주로 사용한다. 스파클링도 나온다.

(6) 콜리 아솔라니 프로세코(Colli Asolani Prosecco, Asolo Prosecco) DOCG

프로세코 DOCG의 남쪽으로 브레간체 사이에 있는 지역이다. 화이트 와인은 프로세코 외에 샤르도네 등이 쓰이며, 레드는 글로벌 품종이 쓰인다.

스푸만테, 프리잔테를 생산하며, 브뤼 부터 드미-섹 타입까지 나오지만 주로 엑스트라-브뤼나 브뤼타입을 생산한다.

(7) 코넬리아노 발도비아데네(Conegliano Valdobbiadene) DOCG

서쪽으로 발도비아데네에 가까워지면 산세가 가파르지고 코넬리아노로 다가가면 완만해져 평야로 이어진다. 역시 프로세코를 주 품종으로 하는 화이트 와인 지역이다.

레이블에 '발도비아데네 슈페리오레 디 카르티체(Cartizze)' 라 표기하면 그랑크뤼로 불리는 카르티체에서 생산된 와인으로 단단하고 풍부하며 힘이 있다.

가스파리니(Conte Coredan Gasoarini)의 카포 디 스타토(Venegazzù Capo di Stato)는 카베르네 소비뇽과 메를로를 배합한 전형적인 보르도 스타일 와인으로 이탈리아를 방문하여 만찬 때 극찬했던 프랑스 드골 대통령을 기념하여 스타토(국가 원수)라는 이름을 붙인 '세계 100대 와인' 이다.

---

53) 레프론톨로(Refrontolo). 파시토(passito) 방식으로 만들며, 마르체미노(Marzemino)를 최저 95% 사용하여 레프론톨로, 피아베 디 솔리고, 산 피에트로 디 펠레토, 발도비아데네, 코넬리아노에서 나오는 것만 레이블에 명시된다.

54) 토르키아토 디 프레고나(Torchiato di Fregona). 글레라(Glera)와 베르디소(Verdiso) 각 30% 이상 사용하고 보스케라(Boschera) 등의 다른 품종을 블렌딩하여 드라이나 스위트 두 종류를 만들며, 프레고나, 사르메데, 카펠라 마조대 마을에서만 생산되는 와인만 레이블에 명시할 수 있다.

비졸(Bisol)과 콜 베토라즈(Col Vetoraz)는 프로세코 품종으로 달지 않은 스파클링을 만들어 고정 팬이 상당하다.

(8) 리손-프라마지오레(Lison-Pramaggiore) DOCG

베네토 동쪽의 끝부분으로 프리울리와의 경계지역으로 남으로 아드리아 해와 붙어 있다.

화이트는 프리울라노, 레드는 메를로가 주품종으로 그 외의 다양한 품종으로 여러 종류의 와인이 생산된다. 샤르도네를 주로 사용하는 유명한 산타 마게리타(Santa Margherita)사의 본사가 이곳에 있는데 이곳에서는 피노 그리지오를 사용한다.

(9) 말라노테 라보소 수페리오레(Malanotte Raboso Superiore) DOCG

라보소는 타닌과 산도가 적절한 풀 바디의 장기숙성형 품종으로 라보소를 사용하며, 이 중 15~30%를 아파시멘토 방식의 포도를 써야 하며 오크통에서 3년 이상의 숙성기간을 거쳐야 한다. 2008년 피아베 DOC에서 따로 떼어져 나온 것으로 말라노테(Malanotte)는 200년 이상 와인을 양조해 온 가문 이름이다.

(10) 몬텔로(Montello) DOCG

베네치아 바로 위에 있는 트레비소(Treviso) 지방의 피아베(Piave)강 우안의 몬텔로(Montello) 마을이다. 화이트는 샤르도네, 피노 비앙코, 피노 그리지오, 프로세코로 만들며, 레드는 카베르네 프랑, 카베르네 소비뇽, 메를로로 글로벌 품종을 쓴다.

(11) 프로세코(Prosecco) DOCG

베네토의 중앙에 있는 발도비아데네 인근지역이다. 프로세코를 85% 이상 사용한 화이트와 스파클링이 나온다. 대부분의 프로세코들은 논 빈티지로 출시되며 만약 빈티지일 경우 그 해의 포도를 85% 이상 사용해야 한다. 베네토를 대표하는 것으로 대부분이 단순하고 산뜻하며 샤르마(Charmat)[55]방식으로 만든 스파클링 와인이다. 아무튼 가벼운 식전주로 최고의 와인이다.

(12) 레초토 디 쏘아베(Recioto di Soave) DOCG

수확 시에 상태가 좋은 포도송이를 선별해 선반에 널어 반쯤 말린다. 이를 아파시멘토(appassi-mento)라 하며, 이 과정을 거치고 압착하기 전에 6개월 가까이 청결하게 관리하므로 당도가 높다. 최

---

55) 샤르마(Charmat) 방식. 와인에 거품을 더하는 2차 발효 과정을 와인병이 아니라 커다란 압력탱크에서 진행하는 방법으로 이를 최초로 발명한 프랑스인의 이름을 땄다.

소 알코올 14%, 스위트 와인, 반 건조(파시토) 포도로 양조하며 품종은 쏘아베와 같다. 일부 보트리티스의 영향을 받을 수도 있다.

(13) 레초토 디 감벨라라(Recioto di Gambellara. Bianco) DOCG

소아베 위 감벨라라 인근 지역으로 쏘아베에 맞닿아 있다. 감벨라라 지역은 가르가네가를 80~100% 사용하는데 그 중 레초토 방식으로 만든 것이 해당된다.

(14) 쏘아베 수페리오레(Soave Superiore. Bianco as normale, Classico, Riserva) DOCG

쏘아베 수페리오레는 소아베를 1년 이상 숙성(병 숙성 3개월 이상)한다. 최소 알코올은 11.5%, 리제르바로 불리려면 2년 이상 숙성해야 한다.

쏘아베 클라씨코(Soave Classico)는 싱싱함, 균형, 섬세함이 장점으로 따뜻함과 부드러움도 지니고 있다. 과일 향과 흰꽃 향이 감미롭게 느껴진다. 대부분 수확 후 1~2년 안의 빠른 시간 안에 마시면 좋은 타입이나 견고한 바디가 숙성의 가능성을 보여 준다. 최근에 장기 숙성 타입도 나오고 있어 좋은 빈티지는 10년까지 숙성하기도 한다.

쏘아베 스푸만테(Soave Spumante)는 강렬하면서 동시에 감미로운 향을 지닌 미디엄 바디의 와인으로 약간 쌉쌀한 맛이 나온다. 녹색이 연하게 보이는 노란 빛으로 전반적으로 조화를 잘 이루고 있다. 타멜리니(Azienda Agricola Tamellini), 칸티나(Cantina), 산타 소피아(Santa Sofia), 스테파니니(Stefanini)가 쏘아베 수페리오레를 잘 표현하고 있다.

베네토(Veneto) IGT급이지만 DOCG를 상회할만한 것으로 이나마(Inama)는 소비뇽 블랑이 주특기로 불카이아(Vulcaia)라는 이름으로 선보이고 있으며, 로베르토 안셀미(Roberto Anselmi)의 가르가네가로 만든 스위트 화이트는 20년이 거뜬한 한 발짝 더 나아가는 와인이다. 세라피니 에 비도토(Serafini e Vidotto)는 코르비나, 론디넬라, 몰리나라 등이 일색이 이 지방에서 카베르네 소비뇽, 카베르네 프랑, 메를로로 세계 수준의 와인을 만들고 있다.

2) 베네토의 DOC

(1) 아르콜레(Arcole)

베로나(Verona) 시의 동남쪽 아디제(Adige) 강의 북쪽 연안으로 다양한 단일 품종의 화이트와 레드를 생산한다.

(2) 바뇰리 디 소프라(Bagnoli di Sopra)

파도바(Padova) 시에서 남쪽으로 아디제 강 사이의 평야지대이다. 샤르도네를 주로 사용한 화이트,

메를로를 주로 사용한 레드 그리고 로제 와인은 라보소(Raboso)와 메를로를 주로 사용하고, 스파클링 와인이 나온다.

(3) 바르돌리노(Bardolino)

베네토의 서쪽 롬바르디아와 경계를 이루는 가르다(Garda) 호수는 이탈리아의 호수 중에서 경관이 아름답기로 유명하며 이 호수와 연해 있는 지역으로 이곳에서 생산되는 바르돌리노는 코르비나 35~65%, 론디넬라 10~40%, 몰리나라 10~20%, 네그라라를 10% 이하 사용하여 만드는 부드럽고 상쾌한 레드 와인이다.

스파클링도 나오며 로제는 바르돌리노 키아레토(Bardolino Chiaretto)라는 이름으로 생산되며 여름에 차게 해서 마시면 더욱 어울린다.

(4) 비안코 디 쿠스토자(Bianco di Custoza)

베로나의 남서쪽에 위치하며, 트레비아노 토스카노를 주로 사용하여 만든 드라이, 라이트 바디의 화이트 와인이 나온다. 스파클링 와인도 생산한다.

(5) 브레간체(Breganze)

화이트 와인은 85% 이상 토카이 프리울라노(Tocai friulano)를 사용하며, 레드 와인은 메를로를 주로 사용한다. 베스파이올라(Vespaiola) 품종을 사용한 디저트 와인인 토르코라토(Torcolato)도 나온다. 파우스토 마쿠란(Fausto Maculan)은 이 지역의 유명한 와인 생산입체로 스위트 화이트인 토르콜라토(Torcolato)는 진한 황갈색의 나이들수록 제 목소리를 내는 와인으로 20년 이상 숙성 가능하다.

(6) 콜리 베리치(Colli Berici)

비첸차 남쪽의 구릉지로서 서쪽으로 쏘아베 DOC와 만나는 역사가 오래된 넓은 지역이다. 스푸만테를 제외한 모든 와인은 단일품종으로 지정되어 있어 품종에 따라 85~90% 이상 사용하여야 한다. 드라이 화이트와 드라이 레드 와인, 스푸만테가 나온다.

(7) 콜리 에우가네이(Colli Euganei)

가르가네가(Garganega), 프로세코(Prosecco), 토카이 프리울리, 소비뇽을 주로 사용한 화이트 와인이 나온다.

(8) 코르티 베네디티네 델 파도바노(Corti Benedettine del Padovano)

2004년 DOC를 획득한 베네치아의 배후도시인 파도바 시 남측에 위치한다.

레드는 메를로, 카베르네 소비뇽, 카베르네 프랑, 라보소, 그리고 화이트 품종은 피노 그리지오, 샤르도네, 소비뇽 블랑, 피노 비앙코를 쓴다.

(9) 피올 프로세코(Fiol Prosecco)

피올(Fiol)은 프로세코의 고장인 트레비소의 외곽지역에서 2010년에 탄생한 브랜드다. 엑스트라 드라이 프로세코인 피올을 3GP 사(社)에서 100% 글레라(Glera) 품종으로 만든다.

(10) 감벨라라(Gambellara)

황금색 디저트 와인과 스파클링 와인을 생산하는 지역이다. 이웃한 쏘아베와 매우 흡사한 화이트

와인이 나오지만 가르가네가를 최소 80% 이상 사용하므로 쏘아베보다 가르가네가를 더욱 순수하게 표현하고 있다. 초닌(Zonin)의 감벨라라는 미국에서도 쉽게 찾아볼 정도로 많이 알려져 있고, 라 비안카라(La Biancara)의 사싸이아(Sassaia), 마시에리(Masieri)가 감벨라라를 잘 나타낸다.

(11) 가르다(Garda), 가르다 오리엔탈레(Garda Orientale)

카베르네 소비뇽과 카베르네 프랑, 메를로, 피노 네로, 마르제미노(Marzemino), 코르비나로 만드는 레드 와인, 가르가네가(Garganega), 피노 비앙코, 피노 그리지오, 샤르도네, 트레비아넬로(Trebianello), 리슬링, 코르테세 등으로 만드는 화이트 와인이 있다.

(12) 루가나(Lugana)

가르다 호 남쪽 연안으로 롬바르다 지역 내와 겹치는 낮은 언덕과 평야지대이다. 트레비아노 디 루가나를 90% 이상 사용한 화이트만 생산된다.

(13) 메를라라(Merlara)

베로나와 가르다 호수 사이에 있다. 화이트로 토카이와 발바시아, 레드품종은 카베르네 소비뇽, 마르체미노, 메를로를 사용한다.

(14) 몬텔로-콜리 아솔라니(Montello-Colli Asolani)

메를로와 카베르네 프랑 및 카베르네 소비뇽을 주로 사용하여 블렌딩하는 레드 와인지역이다. 샤르도네와 피노 비앙코 및 피노 그리지오를 사용한 화이트 와인, 그리고 스파클링 와인은 샤르도네와 피노 비앙코를 사용한다.

(15) 몬티 레시니(Monti Lessini)

베로나와 비첸차에 걸친 지역이다. 레드 와인은 피노 누아가 주 품종이며 화이트는 샤르도네이고 파시토는 두렐라(Durella)로 만든다.

(16) 피아베(Piave)

레드 와인에는 카베르네 소비뇽, 카베르네, 메를로, 피노 네로를 사용하며, 화이트 와인에는 샤르도네, 피노 비앙코, 피노 그리지오를 사용하는 지역이다.

(17) 리비에라 델 브렌타(Riviera del Brenta)

베네치아와 파도바 사이의 지역. 레드 품종은 메를로, 카베르네 프랑, 카베르네 소비뇽, 라보소를 이용한다. 화이트와 스파클링은 샤르도네가 주품종이며 피노 블랑, 피노 그리, 토카이가 쓰인다.

(18) 산 마르티노 델라 바탈리아(San Martino della Battaglia)

베로나 좌측의 가르다 호에 연한 아래지역이다. 토카이(Tocai Friulano)를 80% 이상 이용한 노란색의 화이트 와인을 만든다.

(19) 쏘아베(Soave)

베로나 시의 동쪽에 있는 구릉지대로 이탈리아에서 가장 유명한 화이트 와인의 생산지이다. 토착종인 가르가네가를 주로 사용하며 그 외에 트레비아노와 샤르도네 및 피노 비앙코를 사용하고 있다.

아로마가 풍부하고 약간 쌉싸름한 드라이 화이트 와인이다. 모젤처럼 초록색병에 들어 있는 녹색이 감도는 연노란색으로 감미롭고도 강렬한 향을 지니고 있다. 안셀미(Roberto Anselmi)는 기름지고 과일 향이 풍부한 소아베를 만들며 특히 단일 밭에서 나는 포스카리노(Capitel Foscarino)가 유명하다.

지니(Gini), 피에로판(Leonildo Pieropan), 이나마(Inama)는 최고의 소규모 생산자들이다. 이나마의 소아베 클라시코의 우아한 향은 로맨틱한 가을에 잘 어울릴 법하며 양배추, 삶은 전복과 궁합이 잘 맞는다.

프라(Graziano Prà), 톤도(Monte Tondo), 나르델로(Nardello), 수아비아(Suavia)는 장인(匠人)생산자로 알려져 있고 피에로판(Pieropan)은 소아베의 전형을 보여준다.

(20) 발다디제(Valdadige)

가르다 호 위의 베네토(Veneto)와 트렌티노 알토 아디제(Trentino-Alto Adige)에 걸쳐 있는 지역이다. 레드나 화이트나 다양한 품종으로 다양한 와인을 만든다.

(21) 발폴리첼라(Valpolicella)

기본적이고 드라이한 발폴리첼라는 블렌드의 주요 품종인 코르비나가 뿜어내는 상쾌한 신맛과 매콤한 체리 향을 느낄 수 있다. 가벼운 스타일의 와인으로 리파소 과정이나 아마로네와 섞이지 않은 클래식스타일이다.

코르비나, 론디넬라, 몰리나라 품종을 섞는다. 가장 품질이 좋은 것은 코르비나 품종이며 몰리나라 품종은 점차 사용이 감소되는 추세다. 이탈리아 레드 와인 중 가장 생산량이 많은 와인이다.

체니(Zeni Lugana)의 비녜 알테(Vigne Alte), 라고세(Le Ragose)의 발폴리첼라 클라시코(Valpolicella Classico), 스페리(Fratelli Speri)의 라 로베리나(Valpolicella Classico La Roverina)가 이런 클래식 스타일의 와인이다.

(22) 발폴리첼라 리파소(Valpolicella Ripasso)

일반 발폴리첼라와 아마로네의 중간 성격의 와인이다. 발효시킨 아마로네의 찌꺼기(리파소)로 양조한 포도껍질 등을 넣어 재발효하거나 아마로네 유형의 와인을 조금 섞으면 맛을 강하게 할 수 있다. 아마로네와 접촉하면서 무게감이 더해져 알코올 도수가 높거나 풍만하지는 않지만 한층 복합적인 아로마를 갖게 만든다.

베르타니(Bertani)의 세코 베르타니(Valpolicella Secco Bertani), 체나토(Zenato)의 리파사(Ripassa)는 이런 리파소 형식 와인의 대표주자다.

(23) 베네치아(Venezia)

베네치아와 트레비소에 위치하며 2010년 승인된 곳이다. 글로벌 품종을 주로 이용한 레드와 화이트 스파클링이 나온다.

(24) 비첸차(Vicenza)

비첸차 지방으로 다양한 단일 품종의 화이트와 레드를 생산한다.

(25) 빈 산토 디 감벨라라(Vin Santo di Gambellara) DOC

최소 80% 가르가네가와 트레비아노를 이용한다. 일반적으로 세미-스위트 타입인데 빈 산토 정도의 스위트한 와인과 스파클링 와인도 일부 생산한다.

제5절 이탈리아 중동북 지방

아드리아 해를 연해 있는 이탈리아의 등과 같은 모습의 지역으로 베네치아의 바로 아래다.

1. 에밀리아-로마냐(Emilia-Romagna)

베네토 주와 롬바르디아 주 밑으로 넓게 자리 잡아 비옥한 토양에 평지가 많은 곳이다. 주도(州都)인 볼로냐(Bologna)를 중심으로 한 포(Po)강변의 오른쪽으로부터 산기슭으로 이어지며, 아페니니 산맥과 이어진 광대하고 기름진 평야이다. 모자이크 벽화도시로 유명한 라베나(Ravena), 파바로티의 고향인 모데나(Modena), 유명한 스포츠카인 페라리(Ferrari)를 만들어내는 마라넬로(Maranello)의 도시들이 있다.

대부분이 일반적인 테이블 와인으로서 국외에서 더 유명한 람브루스코(Lambrusco)가 나오는 곳이다. 이곳의 DOC 대부분에서 비바체(vivace)로 만들어야 한다는 규정이 있어 약간의 기포가 느껴지거나 프리잔테일 경우가 많다.

화이트 와인 품종 알바나(albana)[56], 말바시아(malvasia)는 이탈리아 전역에서 보이는 향기로운 화이트 품종이며, 피뇰레토(pignoletto)[57] 그리고 트레비아노는 로마냐에서 가장 많이 재배되는 가볍고 부드러운 드라이 화이트 품종이다.

레드 와인 품종 산지오베제, 보나르다, 바르베라, 카베르네 소비뇽을 사용한다.

1) 에밀리아 로마냐의 DOCG

(1) 알바나 디 로마냐(Albana di Romagna) DOCG

볼로냐 밑의 산악지대로 알바나 품종만 100% 사용하여 양조하며 드라이부터 미디엄 스위트, 파시토까지 화이트 와인만 생산한다. 1987년 이탈리아에서 처음으로 DOCG 화이트 와인으로 등록된 것이다. 드라이하며 감미로운 맛이

56) 알바나(albana) : 라이트 보디에 높은 산도를 가진 로마냐의 고유한 화이트 품종으로 껍질이 두껍다.
57) 피뇰레토(pignoletto) : 라임향의 시큼한 볼로냐 남서쪽에서 많이 보이는 화이트 품종

특징으로 가벼우며 조화가 잘된 열대과일 향이 난다. 체사리(Umberto Cesari), 산 피에트로 테르메(Castel San Pietro Terme)에서 알바나로 만든 파시토는 달콤하고 상쾌하며, 특히 체르비나(Fattoria Zerbina)의 스카코 마토(Scacco Matto), 파라디소(Fattoria Paradiso)의 그라디스카(Gradisca)는 한층 더 훌륭하게 거듭났다.

2) 에밀리아 로마냐의 DOC

(1) 보스코 엘리체오(Bosco Eliceo)

라벤나 동쪽 아드리아 해 연안의 습지를 개간한 지역이다. 트레비아노를 70% 이상 사용한 라이트 바디의 화이트와 드라이와 세미 드라이의 화이트 와인, 그리고 레드는 카베르네 소비뇽, 메를로, 포르타나를 각 85% 이상을 각각 사용한다.

(2) 카니나 디 로마냐(Cagnina di Romagna)

알바나 로마냐의 인근으로 카니나를 85% 이상 사용한 스위트 레드가 나온다. 레포스코(refosco)로 만든 진한 자주색의 풀 바디 레드 와인으로 타닌이 많은 와인이 생산되고 있다.

(3) 콜리 볼로네지(Colli Bolognesi)

볼로냐의 남서지역으로 아펜니노 산기슭에 있다. 포도품종이나 재배지에 따라 약 50가지에 달하는 여러 종의 와인이 나온다. 화이트는 알바나를 60~80%로 주로 사용하며, 단일 품종의 레드는 명시된 품종을 85% 이상 사용하여야 한다. 레이블 상에 표기하는 세부지역은 일곱 군데[58]로 나누어 놓았다.

(4) 콜리 볼로네지 클라시코 피뇰레토(Colli Bolognesi Classico Pignoletto)

볼로냐 바로 밑의 남쪽 구릉지이다. 피뇰레토를 85% 이상 사용한 화이트 와인을 생산한다.

(5) 콜리 디 파엔차(Colli di Faenza)

볼로냐 동남쪽의 파엔차(Faenza) 시 주변의 아펜니노 산기슭의 구릉지. 화이트는 샤르도네, 또는 트레비아노 40~60%와 기타 품종, 레드는 카베르네 소비뇽 또는 산지오베제 40~60%와 기타 품종으로 만든다.

(6) 콜리 디 이몰라(Colli di Imola)

볼로냐 동남쪽의 이몰라(Imola) 시 주변의 구릉지. 화이트는 샤르도네, 피뇰레토, 트레비아노, 레드는 바르베라, 카베르네 소비뇽, 산지오베제의 블렌딩이면 된다.

(7) 콜리 디 파르마(Colli di Parma)

파르마(Parma) 남쪽의 아펜니노 산맥의 끝자락인 구릉지대. 말바시아 품종을 선호하는 곳으로 콜리 디 파르마 소비뇽(Colli di Parma Sauvignon)은 소비뇽 블랑을 100% 사용한 드라이 화이트 와인과 스파클링 와인. 콜리 디 파르마 로쏘(Colli di Parma Rosso)는 바르베라를 60~75% 사용한 레드 와인이다.

---

58) 단일 품종 와인을 출신지역에 따라 구분해 놓았다. 콜리네 디 리오스토(Colline di Riosto), 콜리네 마르코니아네(Colline Marconiane), 촐라 프레도사(Zola Predosa), 몬테 산 피에트로(Monte San Pietro), 콜리네 디 올리베토(Colline di Oliveto), 테레 디 몬테부델로(Terre di Montebudello), 세라발레(Serravalle)이다.

(8) 콜리 디 리미니(Colli di Rimini)

에밀리아 로마냐의 동쪽 끝자락 아드리아 해를 면한 해안 지역이다. 트레비아노 로마뇨로 50~70%로 주로 사용한 드라이 화이트, 피뇰레토(pignoletto)를 85% 이상으로 주로 사용한 드라이와 세미 스위트 화이트 와인 그리고 산지오베제, 카베르네 소비뇽을 많이 사용한 레드 와인이 생산되고 있다.

(9) 콜리 디 스칸디아노/디 카노싸(Colli di Scandiano/di Canossa)

타로 강변의 파로마 그리고 세키아 강변의 모데나 사이의 산악지대이다. 소비뇽 블랑, 말바시아, 트레비아노, 피노 그리지오, 피노 비앙코, 샤르도네를 사용한 드라이 스파클링, 스위트 화이트 와인, 그리고 레드와 로제 와인 등 9종류의 와인과 3종류의 블렌딩 와인이 나온다.

(10) 콜리 피아첸티니(Colli Piacentini)

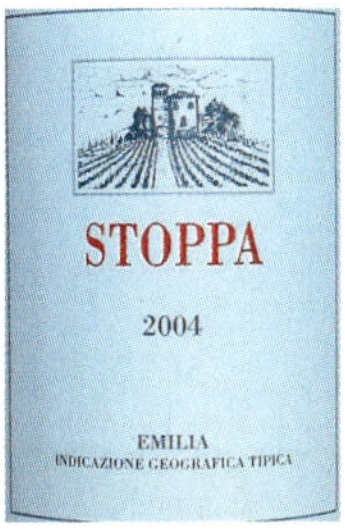

에밀리아 로마냐의 가장 서쪽으로 피아첸차 시 남단, 트레비아 강변의 넓은 지역으로 롬바르디아와 가깝다. 17가지의 다양한 종류의 와인을 만든다. 이에는 바르베라와 보나르다 등으로 만든 레드 와인, 샤르도네와 말바시아 등으로 만든 화이트 와인이 있으며, 각각의 품종이름을 85% 이상 사용한다. 라 스토파(La Stoppa)와 라 토사(La Tosa)의 와인은 이탈리아 북부의 카베르네 소비뇽에서 전형적으로 나타나는 후추 향이 나며 이 지역의 잠재력을 잘 보여준다.

(11) 콜리 로마냐 첸트랄레(Colli Romagna Centrale)

포를리(Forli) 남쪽 산악지대이다. 샤르도네를 블렌딩한 드라이 화이트와 샤르도네와 트레비아노로 만드는 단일 품종 화이트. 카베르네 소비뇽을 블렌딩한 드라이 레드와 카베르네나 산지오베제로 만드는 단일 품종 레드를 생산한다.

(12) 구투르니오(Gutturnio)

콜리 피아첸티니 하위 지역으로 피아첸티니 인근의 강 유역을 대표하는 명칭[59]을 붙인 와인 중 구투르니오가 2010년 DOC 승인을 받아 따로 구분되었다. 바르베라 55~70%로 만드는 피아첸티니에서 가장 이름 있는 지역으로 드라이에서 세미 스위트 레드 와인을 생산하고 있다.

(13) 람브루스코 디 소르바라(Lambrusco di Sorbara)

모데나 북쪽 평원으로 소르바라(sorbara : 람브루스코의 일종)를 60% 이상 사용한 드라이(국내 소비용) 와인과 세미 스위트 레드 와인(수출시장 주력상품)을 만든다. 리우니테(Riunite Lambrusco)는 미국 시장에서 제일 많이 팔리는 람브루스코이나 훌륭한 와인이라고 하기에는 어렵다. 그렇다 해서 형편없다는 뜻은 아니다.

(14) 람브루스코 그라스파로싸 디 카스텔베트로(Lambrusco Grasparossa di Castelvetro)

모데나에서 남쪽으로 10여km 떨어진 작은 평야이다. 그라스파로싸(Grasparossa) 품종을 85% 이상 사용하여 드라이하고 풀 바디의 진한 자줏빛 레드 와인을 생산한다.

59) • 구투르니오(Gutturnio). 2010년 DOC 승인
• 트레비아노 발 트레비아(Trebbiano Val Trebbia. 트레비아). 토착종인 오르투고(Ortrugo) 외에 여러 종류의 품종으로 만든 드라이와 세미 드라이의 화이트 와인이 생산되고 있다.
• 발 누레(Val Nure). 트레비아노로 주로 사용한 화이트 와인이 생산되고 있다.
• 몬테로소 발 다르다(Monterosso Val d' Arda. 아르다). 트레비아노를 사용, 블렌딩할 때에는 소비뇽을 더한다.

(15) 람부르스코 살라미노 디 산타크로체(Lambrusco Salamino di Santacroce)

포 강 유역에 이르는 모데나 북부 평야이다. 소르바라와 매우 흡사한 살라미노(Salamino)를 90% 이상 사용한 레드 와인으로서 색상이나 바디가 좀 가벼운 편이다.

(16) 모데나(Modena)

모데나 시 인근지역으로 2009년 IGT에서 DOC로 승격되었다.

그레체토(grechetto)와 몬투(montù), 트레비아노를 사용한 화이트와 람브루스코를 사용한 레드 그리고 로제와 스파클링 와인을 생산한다.

(17) 오르투고(Ortrugo. Ortugo dei Colli Piacentini)

콜리 피아첸티니 DOC와 겹치는 지역이다. 화이트 품종인 오르투고는 에밀리아 로마냐의 서북지역 피아첸차 인근에서 재배된다. 부드러운 산도와 높은 알코올 도수의 잠재력을 가진 진 노란색으로 말바시아와 블렌딩해서 DOC 와인을 만든다. 화이트 외에 스푸만테나 프리잔테도 나온다.

(18) 파가데비트 디 로마냐(Pagadebit di Romagna)

봄비노 비앙코(bombino bianco)로 만든 드라이와 세미 드라이 화이트 와인이 생산된다.

(19) 레지아노(Reggiano)

생산과 수출량에 있어서는 제일 많은 지역으로 람브루스코 품종으로 라이트 바디의 레드 와인과 세미 스위트 와인이 나온다. 메디치 에르메테(Medici Ermetc)의 람브루스코 레지아노 콘체르토(Lambrusco Reggiano Concerto)는 균형감이나 맛이나 다 좋다.

(20) 레노(Reno)

볼로냐와 모데나 사이의 넓은 평야지대이다. 알바나, 트레비아노, 그리고 토착종인 몬투(montu)로 드라이, 세미 드라이의 화이트 와인이 나온다.

(21) 로마냐 알바나 스푸만테(Romagna Albana Spumante)

로마냐 알바나 DOCG 안에서 알바나 품종 100%의 스파클링 와인만 이에 해당된다.

(22) 산지오베제 디 로마냐(Sangiovese di Romagna)

볼로냐 남동부에서 아드리아 해에 이르는 산악지대로 산지오베제 85~100%로 만드는 레드 와인만 해당된다. 트레 몬티(Tre Monti)나 카스텔루초(Castelluccio), 파토리아 제르비나(Fattoria Zerbina)의 산지오베제들은 클레식한 블랙체리의 아로마와 산지오베제가 가진 숲 향을 잘 표현하고 있다.

(23) 트레비아노 디 로마냐(Trebbiano di Romagna)

산지오베제 디 로마냐와 거의 겹친다. 트레비아노 85~100%로 만드는 화이트 와인이다. 체치(Cantine Ceci)의 트레 디 테레 베르디아네(Tre di Terre Verdiane Emilia IGT)는 병속에서 2차 발효되는 스파클링 와인과는 달리 와인 정장 탱크에서 2차 발효를 시켜 꽃과 과일의 상쾌한 맛이 풍부하며 스타일이 화려해 파티 분위기에 잘 어울리는 와인으로 국내 시판되는 스파클링 와인 중에 최고로 꼽혔다.

카스텔루치오(Castelluccio)는 산지오베제로 마시코네(Massicone IGT), 론코 데이 칠리에기(Ronco dei Ciliegi IGT) 등의 레드와 소비뇽 블랑 두 가지 품종으로만 와인을 만든다.

2. 마르케(Marches)

마르케는 움브리아 주의 동쪽으로 이탈리아반도에서 아드리아 해의 중간을 향하고 있는 해안을 접한 지역이다. 바다를 향해 돌출한 안코나(Ancona)가 주도(州都)로 내륙 쪽으로는 움브리아와 토스카나와 접하고, 위로는 에밀리아 로마냐 아래는 아부르초와 닿아 있다.

이 지역의 와인들은 구릉과 산자락을 따라 특색 있는 것이 생산되는데, 화려하기보다 상쾌한 편으로서 야외용으로 적합하다. 안코나, 아스콜리 피체노(Ascoli Piceno), 쿠프라몬타나(Cupramontana), 마텔리카, 마체라타(Macerata), 페사로(Pesaro), 우르비노(Urbino) 등이 와인생산의 중심지 역할을 하고 있다.

마르케와 아브루초 지방에서는 특산 와인인 비노 코토(Vino Cotto)를 빼 놓을 수 없다. 포도를 수확하자마자 포도즙의 양이 60% 이하로 줄어들 때까지 뭉근한 불에 끓여 농축시킨 후 발효를 거쳐 오크통에서 장기간 숙성시킨 일명 구운 와인이다. 아로마에서 부케로 옮겨가며 갖가지 향이 잔 밖으로 흘러넘치며 적절한 산미와 더불어 깔끔한 밸런스까지 느껴진다.

화이트 와인 품종 베르디키오(verdicchio)[60], 트레비아노, 비안카메(biancame), 마체라티노(maceratino)와 같은 토착품종과, 샤르도네, 소비뇽 블랑이 재배된다.

레드 와인 품종 라크리마(lacrima)[61], 몬테풀치아노, 산지오베세와 같은 토착품종과, 카베르네 소비뇽, 시라, 메를로가 보인다.

2) 마르케의 DOCG

(1) 카스텔리 디 예시 베르디키오 리세르바(Castelli di Jesi Verdicchio Riserva) DOCG

마르케는 베르디키오의 땅이다. 솔과 송진 향이 뚜렷이 보이기도 하며 덜 익은 사과, 배, 그린 허브 향도 살짝 비친다. 신맛과 과일 맛을 동시에 가지고 있는 베르디키오를 사용한 화이트만 나오는 '베르디키오 데이 카스텔리 디 예시 DOC'에서 2년 이상 숙성된 리세르바만 해당된다.

우마니 론키(Umani Ronchi)의 카살 디 세라(Casal di Serra), 코론치노(Fattoria Coroncino)의 가이오스피노(Gaiospino), 차카니니(Zaccagnini)의 살마지나(Salmàgina), 사르타렐리(Sartarelli)의 트랄리비오(Tralivio), 타비냐노(Tavignano)의 미스코(Misco), 부치(Azienda Agricola Bucci) 그리고 본치(Vallerosa Bonchi)의 트레비키오는 오크의 영향을 전혀 받지 않고 만들어진다.

---

60) 베르디키오(verdicchio). 마르케의 확고부동의 대표주자로 초록과일이라는 분명한 아로마가 있다. 자연적 산도가 매우 높은 화이트 품종이다.

61) 라크리마(lacrima). 눈물이라는 뜻을 가진 이름으로 포도가 잘 터져서 과즙이 흘러내리므로 붙여진 이름이다. 뚜렷한 과일 향을 지닌 레드 와인 품종이다.

(2) 코네로(Conero. Rosso only as Riserva) DOCG

안코나 인근 해변 지역으로 몬테풀치아노 85% 이상을 사용한 레드를 2년 이상 숙성한 리제르바만 해당된다.

(2) 오피다(Offida) DOCG

마르케의 남부 해안에 가까운 곳으로 2011년에 DOC에서 DOCG로 승격되었다. 화이트는 파세리나와 페코리노로 만들고, 레드 와인은 몬테풀치아노와 카베르네 소비뇽을 사용한다.

(3) 베르나차 디 세라페트로나(Vernaccia di Serrapetrona) DOCG

토스카나의 베르나차는 드라이 화이트 와인임에 비하여, 이곳의 베르나차는 세미 스위트나 스위트 스타일의 레드 와인과 스파클링 레드 와인을 만든다.

(4) 베르디키오 디 마텔리카 리세르바(Verdicchio di Matelica Riserva) DOCG

베르디키오 디 마텔리카 DOC에서 리세르바 와인만 DOCG에 해당된다.

3) 마르케의 DOC

(1) 비안켈로 델 메타우로(Bianchello del Metauro)

마르케 북부의 메타우로(Metauro) 강(江)을 따라 서쪽에서 동쪽으로 계곡에 퍼져있는 작은 곳이다. 비안켈로를 95% 이상 사용하여 만든 레몬향의 화이트 와인은 생동감이 있어 여름에 관광객들에게 인기가 높다.

(2) 콜리 마체라테지(Colli Maceratesi)

안코나 남쪽 키엔테 강변 마체라티 지방의 구릉지이다. 마체라티노를 80% 이상 사용하고 트레비아노 등의 다른 품종은 20% 이하를 사용한 라이트 바디의 드라이 화이트 와인을 생산한다.

(3) 콜리 페사레지(Colli Pesaresi)

마르케 최북단의 해안으로 우르비노(Urbino)와 페사로 사이에 있는 언덕지역이다. 산지오베제 70% 이상 사용해 만든 레드 와인, 트레비아노를 주로 사용한 화이트 와인이 나온다. 내륙쪽에 위치한 우르비노는 트뤼프(truffle)의 가을시장으로 제일 큰 곳이다.

(4) 에시노(Esino)

마체라타(Macerata) 인근 에시노 강 유역의 지역 전체를 일컫는 넓은 곳이다. 베르디키오를 50% 이상 사용하고 다른 화이트 품종은 50% 이하를 이용한 드라이 화이트 와인인 에시노 비안코, 산지오베제와 몬테풀치아노를 60% 이상 사용한 레드 와인인 에시노 로쏘를 생산한다.

(5) 팔레리오 데이 콜리 아스코라니(Falerio dei Colli Ascolani)

마르케 남부지방으로 아브루초와 인접한 트론토 강 연안의 아스콜리 피체노를 둘러싼 곳이다. 트레비아노 외에 파세리나, 페코리노 등의 품종을 사용한 드라이 화이트 와인만 나온다.

(6) 라크리마 디 모로 달바(Lacrima di Morro d' Alba)

안코나 서쪽의 예시 인근의 구릉지이다. 라크리마(lacrima)를 85% 이상 사용해 만든 과일향의 드라이 레드 와인만 나온다.

(7) 페르골라(Pergola)

2005년 DOC가 된 곳으로 레드와 스푸만테는 알리아티코를 60% 이상, 파시토는 85% 이상 사용한다.

(8) 로쏘 코네로(Rosso Conero)

안코나 지방의 코네로(Monte Conero) 산 주변에서 생산되는 마르케의 가장 뛰어난 레드 와인으로 평가받고 있다. 몬테풀치아노를 85% 이상 사용한 타닌이 꽤 많은 풀 바디이다. 모로데르(Azienda Agricola Moroder)의 도리코(Rosso Cònero Dorico), 레 테라체(Fattoria Le Terrazze)의 사씨 네리(Rosso Cònero Sassi Neri), 라나리(Tenuta Lanari)의 피비오(Rosso Co`nero Fibbio)는 마르케 최고의 레드 와인 3형제로 당연히 몬테풀치아노를 베이스로 사용하여 잘 만든 몬테풀치아노에서 느낄 수 있는 과즙이 풍부한 블랙커런트 향과 달콤한 타닌을 느낄 수 있다.

(9) 로쏘 피체노(Rosso Piceno)

안코나와 예시 사이의 넓은 지역이다. 몬테풀치아노를 35~70%, 산지오베제를 30~50% 이상 사용하며 때로는 화이트 와인품종도 15%까지 사용하기도 한다. 드라이 레드만 나오며 마르케에서 레드 와인으로는 생산량이 제일 많다.

(10) 베르디키오 데이 카스텔리 디 예시(Verdicchio dei Castelli di Jesi)

마르케의 중앙 지역으로 예시(Jesi) 시에서 서쪽으로 뻗은 언덕에 포도밭이 있다. 베르디키오를 85% 이상 사용하여 말바시아와 트레비아노를 블렌딩하기도 한다. 때로는 베르디키오를 100% 사용하기도 하는 비싸지 않은 드라이한 화이트 와인으로 레몬 향이 나고, 특히 생선에 그리고 그 외에도 해산물에 두루 잘 어울린다. 발레로사 본치(Vallerosa Bonci)의 산 미켈레(San Michele), 사르타렐리(Sartarelli)의 트랄리비오(Tralivio), 타비냐노(Tavignano)의 미스코(Misco) 등은 섬세한 베르디키오를 억지로 오크통에서 발효시키지 않고 일부만 발효시켜 포도가 가진 진한 농축액을 뽑아내고 있다.

파치-바탈리아(Fazi-Battaglia)의 베르디키오 데이 카스텔리 디 예시(Verdicchio dei Castelli di Jesi)는 물고기 모양의 와인 병이 특징으로 베네토의 소아베와 필적할 만한 마르케의 대량 판매시장용 와인이다.

(11) 베르디키오 디 마텔리카(Verdicchio di Matelica)

마텔리카 인근의 아펜니노 산기슭으로 예시의 남서쪽에 있는 높게 뻗은 산의 분지이다. 이 지역의 기후와 토양의 특성으로 8월 말부터 일교차가 커져 포도의 숙성에 좋은 조건을 보이며, 따라서 와인도 독특한 특징을 보인다. 베르디키오 85% 이상 사용한 화이트만 나온다. 생산량이 '베르디키오 디 예시' 의 1/10밖에 되지 않아 잘 알려져 있지 않고 성격도 비슷하지만, '베르디키오 디 예시' 보다는 풀 바디로 장기보관이 가능한 화이트 와인이다.

비시(Bisci), 라 모나체스카(La Monacesca) 등은 아로마가 더 풍부하고 간결한 베르디키오를 만들어낸다. 오아시 델리 안젤리(Oasi Degli Angeli)의 쿠르니(Kurni Marche IGT)[62]는 몬테풀치아노

---

62) 쿠르니(Kurni Marche) : 이탈리아의 주요 5대 와인 평가지가 매긴 점수를 합산해 다시 평가하는 자리에서 2년 연속 1위를 차지하였으며, 2007년산은 솔라이아, 몬테베트라노, 사씨카이아, 소리 틸딘, 소리 산 로렌초와 같은 쟁쟁한 와인을 모두 제쳤다. 이탈리아 전체 와인 중 가장 컬렉션 하고픈 와인으로도 꼽히는 가라지(Garage) 와인이다.

100%로 만들어 '마르케의 아마로네' 라는 별칭처럼 단맛과 쓴맛, 신맛이 15°의 높은 알코올 도수와 어우러져 입속에서 풍성하게 퍼진다.

3. 아브루초, 몰리제(Abruzzo, Molise)

아브루초는 로마가 있는 라치오에서 동쪽에 접한 산과 바다로 둘러싸인 지역이다. 주의 중간을 따라 아펜니노산맥이 가로지르며 앞으로는 아드리아 해에 면한 이러한 지역적 특성으로 다른 지역과의 교류가 어려웠지만 1960년 이후 로마와 볼로냐 및 남부의 바리(Bari) 등으로 고속도로가 연결되어 교류가 활발해졌다.

라퀼라(L' Aquilla)를 비롯하여 페스카라(Pescara), 테라모(Teramo), 키에티(Chieti)의 4개 지역으로 나뉘어진다. 주도(州都)인 라퀼라는 아펜니니 산맥의 최고봉인 그란 사쏘(Sasso)의 기슭에 있으며, 술모나(Sulmona)와 스칸노(Scanno), 란치아노(Lanciano), 테라모(Teramo) 등이 중세의 주택양식을 잘 간직하고 있다.

협동조합[63]이 와인 생산의 80%를 차지하여 대량 생산이라는 이미지를 보이고 있다. 아브루초 와인은 싸고 편한 슈퍼마켓용 와인이라는 이미지가 강하지만 점점 변화가 일어나고 있는 점도 부인할 수 없다. 몰리제는 아브루초 주(州)의 남쪽으로 맞닿아 있으며 남서로 캄파니아, 남동쪽으로 풀리아와 붙어 있는 조그마한 곳이다. 1963년 아브루초에서 행정구역으로 분리된 지역으로 포도재배의 구조가 고대조직의 영향을 아직 많이 받고 있다.

주도(州都)는 캄포바쏘(Campobasso)로 이세르니아(Isernia)와 더불어 두 도시가 중심이 되어 몬테풀치아노 품종을 주로 사용하여 와인을 생산하고 있다.

화이트 와인 품종 트레비아노로 이탈리아 전역에서 보이지만 이 지역의 트레비아노는 풀리아에 있는 봄비노 비안코와 동일한 품종이라는 설도 있다. 가볍고 상쾌하며 뚜렷한 특징은 없다.

레드 와인 품종 몬테풀치아노로 짙은 색상에 다소 달콤한 타닌이 느껴진다. 같은 이름의 토스카나에 있는 마을과 자주 혼동된다.

1) 아브루초의 DOCG

(1) 몬테풀치아노 다브루초 콜리네 테라마네(Montepulciano d' Abruzzo Colline Teramane)

몬테풀치아노 다브루초 DOC 지역 안의 하위 지역으로 몬테풀치아노를 90% 이상, 산지오베제를 10% 이하 사용한 타닌과 산이 적은 드라이 레드 와인이 나온다. 떡갈나무나 밤나무 통에서 최소한 1년을 포함해 2년 이상의 숙성을 해야 한다. 레이블에 '리제르바' 를 표기하기 위해서는 3년 이상의 숙성이 되어야 한다.

1995년 DOC로 지정되었다가 2003년 DOCG로 승격된 곳이다.

---

63) 아브루초(Abruzzo)의 협동조합. 칸티나 톨로(Cantina Tollo), 카살 타울레로(Casal Thaulero), 카살 보르디노(Casal Bordino) 그리고 치트라(Citra)

2) 아브루초의 DOC

(1) 아브루초(Abruzzo)

아브루초의 4개 지역인 키에티, 라퀼라, 페스카라, 테라모에 두루 걸친 광범위한 곳이다.

(2) 체라수올로 다브루초(Cerasuolo d' Abruzzo)

몬테풀치아노를 85% 이상 사용하여 치에티(Chieti), 라퀼라(L' Aquila), 페스카라(Pescara)와 테라모(Teramo) 지방에서 생산된다.

(3) 콘트로구에라(Controguerra)

북으로 마르케와 닿아있으며 아드리아 해에 면해 있는 아브루초 최북단 지역이다. 화이트는 트레비아노 60% 이상, 파세리나 15% 이상이며 스파클링은 트레비아노 60% 이상, 베르디키오나 페코리노를 30% 이상 사용한다. 레드는 몬테풀치아노를 60% 이상, 메를로나 카베르네 소비뇽을 15% 이상 사용한다.

(4) 몬테풀치아노 다브루초(Montepulciano d' Abruzzo)

아브루초 DOC와 겹치는 지역으로 몬테풀치아노 품종을 기본으로 사용하여 이 지역에서 생산된 아로마가 강하지 않은 레드 와인품종의 블렌딩이 최대 15%까지 허용된다. 몬테풀치아노 다브루초를 로제 스타일로 양조하면 체라수오라(Cerasuola)[64]가 된다.

파르네세(Farnese)[65]의 판티니(Montepulciano d' Abruzzo Fantini)는 베네통(Beneton)과 더불어 세련된 스타일의 와인 레이블을 선보인 것으로 판티니 시리즈로 나오고 있다.

일루미나티(Azienda Agricola Dino Illuminati)의 찬나(Montepulciano d' Abruzzo Zanna)는 단일 포도원으로 커피 향이 강한 진한 과즙이 일품이며, 마시아렐리(Gianni Masciarelli)의 마리나 크베틱(Marina Cvetič), 일 페우두치오(Il Feuduccio)의 우르수니아(Ursunia)는 모두 진득한 편으로 겉으로는 과일 향만 느껴지지만 단단한 구조를 가지고 있어 몇 년 숙성시켜 마시면 더 좋아 겉보기처럼 단순한 와인이 아니다.

(5) 테레 톨레지(Terre Tollesi or Tullum)

키에티 지역에서 2008년 DOC 지정받은 곳으로 화이트는 트레비아노를 75% 이상 사용 혹은 파랑기나(Falanghina), 파세리나(Passerina), 포코리노(Pecorino)를 각각 90% 이상 사용하며 그 외 샤르도네, 말바시아, 모스카토도 사용된다. 스파클링은 샤르도네를 60% 이상 사용한다. 레드는 몬테풀치아노, 카베르네 소비뇽, 메를로, 산지오베제를 각각 90% 이상 사용하여 만든다.

---

64) 체라수오라(Cerasuola) : 포도껍질까지 즙을 내는 짧은 침용 추출 과정을 거쳐서 로제 와인을 만드는 방식. 옅은 색상의 포도즙을 따로 분리해 화이트 와인처럼 양조한 후 산소에 최소한 노출하는 방식이다. 체리 레드빛깔이 아름다우며 진한 과일 향과 섬세하고 강렬한 향, 그리고 아로마가 풍부하며 균형이 잘 잡혀 있다. 타닌이 상대적으로 적어 산화가 빨리 일어나므로 시음 적기가 1~2년 안에 빨리 마셔야 하는 부드럽고 드라이한 느낌의 로제 와인이다.

65) 파르네세(Farnese)가(家) : 1582년 파네세 왕자와 결혼한 오스트리아 여왕 마르게리타(Margherita)가 아브루초의 오르토나(Ortona)와 파르네토(Farneto)의 풍경에 매료되어 와인 생산을 것이 시초다. 율리스(Camillo de Iuliis)는 영국에서 6개의 이탈리안 레스토랑을 성공적으로 경영하다 고향 아르부초로 돌아와 고품질의 와인생산을 위해 열정과 집념을 쏟아 현재 '파네세 그룹'이라는 명칭으로 아브루초를 중심으로 남부 이탈리아인 풀리아, 캄파니아, 바실리카타, 시칠리아에 와이너리를 소유하고 있는 세계적인 기업으로 성장시켰다. 이탈리아의 와인 평론지 루카 마로니(Luca Maroni)에서 수천 개의 와이너리를 제치고 2013년까지 5차례에 걸쳐 종합평가순위 NO.1에 올랐다. 에디치오네(Edizione)는 몬테풀치아노, 프리미티보, 산지오베제, 네그로 아마로, 말바시아네라 품종을 블렌딩한 것으로 와인 평론가 휴 존슨(Hugh Johnson)이 극찬하여 파르네세의 아이콘이 되었으며 F1의 황제 '슈마허'의 와인으로도 잘 알려져 있다.

(6) 트레비아노 다브루초(Trebbiano d' Abruzzo)

트레비아노 품종을 85% 이상 사용하며, 그 외의 품종은 지역에서 재배된 것으로 최대 15%까지 사용할 수 있는 테이블 와인으로 훌륭한 화이트 와인이다. 발렌티니(Azienda Agricola Valentini)는 이탈리아 최고로 꼽히지만 그의 와인은 찾아보기가 힘들 뿐 아니라 트레비아노 다브루초(Trebbiano d' Abruzzo)의 전형적 스타일과는 몹시 다르다. 카탈디 마돈나(Cataldi Madonna)나 니코데미(Fattoria Nicodemi)는 깨끗하고 가벼우며 섬세한 아로마가 돋보이는 전형적 스타일이다.

(7) 빌라마냐(Villamagna)

2011년에 DOC 지정받은 키에티(Chieti) 지역으로 몬테풀치아노를 95% 이상 사용한 레드 와인만 나오며 알코올 도수는 최소 13% 이상이 되어야 한다.

3) 몰리제의 DOC

(1) 비페르노(Biferno)

캄포바소에서 아드리아 해에 이르는 몰리세 남동부 대부분의 지역으로 비페르노 강을 끼고 양쪽으로 나누어 있다. 몬테풀치아노를 60~70% 사용한 레드 와인 비페르노 로쏘와 드라이 로제 와인인 비페르노 로사토, 트레비아노를 65~70% 사용한 드라이 화이트 와인인 비페르노 비안코가 나온다.

(2) 몰리제(Molise)

서부 신악지대인 이세르니아 부근과 캄포바소 부근 지역이다. 화이트는 샤르도네, 할랑기나, 그레코 비안코, 모스카토 비안코, 피노 비안코, 소비뇽 블랑, 트레비아노로 만들며, 레드 와인은 알리아니코, 카베르네 소비뇽, 몬테풀치아노, 산지오베제, 틴틸리아로 만든다.

화이트, 스파클링, 스위트 화이트, 레드 등 여러 종류의 와인이 생산된다.

(3) 펜트로 디 이세르니아(Pentro di Isernia)

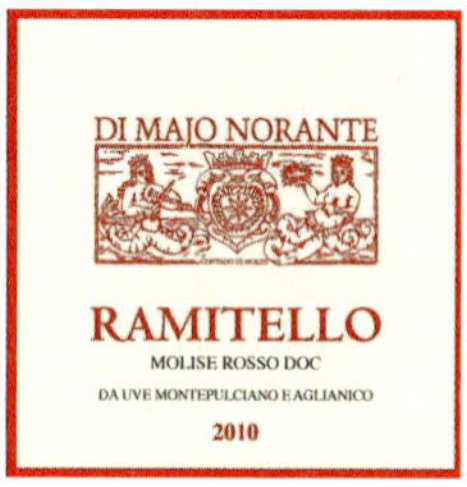

이세르니아를 중심으로 북쪽의 베리노 강 계곡과 이세르니아 남부 지역으로 나누어 있다. 화이트는 트레비아노 토스카노를 60~70% 사용하고, 레드는 몬테풀치아노와 산지오베세를 45~55%로 거의 반씩 사용한 드라이 레드 와인을 만든다. 마요 노란테(Alessio di Majo Norante)는 미국인들이 관심을 많이 가지는 생산자이다.

(4) 틴틸리아(Tintilia)

캄포바소와 이세르니아 부근의 남부지역으로 틴틸리아를 95% 이상 사용해서 만든 레드나 로제만 나온다. 틴틸리아는 몰리제에서 재배하는 레드 품종의 이름으로 스페인의 틴토(Tinto)에서 유래된 걸로 보인다.

제6절 이탈리아 남부 지방

이탈리아반도의 남부지방으로 캄파니아, 풀리아, 바실리카타, 칼라브리아 지방을 이른다.

1. 캄파니아(Campania)

로마 바로 아래에 있으며, 주도(州都)는 나폴리로 티레노(Tirreno) 해에 면한 소렌토, 폼페이 등의 관광지를 포함하고 있는 지역이다.

생산량은 많지만 그 중 DOC 등급은 7%로 이탈리아 내에서 매우 낮은 비율이다. 캄파니아에서 좋은 와인은 나폴리에서 동쪽으로 30분 정도의 거리에 있는 아벨리노(Avellino) 시 주변에서 생산되는 타우라시와 피아노 디 아벨리노, 그레코 디 투포를 꼽고 있다.

레드 와인 품종 알리아니코(aglinico)와 피에디로소(piedirosso)[66]

화이트 와인 품종 팔랑기나(falanghina)는 특히 아말피 해안이 흥미로우며, 피아노[67], 그레코[68]가 보인다.

1) 캄파니아의 DOCG, DOC

(1) 아벨리노(Avellino) 지방의 DOCG, DOC

캄파니아 주에서 가장 훌륭한 와인은 나폴리에서 동쪽으로 30분 정도의 거리에 위치한 아벨리노(Avellino) 시 주변에서 생산되는 타우라지와 피아노 디 아벨리노 및 그레코 디 투포를 꼽고 있다.

그레코 디 투포(Greco di Tufo) DOCG 아벨리노 북쪽 지역으로 그레코를 85~100% 사용한 화이트 와인과 스파클링을 생산한다. 피아노 디 아벨리노와 흡사하지만 과일 향이 더 짙다. 단티케 테레(Vega-D' Antiche Terre)와 그로타 델 솔레(Cantine Grotta del Sole)의 그레코 디 투포(Greco di Tufo)는 특별한 복합성은 없지만 혀끝에 닿았을 때 포도의 특성과 신선함이 살아있는 그레코 와인의 전형이라 할 수 있다. 베니토 페라라(Benito Ferrara)의 그레코 디 투포 드라이 화이트는 밀짚빛의 노란색 남이탈리아의 개성이 넘치는 와인이다.

타우라시(Taurasi) DOCG 아벨리노 동쪽의 해발 400~500m의 산악지대로 칼로레(Calore) 강의 지류가 합류하는 지역을 따라 펴져 있다. 기원이 로마제국 이전 그리스 시대까지 거슬러 올라갈 정도로 이탈리아에서 가장 오래되고 폼질 또한 유명한 곳이다.

알리아니코를 베이스로 사용한 레드 와인이 나오며 최상의 타우라시는 알리아니코를 100% 사용하기도 한다. 2년은 나무통에서 1년은 병에서 숙성되는 3년 이상의 숙성기간을 거치며 15~20년이 되어야 최상의 품질이 된다. 진한 붉은 색으로 에테르 향의 뒷맛이 강하고 길게 남는다. 근래에 캄파

66) 피에디로소(piedirosso) : 이름 자체가 '붉은 발' 혹은 '붉은 줄기'라는 뜻으로 캄파니아의 여러 와인에 들어가는 가벼운 레드 품종으로 블렌딩에 많이 사용된다.
67) 피아노(fiano) : 캄파니아의 화이트 품종 중 아로마가 가장 강하고 무게감 있는 품 바디를 가졌다. 매콤하고 스모키하며 상쾌한 품종이다.
68) 그레코(greco) : 포도의 느낌이 살아있는 육감적인 화이트 품종으로 아벨리노 근처의 고지대에서 재배된다. 고대 그리스인이 들여온 품종으로 많은 이탈리아 화이트 와인 품종의 선조였을 거로 추정된다.

니아에 많은 변화가 일어나 주목할 만한 와이너리들이 새롭게 생겨났는데 타우라지 DOCG가 대표적이다.

마스트로베라디노(Mastroberadino)는 캄파니아의 떼루아를 지켜온 최고의 와이너리로 이곳의 라디치 타우라시(Radici Taurasi Reserva)는 오크통 숙성 30개월, 병입 숙성 18개월 후 출시되며 40년 이상의 장기보관이 가능하다.

카지아노(Cantine Antonio Caggiano)와 테레도라(Terredora di Paolo)는 이 지역에서 높이 평가받는 생산자이며, 산 그레고리오(Feudi di San Gregorio)는 빠른 속도로 규모가 확장된 곳으로 레드, 화이트의 다양한 와인을 갖추고 있으며 진한 타우라시 와인을 만들고 있다.

안토니오 카지아노(Cantine Antònio Caggiano)와 빌라 마틸데 팔레르노 델 마시코(Villa Matilde del Massico)는 마스트로베라디노와 더불어 알리아니코의 교과서적인 세 얼굴이다.

살바토레 몰레티에리(Salvatore Molettieri)는 뛰어난 알리아니코로 감베로 로소의 셀러 상(Cellar of the Year in 2005)을 수상하였다.

피아노 디 아벨리노(Fiano di Avellino) DOCG 폼페이 북쪽의 캄파니아 중부지역으로 아벨리노(Avellino) 주변 숲이 우거진 경사지대로 피아노를 80% 이상 사용하고 그레코, 코다 디 볼페(coda di volpe), 트레비아노를 사용하여 균형을 잡는다. 남부 이탈리아의 최상의 드라이 화이트로 알려져 있다.

푸디 산 그레고리오(Feudi di San Gregorio)와 테레도라(Terredora di Paolo)의 피아노 디 아벨리노는 스모키하면서 신선한 과일 향과 찌를 듯한 산도로 입안에서의 존재감이 대단하다. 콜리 디 라피오(Colli di Lapio)는 피아노가 가진 우아함과 복합성을 잘 나타내고 있다.

산타가타 데이 고티(Sant' Agata dei Goti) DOC 캄파니아 북부 베네벤토 밑의 작은 지역이다. 화이트는 팔랑기나 혹은 그레코를 40~60%, 레드는 알리아니코 혹은 피에디로소를 40~60%로 주로 사용한다.

(2) 베네벤토(Benevento) 지방

팔랑기나 델 산니오(Falanghina del Sannio) DOC 베수비오 산 북동쪽 아벨리노와 베네벤토 사이의 지역으로 2011년 DOC로 인정받았다. 팔랑기나를 85% 이상 사용한 화이트가 나온다.

이르피나(Irpina) DOC 2005년 DOC로 된 곳으로 베네베토 인근의 동쪽에 있다. 화이트는 그레코나 피아노를 각각 40~50% 사용, 레드는 알리아니코를 70% 사용한다.

구아르디올로(Guardiolo) DOC 베네벤토 북쪽의 솔로파카 DOC 안에 위치하며 구아르디아 산프라몬디(Sanframondi) 마을 근처의 높은 지역에 포도밭이 있다. 화이트는 팔랑기나를 90% 이상 사용하거나 말바시아를 베이스로 사용한다. 스파클링은 팔랑기나를 70% 이상 사용하고, 레드는 산지오베제를 80% 이상 사용하여야 한다.

산니오(Sannio) DOC 캄파니아 북부 베네벤토 위의 넓은 지역으로 위로는 몰리제와 닿는다. 화이트는 트레비아노, 레드는 산지오베제를 주로 쓴다.

솔로파카(Solopaca) DOC 캄파니아 북부 베네벤토 북서쪽 지역이다. 화이트는 트레비아노 혹은 팔랑기나, 레드는 산지오베제를 주로 사용한다.

(3) 나폴리 부근 지방

아베르사 아스프리니오(Aversa Asprinio) DOC 나폴리 북부의 아베르사와 카세르타(Caserta) 인근의 해안지역이다. 화이트는 아스프리니오를 85% 이상 사용하고 스파클링은 아스프리니오를 100% 사용하여 같은 이름의 와인을 만든다.

캄피 플레그레이(Campi Flegrei) DOC 나폴리 서쪽의 해안 지역으로 나폴리 일부를 포함하고 있어 자연경관이 아름답다. 화이트는 팔랑기나를 50~70% 사용하고 팔랑기나 화이트는 팔랑기나를 90% 이상 사용하여야 한다. 레드는 피에디로소를 50~70%, 피에디로소 레드는 피에디로소를 90% 이상 사용하여야 한다.

카프리(Capri) DOC 소렌토 바로 앞의 카프리 섬으로 경사지에서 포도 재배가 왕성하다. 지중해의 유명 관광지이기도 하여 생산되는 와인들은 대부분 관광객들에 의해 소비된다. 화이트는 팔랑기나와 그레코를 사용하지만 그레코 함량은 전체에서 50% 이하가 되어야 한다. 레드는 피에디로소를 80% 이상 사용하여 만든다.

코스타 다말피(Costa d' Amalfi) DOC 살레르노 인근 서쪽 해안, 소렌토의 바로 오른쪽 지역으로 하위지역으로는 푸로레(Furore), 라벨로(Ravello), 트라몬티(Tramonti)의 세 곳이 있으며 와인 이름도 대개 이 지명을 붙인다.

화이트는 팔랑기나와 비안코렐라를 60% 이상 사용하고, 레드는 시아시노소(sciascinoso)나 알리아니코가 주 품종이 된다. 마리사 쿠오모(Marisa Cuomo)는 코스타 다말피 내의 세부 구획으로 엄격한 DOC 규제를 받는 푸로레(Furore)에서 피오르두바(Fiorduva)라는 황금색의 풀바디 드라이 화이트를 만든다.

이스키아(Ischia) DOC 나폴리 해안의 섬으로 포도밭은 경사지에 발달해 있으며 이탈리아에서 와인의 역사가 오래된 곳 중의 한 군데이다. 화이트는 포라스테라와 비안코렐라를 주로 사용하고, 레드는 과르나치아와 피에디로소를 주로 사용한다.

페니솔라 소렌티나(Penisola Sorrentina) DOC 소렌토의 바다를 향해 돌출한 소렌티나 반도로 하위지역으로 그라나뇨(Gragnano), 레테레(Lettere)의 두 곳이 있다. 화이트는 팔랑기나, 비안콜렐라, 그레코 비안코를 60% 이상으로 사용하고, 레드는 피에디로소, 시아시노소, 알라이니코를 60% 이상 사용한다. 같은 이름의 와인이 교황 바오르 3세로부터 '군주들을 위한 와인' 으로 칭송받았다.

베수비오(Vesuvio) DOC 나폴리 남쪽 베수비우스 산과 폼페이 사이의 지역으로 화산의 경사지를 따라 포도밭이 뻗어있다. 화이트는 코다 디 볼페(Coda di Volpe) 혹은 베르데카(Verdecca)를 80% 이상 사용, 레드는 피에디로소(Piediirosso) 또는 시아시치노소 80% 이상 사용한다.

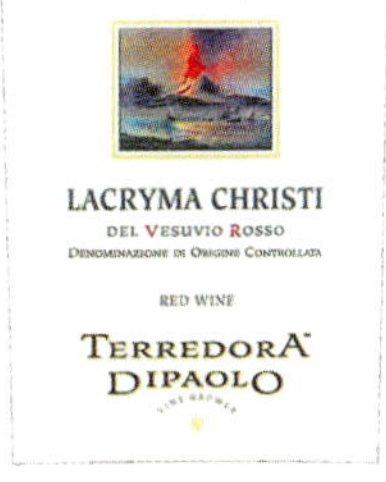

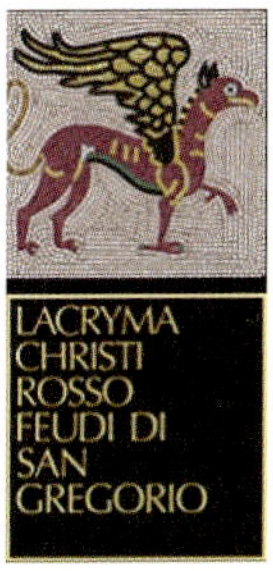

라크리마 크리스티 델 베수비오(Lacryma Christi del Vesuvio)는 '그리스도의 눈물(tears of Christ)' 이라는 뜻으로 화이트, 레드, 로즈가 있다. 베세보(Vesevo Aglianico Beneventano)의 알파벳 'V' 는 승리(Victory)를 의미하는 동시에 베수비오(Vesuvio) 화산의 옛 이름이기도 하다. 풍부한 맛과 아로마를 선사하면서도 강건한 느낌을 주는 와인으로 이탈리아의 와인 평론지

루카 마로니(Luca Maroni)를 통해 5년 연속 NO.1 와이너리로 선정된 파네세 그룹(Farnese Group)의 대표적인 와인이다.

(4) 나폴리 북부 지방

알리아니코 델 타부르노(Aglianico del Taburno) DOCG 캄파니아 북부 베네벤토(Benevento)의 북쪽 구릉지로 1986년 DOC로 되었다가 2011년 DOCG로 승격되었다. 레드는 알리아니코 85% 이상 혹은 산지오베세 40~50%와 알리아니코 30~40%로 만든다. 화이트는 트레비아노 40~50%, 팔랑기나 30~40%로 만든다.

팔레르노 델 마씨코(Falerno del Massico) DOC 캄파니아의 북쪽 해안지역이다. 화이트는 팔랑기나 100%로 만들고, 레드는 알리아니코를 주로 사용하며, 고대 로마에서부터 즐겨 마시던 것으로 지금도 주목받고 있다.

갈라르디(Fattoria Galardi)는 이탈리아에서 가장 많이 찾는 부티크 레드 와인 중의 한 곳이다. 토착품종인 알리아니코와 피에디로소를 80%, 20% 블렌딩하여 전통적인 와인을 재해석한 '위대한 와인' 인 테라 디 라보로(Terra di Lavoro)를 생산한다.

갈루치오(Galluccio) DOC 캄파니아 북서부의 라치오에 인접한 지역으로 미네랄이 풍부한 토양이다. 화이트는 팔랑기나, 레드는 알리아니코를 각각 70% 이상 사용하여 만든다. 와인은 팔레르노와 비슷하지만 향이 더 있으며 가벼운 느낌이다.

(5) 캄파니아 남부지방

카스텔 산 로렌초(Castel San Lorenzo) DOC 살레르노 남동쪽의 구릉지이다. 화이트는 트레비아노와 말바시아를 사용하고, 레드는 특이하게도 북쪽 피에몬테 지방 품종인 바르베라를 주로 사용한다. 모스카토를 사용하여 스푸만테를 양조하기도 한다.

칠렌토(Cilento) DOC 캄파니아 남단의 카프리 섬을 향해 돌출해 있는 소렌토반도에서 내륙으로 들어가면서 만나는 살레르노 시 인근의 바실리카타와 인접한 해안 구릉지이다. 화이트는 피아노를 60~65%, 레드는 알리아니코를 60~75%로 주 품종으로 사용한다.

몬테베트라노(Azienda Agricola Montevetrano)는 남부의 사씨카이아로 불릴 정도의 파워를 보여주며 이탈리아에서 가장 많이 찾는 부티크 와이너리 두 군데 중 한 곳인 소규모 에스테이트로 이곳의 몬테베트라노(Montevetrano)는 카베르노 소비뇽 60%, 메를로 30%, 알리아니코 10%를 블렌딩한 와인이다. 다른 또 한 곳도 역시 캄파니아에 있다.

2. 풀리아(Puglia)

이탈리아 국토 모양의 장화 뒤축에 해당되는 지역이다. 주도(州都)인 바리(Bari)와 성곽이 아름다운 루체라(Lucera), 여러 문화가 혼재되어 있는 트로이아(Troia) 등의 도시가 있다.

온화한 기후와 더불어 강렬한 태양이 있는 이곳은 모든 종류의 가벼운 음식, 특히 해산물이나 딸기, 아이스크림 등과 잘 어울리는 아페리티프 와인으로 유명하다. 발효가 일찍 중지되고 자연적인 상태에서 당분이 남아 있을 때 이탈리아 남부 디저트 와인의 가장 풍부한 맛의 경지를 느낄 수 있다.

레드 와인 품종 네그로아마로[69], 프리미티보[70], 우바 디 트로이아[71]의 세 품종이 주종을 이룬다. 그리고 말바시아 네라(malvasia nera)는 말바시아 비안코의 짙은 버전이다. 몬테풀치아노, 산지오베제, 알레아티코를 사용한다.

화이트 와인 품종 봄비노 비안코(bombino bianco)는 부드럽고 가벼운 맛을 지녔다. 베르데카(verdeca)는 높은 산도를 지닌 시큼하고 풀 비린내가 나는 이 지방 고유품종이다. 그리고 샤르도네를 사용한다.

1) 풀리아의 DOCG

(1) 카스텔 델 몬테(Castel del Monte) DOCG

풀리아 중부 지방에 있는 주도(州都) 바리(Bari) 서쪽의 카스텔 몬테를 둘러싸고 있는 산악지대로 바실리카다 주의 접경지에까지 이른다. 카스텔 델 몬테에는 세 가지 DOCG가 포함된다. 봄비노 네로(Castel del Monte Bombino Nero)는 봄비노 비안코를 90% 이상 사용한 화이트 와인이 나온다. 트로이아 리제르바(Castel del Monte Nero di Troia Reserva)는 우바 디 트로이아를 90% 이상 사용한 레드 와인을 오크통 1년 이상을 포함한 2년 이상의 숙성시킨 와인이 생산된다. 로쏘 리제르바(Castel del Monte Rosso Riserva)는 우바 디 트로이아, 알리아니코, 혹은 몬테풀치아노 100%를 사용하나 다른 레드 품종을 35% 이하로 블렌딩한 레드 리제르바 와인이 나온다.

(2) 프리미티보 디 만두리아(Primitivo di Manduria) DOCG

풀리아 남부의 타란토(Taranto)와 브린디시 사이의 넓은 평야이다. '프리미티보 디 만두리아' 는 지역이름이며 품종이름이기도 하며, 진판델(zinfandel)과 성격이나 색, 알코올 농도, 향 등 많은 면에서 흡사하다. 와인은 100% 같은 이름의 이 품종으로 만든다. 오지오 프리미티보(Ogio Primitivo Puglia IGT)는 편안하게 즐길 수 있는 달고 부드러운 와인으로 국내에서 판매되는 소비자들이 가장 많이 찾는 레드 와인으로 선정되기도 했다. 프리미티보는 진판델 품종의 이탈리아식 표기이다.

2) 풀리아의 DOC

풀리아는 등급 와인의 생산량이 얼마 되지 않는데도 DOC지역이 매우 많다. 엄청나게 많은 양이 생산된 거 같지만 실제로는 별로 많지 않으며 그나마 DOC 범주에 들어도 지역 시장을 벗어나지 못하고 있다.

(1) 라 카파타나타(La Capatanata) 지방

풀리아의 가장 중요한 와인생산 지역으로 북부평원지대이다.

알리아티코 디 풀리아(Aleatico di Puglia) 이 DOC는 풀리아 전 지역의 와인이 해당된다.

카체 미테 디 루체라(Cacc' e mmitte di Lucera) 포지아 북서쪽의 루체라 마을을 중심으로 한 지

69) 네그로아마로(negroamaro) : 풀리아에서 가장 많이 재배되며 이탈리아 내에서는 여섯 번째로 많이 재배되는 레드품종이다. 짙고 껍질이 두꺼우며 타닌이 강하고 남쪽의 살렌티나 반도에서 레드의 베이스로 사용된다.

70) 프리미티보(Primitivo) : 이 지방의 만두리아(Manduria) 지역에서 나는 포도품종으로 숙성되면서 색상이 감홍색이나 오렌지 레드를 보이고 가벼운 향을 발산한다. 알코올은 14도에 이르고, 정제에 최소한 9개월이 소요되며 풀 바디의 질감으로 마시기에 아주 좋다. 그리스 시대부터 이 지방에서 재배되었으며, 미국산이라고 알려진 진판델(Zinfandel)과 유전자가 같은 것으로 최근에 알려졌다.

71) 우바 디 트로이아(uva di troia) : 풀리아 북쪽 포지아 근처에서 자라는 고유 품종. 고대 그리스인이 트로이에서 들여와 붙인 이름이다. 아로마가 풍부하고 흥미로운 품종이나 근래에 잊혀지고 있다.

역이다. 우바 디 트로이아를 중심으로 한 7가지 품종으로 만든 심플한 레드 와인으로 손쉽게 마시기에 좋다.

오르타 노바(Orta Nova) 포지아 바로 아래에 자리한 평야지대이다. 산지오베제를 60% 이상으로 주로 사용하여 만든 드라이 레드 와인이 나온다.

산 세베로(San Severo) 풀리아에서 제일 북쪽 평야로 몰리세 접경지역에까지 이르며 생산량도 가장 많은 선도지역이다. 몬테풀치아노를 주 품종으로 하여 만든 레드 와인, 봄비노 비안코와 트레비아노를 각 40~60% 사용하여 만든 드라이 화이트 와인 그리고 스파클링 와인도 생산된다.

타볼리에레 델레 풀리에(Tavoliere delle Puglie/Tavoliere) 2011년 DOC 승인을 받은 바리 위의 포지아와 바를레타, 안드리아 사이의 평야지대이다. 네로 디 트로이아를 90% 이상 사용한 레드 와인이 나온다.

(2) 바리 지역(Bari Province: Central Puglia) DOC

주도(州都)인 바리를 중심으로 한 풀리아 중부지방이다.

바를레타(Barletta) 바리 위의 바를레타 시 주변 아드리아 해안 평야지역이다. 우바 디 트로이아를 70% 이상 사용하고 몬테풀치아노와 산지오베제 또는 말벡으로 블렌딩한 드라이 레드 와인이 나온다.

카스텔 델 몬테(Castel del Monte) 중앙 풀리아이 바리 지방에시 가장 중요한 DOC로서 카스텔 델 몬테를 둘러씬 높은 산악시대로 바실리카타 접경에까지 이르는 지역이다. 우바 디 트로이아, 아그리아니코 또는 몬테풀치아노를 100%까지 사용한 레드가 나온다. 화이트 와인은 팜파누토(pampanuto), 샤르도네 및 봄비노 비안코를 100%까지 사용하여 만든다. 이곳에서 선도자격인 리베라(Rivera)에서 만든 일 팔코네(Castel del Monte Il Palcone)는 세계적으로도 잘 알려져 있다.

그라비나(Gravina) 바실리카타(Basilicata)와 경계하고 있는 서쪽 지역으로, 역시 작은 DOC 지역이다. 말바시아 델 키안티(malvasia del chianti)를 주 품종으로 하고, 그레코 디 투포, 비안코 달레사노를 사용하여 매우 섬세한 드라이 화이트 와인을 만든다.

모스카토 디 트라니(Moscato di Trani) 바리(Bari) 북쪽으로, 해변도시인 트라니(Trani)와 안드리아(Andria)를 안고 있는 넓은 평야지역이다. 모스카토 비안코를 85% 이상 사용하여 만든 전통적인 황금색 디저트 와인은 남부 이탈리아에서 최고의 스위트 화이트 와인이다.

로쏘 바를레타(Rosso Barletta) 트라니 시(市)와 바리 시의 북쪽에 있는 해변도시인 바를레타(Barletta)를 안고 있는 해안 평야와 내륙지역이다. 토착종인 우바 디 트로이아를 70% 이상으로 기본으로 사용하고 산지오베제 또는 말벡으로 블렌딩하는 드라이 레드 와인을 생산한다.

로쏘 카노사(Rosso Canosa) 풀리아 중부의 카스텔 델 몬테 DOC의 바로 남쪽에 있는 작은 지역이다. 우바 디 트로이아(uva di troia)를 65% 이상 사용하여 드라이 레드 와인을 만들며, 인근의 카스텔 델 몬테와 매우 흡사하다.

로쏘 디 체리뇰라(Rosso di Cerignola) 오르타 노바의 남쪽 평야지역이다. 우바 데 트로이아를 55% 이상, 네그로아마로를 15~30%로 주 품종으로 한 드라이 레드 와인을 만든다.

(3) 트룰리(Trulli) DOC

풀리아의 중앙인 바리(Bari)시의 남쪽으로 살렌티노 반도의 북쪽에 위치하여 이트리아(Itria)강이 만든 협곡과 계곡지형이다. 트룰리는 석회암을 쌓아 지은 원추형의 집을 이르는 말로 이러한 집들이 빽빽이 늘어서 있는 것을 멀리서 보면 하나의 나무 같다고 한다.

조이아 델 콜레(Gioia del Colle) 바리 시(市) 남쪽의 넓은 지역으로 아드리아 해에서 바실리카타 접경지에까지 이른다. 다양한 품종을 재배하여 레드는 프리미티보, 화이트는 트레비아노 품종을 주력으로 사용한다.

로코로톤도(Locorotondo) 바리 남쪽 아드리아 해 연안 지역이다. 풀리아에서 가장 유명하며, 베르데카(verdeca)를 50~65%로 주 품종으로 하며 비안코 달레사노를 35~50% 사용하는 드라이 화이트 와인 그리고 스파클링 와인도 나온다.

마르티나 프란카(Martina Franca) 마르티나 프란카를 중심으로 하는 로코로톤도 인근 지역으로 모든 면에서 로코로톤도와 흡사하다. 역시 화이트 DOC 지역이다.

오스투니(Ostuni) 브린디지 시(市)의 북서쪽에 있는 유서 깊은 오래된 고장으로 동쪽으로 마르티나 프란카 DOC에 접한다. 오타비아넬로(ottavianello. 프랑스의 생소 품종 계통) 85% 이상으로 만든 드라이와 라이트 바디 및 체리의 레드 와인과 화이트는 지역품종인 임피뇨(impigno)를 50~85%, 프란카빌라(francavilla)를 15~50% 사용한 오스투니 비안코(Ostuni Biancao)가 나온다.

(4) 살렌토 반도(Salento Peninsula) DOC

질적으로는 풀리아에서 가장 중요한 지역이다.

알레치오(Alezio) 폴리아 남서부 갈리폴리(Gallipoli) 동쪽의 해변에 위치하며 알레치오 지역을 아우른다. 이곳의 로제 와인은 역시 네그로아마로 80% 이상으로 만드는데, 이탈리아의 최상의 로제 와인 중 하나로 손꼽힌다.

브린디시(Brindisi) 살렌토 반도의 남동쪽 브린디시 항이 중심이 되는 지역이다. 네그로아마로가 70% 이상 사용되는 주 품종인 드라이한 레드와 로제 와인이 나온다. 파트리글리오네(Azienda Agricola Taurino Patriglione)는 브린디시에서 가장 좋은 와인이다.

콜리네 요니케 타라티네(Colline Joniche Taratine) 살렌토 반도의 남서쪽 타란토 주변 북쪽 지역으로 밑으로는 타란토 만이 있다. 2008년 DOC 승인받은 곳으로 다양한 종류의 와인이 생산된다.

코페르티노(Copertino) 살리체 사렌티노 DOC의 바로 남쪽에 붙어 있는 곳으로 역시 네그로아마노를 주 품종으로 70% 이상 사용한 드라이 레드와 로제 와인이 나온다.

갈라티나(Galatina) DOC 살렌토 반도의 남쪽으로 해변도시인 오트란토(Otranto)의 서쪽에 위치한 풀리아에서 가장 작은 DOC 지역이다. 역시 네그로아마로 65% 이상으로 만든 레드와 로제 와인이 나온다. 화이트는 샤르도네 55% 이상 사용한다.

레베라노(Leverano) 레체 서쪽의 레베라노 지역의 작은 곳이다. 네그로아마로 50% 이상 사용하여 만든 레드 와인인 로쏘와 로사토가 있다. 그리고 말바시아를 주 품종으로 사용한 레보라노 비앙코(Levorano Bianco)는 1980년 살렌토(Salento) 지방의 첫 화이트 DOC가 되었다.

릿차노(Lizzano) 프리미티보 디 만두리아의 서쪽과 일부 겹쳐지는 곳으로 타란토(Taranto) 만(灣)에 붙어 있다. 다양한 품종과 다양한 와인이 나오는데, 특히 드라이 화이트와 스파클링 와인이 생산된다. 레드는 네그로아마로, 화이트는 트레비아노가 주 품종으로 사용된다.

마티노(Matino) 풀리아의 최남단으로 가장 남쪽에 위치하며 살렌토 지방에서 처음으로 DOC가 나온 곳이다(1971년). 네그로아마로를 70% 이상 사용하여 두 가지(레드, 로제)의 드라이 DOC 와인이 나온다.

나르도(Nardò) 살렌토 반도의 서쪽 구석 지역으로 타란토 만을 따라 자리하고 있다. 네그로아마로를 80% 이상 주 품종으로 한 로제와 레드 와인이 나온다.

네그로아마로 디 테라 도트란토(Negroamaro di Terra d' Otranto) 네그로아마로를 90% 이상 사용한 레드를 만드는 테라 도트란토 DOC 지역이다.

프리미티보 디 만두리아(Primitivo di Manduria) 브린디시와 타란토 사이의 넓은 평야 지역이다. 프리미티보 100%로 드라이 혹은 스위트 레드를 만든다.

살리체 사렌티노(Salice Salentino) 토착종인 네그로아마로(Negroamaro)가 주 품종이며, 말바시아 네라(malvasia nera)도 20% 이상 사용하고 있다. 레드 와인을 주로 생산하고, 로제와 화이트 와인도 나온다. 칸디도(Candido)는 검은색(negro)의 쓴(amaro) 포도인 네그로아마로로 풍부한 타닌이 입안에 기분 좋게 가득 차는 와인을 만든다.

스퀸자노(Squinzano) DOC 해안가에 있는 이 지역은 브린디시의 남쪽으로 벌크와인을 많이 생산한다. 이곳에서 생산하는 와인은 레드와 로제 와인으로 주 품종은 역시 네그로아마로이다.

테라 도트란토(Terra d' Otranto) DOC 살렌토 반도의 동해안 브린디시 지역, 레체 지역 그리고 타란토 만의 타란토 지역을 아우르는 2011년 DOC로 된 곳이다. 화이트는 샤르도네를 75% 이상, 레드는 네그로아마로, 프리미티보, 말바지아를 75% 이상 사용하여 만든다.

3. 바실리카타(Basilicata)

주도(州都)는 포텐자(Potenza)로서 주도와 함께 암벽 위의 거리와 집들로 유명한 마테라(Matera)가 유일하게 규모를 갖춘 도시일 정도로 낙후된 지역이고, 이외의 주요도시는 멜피(Melfi), 마라테아(Maratea) 등이 있다.

6~7세기에 그리스인들이 포도를 경작했던 유서 깊은 지역이나 외부로 덜 알려져 있는 곳이기도 하다. 제일 큰 도시인 포텐자는 해발 800미터 지점에 위치하는 아펜니노 산맥 속에 위치하고 있어 대부분이 언덕으로 이곳 땅의 8%만이 평지이다. 이탈리아에서 남쪽 지방에 속하지만 겨울 내내 눈에 덮여 있는 가장 추운 곳이기도 하다.

와인생산은 영세한 규모의 소규모 생산업자들이 많으며, 품질도 그리 뛰어나지 않다. 그러나 거칠지만 소박하고 순수한 맛의 와인들이다.

이탈리아의 와인생산지역 중에서 하위에 랭크되고 있지만 레드 와인인 알리아니코 델 불투레(Aglianico del Vulture)는 드라이와 세미 드라이의 레드 와인으로 어떠한 종류의 음식과도 잘 어울리는 훌륭한 와인이다.

여러 가지의 알리아니코(Aglianico) 품종으로 만들며, 베키오(Vecchio : old)는 3년 이상, 리제르바(Riserva)는 5년 이상 숙성시키나 빈티지가 좋은 해는 특별히 10년 이상 숙성시키기도 한다.

레드 와인 품종 알리아니코로 짙고 껍질이 두꺼우며 타닌이 많은 품종이다.

화이트 와인 품종 말바시아와 모스카토이지만 일반적으로 테이블 와인으로 만들어 내수용으로만 판매된다.

1) 바실리카타(Basilicata)의 DOCG

(1) 알리아니코 델 불투레 수페리오레(Aglianico del Vulture Superiore)

알리아니코 델 불투레 DOC 중의 알리아니코로 만든 레드 수페리오레만 해당된다.

2) 바실리카타(Basilicata)의 DOC

(1) 알리아니코 델 불투레(Aglianico del Vulture)

바실리카타 북부 풀리아와의 접경지인 1,310m 높이의 사화산인 불투레 산 동쪽에 중요한 포도원들이 밀집해 있다. 이탈리아 남부 최고의 레드 와인 중 하나로 이웃의 캄파니아의 알리아니코가 베이스인 타우라시보다 유명세는 못하지만 질은 더 낫다는 평가를 받고 있다. 알리아니코 100%의 레드 와인만 생산한다.

단젤로(D' Angelo)의 알리아니코 델 불투레인 카셀레(Caselle)와 칸네토(Canneto)는 검은 빛을 띠고 입안이 마를 듯한 타닌을 가지고 있지만 훌륭하고 복합적인 아로마를 지니고 있다.

알리아니코 델 불투레를 수집용 와인으로 고려하는 사람은 엘레나 푸치(Elena Fucci), 파테르노스터(Paternoster)와 같은 좋은 생산자[72]를 눈여겨보아야 하며, 억세고 매콤한 레 만프레디(Le Manfredi)는 테레 델리 스베비(Terre degli Svevi)에서 나온다.

(2) 마테라(Matera)

마테라와 오른쪽으로 타란토만에 연한 메타폰토를 포함하는 바실리카타 주의 우측에 위치하며 2005년 DOC로 된 곳이다. 프리미티보, 산지오베세, 카베르네 소비뇽, 그레코를 사용하는 레드, 말바시아를 사용한 화이트가 나온다.

(3) 테레 델랄타 발 다그리(Terre dell' Alta Val d' Agri)

바실리카타 남부 산기슭으로 메를로를 주 품종으로 사용하고 그 외에 카베르네 소비뇽, 말바시아도 재배하고 있다.

4. 칼라브리아(Calabria)

이탈리아반도의 장화모양의 코끝에 해당하는 맨 아랫부분인 이오니아 해(海)가 시작되는 곳에 위치하고 있다. 삼면이 바다로 되어 있고, 북부만이 바실리카타 주와 접하고 있는 지역이다. 주도(州都)는

72) 파테르노스트레(Patermoster)의 로톤도(Rotondo), 노타이오(Cantine del Notaio)의 라 피르마(La Firma), 사쏘(Francesco Sasso)의 에우베아 코보 데이 브리간티(Eubea Covo dei Briganti), 포르탈레(Tenuta del Portale), Gruppo Piertrafessa, 테누타 레 케르체(Tenuta Le Querce)의 비냐 델라 코로나(Vigna della Corona), 만프레디(Re Manfredi)

레지오 칼라브리아(Reggio Calabria)로서 그리스 유물들이 전시되어 있는 국립박물관이 소재하고 있다. 카탄자로(Catanzaro)와 코센자(Cosenza) 등도 중요한 도시들이다.

포도를 재배할 수 있는 땅이 많지 않고 해안의 언덕에 형성된 포도밭에서 생산된 양의 대부분이 레드 와인과 로제 와인이다. 와인의 품질은 그다지 뛰어나지 못하지만 전 지역에서 고른 품질이 생산된다. 특히 해발 700미터 이상의 고지대에서 생산되는 와인은 햇볕에 말라붙은 토양에서 나무 한 그루당 단 한 병의 와인이 만들어지기 때문에 그 와인은 아주 훌륭하다. 그런 여건에서 생산되고 또한 뛰어난 품질로 가격이 비싸서 시장에서 쉽게 찾을 수 없다.

이 지역 최고의 와인은 치로(Cirò)와 돈니치(Donnici) 및 라메치아(Lamezia)이다.

레드 와인 품종 갈리오포[73]와 말리오코[74]가 주 재배품종이며 그 외에 알리아니코, 카베르네 소비뇽, 메를로, 네렐로 마스칼레세(nerello mascalese), 네렐로 카푸초(nerello cappuccio)가 보인다.

화이트 와인 품종 그레코[75]와 스위트 와인에 사용되는 몬토니코(montonico) 외에 트레비아노, 말바지아, 샤르도네를 재배한다.

1) 동부 지역 DOC

(1) 치로(Cirò)

실라(Sila) 산의 동쪽 부분으로 이오니아 해(海)에 면해 있다. 레드 와인은 갈리오포를 95% 이상 사용하고, 화이트는 그레코를 90% 이상 사용한 드라이 화이트 와인이 나온다.

치로 로쏘는 이 지역에서 난 하나 클라시코(classico)로 지정된 이 지역 최고의 와인이다.

리브란디(Librandi), 산 프란체스코(San Francesco)의 치로 로쏘(Cirò Rosso)는 과일 맛이 나며 갈리오포 품종이 가지고 있는 부드러운 타닌으로 인해 질감이 아주 부드럽다.

(2) 멜리싸(Melissa)

치로(Cirò) 바로 남쪽의 이오니아 해안에 위치한다. 레드는 갈리오포 75~95% 사용하고, 화이트는 그레코를 80~95% 사용하여 만들어 각각 치로의 레드와 화이트 와인과 비슷하지만 질은 그에 미치지 못한다.

(3) 산탄나 디 이솔라 카포 리추토(Sant' Anna di Isola Capo Rizzuto)

멜리싸 남쪽에 붙어 있는 이오니아 해안으로 지금은 육지이지만 예전에는 섬이었던 지역이다. 갈리오포를 40~60%, 그 외에 여러 품종을 사용한 드라이 레드 와인이 나온다.

2) 서부 지역 DOC

(1) 돈니치(Donnici)

코센차(Cosenza) 밑의 실라 산(山)의 서쪽 경사면에 위치하다. 레드는 갈리오포를 50% 이상, 화이트는 몬토니코를 50% 이상 사용하여 와인을 생산한다.

---

73) 갈리오포(gaglioppo). 칼라브리아의 주 레드 품종으로 부드럽고 베리 향이 나며 산화되기 쉬운 품종이다. 칼라브리아 전 DOC에서 비율이 다르기는 하지만 전부 사용하고 있다.

74) 말리오코(magliocco). 갈리오포와 마찬가지로 부드럽고 진한 베리 향으로 혼동될 때가 많다. 갈리오포보다 좀 더 깊고 진한 맛을 지니고 있는 레드 품종이다.

75) 그레코(greco). 섬세한 아로마와 과즙이 넘치는 질감을 가지지만 대단히 변덕스러운 화이트 와인 품종이다.

(2) 라메치아(Lamezia)

라메치아 밑의 지중해 해안에서 카탄차로 쪽으로 내륙으로 뻗어 있다. 네렐로 마스칼레세나 네렐로 카푸초를 30~50%, 그 외에 여러 품종을 사용한다. 화이트는 그레코가 50% 이하로 사용되지만 주 품종이며, 그레코로 명시된 것은 그레코를 85% 이상 사용한다.

(3) 폴리노(Pollino)

칼라브리아를 바실리카타와 나누는 폴리노(Pollino) 산에서 따온 이름으로 칼라브리아 최북단의 산악 고원지대이다. 갈리오포를 60% 이상 사용한 레드 와인만 생산한다.

(4) 산 비토 디 루치(San Vito di Luzzi)

코센차 북쪽의 북부 내륙지대이다. 갈리오포 70% 이상으로 주로 사용한 레드 와인, 말바지아를 40~60% 사용하는 화이트 와인을 생산한다.

(5) 사부토(Savuto)

코센차 남쪽의 사부토 강 유역의 서부 해안지대이다. 갈리오포와 산지오베제가 주 품종으로 칼라브리아에서 상품(上品)에 들어가는 와인을 생산한다. 이곳에서 가장 유명한 생산자는 오도아르디(Odoardi)로 칼라브리아의 서부 지중해연안에 있는 노체라 테리네세(Nocera Terinesse)의 고지대에 본사가 있으며 사부토 트라몬테 칼라브리아(Savuto Tramonte Calabria)를 만든다.

(6) 스카비냐(Scavigna)

사부토 남쪽의 칼라브리아의 서부 해안에 있는 지역이다. 레드 와인은 갈리오포를 60% 이하 사용하고 화이트는 트레비아노를 50% 이하 사용한다. 오도아르디(Odoardi)가 이곳에서 만드는 비냐 가로네(Scavigna Vigna Garrone)는 알리아니코 외에 카베르네 소비뇽, 카베르네 프랑, 메를로의 블렌딩으로 칼라브리아에서 가장 무거운 레드 중의 하나이다.

(7) 베르비카로(Verbicaro)

북쪽 해안지역이다. 레드는 갈리오포나 그레코 네로를 60~80% 사용하고, 화이트는 그레코 비안코, 말바지아 등의 여러 품종을 사용한다.

3) 남부 지역 DOC

(1) 그레코 디 비안코(Greco di Bianco)

장화의 발끝 중에서 가장 남쪽으로 내려가면 이오니아 해안에 면한 비안코(Bianco) 시가 있다. 시의 뒷 언덕에 위치하여 같은 이름의 스위트 와인인 그레코 디 비안코를 생산한다. 그레코 비안코 품종을 사용한 이 와인은 허브와 감귤향이 육감적인 호박색으로 혀끝에서 꿀과 같은 달콤함으로 알코올함량이 최소 17%가 넘어야 한다.

(2) 비본지(Bivongi)

주도(州都) 카탄차로 남쪽으로 시칠리아 쪽으로 뻗어있는 반도의 이오니아 해를 따라 형성된 해발 800m에 이르는 구릉지이다. 드라이 레드와 드라이 화이트 와인을 생산한다.

제7절 이탈리아 도서 지방

남쪽의 시칠리(Sicily)섬 및 티레니안(Tyrrhenian) 해(海)를 건넌 사르데냐(Sardegna)를 포함하는 지역이다.

1. 시칠리아(Sicilia)

지중해에서 가장 큰 섬으로 우리나라 제주도의 13배 정도가 되는 면적이다. 주도(州都)인 팔레르모와 메시나(Messina), 카타냐(Catania), 시라쿠사(Siracusa), 엔나(Enna), 젤라(Gela), 아그리젠토(Agrigento), 마르살라(Marsala), 트라파니(Trapani) 등이 중심도시이다. BC 800년경 그리스인들이 섬에 정착하면서 포도재배와 자연발효를 통한 와인양조가 시작되었다. 높은 해발과 풍부한 화산토로 구성된 화산지대인 에트나(Etna)는 이탈리아의 부르고뉴라 부릴 정도로 일반적인 이탈리아 와인들과는 다른 개성을 보여준다.

아프리카 쪽에서 불어오는 더운 바닷바람과 1년에 300일 이상 해가 나는 기후임에도 불구하고 화이트가 60% 이상을 차지한다. 테이블 와인에서부터 디저트 와인까지 모든 유형의 와인이 이곳에서 병입되고, 150여 가지의 와인을 생산하고 있다.

화이트 와인 품종 카타라토[76], 그레카니코[77], 그릴로[78], 인졸리아, 지비보[79] 그리고 말바시아와 샤르도네, 소비뇽 블랑, 뮐러-투르가우, 카리칸테(carricante)가 재배된다.

레드 와인 품종 프라파토[80], 네렐로 마스칼레세[81], 네로 다볼라 외에 네렐로 카푸초, 페리코네, 시라, 카베르네 소비뇽, 메를로를 사용한다.

1) 시칠리아 서부지역 DOC

(1) 알카모(Alcamo)

팔레르모 남서쪽으로 점토와 석회암 지역이다. 카타라토 품종을 60% 이상 사용한 드라이 화이트 와인이 나오며 클라시코는 80% 이상을 사용하여 만든다. 라피탈라(Rapitalà), 스파다포라(Spadafora), 폴라라(Pollara) 등이 괜찮은 부드러운 와인을 내놓고 있다.

---

76) 카타라토(catarratto) : 시칠리아에서만 재배되지만 생산량으로는 이탈리아에서 몇 위 안에 드는 화이트품종이다. 알카모나 마르살라에서 블렌딩용으로 쓰인다.
77) 그레카니코(grecanico) : 신선하며 좋은 산도와 사과 향을 가져 블렌딩용으로 많이 쓰인다.
78) 그릴로(grillo) : 마르살라에서 역사가 깊은 베이스 품종으로 알코올 도수가 높은 편이라 마라살라용으로 쓰인다.
79) 지비보(zibibbo). 알렉산드리아의 뮈스카를 시칠리아에서 부르는 이름으로 모스카토 비안코로도 불린다. 모스카토 품종 중에서 알맹이가 큰 포도로 와인뿐 아니라 건포도나 식용포도로도 사용된다.
80) 프라파토(frappato) : 옅은 색상에 체리 향이 나는 토착품종으로 산도가 높다. 가볍고 밝은 레드나 로제 와인에 사용된다.
81) 네렐로 마스칼레세(nerello mascalese) : 깊은 색상을 가진 검은 빛 포도로 매콤한 맛을 지닌 레드 품종이다.

(2) 콘테아 디 스클라파니(Contea di Sclafani)

팔레르모 남동쪽의 해발 450~600미터에 이르는 산의 경사면에 위치하여 선선한 기후를 보이고 있다. 발레룬가(Vallelunga) 시가 중심이 된다. 카타라토, 인졸리아, 그레카니코를 중심으로 각 50% 이상 사용한 화이트, 레드는 네로 다볼라와 페리코네를 베이스로 각 50% 이상 사용하여 만든다. 단일 품종이 명시된 와인은 해당 품종을 85% 이상 사용하여야 한다. 타스카 달메리타(Tasca D' Almerita)는 네로 다볼라의 품질을 몇 단계 끌어올린 혁명가로 로쏘 델 콘테(Rosso del Conte)의 경우 싱글 비너드 생산 포도를 밤나무통에서 숙성시켜 견고한 타닌이 30년도 가능하게 만들었다.

(3) 콘테사 엔텔리나(Contessa Entellina)

팔레르모 바로 남쪽 지역이다. 인졸리아를 중심으로 카타라토, 그레카니코, 샤르도네, 뮐러-투르가우, 소비뇽 블랑, 피노 비안코와 그릴로를 사용한 드라이 화이트 및 스위트 화이트 와인을 만든다. 레드 와인은 네로 다볼라와 시라를 베이스로 하여 카베르네 소비뇽, 메를로, 피노 네로를 사용한다.

돈나푸가타[82]의 앙겔리[83]는 시칠리아의 현대적 와인 메이킹을 대표할 만한 와인이다. 1997년에 나온 '밀레 에 우나 노테' 는 신구(新舊)의 조화가 이루어진 것으로 알려져 있다. 또한 탄크레디(Tancredi)는 영화 레오파드(The Leopard)에서 아랑 드롱이 맡은 우아함과 기품 있는 배역의 이름이다.

(4) 델리아 니보렐리(Delia Nivolelli)

시칠리 서쪽 끝의 마르살라에 인접한 점토질 토양 지역이다. 그레카니코, 인졸리아 또는 그릴로를 65% 이상 사용한 화이트, 네로 다볼라, 페리코네, 메를로, 카베르네 소비뇽, 시라 또는 산지오베세를 65% 이상 사용하는 레드가 나온다. 단일 품종이 명시된 와인은 화이트든 레드든 해당 품종을 85% 이상 사용하여야 한다.

(5) 에리체(Erice)

시칠리아 서부의 마르살라에서 트라파니에 이르는 마르살라와 겹치는 해안 지역이다. 화이트에서 레드, 스파클링에서 로제까지 여러 종류의 와인이 나온다.

82) 돈나푸가타(Aziende Vitinicole Donnafugata)는 랄로(Rallo Family) 가(家)가 1851년 설립하여 4대째 내려오는 가문이다. '돈나푸가타' 란 이름은 19C 부르봉왕국 4세의 아내인 카롤리나(Maria Carolina)여왕이 나폴리에서 나폴레옹의 군대를 피해 돈나푸가타가 소유한 포도밭인 안텔리나(Contessa Entellina)로 피신해 온 곳이란 데에서 유래했다. 레이블에 그려진 여인은 카롤리나를 상징하고 바람에 휘날리는 머리는 도망치는 모습을 형상화한 것이다. 스위트 와인인 벤 리에(Ben Ry?)는 바람이 많은 곳에서 나는 '바람의 아들' 이라는 뜻이다.

83) 앙겔리(Angheli)의 레이블레 쓰여 있는 '여성, 기사, 무기, 사랑' 은 이탈리아의 시인 아리오스토가 1532년 펴낸 영웅 서사시인 '광란의 오를란도' 에 나오는 것으로 오를란도의 연인인 안젤리카에서 따왔다. 와인 이름인 '1001일의 밤' 은 천일야화처럼 질리지 않고 계속 즐기면 마실 수 있다는 의미이다.

2) 마르살라(Marsala) DOC

시칠리아 서부 해안 도시 마르살라가 중심지로 모래 섞인 점토질 토양이다. 도시 이름을 딴 마르살라는 18세기 영국과 프랑스가 싸웠던 스페인 왕위계승 전쟁 중 보르도 와인을 대체할 필요가 있어 1773년 영국 리버풀에서 온 우드하우스(John Woodhouse)가 아랍인이 구축해 놓은 항구마을인 마르살라 엘 알라(Marsala el Alah)에서 만들었다. 마르살라에 포도밭을 가졌던 영국의 넬슨 제독이 남달리 사랑했던 것으로도 유명하다. 이 지역의 포도품종인 카타라토와 그릴로 및 인졸리아로 만든 시칠리아를 대표하는 강화 와인이다. 일반 테이블 와인과는 달리 와인을 베이스로 하여 여기에 투명한 브랜디를 첨가하여 알코올 도수를 18도 수준으로 끌어 올렸다.

마르살라는 색상, 숙성 기간, 당도라는 세 가지 변수에 따라 분류한다.

오로(oro)	황금색	화이트 와인 품종으로 양조	그릴로 : 가장 많이 사용됨 카타라토 : 생산성이 뛰어남 인졸리아, 다마쉬노
암브라(ambra)	호박색		
루비노(rubino)	루비색	레드 와인 품종을 섞어 양조	페리코네, 네로 다볼라, 네렐로 마스칼레세

종류에 따라 쓴맛과 적당히 쓴맛 및 달콤한 맛이 있으며, 세코(Secco)는 드라이, 세미 세코는 세미 드라이, 돌체(Dolce)는 스위트이다.

카테고리는 숙성연도에 따라 정해진다.

마르살라의 카테고리

피네(Fine)	1년 이상	세코, 세미 세코, 돌체	요리용 와인
수페리오레(Superiore)	2년 이상		오크, 밤나무통 숙성
수페리오레 리세르바 (Superiore Riserva)	4년 이상		
베르지네(Vergine)와 솔레라스 (Soleras) 및 베르지네 솔레라스	5년 이상	항상 드라이, 종종 솔레라방식	고급 와인
베르지네(솔라레스) 리제르바(스트라베키오)	10년 이상		

플로리오(Florio), 펠레그리노(Pellegrino), 데 바르톨리(Marco De Bartoli)의 베키오 샴페리(30 anni Solera Vecchio Samperi) 등은 수십 년 간 나무통에서 보내며 자연적으로 알코올 도수가 18도까지 올라가게 한다. 카를로 펠레그리노(Carlo Pellegrino)의 베르지네 빈티지는 빈티지에서 70년이 가능하며 두카 디 카스텔몬테(Duca di Castel-monte)도 이에 버금간다.

마르살라는 누린내나 비린내를 잡아주며 음식 맛과 향에 한층 깊이가 생겨 요리에 자주 활용된다. 알코올은 조리과정에 증발해 없어지며 음식에 먹음직스러운 색도 더해주기 때문이다. 또한 마르살라는 단맛이 나므로 디저트에 더 많이 사용된다. 대표적인 것이 티라미수 케이크[84]이다.

(1) 멘피(Menfi)

시칠리 남서쪽 멘피 인근의 연안에 위치한다. 하위 지역인 보네라(Bonera)는 레드 와인에, 페우도 데이 피오리(Feudo dei Fiori)는 화이트 와인에 붙이는 명칭으로도 사용한다.

네로 다볼라, 산지오베세, 메를로, 카베르네 소비뇽 또는 시라를 70% 이상 사용한 레드 그리고 화이트는 인졸리아, 샤르도네, 카타라토 또는 그레카니코를 50~75% 이상 사용하여 만든다.

(2) 몬레알레(Monreale)

팔레르모 바로 밑의 인근 지역이다. 레드는 칼라브레세, 네로 다볼라, 화이트는 카타라토, 인졸리아를 주 품종으로 사용한다.

(3) 모스카토 디 판텔레리아(Moscato di Pantelleria)

시칠리에서 남서쪽으로 40km 떨어진 판테렐리아 섬으로 북아프리카의 튜니시아(Tunisia)와 가까운 곳이다. 아프리카의 더운 바람과 태양이 포도가 자라기에 좋지 않으나 이러한 조건이 오히려 모스카토의 일종인 지비보(Zibibbo) 품종이 이탈리아에서 최상의 디저트 와인을 만들어내게 하였다.

당도가 굉장히 높은 파씨토(Passito) 품종으로 알코올 14.5%의 와인을 만드는데, 리쿠오로소 스타일은 최소한 21.5%, 엑스트라(Extra)로 레이블링하려면 23.9%가 되어야 한다. 살바토레 무라나(Salvotore Murana)의 와인들은 치비보라는 품종으로 스위트 화이트 와인을 만들어 30년이 숙성가능케 하였다. 거센 바닷바람을 막기 위해 그리스어로 바구니를 뜻하는 쿨루라(Kouloura) 방식으로 포도나무를 땅바닥에 납작 누워 줄기와 가지가 바구니 모양으로 동그랗게 말려 포도송이를 감싸 안아 보호한다.

(4) 살라파루타(Salaparuta)

마르살라 동쪽, 시아카 위의 시칠리아 서부 트라파니(Trapani) 지방이다. 레드는 네로 다볼라 65% 이상, 화이트는 카타라토를 60% 이상 사용하며 만든다.

(5) 삼부카 디 시칠리아(Sambuca di Sicilia)

시칠리아의 남서부 삼부카를 중심으로 하는 지역으로 멘피 DOC와 일부가 겹친다. 레드와 로제 와인은 네로 다볼라 품종을 주로 사용하여 생산하며, 화이트는 인졸리아가 주 품종이 된다. 블렌딩한 화이트 · 레드 · 로제 와인이 나온다.

(6) 산타 마르게리타 디 벨리체(Santa Margherita di Belice)

시칠리아 남서부 벨리체 강 동쪽의 언덕 지대로 멘피 옆의 작은 곳이다. 레드 와인은 산지오베세, 카베르네 소비뇽을 50~80%로 주 품종으로 사용하여 만든다. 화이트 와인은 그레카니코, 카타라토 품종을 50~70%로 주로 사용하여 만든다.

---

84) 티라미수(tiramisu) 케이크. 나(mi)를 끌어(tira) 올리다(su)라는 뜻으로 너무 맛있어 하늘로 붕 뜨는 맛. 스펀지케이크를 에스프레소 커피에 적신 다음 마스카포네치즈, 달걀 노른자, 설탕을 섞은 크림으로 덮어 만든다. 에스프레소에 마르살라를 섞으면 풍미가 깊어지면서 알코올 향이 살짝 감도는 '어른스러운' 디저트가 된다.

(7) 시아카(Sciacca)

시칠리아 남서부 해안의 멘피 인근에 있는 해변도시인 시아카 시(市) 주변 지역이다. 메를로와 카베르네 소비뇽, 네로 다볼라 그리고 산지오베제를 70% 이상 사용한 레드, 화이트는 인졸리아, 그레카니코, 샤르도네 또는 카타라토를 70% 이상 사용하여 만든다. 화이트 와인의 일부는 라야나(Rayana)라는 하위 명칭을 붙인다.

2) 시칠리아 동부 지역 DOCG와 DOC

(1) 시칠리아 동부의 DOCG

체라수올로 디 비토리아(Cerasuolo di Vittoria) 시칠리아 남동쪽 해안으로 비토리아와 라구사 사이의 지역이다. 네로 다볼라 60% 이하, 프라파토를 40% 이상 사용한 드라이 레드와 클라시코만 생산된다. COS(Azienda Agricola Cos)는 세 동업자인 칠리아, 오키핀티, 스트라노의 이름을 따 만든 곳으로 토착품종인 네로 다볼라와 프라파토만 사용하며 이 품종을 블렌딩하여 체라수올로를 구현했다.

(2) 시칠리아 동부의 DOC

엘로로(Eloro) 시칠리아의 동남쪽 코너지역으로 모스카토 디 노토 DOC와 겹치며 파치노에서나는 와인에는 그 지역명이 붙는다. 모두가 레드 와인 아니면 로제 와인으로, 네로 다볼라, 페리코네 또는 프라파토를 90% 이상 사용하여 만든다.

에트나(Etna) 시칠리아의 동북의 에트나(Etna) 산의 해발 700미터 되는 경사면에 포도밭이 있다. 이탈리아에서 가장 더운 곳인 해안가의 카티나(Catina)를 내려 보고 있지만 시칠리아에서는 가장 서늘한 곳이다. 카리칸테를 60% 이상 주 품종으로 사용하며, 에트나 블랑코(Etna Blanco)라는 드라이 화이트와 드라이 레드 및 로제 와인이 있다.

베난티(Benanti), 무르고(Murgo), 바로네 빌라그란데(Barone Villagrande)의 화이트 와인들은 아로마가 강하고 상쾌한 맛을 가졌지만 해산물에 잘 어울리는 수많은 라이트 화이트 중의 하나일 뿐이다.

두카 디 살라파루타(Duca di Salaparuta)는 시칠리아의 대표적인 곳으로 이곳의 와인이름이기도 한 엔리코 공작(Duca Enrico)[85]은 '시칠리아 네로 다볼라의 교과서' 라고 하며 이곳의 간판급 와인이다.

프랑케티(Andrea Franchetti)[86]에서 토착품종인 네렐로 100%로 피노 누아와 유사한 레드인 파소피치아로(Passopisciaro)를 만들어 젠시스 로빈슨이 "에트나 와인의 뉴 웨이브" 평하기도 했다. 테누타 델레 테레 네레(Tenuta delle Terre Nere)는 검은 대지(terre nere)인 검은 화산질 토양에 높은 고도가 큰 일교차를 만드는 곳에서 네렐로 마스칼레제를 주 품종으로 사용하여 복합성이 좋은 와인을 만든다.

파로(Faro) DOC 시칠리아의 동북 코너지역으로 메시나 인근이다. 네렐로 마스칼레세를 45~60%

85) 엔리코 공작(Duca Enrico). 프랑스 양조 기술자를 초빙하고 프랑스에서 양조 기술을 배우고 와 시칠리아의 와인 발전에 지대한 공을 세웠다.
86) 프랑케티는 토스카나에서 슈퍼 투스칸인 테누타 디 트리노로를 만들고 있다.

로 주 품종으로 이용하여 드라이 레드 와인을 만들며 와이너리도 몇 안 되고 생산량도 적다. 팔라리(Palari)는 멸종 위기에 놓인 파로 DOC를 제라치(Salvatore Geraci)가 1996년 우아한 개성을 가진 파로와 소프라노(Soprano)를 내놓음으로서 구출하였다.

말바시아 델레 리파리(Malvasia delle Lipari) 시칠리아 북부에서 북쪽으로 40km 떨어진 스트롬보리(Stromboli), 살리나(Salina), 리파리(Lipari), 그리고 불카노(Vulcano)의 네 섬으로 이루어진 지역이다. 말바시아 디 리파리를 95% 이상 사용하여 말바시아 델레 리파리(Malvasia delle Lipari)라는 스위트 화이트 디저트 와인이 나온다.

마메르티노 디 밀라초(Mamertino di Milazzo) 시칠리아의 동북지방, 메시나 밑의 북쪽 해안에 면한 지역이다. 레드는 네로 다볼라, 화이트 와인은 카타라티를 주 품종으로 사용하여 만든다.

모스카토 디 시라쿠사(Moscato di Siracusa) 시칠리아 남동부 시라쿠사 지역으로 모레와 규토를 함유한 점토 토양이다. 모스카토 품종으로 만든 최소 16.5%의 알코올을 지닌 같은 이름의 화이트 디저트 와인으로 유명하다.

노토(Noto) 시칠리아 남동쪽 노토 시 인근의 건조하고 완만한 능선과 평야의 스위트 와인지역이다. 모스카토 비안코를 100% 사용하여 스위트 와인인 모스카토 디 노토 나투랄레(Moscato di Noto Naturale)와 스위트 스파클링, 그리고 강화 와인도 나오며 리쿠오로소(Liquoroso)는 최소 알코올농도가 22%가 된다. 플라네타(Planeta)는 그리스어로 떠돌이, 방랑자라는 말에서 유래한 '행성'이라는 뜻을 담고 있다. 시칠리아 섬 전역에 행성처럼 흩어진 일곱 개의 포도밭에서 지역 특성을 살린 와인을 만들고 있다.

리에지(Riesi) 시칠리아 남부 중앙으로, 레드는 네로 다볼라와 카베르네 소비뇽, 화이트 와인은 인졸리아와 샤르도네로 만든다.

시라쿠사(Siracusa) 모스카토 디 시라쿠사 DOC는 모스카토 품종의 화이트 디저트 와인이며, 시라쿠사는 레드, 화이트, 파시토 등 여러 종류의 와인이 나온다. 레드는 네로 다볼라 65% 이상, 화이트 모스카토를 40% 이상으로 주 품종으로 사용하여 만든다.

비토리아(Vittoria) 체라수올로 디 비토리아 DOCG와 겹치지만 DOCG는 주로 클라시코에 해당된다. 드라이 레드 와인은 적어도 13도 이상의 알코올 도수를 가진 강건한 것으로 영(young)할 때가 가장 좋다.

2. 사르데냐(Sardegna)

이탈리아 본토에서 서쪽으로 180km 정도 떨어진 지중해에서 두 번째로 큰 섬으로 섬 전체의 분위기나 사회 · 문화적 기반이 이탈리아와는 다른 느낌이 드는 곳이다. 특히 사르도(Sardo)라는 이 지역의 방언은 고대 라틴어의 원형을 잘 간직하고 있으며, 이탈리아어보다는 스페인어에 가깝다.

기후는 온화하지만 강수량이 적고 토양이 척박하여 농업에 적합하지 않은 곳이다. 그러나 토양이 포도 재배에는 좋으며, 레드와 화이트 와인 품종에 다 좋지만 전통적으로 화이트 와인 양조가 우세하다. 남부 해안에 위치한 주도(州都)인 칼리아리(Cagliari) 부근은 만누 강이 바다로 흘러가는 하안의 넓은 캄피다노 평야에서 생산량이 많다.

화이트 와인 품종 베르멘티노[87], 누라구스[88], 베르나차[89] 그리고 모스카토, 말바시아가 있다.

레드 와인 품종 모니카[90], 칸노나우[91], 카리냐노[92] 그리고 시라, 카베르네 소비뇽, 메를로를 재배한다.

1) 사르데냐의 DOCG

(1) 베르멘티노 디 갈루라(Vermentino di Gallura)

사르데냐 북동부 해발 500m에 포도원들이 있다. 베르멘티노 품종을 95% 이상 사용한 아주 훌륭한 화이트 와인으로 사르데냐에서 처음으로 DOCG로 오른(1996년 인정) 와인이다. 칸티나 델 베르멘티노(Cantina del Vermentino) 푼타날리라스(Vermentino di Gallura Funtanaliras)는 강도를 어느 정도 높여 그린 멜론 향이 허브 아로마를 더욱 돋우는 역할을 한다. 테누테 카피케라(Tenute Capichera)의 와인은 나무통에서 약간 발효시키며 아로마가 풍부한 화이트로 강한 양념이 들어간 해물요리와의 궁합이 완벽하다.

2) 사르데냐의 DOC

(1) 알게로(Alghero)

사르데냐의 북서쪽 작은 지역이다. 단일 품종이 명시된 화이트와 레드 와인은 해당 품종을 85% 이상 사용하여 만든다. 사르데냐에서 최상의 드라이 화이트와 스파클링 와인이 나오며 다양한 품종으로 레드 와인도 일부 생산하고 있다.

(2) 아르보레아(Arborea)

사르데냐 중서부 오리스타노(Oristano) 지방의 티르소 강을 따라 있는 넓은 지역이다. 산지오베제, 트레비아노를 각각 85% 이상 사용한 레드와 화이트 와인이 생산되고 있다.

(3) 캄피다노 디 테랄바(Campidano di Terralba)

사르데냐의 남서 해안 오리스타노 남쪽의 캄피다노 평원에 있는 넓은 지역이다. 보발레 사르도(bovale sardo)와 보발레 디 스파냐(bovale di spagna)를 80% 이상 사용하여 드라이 레드 와인만을 만들며, 이 와인은 외지에서는 판매되지 않는다.

(4) 카리냐노 델 술치스(Carignano del Sulcis)

남서부 술치스 지방으로 바로 옆의 두 섬(산 피에트로, 산타안티오코)까지를 포함하는 최남단 지역이다. 카리냐노를 85% 이상 사용하여 레드 와인만 생산되고 있다.

---

87) 베르멘티노 (vermentino). 사르데냐 전역에서 강한 향을 내뿜는 화이트 와인을 만든다. 특히 북동부의 갈루라에서 그렇다.

88) 누라구스(nuragus). 베르멘티노와 비슷한 아로마를 가지고 있으며 생산성이 높고 가볍고 시큼한 산도를 가진 화이트 와인을 만든다. 사르데냐 남부의 평지에서 재배된다.

89) 베르나차. 토스카나 산 지미냐노의 베르나차와는 이름만 같지 다른 품종이다. 속이 꽉 차고 당분이 풍부하여 셰리 스타일의 와인을 만든다.

90) 모니카(monica). 신선하고 가벼우며 과일 향이 가득한 레드 와인을 만드는 옅은 색상에 옅은 맛을 가진 스페인 출신이다. 서부지방인 캄피다노 평원과 남부 평야에서 널리 재배된다.

91) 칸노나우(cannonau). 사르데냐를 대표하는 품종으로 1300년대 스페인의 아라곤왕조에서 전래된 것이다. 예전에는 칸노나우로 스위트한 강화 와인(Liquoroso Dolce Naturale)을 많이 만들었으나 지금은 드라이와 세미 스위트 및 스위트 레드 와인을 많이 생산하고 있다. 생산지역은 올리에나(Oliena, 혹은 Nepente di Oliena)와 제르주(Jerzu) 및 카포 페라토(Capo Ferrato)로 나누어진 것을 레이블에서 볼 수 있다.

92) 카리냐노(carignano) 강한 타닌과 더불어 잉크처럼 짙고 진한 와인을 만든다. 칸노나우보다 농도도 짙다.

산타디(Cantina di Santadi)의 테레 브루네(Terre Brune), 카피케라(Tenuta Capichera)의 아시예(assaje) '카리냐노 델 술치스'는 슈퍼 투스칸과 견줄 수 있는 사르데냐의 파워 레드 와인으로 밤하늘처럼 까만 깊이와 풍만함을 갖추고 있고 카리냐노가 가진 향이 깊이 있게 표현되었다.

(5) 말바시아 디 보사(Malvasia di Bosa)

오리스타노 북쪽 해안 구릉지이다. 말바시아를 95% 이상 사용하여 만든 드라이, 스위트 화이트 와인이 나온다.

(6) 만드롤리자이(Mandrolisai)

사르데냐의 한 가운데 지역이다. 보바레 사르도(bovale sardo)와 칸노나우 및 모니카를 사용하여 드라이 레드 와인만 생산된다.

(7) 모스카토 디 소르소-센노리(Moscato di Sorso-Sennori)

사르데냐의 서북지방 사사리 인근의 해안에 면한 지역이다. 모스카토 비안코로 만든 스위트 화이트와 강화 와인이 나온다.

(8) 베르나차 디 오리스타노(Vernaccia di Oristano)

서부 해안의 오리스타노 인근으로 티르소 강 하안지역이다. '베르나차 디 오리스타노' 품종으로 셰리와 흡사한 최상의 에프리티프 와인을 생산한다. 담황색의 아몬드 향이 나며 디저트 와인으로도 아주 좋다. 이 품종은 다른 베르나차 품종과는 관련이 없는 이 샤르데냐의 지방 토착종이다. 아틸리오 콘티니(Attilio Contini)의 주정 강화 와인인 '베르나차 디 오리스타노'는 이탈리아 내에서 적수를 찾을 수 없다.

4) 샤르데냐 섬 전체에 해당하는 DOC

5개의 DOC는 세부 지역이 정해지지 않고 와인을 만드는 해당 품종의 이름을 DOC로 정한 것이다. 샤르데냐 섬 전체에 해당된다.

(1) 칸노나우 디 사르데냐(Cannonau di Sardegna)

칸노나우 90% 이상의 레드 와인만 해당된다. 올리에나 마을의 생산와인은 올리에나(또는 네펜테 디 올리에나), 남동부 지방 마을 생산은 카포 페라토, 바르바자 지방의 예르추(또는 카르테두) 마을 생산 와인은 예르추라는 하위 명칭을 붙인다.

아르졸라스(Argiolas)의 투리가(Turriga)는 과즙과 기름기로 이루어진 층이 생겨 밀도가 높고 매혹적인 칸노나누 베이스 와인으로 정평이 나 있다. 셀라 & 모스카(Sella & Mosca)의 탄카 파라(Tanca Farra)도 사람들이 많이 찾는다. 솔레타(Tenute Soletta), 가바스(Giuseppe Gabbas), 로이(Alessandro Loi), 아르졸라스(Argiolas)의 칸노나우는 지중해의 허브 향을 와인에 담았다.

(2) 모니카 디 사르데냐(Monica di Sardegna)

모니카 85% 이상을 사용한 레드 와인만 해당된다. 멜로니 비니(Meloni Vini)는 칼리아니 외곽에 자리 잡은 대규모 와이너리로 페르데라(Perdera)와 더불어 모니카 디 사르데냐(Monica di Sardegna) 와인을 꽤 많이 판매하고 있다.

(3) 모스카토 디 사르데냐(Moscato di Sardegna)

모스카토 비안코를 90% 이상 사용하여 스위트, 스파클링 와인이 해당된다. 이 품종은 본토에서 전래된 것으로 일조량이 많고 강우량이 적은 이 곳의 토양에 맞게 재배되고 있다. 템피오, 템피오 파우사니아, 갈루라 마을에서 나는 와인은 각각의 해당 마을 이름을 붙인다.

(4) 사르데냐 세미다노(Sardegna Semidano)

세미다노 85% 이상을 사용한 드라이, 스위트, 스파클링의 부드럽고 향이 진한 화이트 와인이 해당된다. 남부 해안에 있는 주도(州都) 칼리아리와 오리스타노 사이의 서남부지방에서 나는 와인에는 모고로(Mogoro)라는 명칭을 붙인다.

(5) 베르멘티노 디 사르데냐(Vermentino di Sardegna)

베르멘티노를 85% 이상 사용하여 만든 드라이, 스위트, 스파클링의 화이트 와인이 해당된다. 셀라 & 모스카의 '베르멘티나 디 사르데냐' 의 라 칼라(La Cala)는 가볍고 부담 없는 와인이지만 갖출 건 다 갖추고 있고 신선한 산도로 균형감 또한 갖추고 있다. 카피체라(Capichera)는 사르데냐 동북지방의 끝에 있으며 드라이 화이트인 타르디바(Tardiva)가 알려져 있다.

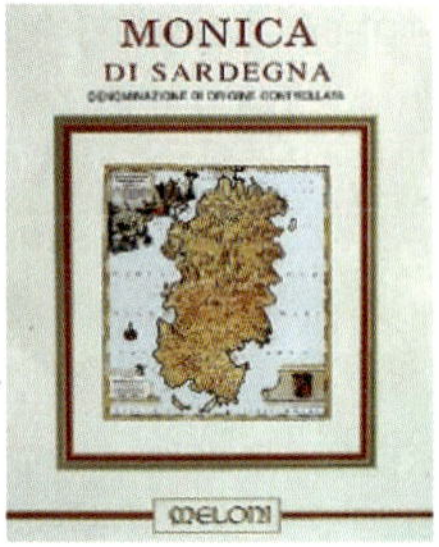

5) 칼리아리(Cagliari) 지방에 해당하는 DOC

사르데냐의 남쪽 해안지역의 주도(州都) 칼리아리 인근으로 여름기간에는 이탈리아에서 가장 더운 곳 중의 한 군데이다. DOC 지역은 캄피다노 평야를 아우르는 사르데냐 남서부 대부분을 포함하는 넓은 지역으로 대부분 겹치며 와인을 만드는 품종에 따라 명칭을 붙이고 있다.

(1) 지로 디 칼리아리(Gir di Cagliari)

지로를 95% 이상 사용한 레드 와인을 생산한다.

(2) 말바시아 디 칼리아리(Malvasia di Cagliari)

말바시아를 95% 이상 사용한 드라이, 스위트 화이트 와인이 나온다.

(3) 모니카 디 칼리아리(Monica di Cagliari)

모니카를 95% 이상 사용한 드라이, 스위트 레드 와인이 나온다.

(4) 모스카토 디 칼리아리(Moscato di Cagliari)

모스카토 비안코로 스위트, 혹은 강화(Liquoroso Dolce Naturale) 화이트 와인이 해당된다.

(5) 나스코 디 칼리아리(Nasco di Cagliari)

나스코를 95% 이상 사용한 드라이, 스위트 화이트 와인이 나온다.

(6) 누라구스 디 칼리아리(Nuragus di Cagliari)

누라구스를 85~100% 사용한 드라이, 스위트 화이트 와인이 해당된다. 사르데냐에서 가장 생산량이 많은 라이트 화이트 와인이다.

이탈리아 와인가이드

감베로 로쏘(Gambero Rosso Vini d' Italia)

이탈리아어로 '붉은 새우' 라는 뜻으로 출판사 이름이자 이 출판사가 발행하는 시리즈인 와인평가 연감으로 1987년 발간되었다. 영어와 독일어판도 나오고 있으며 레스토랑과 바에 대한 가이드도 발행하며, 음식전문 채널도 같은 이름으로 방송한다. 와인 잔의 개수로 평가결과를 표시하는데 잔 3개가 트레 비키에리(Bicchieri)로 최고이며, 와인 잔 3개를 받은 와인이 10개를 넘을 때 마다 그 포도원에 별(★)을 부여한다. 별 4개를 보유한 곳은 '안젤로 가야', 별 세 개를 받은 곳은 '라 스피네타' 가 유일하다.

두에밀라비니(Duemilavini)

이탈리아 소멜리어협회(A.I.S ; Associazione Italian Sommeliers)에서 발간하는 와인 평가서로 2, 3, 4, 5의 네 단계로 평가하고, 5는 91~100점에 해당하는 가장 탁월한 와인의 평점이다. 이 외에 이 비니 디 베로넬리(I Vini di Veronelli), Bibenda, I Vini d' Italia와 같은 평가서가 있다.

미주

1. 김종법, "이탈리아 포도주 이야기", 학민사, 2003, p83
2. Robert Park, 오상용 역, "The Greatest Wine", Wine Books, 2005, p.568
3. Harriet Lembeck, "Grossman' s Guide to Wines, Beers, and Spirits", Wiley Publishing, Seventh Revised, 2006, pp.98-101
4. Robert Park, 오상용 역, "The Greatest Wine", Wine Books, 2005, p.579
5. Mary Ewing-Mulligan, ED McCarthy, "Italian Wines for Dummies", Hungry Minds, 2001, p.43
6. Robert Park, 오상용 역, "The Greatest Wine", Wine Books, 2005, pp. 547~551
7. Joseph Bastianich, David Lynch, 문세원, 윤인경 역, "이탈리아 와인 가이드", Barom Works, 2010, p.154
8. Costas Katsigris, Chris Thomas, "The Bar & Beverage Book", John Wiley & Sons, Inc, Fourth Edition, 2007, p.236
9. Stuart Walton, Glover Brian, "The Ultimate Encyclopedia of Wine, Beer, Spirits & Liqueurs", Lorenz Books, 1998, p.497
10. 문세원, 윤인경역, ibid, p.181

제4부

구세계 와인

제1장 스페인 와인

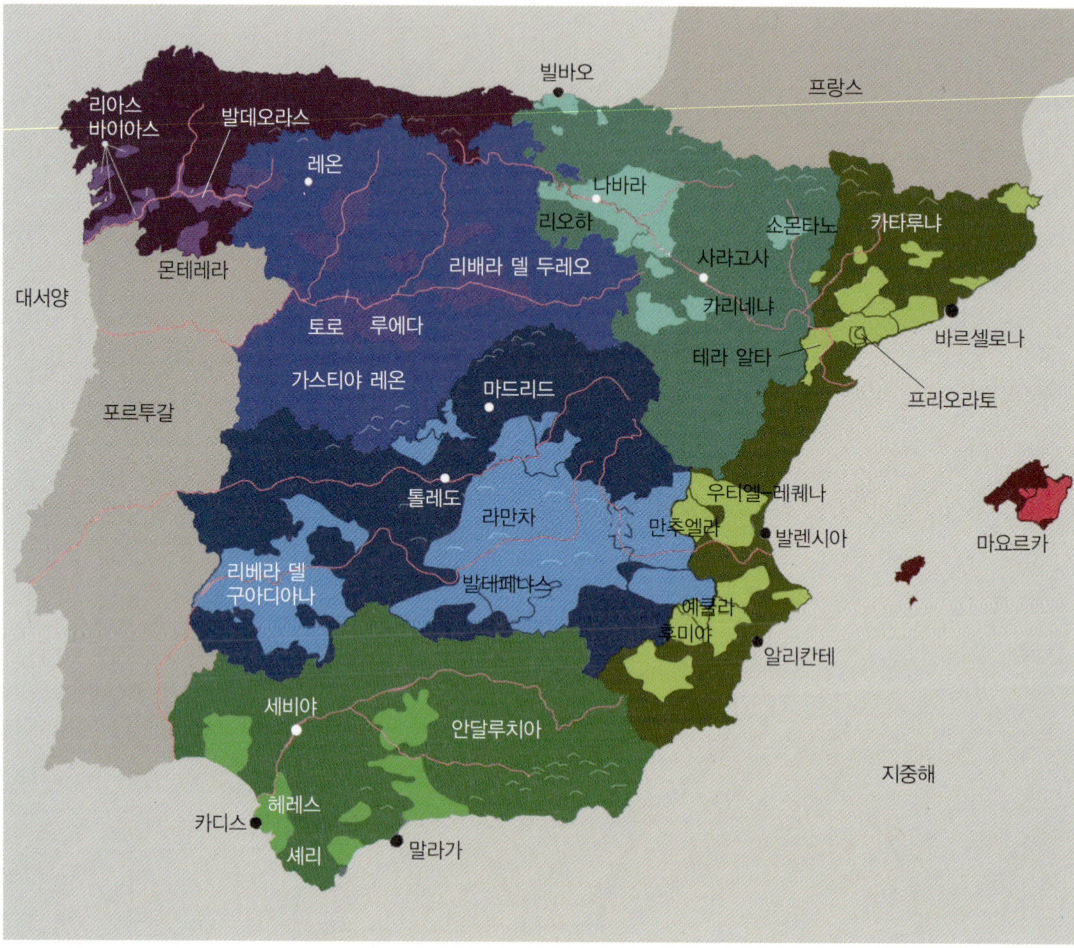

포도 재배면적이 세계 제일(115만ha)이고, 생산량은 세계 제3위(연간 34억 리터)의 자리를 차지하는 와인대국이지만 날씨가 건조하고 관개시설이 빈약하여 생산성이 좋지 않다. 농도가 짙고 알코올함량이 높다는 특징을 가지고 있다. 품질에 대한 인식이 낮고 전근대적인 방법으로 와인을 만드는 곳이 많아 1970년대 초반까지는 별로 인식이 좋지 않았지만 1980년대 후반 이후에는 좋은 평판을 받고 있다.

그리고 1986년 EU에 가입하여 와이너리에 대한 자본금 투입이 늘어나고 현대적 기술이 도입되었으며 1996년에는 관개시설이 법적 요건으로 정해지면서 질적으로 많은 발전이 있었다. 특히 스페인은 유럽에서 스위스 알바니아 다음으로 산이 많은 지형으로 다양한 기후와 토양에서 나오는 지역마다 개성이 다른 와인을 생산해 내고 있다.

제1절 스페인 와인의 특성

스페인 와인은 강렬한 맛에 부드러운 타닌이 복합적으로 어우러지며 프랑스에 비해 더 기름진 느낌(rich)으로 레드 와인은 색이 매우 깊고 진하다.

1. 스페인 와인의 포도 품종

스페인 와인의 포도 품종

와인	품종	내용
화이트 와인용	팔로미노(Palomino)	셰리의 주원료. 당분이 높다.
	파레야다(Parellada)	까바(스파클링 와인)의 주원료
	비우라(viura)	스페인 고유의 청포도, 고급 화이트 와인 생산
	아이렌(Airn)	마드리드 DO지역, 중부 및 남부의 주 품종, 브랜디 양조용, 과실향, 가뭄에 강함
	기 타	샤르도네, 말바시아, 모스카텔, 리슬링, Arinto, Garnacho Blanca, Parellada, Palomino, Pedro Ximnez, 샤렐로 등
레드 와인용	템프라니요(Tempranillo)	스페인 고유품종으로 리오하의 원료 및 광범위하게 재배. 날씨가 더우면 수확기가 빨라진다.
	그르나슈(Grenache)	스페인에서 가장 비싼 레드 와인 양조
	가르나챠 띤타(Garnacha Tinta)	리오하 및 북부지역, 프랑스의 그르나슈 블랑과 같은 품종. 당분 함량이 높고 수확량이 많다.
	보발(Bobal)	주로 레반떼 지역, 짙은 레드너 로제 와인, 프랑스 무르베드르와 같은 품종
	기 타	Cabernet Graciano, 마주엘로, 모나스트렐, 카베르네 소비뇽, 피노 누아 등

스페인의 와인 용어

보데가(Bodega)	'포도주 저장 창고'의 의미이나 양조장 이름으로 많이 쓰인다.
블랑코(Blanco)	white, 화이트 와인
카바(Cava)	샹파뉴 방식으로 만든 스파클링 와인
코세차(Cosecha)	빈티지, 수확
돌세(Dolce)	sweet, 스위트 와인
에스뿌모소(Espumoso)	스파클링 와인
로사도(Rosado)	로제 와인
세코(Seco)	드라이 와인
틴토(Tinto)	붉은, 레드 와인
비냐(Viña)	포도밭
비노 꼬리엔테(Vino Corriente)	테이블 와인

2. 스페인 와인의 원산지 표시

특정 지역에서 생산되는 와인의 품질을 보호하기 위한 법률적 시스템인 DO제도(Denomi-nacin de Origen)는 1926년에 리오하, 1933년에 헤레스, 1937년에 말라가가 지정되었다.

1936년의 스페인 내전 이후 제2차 세계대전으로 와인산업이 황폐화되었으나 50년대 들어 새로 활기를 띠기 시작하여 1960년대의 DO지역 확대로 발전을 이루었으며 1991년 최종 확정되었다.

스페인의 와인등급은 QWPSR(Quality Wines Produced in a Specific Region)로 이태리와 비슷하게 나누고 있으며, 2009년 EU 규정에 따라 DOP, IGP로 분류한다.

1) 원산지명칭 보호 와인(Denominacin de Origen Protegida)

(1) DOCa(Denominacin de Origen Calificadea, 데노미나시온 데 오리헨 칼리피가다) 특정 원산지명칭 와인

생산지명을 규제하고 보증함이라는 뜻으로 DO와인 중에서 엄선된 고급 와인으로 극소수의 최상위의 와인에만 붙이는 등급이다. 1991년에 리오하, 2009년 프리오라토 지역 두 곳만 지정되었다.

(2) DO(Denominacin de Origen) 고급와인 생산지역

생산지명을 규제한다는 뜻으로 스페인 와인 산지의 골격을 이루는 지정 와인 산지로 포도의 재배, 양조, 판매에 이르기까지의 엄격한 규제가 있다. DO로 지정되어 10년 이상이면 DOCa 신청이 가능하다.

(3) VCIG(Vinos de Calidad con Indicacin Geogrfica 비노 데 칼리다드 콘 인디카시온 헤오그라피카)

2003년 신설된 것으로 특정지역에서 수확한 포도로 양조하고 그 지역의 특성이 드러나야 한다. 5년 이상이 되면 DO 신청이 가능하다.

(4) VdiT(Vino de la Tierro, 비노 데 라 티에로)

지리적인 위치에 부여되는 것으로 카타루냐, 안달루시아 등의 넓은 범위의 지명이 붙고 와인의 특성을 표기할 수 있다. 원산지 증명, 레이블의 인증, 와이너리와 와인의 등록, 테이스팅 위원 등을 지정하는 위원회가 구성되어 있다. 프랑스의 뱅 드 파이(Vin de Pays)와 비슷하다.

2) 기타 표시 와인

(1) 비노(Vino)

원산지 명칭이나 지리적 보호표시가 없는 와인으로 지역이나 품종, 빈티지를 표시하지 않는 테이블 와인이다.

(2) 비노 데 파고(Vino de Pago)

단일 포도밭의 특별 테루아에서 생산되는 고급와인이다. 원산지명칭 통제위원회(Consejo Regulador)가 아닌 주 정부에서 선정하며 품질관리는 DOCa 규제를 기준으로 한다.

3. 숙성 규정

와인을 숙성하는 나무통의 용량은 전부 600리터 이하의 것을 사용하며 숙성 기간도 정해놓는다. 단 순 테이블와인인 비노(Vino)급은 예외로 한다. 특히 리오하 와인이 이에 해당되어 숙성연도에 따라 세 가지 타입으로 구분된다.[1]

와인 숙성 규정

와인	명 칭	통 용량	숙성	
모든 와인	노블레(Noble)	600리터	18개월 이상	비노(Vino) 제외
	아녜호(Añejo)	600리터	24개월 이상	
	비에호(Viejo)	600리터	36개월 이상	
DOP (원산지 명칭 보호와인)	크리안사(Crianza)	300리터	레드 24개월	6개월은 나무통
			화이트, 로제 18개월	6개월은 나무통
	레세르바(Reserva)	300리터	레드 36개월	12개월은 나무통
			화이트, 로제 24개월	6개월은 나무통
	그란 레세르바 (Gran Reserva)	300리터	레드 60개월	18개월은 나무통
			화이트, 로제 48개월	6개월은 나무통

제2절 스페인의 와인 생산지

스페인의 지방별 와인의 생산지와 DO지역은 다음과 같다.

스페인의 와인 생산지

지방	와인 생산지	DO 지역
동부 지방	카타루냐(Cataluña)	카타루냐, 알레야, 암푸르단 코스타 브라바, 콘카 데 바르베라, 코스테르 델 세그레, 몬산트, 페네데스, 프리오라토, 플라 데 바제스, 타라고냐, 테라 알타
	아라곤(Aragón)	카리네냐, 캄포 데 보르하, 소몬타노, 칼라타유드
	발렌시아(Valencia)	우티엘-레퀘나, 발렌시아, 알리칸테
	무르시아(Murcia)	예클라, 후미야, 불라스
북부 지방	나바라(Navarra)	나바라
	리오하(Rioja, 바스크)	리오하 알타, 리오하 알라베사, 리오하 바하
		아라바카 차콜리나, 비스카이코 차콜리나, 게타리아코 차콜리나
	가스티야 레온 (Castilla-Léon)	알란사, 아리베스, 치가레스, 엘 비에르조, 리베라 델 두에로, 루에다, 토로
서부 지방	갈리시아(Galicia)	리아스 바이사스, 몬테레리, 리베이로, 리베이라 사크라, 발데오라스
중부 지방	가스티야 라 만차	알만사, 데헤사 델 카리살, 도미노 발데푸사, 후미야, 라 만차, 만추엘라, 멘트리다, 몬데하르, 리베라 델 후카르, 우클레스, 발데페냐스, 비노스 데 마드리드
	마드리드(Madrid)	마드리드
	엑스트레마두라	콘다도 데 후엘바, 리베라 델 구아디아나
남부	안달루시아	헤레스(Jerez), 말라가(Málaga)
기타 지방	마요르카(Mallorca)	비니살렘(Binissalem)
	카나리 (Canary Islands)	아보나, 엘 이에로, 그란 카나리아, 란사로테, 라 팔마, 타코론테 아센테오, 바예 데 기마르, 바예 데 라 오로타바

1. 카타루냐(Cataluña : Cava Country)

스페인의 북동쪽 코너로, 북으로 피레네산맥이 둘러싸고 있고, 동남쪽으로는 지중해 쪽에 면하여 바르셀로나 밑에 있다. 와인의 명산지인 페네데스와 타라고냐(Tarragona) 등의 와인산지가 이곳에 있다.

1) 카타루냐의 포도 품종

(1) 레드 와인 품종

템프라니요(혹은 Ull de Llebre, 울 데 예브레), 카리네냐(Cariñena, 카리냥), 모나스트렐(Monastrell, 무르베드르), 카베르네 소비뇽, 가르나차(그르나슈), 메를로, 피노 누아

(2) 화이트용

샤르도네, 리슬링, 게뷔르츠트라미너, 파레야다[1], 마카베오가 재배되며, 그리고 카바 용으로는 마카베오[2], 샤렐로[3]가 사용된다.

2) 카바(Cava)

바르셀로나의 남서쪽 해안에 면한 지역으로 와인제조의 천재인 미구엘 토레스(Miguel Torres)[4]가 페네데스를 카타루냐에서 제일 유명한 지방으로 만들었다. 그가 스페인에서 유일하게 샴페인 방식으로 병에서 2차 발효를 시킨 DO 와인인 카바(Cava)를 만들었기 때문이다.

(1) 카바의 숙성 기간에 따른 분류

종 류	숙성	특징
카바(Cava)	최소 9개월	과일향이 나며 신선하다.
카바 레세르바(Cava Reserva)	최소 15개월	맛과 향이 풍부하며 농밀, 구조감
카바 그란 레세르바 (Cava Gran Reserva)	최소 30개월	구수한 빵 냄새와 조린 과일향 Brut Nature, Extra Bru, Bru만 허용

(2) 카바의 당분 함량에 따른 분류

당분 함량은 1리터를 기준으로 나뉘어진다.

Brut Nature	Extra Brut	Brut	Extra Seco	Seco	Semi Seco	Dulce
없음	6g 이하	6~12g	12~17g	17~32g	32~50g	50g

3) 카타루냐의 DO 지역

(1) 카타루냐(Catalunya) DO

카타루냐 지방에서 나오는 레드, 로제, 화이트, 스프클링에까지 모든 와인이 해당된다.

1) 파레야다(parellada) : 포도송이가 크고 껍질이 두텁다. 카바에 적당한 산도를 제공해 생동감을 부여한다.
2) 마카베오(macabeo) : 포도송이가 크고 단단하며 와인에 미디엄 보디 감을 제공한다.
3) 샤렐로(xarello) : 중간 정도의 송이로 껍질은 두터우나 단단하지는 않다. 구조감과 산도가 있어 장기 숙성이 가능하다. 화이트와 카바를 만든다.
4) 17세기부터 가족들이 대대로 운영해 오며, 동부의 페네데스와 중북부의 리오하, 중서부의 리베리 델 두에로에 와이너리를 가지고 있어 서로 다른 지역의 토양에서 생산되는 다양한 와인이 생산된다. 전통 품종인 템프라니요 100%로 만든 '상그레 데 토로', 카베르네 소비뇽과 템프라니요의 블렌딩인 그랑 코로나스(Gran Coronas), 그리고 카베르네 소비뇽 100%인 '마스 라 플라냐' 가 나온다.

(2) 알레야(Alella) DO

바르셀로나 바로 위 해안지역으로 로마시대부터 포도를 재배해 온 유서 깊은 곳이다. 주로 화이트 와인을 생산하며 샤렐로, 파레야다, 샤르도네, 소비뇽 블랑과 슈넹 블랑을 사용한다. 그리고 템프라니요, 가르나차, 카베르네 소비뇽, 메를로, 피노 누아로 레드 와인을 만든다.

(3) 엠포르다 코스타 브라바(Empord–Costa Brava) DO

카타루냐의 동북 모서리로 북으로는 피레네 산맥 밑의 프랑스에 인접하였고 동으로는 지중해에 면한 해안 지역이다. 마카베오, 샤렐로 등으로 화이트, 마주엘로와 가르나차 블랑카로 레드 와인을 생산하지만 생산량의 70%가 로제 와인으로 협동조합에서 나온다.

보졸레 누보와 같은 프레시, 영(fresh, young)한 와인이 나온다.

(4) 콘카 데 바르베라(Conca de Barberà) DO

타라고냐 북쪽 페네데스 인근 구릉지이다. 대부분이 쉽게 마실 수 있는 화이트로 파레야다와 마카베오, 샤르도네로 화이트 와인을 만들고, 로제 와인도 일부 생산된다.

이곳의 협동조합(Barberà de la Conca Cooperative)은 스페인 최초로 생긴 곳이다.

(5) 코스테르 델 세그레(Costers del Segre) DO

페네데스의 북쪽으로 바르셀로나 부근으로 여러 종류의 포도를 대량 생산하여 인근의 산트 사두르니 다노이아(Sant Sadurni d' Anoia)에 있는 코르도니우 산하 라이마트(Raimat)에 카바 양조용으로 판매한다.

(6) 몬산트(Montsant) DO

타라고냐 지방의 가운데로 바로셀로나 바로 밑에 있으며 프리오라토 DO에 둘러싸여 있는 지역이다.

샤르도네, 가르나차 블랑, 모스카텔, 판살(pansa)과 파렐라다(parellada)가 화이트 품종으로, 그리고 레드 품종은 삼소(samsó), 가르나차 틴타, 템프라니요, 카베르네 소비뇽, 가르나차 페루다, 메를로, 모나스트렐, 피나폴 네그로(picapoll negro)과 시라가 허용된다.

(7) 페네데스(Peneds) DO

카바는 세계에 널리 알려진 발포성 와인으로 스페인산 스파클링 와인의 85%가 카바의 이름으로 나오며 미구엘 토레스가 스페인에서 유일하게 상파뉴 방식으로 병 속에서 2차 발효를 시킨 DO 와인으로 만들었다.

산 사두르니 다노이아(Sant Sadurni d' Anoia)는 작은 마을이지만 카바가 처음 생산된 곳으로 카바 전체 생산량의 75%가 생산되며 코도르뉴(Codorniu)[5]가 이곳에 있다.

코도르뉴와 프레시넷(Frexinet)은 가격이 비싸지 않은 질 좋은 카바의 생산자로, 코도르뉴의 하우메(Jaume)는 샤르도네와 마카베오와 파렐라다로 만든 금빛의 미디엄 카바이다.

이곳의 PFV[6]의 회원사인 미구엘 토레스의 그란 코르나스 블랙은 카베르네 소비뇽 100%로 만든, 레이블이 검은 색이어서 검은 전설(black legend)로 통한다.

5) 코도르뉴(Codorniu) : 1551년부터 와인을 만들기 시작해 18대에 걸쳐 500년 가까이 와인을 양조하는 가문이다. 19세기 대표였던 라벤토스(Raventos)가 1872년 스파클링 와인을 양조해 카바라는 이름을 붙였다.
바르셀로나 카타루냐 광장(Pla a Catalunya)에서 국철 4호선을 타고 45분 걸리는 산 사두르니에서 코도르뉴 카바 투어가 가능하다. visitcodornieu.com. reservas@codornieu.com. 지하 5층의 저장고는 전기 카트를 타고 다녀야 할 만큼 길게 이어져 24km에 달한다.

토레스(Torres)에서 생산하는 '마스 라 플라나(Mas La Plana)'는 카베르네 소비뇽 100%로 만든 와인으로 1979년의 파리 '와인 올림피아드'에서 샤토 라투르를 제치고 우승하여 특급으로 인정받고 있다.

그라모나(Gramona)는 가족 소유의 소규모 와이너리(25ha)로 장기숙성에 적합한 샤렐로를 70% 사용한 카바 외에 다양한 와인을 생산한다.

아구스티 토렐로(Agust íTorelló)의 크립타(Kripta)는 4년 이상의 장기숙성을 거친 카바를 항아리 모양의 특이한 병에 담아 내 놓는다.

로리간(L' Origan)은 전통적인 생산 방식으로 카바를 만들며, 라벤토스(Raventós)는 페네데스에 싱파뉴 제조방식을 소개한 '호세프 라벤토스'에서 따온 이름이다.

페렐라다(Castillo de Perelada)는 화가 살바도르 달리가 가장 좋아한 와인으로 '토레 갈라테아(Cava Torre Galatea) 달리 에디션 리세르바'에는 달리의 드로잉이 담겨 있다.

코리오(Alemany íCorrio)는 카바 일색인 페네데스에서 소트 레프리엑(Sot Lefriec)이라는 어린 상태에서는 디켄팅이 적극적으로 필요한 드라이 레드 가라쥬 와인을 내놓았다.

칸 라폴스 델스 카우스(Can Ràfols dels Caus)의 라 칼마(Vinya la Calma)는 스페인에서 생산되는 유일한 슈냉 블랭 품종의 와인이다.

노야(Albet I Noya), 장 레온(Jean Léon), 모니스트롤(Marques de Monistrol)도 알려져 있다.

콜레트(Colet)는 200년 이상 다른 와이너리에 납품하는 포도를 재배하다가 1994년부터 직접 나바조(Navazos), 아상블라쥬(Assemblage)와 같은 브랜드로 카바를 생산하고 있다.

(8) 플라 데 바헤스(Pla de Bages) DO

바르셀로나에서 북서쪽으로 내륙으로 들어간 곳으로 스페인에서 가장 작은 DO 지역 중의 하나이

6) PFV(프리뭄 파밀리아에 비니 ; Primum Familiae Vini), 'first families of wine'의 뜻으로, 와인업계에서 가장 대표적인 가족경영 에스테이트들의 모임이다.
멤버는 프랑스의 샤토 무통 로쉴드, 위젤(알자스), 드루앵(브루고뉴), 폴 로제(상파뉴), 샤토 드 보카스텔(론)의 5곳. 스페인은 토레스(페네데스), 베가 시실리아(가스티야 레온)의 2곳, 포르투갈의 시밍톤(Symington, 포르투), 독일의 뮐러(모젤), 이탈리아의 티나넬로를 만드는 안티노리(토스카나), 사씨카이아를 만드는 테누타 산 귀도의 2곳이다.
샤토 코스 데스투르넬, 자블레 위젤, 미국의 몬다비는 기업에 매각되면서 회원에서 탈퇴되었다.

다. 샤르도네와 마가베오 등으로 화이트 와인, 가르나차 틴타와 메를로 및 카베르네 소비뇽 등으로 레드 와인을 만든다.

(9) 프리오라토(Priorato) DOC

바르셀로나의 바로 남쪽 지중해 가까이에 위치하고 있다. 가르나차(Garnacha) 품종으로 스페인의 가장 풀 바디 와인이 나오며 리오하 와인과 더불어 스페인에서 가장 진하고 힘이 넘치는 와인이 나오며 DO의 질을 뛰어넘는 DOC지역이다.

알바로 팔라시오스(Alvaro Palaicios)의 레르미타(L' Ermita)는 훌륭한 밸런스를 가져 스페인의 가장 비싼 와인으로 손색이 없다.

에라스무스(Clos Erasmus)는 네델란드 철학자 에라스무스 이름을 딴 이름으로 티란트(Tirant), Clos Figueres, Clos Martinet 등 15개 안팎의 월드 클래스 와인들을 생산해 내며 일급 와인산지로 확실한 위치를 다지고 있다.

코스테르스 델 시우라나(Costeres del Siurana)의 오박(Clos de L' Obac)은 정교하며 우아하고, 마스 도익스(Mas Doix)는 프리오라토 최고의 와인으로 인정받는다.

마스 마르티네트(Mas Martinet)는 가르나차, 카베르네, 카리네나로 만들어 알코올 14.7°로 파워풀하여 마시기 전 충분한 디켄팅이 필요하다.

모가도르(Clos Mogador)는 바비에르(René Barbier)가 그르나슈, 카베르네 소비뇽, 쉬라로 만든 견실한 '세계 100대 와인' 이다.

발 라크(Vall Llach)는 수령 100년 이상된 카리네나를 2/3, 메를로와 카베르네를 1/3 사용하여 만든 눈부신 와인이다.

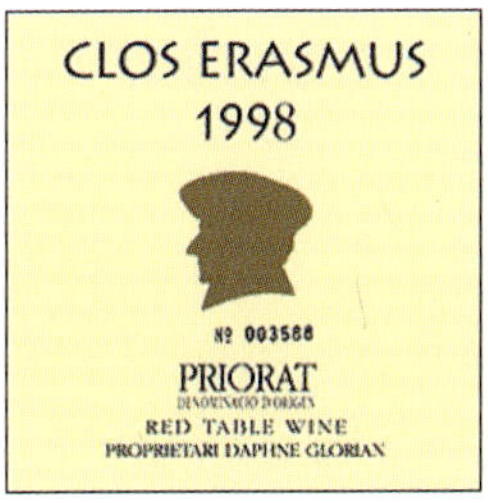

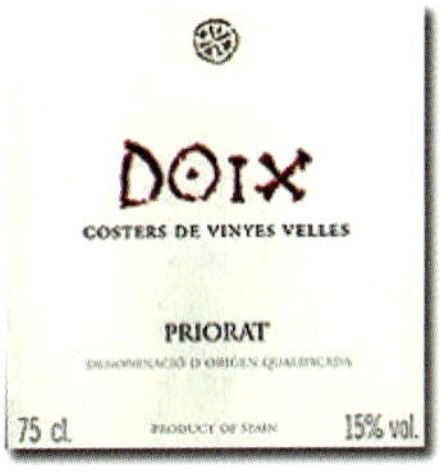

(10) 타라고나(Tarragona) DO

카타루냐의 남부에 지중해와 면해 있는 타라고나 시의 북부 해발 100~700m에 위치한다. 생산량의 70% 정도는 화이트 와인으로서, 화이트 품종으로 마카베오, 가르나차 블랑카, 파렐라다, 샤렐로를 사용한다. 레드와 로제는 가르나차, 마주엘로를 사용한다. 알코올 도수는 높지만 바로 위에 있는 페네데스에 비해 섬세함이 모자란다.

몬트산트(Montsant)는 2001년에 승인된 타라고나의 하위 DO로 지역 내의 몬트산트 산에서 따온 이름으로 급속한 발전을 보이고 있다. 90% 이상이 레드 와인이며 생산량의 60% 이상은 해외로 수출되고 있다.

알바로 팔라시오스(Bodegas Alvaro Palacios)의 레르미타(Clos L' Ermita)는 가르나차, 카리네냐, 카베르네 소비뇽으로 만드는 부티크 와인으로 연간 3000병 안팎으로만 생산되어 명성이 높은 만큼 구하기는 더 힘든다.

셀레르 데 카프카네스(Celler de Capçanes)는 타라고냐의 몬스탄트(Montsant)에 있는 협동조합으로 다양한 가격대의 다양한 레이블을 생산하며 대표적으로 마스 도니스(Mas Donis), 카브리다(Cabrida), 라센달(Lasendal), 마스 콜레, 발 데 칼라스(Vall del Calàs) 등이 있다.

알바로의 핀카 도피(Finca Dofi)와 베누스(Venus) 또한 결코 만만치 않다.

(11) 테라 알타(Terra Alta) DO

타라고나 지방의 남쪽 내륙으로 들어간 곳으로 카타루냐의 제일 남단에 위치하며 쿠엔카(Cuenca) 산 인근 기슭의 에브로(Ebro) 강과 아라곤(Aragón)과의 접경지이다. 와인과 더불어 올리브 오일도 많이 생산된다.

가르나차 블랑카와 파렐라다, 마카베오, 모스카텔 그리고 샤르도네로 화이트 와인, 카리네냐(Cariñena), 가르나차 틴타, 가르나차 펠루다(garnacha peluda), 모레니요(morenillo), 시라, 카베르네 소비뇽, 메를로, 템프라니요로 라이트 레드 와인을 생산한다.

억세지만 개성 있는 와인으로 근래 점차 가벼워지고 있다.

2. 아라곤(Aragón)의 DO 지역

우측으로 카타루냐, 위로는 프랑스와 경계가 되는 피레네 산맥 밑의 고원 평야지대이다. 주도(州都) 사라고사(Zaragoza)가 있는 사라고사 지방, 그리고 남쪽의 테루엘(Teruel), 북쪽 산악 지방인 우에스카(Huesca)가 있다.

19세기에는 와인 산지로 알려졌으나 억세고 알코올 도수가 높은 평범한 와인이나 블렌딩 용을 만들고 있었다. 근래에 포도의 품종을 바꾸고 기술의 현대화로 탈바꿈을 시도하고 있다.

가르나차, 템프라니요를 사용한 레드가 나오며, 카리냥으로 만드는 화이트도 일부 나온다.

1) 칼라타유드(Calatayud)

아라곤 사라고사(Zaragoza)의 남동지역으로 건조하고 더운 여름과 추운 겨울 뿐 아니라 하루의 기온차도 커서 당도와 알코올의 밸런스가 좋다. 매일 마셔도 전혀 질리지 않는 가르나차 100%로 만드는 레드 와인, 그리고 로제와 화이트도 나온다.

산 알레한드로(San Alejandro)는 1,200ha가 넘는 밭에서 대부분 가르나챠를 재배하며 라스 로카스(Las Rocas)는 "이다지도 훌륭한 와인을 이렇게도 저렴한 가격에 즐길 수 있다"고 로버트 파커가 평했으며, 발타사르(Baltasar)는 85%가 수출되고 있다.

2) 카리네냐(Cariñena)

사라고사 지방의 한 가운데에 위치하는 사라고사에서 수도 마드리드로 가는 길목이다. 작은 곳이지만 아라곤에서 와인 생산에 가장 중요하며 프랑스에서 카리냥으로 부르는 카리네냐는 로마시대에 카라에(Carae)라 하던 것으로 이 품종으로 풀 바디의 향이 짙은 레드를 만든다.

가르나차 비안카와 비우라로 화이트 와인을 만들고 또한 남부의 말라가(Málaga)와 흡사한 디저트용 강화와인도 나온다.

3) 캄포 데 보르하(Campo de Borja)

리오하와의 경계에 인접한 사라고사의 동북 내륙지역이다. 카리네냐와 비슷하지만 가르나차 틴타로 만드는 레드 와인은 풀 바디에 산도와 떫은맛이 더 짙다. 알코올 도수는 16도에 이르며 무려 18도에 이르는 경우도 있어 이웃한 리오하나 카탈루냐의 부드러운 와인에 섞을 블렌딩 용으로 벌크로 팔린다.[2]

보르사오(Borsao)는 30년 넘게 저렴한 가격에 우수한 퀄리티를 유지해 온 스페인의 인기 와인으로 그보다 다섯 배 이상 비싼 와인을 상회하는 품질이 오래 유지되어온 인기의 비결이다.

4) 소몬타노(Somontano)

우에스카의 동쪽 지역으로 위로 피레네 산맥이 시작되는 산기슭이며 소몬타노라는 이름 자체가 산기슭(at the foot of the mountain)이라는 뜻이다. 작은 곳이지만 스페인의 베스트 DO에 들어가며 와인의 역사도 로마시대로 거슬러 올라간다. 매년 8월 5일부터 8일까지 개최되는 '소몬타노 와인 축제' 에는 와인과 음식, 음악들이 한데 어우러진다.

알케자(Alqueza) 마을은 '다 빈치 코드' 에 등장하는 '산투아리오 데 토레치우다' 수도원과 12세기의 탑들로 가득한 중세의 아름다움으로 차 있다.

알카뇽(alcañó), 마카베오(macabeo), 마수엘로(mazuelo), 파랄레타(parraleta), 가르나차 틴타, 템프라니요와 같은 토착 품종에 카베르네 소비뇽, 메를로, 피노 누아, 시라, 리슬링, 소비뇽 블랑, 샤르도네와 같은 정말 풍성한 품종으로 아라곤 내의 다른 지역과는 완연히 다른 와인을 만든다. 루비 색에 어렴풋한 향과 희미한 맛, 약한 산도의 이 와인들은 가까운 프랑스로 많이 나간다.

에나테(Bodegas Enate)는 화이트의 품질이 뛰어나며 각각의 레이블이 그 자체로 하나의 예술품이기도 하지만 가격 대비 만족도가 높으며 아트 갤러리 또한 훌륭하다.

비냐스 델 베로(Viñas Del Vero)의 세카스티야(Secastilla)와 블레쿠아(Blecua)는 부티크 와인으로 알려져 있고, 이리우스(Bodega Irius Sommos)는 와인 바와 레스토랑이 있는 날개를 편 나비를 형상화한 건물로 독특하며 아브섬(Absum Colección) 등의 와인들은 한 시간 이상 디켄팅을 해도 쉽사리 열리지 않을만큼 바디가 강하다.

라란느(Bodegas Lalanne)가 현대적 기술과 시설로 성취를 이끌며, 프리네오스(Bodega Pirineos)는 세뇨리오 라산(Señorio de Lazán Reservas)이라는 탁월한 와인을 낸다.

3. 발렌시아, 무르시아(Valencia, Murcia)

카타루냐의 바르셀로나에서 지중해를 따라 내려오는 스페인의 동부지방이다. '태양이 뜬다' 는 의미를 지닌 레반떼(Levante)라고도 부르며 발렌시아(Valencia)와 무르시아(Murcia) 자치구가 있다.

뛰어난 명품은 없지만 몇 개의 DO 산지가 있다. 이 지역에서는 좀 더 진한 와인들이 생산되고 있으며 대체로 강한 화이트 와인이 나온다.

1) 발렌시아(Valenciana) DO 지역

(1) 알리칸테(Alicante)

스위트 모스카텔이 나오는 지중해 연안 지역인 북쪽의 라 마리나(La Marina), 그리고 로제 와인과 풀 바디의 레드가 나오는 내륙 구릉지인 남쪽의 비나로포(Vinalopó)로 성격이 확연히 나뉘어진다. 품종은 모스카텔, 가르나차 틴토레라, 모나스트렐(무르베드르)이다.

쿠티에레스 데 라 베가(Bodegas Gutiérrez de la Vega)에서 14개 종류의 와인을 생산하며 카스타 디바(Casta Diva)는 수집가들이 아끼는 스위트와인이다.

엔리케 멘도사(Enrique Mendoza)는 알리칸테 와인 품질의 선봉에 서 있다.

(2) 우티엘-레케나(Utiel-Requena)

발렌시아의 서부 내륙지역인 우티엘과 레퀘나 시 인근의 라 만차와의 접경지이다. 보발(bobal)로 스페인에서 가장 매력적인 로제 와인을 만들며 포도 주스도 많이 생산한다. 생산량의 95%가 레드 와인으로 가르나차, 센시벨 등을 사용하여 블렌딩용(用)의 짙은 레드와 로제 와인이 생산되며, 메르세게라, 비우라를 주로 사용한 화이트 와인도 소량 생산된다.

무스티기요(Bodega Mustiguillo)에서 보발 96%에 쉬라 4%를 블렌딩하여 생기있는 퀸차 코랄(El Terrerazo Quincha Corral)을 만든다.

(3) 발렌시아(Valencia)

스페인에서 세 번째로 큰 도시로 레몬과 오렌지 밭으로 둘러싸여 있는 발렌시아는 옛 영화의 흔적이 시내 곳곳에 남아있다. 스페인 와인과 벌크가 해외로 나가는 관문이기도 하다. 이곳은 산도가 약한 전형적인 지중해성 화이트 와인의 생산량이 레드보다 많은 곳이다.

모스카텔을 주로 사용한 스위트 화이트 와인과 가르나차, 모나스트렐 등을 사용하여 레드 와인을 생산한다.

셀레르 델 로우레(Celler del Roure)는 이 지역의 토착품종인 만도(Mandó)를 되살리고 있다.

2) 무르시아(Murcia) DO 지역

(1) 부야스(Bullas)

무르시아 시 북서쪽의 해발 400~800m의 높은 곳에 위치한 작은 DO이다. 모나스트렐과 템프라니오, 가르나차, 센시벨로 만드는 레드 와인, 아이렌을 주로 사용한 화이트가 나온다.

누에스타 세뇨라(Cooperativa Agri-Vinicola Nuestra Señora del Rosario) 협동조합의 생산량이 가장 많으며, 발코나(Bodegas Balcona)가 좋은 와인을 만든다.

(2) 후미야(Jumilla)

길게 이어지는 뜨거운 여름 덕에 진한 풀 바디의 레드 와인이 잘 알려져 있다. 전통적인 와인은 알코올 도수가 무려 18도까지 올라가기도 하며 현재는 좋은 와인을 만들기 위해서 이른 수확으로 부드럽게 만든다.

접목하지 않은 포도나무를 재배하는 스페인 뿐 아니라 유럽에서도 몇 안 되는 곳이기도 하다. 아이렌, 메르세게라 등을 사용한 화이트 와인과 가르나차, 센시벨, 모나스트렐 등으로 레드와 로제 와인을 만든다.

카사 카스티요(Casa Castillo. Julia Roche E Hijos)의 모나스트렐 피에 프랑코(Pié Franco)는 소량 생산하는 독창적인 레드 와인으로 15년이 지나야 절정에 이르는 밸런스가 뛰어난 와인이다.

엘 니도(El Nido)의 클리오(Clio)는 모나스트렐과 카베르네의 블렌딩 레드로 "빼어난 여운과 균형을 자랑하는 이렇게 파워풀한 와인치고는 놀라우리만치 운이 좋다"는 평이다.[3]

올리바레스 둘체(Bodegas Olivares Dulce)의 주 수입원은 벌트와인이지만 모나스트렐로 만드는 스위트 강화와인은 아로마가 특이하여 한번 마셔본 사람은 단번에 알아차릴 수 있다.

루손(Bodegas Luzon)은 모나스트렐, 카베르네에 템프라니요까지 블렌딩된 14.5° 와인이다.

(3) 예클라(Yecla)

무르시아의 최북단 구릉 지역으로 인근의 후미야와 매우 흡사하여 와인이나 품종도 모나스트렐(monastrell)로 같다.

마카베오, 아이렌 등으로 화이트 와인을, 모나스트렐과 카베르네 소비뇽 및 가르나차 등을 사용하여 레드 와인을 생산하며 레드가 생산량의 80%를 차지한다.

카스타뇨(Bodegas Castaño)의 에쿨라(Monastrell Yecla Hécula)는 2001년부터 로버트 파커의 평가를 6년 연속 90점 이상을 받아 가격 대비 가장 뛰어난 와인으로 평가받고 있다. 2012년 빈티지가 $10(12,000원, 2016년 1월 기준)[7]

4. 나바라(Navarra) 지방

동북쪽으로 피레네 산맥이 프랑스와의 경계를 만들고 위로는 대서양과 인접한 곳이다. 따라서 북쪽의 산악 기후와 남의 내륙 기후는 건조하고, 또한 대서양과 지중해의 영향까지 받는 해양성 기후로 변덕이 심하다.

나바라(Navarra) DO지역은 나바라 전체가 포함되며 포도밭은 주로 주도(州都)인 팜플로나(Pamplona)로부터 남쪽으로 뻗어있다. 다른 곳과 달리 산이 많은 지형이라 DO로 인정받기 위한 조건 중에 '산악 형태' 도 들어간다. 가르나차 틴타를 가장 많이 사용하며 템프라니요, 그라시아노, 마주엘로등을 전통적으로 사용하였지만 메를로와 카베르네 소비뇽, 그리고 샤르도네 등의 프랑스 품종의 재배가 점차 늘고 있는 추세이다.

---

7) 에쿨라(Monastrell Yecla Hécula) : www.klwines.com

레드 와인이 58%, 로제 와인이 33%, 화이트 와인이 9%의 비율로 전통적으로 로제 와인이 유명하다.

나바라 안에 바하 몬타냐(Baja Montaña), 리베라 알타(Ribera Alta), 리베라 바하(Ribera Baja), 티에라 에스텔라(Tierra Estella), 발디사르베(Baldizarbe)가 있다.[4]

리에라 알타에 있는 올리테(Olite)는 테오발트 1세(1234~1253)때부터 와인이 발달하게 되어 '나바라 와인의 수도' 라 불리며 왕궁을 비롯한 오래된 건물과 와인 박물관도 있다.

치비테(Bodegas Julián Chivite)의 그란 포이도(Gran Feudo Reserva)와 콜레시옹(Colecciön Navarra)이 잘 만들어졌고 콜레치온(Colección 125)은 창립 125년을 기념하여 출시되었다. 그 외에도 구엘벤추(Guelbenzu), 프린시페 드 비아나(Bodegas Príncipe de Viana), 비니콜라 나바라(Vinicola Navarra)가 나바라를 대표하는 곳들이다.

5. 리오하(Rioja)

에브로(Ebro)강 상류지역으로 북동쪽으로 피레네(Pyrenee) 산맥과 경계를 이루며 바스크 지방(Basque Country)이라고도 한다. 스페인 북부의 프랑스 국경 가까이에 위치하여 보르도의 영향을 많이 받았다. 특히 1870년대의 필록세라에 의하여 프랑스 와인산업이 황폐화 되었을 때 보르도의 와이너리 운영자가 많이 옮겨와서 이곳의 와인 양조에 많은 영향을 끼쳤다.

드라이 로제 와인의 산지로 오랫동안 알려졌으나 근래에 레드 와인이 부상하고 있다.

1) 리오하의 주 포도 품종

레드 품종은 템프라니요[8], 가르나차, 그라시아노(graciano), 마수엘로(mazuelo), 카베르네 소비뇽, 화이트 품종은 가르나챠 블랑카, 말바시아, 비우라 등이다.[5]

2) 리오하 DOC

리오하의 중심지는 로고로뇨(Logoroño)이며, 와인 산지는 1991년 스페인의 와인 등급 중 최상급인 DOC 지역으로 유일하게 지정되었다.

리오하의 DOC에는 리오하 알타(Rioja Alta), 리오하 알라베사(Rioja Alavesa), 리오하 바하(Rioja Baja)의 3개 지역으로 나뉘어진다.

(1) 라 리오하 알타(La Rioja Alta)

대서양 기후의 영향을 받는 대서양에 가까운 리오하의 서부 지역으로 템프라니요를 주로 사용하여 고급 레드 와인을 만든다.

무리에타(Marqués de Murrieta)는 보르도의 선진 기술을 앞장서 받아들여 지금의 리오하를 있게 만들어 리오하 와인의 대부로 받들어지고 있다. 무리에타의 와인 중 '킹 오브 킹' 이라는 카스티오 이가이(Castillo Ygay)는 29개월 오크통 숙성과 병입 후 최소 3년을 거치는데 좋은 빈티지에만 생산하고 있다. 화이트 와인 이가이 블랑코(Ygay Blanco)는 분명 가격이나 품질이나 레드보다 한 수 위이다.

이곳의 라구니야(Lagunilla)는 필록세라가 이 지역의 포도원을 황폐화시키자 미국에서 묘목을 들여와 위기를 벗어나게 하였다.

비냐 포말(Vina Pomal)[9]은 스페인 최대 와인 회사인 코도르뉴 그룹(Codorniu Group)이 소유한

---

8) 템프라니요(Tempranillo) : 리베라 델 두에로에서는 틴토 피노(Tinto Fino)라 부른다.

리오하 알타(Rioja Alta)의 아로(Haro)라는 작은 마을에 위치한 빌바이나스(Bodegas Bilbainas)에서 생산한다.

카세레스(Marqués de Cáceres)의 오너인 포르네르(Henri Forner)가문은 보르도 오 메독의 까망삭 소유주로 고향인 리오하 알타의 케니체로(Cenicero)에 설립한 곳으로 시음 적기가 3~40년인 그란 레세르바와 전통적인 보르도 스타일로 생산하는 여러 종류의 와인이 각각의 특성을 잘 살리고 있어 많이 팔리고 있다.

무가(Bodegas Muga)에서는 양조 전 과정에 자체 제작하는 오크통을 100% 사용하여 세련되고 기품 있는 와인을 만든다.

쿠네(C.V.N.E. Compañ a Vin cola del Norte de España)는 리오하 지역의 와이너리 중 스페인 국기를 로고로 쓸 수 있도록 승인받은 곳으로, 1915년 스페인에서 최초로 생산된 화이트 와인인 모노폴 그리고 비나 레알과, 2013년 스페인 최초로 와인 스펙테이터에서 1위에 선정(2004년 빈티지)된 임페리얼(Imperial Gran Reserva)을 만든다. 쿠네의 오프-드라이 화이트인 코로나(Corona), 그리고 레알 데 아수아(Real de Asúa)도 빠트려선 안 될 목록이다.

로페스 에레디아(López de Heredia)의 톤토니아(Viña Tondonia)는 스페인 최고의 화이트이며, 알탄사(Bodegas Altanza)의 레알탄사(Lealtanza) 시리즈도 잘 알려져 있다.

이사디(Izadi)는 크고 파워풀한 헤비급 와인으로 칭찬받지만 그럼으로 인해서 한편으로는 리오하와인 답지 않다는 비난도 동시에 받고 있다.

산 빈센테(San Vincente)는 루에다의 토로에 자리잡고 있는 마르코스 에구렌(Eguren)이 만들어 전반적으로 품질이 높다.

로다(Bodegas Roda), 리오하 알타(La Rioja Alta)도 잘 알려져 있다.

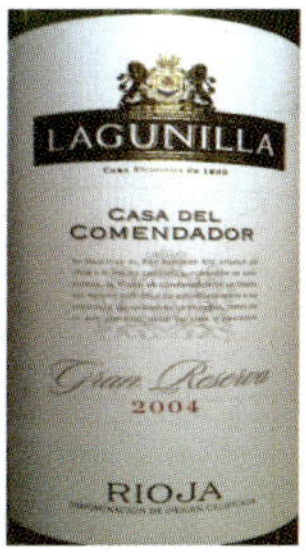

(2) 리오하 알라베사(Rioja Alavesa)

리오하의 북단의 해발 350~500의 고지대로 에브로 강의 우안(右岸)에 위치한다. 대서양성 기후와 지중해성의 해양기후의 영향을 받아 바디가 강하고 산도가 높은 와인을 생산한다.

리오하의 주도(州都)는 로그로뇨(Logroño)이지만 더 유명한 곳은 북쪽의 대서양에 면한 구겐하임(Guggenheim)의 도시인 빌바오(Bilbao)이다.

9) 비냐 포말(Vina Pomal) : 레이블에 숫자 '10'을 표시한다. 전통적인 와인 생산지인 리오하에는 오랜 역사를 자랑하는 와이너리들이 존재하여 이 숫자는 리오하에서 10번째로 만들어진 브랜드임을 의미한다. 100년이 넘는 시간이 흐르는 동안 1번부터 9번까지에 해당하던 와인들은 역사 속으로 사라졌고, 1908년 첫 생산된 10번 비냐 포말만이 가장 오랜 브랜드로 살아남아 지금도 여전히 스페인 현지에서 큰 인기를 누리고 있다.

포도밭의 80%가 템프라니요를 재배하는 레드 와인이 주력이다.

아르타디(Artadi)는 스페인뿐 아니라 세계의 가장 뛰어난 와인들과 어깨를 나란히 하는 '위대한 와인' 이다.

레미레스 데 가누사(Remirez de Ganuza)는 포도송이의 윗부분만 따로 분리해 레세르바 용으로 만들며 압착할 때에도 포도가 스트레스를 받지 않도록 물주머니로 은근히 눌러 포도즙을 얻어내 양조하는 트라스노초(Trasnocho)와 레세르바 등이 타닌과 구조감이 일품이다.

마르티네스 부한다(Martinez Bujanda)의 핀카 발피에드라(Finca Valpiedra)는 핀카(finca,지역) 계곡(val)의 조약돌(piedra)이라는 이름처럼 조약돌을 상징으로 삼아 레이블에 올려 세월이 지나며 매끈해지는 훌륭한 와인의 성격을 나타내고 있다.

보데가스 무가(Bodegas Muga)에서는 양조 전 과정에 자체 제작하는 오크통을 100% 사용하여 세련되고 기품 있는 와인을 만들어 '수퍼 리오하' 라고도 한다.

레멜루리(La Granja Nuestra Señora de Remelluri)는 템프라니요 레드로 유명한 이곳에서 비오니에를 비롯한 8종의 화이트 품종으로 만드는 와인들은 스페인 최고의 화이트로 일컫는다.

비냐 에기야(Viña Egu a Rioja), 마르케스 아리엔소(Marqués de Arienzo), 파우스티노(Faustino), 몬테시오(Bodegas Montecillo)의 쿰브레로(Cumbrero), 리오하나스(Bodegas Riojanas)의 몬테 레알(Monte Real)과 푸에르타 비에하(Puerta Vieja), 아벨 멘도사(Abel Mendoza) 와인들은 명성이 높다.

(3) 리오하 바하(Rioja Baja)

스페인 중부에 가까운 리오하의 남단으로 대륙성 기후와 해양성 기후가 혼합된 곳이다. 가르나차를 주로 사용하여 알코올 농도가 높은 와인을 생산한다.

리스칼(Marqués de Riscal)은 스페인에서 보르도 식 양조과정을 도입한 최초의 곳으로 호텔과 도서관, 박물관까지 갖추어 놓고 있는 세계에서 가장 인상적인 와이너리 중 하나이며 그 와인은 세계 최고의 와인 중 하나임에 틀림없다.

이시오스(Ysios)는 미국의 자본력과 스페인의 전통이 어우러져 훌륭한 품질의 와인이 생산되고 있다. 스페인 최고의 건축가인 칼라트라바(Santiago Calatrava)가 설계한 건물로도 유명하다.

보데가스 란[10](Bodegas Lan)의 란 에디시옹 리미타다(LAN Edición Limitada) 2004는 와인 스펙테이터에서 2007년 'Top 100 of the World' 로 선정 된 바 있다.

알렌데(Finca Allende), 콘타도르(Contador). 콘티노(Viñedes del Contino), 레미레스 데 가누사(Bodegas Remirez de Ganuza) 외의 좋은 에스테이트들[11]에서 스페인 토착품종으로 만드는 부드럽고 모던한 스타일의 와인들이 생산된다.

10) 보데가스 란(Bodegas Lan) : 리오하 지역 최고의 프리미엄 와인 생산지인 로그로뇨(Logroño), 알라바(Alava), 니바라(Nivara)의 세 곳의 이름 첫 자를 다서 LAN으로 명명하여 1972년에 설립되었다.

11) 아르타디(Bodegas Artadi), Bodegas Breton, Bodegas Montecillo-Viña Cumbrero, Viña Monti, Prado Enea, Torre Muga, Bodegas Roda, Bodegas Sierra Cantabria, Contino, La Lioja Alta-Viña Alberdi, Viña Ardanza, López de Heredia, Viña Tondonia, Remelluri, Viña Albina

3) 리오하 지방의 DO

(1) 아라바코 차콜리나(Arabako Txakolina)

2001년 DO로 인정받은 곳으로 바스크지방에서 제일 젊은 DO지역이다. 화이트 품종으로 온다리비 수리(hondarribi zuri), 그로스 만셍(gross manseng), 프티 만셍(petit manseng)과 프티 코르부(petit corbu)를 사용하며, 온다리비 벨차(hondarribi beltza)로 레드 와인을 만든다.

(2) 비스카이코 차콜리나(Bizkaiko Txakolina)

바스크 지방의 북쪽에 위치하며, 주도(州都) 빌바오(Bilbao)와 해안에 가까워 해양성 기후의 영향을 받는다. 허용된 품종은 레드 와인용으로 온다리비 벨차(hondarribi beltza), 화이트 용으로는 온다라비 수리, 폴레 블랑체(folle blanche), 그로스 만셍과 프티 만셍이다.

이트사스멘디(Bodegas Itsasmendi)의 차콜리(Txakolina)는 이 지방의 토착종인 온다라비 수리로 만드는 경쾌하고 상큼한 와이트 와인이다.

(3) 게타리아코 차콜리나(Getariako Txakolina)

해안에 가까운 지역으로 바람을 피하기 위해 포도밭들은 거의 해안을 등지고 있다. 레드는 온다라비 벨차, 화이트는 온다라비 수리를 사용한다.

6. 카스티야 레온(Castilla-Lon)과 DO 지역

마드리드 북쪽의 이 지역은 문화의 중심지로 대륙성 기후를 보인다. 스페인에서 가장 빠르게 와인 산업이 발달하고 있는 곳이다. 포도 품종은 틴토 피노와 템프라니요이다.

가스티야 레온은 세고비아 등 11곳의 지방[12]으로 이루어져 있으며 루에다(Rueda), 리베라 델 두에로(Ribera del Duero), 토로(Toro) 등 스페인 와인의 대표적 명산지가 이곳에 있다.

1) 알란사(Arlanza) DO

팔렌시아의 동남쪽, 부르고스의 서쪽으로 해발 650~800m에 이르는 높은 지대로 구비치는 언덕과 경사진 밭의 특징을 보인다. 대륙성과 지중해성 기후가 교차하여 여름은 건조하고 온화하나 겨울은 몹시 추운 지역이다.

2007년에 DO 승인을 받은 가스티야 와인(Castilian wines)은 레드 와인이 해당되며 로제도 허용된다. 품종은 틴타 델 파이스(tinta del país), 멘시아(mencía)와 가르나차, 카베르네 소비뇽이 레드 와인 용으로 사용되고, 알비요(albillo)와 비우라가 화이트용이다.

DO 이름의 레드는 틴타 델 파이스를 최소 80% 이상 사용하여야 한다.

2) 아리베스(Arribes) DO

살라만카(Salamanca)의 북서, 사모라(Zamora)의 동남쪽이다. 19세기의 필록세라로 많은 주민들이 미국으로 이민 가 황폐화된 포도밭들이 20세기 초부터 미국 묘목을 들여와 되살아났다.

두에로(Duero) 강 계곡에 있는 포도밭은 레드 용으로 후안 가르시아(juan garcía), 루페테(rufete),

---

12) 세고비아(Segovis), 소리아(Soria), 라 리오하(La Rioja), 부르고스(Burgos), 팔렌시아(Palencia), 레온(Leon), 바야돌리도(Valladolid), 사모라(Zamora), 살라망카(Salamanca), 아빌라(Avila)

템프라니요, 멘시아 그리고 가르나차를 사용한다. 화이트용은 말바지아, 베르데호(verdejo)와 아비요를 사용한다.

3) 시갈레스(Cigales) DO

팔렌시아 북쪽 지역으로 살라만카(Salamanca)에 인접한 해발 700~800m에 이르는 고원지대이다.

레드 품종으로는 틴타 델 파이스, 가르나차 틴타, 가르나차 그리스, 화이트 품종으로는 베르데호와 아비요가 사용된다.

4) 엘 비에르소(El Bierzo) DO

레옹(León)의 북서쪽 실(Sil) 강 계곡 지대로 카스티야와 갈리시아 사이에 위치한 관문이다. 지중해성 기후와 대륙과 강의 영향에 의해 습하고 따뜻한 기후로 늦수확을 한다.

포도 품종은 레드용으로 멘시아, 화이트 와인용으로 돈나 블랑카, 고데요(godello)를 사용한다.

데센디엔테스 호세 팔라시오스(Descendientes de José Palacios)의 이 지방 토착품종인 멘시아로 만든 코류욘(Corullon)은 마시는 순간부터 밸런스와 우아함을 느낄 수 있다.

도미니오 데 타레스(Dominio de Tares), 틸레누스(Tilenus), 발투일레(Valtuille)는 모두 최고의 멘시아 와인을 생산한다.

5) 리베라 델 두에로(Ribera del Duero) DOC

마드리드에서 북쪽으로 약 150km 떨어진 해발 750~900m의 고원과 구릉에 포도밭들이 산재해 있다. 중심도시인 바야돌리드(Valladolid)는 1469년 까스티야의 이사벨라 여왕과 아라곤의 페르디난도 왕의 결혼식이 열린 산 파블로(San Pablo) 교회가 있는 고색창연한 곳이다.

리베라 델 두에로의 가장 큰 장점은 낮과 밤의 기온 차이가 크다는 점이다. 이 지역은 800m에 이르는 고지대로 낮에는 덥고 밤 기온은 서늘한 대륙성 기후를 보인다. 8월의 경우 정오 평균기온이 섭씨 35도를 웃돌지만 야간에는 12도로 급락하며, 햇볕과 공기는 고지대 특유의 건조함과 청명함을 지닌다. 이런 기후가 와인에 중요한 요소인 생생한 산도를 줄 수 있다.

전통적으로 로제 와인이 유명하며 카베르네 소비뇽, 메를로, 틴토 델 빠이스, 가르나차, 마카베오 품종을 사용한 레드 와인만 나온다.

아알토(Bodegas Aalto)도 틴토 피노 만을 사용하며 '아알토 PS'는 1920년대 이전에 심은 포도나무에서만 수확한 포도를 사용한다.

아바디아 레투에르타(Abadia Retuerta)는 프랑스 샤토 오존의 지도로 템프라니요로 네그랄라다(Castilla y León Pago Negralada)와 카베르네 소비뇽으로 발데벨론(Pago Valdebellon)이라는 탁월한 와인을 내놓는다.

틴토 페스케라(Tinto Pesquera)의 하누스 그란 리세르바(Janus Gran Reserva)는 틴토 피노(템프라니요)만을 사용해 만든 '세계 100대 와인'으로 최상의 해에만 한정된 양으로 생산되며 탄탄한 구조로 그 속에 숨어있는 진가를 맛보려면 적어도 15년 이상은 기다려야 한다.

---

13) 핑구스(Dominio de Pingus) : 2014년 7월 시진핑(習近平) 중국 주석이 방한했을 때 국빈만찬장에 오른 것으로 80년 이상 수령의 포도나무레 수확한 포도로 만든 컬트와인이지만 가격이 상대적으로 저렴하다.

핑구스(Dominio de Pingus)[13]는 1995년 첫 빈티지가 화제에 오른 뒤 빠른 시간 안에 세계 최고 수준의 명품 와인의 반열에 오른 곳으로 레드 와인만 생산한다. 플로르 데 핑구스(Flor de Pingus)는 병입 후 5~10년 정도, 핑구스(Pingus)는 최소한 10~15년이 지났을 때 절정의 맛과 향이 올라온다. 가격이 비싸지만 기꺼이 지불할 가치가 있다.

우니코(Unico)[14]는 신화적인 와인생산자인 베가 시실리아(Vodegas Vega Sicilia)가 만든 스페인의 '로마네 콩티' 라고도 불리며 전통과 현대를 지혜롭게 껴안으면서 스페인 와인 르네상스의 정수를 보여준다. 주로 템프라니요와 20%의 카베르네 소비뇽을 블렌딩하여 농도가 진하고 수명이 오래가므로 오크통 속에서만 10년 이상 숙성하는 등 오랜 기간 숙성하는 값비싼 와인이다.

비네도스 알리온(Bodegas y Vigñedos Alion)는 전형적인 두에로의 레드 와인이다.

이스마엘 아로요(Bodegas Ismael Arroyo)의 발 소티요(Val Sotillo), 핀카 비야크레세스(Finca Villacreces)의 네브로(Nebro), 비냐 사스트레(Viña Sastre. Bodegas Hermanos Sastre)의 파고(Pago De Santa Cruz)와 페수스(Pesus), 레히나 비데스(Regina Vides) 같은 와인들은 세계적인 인지도를 지니고 있다.

실라르 데 실로스(Cillar de Silos)의 토레실로(Torresilo), 하자(Conando de Haza), 그리고 두에로의 부티크라는 알론소 델 예로(Alonso del Yerro) 외에도 좋은 에스테이트들[15]이 있다.

바야돌리드(Valladolid) 주립 와인 박물관

카스티야 레온 자치지역(Comunidad Autónoma de Castilla y Lon) 바야돌리드 주에 속한 도시 페냐피엘(Peñafiel)에 와인 박물관이 있다.

와인 생산지 리베라 델 두에로의 와인 문화와 양조 기술을 널리 알리기 위해 설립하여 시의 높은 언덕에 위치한 15세기 재건축된 고성인 페냐피엘 성 안에 자리잡고 있다.

와인역사, 포도나무, 포도 재배, 양조 과정, 양조 전문가, 와인 계측 도구, 감별법, 음주법, 와인

---

14) 우니코(Unico) : 템프라니요를 주 품종으로 쓰며 20%의 카베르네 소비뇽을 블렌딩한 농도가 진하고 수명이 오래간다. 오크통 속에서만 10년 이상 숙성하는 등 오랜 기간 숙성해야 하는 아주 값비싼 와인이다.
영국 찰스 왕세자, 그리고 장동건/고소영의 결혼 피로연에 오른 균형잡힌 산미와 강건하면서 우아한 와인이다.

15) 에밀리오 모로(Bodegas Emilio Moro), Finca Torremilanos, Bodegas Peñalba López, 하시엔다 모나스테리오(Hacienda Monasterio), Bodegas y Vigñedos Valduero, Callejo, 도미니오 데 아타우타(Dominio de Atauta), 파고 데 로스 카페야네스(Pago de los Capellanes), 프로토(Proto), 비냐 메이요(Viña Mayor)

관련 축제 등 모두 9개의 주제로 나누어 다양한 와인, 와인 관련 도구, 와인의 역사가 담긴 사진 등을 일목요연하게 전시하고 있다.

6) 루에다(Rueda) DO

리베라 델 두에로에서 약 30km 떨어진 곳으로 이곳의 살라만카(Salamanca)는 스페인 최초의 대학이 세워진 곳이다. 일조량은 많지만 두에로 강으로 흘러가는 구아레냐(Guareña) 강이 있어 밤기운은 서늘하다. 화이트 와인품종으로 베르데호(verdejo)를 많이 쓰고 소비뇽 블랑과 팔로미노 및 마카베오도 사용한다.

강화 와인을 많이 만들고 스파클링도 나오지만 푸른색에 노란 색이 엷게 비치는 신선한 화이트 와인으로 이름난 곳이다.

베론드라드 이 루르톤(Belondrade y Lurton)은 베르데호(Verdejo) 품종으로 만들어 프레쉬한 스타일의 루에다 와인들과 달리 장기보관용으로 생산된 드라이 화이트 와인이다.

팔라치오 데 보르노스(Palacio de Bornos)는 영향력 있는 메이커로 토종 베르데호와 소비뇽 블랑으로 만든 믿을 수 있는 품질의 화이트를 믿기지 않는 가격에 판매한다.

유명한 리스칼(Marqués de Riscal)에서 여러 종류의 훌륭한 루에다 와인을 만들지만 알베르토 구티에레스(Bodegas Hijos de Alberto Gutiérrez)도 꽤 괜찮다.

7) 토로(Toro) DO

마드리드에서 북서쪽으로 200km 떨어진 포르투갈의 북단과 맞닿아 있는 곳으로 해발 740m 언덕 위에 우뚝 솟아 있다. 스페인 최초의 대학을 세운 곳으로, 인근의 두에로 강과 구아레나(Guarena) 강의 영향으로 발달한 와인 산업이 12세기에 이미 명성이 높아 컬럼버스가 아메리카 대륙으로 출항할 때 와인을 싣고 갔다.

말바시아와 베르데호로 화이트 와인을 만들고, 가르나차와 템프라니요를 주로 사용하여 레드 와인을 만든다.

이곳에 스페인의 대표적 와인명가들이 집중적 투자하게 된 것은 대략 1990년대 말부터였다. 베가 시실리아 가문의 '토로 프로젝트'가 결실을 맺어 시장에 선보인 첫 와인은 핀티아(Pintia)이며, 토로의 이름을 더욱 빛낸 것은 에구렌(Eguren) 형제가 만들고 있는 스페인판 '가라쥬' 와인들이다. 2000년 첫 빈티지로 생산된 테르만씨아'(Termanthia)가 에구렌 형제의 최고 와인으로 꼽히며, 저렴한 가격의 와인인 '테르메스'(Termes)를 1999년 빈티지부터 내놓고 있다.

마우로스(Bodegas y Viñedos Maurodos)의 세 가지 와인 중 산 로만이 신세대 와인으로 알려졌으며, 파리냐(Bodegas Fariña)의 콜레지아타(Colegiata)는 화이트로 100% 말바시아, 로제나 레드 와인으로는 100% 틴타 데 토로(템프라니요)를 사용하여 만든다.

보데가 누만시아(Bodega Numanthia)는 해발 700m의 수령 70~140의 밭에서 에구렌 형제가 1998년부터 내놓은 아로마가 진하고 파워풀한 와인이며, 좋은 토로 와인이 토로 알바라(Toro Albala) 등 여러 곳[16]에서 나온다.

8) 비에르소(Bierzo) DO

레온의 서쪽 갈리시아와의 접경지역으로 기온, 강우량 등 떼루아가 갈리시아와 가깝다. 만사아와 알리칸테를 사용한 레드, 팔로미노, 고데요로 만든 화이트 와인이 나온다.

9) 시갈레스(Cigales) DO

사모라 지방의 북동쪽에 위치한다. 베르데호, 비우라, 알비요와 팔로미노 등으로 화이트 와인, 템프라니요와 가르나차, 틴토를 사용하여 레드 및 로제 와인을 만들고 있다. 레드와 화이트 품종을 섞어 만든 라이트 레드가 특색있다.

7. 갈리시아(Galicia : Green Spain)와 DO 지역

스페인의 최북단으로 포르투갈의 위에 위치하여 대서양 해안선을 따라 발달한 지역이고, 켈트와 바스크 문화의 중심지이다.

대서양에 면한 라 코르류냐(La Coruña)와 루고(Lugo)는 주로 산악 지방이고, 남쪽으로 포르투갈과 마주하고 있는 폰테베드라(Pontevedra)와 오렌세(Orense) 지방에 DO 존이 있으며 와인이 생산된다. 와인산지로는 유명하지 않지만 좋은 화이트 와인생산으로 환영받고 있다.

1) 몬테레이(Monterrei)

갈리시아의 남단 포르투갈과의 접경지이다. 생산량의 70%가 알리칸테, 가르나차, 틴토레라, 틴타 피나, 몬스텔로를 사용한 레드이다. 화이트는 고데요, 도냐 블랑카(doa blanca)를 사용하여 만든다.

2) 리아스 바이사스(Rias Baixas)

갈리시아의 남부에 있는 작은 마을로 연중 초원으로 덮혀 있는 서늘하고 습도가 높은 지역이다. 알바리뇨(albariño)로 만드는 화이트 와인이 95%를 차지하는 지역으로 레도와 로제도 일부 생산된다.

16) Alquiriz, Covitoro, Dehesa la Granja, Estancia Piedra, Maurodó, Numanthia, Teso la Monja, Vega Saúco, Viña Bajoz, 핀티아(Bodegas Pintia. Vega-Sicilia), 발데스피노(Valdespino)

알바리뇨는 맛과 향에서 비오니에와 게뷔르츠트라미너에 비견되며,[6] 외국에서 더 인기를 얻어 나오기가 무섭게 판매된다.

파쇼 데 세뇨란스(Pazo de Señoráns)의 알바리뇨(Albariño Rías Baixas)는 20$대의 저렴한 가격이지만 세계 최고의 레스토랑 '엘 불리' 와 미슐랭 3스타급 레스토랑의 와인 리스트에 자주 보이는 와인이다.

코다흐(Martin Códax)의 알바리뇨(Albariño Rías Baixas)와 오르가니스트룸(Orga-nistrum)이 알려져 있다.

베니토 페라라(Benito Ferrara)의 와인은 남부 이탈리아 스타일로 뚝심이 넘치며, 필라보아(Fillaboa)와 루스코(Lusco), 팔라시오 페피냐네스(Bodegas del Palacio de Fefiñanes), 파소 세뇨란스(Pazo de Señoráns)가 알바리뇨 품종의 특징을 잘 나타내어 상쾌함과 아로마를 느끼는 와인을 보여준다.

3) 리베이라 사크라(Ribeira Sacra)

오렌세 지방을 통과해서 포르투갈을 거쳐 대서양으로 빠지는 미뇨(Miño) 강과 실(Sil) 강 사이에서 포도나무들이 자란다.

화이트 와인이 우세한 지역으로 고데요, 알바리뇨, 토론테스, 도냐 블랑카와 루레이로를 사용한다. 레드 와인은 멘시아, 메렌사오로 만드는 등 토양이 다양하여 와인 품종도 다양하게 사용한다.

4) 리베이로(Ribeiro)

리베이라 사크라 바로 밑의 인접한 지역이다. 여러 종류의 와인을 생산하지만 화이트 와인이 우세한 곳으로 토론테스, 고데요, 마카베오, 알비야, 루레이로가 사용되지만 고데요가 특히 향과 신선함이 좋은 화이트 와인을 만든다.

에밀리오 로호(Emilio Rojo)의 2ha의 밭에서 소량 출시되는 화이트 와인은 구하기가 힘들어 진기하기도 하고 수년간의 숙성으로 뚜렷한 개성과 밸런스가 살아나서 또 진기한 와인이다.

비냐 메인(Bodegas Viña Mein)은 1980년대에 세워진 신생 와이너리로 토착품종인 트레이사두라로 만드는 와인은 어릴 때의 강렬한 아로마가 나이들수록 원숙해진다.

5) 발데오라스(Valdeorras)

갈리시아에서 제일 동쪽의 내륙에 해당되며 산과 강 사이의 말 그대로의 계곡에 포도밭들이 있다. 팔로미노와 고데요 등을 사용하여 만드는 화이트 와인이 90%로 우세한 지역이다.

귀티안(Bodegas Guitián)은 고데요(Godello) 품종으로 선명한 신맛이 느껴지는 와인을 만들어 화이트 와인도 병 숙성으로 한결 나아질 수 있다는 것을 확산시켰다.

라파엘 팔라시오스(Bodegas Rafael Palacios)의 아스 소르테스(As Sortes)는 훌륭한 산도를 지닌 미디엄 바디 화이트 와인이다.

8. 가스티야 라 만차(Castilla-La Mancha)와 DO 지역

메세타(the Meseta) 지역으로도 부르며, 스페인의 중심부에 사리 잡은 해발 500~800m에 자리 잡은 고원지대이다. 스페인의 수도인 마드리드를 포함하는 넓은 지역으로 포도재배 면적이 가장 넓어 평원에서 집중적으로 와인이 생산되고 생산량 또한 가장 많은 곳이다.

마드리드(Madrid), 과달라하라(Guadalajara), 톨레도(Toledo), 시우다드 레알(Ciudad Real), 알바세테(albacete)의 다섯 지방이 있다.

1) 알만사(Almansa)

라 만차의 남서쪽 알바세테 지방의 우측으로 오른쪽으로 레반테(무르시아 주)와의 접경지이다. 모나스트렐을 주 품종으로 하는 레드 와인은 가르나차 틴타, 틴토레라 품종을 포함해서 레드 와인이 약 80%를 점하는 지역이다.

2) 데에사 델 카리살(Dehesa del Carrizal)

마드리드 남쪽 200km 지점의 시우다드 레알(Ciudad Real) 시에 2006년 DO로 신설된 곳이다. 카베르네 소비뇽, 시라, 메를로, 템프라니요로 레드를 만들고, 샤르도네로 화이트 와인을 양조한다.

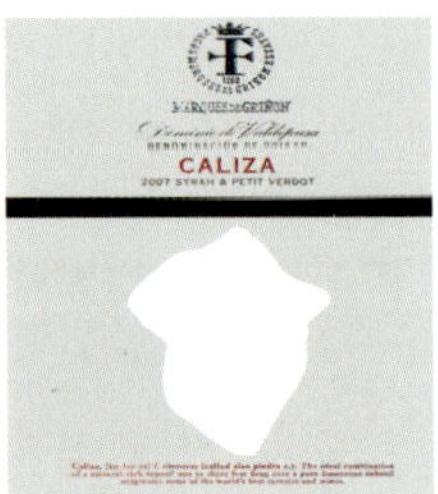

3) 도미니오 발데푸사(Dominio Valdepusa)

톨레도 인근으로 해발 400m의 고지대에서 대륙성 기후의 여름과 겨울의 극심한 기온 차이를 견디며 포도나무들이 자란다. 시라, 카베르네 소비뇽, 프티 베르도, 메를로로 알코올 도수가 13.5~15%가 되는 레드 와인만 생산한다.

마르케스 드 그리뇽(Marqués de Griñón)에서 카베르네 소비뇽, 시라 등으로 와인을 만들어 뛰어난 품질로 2003년 스페인 최초로 파고(Vino de Pago)가 되었다.

4) 구이호소(Guijoso)

해발 1,000m의 일교차가 심한 곳에서 샤르도네, 소비뇽 블랑으로 화이트, 카베르네 소비뇽, 메를로, 시라, 템프라니요로 레드가 생산된다.

5) 핀카 엘레스(Finca Élez)

개인 소유의 에스테이트 자체가 DO로 2002년 승인받았다. 알바세테 지방의 서북 지역 알카사르(Alcázar) 산 속에 있다. 소유주는 영화 제작자 만사네퀘(Manuel Manzaneque)이다.

대부분의 포도밭이 해발 1,000m에 위치하여 지중해성과 대륙성 기후로 여름은 따뜻하지만 겨울은 몹시 추우며 일교차가 20도에 육박한다.

카베르네 소비뇽, 메를로, 템프라니요와 시라를 사용하는 레드 와인이 나온다.

6) 후미야(Jumilla)

온화한 지중해성 기후의 영향으로 이곳의 와인은 부드럽고 밸런스가 잘 잡힌 질 좋은 와인이 생산된다.

7) 라 만차(La Mancha)

스페인 중앙의 해발 700m에 이르는 고원지대로 돈 키호테(Don Quixote)의 고장이다. 포도밭은 약

20만 헥타에 달하여 스페인 와인 생산의 40%를 차지하고 있다. 아이렌(airen)을 주로 사용하여 만든 빛이 나는 맑은 노란색의 화이트 와인은 산도가 약하나 알코올농도가 높아서 블렌딩용으로 많이 사용된다.

콜로만(Vinos Coloman)은 4,200ha에서 포도를 생산하는 협동조합에서 공급받아 만든 양질의 와인으로 콜로만의 최고 와인인 베사나(Besana Crianza)는 20년 된 포도밭에서 수확한 템프라니요로 만들었는데 가격[17]은 저렴하지만 썩 괜찮다.[7] 라오스(Bodegas Lahoz)는 500ha의 넓은 와이너리 외세 군데의 비녀드를 더 가진 규모를 자랑한다.

카사 구알다(Casa Gualda)의 센시벨(템프라니요) 와인들은 가격 대비 썩 훌륭하다.

8) 만추엘라(Manchuela)

라 만차의 동부지역으로 우측으로 발렌시아와의 접경지이다. 벌크와인을 만드는 이곳은 아무런 특징이나 뛰어난 점이 없음에도 불구하고 왜 DO 지역인지 많은 사람들이 의아해 한다.[8]

핑카 산도발(Finca Sandoval)은 이러한 곳의 해발 770m의 고도에 쉬라를 심어 빈티지에 따라 좋은 와인을 내지만 그 의아함에 대한 해답을 보여줄 역량은 시간을 필요로 한다.

9) 멘트리다(Mntrida)

톨레도 지방의 좌측 엑스트레마두라와의 접경지로 마드리드의 남서쪽이다. 그라나차 틴타, 템프라니요를 사용하는 레드 와인이 85%에 달한다. 스페인 중부에서는 가장 오래된 와인재배 지역이지만 가격이 저렴하여 대중적으로서 상그리아로 많이 이용된다.

상그리아는 대중적인 희석포도주로 원래 가정마다 만드는 전통음료로서 일반 술집에서 흔히 접할 수 있다. 재료로는 레드(드물게 화이트) 와인을 베이스로 사과나 오렌지 · 레몬을 얇게 저며 넣고 탄산수, 설탕, 얼음을 넣는다.

카노피(Canopy Méntrida)는 그르나슈와 시라로 각각의 개성을 지닌 일곱 가지 와인을 만들어낸다.

10) 몬데하르(Mondjar)

라 만차의 북부, 마드리드 우측의 작은 지역이다. 마카베오 등을 사용해 화이트 와인을 만들지만 까베르네 소비뇽과 센시벨을 주로 사용하여 레드 와인이 대부분으로 마드리드에서 손쉽게 소모된다.

11) 파고 귀이호소(Pago Guijoso)

산체스 물리테르노(Sánchez Muliterno family)의 사유 에스테이트로 시작된 이곳은 핀카 엘레스 DO와 흡사하다.

카베르네 소비뇽, 메를로, 시라, 템프라니요, 그리고 샤르도네, 소비뇽 블랑을 사용하여 스페인 몇 군데 되지 않는 스페인 토착품종을 거의 쓰지 않는 곳이다. 특히 화이트는 샤르도네 100%로 만든다.

12) 리베라 델 후카르(Ribera del Júcar)

쿠엔사(Cuenca) 지방 남쪽의 해발 700m 이상에 위치하는 2003년에 DO 지역으로 지정된 곳이다.

---

17) 수출가 3.65유료 = 4,790원(2016년 1월 30일)

허용된 품종은 대부분이 레드로 센시벨(cencibel), 카베르네 소비뇽, 메를로, 시라 그리고 보발이다. 근래에 모스카텔 데 그라노 메누도(moscatel de grano menudo)와 소비뇽 블랑을 재배하기 시작했다.

13) 우클레스(Uclés)

톨레도의 북서쪽으로 마드리드와 가까운 곳 높은 고지대이다. 레드 와인만 생산하며 템프라니요, 가르나차 틴타, 카베르네 소비뇽, 메를로 그리고 시라를 사용한다.

14) 발데페냐스(Valdepeas)

라 만차의 최남단 지역으로 안다루시아와 가깝다. 템프라니요, 센시벨, 가르나차 틴토레라로 레드 와인을 만들며, 좋은 품질로 알려져 있다.

9. 마드리드(Madrid)

비노스 데 마드리드(Vinos de Madrid) DO

마드리드는 수도(首都)로 DO 지정을 받은 세계의 유일한 곳이다. 1990년에 DO로 지정받았지만 와인의 역사는 로마 시대 이전으로 거슬러 올라가며 15세기에 이르러 스페인뿐이 아니라 전 유럽에 이름이 알려졌다. 아이렌(airen), 말바르(malvar), 파레야다(parrellada), 토론테스, 마카베오로 화이트 와인을, 가르나차, 템프라니요, 카베르네 소비뇽으로 레드 와인을 만든다.

포도밭들은 마드리드 남쪽에 위치하며 세 군데의 하위지역이 있어 각각 레드, 화이트, 로제가 나온다.

아르간다(Arganda)는 마드리드 남동쪽으로 마드리드 DO 전체의 절반에 해당되는 와인이 생산되는 가장 큰 곳이다. 나발카르네로(Navalcarnero)는 마드리드 바로 남쪽으로 가장 작은 곳이다. 전통적으로 로제 와인이 유명하다. 산 마르틴 데 발디그레시아(San Martin de Valdeiglesia)는 마드리드 서쪽 지역이다.

엘 레가할(El Regajal)은 마드리드 시민들에게 가장 사랑받는 와인이며, 주목받는 베르나벨레바(Viñedos Bernabeleva), 그리고 타고니우스(Bodegas Tagonius)의 그랑 셀렉션(Gran Selección) 2003은 로버트 파커가 95점을 부여했다.

10. 에스트레마두라(Extremadura)

위로는 가스티야 레온, 오른 쪽은 가스티야 라 만차, 아래로는 안달루시아 그리고 좌측으로는 포르투갈과 만나는 스페인의 서남부 내륙 지방이다.

리베라 델 과디아나(Ribera del Guadiana) DO

에스트라마두라의 한 가운데 지역이다. 6군데의 하위 지역에서 각기 다른 성질의 와인이 나오며, 화이트와 레드를 여러 품종 사용한다.[18)]

평범한 와인들이 나오지만 인비오사(Bodegas Inviosa Tierra de Barros), 에스트레메냐(Viña Extremeña)가 이 지역에서 알려져 있고 특히 푸에르타(Bodegas Marcelino Díaz Ribera del

18) 화이트 품종은 알라리헤(alarije), 보르바(borba), 카예타나 블랑카(cayetana blanca), 파르디나(pardina), 비우라(viura), 첼바(Chelva), 베바 데 로스 산토스(beba de los santos), 말바르(malvar), 파레야다(parellada), 페드로 시메네스, 베르데호, 그리고 샤르도네이다.
레드 품종은 가르나차 틴타, 템프라니요, 보발, 그라시아노, 만수엘라, 모나스트렐, 카베르네 소비뇽, 메를로, 시라를 사용한다.

Guadiana Puerta)의 레드 와인 엘 캄피요(Palma Finca El Campillo)와 카시메로(Casimero Torrinio Boraita)의 푸에블라(Viña Puebla) 화이트 와인이 훌륭하다.

11. 안달루시아(Andalucia, Sherry Country)

스페인의 남단에 위치하며, 남서쪽 방향으로 흐르는 카디스(Cádiz) 강이 세비야(Sevilla)를 통과하여 카디스 만(灣)으로 빠진다.

안달루시아 지방은 이슬람과 기도교 세력이 충돌한 땅이라는 스페인의 역사와 특색을 짙게 보여 주며 풍부한 문화적 자원과 타파스(tapas)를 비롯한 매력적인 음식, 온난한 기후로 많은 관광객들을 유혹하고 있다. 특히 알메리아(Almeria)에서 지브랄타(Gibraltar)에 이르는 지중해 연안은 쾌청한 날이 연간 300여 일, 연평균 기온이 22도로 겨울에도 일광욕을 즐길 수 있어 태양의 연안(코스타 델 솔, Costa del Sol)이라고 불린다.

약 3,000년 전 페노키아 인이 포도나무를 재배한 곳으로도 알려져 있지만 무엇보다 안달루시아는 스페인의 명주 셰리(헤레스, Jerez)의 고장이다.

1) 헤레스-세레스-셰리(Jerez-Xrz-Sherry)

셰리는 스페인의 와인 생산량 중 3% 밖에 되지 않지만 세계적으로 널리 알려진 섬세한 맛의 조화를 상징하는 아페리티프 혹은 디저트 주이다. 알코올 도수는 포르투가 통상 20도임에 비해 셰리는 18도 정도가 되는 강화와인(fottified wine)이다. 스페인이 1986년에 유럽경제공동체에 가입하면서 셰리라는 이름을 지키게 된 배타적 권한을 가지게 되어 1996년 1월 1일부터 셰리라는 말을 스페인이 독점적으로 사용할 수 있게 되었다.

헤레스(Jerez), 세레스(Xrz. 프랑스식 발음), 셰리(Sherry)라는 명칭을 공식적으로 다 사용한다. 셰리는 대항해 시대 포르투갈의 포르투 와인과 더불어 와인 소비시장인 영국에서 이름을 떨쳤으며 DO 헤레스(Jerez)로 지정되어 있다.

셰리가 일반포도주와 구별되는 점은 일반 와인처럼 어느 한 해에 수확된 특정한 포도로 만들지 않고 서로 다른 해에 수확된 포도를 한데 섞어 혼합해 만든다는 것이다.

(1) 셰리의 품종

팔로미노(Palomino)는 셰리의 포도원에서 90% 정도 재배한다. 중성적으로 신맛이 적어 일반 와인용으로는 안 좋지만 셰리 제조용으로는 아주 이상적이다.

페드로 히메네스(Pedro Ximnez)는 페드로 시몬[19]에서 연유한 이름으로 약칭으로 PX라 한다. 스위트 셰리를 만들 때 모스카텔과 함께 사용된다.

모스카텔 피노(Moscatel Fino)는 블렌딩용으로 조금 쓰인다.[9]

19) 페드로 시몬(Peter Siemons : 이 품종을 독일에서 스페인으로 들여 온 사람)이라는 이름에서 명명되었다. PX라는 약칭으로 흔히 부르는 리슬링 품종.

(2) 셰리의 타입

셰리의 타입별 특성

종류	특 성
피노(Finos)[20]	드라이, 옅은 담황색, 15.5~17%의 알코올, 숙성이 덜된 어린 시기가 좋다. 쉽게 산화될 가능성이 있다. 포티피케이션(fortification)[21] 후 맑게 정제한 것.
아몬티아도 (Amontillado)	피노에서 플로어 이스트가 없어진 후 더 진한 색의 풍부하고 구수한 맛의 미디움 드라이, 헤이즐넛의 향
	팔로 코르타도(Palo Cortado)는 장기간 숙성시켜 농축된 향
만사니아(Manzanilla)	드라이, 피노(Fino) 스타일, 옅은 담황색에 가장 쓰고 톡 쏘는 맛
만사니아 파싸다 (Manzanilla Passada)	만사니아가 숙성기간을 거치며, '플로어' 이스트가 없어지면서 맛과 색이 진해진다. 아몬티아도와 유사
페드로 히메네스 (Pedro Ximnez)	같은 이름의 품종으로 만든 암갈색의 농후한 단맛으로 디저트용. 다른 셰리의 단맛을 내기 위해 블렌딩된다.
올로로소(Oloroso)	장기간 숙성으로 진한 색깔과 호두향, 주로 스위트
팔로 코르타도 (Palo Cortado)	아몬티아도에서 더 풍부한 맛과 향으로 변한 것, 색과 알코올 함유량은 올로로스와 비슷하다.
패일 크림(Pale Cream)	엷은 금빛, 피노와 아몬티아도를 블렌딩한 것.
크림 셰리 (Cream Sherry)	올로로소에 단맛을 첨가한 것, 올로로소에 따라 품질이 달라지고, 병 숙성으로 품질이 좋아진다.
브라운 셰리 (Brown Sherry)	아주 짙은 색의 풍부하고 달콤한 디저트 셰리, 보통 질 낮은 올로로소 스타일이다.
이스트 인디아 셰리 (East India Sherry)	단맛과 색을 강하게 만든 브라운 셰리 타입
모스카텔(Moscatel)	모스카텔 품종으로 만든다. 짙은 갈색의 달콤한 디저트용

(3) 셰리의 숙성

와인을 숙성시키고 저장하는 곳은 어디나 할 것 없이 다 지하에 만들어 온도와 습도를 유지시키고 있으나 셰리는 지상에 창고를 둔다. 이 창고를 보데가(Bodega)라고 하며, 지상에 만드는 것은 신선한 공기가 필요하기 때문이다.

솔레라(Solera) 시스템

셰리를 통에 넣어 1년에 한 단씩 쌓아 두는데, 이 단을 크리아데라(Criadera)라고 한다. 해가 지날수록 한 단씩 높아지게 되는데, 보통 7단 이상이 되며, 아래층일수록 오래된 것이 되고, 이것을 솔레라(Solera)라고 한다. 이렇게 오래된 밑의 단의 와인을 뽑아내면 위의 단의 내용물이 아랫단으로 한 단씩 흘러가게 만들어 두어 자연히 오래된 것과 새로운 것이 조금씩 혼합되게 만든다.

20) 피노(Finos) : 플로어(Flor)라는 이스트가 와인의 표면을 덮고 자라게 되어 와인의 산화를 방지하며, 와인의 맛과 향을 독특하게 변화시킨다. 이렇게 하기 위해서 오크통에는 90%만 채우고 10%의 여유 공간을 남겨 두어 플로르(효모의 막)가 생성되도록 한다.

21) 포티피케이션(fortification) : 발효가 끝난 뒤 알코올 도수를 끌어올리기 위해 브랜디를 첨가하는 것

따라서 셰리에는 빈티지가 있을 수 없다. 법적으로는 1/3 이상을 꺼내지 못하도록 하고 있으나 자체적으로 1/5 이하가 되도록 규제하고 있다.

(4) 셰리 생산지

헤레스 데 라 프론테라(Jerez de la Frontera)

같은 이름의 도시이름 그대로를 쓰는 셰리주의 대표적인 것으로 뜨거운 태양의 열기가 쉼 없이 땅에 내려서 생겨난 경건함과 원숙함이 넘치는 와인이다.

에밀리오 이달고(Emilio Bodegas Hidalgo)의 산타 아나(San Ana)는 헤레스의 전설적인 스위트와인으로 주문제로 한정량만이 판매되며, 팔로 코르타도(Palo Cortado)는 가문에서 자부심으로 생각하지만 애호가들은 라 파네사(La Panesa)를 손꼽기도 한다.

마르케스 델 레알(Marqués del Real)은 세계 정상급의 인상적인 테소로(Tesoro)도 내놓고 있다.

오스본(Osborne)의 팔로 코로라도(Palo Cortado)셰리는 아로마의 풍부함이 조화를 이루는 22° 의 좀처럼 보기 드문 강화와인이며, '페드로 히메네스 비에호(Viejo)' 는 아주 오래된 스위트 PX(Pedro Ximénez)에서도 스타로 꼽히는 탁월한 품질이다.

페드로 도메크(Casa Pedro Domecq), 엘 마에스트로 시에라(El Maestro Sierra)의 오래 묵힌 드라이 셰리는 침전물을 걸러내기 위해 디켄팅이 필수다.

크로프트(Croft), 하베이스(Harveys), 곤살레스 비아스(Gonzáles Byass), 길 루케(M. Gil Luque), 오스보르네(Osborne), 레이 페르난도 카스티야(Rey Fernando de Castilla), 산체스 로마테(Sánchez Romate), 산드만(Sandeman), 사보리&제임스(Savory & James), 트라디시온(Bodegas

Tradición), 발데스피노(Valdespino), 윌리엄&움베르트(Williams & Humbert) 등이 알려져 있으며, 가르베이(Garvey)는 저렴한 가격에 놀라운 품질로 깜짝 놀라게 한다.

푸에르토 데 산타 마리아(Puerto de Santa María) 구티에레스 콜로시아(Gutiérrez Colosia)와 오스본(Osborne)은 모든 스타일의 셰리를 다 갖추고 있다.

산루카르 데 바라메다(Sanlcar de Barrameda) 스페인 굴지의 주류업체인 카벨레로(Louis Caballero) 그룹 소유의 루스타우(Emilio Lustau)에서 나오는 여러 시리즈 중 만사니야 데 산루카르(Manzanilla de Sanlucar)는 '세계 100대 와인' 에 들어간다.

바르바디요(Barbadillo)의 솔레아르(Solear)와 팔로 코르타도(Palo Cortado), 델가도 줄레타(Delgado Zuleta)의 쿠오 바디스(Quo Vadis), 이달고(Bodegas Hidalgo)의 라 히타나(La Gitada), 페레스 마린(Hijos de Rainera Pérez Marin)의 라 귀타(La Guita), 페드로 로메로(Pedro Romero)의 오로라(Aurora), 산체스 아얄라(Miguel Sánchez Ayala)의 나바소스(Navazos)와 같은 강화와인들과 아르구에소(Herederos de Argüeso)에서 강화 드라이와인 종류가 여럿 나온다.

2) 안달루시아의 DO 지역

(1) 헤레스-세레스-셰리(Jerez-Xérès-Sherry)

알마세니스타(Almacenista)는 소유하고 있는 솔레라에서 셰리를 숙성시켜 대형 메이커에 판매하는 개일을 이른다. 개성이 강한 곳이 많다.

(2) 콘다도 데 우엘바(Condado de Huelva)

스페인 서남부의 포르투갈과 안달루시아 사이에 카디스(Cádiz) 만에 접하고 있다. 항구 도시 우엘바(Huelva)가 있는 우엘바 지방은 행정 구역 상으로는 안달루시아에 속하지만 와인 산업은 엑스트라마두라에 가깝다. 우엘바는 컬럼버스가 미 대륙으로 떠난 출발항이기도 하다 인근의 헤레스의 명성에 가린 그림자 같은 존재로 팔로미노 품종으로 셰리 타입의 솔레라 방식으로 만든 화이트 와인인 제네로소스(Generosos)를 헤레즈에 블렌딩용으로 보낸다.

포도밭의 90%가 화이트 품종인 살레마(Zalema)였으나 점차 다양해지고 있다.[22] 증류주에 쓰이는 와인도 생산된다.

알코올 함량에 따라 네 가지 타입으로 구분된다. 즉, 콘다도 데 우엘바(Condado de Huelva), 호벤(Condado de Huelva Joven), 그리고 팔리도(Pálido)는 15~17%, 비에호(Viejo)는 15 ~23%로 점점 올라간다.

(3) 말라가(Málaga)

모스카텔과 페드로 히메네스를 사용하여 만든 안달루시아의 전통적인 디저트 와인으로 화이트 품종만 사용된다. 포도를 건조시켜 당도를 높인 후에 발효해 알코올을 첨가하여 농도를 높이기도 하는데, 대부분 솔레라 시스템으로 숙성시킨다.

셰리 스타일의 주정 강화와인이 생산되는 헤레스 주변 지역들 가운데 가장 유명한 곳이 코스타 델 솔의 중심지 말라가(Málaga)다.

주로 모스카텔(moscatel)품종을 햇빛에 말려 발효시켜 18도 알코올로 주정 강화한 '말라가 스위트', 솔레라 시스템으로 숙성시킨 '말라가 스위트 라그리마' 등이 DO 말라가로 생산된다.

(4) 시에라스 데 말라가(Sierras de Málaga)

말라가DO는 종래의 주정 강화와인에 주어지는 DO 명칭이며, 따로 스틸와인에 주어진 비교적 새로운 DO이다.

말라가의 부티크 와이너리인 벤토미스(Bodegas Bentomiz)는 로빈슨(Jancis Robinson)을 비롯한 평론가들로부터 높은 평가를 얻으며 많은 미슐랭 레스토랑에서 서비스되고 있다.

호르게 오르도네스(Jorge Ordoñez)에서 5가지 와인에 번호를 붙여 생산하고 있다. NO.1 셀렉시온은 포도나무에 그대로 두어 농익은 포도로 만든 와인, NO.3 올드 바인즈는 건조된 포도 중 최상품을 껍질 채 만든 스위트 화이트 와인으로 당도와 산도를 같이 지니고 있다.

텔모 로드리게스(Telmo Rodríguez)의 모스카텔 몰리노 레알(Molino Real)은 꽃 내음과 과일향으로 충만한 황금색의 스위트 화이트 와인이다.

(5) 몬티야-모릴레스(Montilla-Moriles)

안달루시아의 가운데로 코르도바와 몬티야 사이의 카디스 강 남안 평원으로 남쪽으로 그라나다에까지 이른다. 히메네스(Pedro Ximénez)와 모스카텔, 발라디(baladí) 같은 화이트 품종만 허용되며 역시 솔레라 시스템 숙성만 DO에 해당된다.

타입은 피노(Finos), 아몬티야도스(Amontillados), 올로로소스(Olorosos), 페드로 히메넷스(Pedro Ximénez), 팔로스 코르타도스(Palos Cortados), 그리고 모스카텔(Moscatel)로 분류된다.

알베아르(Alvear)는 문헌상으로 1729년에 시작된 곳으로 전통과 현대 기술사이에 균형을 유지하며 칼벤테(Calvente)는 해발 600~700m의 지대에서 모스카텔의 특징을 잘 표현하고 있다.

페레스 바르케로(Pérez Barquero)는 전 제품에 걸쳐 높은 수준을 꾸준히 유지하고 있다.

---

22) Palomino Fino, Listán de Huelva, Garrido Fino, Moscatel de Alejandr a and Pedro Ximénez

12. 기타 지방

마요르카, 카나리아 제도, 마데이라 등의 도서 지역을 이른다.

1) 마요르카(Mallorca)

DO지정 지역은 비니살렘(Binissalem)으로서 모요(mollo)로 화이트 와인을, 만토 네그로(manto negro)로 레드 와인을 만든다.

아니마 네그라(Anima Negra)는 토착종인 카예, 만토 네그로, 포고네우를 사용한 농축된 드라이 레드로 거칠고 강렬하며 스파이시한 지중해 와인의 개성을 지니고 있다. 이름에 문제가 있어 그냥 AN으로 부른다.

2) 카나리아제도(Canary Islands)의 DO

(1) 아보나(Abona)

말바시아, 팔로미노 등으로 화이트 와인을 생산한다. 리스탄 블랑코(listan blanco)를 사용한 와인이 80%를 점하는 대부분 화이트 와인이 생산되며 이 외에도 허용되는 품종[23]이 정해져 있다.

(2) 엘 이에로(El Hierro)

카나리아 제도에서 가장 서쪽이자 남쪽 섬이며 가장 작기도 하다. 필록세라의 침범 때 피해를 보지 않은 지역으로 옛 품종의 원형이 살아있는 곳이다.

화이트가 우세한 지역으로 여러 화이트 품종[24]이 보인다. 말바시아, 팔로미노, 모스카텔로 화이트 와인을, 네그라몰(negramoll)로 레드와 로제 와인도 생산된다.

(3) 그란 카나리아(Gran Canaria)

몬테 렌티스칼(Monte Lentiscal)이라는 전혀 다른 성격의 지역이 별도의 DO로 있었으나 2006년 그란 카나리아로 합병되었다. 레드 와인이 우세한 지역이다.

(4) 란사로테(Lanzarote)

사용하는 품종과 와인 등이 아보나 DO와 흡사하다. 가장 동쪽에 있어 아프리카와 가까운 화산섬으

---

23) bastardo blanco, bermejuela, forastera blanca, gual, 말바시아, 모스카텔, 페드로 시메네스, 소브로, torrentes, verdello와 비하리에고(vijariego)

24) 베르하디에고(verijadiego), 알비요(albillo), bastarda, bermejuela, breval, gual, burrablanca, forastera, 리스탄(listan), 말바지아, 모스카텔, 페드로 시메네스, 토론테스, 그리고 베르데요

로 티만파야(Timanfaya) 국립공원이 유명하다. 화이트 품종이 레드보다 우세하지만 그 중에 말바시아가 발군이다.

엘 그리포(El Griffo)는 1755년 설립된 곳으로 아주 잘 익은 말바시아로 만드는 솔레라 시스템의 스위트 강화와인이다.

(5) 라 고메라(La Gomera)

고메라 포라스테라 등으로 화이트 와인을 그리고 리스탄 네그로와 네그라몰 등으로 레드를 생산한다.

(6) 라 팔마(La Palma)

부하리에고(Bujariego) 등으로 화이트 와인을, 네그라몰 등을 사용하여 레드 와인을 만든다. 엘 이에로 DO처럼 라 팔마 DO도 필록세라가 침범하지 못한 곳으로 대부분의 포도나무들이 50~100년을 상회한다. 이곳도 품종이 다양하지만 가장 많이 사용되는 것은 말바시아, 베르데요, 구알(gual)이 화이트용으로 쓰이고 네그라몰이 레드용으로 사용된다.

(7) 타코론테 아센테호(Tacoronte Acentejo)

리스탄 네그라(listán negro), 네그라몰을 주로 사용하여 만드는 레드 와인이 우세하다. 화이트는 리스탄 블랑코(listán blanco), 모스카텔, 말바시아 등을 사용한다.

(8) 바예 데 귀마르(Valle de Guimar)

구알, 말바시아, 베르데요로 화이트 와인을 만들고, 리스탄 네그라를 주로 사용한 레드 와인을 만드나 화이트 와인이 우세한 지역이다.

(9) 바예 데 라 오로타바(Valle de la Orotava)

재배하는 품종과 와인 등이 '바예 데 기마르'와 흡사하다.

(10) 이코덴 다우테 이소라(DO Ycoden Daute Isora)

드라이 화이트 와인으로 알려져 있으며 리스탄(listán) 품종이 80%를 차지한다.

제2장 포르투갈 와인

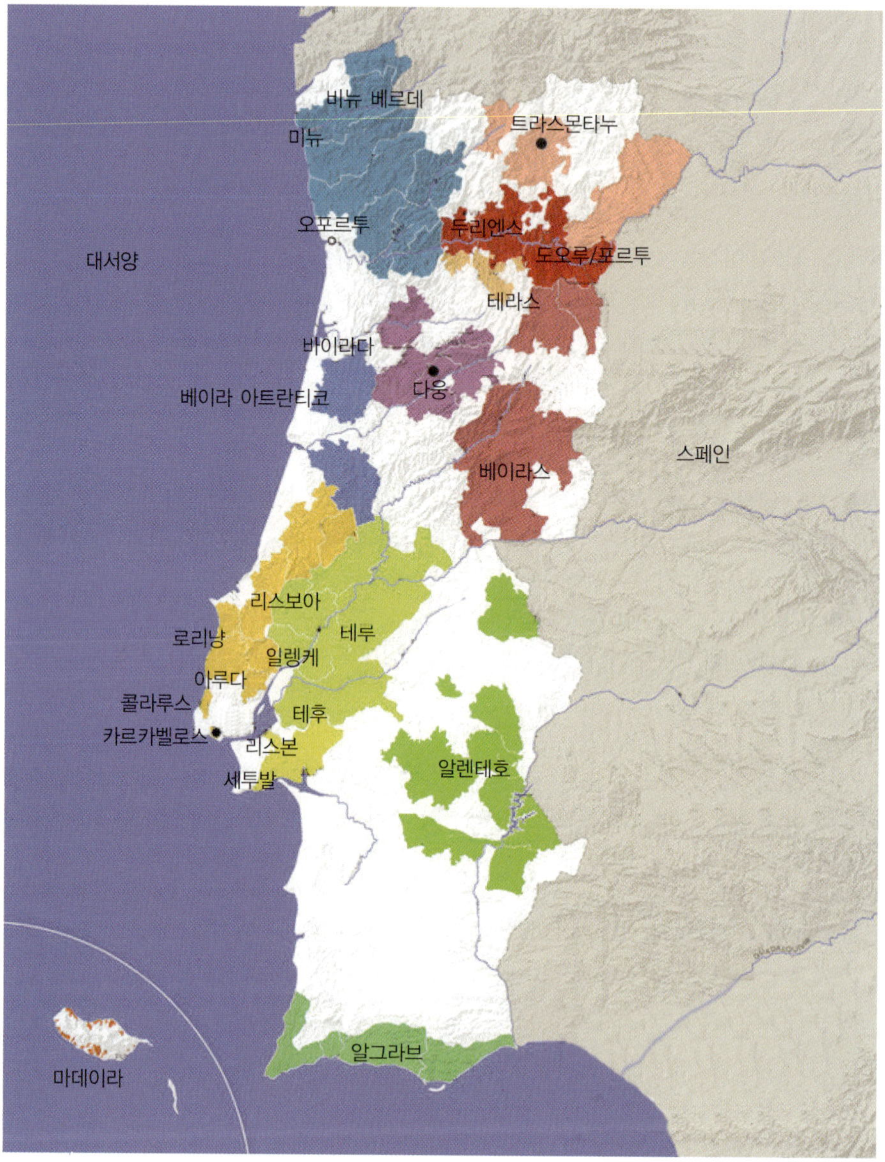

유럽의 서남단 이베리아반도의 서쪽에 위치하여 남북 925km, 동서 225km로 동과 북으로 스페인과 국경을 이루고 남과 서는 대서양로 1,118km에 면해 있다. 도우루(Douro), 차구스(Tagus), 사두(Sado), 가디아나(Guadiana)의 네 개의 강이 농작물에 혈액을 제공하고 있다.

와인산업은 활기 없는 나라로서, 훌륭한 디저트 와인인 포르투(Porto) 외에는 값이 저렴하고 손쉽게 마실 수 있는 와인생산국가로 취급되었다. 그러나 1986년 EU의 한 멤버로 가입함으로써 제도의 정비, 산지의 지정, 외국자본 도입 등으로 와인산업의 부흥에 힘을 쏟았고, 특히 1990년대 중반의 빈티지로 인해 국제적 인지를 얻기 시작하여, 속성 와인이라는 이미지와 훌륭하지 못했던 포르투갈 테이블 와인의 이미지를 불식시키고 있다.

제1절 포르투갈 와인의 이해

포르투갈 와인 용어

아제가(Adega), 퀸타(quinta)	포도주 저장 창고. 스페인에서는 보데가(Bodega).
브랑쿠(Branco), 틴투(Tinto)	White, red
클라레티(Clarete)	라이트 레드 와인
콜라이타(Colheita)	빈티지, 수확
도세(Doce)	스위트
이스푸만치(espumante)	스파클링 와인
가하페이라(Garrafeira)	셀러, 알코올 함량이 규정보다 높은 고급 와인
킨타(Quinta)	포도밭, 양조시설을 갖춘 와이너리
헤제르바(reserva)	good vintage wine
호사두(rosado)	로제 와인
세코(Seco)	드라이
베르지(verde)	young, green
비뉴 지 메자(vinho de mesa)	테이블 와인

1. 포르투갈 포도의 품종

1) 레드 와인 품종

틴타 호리스(Tinta Roriz) 스페인의 템프라니요의 포르투갈식 이름으로 그냥 호리스라고도 한다. 짙은 껍질, 높은 당도와 적절한 산도가 특성으로 더운 기후에서 잘 자란다.

틴타 바호카(Tinta Barroca) 꽃과 과일향이 보이며 낮은 산도와 부드러운 타닌으로 타닌이 강한 와인을 부드럽게 하기 위해 블렌딩 용으로 쓰인다. 와인이 빨리 숙성되는 특질이 있으며 초기 숙성의 뽀르투 와인이나 남아공에서는 강화와인으로 사용된다.

틴타 카웅(Tinta Co) 찬 기후대를 선호하는 품종으로 블렌딩하는 경우 아주 미세하고 복합적인 특질을 더해준다. 생산 방법을 재래식으로 하면 수확이 좋지 않아 경작 면적이 점차 줄어들고 있다.

토우리가 나시오날(Touriga Nacional) 포도송이가 매우 작으며 높은 타닌과 기분 좋은 산미 그리고 진한 향이 특징으로 포르투갈 품종 가운데 가장 훌륭한 것으로 꼽힌다. 더운 기후에서 성장이 좋으며 수확은 이르나 단위 생산량은 떨어진다.

그 외의 여러 품종[25]이 쓰인다.

2) 화이트 와인 품종

알바리뉴(alvarinho) 스페인의 알바리뇨(alvariño)와 같은 품종으로 포르투갈의 화이트 와인에서 가장 중요한 품종으로 미디엄에서 풀 바디의 화이트 와인을 만든다.

모스카텔(Moscatel) 주로 강화와인에 많이 쓰이며 세투발(Setúbal), 혹소(Hoxo), 갈레고(Galego)가 있다. 이 외에도 여러 토착 품종[26]이 사용된다.

2. 포르투갈 와인의 등급

포르투갈 와인의 등급은 1908년 제도로서 확립되었지만 엄격하게 적용하지 못하고 있다가 1987년 EU에 가입하면서 프랑스의 등급 제도를 응용하여 다시 제정되었다. VR(Vinho Regional)은 와인을 생산하는 주요 지방을 뜻한다.

1) DOP(Denomina ão de Origem Protegida, 드노미나씨웅 드 오리젱 프로테지다), DOC(Denomina ão de Origem Controlada)

포도를 재배하는 지역에 붙이는 이름으로 프랑스의 AOC와 동일한 개념으로 원산지 명칭 통제 와인이다. 전에는 이 DOC 지역이름을 레이블에 쓰는 것을 자랑으로 여겼으나 근래에는 포도 품종이름을 많이 사용하며, 보르도식으로 생산자 이름을 붙이기도 한다.[10]

2) IGP(Indicao Geográfica Protegida, 인디카사웅 제오그라피카 프로테지다)

2009년 8월 이전에는 비뉴 데 메자(Vinhos de Mesa)로 부르던 것으로 프랑스의 Vin de Table에 해당되는 제일 낮은 등급이다. 일반적인 테이블 와인이다.

IPR(Indicao de Proveniencia Regulamentada : 인지카상 지 프로베니엥시아 헤굴라멘타다)

없어져 더 이상 사용되지 않는 등급이며 단어이다. 예를 들어 전의 Chaes, Planalto, Mirandés, Valpaços의 네 군데 IPR 지역은 이제 Transmontano의 Trás-os-Montes DOC 하위지역으로 들어가게 되었다.

3) 비뉴 헤지오날(Vinho Regional)

포르투갈의 와인 생산을 담당하는 주요 지역으로, 메이저는 Minho, Transmontano, Du-riense, Beiras, Lisboa, Tejo, Ribatejo, Península de Setúbal, Alentejano 그리고 마이너 지역으로 Algarve, Terras Madeirenses, Açores의 12곳을 가리킨다.

25) 알리칸토 부셰(Alicante Bouschet), 알프로체이로(alfrocheiro), 바가(baga), 카스텔라웅(castelão), 트린카데이하(trincadeira. Tinta Amarela), alvarelhão, bastardo, preto, jaen, ramiscao, tinta pinheira, sousão

26) 아린투(arinto), 엔크루자다(encruzada), 페르낭 피헤스(fernão pires. maria gomes), 시히야(Siria), antão vaz, assario, avesso, azal, biscal, cerceal branca, cercial, esgana cão, gouveio, loureiro, rabigato, roupeiro, trajadura, verdelho

예전에는 포르투갈의 와인 등급 4개 중 밑에서 두 번째의 하위 등급을 나타냈으나 지금은 국토 전체 중에 와인 생산 주요 지방을 이른다.

제2절 포르투갈의 와인 생산지역

포르투갈 와인 생산 메이저 지역

지방	Vinho Regional	DAO 지역
북부	미뉴(Minho) (前 Rios do Minho)	Vinho Verde DOC(Special) Vinho Verde Alvarinho, Vinho Verde Alvarinho Espumante
	Transmontano (前 Trás-os-Montes)	Trás-os-Montes DOC : IPR(Chaves, Planalto Mirandês, Valpaços, Varosa)
	Duriense VR	Porto
		Douro DOC ; Baixo Corgo, Cima Corgo, Douro Superior
		(special) Moscatel do Douro
	Beiras VR	Dão DOC ; Alva, Besteiros, Castendo, Serra da Estrela, Silgueiros, Terras de Azurara, Terras de Senhorim), Bairrada DOC, Távora-Varosa DOC
		(special)Dão Nobre
중부	Lisboa VR	Encostas d' Aire DOC ; Alcobaça, Ourém, Alenquer, Arruda, Bucelas, Colares, Carcavelos, Óbidos, Torres Vedras
	Tejo VR (前 Ribatejo)	Tejo DOC ; Almeirim, Cartaxo, Chamusca, Coruche, Santarém, Tomar
	Península de Setúbal (前 Terras do Sado)	Palmela
		Setúbal DOC ; Moscatel de Setúbal, Setúbal Roxo
남부	Alentejano VR	Alentejo DOC ; Borba, Evora, Granja-Amareleja, Moura, Portalegre, Redondo, Reguengos, Vidigueira
		Beira Interior DOC ; Castelo Rodrigo, Cova da Beira, Pinhel

포르투갈 와인 생산 마이너 지역

지방	Vinho Regional	DAO 지역
남부	Algarve VR	Lagoa, Lagos, Portimão, Tavira
도서	Terras Madeirenses	Madeira, Madeirense
	Açores VR	

1. 북부 지방

1) 미뉴(Minho) VR

전(前)에 히요스 두 밍요(Rios do Minho)라고 부르던 곳으로 스페인과의 경계를 이루는 밍요(Minho) 강에서 이름이 연유되었다.

1143년 포르투갈이 처음 생겼을 때의 첫 왕인 알폰소(Alfonso Henriques)가 이곳의 Guimarães에 수도를 정한 이래 와인 생산과 전통 또한 오래 되었다.

미뉴의 와인 또한 질이 좋아 많은 생산자들이 DOC 이름을 사용하지 않고 미뉴라는 명칭을 레이블에 붙이기를 좋아한다.

비뉴 베르데(Vinho Verde) DOC 'Green Wine' 이란 뜻의 북서부 해안지방으로 가볍고 신선한 와인이 나온다. 다양한 와인이 생산되나 DOC 명과 같은 이름의 화이트 와인이 우세한 지역으로 포르투갈 특유의 1년짜리 미디움 드라이로 탄산거품이 가미되어 있어 가볍게 마실 수 있다. 레드 비뇨 베르드는 특히 산도가 높다는 것을 마시기 전에 명심해야 한다.

하위 지역으로 아마한트(Amarante), 아브(Ave), 바이앙(Baião), 바스투(Basto), 카바두(Cávado), 리마(Lima), 몸사옹(Monção e Melgaço), 파이바(Paiva)와 소우사(Sousa)가 있다.

알바리뉴(Alvarinho)로 만드는 비뉴 베르드 알바리뉴(Vinho Verde Alvarinho)와 스파클링인 비뉴 베르드 알바리뉴 에스푸만테(Espumante)는 'DO 스페셜' 로 특별히 포함된다.

아베레다(Aveleda)와 카살 가르차(Casal Garcia)라는 브랜드가 시중에 많이 보인다. 마테우스 로제(Mateus Ros)는 소그라페(Sogrape) 사에서 만든 로제 와인으로 고급 와인은 아니지만 약발포성으로 상쾌한 맛이 있어 세계에서 많이 팔리고 있는 로제 와인이다.

소알레이루(Auinta de Soalheiro)는 처음에는 좀처럼 문을 열지 않지만 자태를 서서히 드러내는 드라이 화이트 와인이다.

2) 북부 지방의 트란스몬타누(Transmontano) VR

포르투갈의 북동 지방으로 위로 스페인과 국경을 맞대고 아래로 포르투, 두에로 지역과의 사이에 있다. 지방 이름은 '언덕 뒤' 라는 의미로 마라우와 알바우(Marão, Alvão) 산기슭의 두에로 강 북쪽에 위치한다.

전(前)에 트라스-우스-몬트스(Trás-os-Montes)라 부르던 곳이다.

트라스-우스-몬트스(Trás-os-Montes) DOC 하위 지역으로 있는 샤브스(Chaves), 발파슈스(Valpaços) 그리고 플라날투 미란데슈(Planalto Mirandês, 전의 IPR 지역)에서 알코올 도수가 높은 드라이 레드에서 세미 스위트 화이트와 가벼운 스파클링까지 나온다. 레드는 색이 옅고 화이트는 신선하다.

3) 북부 지방의 두리엔스(Duriense) VR

포르투, 두에로가 포함되는 지방으로 포르투갈의 최상급 와인이 생산된다.

(1) 포르투(Porto) DOC

포르투갈의 북단에 위치하며, 대서양을 면한 지역으로 1756년 지정된 곳이다. 포르투갈 제2의 도시이며, 두에로(Douro)강과 대서양이 만나는 곳에 위치하고 있다. 여름은 건조하고 더우며, 겨울은 습기가 많고 온화한 편으로, '두에로 밸리' (Douro Valley)는 혹서(酷暑)와 혹한(酷寒) 지역이다.

포르투 와인은 세계적으로 인정받는 디저트 와인으로, 발효하는 과정에 77%에 달하는 브랜디를 20% 첨가하여 발효를 멈추게 해서 알코올 도수를 20도 정도로 높인 주정강화 와인이다.

백년전쟁으로 영국에서 프랑스 와인 수입이 중단되자 포르투갈 와인을 수입하기 시작했다. 1703년 메수엔 조약[27]을 통해 양국 간의 와인 무역은 전성기를 맞이하였지만 운송 중 와인이 산화되거나 변질되는 경우가 빈번히 발생하자 와인의 장기보관을 위해 와인에 브랜디를 첨가하여 알코올 도수를 높인 달콤한 포르투 와인이 만들어지게 되었다.

짙고 화사한 자두빛깔의 아름다운 색과 달콤한 맛으로 특이한 감미를 보여 주는 포르투는 단순한 식후주가 아니라 다양한 방식으로 즐길 수 있는 와인으로 겨울밤의 추위를 녹여줄 수 있고 또한 초콜릿에 가장 잘 어울려 주말 오후의 간식과 함께 칵테일로도 즐길 수 있는 다재다능한 와인이다. 포르투는 오픈 후 2~3개월 뒤에 마셔도 맛에 변함이 없으므로 냉장고에 보관해 두고 조금씩 즐기기에 더할 나위 없이 좋다.

포르투의 포도 품종

모두 토착품종들로 특히 토우리가 나시오날(touriga nacional), 틴타 바로카(Tinta barroca), 틴타 호리스(tinta roriz), 토우리가 프랑카(touriga franca)의 네 가지가 주를 이루며 그 외의 여러 품종이 쓰인다.

포르투의 종류와 특성

포르투 양조 스타일은 그 해 수확된 포도로 담는 빈티지 스타일과 숙성이 진행 중인 원액을 한데 블렌딩하는 논-빈티지(non-vintage)의 두 가지가 있다.

또한 컬러에 따라 화이트, 루비(Ruby), 토니(Tawny) 이렇게 세 가지로 구분하며 이는 곧 숙성 방법에 따른 구분이기도 하다. 여기에 단독 빈티지 여부, 빈티지와 밭의 블렌딩, 숙성 기간 등에 따라 각자의 개성을 지닌 포르투가 탄생한다.

빈티지 포르투와 에이지드 포르투의 가장 큰 차이점은 병입 후 숙성의 지속 여부이다. 빈티지 포르투는 테이블 와인과 같은 코르크 마개를 사용해 병입 후에도 계속해서 숙성이 되는 반면, 10년, 20년, 30년, 40년 숙성된 에이지드 포르투의 경우에는 병입 후 더 이상 숙성되지 않아 바로 마시거나 오랫동안 보관 후 마셔도 일정한 맛을 낸다.

숙성방법과 종류

숙성 방법		포르투 종류 및 특성	
캐스크 에이지 (cask aged Port)	통 숙성	루비 포르투(Ruby Port) 파인 루비(Fine Ruby)	논 빈티지, 레드 품종, 진한 색, 2~3년 숙성, 디저트 와인
		토니 포르투 (Tawny Port)	연한 호박색, 2~3년 숙성, 식전주, 얼음 넣어 마심
		Aged tawny. Fine Old Indicated Tawny	빈티지구분 없이 블렌딩, 10년 단위 장기숙성, 섬세함
		콜레이타(Colheita) Reserve Aged Tawny	단일 빈티지 와인, 통 숙성이 최소 7년 이상 장기 숙성

27) 메수엔 조약(Methuen Treaty) : 1703년 포르투갈이 영국 시장에 포도주를 수입 관세를 1/3로 낮추는 특혜 조건으로 수출하는 대가로 영국에 포르투갈과 그 식민지 시장에 상품을 판매할 수 있는 권리를 부여한 조약.

숙성 방법		포르투 종류 및 특성	
바틀 에이지 (bottle aged Port)	병 숙성	LVB(Late bottled vintage)	단일연도 포도 사용, 오크통 4~6년 숙성
		Traditional Late Bottled Vintage Port	좋은 빈티지 포도 사용, 오크통 4년 숙성, 여과하지 않으므로 디켄팅 필요
		빈티지 캐릭터 (Vintage character)	다른 빈티지로 블렌딩. 진한 색, 오크통 4년 숙성, 풀 바디
		싱글 퀸타(Single Quinta) 빈티지	단일 포도원의 포도로 만듦, 나무통 2년, 병 숙성 5~50년, 빈티지 표시
		가하페이라(Garrafeira Port)	특정 연도, 오크통 숙성후 유리통 20년 숙성

포르투의 타입별 특성

Wood Port	가격 $	루비 포르투	짙은 색깔, 과일향	Young, 논-빈티지 와인과 블렌딩, 저렴
		토니 포르투	연한 색깔, 섬세함	여러 빈티지와 블렌딩, 간혹 40년 이상과도 블렌딩
LBV	$$	싱글 빈티지로 만든 Wood Port, 수확후 4~6년 숙성, Vintage Port와 비슷하나 좀 가벼운 편, 병입하여 5~6년에 최적음용기로 디켄팅이 필요 없다.		
Vintage Port	$$-$$$	그 해 수확한 포도만을 사용, 나무통에서 2년 숙성, 병입하여 오랜 기간 충분한 숙성, 그레이트 빈티지는 15~30년 숙성		

자료 : Zraly, 2005: 171; Walton, 2005: 176.

시밍턴(Symington) 그룹은 고급 포르투 시장의 35%를 장악하고 있다. 콕번(Cockburn), 크로프트(Croft), 페헤이라(Ferreira), 로버트슨(Robertson), 로얄 오포토(Royal Oporto), 외에 주목받는 포르투[28]가 기라성 같이 많다.

(2) 도우루(Douro)

포르투갈의 북단, 포르투 우측의 동북부지역으로 최고의 명성을 가진 포르투 와인의 생산지로 지정되어 있다. 편암으로 뒤덮인 산악지대로 마후(Maro)와 몬체무루(Motemuro) 산맥이 계단식 포도원을 대서양의 센 바람으로부터 막아 주고 있다.

알투 도우루는 도우루 강 상류지대로 강변을 따라 펼쳐진 포도밭에서 포르투 와인이 태어난 곳으로 유네스코 세계문화유산에 지정된 곳이다. 영국의 상류층은 아기가 태어나면 포르투를 구입했다가 성년이 되거나 결혼식 때 선물로 주곤 한다.

도우루(Douro) DOC

포르투 와인으로 유명하지만 테이블와인도 포르투갈에서 가장 고급이다.

바르카 벨하(Barca Velha)는 포르투갈에서 1952년에 처음 나온 풀 바디의 특1등급 드라이 레드 와인으로 페레이라 포르투(Ferreira Port)에서 만들어 오랜 숙성이 필요하다.

크라스투(Quinta do Crasto)의 레세르바는 수령 30~40년의 포도나무에서 수확한 30여개의 토착품종으로 블렌딩한 것으로 2008년 와인 스펙테이터에서 3위에 올랐다.

28) Barros Almeida, Borges & Irmão, Burmester, Cálem, Champalimaud, Churchill, Cockburn Smithies, Dalva, Dirk Nieport, Gran Cruz, Harveys of Bristol, H & C J Feist, Hutcheson, Gould Campbell, J H Andresen, Kopke, Manoel Poças, Martinez-Gassiot, Offley Boa Vista, Osborne, Presidential, Quarles Harris, Quinta do Castelinho, Quinta da Amarela, Quinta de Teda, Rainha Santa, Real Companhia, Robello, Romariz, Rozés, Silva, Valente, Warres, Wiesee & Krohn

크리세이야(Chryseia)는 보르도 와인의 영향이 지대하지만 향은 토리가 나시오날의 고전적인 아로마를 품고 있어 누가 보아도 포르투갈 와인이다.

델라포스(Delaforce)는 포도밭을 소유하고 있지 않고 포도와 와인을 업자로부터 사서 양조하는 방법으로 포르투에서 현존하는 가장 오래된 브랜드 중 한곳이다.

두아스 퀸타스(Duas Quintas)는 1990년 샹파뉴의 루이 뢰데레 소유로 바뀌었지만 발로 포도를 밟는 중세시대 기법으로 만드는 레세르바 에스페시알(Reserva Especial)은 여전히 미래가 기대된다.

다우스 포르투(Dow' s Port)[29]는 2014 와인 스펙테이터(Wine Spectator)[30] TOP 100와인에서 '다우스 포르투(Dow' s Vintage Port) 2011' 이 99점을 받으며 1위를 차지하였다. 다우스 포르투가 1위를 차지한 것은 1997년 폰세카 포르투(Fonseca Vintage Port) 1994가 1위를 차지한 이후 포르투 와인으로는 17년만이다. 폰세카(Fonseca)는 '빈(Bin) 27' 이 유명하다.

그라함스(Graham 's)의 올드 토니는 최근 고객에게 더욱 친근하게 다가가기 위한 노력의 일환으로 보틀 모양과 포장을 싱글 몰트 위스키(Single Malt Whisky)와 유사한 스타일로 변경했으며 말베도스(Malvedos)와 빈티지 포르투 등 브랜드들이 포르투를 잘 표현하고 있다.

마테우스(Mateus)는 포르투갈의 바가, 바스타르두, 토리가 나시오날 등 다양한 레드 품종으로 만들며 드라이하지도 스위트하지도 않고, 레드도 아니고 화이트도 아니며, 독특한 맛도 없지만 밍밍하지도 않은, 알코올 함유량도 높지도 낮지도 않은, 특징이 없는 게 특징인 스파클링 오프드라이 로제 와인이다.

니에푸르트(Niepoort)는 올드 터니, 빈티지와 같은 포르투뿐 아니라 세련된 화이트 레도마(Redoma), 파워풀하고 우아한 레드인 바투타(Batuta)와 챠르메(Charme) 등의 많은 브랜드를 내놓고 있다.

퀸타 도 코토(Quinta do Côtto)는 14세기에 시작된 도우루에서 가장 오래된 와이너리 중 한곳으로 1970년부터 비강화와인을 생산하여 오히려 더 인기를 얻고 있다.

---

29) 다우스 포르투(Dow' s Port). 1798년 설립되어 스코틀랜드 출신 시밍튼(Andrew James Symington)이 1882년매입하여 현재 5대째 가업을 이어오고 있다. 전 세계 프리미엄 포트와인 시장의 30% 이상을 차지하고 있는 포트와인의 명가로 이 외에도 그라함(W. & J. Graham' s), 콕번(Cockburn' s), 와레스(Warre' s)의 포트하우스와 퀸타 두 베수비오(Quinta do Vesuvio), 알타뇨(Altano) 등 일반 와이너리도 운영하고 있다.

30) 와인 스펙테이터(Wine Spectator). 1988년부터 매년 올해의 TOP 100 와인을 발표해오고 있는 세계적으로 영향력 있는 와인전문지로, 와인전문 패널들이 모여 매년 약 2만여 가지 와인에 대한 품질(quality; based on score), 가성비(value; based on price), 생산량(availability; based on the volume of cases either made or imported) 그리고 흥미로움(excitement) 등을 객관적으로 평가하여 1위부터 100위까지 순위를 발표해 왔다.

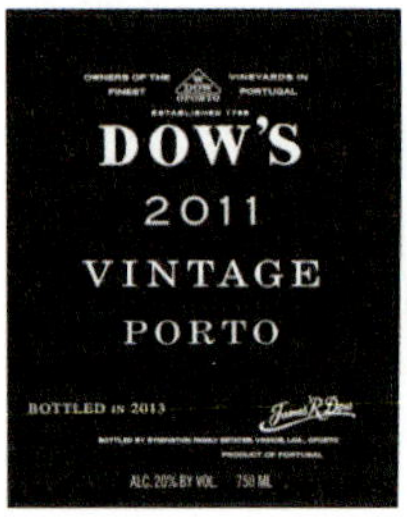

퀸타 도 발레 메야오(Quinta do Vale Meão Douro)의 토리가 나시오날로 만든 레드도 돋보이며, 퀸타 도 노발(Quinta do Noval)은 보험회사인 악사(Axa)사 소유로 최정상급 포르투를 만들며, 이곳의 나시오날(Nacional)은 '세계 100대 와인' 이다.

파나스칼(Quinta do Panascal)과 마리아(Maria), 퀸타 데 라 로사(Quinta de la Rosa), 퀸타 도 베수비오(Quinta do Vesuvio), 그리고 샌드만(Sandeman)도 눈여겨 봐 두어야 할 곳이다.

퀸타 도 포르탈(Quinta do Portal)은 혁신을 이끌었던 와이너리 중 한곳이며, 하모스 핀투(Ramos Pinto)는 뢰데레(Roederer) 샹파뉴 사 소유로 열매와 가지를 분리해 작업하므로 부드러운 타닌을 이끌어내 입안에서 느껴지는 당도가 높은 편으로 올드 토니 20은 모든 포르투 중에서 가장 우수하고 우아하다.

스미스 우드하우스(Smith-Woodhouse)는 1784년 런던 시장이었던 크리스토퍼 스미스가 설립한 곳으로 대중적인 저렴한 가격대에 맞추었지만 합리적인 가격에 품질은 높은 빈티지 포르투를 상징한다.

테일러 플래드게이트(Taylor Fladgate)의 포르투는 이국적인 느낌은 없지만 은행에 보관한 황금만큼 귀하며,[11] 와르즈(Warre' s)는 나가기만 하면 모든 상을 휩쓰는 곳으로 그럴만한 이유가 반드시 있을 것이다.

하위 지역으로 Baixo Corgo, Cima Corgo, Douro Superior가 있고, 특별 하위지역인 모스카텔 두 도우루(Moscatel do Douro)에서 스파클링 와인이 생산된다.

베네피시오(beneficio) 등급[31]

도우루에 있는 33개 양조업자가 보유한 83,000개의 포도밭에서 출하되는 포르투에 대해 점수를 매긴 것이다.

4) 북부 지방의 베이라스(Beiras) VR

도우루 강(江) 남쪽의 대서양과 스페인국경 중간에 위치하며 에스트레라(Estrêla) 산맥이 가운데를 관통하고 있다. 포도 재배면적이 2천ha에 달하는 넓은 곳이다.

31) 베네피시오 등급(The beneficio Rating System) : 1947년 결성된 카사 도우루(Casa do Douro)에서 주도하며 지리적 위치, 기후, 토양, 고도, 포도 품질, 포도나무의 수령, 생산량, 경사도, 시설과 유지 관리를 평가하여 최고 A에서 최하 F까지 등급을 매긴 것이다.

(1) 바이라다(Bairrada) DOC

대서양에 가까운 곳 해안 평야지대로 바가(Baga)로 만든 풀 바디의 레드 와인과 가볍고 신선한 화이트 와인이 나오며, 마리아 고메(maria gomes) 품종을 사용해서 샹파뉴 방식으로 만드는 스파클링 와인은 많이 수출된다.

파토(Luis Pato)는 보르도와 지역적으로 가깝기도 하고 지형적으로 비슷하기도 한 이곳에서 훌륭한 와인을 생산하면서 각각의 레이블에 여러 새를 사용하였다.

(2) 다웅(Dão) DOC

바이하다 DOC의 동쪽지역으로 다웅(Dão) 강과 몬데고(Mondego) 강이 흐르고 있어 두 강의 영향으로 여름이 온난하고 건조하여 당도가 높은 포도가 생산되므로 알코올 도수가 높은 레드 와인으로 유명하다. 색이 짙고 맛이 풍부한 주로 장기보관을 통해 질이 높아지는 수준 높은 레드 와인을 생산하고 있다. 레드 생산량이 75%로 화이트 와인도 일부 생산한다.

하위 지역으로 Alva, Besteiros, Castendo, Serra da Estrela, Silgueiros, Terras de Azurara, Terras de Senhorim이 있다. 헤제르바(reserve) 와인인 다웅 노브레(Dão Nobre)는 특별 취급을 받는다.

퀸타 도스 로케스(Quinta dos Roques)는 토리가 나시오날 품종으로 10년 이상 보관 가능한 풍만한 풀 바디 와인을 생산한다. 카사 산타르(Casa de Santar)는 주목받는 에스테이트이다.

(3) 타보라-베호자(Tãvora-Varosa) DOC

베호자(Varosa) IPR이 DOC로 승격된 곳이다. 바이하다 DOC에서 가장 북쪽의 따로 떨어진 작은 지역으로 인접한 도우루 DOC와 흡사하며 화이트 와인과 병 내 2차 발효법으로 만드는 스파클링 와인으로 잘 알려져 있다.

해발 500~800m의 고지대의 대륙성 기후로 와인의 산도와 향이 강하다.

2. 중부 지방

1) 중부 지방의 리스보아(Lisboa) VR

2009년 이전에는 에스트레마두라(Estremadura)로 불리던 곳이다. 서쪽 대서양 연안으로 비가 많고 습도가 높은 곳으로 내륙으로 들어가면 언덕과 구릉지대로 강수량이 적어진다.

포르투갈에서 와인의 생산량이 가장 많은 곳으로 주로 레드 와인이 나오며 레드 와인용의 재배 품종은 삼백 개가 넘는 정말 수많은 토착품종이 쓰이며 글로벌 품종으로는 카베르네 소비뇽과 시라가 보인다. 화이트의 주요 품종으로는 아린투(Arinto), 페르나웅(Fernão), 피헤스(Pires)와 비탈(Vital)이 사용되고 있다.

전통적으로 이 지방의 DOC 지역으로 유명한 곳은 콜라헤즈(Colares)이지만, 근래에는 알렝케(Alenquer)와 부셀라스(Bucelas)가 뜨고 있다.

(1) 알렝케(Alenquer) DOC

리스본을 향해서 만(灣)처럼 넓어지며 흐르는 타호(Tajo) 강의 좌안에 위치한다. 미디엄 바디 레드 와인과 가벼운 화이트 와인을 생산한다.

(2) 아루다(Arruda) DOC

알렝케와 부셀라스 DOC 사이에 위치하며 라이트 레드 와인을 생산한다.

(3) 부셀라스(Bucelas) DOC

포르투갈의 수도 리스본(Lisbon)에서 북쪽으로 불과 10여km 떨어진 곳으로 화이트 와인만 나오며 아린투(arinto) 품종으로 만든 와인은 레이블에 프로바 헤기아(Prova Régia)라고 표기한다.

(4) 카르카벨로스(Carcavelos) DOC

리스본에서 가까운 지역이다. 콜라헤즈 DOC와 더불어 좋은 와인이 나오는 명성이 있었으나 지금은 와인보다 리조트나 수익성이 더 나은 다른 분야에 더 관심이 많다.

색이 짙은 스위트 화이트 와인과 강화 와인을 생산한다.

(5) 콜라헤즈(Colares) DOC

리스본의 반대편 대서양을 면한 해안지대이다. 예전에는 이 지방 최고의 와인으로 유명했던 하미스코(ramisco) 품종을 최소 80% 이상 사용하는 레드 와인이 나온다. 20년 이상의 숙성이 거뜬한 타닌이 부드러운 와인이다.

(6) 잉코스타스 다이헤(Encostas d' Aire) DOC

리스보아 VR에서 가장 북쪽이다. IPR 지역이었으나 Alcoba a IPR을 합병하여 2005년 DOC로 승격되었다. 화려한 루비 빛의 가벼운 레드 와인이 나온다.

(7) 로리냐(Lourinhä) DOC

해안에 위치한 브랜디 주산지이다.

(8) 오비두스(Óbidos) DOC

1999년 IPR로 지정되었다가 2006년 DOC로 승격되었다. 레드와 화이트 와인이 나오며 특히 증류주용 화이트 와인을 생산한다.

(9) 토레스 베드라스(Torres Vedras) DOC

일반적인 테이블 와인용 벌크와인 생산지였으며 스파클링 와인도 만든다. 스페인의 유명 와인 생산자인 토레스(Miguel A. Torres)와 협력하여 다수확을 이루어내어 토레스(Torres)라고 부르던 곳이다.[12]

2) 중부 지방의 테후(Tejo) VR

2009년 전(前)에는 히바테후(Ribatejo)라 부르던 곳으로 테후(Tejo) 강 유역에 있는 포도밭으로 인해 붙여진 명칭이다. 포르투갈에서 가장 더운 지방으로 가격 대비 가장 좋은 와인이 나오는 곳이다.

테후(Tejo) DOC

포르투갈에서 생산량이 두 번째로 많은 지역으로 이탈리아에서 트레비아노, 프랑스에서 위니 블랑이라 부르는 탈리아(tália) 품종과 비탈(vital), 페흐나웅 피리스(fernão pires)를 화이트용으로 주로 쓴다.

하부 지역으로 알마이랭(Almeirim), 카르타소(Cartaxo), 샤무스카(Chamusca), 코우세(Coruche), 산타랭(Santarém), 토마르(Tomar)가 있으며, 알마이랭에 있는 카다발(Casa Cadaval Branco)은 이 지역에서 제일 좋은 레드를 만든다.

3) 중부 지방의 페닌술라 드 세투발(Península de Setúbal)

수도인 리스본에서 타호 강을 건넌 남쪽 지역으로 전에는 '테라스 두 사두(Terras do Sado)' 라고 불렀으나 2009년 지금의 이름으로 바뀌었다.

(1) 팔레마(Palmela) DOC

1999년 IPR로 지정되었다가 아라비다(Arrábida)를 합병하여 지금의 DOC로 승격된 곳이다. 전에는 세투발 DOC와 성격이 흡사했으나 지금은 드라이 레드와 테이블용 화이트 와인이 나온다.

(2) 세투발(Setúbal)

하위 지역으로 모스카텔 드 세투발(Moscatel de Setúbal)과 세투발 로소(Setúbal Roxo)가 있으며 모스카텔 스 세투발은 1907년 지정된 곳으로 모스카텔로 만든 강화와인[32)]을 생산한다. 발효 도중에 증류주를 넣어 당분이 남아있는 알코올 18%의 강화와인으로 장기간 오크통에서 숙성시킨다.

호세 마리아 다 폰세카(José Maria da Fonseca)의 알코올 18° 도인 스위트 강화와인 모스카텔 로소 세투발(Moscatel Roxo Setúbal)은 세투발 스타일의 정수를 보여준다. 포르투, 마데이라에 더하여 세투발이라는 덜 알려졌지만 또한 걸출한 강화와인을 보면 포르투갈이 가진 이러한 테루아에 대해 이미 부러움을 한참 넘었다.

3. 남부 지방

1) 알렌테하노(Alentejano) VR

포르투갈 남동쪽의 스페인과의 국경에 면한 덥고 건조한 곳이다. 전 세계 코르크의 50%가 이 지방에서 나온다.

(1) 알렌테호(Alentejo) DOC

리스본에서 남쪽으로 180km 떨어져 있는 지역으로 대규모의 기계화된 와이너리가 많은 곳이다. 원래 있던 5개의 DOC와 3개의 IPR을 1998년 통합 지정한 곳이다. 하위 지역으로 보르바(Borba), 에보하(Evora), 그한자-아마헬레자(Granja-Amareleja), 모우하(Moura), 포르탈르그에(Portalegre), 헤돈두(Redondo), 헤구엔구스(Reguengos), 비디게이하(Vidigueira)가 있으며 레이블에 각자 자기 지역의 이름을 쓸 수 있다.

카르투사(Adega da Cartuxa)의 최고의 와인은 페라-만카(Pêra-Manca)로 진하고 파워를 뿜어내는 포르투갈 남부의 컬트와인으로 가격도 만만치 않다.

코르테스 데 시마(Cortes de Cima)의 시라로 만든 인코그니토(Incógnito)는 '익명' 을 뜻하는 말로 포도나무를 처음 심을 당시 불법이었던 상황 때문이었으나 지금은 이 지방의 표준으로 컬트의 경지에 올랐다.

에스포라옹(Herdade do Esporão)은 피나그라(Finagra)사가 1973년 매입하여 100ha의 저수지가 600ha의 포도밭을 에워싸고 있는 포르투갈 최대 규모로서 현대적 시스템과 노력으로 발전하는 곳이다.

---

32) 모스카텔 드 세투발(Moscatel de Setúbal) : 강화와인. 발효가 일부 진행된 무스카텔 머스트를 알코올 도수가 높은 무색 무취의 증류주로 강화하여 만듦으로서 효모를 죽게 해 발효를 멈추어 높은 당도가 유지된다.

무사옹(Herdade do Mouchão)는 알리칸테를 주로 사용하여 레드를 생산하며, 모우로(Quinta do Mouro)는 알렌테호 지역에서 고급와인을 생산하는 개척자이다.

하모스(João Portugal Ramos)는 포르투갈 전역에 와인 컨설턴트를 해 주는 곳으로 하모스뿐 아니라 알렌데하노 DOC 와인 전부가 꽤 비싸게 팔린다.

(2) 베이라 인테리오르(Beira Interior) DOC

스페인과의 국경지대로 해발 3,000m까지 포도밭이 조성되어 신선하고 산도가 강한 화이트 와인이 유명하다. 레드, 화이트 로제도 다 나오지만 레드는 토착 품종 외에 글로벌 품종도 많이 사용되고 있으며 하위지역으로 카스텔로 호드리고(Castelo Rodrigo), 코바 다 베이하(Cova da Beira), 핀엘(Pinhel)이 있다.

2) 알가르베(Algarve) VR

포르투갈의 최남단으로 밑으로 카디스 만에 면해 있는 해안 지역으로 와인보다 해변의 비치와 감귤류가 더 유명하다. 생산량의 97%가 알코올농도가 높고 신맛이 적은 레드 와인으로 품질이 빈약한 편이다.

DOC로 라고스(Lagos), 라고아(Lagoa), 포르띠마옹(Portimo), 타비라(Tavira)가 있으며 라고아에서는 화이트 강화 와인도 생산된다.

비다 노바(Vida Nova)는 알부페이라(Albufeira)에 있는 영국의 유명한 팝 싱어인 클리프 리차드(Cliff Richard) 소유의 칸토르(Adega do Cantor)에서 생산되는 와인이다. 1993년 이 곳에 와이너리를 소유한 그는 최첨단시설과 지하 셀러를 갖추고 있다.

4. 도서 지방

1) 테라 마데이렌세즈(Terras Madeirenses)

포르투갈 본토에서 1,000km, 아프리카의 모로코 해안에서 640km 떨어진 대서양에 있는 섬으로, 1418년에 발견된 마데이라는 '삼림의 섬'(Island of Woods)이라는 뜻이며 '대서양의 진주'라고도 부른다.

1976년 특별 자치지역으로 지정하여 자연과 조화된 개발이 이루어져 수도 리스본에 이어 포르투갈에서 두 번째의 고소득을 자랑한다.

(1) 마데이라(Madeira) DOC

1908년 지정된 곳으로, 이곳의 섬 이름이자 주정강화 와인의 이름이 '마데이라'로서 셰리, 포르투와 함께 세계 3대 강화 와인이다.

포도를 으깨어 발효시킨 후 95% 정도의 브랜디를 첨가하여 알코올농도를 15~18% 정도로 맞추고 '에스투파스'(Estufas)라는 가열시설에서 숙성시킨 뒤 당밀로 만든 증류주를 첨가한다. 드라이한 와인은 에스투파스를 거치기 전에 미리 강화하여 만들고, 스위티 스타일은 나중에 강화시킨다.

마데이라의 스타일은 아홉 가지로 구분된다.

마데이라 스타일

구분	숙성	레이블의 표기 및 특성
그라네우(Granel)	벌크 와인	벌크 와인
셀렉시오나두 (Seleccionado)	3년간	Finest, Choice, Select, Three Year Old
레세르바(Reserva)	5년 이상 숙성	Old, Reserve, Five Year Old
Reserva Velha	10년 이상과 영 와인 블렌딩	Old Reserve, Special Reserve, Ten Year Old
엑스트라 레세르베 (Extra Reserve)	15년 이상과 블렌딩	오크통 숙성
솔레라(Solera)	5년 이상	솔레라 시스템
콜에이타(Colheita)	5년 이상	싱글 빈티지, 오크통 숙성, 단일 품종
Vintage Frasqueria or Garrafeira	20년 이상, 병에서 2년 이상	싱글 빈티지, 최상급
Rainwater	세미드라이, 세미스위트, 저렴한 가격, 조리용	

그라시오자(Graciosa)는 그라시오자 섬에서 생산되는 테이블 와인이다. 피코(Pico)는 피코 섬에서 생산되는 강화 와인이다. 비스코이토스(Biscoitos)는 테르체이라(Terceira) 섬에서 만드는 강화 와인이다.

사용하는 품종은 스르시알(sercial), 베르데요(verdelho), 부알(bual), 말바지아(malvasia candida)의 네 가지가 가장 중요하며, 그외 몇 품종[33]도 사용된다.

시밍턴(Symington family)은 마데이라 섬의 생산량의 25%를 점하는 곳으로 1811년에 창설한 블랜디스(Blandy's)와 블랜디스에서 부알 품종으로 만드는 부알(Bual), 1745년에 창설한 코싸트(Cossart Gordon) 그리고 1760년에 창설한 리콕(Leacock)이라는 브랜드를 가지고 있다.

바르베이토(Barbeito), 엔리케스(Henriques & Henriques), 리콕(Leacock)은 비싼 가격에도 불구하고 모두 제값을 한다.

(2) 마데이렌세(Madeirense) DOC

마데이라라고 하면 누구나 강화와인 마데이라를 떠올리는 건 당연한 일이다. 그러나 마데이라에서는 강화와인뿐 아니라 일반 와인도 생산되는데 이러한 일반 레드와 화이트 와인이 마데이렌세 DOC 명칭으로 나온다.

---

33) 테란테스(terrantez), 바스타르두(bastardo), 모스카텔 그리고 친타 네그라 몰레(tinta negra mole)

5. 아소르스(Açores) 제도 VR

9개의 화산섬으로 이루어진 대서양에 있는 포르투갈의 특별 자치구역으로 영어로는 아조레스(Azores)이다. 포르투갈 본토에서 서쪽으로 1,360km, 마데이라에서 북서쪽으로 880km인 거리에 있다.

1427년 발견되고 1439년부터 사람이 정착하기 시작하여 포도도 재배되었지만 현재에도 평범한 테이블 와인만 생산된다. 9개의 섬이 모두 화산섬으로 형성되어 있으며 그 중 피쿠(Pico) 섬이 다른 곳에서 볼 수 없는 특이한 경관과 포도밭 문화 경관이 높이 평가받아 유네스코의 세계문화유산에 등재되었다.

제3장 독일 와인

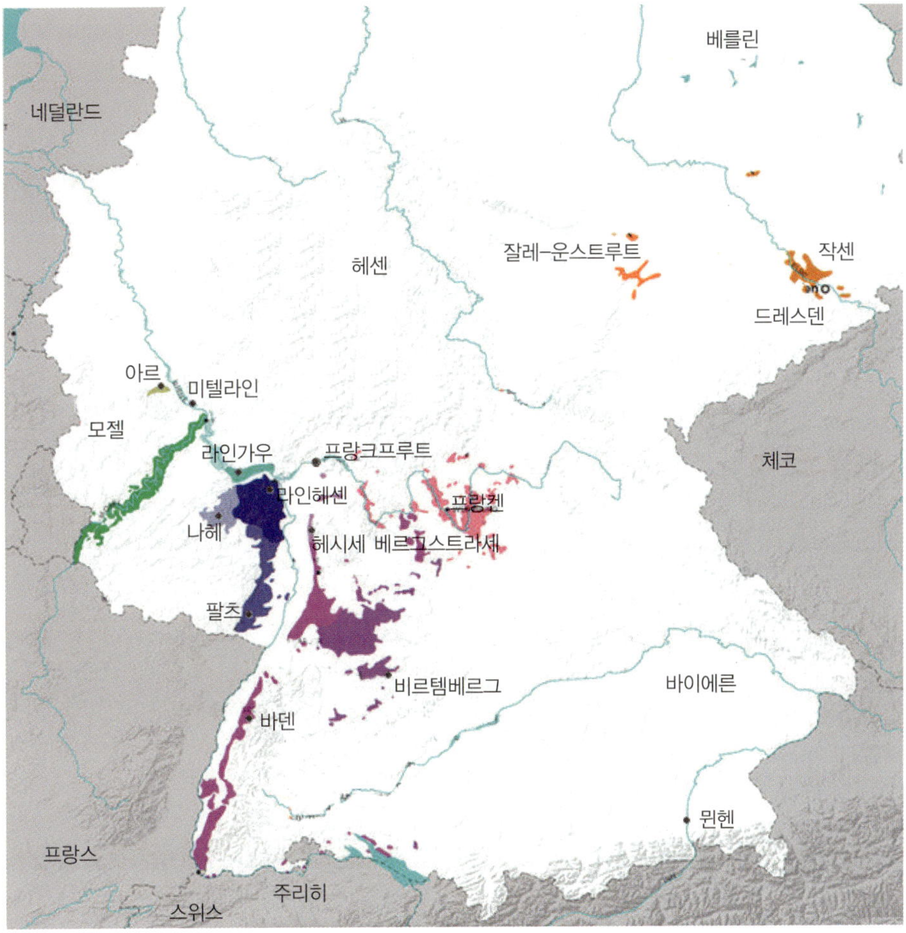

제1절 독일 와인의 특성

독일은 유럽의 와인생산국 중에서 가장 북쪽에 위치한 유럽의 주요 와인생산국 중의 하나이다. 날씨가 춥고 일조량이 적으므로 대체적으로 레드 와인용 포도재배에는 적합하지 않다. 이런 기후적 특성으로 독일 와인의 80% 이상이 화이트 와인이었지만 최근에는 레드 와인의 생산이 증가하여 60% 이하로 감소하였다.

포도 재배 때에 일조량이 부족하게 되면 당분의 함유량이 적고, 대신에 산도(酸度)가 높아진다. 이런 특성으로 인하여 독일의 화이트 와인은 알코올 함량이 7~11° 로 낮아서 대체로 가벼운 느낌을 주며 마시기에 편하다.

독일은 또한 스파클링 와인의 세계 최대생산국이며 소비국이다. 독일에서 생산되는 스파클링 와인은 젝트(Sekt)라 하는데, 프랑스의 샹파뉴와 달리 병 속에서 가스가 생성되지 않고 탱크 속에서 가스를 만들어내기 때문에 값이 비교적 싸다.

독일 와인의 주요 용어

에델포일레(edelfäule)	보트리티스 시네리아, 귀부병
그로세 게바흐스(grosse gewachs)	드라이한 최고품질의 와인. 라인 가우에서는 에레스테스 게바크스(erestes gewachs)라 한다.
구트사브퓔룽(gutsabfüllung)	농장에서 병입된 와인
야어강(Jahrgang)	빈티지
켈러(Keller)	와인 저장실, 셀러
라게(Lage)	단일 포도밭
레제(Lese)	수확
프레디카츠바인(prädikatswein)	자연당으로 과일향이 풍부한 와인
로사(Rosa), 로제바인(Roséwein)	로제, 로제와인
로트바인(Rotwein)	레드 와인
쉴로스(Schloss)	성, 큰 저택
쉬스(Süss)	스위트
쥐스레제르바(Süssreserve)[34]	발효되지 않은 포도즙
트루켄(Trocken)	드라이
바인구트(Weingut)	자가 포도밭이 있는 와이너리
바이스바인(weißwein)	화이트 와인
바인켈러라이(Weinkellerei)	와이너리
빈처(Winzer)	포도 재배자, 와인 양조자

1. 독일 와인의 포도 품종

독일의 포도 품종

와인	품종 이름	특징
화이트 와인용	Weisser Riesling	'리슬링'으로도 호칭, 방향성이 뛰어난 최고급 품종이다.
	게뷔르츠트라미너	향이 강하여 좋은 빈티지는 아주 감미로운 와인이 된다.
	뮐러-투르가우 (Mller-Thurgau)	산도가 약하고 덤덤하여 블렌딩용으로 많이 쓰인다. 독일 제2위의 재배면적으로 풍미가 상쾌하다.
	케르너(Kerner)	신선한 맛이 특징. 당도가 높아 따로 보충하지 않는다.
	질바너(Silvaner)	뉴트럴한 성격, 조숙성(早熟性) 품종, 가볍고 부드럽다.
	쇼이레베(Scheureber)	향이 강하여 고급 와인용으로 수요가 증가하고 있다.

34) 쉬스레제르바(Süssreserve). 같은 포도원의 같은 품종으로 같은 당도의 미발효 포도즙 중에서 일정량을 따로 보관한 것. 발효된 와인에 첨가하여 당도를 높이는 데 쓰인다.
좋은 품질의 와인은 이 방식을 쓰지 않고 발효를 중비시키는 방식으로 당도를 유지한다.

와인	품종 이름	특징
화이트 와인용	룰랜더(Rulnder)	Graubrugunder. 바디가 있는 와인생산. 귀부균 포도로도 된다.
	Späptburgunder	프랑스 피노 누아와 동일품종, 깊은 맛의 와인을 생산한다.
레드 와인용	Portugieser	일반적으로 가볍고 마시기 쉬운 테이블 와인, 산도가 낮다.
	도른펠더(Dornfelder)	색이 진한 신선한 와인, 극히 일부에서 재배한다.
	렘버거(Lemberger)	Blaufränkisch. 과일향과 타닌이 풍부하다.

자료 : Hiroko Noda, 2006: 121.[13]

2. 독일 와인의 품질

1) 독일 와인의 레이블

재배 지역명이 크게 표시되며 품종과 등급은 반드시 표시한다.

① 포도 생산지역 ② 빈티지
③ 포도의 재배자 또는 와인생산업자 ④ 포도의 품종
⑤ 등급 ⑥ 와인의 타입[35)]
⑦ 공식 품질 관리번호[36)]
⑧ 에르제우게라프풀룽(Erzeugerabfullung)은 재배자나 재배자 조합이 와인의 품질을 보증한다는 뜻이다.[14]

2) 독일 와인의 품질 분류

독일은 지역(포도밭)으로 등급을 정하지 않고 수확시의 포도의 숙성도(당도)에 따라 등급을 매긴다. 와인의 품질을 관리하기 위하여 19세기부터 규정을 만들었고 1971년 7월 19일 와인법이 제정되었다.

독일 와인의 분류

분 류		특 징
란트바인(Landwein)		지정된 지역에서 생산된 포도 85% 이상
쿠발리테츠바인 (QbA ; Qualitätswein bestimmter Anbaugebiete)		특정 지역에서 생산되는 고급 와인. 생산지명, 공인검사번호(A.P.Nr), 병입자, 주소, 용량, QbA표시, 알코올 7° 이상
프레디카츠바인 (Prädikatswein)	카비네트(Kabinett)	대중적인 것으로 약간 스위트
	슈페트레제(Spätlese)	늦은(late) 수확(harvest)
	아우스레제(Auslese)	늦 수확 중 선별한 포도송이로 양조
	베렌아우스레제(Beerenauslese)	select berry harvest, 당도 높은 스위트 디저트용 와인
	아이스바인(Eiswein)	frozen on the vine
	트로켄베렌아우스레제 (Trockenbeerenauslese)	select dry berry harvet 풍부한 향, 진한 맛의 최고의 와인

35) 트로켄(Trocken)은 Dry와 같은 의미로 단맛이 없는 것을 나타내는 용어. 할프투로켄(Halbtrocken)은 아주 적은 단맛이 감지될 때 사용한다.
36) 타펠바인과 란트바인에는 붙이지 않는다.

(1) 도이처바인(Deutsch Wein)

지리적 표시(재배지)가 없는 와인이다. 평범한 식탁용 와인으로 알코올 함유량이 보통 5% 내외이며 독일에서 생산된 포도를 사용하여 만든다. 프랑스의 뱅 드 따블에 해당되는 테이블 와인과 동일하다.

(2) 란트바인(landwein)

지리적 표시 와인으로 타펠바인보다 알코올 함유량이 약간 높은 최소 7% 이상이다. 평범한 타펠바인보다 수확할 때 더 성숙해 있으므로 더 높은 알코올 도수와 개성을 가진 테이블와인이다. 발효 전에 설탕을 첨가할 수 있지만 농축 포도액은 첨가하지 못한다.

(3) 쿠발리테츠바인(QbA : Qualitätswein bestimmter Anbaugebiete)

특정지역에서 생산된 고급와인으로 13개의 재배지역이 지정되어 지역의 특성을 가장 잘 표현하면서 그 지역에서 지정된 포도 품종으로 양조된 것이다. 품종이나 수확연도를 표시할 때에는 그 함유량이 85% 이상 되어야 한다.

레이블의 의무 기재사항은 생산지 명, 공인 검사번호(A.P.Nr), 병입자, 주소, 용량과 QbA 문구이다. 독일 와인의 가장 많은 양이 이에 속하며 일상생활에서 편히 마실 수 있는 와인으로 가볍고 상쾌하며 풍미가 있다.

(4) 프레디카츠바인(Prädikatswein)

2006년 이전에는 쿠엠페(QmP ; Qualitätswein mit Prädikat)라고 부르던 것으로 특징있는 고급와인이라는 뜻의 최고급 등급 와인이다. 허용된 품종을 사용하여 13개 재배지역 중의 하위지역에서 생산되며 이는 레이블에 표기해야 한다.

카비네트(Kabinett) 대중적인 것으로 약간 스위트하다. 정상적인 수확기에 딴 잘 익은 포도로 만든 가벼운 와인으로 독일 고급 와인의 시작이다. 아페리티프로 좋지만 테이블 와인으로도 쓰인다.

슈페트레제(Spätlese) 늦은(late) 수확(harvest)을 의미한다. 정상적인 수확보다 1~2주 정도 늦게 거두어 햇볕을 더 많이 받은 포도로 만든 우수한 품질의 와인이다. 바디가 더 무겁고 풍미 또한 더 깊어 맛과 농도가 진하다.

아우스레제(Auslese) 선택된(select harvest)이라는 뜻으로 잘 성숙된 포도를 특별히 선별하여 만든 것이다. 스페트레제가 수확시기만 늦추어 선별한 포도로 만든 것이지만 아우스레제는 늦게 수확한 포도 중 잘 익은 포도송이만 골라 따서 만든 것이다. 품위있는 와인으로 향취와 맛이 강렬하다.

베렌아우스레제(Beerenauslese) 과실(beeren) 따기(lese)라는 이름으로 포도송이 중 과숙하여 포도 알이 쭈글쭈글해 진 것만을 골라 일일이 하나씩 딴 포도(select berry harvest)로 만든 것이다.

이 등급부터는 스위트 와인이라고 불리우며 당도가 아주 높다. 최고 품질의 원숙미와 진한 맛을 가진 디저트용 와인으로 대체로 10년에 두세 번 밖에 생산되지 않는다.

아이스바인(Eiswein) 베렌아우스레제와 같은 과숙한 포도를 12월~1월 사이에 포도밭에서 얼은 상태의 포도송이(frozen on the vine)를 보통 영하 8도 정도에서 수확한 뒤 해동시키지 않고 착즙하여 만든 와인이다. 포도에 있는 산미와 감미가 농축된 고급품으로 대단히 독특한 와인이다.

트로켄베렌아우스레제(Trockenbeerenauslese) 흔히 TBA로 줄여 부르는 1921년 모젤 지역에서 처음 만들어진 것이다. 건조시킨 건포도 같은 포도송이에서 한 알 씩 골라 따서(select dry berry harvet) 만든 와인이다. 향이 풍부하고 꿀과 같은 진한 맛이 있는 최고의 와인으로 가격 또한 비싸다.

아이스 와인(Ice Wine)

차갑게 준비해서 마시는 아이스 와인은 농축된 향기로움과 달콤한 맛이 디저트 와인으로 인기 있다.

아이스 와인은 포도의 수확시기를 훨씬 넘겨 아예 눈이 덮일 때까지 두었다가 수확하는데 이를 냉동적출(cryoextraction)이라 한다. 자연적으로 어는 과정을 거치므로 일반 포도보다 2~3배의 높은 당도의 포도로 만들어진다. 영하 10~13℃의 날씨가 3일 이상 지속될 때 자연 상태의 포도를 손으로 수확한 후 짜야 당도와 품질이 좋은 제품이 생산된다. 영하의 날씨에 포도 알 내에 있는 수분은 어나 내부의 농축된 당분 주스는 얼지 않고 그대로 남아 있어 더욱 달콤한 포도가 된다.

대부분의 아이스 와인은 리슬링 품종으로 만들어진다.

제2절 독일 와인의 생산지

독일 와인 생산지

생산지명	하부 지역(Bereich)	특징
Ahr	Walporzheim	레드 80%
Baden	Badische, Bodensee, Breisgau, Kaiserstuhl, Kraichgau, Markgräflerland, Ortenau, Tauberfranken, Tuniberg	화이트 80%
Franconia	Maindreieck, Mainviereck, Steigerwald	맥주 고장
Hessische Bergstraße	Starkenburg, Umstadt	리슬링 60%
Mittelrhein	Loreley, Siebengebirge	화이트 94%
Mosel	Bernkastel, Burg Cochem, Moseltor, Obermosel, Ruwertal, Saar	리슬링 80%
Nahe	Nahetal	리슬링 90%
Palatinate (or Pfalz)	Mittelhaardt-Deutsche Weinstraß, Südliche Weinstraß	풀바디, 화이트
Rheingau	Johannisberg	리슬링 82%
Rheinhessen	Bingen, Nierstein, Wonnegau	단순한 와인
Saale-Unstrut	Schlossneuenburg, Thüringen	동북쪽
Saxony	Dresden, Elstertal, Meissen	단순 와인
Württemberg	Bayerischer Bodensee, Kocher-Jagst-Tauber, Oberer Neckar, Remstal-Stuttgart, Württembergisch Bodensee, Württembergisch Unterland	단순 레드

1. 아르(Ahr)

본(Bonn)의 10km 남쪽, 모젤 지역 위의 아르(Ahr) 강과 에이펠(Eifel) 산 사이에 위치한다. 북쪽에 위치하고 있지만 '아르 밸리'(Ahr Valley)는 호헤 에이펠(Hohe Eifel)에 둘러싸여 보호받음으로써 온도가 유지되는 것이 포도성장에 아주 유익하다.

놀랍게도 이곳은 레드 와인품종 일색으로 전체 와인생산량 중 레드 와인이 차지하는 비중이 80% 이상이며,[15] 독일의 가장 고급 와인이 나온다. 재배 품종은 스패트브루군더(spätburgunder)[37)]가 55%, 리슬링이 9% 정도이다.

도이체호프 크로스만 헬레(Weingut Deutzerhof-Crossmann-Hehle, Mayschoß), 메이어 내켈(Weingut Meyer Näkel)의 와인은 품질로 정평이 나 있다.

2. 바덴(Baden)

북쪽의 프랑켄(Franken)으로부터 약 400km 떨어진 독일에서 가장 남쪽에 위치한 와인생산지역이다. 독일의 다른 지역들과 비교하여 따스한 햇볕과 온화한 기후를 가지고 있는데 삼림과 오덴발드(Odenwald) 산맥으로 둘러싸여 있기 때문이라 할 수 있다.

라인 강의 우안에 라인 강을 따라 있는 이곳은 포도밭의 80%가 화이트, 나머지 20%가 레드 품종으로 뮐러 투르가우, 스패트브루군더가 각 30% 정도이다.

헤게르(Weingut Dr. Heger)와 베르체르(Weingut Bercher)외 몇 군데[38)]가 최상급의 와인을 만든다.

3. 프랑켄(Franken)

독일포도원들 중 가장 북동쪽으로 마인(Main) 강의 양안에 위치하며 가장 대륙적 기후의 특징을 가지고 있다. 건조하고 더운 여름, 겨울의 매서운 추위가 경작에 영향을 끼친다.

와인보다는 맥주의 고장으로 이름이 나 있다. "프랑켄에 가면 비르츠부르그 스타인(Würzburger Stein) 한 잔 마시느니 맥주 한 잔 마시는 것이 낫다"라는 말도 있다. 실바너(Silvaner)의 고향이다.

비르츠부르그 스타인(Juliusspital Würzburger Stein)은 프랑켄에서 가장 유명한 와인이며, 사우어(Horst Sauer)는 에센도르퍼 룸퍼(Escherndorfer Lump)에서 실바너로 세계 정상급의 스위트와인인 트로켄베렌아우스레제를 만든다.

루돌프 피르스트(Weingut Rudolf Frst), 율리우스피탈(Juliusspital), 슈미터 킨더(Schmitt's Kinder), 한스 비르스칭(Weingut Hans Wirsching)이 알려져 있다.

4. 헤시세 베르그스트라세(Hessische Bergstraße)

독일 동부의 작센과 잘레 운스트루트 다음으로 작은 곳으로 프랑크프루트와 하이델베르그 사이에 위치한다. 옛날 로마시대의 산악도로(Mountain Road)의 북부와 일치하는 지역으로 고대의 무역통로였다. 로마인들이 중세기간 동안 이 지역으로 포도재배법을 전수하여 개발하고 퍼뜨렸다. 따라서 이

37) 스패트브루군더(spätburgunder) : 블라우브루군더(blauburgunder)이라고도 하는 피노 누아를 독일이나 오스트리아에서 이르는 말이다.
38) Weingut Bernhard Huber, Weingut Karl H Johner, Weingut Andreas Laible, Weingut Salwey

지역의 포도원의 역사는 그만큼 오래 된 것이다. 리슬링이 56%, 뮐러 투르가우가 12% 정도 재배된다.

스타츠바인구트(Sttatsweingut Bergstrasse)의 와인은 1990년대 후반에 아주 좋았으며, 빈체르에그(Bergstraßer Winzer Eg)는 530여 와이너리들의 협동조합이다. 그 외 몇 와이너리를 제하면 취미 수준의 에스테이트들로 이곳의 와인들은 관광객이나 지역에서 거의 다 소비된다.

5. 모젤(Mosel)

모젤 강 유역에 구비치는 강줄기의 양안에 펼쳐 있는 독일을 대표하는 와인산지로 모젤강을 따라 코브렌츠(Koblenz)에서부터 남쪽의 프랑스 국경까지 연해 있다.

화이트 와인을 99% 생산하는 지역으로 이 지역의 와인은 대체로 가벼우며 알코올 도수는 10도를 넘지 않는다. 와인의 성질은 섬세하고 신선하여 매력적이다. 사용하는 포도의 품종은 리슬링을 55%, 뮐러 투르가우가 20% 정도이다.

독일의 다른 지역들에서는 갈색 병을 사용하는 데 반하여, 이곳은 그린색 병을 사용하여 한 눈에 식별이 가능하다. 하부 지역으로 Bernkastel, Burg Cochem, Moseltor, Obermosel, Ruwertal, Saar가 있다.

에곤 밀러(Weingut Egon Müller)의 샤르츠호프베르거(Scharzhofberger)는 세계 100대 와인으로 황홀한 농축미와 세련미를 동시에 뽐내는 거부할 수 없는 매력을 지닌 트로켄베렌아우스레제이다. 크리스토펠(Joh. Jos. Christoffel)은 독일보다 미국에서 더 명성이 있다.

탄니시(Dr. H. Thanisch)는 1360년 대주교가 이 마을을 방문했을 때 갑자기 병에 걸려 위험했으나 이 와인을 마시고 나아 닥터라는 명칭을 붙이게 했으며, 프륌(Weingut Prüm)[39]은 독일에서 가장 전설적인 곳으로 명성에 걸맞는 와인을 만들며, 프리츠 하그(Weingut Fritz Haag)는 문서상으로도 1605년부터 있었던 곳으로 리슬링으로만 만드는 '위대한 와인'이며, 포르스트마이스터 칠리켄(Weingut Forstmeister Zilliken)은 모젤 와인의 섬세함과 우아함을 보인다.

셀바흐 오스터(Weingut Selbach-Oster)의 리슬링 와인들은 '위대한 와인'에 올랐으며, 카르트호이저호프(Weingut Karthäuserhof)도 그에 못지않는 정상급 와인이다.

빌리 섀프(Weingut Willi Schaefer)의 매혹적인 와인들은 환상적인 즐거움을 주는 에피큐러스(Epicurus)[40] 추종자들을 위한 와인이다.

39) 요한 요제프 프륌(Weingut Johann Josef Prüm) : 아우스레제의 뛰어난 일부 빈티지에는 골드 캡(Gold Cap)이라 하며 금색 포일 캡을 씌운다. 진한 스타일은 롱 골드 캡(Long Gold Cap)으로 수집가들의 타겟이다.

40) 에피큐러스(Epicurus) : B.C 340~270, 영혼불멸이나 초자연적인 힘은 없으므로 내세란 실제하지 않는 것이고 현세만 있다고 주장. 인간의 행복은 최대한의 쾌락과 고통의 회피에 있다.

슈베르트(Gutsverwaltung von Schubert), 루젠(Weingut Dr. Loosen)은 모젤 와인에서 빼놓을 수 없는 곳이며, 프리츠 짐머(Fritz Zimmer)는 리슬링 전문 브랜드로 자연스러운 산도가 복합적으로 잘 표현되어 더운 여름에 즐기기에 좋다.

막스 페르트, 리히터(Weingut Max Ferd. Richter)는 불과 1ha밖에 안되는 아주 작은 밭에서 모젤 지역 최고의 아이스와인을 생산하고 있다.

막시민 그륀하우저(Von Schubert Maximin Grünhäuser)와 클레멘스 부쉬(Weingut Clemens Busch), 그란스 파시안(Grans-Fassian), 하이만-뢰벤슈타인(Heymann-Löwenstein)을 비롯한 리딩 이스테이트들[41]과 좋은 와이너리들이 많다.

라이히스그라프 폰 케셀슈타트(Reichsgraf von Kesselstatt)는 60도에 가까운 남향의 급경사면에 자리잡고 독일에서 처음으로 아우스브루흐(보트리티스) 포도로 스위트 화이트를 만든 곳이다.

6. 미텔라인(Mittelrhein)

본(Bonn)과 빙겐(Bingen) 사이에 라인(Rhine) 강을 따라 160km에 걸쳐 길게 늘어서 있다. 로렐라이(Loreley)와 니베룽(Nibelungs) 등과 같은 전설의 고장으로 시인, 작가, 예술가들이 영감을 얻는 곳이기도 하다.

햇볕을 더 많이 받고 바람을 피하기 위해 라인 강변 양안의 남쪽을 향한 경사지에 포도밭들이 자리 잡고 있다. 화이트 와인의 생산이 94%를 점하는 곳으로 주품종은 리슬링을 80% 이상 사용한다. 토니 요스트-한넨호프(Weingut Toni Jost-Hahnenhof)의 와인이 가장 돋보인다.

7. 나헤(Nahe)

미텔라인(Mittelrhein)으로부터 옆으로 번져 나와 나헤(Nahe) 강의 여기저기에 산재해 있는 모습이다. 서리가 끼지 않고 강우량이 적당한 따뜻하고 온화한 기후이다.

품질 면에서 따진다면 독일에서 빼놓을 수 없는 곳이며 독일뿐 아니라 '세상에서 가장 좋은 화이트 와인생산지 중의 한 곳' 으로 리슬링을 사용한 화이트 와인을 90% 이상 생산하는 지역이다.

41) 바인구트 폰 회벨(Weingut von Hövel), Alfred Merkelbach, Carl Schmitt-Wagner, Le Gallais, Christoffel Erben, Erinhold Haart, Freiherr von Heddesdorff, Karlsmühle, Molitor, Johann S.A. Prüm, Sankt Urbans, 슐로스 리저(Schloss Lieser), 반 폴크셈(Van Volxem), 폴렌바이더(Vollenweider)

헤르만 된호프(Weingut Hermann Dönnhoff)가 단연 발군으로 시장에서 구하기 어려운 '위대한 와인'이다. 엠리크-쇤레버(Weingut Emrich-Schönleber)는 특히 아이스 와인이 완벽하되 과하지 않다는 평이며, 슈로스구트 디엘(Schlossgut Diel)도 좋다.

8. 팔츠(Pfalz)

라인헤센(Rheinhessen)에서 프랑스의 알자스까지 80km에 걸쳐 있는 독일에서 두 번째로 큰 와인 생산지역이다. 동쪽으로는 라인 강이 경계선이고 왼쪽으로는 하르트(Haardt) 산맥으로 폭은 7km인 좁고 긴 곳이다. 독일에서 와인 만들기에 가장 햇볕이 많고 가장 건조한 지역이다. 따뜻한 기후 덕으로 풀 바디의 화이트 와인과 좋은 레드 와인도 나온다.

재배 품종은 뮐러-투르가우, 리슬링, 실바네르, 케르네르가 있지만, 좋은 품질의 와인을 만드는데에는 재배량은 얼마 되지 않지만 소이레베(Scheurebe), 블라우브루군더(Blauburgunder : 피노 누아)가 중요하다. 하부 지역으로 Mittelhaardt-Deutsche Weinstraß, Südliche Weinstraß가 있다.

뮐러 카투아어(Weingut Müller-Catoir)는 1744년 문을 연 이래 현 소유주의 모친에 이르기까지 약 100년 동안 여성이 경영한 독특한 이력으로 모든 와인들이 매우 감미로운 '위대한 와인'이며 TBA 1990빈티지는 파커가 100점 만점으로 평가한 최초의 독일 와인이다.

바세르만-요르단(Dr. von Bassermann-Jordan)은 200여년의 역사를 가진 최상급 와이너리이며, 라이히스트라트 폰 불(Reichsrat Von Buhl)은 독일 수상 비스마르크(1815~1898)가 가장 좋아하는 와인으로 꼽았고, 엘리자베스 영국여왕의 모후가 2000년의 100번째 생일을 기념하여 즐긴 와인이다.

쾰러 루프레흐트(Koehler-Ruprecht)의 R시리즈는 출하되기도 전에 전량 예매되는 인기로 독일의 컬트와인으로 이름 높으며 그 외 여럿[42]이 유명하다.

9. 라인가우(Rheingau)

라인강의 북쪽 둑에 면하고 있으며, 빙겐(Bingen)과 마인츠(Mainz) 사이에 위치하고 있다. 길이가 36km 밖에 되지 않는 아담한 지역이다. 작은 곳이지만 모젤 지역과 함께 독일의 양대 와인산지로 손꼽히는 곳으로 최고급 와인을 생산하고 있는 지역이다.

리슬링 품종을 80% 이상 재배하며, 값이 가장 비싼 와인도 이 지역에서 나온다. 전통적으로 베렌아우스레제와 트로켄베렌아우스레제도 이곳에서 생산되는데, 품질 면에서 독일 와인의 대표급 와인이다. 아이스 와인도 유명하다.

가늘고 날씬한 리슬링 와인이라도 모젤에서 나는 리슬링은 초록색 병이고 라인가우의 리슬링은 갈색 병에 담아 구별하고 있다. 로베르트 바일(Weingut Robert Weil)은 19세기에 유럽에서 가장 비싼 와인 중 하나였으며 현재에도 '위대한 와인' 리스트에서 이름이 빠지지 않는 눈부신 황금색의 여운 또한 긴 와인이다.

42) 뷔르클린-볼프(Dr. Bürklin-Wolf), 크리스트만(Christman), 요세프 비퍼(Josef Biffer), 테오 밍게스(Theo Minges), 유겐 뮐러(Eugen Müller), 린겐펠더(Lingenfelder), 렙홀츠(Rebholz), Kurt Darting

발타사 레스(Balthasar Ress)의 모노폴 리슬링이 2013년 삼성전자의 '신경영 20주년 기념만찬' 에 올라 화제가 되기도 했다. 요하니스버그(Schloß Johannisberg)에서 나오는 리슬링 아이스바인(Riesling Eiswein)은 장기 숙성 타입의 전형적 라인가우 와인이다.

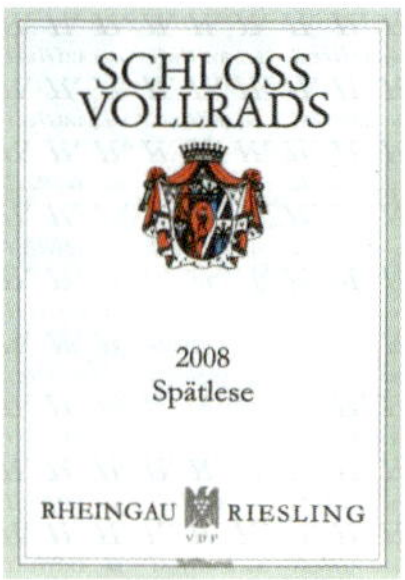

켄더만(Reh Kendermann)의 블랙 타워는 독일 와인 중 단일 브랜드의 수출 1위이며, 에버바흐(Kloster Eberbach)는 영화 '장미의 이름[43]' 의 배경이 된 고색창연한 곳이다. 슐로쓰 볼라츠(Schloß Vollrads)[44]는 세계에서 가장 오래된 와이너리로 리슬링만 재배하는 이곳의 리슬링 스패트레제는 드라이한 맛의 전형이다. 게오르그 브로이어(Weingut Georg Breuer)는 이 지역의 리딩 에스테이트이며, 그 외 좋은 곳[45]이 많다.[16]

★ 트로켄베렌아우스레제(Trockenbeernauslese)

세상에서 보석에 비유할 수 있는 와인이 있다면 이 와인은 틀림없이 그 중 하나일 것이다. 트로켄베렌아우스레제를 마신 것은 단 한번뿐이어서 그 색과 향과 맛이 정확하게 기억은 아니다. 하지만 그 기억은 절대 화농하지 않았다. 글라스에 따를 때의 느낌까지 기억하고 있다. 이상한 색의 와인이라고 생각했다. 그런 색을 그 때까지 나는 본 적이 없었다. 내 혀의 어딘가에 그 와인이 남아있다. 그것은 절대 사라지지 않을 것이다. 단지 나는 그 한 번의 경험으로 절대적인 것에 접촉해 버린 것이다.

우리는 죽음의 세계를 몰라. 그래서 대신 죽음의 감미로움을 상상해 보는 거야. 이 와인은 그런 맛이 나. 죽음의 세계 맛이.[17]

자료 : 권남희 역, 1999: 175~195.

10. 라인헤센(Rheinhessen)

빙겐(Bingen)과 마인츠(Maintz) 및 보름스(Worms)의 세 도시에 둘러싸여 있으며, '라인가우' 의 바로 남쪽에 붙어 있다. 기후가 비교적 온난하며 독일 최대의 재배 면적을 가진 곳으로 매일 마실 수 있는 단순한 와인을 많이 생산하고 있다. 재배하는 품종은 뮐러 투르가우가 22%, 실바너가 13%, 리슬링을 9% 정도 경작한다.

리브프라우밀히(Liebfraumilch)는 '성모의 젖' 이라는 이름이 붙어 있는 와인으로 독일 수출 와인

43) 장미의 이름. 움베르트 에코의 소설, 장 자크 아노 감독의 1986년 영화

44) 슐로쓰 볼라츠(Schloß Vollrads)는 1211년에 문을 열었다는 기록이 있으며 와이너리의 상징인 캐슬타워는 14세기에 지어진 독일에서 가장 오래된 석조건물이다. 독일 와인법에서 예외적으로 와인밭과 와인 이름을 같이 사용할 수 있도록 허가된 와이너리 중 하나이며 병목부터 레이블이 붙은 몸통 위까지 일자로 뻗은 음각 줄무늬모양의 짙은 에메랄드 색 병을 사용하고 있다.

45) 프란츠 퀸스틀러(Franz Küntsler), 스타츠바인구터 크로스터 에버바크 야스만스헤우저(Staatweingut Kloster Eberbach Aaamannshä user), Alexander Freimuth, August Eser, Josef Leiz, Peter Jakob Kühn, Grimm, Gutsverwaltung Geheimarat, Schloß Reinhartshausen, Gutsverwaltung Geheimrat J W Wegeler Erben

의 상당 부분을 차지하며 라인헤센과 팔츠에서 90% 이상을 생산한다. 독일 와인의 이미지 그대로 스위티하다. 리브프라우밀히는 와이너리나 어느 한 지역이름이 아닌, 라인헤센에서 생산되는 포도의 이름을 뜻하는 것으로, 따라서 블렌딩 와인의 뜻이기도 하다.

블루 넌(Blue Nun)은 어떤 음식이라도 잘 어울리지만 그냥 마셔도 훌륭한 와인이다.

켈러(Weingut Keller) 외에 군더로흐(Weingut Gunderloch), 프라이헤르 하일(Weingut Freiherr Heyl zu Herrnsheim)이 리딩 에스테이트이며, 스트러브(J & HA Strub), 브뤼더 독토어 베케어(Brüder Dr.Becker), 비트만(Wittmann)도 알려져 있다.

11. 잘레-운스트루트, 작센(Saale-Unstrut, Sachsen)

베를린과 프랑켄 사이에 있는 가장 북쪽에 위치한 곳이다. 잘레(Saale)와 운스투르트는 유럽에서 가장 북쪽에 위치한 와인 생산지로 라이프치히(Leipzig)의 좌측 지역이다.

뮐러 투르가우, 실바너, 바이스부르군더가 주 품종이며, 좋은 와인은 리슬링과 트라미너로 만드나 경작지의 고작 3%밖에 되지 않는다.

프레이버그(Freyburg-Unstrut) 협동조합이 지역 전체 생산량의 2/3를 점하며 포르타(Kloster Pforta)가 메이저 생산자이다. 선도 생산자로는 리츠켄도르프(Lützkendorf)를 꼽고 있다. 와인의 가격이 비교적 높은 편이어서 그 질은 의심스러운 바가 있다.

작센(Sachsen)은 드레스덴(Dresden) 인근으로 엘베 강을 따라 형성된 포도밭들은 체코슬로바키아와 국경과 가까운 독일에서 가장 동쪽 지역이다. 북쪽 지방의 대륙성 기후로 겨울은 길고 아주 춥지만, 여름에는 기온이 높다.

유럽 최초의 포도재배 대학이 이곳 마이센(Meißen)에 생길 정도로 포도 재배에 진취적이었으며 한 때는 1,500ha에 이르는 포도밭이었으나 70ha까지 줄었다가 지금은 300ha 정도 된다. 2,500 여 명의 협동조합이 120ha를 경작하여 총 경작지의 1/3을 상회한다.[18]

재배 품종은 뮐러 투르가우가 40%로 주품종이며, 바이스부르군더, 트라미너, 리슬링, 그라우부르군더 순으로 그 뒤를 잇고 있다.

이 지역 와인에 대해 더 알고 싶으면 마이센에 있는 바인갤러리(Weingalerie)를 찾아야 할 것이다. 실러(Schieler)는 작센에서 생산되는 로틀링[46]으로 QbA(크발리테츠바인) 이상의 품질이다.

12. 비르템베르그(Württemberg)

콘스탄스(Constance) 호와 타우베르(Tauber) 호 사이의 슈투트가르트(Stuttgart) 시와 하이델베르그(heidelberg) 인근이다. 트롤링거(trollinger)와 슈바르츠리슬링(Schwarzriesling)이 많이 재배되며 뮐러 투르가우와 케르너, 실바너도 보인다.

독일 내의 레드 와인 생산량의 40%를 책임지는 레드 와인 지역이지만 가볍고 신선하며 그리고 레드 와인의 특징인 타닌과 바디가 보이지 않아 외국에서는 레드 와인으로 인정받지 못하고 있다.[19]

46) 로틀링(Rotling) : 발효 전에 청포도와 적포도 액을 혼합하여 발효시킨 것으로 발효를 마친 와인은 혼합하지 못한다.

하위 지역은 여섯 군데로 Bayerischer Bodensee, Kocher-Jagst-Tauber, Oberer Neckar, Remstal-Stuttgart, Württembergisch Bodensee, Württembergisch Unterland이다.

쉴러바인(Schillerwein)은 트롤링거(레드 품종)로 만든 로제와인이다. 네이페르그(Count von Neipperg, Grafen Neipperg), 아델만(Weingut Graf Adelmann), 호헨로헤(Prince zu Hohenlohe-Öhringen)이 알려져 있다.

독일 우수 와인 양조협회(VDP, Verdend Deuscher Qualitätsweingüter)

독일의 13개 와인 산지에서 약 200개의 에스테이트가 가입되어 있고 독일 포도밭의 4%를 점하는 협회로 1910년에 결성된 조직이다. 'Association of German Quality and Pr?dikat Wine Estates' 의 뜻이다. 반드시 자기 소유의 포도밭에서 나온 포도로 양조해야 하며 전체 면적의 70% 이상을 독일의 전통 품종을 재배해야 한다.

레이블에 독수리 마크 표시가 있으며 독수리 안에는 포도송이가 들어 있다.

VDP는 등급도 따로 가지고 있다.

*에르스테 라게(Erstate Lage)는 최상급의 밭에서 나오는 1등급 와인이다.

*클라시피치에르테 라게(Klassifizierte Lage)는 지정된 포도밭에서 우수한 품질로 분류되어 생산한 와인이다.

*구츠 운트 오르츠바이네(Guts und Ortsweine)는 지방의 특성을 반영한 일반적인 고급 와인이다.

ProWein(국제 와인 및 스피릿 전시회)

1994년 처음 개최된 독일 뒤셀도르프 ProWein은 세계 각지에서 열리는 와인 전시회 중 가장 먼저 3월에 개최되는 세계 최대 규모의 와인 전문 무역전시회이다.

약 5,000개의 참가사 중 80% 이상이 독일 외 국가에서 출품하여 전 세계 포도 산지의 다양한 와인뿐 아니라 유익한 부대행사 프로그램, 포도 품종과 산지라는 테마의 시음존 또는 와인과 다이닝, 와인 유통 및 시장 트렌드, 수출입 규정 등에 관한 강연도 다채롭게 준비되어 있다.

전문 와인 잡지 "Weinwirtschaft"와 협력하여 트렌드에 부합하는 테마를 가지고 전 세계 1,000여 종의 다양한 와인을 선보인다.

제4장 오스트리아 와인

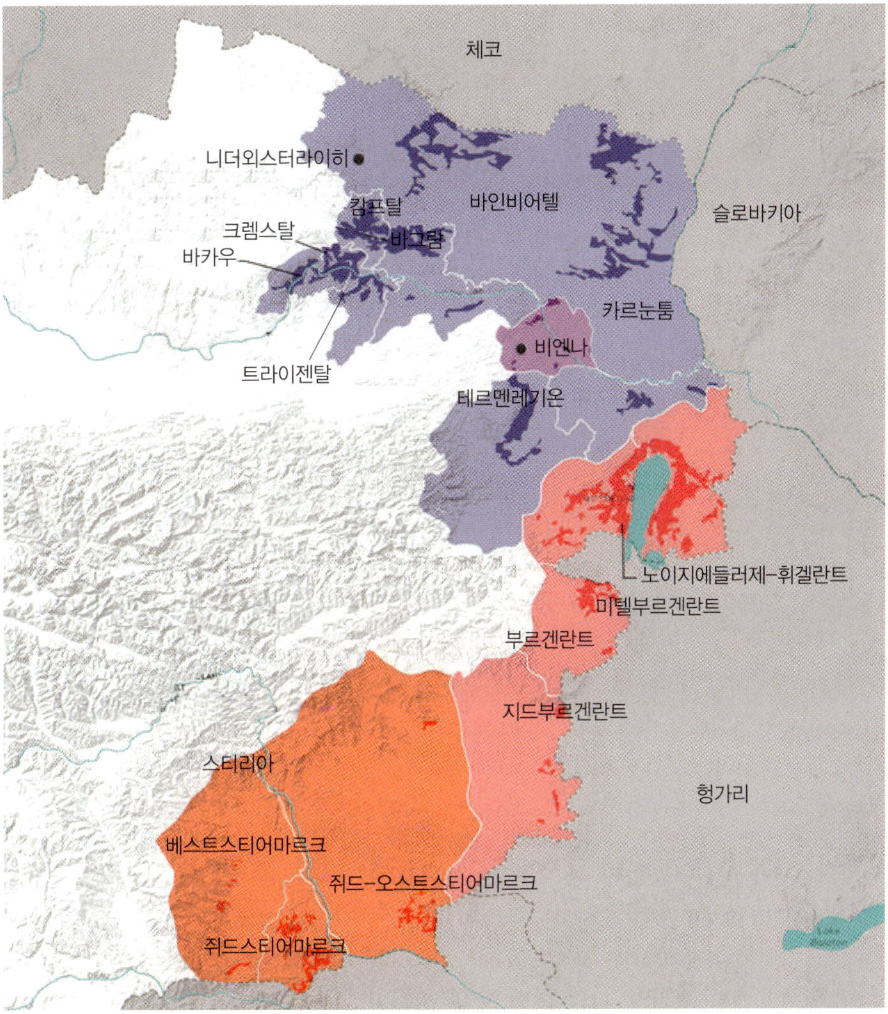

기원 전 4세기부터 포도를 재배하고 와인을 양조한 곳이지만 인정받기 시작한 것은 20세기 후반에 들어서이다. 오스트리아 와인 생산은 스위스에 비해 두 배는 되지만 이 또한 많지 않은 양이다. 대부분이 알프스의 위용이 움츠러들어 작은 언덕으로 변하는 지역인 동부에서 생산되며 화이트와 레드의 비율이 7 : 3으로 화이트가 우세하다. 레드는 헝가리 및 슬로바키아와 국경을 접한 부르겐란트(Burgenland) 지방에서 집중적으로 생산되며 이 지방은 오스트리아에서 가장 따뜻한 곳 중의 한 군데로 와인은 미디엄에서 풀 바디로 때로는 매력적으로 향긋하며 또는 생동감 있는 과일향이 나기도 한다.

와인 생산업자의 일부가 값나가는 스위트 와인을 만들기 위해 와인에 부동액을 혼합하여 탄로 난 이른바 '부동액 사건'이 생긴 것이 1985년의 일로 오스트리아 와인의 명성에 큰 타격을 입었다. 그러나 그 뒤에 절치부심하고 각고의 노력으로 이미지 제고에 성공하였다. 지금은 고품질의 드라이 화이트 와인이 오스트리아 와인의 특징으로 세계적으로 인정받고 있다.

특히 2002년 런던에서 35종의 화이트 와인이 출품되어 블라인드 테이스팅 결과 상위 10위에 오스트리아 와인이 7개 포함된 반면 부르고뉴 산은 하나도 없었다. 와인 평론가 젠시스 로빈슨은 이를 두고 '오스트리아 7, 부르고뉴 0' 라는 제목의 칼럼을 파이낸셜 타임즈(FT)에 기고한 바 있다. 이 7종의 오스트리아 와인 중 5종이 '그뤼너 펠트리너' 였다.

제1절 오스트리아 와인의 포도 품종

1. 화이트 품종

오스트리아 주 생산 와인은 화이트 와인으로 깔끔하고 담백한 맛이 장점이다. 오스트리아 와인들은 음식과의 궁합에 최상의 조건을 가지는데, 입 안을 개운하게 해주는 산미, 좋은 골격, 미네랄 풍미가 좋고 무엇보다 신선하고 향기로운 향과 깔끔한 맛을 지니므로 '소믈리에의 비밀 병기' 로 불리기도 한다.

그뤼너 펠트리너(Grüner Veltliner) 가볍고 신선하여 어릴 때 마시는 품종으로 전체의 40%를 차지한다.

벨슈리슬링(Welschriesling) 동유럽의 대중적인 품종으로 오스트리아에서 많이 재배된다. 발랄한 신맛이 특징이다.

이외에 뮐러 투르가우, 바이스부르군더(Weissburgunder), 루렌더(Ruländer), 실바너 게뷔르츠트라미너, 소비뇽 블랑, 샤르도네 등이 사용된다.

2. 레드 품종

블라우프랜키슈(blaufränkisch)는 꽃다발을 한 아름 끌어안은 듯 화사한 향에 무겁지 않은 바디, 스파이시함, 입맛을 돋워주는 산미를 지녀 피노 누아의 대체품으로 손색이 없다.

블라우어 츠바이겔트(blauer zweigelt), 블라우어 포르투기저(blauer portugieser), 생 로랑(St. laurent), 상크르 라우렌트, 피노 누아와 같은 것이 재배된다.

제2절 오스트리아 와인의 품질 등급

1. 오스트리아 와인의 등급

오스트리아는 독일과 유사하나 더 엄격한 기준을 따르는데 주로 포도즙 발효시의 당도와 포도의 숙성도에 따라 결정된다. 당도의 단위는 KMW(klosterneuburger Mostwaage)로 표시하며 순수한 당분의 중량을 %로 나타낸 것이다.

레이블에 특정 품종을 명시하려면 그 품종이 최소 85% 이상 사용되어야 한다. 빈티지도 최소 85% 이상 그해의 포도여야 하고, 생산지 명기는 포도 전체가 그 지역에서 생산된 것이어야 한다. 베르그바인(Bergwein)은 26° 이상으로 경사진 포도밭의 포도로 만든 와인을 이른다.

오스트리아 와인의 등급

<table>
<tr><th>등급</th><th>구분</th><th>특징</th></tr>
<tr><td>타펠바인(Tafelwein)</td><td colspan="2">10.7° KMW 이상, 여러 지역의 포도 사용 가능</td></tr>
<tr><td>란트바인(Landwein)</td><td colspan="2">14° KMW 이상, 품종과 빈티지 표기, 정해진 지역 생산</td></tr>
<tr><td rowspan="2">콸리테츠바인(Qualitatswein)</td><td>콸리테츠바인</td><td>15° KMW 이상, 단일 품종 사용</td></tr>
<tr><td>카비넷(Kabinett)</td><td>17° KMW 이상, 단일 품종 사용</td></tr>
<tr><td rowspan="7">프레디카츠바인(Prädikatswein)</td><td>슈페트레제(Spätlese)</td><td>19° KMW, 단일 품종 사용, 다음 해 3월 1일 이후 판매</td></tr>
<tr><td>아우스레제(Auslese)</td><td>21° KMW, 포도 선별, 단일 품종 사용, 다음 해 5월 1일 이후 판매</td></tr>
<tr><td>베렌아우스레제(Beerenauslese)</td><td>25° KMW, 포도 선별</td></tr>
<tr><td>아이스바인(Eiswein)</td><td>언 포도를 사용. 당도 25° KMW 이상</td></tr>
<tr><td>스트로바인(Strohwein)</td><td>3개월 이상 말린 포도. 25° KMW 이상</td></tr>
<tr><td>아우스브루흐(Ausbruch)</td><td>27° KMW, 귀부 와인, 슈페테레제 이상 와인 첨가 가능</td></tr>
<tr><td>Trockenbeerenauslese</td><td>30° KMW, 귀부 와인 100%</td></tr>
</table>

2. 바카우 분류(Wachau Classification)

비엔나 바카우 노블리스(Vinea Wachau Nobilis) 지역은 드라이 와인에 대해 세 가지로 구분한다.

스타인페더(Steinfeder)는 알코올 도수 11.5% 이하의 지방에서 주로 판매되는 와인이다. 페데르스피엘(Federspiel)은 알코올 도수가 11.5%~12.5%의 당도 17° KMW인, 카비네트(Kabinett)와 유사한 것이다. 스마라그드(Smaragd)는 알코올 도수 12.5% 이상으로 당도도 제한된 오스트리아의 최상의 드라이 화이트 와인이다.

3. DAC(Districtus Austriae Controllatus)

오스트리아가 EU에 가입한 이후의 국제적 기준에 맞춘 와인 분류법이다. 프랑스의 AOC, 이탈리아의 DOCG와 같은 의미로 9개의 DAC 지역이 지정되어 있다.

제3절 오스트리아 와인 생산 지역

1. 니더외스터라이히(Niederösterreich ; Lower Austria)

오스트리아 와인 생산량의 60% 가까이를 생산하는 곳이다.

1) 바카우(Wachau)

아름답고 푸른 다뉴브(Danube) 강을 배경으로 강변의 동남향 언덕에서 그뤼너 펠트리너와 리슬링으로 수준급의 화이트 와인을 생산하며, 이곳의 와인은 레이블에 표기하는 이름을 달리 쓴다.

알징거 로이벤베르그(Alzinger Loibenberg)는 바카우 리슬링의 전통을 표현하고 있다. 프란츠 히르츠베르그(Weingut Franz Hirtzberger)의 와인들은 당분이 거의 없으며 믿을 수 없이 균형감이 좋은 '위대한 와인' 이다.[20]

피클러(Weingut Franz Xaver Pichler)의 그뤼너 펠트리너와 리슬링으로 만드는 와인들은 오스트리아 최고의 와인으로 꼽히며 품질의 기준으로 삼는 와인이다.

프라거(Weingut Prager)는 바카우 지역을 세계적인 고품질 와인산지로 발돋음하게 한 오스트리아 와인의 선구자 격인 '위대한 와인' 이다.

브륀터마이어(Bründlmayer)와 프라이에 바인개르트너(Freie Weingärtner Wachau) 조합, 그리고 히크(J. Hick)의 그리너 펠트리너도 유명하며, 크놀(Knoll)과 니콜라이호프(Nikolaihof)의 리슬링은 최소 6년 이상을 묵히지 않으면 달가와하지 않는 와인이다.

2) 크렘스탈(Kremstal) DAC

바카우의 오른쪽에 붙어있는 곳으로 리슬링, 그리너 펠트리너 품종을 사용하며 모든 면에서 바카우와 흡사하지만 더 많은 레드 품종의 사용이 허용된다.

요제프 니글(Weingut Josef Nigl)은 리슬링으로 오스트리아를 대표하는 최정상급 '위대한 와인' 을 만드는데 당도높은 포도로 만드는 가장 뛰어난 품질을 가진 와인에는 프리바트(Privat)라는 명칭을 레이블에 표기한다.

3) 캄프탈(Kamptal) DAC

크렘스탈의 위에 붙어있는 곳으로 리슬링, 그뤼너 펠트리너를 사용한다. 화이트와 레드 여러 종류가 생산된다. 브린들마이어(Weingut Willi Bründlmayer)와, 히들러(Hiedler)는 리슬링이 자라기에 최적의 장소이며, 고벨스부르크(Schloss Gobelsburg)의 그리너 펠트리너(Grüner Veltliner)는 균형미를 보여주는 와인이다.

하인리히(Weingut Heinrich Gernot und Heike)는 부르겐란트(Burgenland) 북쪽 노이지들러 호수(Neusiedlersee) 부근을 중심으로 토착 품종 중심의 와인을 만든다. 로이머(Weingut Loimer)는 최고의 화이트 와인 생산자 중 하나로 비노락(Vino-lock)[47]을 사용하여 새로운 기술 도입과 끊임없는 혁신을 보여준다.

4) 트라이젠탈(Traisental) DAC

바카우와 크렘스탈을 밑에서 감싸고 있는듯한 지형이다. 그뤼너 펠트리너 품종이 대부분으로 리슬링 사용도 허용된다. 오래 둘 필요 없는 프레시 스타일 와인이 나온다.

5) 바그람(Wagram)

전에 도나우란트(Donauland)라 하던 곳으로 도나우 강을 따라 남쪽으로 넓은 지역으로 동쪽으로는 비엔나와 가깝다. 그뤼너 펠트리너로 풀 바디의 아로마틱 와인을 만들며, 블라우어 츠바이겔트, 피노 누아도 사용되고 아이스와인도 일부 나온다.

비엔나 인근의 클로스테르노이부르그(Klosterneuburg)는 오스트리아에서 제일 큰 에스테이트로 오스트리아 와인에 크게 기여한 곳이며, '연방 과수 포도재배연구소(The Federal Institute for Viticulture and Pomology)는 세계 최초의 포도재배 대학이다.

47) 비노락(Vino-lock) : 코르크 대신 사용되는 유리 재질의 마개

6) 바인비어텔(Weinviertel) DAC

슬로바키아와 체코와 국경을 접하고 있는 오스트리아의 동북지방으로 면적이 가장 넓은 DAC로서 오스트리아 최초의 DAC이다. 그리너 펠트리너 품종의 고향이자 그리너 펠트리너의 재배면적이 오스트리아 전체의 반을 차지한다. 또한 벨슈리슬링의 생산량도 괄목할 만하며 그 외 여러 품종도 많이 보인다. 리슬링과 그뤼너 펠트리너로 만드는 스파클링 와인도 보인다.

파플(Weingut R & A Pfaffl)의 그리너 펠트리너, 살로몬(Weingut Salomon-Undhof)의 리슬링 그라프 하르데그(Graf Hardegg)는 그리너 펠트리너의 고장에서 유일하게 10년도 거뜬한 명품 비오니에도 만들고 있다.

7) 카르눈툼(Carnuntum)

비엔나와 슬로바키아 사이에 있는 이곳은 츠바이겔트와 블라우프랭키쉬로 만든 밸런스 좋은 레드 와인으로 명성이 나 있다.

8) 테르멘레기온(Thermenregion)

비엔나 남쪽의 온천이 많은 이곳은 기후가 부르고뉴와 비슷하며 여러 종류의 포도가 재배된다. 가장 흥미로운 와인은 스패트로트(Spätrot-Rotgipflers)로서 토착 화이트 품종인 치어판들러(Zierfandler, Spätrot)와 로트지펠러(Rotgipfler)로 만든 것이다.

슈타들만(Stadlmann)의 치어판들러(Zierfandler Mandel-Höh)는 1840년 무렵에도 이미 유명해서 이곳을 보호하기 위해 오스트리아 최초의 터널이 만들어지기도 했었다.

2. 부르겐란트(Burgenland)

헝가리와 슬로바키아와 국경을 면한 오스트리아의 동부 지방으로 오스트리아에서 가장 따뜻한 곳 중의 하나로 레드 와인이 생산되는 곳이다. 와인은 미디움에서 풀 바디로 때로는 매력적으로 향긋하며, 또는 생동감있는 과일향이 나기도 한다.

1) 노이지에들러제(Neusiedlersee) DAC

슬로바키아와 면한 오스트리아의 제일 동쪽 지역이다. 노이지에들러(Neusiedler) 호(湖)의 영향에 의한 노블 랏(noble rot)이 매년 쉽게 생기므로 다른 곳보다 저렴한 귀부와인이 나오며 레드 와인의 생산도 늘어나고 있다. 츠바이겔트(zwiegelt)가 주품종이다.

크라헤어(Weingut Alois Kracher)에서 세계 최정상급의 '위대한 와인' 인 스위트 와인이 나오며 각 빈티지에 대한 평가[48)]도 다채롭다.[21]

48) R Parker ; 거위 털 베개만큼이나 부드럽다. 버터스카치 캔디를 연유에 녹인 용액의 풍미를 연상시킨다. 풍미가 밀려오는 파도의 물결같다. 거의 영원히 지속될 것처럼 보이는 풍미. 멋진 풍미는 무척 진해서 나이프와 포크로 잘라먹어야 할 것 같다. 미국 연방정부의 연례 예산안 책자만큼이나 두터운 풍미를 지닌다. 지금부터 아마겟돈의 시점까지(또는 코르크가 망가질 때까지) 마실 수 있다. 혹성탈출(The Planet of the Apes)이 현실로 일어나는 날까지 환상적인 맛이 유지될 것이다. 이 와인은 병과 코르크보다도 더 오랫동안 남을 것이다.

2) 라이타베르그(Leithaberg) DAC

그뤼너 펠트리너, 바이스부르군더, 샤르도네, 노이부르그, 블라우프랜키시를 사용하는 화이트 와인이 우세하며 레도도 생산된다. 2010년 9월 시행되었다.

3) 노이지에들러제-휘겔란트(Neusiedlersee-Hügelland)

노이지에들러제 호 서쪽 구릉지로 다양한 지형으로 여러 품종을 재배하고 여러 종류의 와인이 나온다.

윌리 오피츠(Willi Opitz)에서 여러 레벨의 당도를 가진 와인을 생산하기 위해 노력하며 오피츠 원(Opitz One)은 포도를 마른 갈대 위에 말려 만든 레드 와인이다.

4) 미텔부르겐란트(Mittelburgenland) DAC

노이지들러제의 남쪽 삼림으로 둘러싸인 곳이다. 블라우프랜키쉬 품종을 주로 사용하므로 별명이 '블라우프랜키쉬의 땅' 이라 불리우며 보르도의 품종들도 많이 재배되는 레드 와인만 나오는 곳이다.

파일러-아르팅거(Feiler-Artinger)의 루스터 아우스브루크(Ruster Ausbruch)라는 디저트 귀부 와인은 강력한 단맛으로 기분을 달뜨게 만들어준다. 하이디 슈렉(Heidi Schröck)은 드라이 화이트의 품질을 자랑했지만 스위트 화이트 또한 잔류당의 역할을 그지없이 충실히 잘 해낸다.

프리레르(Weingut Prieler)는 오스트리아에서 가장 높은 가격의 드라이 레드 와인이며, 우마텀(Umathum)에서는 이곳의 테루아를 투영하는 와인을 만든다.

5) 지드부르겐란트(Südburgenland)

부르겐란트의 제일 남쪽지역 로제처럼 보이는 화이트 와인인 우들러(Uhudler wine) 와인이 유명하다.

크라허(Kracher)의 누벨 바그(Nouvelle Vague)는 벨슈리슬링(Welchriesling) 품종에 보트리티스가 파고들어 빼어난 와인을 만들었다.

3. 비엔나(Vienna, Wien)

오스트리아의 수도인 비엔나는 중세 시대부터 시의 성벽 안에서 포도를 키웠으나 차츰 재배면적이 외곽으로 뻗어 넓어졌다. 리슬링, 샤르도네, 피노 블랑이 재배되며, 레드 품종은 시의 남쪽에서 재배된다.

바이너 게미슈터 자츠(Wiener Gemischter Satz)

포도밭 한 군데에서 수확한 세 가지 화이트 품종으로 블렌딩하여 생산된다. 라트 하우스(Rathaus Wine & Design)는 비엔나에 있는 4층 규모의 작은 호텔로 와인과 관련된 유명 호텔이다. 33개의 각 객실들은 각각의 다른 와인 생산자들의 지원으로 만들어져 모양이 다 다르며 객실 문은 그 와이너리의 와인을 상징하는 문양을 새겨 놓거나 와인 레이블로 꾸며져 있다. 그리고 방에 어울리는 와인을 진열해 놓고 투숙객이 시음할 수 있게 되어 있다. 또한 와인 생산자가 운영하는 와이너리를 둘러보는 일일관광 프로그램도 운영 중이다.

4. 스티리아(Styria), 슈타이어마르크(Steiermark)

2002년 수정된 와인 법에 따라 스트리아(Styria)라 하며 슈타이어마르크(Steiermark)라고도 부른다. 아름답고 푸르른 구릉지대인 스티리아(The Green Rolling Hills, Styria)는 오스트리아 남동부에 위치한 와인산지로 부르고뉴 코트도르(Côte d' Or)와 같은 위도에 자리하며 풍광은 이탈리아 투스카니와 유사하다. 새를 쫓기 위해 고안된 거대한 바람개비인 클라포테츠(Klapotetz)가 유난하고 요란한 소리를 내며 방문자들의 시선을 모은다.

스티리아 와인 산지는 서부, 남부, 남동부 세 지역으로 나뉘며, 대부분 60도 이상 경사진 언덕에 포도원이 위치한다. 기본적으로 더운 남유럽 기후를 지니나 산맥이 주는 서늘함으로 일교차가 크며, 연강수량이 800~1200mm로 많은 편이다.

1) 아이젠베르그(Eisenberg) DAC

블라우프랜키시와 츠바이젤트를 사용한 레드 와인이 생산된다. 2010년 9월 시행되었다.

2) 쥐드-오스트스티어마르크(Süd Oststeiermark)

그라츠(Graz)를 중심으로 오른쪽 헝가리와 가까운 동쪽 지역이다. 포도밭이 해발 650m에 이르는 곳도 존재하는 산기슭으로 풀 바디의 화이트 와인이 우세하다.

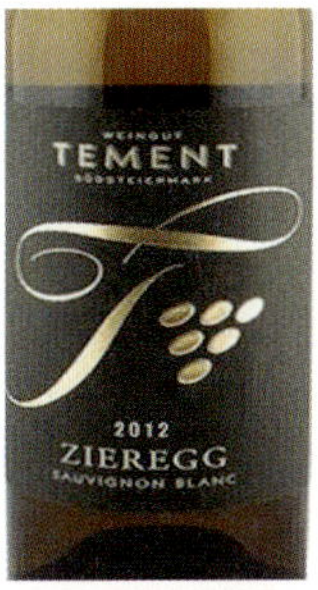

3) 쥐드스티어마르크(Südsteiermark)

슬로베니아 국경에 면한 남쪽 지역으로 풀 바디인 세계적 명성의 소비뇽 블랑의 고장이다. 폴츠(Polz Hochgraßnitzberg), 테멘트(Tement), 사틀러호프(Sattlerhof)에서 이곳의 테루아를 반영한 좋은 소비뇽 블랑이 나온다.

4) 베스트스티어마르크(Weststeiermark)

스티리아의 서쪽 지역으로 토착 품종인 블라우어 빌트바처(Blauer Wildbacher)로 만든 실허(Schilcher)라 부르는 로제를 주로 생산한다.

www.austrianwine.com 오스트리아 와인 마케팅 보드 사이트로 다양한 분야를 다루고 있다. 와인 산지, 토양, 기후, 포도 품종, 와인 법규, 와인 등급, 음식과의 매칭, 생산자 명단, 마케팅 활동을 볼 수 있으며, 해당자료 중 특히 중요한 자료들은 한글로 번역되어 사이트에서 다운로드 받을 수 있다.

팔스타프(Falstaff)[49] 팔스타프 매거진은 30년 이상 역사를 지닌 오스트리아 최고 권위의 음식, 와인, 여행 전문 잡지로 1998년부터 "팔스타프 와인가이드(Falstaff Weinguide)"를 발간한다.

팔스타프 와인가이드의 영어판은 "The Ultimate Austrian Wine Guide"로 매년 발행되며, 해외에서 주목받고 있는 170여 와이너리를 대상으로 100점 방식으로 와인, 별 5개 방식으로 와이너리를 평가하여 소개하고 있다. 최근 2년에 대한 상세한 빈티지 리포트, 오스트리아 대표 품종 소개, 오스트리아 와인 규정, 산지별 지도(地圖), 대표 와이너리 및 와인이 실려 있다.

49) 팔스타프(Falstaff). 발행인 피터 모저(Peter Moser)를 비롯하여 MW 잰시스 로빈슨(Jancis Robinson), 르네 가브리엘(Rene Gabriel), 스테펜 브룩(Stephen Brook), 찬드라 쿠르트(Chandra Kurt), 알렉산더 바흐(Alexander Bach) 등이 칼럼을 쓰고 있어 다양한 와인 세계의 면면을 읽을 수 있다.

살롱(Salon) 살롱은 1988년 시작된 오스트리아를 대표하는 와인 품평회이다. 매년 개최되는 행사에서 7,000여종 와인은 지역별로 블라인드 시음을 거쳐 1차 평가되며, 각 카테고리 별 최고 점수를 받은 와인들에게 오스트리아 와인 마케팅 보드가 주는 최종 메달이 수여된다.

후보 와인들 중 잡지 관계자, 저널리스트, 소믈리에는 각자 선호 와인을 40종까지 추천할 수 있으며, 가장 많은 추천을 받은 와인은 살롱 셀렉션에 오른다. 살롱 로고는 와인 병에 부착되는데 이는 소비자들에게는 믿고 마실 수 있는 와인이라는 표시가 되고 있다.

오스트리아 와인 어워드인 살롱 로고

제5장 스위스 와인

동서 348km, 남북 220km의 작은 나라로 독일과 프랑스, 이탈리아에 둘러싸인 스위스는 알프스(Alps)라는 이름에 가려 스위스의 포도가 잘 보이지 않으나 오히려 포도재배와 와인양조에 적합한 곳이다. 포도밭들도 또한 독일과 프랑스, 이탈리아와 맞닿아 있으나 스위스 밖에 있는 사람들은 물론 스위스(Swiss) 와인애호가들조차 스위스 와인을 접하기가 쉽지 않다.

생산량이 적을 뿐 아니라 그나마 스위스 내에서 소비하기에도 모자라기 때문이다. 스위스 내에서 소비되는 와인의 60%는 수입산이며 스위스 자체 생산량은 40%밖에 되지 않는다.[22]

수많은 산과 언덕이 형성하는 다양한 고도와 1,500여개의 크고 작은 호수들, 산에 둘러싸인 아늑한 분지, 이 같은 각양각색의 지형으로 인해서 스위스의 포도경작지들은 같은 조건을 가진 곳이 없다 할 정도로 포도원마다 다양한 기후를 지니고 있다. 따라서 와인의 성격도 다양하여 섬세한 화이트 와인이 주를 이루고, 풀 바디의 레드 와인도 꽤 나온다.

※ 스위스 와인의 품종

화이트 품종 사슬라(chasselas)는 독일이나 동부 프랑스의 루아르에서도 일부 생산되는 풀 바디의 드라이한 성격으로 미네랄과 흙냄새가 난다. 스위스 와인의 75%가 화이트 와인이었지만 점차 레드 생산량이 늘어나고 있다. 화이트 와인의 대부분이 사슬라 품종으로 생산된다. 피노 그리, 실바너, 마르산과 스위스의 토착품종인 쁘티 아빈(petit arvin)과 아마이네(amigne)가 있다.

레드 품종 메를로는 레드 와인의 주품종이며, 피노 누아와 가메이도 많이 재배된다.

※ 스위스 와인 규정

스위스는 EU(European Union) 회원국이 아니므로 다른 나라와 같은 와인에 대한 규정은 달리 없다. 와인의 레이블에는 통상 생산지 명, 포도의 품종이나 브랜드 명이 쓰인다.

프랑스어 사용지역에서는 프랑스 방식의 AOC 시스템이 적용되기 시작했지만 어디까지나 마을 자체에서 결정하고 시행하는 일이다.

※ 스위스의 주요 와인 생산 지역

스위스는 와인 생산 지역도 그 지역에서 사용되는 언어에 따라 구분된다.

1. 프랑스어 사용 지역(Suisse Romande)

레만 호수를 중심으로 한 스위스의 서남부 지방으로 스위스 와인의 80%를 생산한다.

1) 보(Vaud)

레만호수와 연해 있는 곳으로 샤슬라를 80% 정도 재배하며, 살바냥(salvagnin)과 가메이 및 피노 누아 등을 재배한다. 하위 지역으로 라 코트(La Côte), 라보(Lavaux), 코트 드 르호브(Côtes-de-L'Orbe), 뷸리(Vully), Chablais, Bonvillars가 있다.

2) 발레(Valais)

론(Rhône)강을 연해 있는 동부의 해발 1,100m의 고지대로 스위스 전체생산량의 30% 이상을 점하고 있다. 샤슬라로 가볍고 신선한 화이트 와인, 가메이와 피노 누아로 레드 와인을 생산한다.

드니 메르시에(Denis Mercier)는 코날랭(Cornalin)이라는 품종으로 드라이 레드를 만들며, 장-르네 제르마니에(Jean-René Germanier)에서 만드는 카야(Cayas)는 스위스 최고의 시라 와인으로 우아함과 파워를 갖췄다.

3) 뇌샤텔(Neuchtel)

보(Vaud) 위에 위치한 북서부지방으로 뇌샤텔 호의 좌안에 위치한다. 날씨가 온난하며, 샤슬라로 화이트 와인을, 피노 누아로 레드 와인을 생산한다.

4) 베른(Bern)

빌(Biel) 호 근처로 뇌샤텔과 유사하다. 주네브(Genéve)는 샤슬라의 일종인 펠란(Perlan)을 재배한다. 프리부르(Fribourg)는 모라 호 주변으로 사슬라, 피노 누아를 재배한다.

2. 독일어 사용 지역(Deutschschweiz)

수도인 취리히 인근의 독일에 가까운 폭 넓은 지역이다.

1) 투르가우(Thurgau)

독일과 국경을 접한 북부지방의 콘스탄스 호(湖) 인근으로 뮐러 투르가우 품종의 고향이며 샤슬라 품종을 많이 사용한다. 하위 지역으로 투르탈(Thurtal), 운터제(Untersee)가 있다.

2) 아르가우(Aargau)

뮐러 투르가우, 피노 누아 엘블링 등을 재배한다. 하위 지역으로 바젤(Basel), 베른(Bern), 그라우빈덴(Graubünden), 생 갈렌(St-Gallen), 슈비츠(Schwyz)가 있다.

3) 샤프하우젠(Schaffhausen)

피노 누아의 재배가 많으며 뮐러 투르가우, 피노 그리도 생산한다. 하위 지역으로 클레트가우(Klettgau)가 있다.

4) 취리히(Zürich)

샤프하우젠과 유사하며, 하위 지역으로 바인란트(Weinland), 레이크 취리히(lake Zürich), 림마탈(Limmattal), 운터란트(Unterland)가 있다.

3. 이탈리아어 사용 지역

티치노(Ticino)는 1512년까지 스위스연방에 포함되기 이전에는 이탈리아의 영토였던 곳으로 이탈리아적 색이 배어 있어 '스위스 속의 이탈리아'로 불리기도 한다. 루가노 호수와 마조레 호수 주변은 스위스의 대표적 레드 와인의 생산지로 유명하다.

하위 지역으로 소토체네리(Sottoceneri), 소프라체네리(Sopraceneri)가 있으며 주로 메를로를 재배한다.

제6장 영국 와인

세계 최대의 와인 유통 및 소비국인 영국은 와인 교육과 평가에서도 세계 중심에 서 있다. 와인 소비에서는 큰 시장이지만 와인 생산은 국내 소비의 고작 1%밖에 충당하지 못하는 와인 생산의 빈국이다.

영국은 기후로 인해 알코올 도수가 낮고 산도는 높은 와인이 나오는데 이로 인해 스파클링 와인은 오히려 가능성이 있어 세계 시장에서 주목받고 있다. 영국(United Kingdom)의 잉글리쉬 와인(English wine)은 잉글랜드(England)에서 나오는 와인이며, 웰시 와인(Welsh wine)은 웨일즈(Wales)에서 생산되는 와인이다.

티에일(Theale Vineyard)의 스파클링(Sparkling Chardonnay) 2003은 세계 스파클링 와인의 탑 10에 들기도 했다.

※ 영국 와인의 포도 품종

화이트 와인 품종은 세이발 블랑(seyval blanc), 라이켄스타이너(Reichensteiner), 뮐러 투르가우, 바쿠스(bacchus), 샤르도네, 메들렌(madeleine Angevine), 센버그(Schönburger), 훅셀레베(huxelrebe) 오르테가(ortega)가 있다.

레드 와인 품종으로 돈펠더(dornfelder), 피노 뮈니에, 피노 누아가 있다.

PDO(Protected Denomination of Origin)[50]는 영국에서의 공식 최상급 카테고리이며, PGI(Protected Geographical Indication)는 두 번째 카테고리이다. PDO, PGI는 테이스팅과 심사과정을 거치거나 공식 와인대회에서 수상한 와인이어야 된다.

※ 영국 와인의 규정과 생산

스파클링 와인은 샤르도네, 피누 누아, Pinot Précoce, 피노 뮈니에, 피노 블랑, 피노 그리, Seyval Blanc, Reichensteiner의 9개 품종만 사용하여야 한다.

나이팀버(Nyetimber)의 클래식 퀴베(Classic Cuvée) 2009는 인터내셔널 와인 챌린지 어워드(International Wine Challenge Awards 2014)에서 수상하였다.

카멜 밸리(Camel Valley)는 잉글랜드의 서남쪽 플리머스(Plymouth) 인근의 풍광 좋은 콘월(Cornwall)에 있어 와이너리 투어로도 인기있으며 이곳의 와인들은 최근 몇 년간 연속해이 상의 수상 기록을 이어오고 있다.

앰블돈(Hambledon)은 프랑스 출신 와인메이커가 오직 스파클링 와인만 생산하고 있다. 덴비스(Denbies)는 런던에서 기차로 한 시간이 채 걸리지 않는 도킹(Dorking)에 있어 야외 투어와 양조 시설을 둘러보고 테이스팅도 할 수 있으며 레스토랑과 숍도 갖추고 있어 런던 근교에서 와인과 함께 한나절을 보내기에 훌륭한 장소다.

50) 영국와인에 대한 규정은 식품농산부DEFRA(Department for Environment Food and Rural Affairs)와 포도협회(UKVA, Vineyards Association)가 정하였다.

영국 와인 생산자 협회(English Wine Producers, EWP)

영국 와이너리들이 모여 공동의 목표를 향해 활동하는 조직으로 현재 전체 와인 생산자 중 4분의 3 이상이 회원으로 활동하고 있다.

EWP는 영국의 각 포도밭과 와인에 관한 데이터베이스를 갖추고 알찬 정보를 제공을 한다. 이들의 가장 큰 목표는 영국 와인에 대한 인지도와 명성을 높이는 것이다.

영국 와인의 대표격인 스파클링의 퀄리티에 대한 자부심은 상파뉴에 비견할 만하지만 문제는 소비자의 인지도와 신뢰감 부족이다. 그래서 EWP에서는 소비자들에게 가깝게 다가가는 'English Wine Week' 를 매년 개최하고 있다.

제7장 동유럽 와인

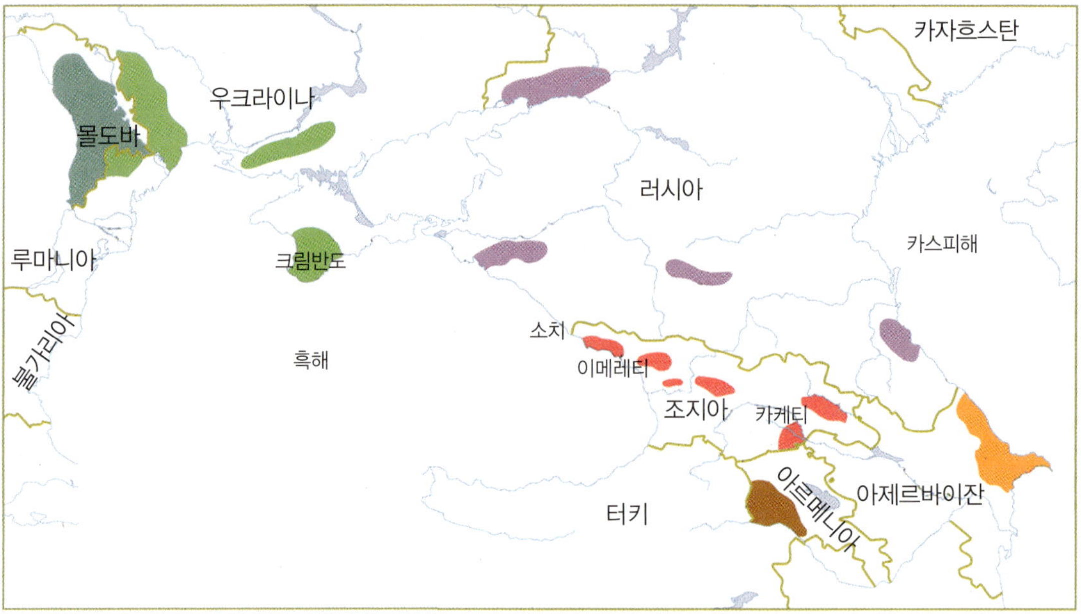

제1절 알바니아(Albania)

알바니아는 발칸 반도의 서부 몬테네그로와 그리스 사이에 아드리아 해를 사이에 두고 이탈리아의 동남부 풀리아를 마주 보고 있는 곳에 위치한다.

알바니아 와인의 생산 역사는 로마시대 이전으로 거슬러 올라가지만 공산 정권 하의 국영화와 포도 대신 곡물 우선 정책과 특히 유럽에서 유일한 이슬람 국가로 인구의 70% 이상의 다수를 점하는 무슬림으로 인하여 와인의 소비가 저조하였다. 그러나 공산 정권 붕괴 후 민주 정권의 수출 의지로 이탈리아를 비롯한 서유럽 전문가의 지도와 재배자의 적극성이 합쳐져 와인 산업이 발전하고 있다.

알바니아의 수도는 티라나(Tiranë)이며, 와인 생산지는 Western lowland, Central hilly region, Eastern sub mountainous region, Highlands의 네 군데로 나뉘어진다. 포도밭은 통상 해발 300~800m에 위치하며 높은 곳은 1,000m 이상의 고원에서도 재배된다.

화이트 와인은 마실 만하나 레드는 수준이 아직은 낮다. 알려진 와이너리(알바니아어 kantina)는 Rilindja, Skenderbeu, çobo, Luani, Bardha, Arberi, Sara, Vintage, Kardinal, and Kokomani 이다.

제2절 불가리아(Bulgaria)

불가리아는 북쪽으로 루마니아, 서쪽으로는 헝가리와 세르비아, 남쪽으로 에게 해와의 사이에는 그리스가 있고 동으로는 흑해 그리고 터키와 국경을 맞대고 있다. 2세기경부터 포도를 재배하고 와인을 생산한 오랜 전통과 좋은 자연적 환경으로 고품질의 저렴한 와인을 생산하고 있다.

1980연대 초반의 구 소련의 고르바초프 알코올 개혁정책으로 대부분의 포도나무들이 뿌리 채 뽑혔지만 그 후의 민주화로 1991년부터 국영 와이너리들이 사영화되기 시작하여 발전을 이루고 있다.

카베르네 소비뇽을 중심으로 한 와인들이 매우 우수하여 와인 수출의 증가세도 뚜렷하고 동유럽의 여러 나라 중 외국인 투자가 가장 활발하다. 보르도의 라몽도트(생-테밀리옹), 샤토 라 가플리에르의 소유주 슈테판 폰 니이페르크, 그리고 미국과 프랑스, 이탈리아에서 이곳에 와이너리를 많이 설립하였다.

1. 불가리아의 와인 품질과 등급

불가리아 와인의 등급은 GCAO(Guaranteed and Controlled Appellation of Origin)에 의해서 표시된다.

1) DGO(Declared Geographical Origin)

특정 지역의 특정 품종으로 지정되며 43곳의 DGO 지역이 지정되어 있다. 세 가지 카테고리로 분류되는데, 스탠다드(Standard Wines)는 기본적 라이트 와인이며, 고품질 와인(High Quality Wines)은 일반적인 브랜드 이름으로 판매된다. 특별 와인(Special Wines)은 과실 와인이나 스파클링이 해당되며 하위 지역으로 세분화된다.

2) 콘트롤리란(Controliran)

DGO의 윗 등급으로 27개의 와인이 포함된다. 선별된 포도밭의 특별 포도로 양조되어 심사과정을 거치며 레이블에 지역과 품종과 콘트롤리란(Controliran)이라 명시된다.

3) 리저브(Reserve)

DGO나 콘트롤리란이 숙성과정을 거친 것을 뜻하며 화이트 와인은 최소 2년 레드는 최소 3년의 오크통에서 숙성 되어야 한다.

2. 와인 생산지역

1) 다뉴비언 평원(Danubian Plain, Dunavska Raunina)

불가리아 포도밭의 35%를 담당하는 북부 지방으로 다뉴브 강의 남쪽 연안 평야지대이다. 포도 품종은 뮈스캣 오토넬(muscat ottonel), 카베르네 소비뇽, 메를로, 샤르도네, 알리고테, 파미드(pamid)와 토착 품종인 감자(Gamza)를 사용하고 있다.

DGO 지역은 플레벤(Pleven), 비단(Vidan), DGO 내의 하위 지역으로 Dunavski, Mizia, Novoseleski, Ravishki, Vidinski가 있다.

2) 흑해(Black Sea) 지역(Tschernomorski Raion)

동부의 바르나(Bapha) 인근 흑해 연안지역으로 불가리아 포도재배 면적의 30%를 점한다. 길고 온화한 가을로 축적된 당분이 화이트 와인을 만들기에 적합하여 디미얏(dimyat), 리슬링, 뮈스캣 오토넬, 위니 블랑, 소비뇽 블랑, 트라미너, 게뷔르츠트라미너로 만드는 화이트 가 와인 생산의 60% 정도 된다. 이 와인들은 해외에 흑해 연안(Black Sea Coastal)지역 산으로 표기되어 나간다.

DGO 지역은 부르가스(Burgas), 라츠그라드(Razgrad), 타르고비슈테(Targovischte), 톨부빈(Tolbubin)가 있고, DGO 내의 하위 지역은 Ajtos, Biala, Dragoevo, Euxinograd, Kabelskovo, Kavarna, Kamen, Brjag, Kubrat, Medovetz, Pliska, Pomorie, Popovo, Preslav, Provadija, Sabla, Silistra, Tutraken, Zarev Dol이 있다.

3) 트라키아(Thracian Lowland, Thrakiiska Nizina)

불가리아 포도밭의 22%를 차지하는 남쪽 지방이다. 메를로, 카베르네 소비뇽, 뮈스카텔, 파미드 품종을 사용하며 마브루드(Mavrud)는 이 지역의 대표적인 와인이며 전형적인 불가리아 와인이기도 하다.

4) 로즈 밸리(Rose Valley, Podbalanski Raion)

불가리아의 남동쪽 흑해, 터키와 가까운 곳으로 뮈스카텔, 리슬링, 카베르네 소비뇽, 메를로 그리고 르카시텔리(rkatsiteli) 품종이 사용된다.

드라이 화이트 와인이 우세하며 레드도 일부 생산된다. DGO 지역은 슬리벤(Sliven) 한 군데이다. DGO 내의 하위 지역으로 Banja, Cernica, Hissar, Karnobat, Kasanlak, P?derevo, Straldza가 있다.

5) 스트루마 리버(Struma River Valley, Jolinaka na Strumam)

수도인 소피아(Sofija)의 남쪽 지방으로 마케도니아(Macedonia)와 가깝다. 와인 생산은 불가리아 전체의 10%에도 미치지 못하지만 멜니스카(Shiroka melnishka loza) 품종으로 만든 멜니크(Melnik) 와인이 유명하다. 그 외 카베르네 소비뇽과 메를로도 재배된다.

DGO 지역은 Blagoevgrad, Kjustendil, molina Dolina, Petric이고, DGO 내의 하위 지역으로 Bobosevo, Damjanica, Melnik, Sandanski가 있다.

제3절 크로아티아(Croatia)

동쪽으로 세르비아와 몬테네그로, 보스니아 헤르체고비나, 북쪽으로는 슬로베니아, 헝가리와 국경을 맞대고 있으며 서쪽으로 아드리아 해를 사이에 두고 이태리의 베니스와 산 마리노를 마주보고 있는 곳이다. 수도인 자그레브(Zagreb)는 내륙으로 한참 들어가 있다.

1874년 필록세라(phylloxera)가 유럽을 덮쳐 프랑스, 독일을 비롯한 와인 생산국들이 사투를 벌일 때 필록세라에 안전했던 크로아티아의 포도밭과 와인 생산량은 엄청난 신장을 이루었다. 하지만 20세기에 들어 필록세라에 무릎을 꿇은 크로아티아의 많은 와인 생산업자들이 신대륙으로 옮겨가기도 했다.

1929년 유고슬라비아 왕국(Kingdom of Yugoslavia)이 생긴 이후 유고 연방[51] 하에서는 공산 정권 아래 많은 양조장들이 협동농장으로 변하면서 질보다는 양 위주의 정책이었고, 1991년 크로아티아의 독립선언으로 유고 연방과의 내전을 거치며 포도밭이 거의 황폐화되었다. 하지만 양조전문가들이 돌아오면서 지금은 세계의 와인 시장에서 경쟁력을 갖추어 나가는 중이다.

1. 크로아티아 와인

1) 품종

크로아티아에서 재배하는 품종은 화이트, 레드 각각 30여 가지씩의 재래품종을 지방마다 다르게 사용하므로 발음이나 철자 그리고 특성에 이르기까지 매우 어렵다. 그 중 플라바크 말리(Plavac Mali)는 미국의 진판델이 이 품종에서 유래한 것이라고 유전자 검사에서도 밝혀진 바 있다.

2) 등급

1996년에 세워진 '크로아티아 포도 재배 연구소'(CIVE)[52]가 포도의 재배와 생산, 기준을 EU 규정에 준해서 제정하여 최종 제품에 이르기까지 일관성 있게 품질을 관리하고 있다. 이러한 규정이 있음에도 불구하고 프랑스나 이탈리아와 같은 AOC, DO 규정은 없으므로 명확한 구분은 힘든다.

품질 관리는 레이블에 표시되며 지역 표시는 동일 지역 내의 포도를 사용하여야 하고 품종 표시는 동일 품종의 포도를 85% 이상 사용하여야 한다.

브르훈스코(Vrhunsko Vino)는 프리미엄 퀄리티(Premium Quality) 와인이고, 크발리테트노(Kvalitetno Vino)는 퀄리티(Quality) 와인이며, 스톨노(Stolno Vino)는 테이블 와인이다.

와인은 수호(Suho, 드라이), 폴루수호(Polusuho, 세미 드라이), 슬라코(Slatko, 스위트), 비예로(Bijelo, 화이트), 크르노(Crno, 레드), 로사(Rosa, 로제)로 종류를 나타내며 특히 프로젝(Prošek)은 말린 포도로 양조한 디저트 와인이다.

2. 와인 생산지역

크로아티아의 와인 생산지역은 크게 두 군데로 구분된다.

1) 컨티넨탈 크로아티아(Continental Croatia, Kontinetalna)

크로아티아의 동북쪽 내륙 지방으로 드라바(Drava) 강과 사바(Sava) 강을 따라 포도밭이 퍼져 있다. 과일향이 풍부한 화이트 와인이 나온다.

슬라보니아(Salvonia)는 이 지방에서 유명한 와인 산지로 그라세비나(Graševina) 품종을 사용한 화이트 와인은 과일향이 풍부하며 대체로 인접한 슬로베니아나 헝가리 와인과 흡사하다.

이스턴 컨티넨탈(Eastern Continental Croatia) 하위 지역은 Croatian Danube Region, Slavonia가 있고, 웨스트 컨티넨탈(West continental Croatia) 하위 지역은 Moslavina, Prigorje-Bilogora, Zagorje, Medjimurje, Plešivica, Podunavlje, Pokuplje이다.

51) 크로아티아, 슬로베니아, 세르비아, 코소보, 보스니아 헤르체고비나, 마케도니아, 몬테네그로
52) CIVE, The Croatian Institute of Viticulture and Enology

2) 코스탈 크로아티아(Coastal Croatia, Primorska)

섬들을 포함하여, 베니스를 마주 보고 있는 북쪽의 이스트리아(Istria)에서 남쪽의 두브로브니크(Dubrovnik)가 있는 달마티아(Dalmatia)에 이르기까지의 해안지역이다.

지중해성 기후로 덥고 건조한 긴 여름과 습도가 높은 겨울이 와인 생산에 좋다. 갖가지의 품종 중 특히 말바시아를 주 품종으로 하는 드라이 화이트와 테란(teran)을 중심으로 하는 레드 와인이 나온다. 수많은 토착 품종 중 진판델의 아버지인 플라바크 말리(Plavac mali)와 도브릭(dobričić)이다. 와인들의 성격은 대체적으로 인접한 이탈리아 와인과 유사하다.

하위 지역으로 Istria(Hrvatska Istra), Croatian Coast, Northern Dalmatia(Sjeverna Dalmacija), Dalmatian Interior(Dalmatinska Zagora), Central and South Dalmatia(Srednja i Južna Dalmacija)가 있다.

그르지치(Grgić Vina)에서 플라바크 말리로 깊은 색에 진한 향의 빼어난 와인을 만든다.

제4절 체코(Czech Republic)

동으로 폴란드와 슬로바키아, 서쪽의 독일과 남쪽의 오스트리아에 둘러싸인 내륙 국가로 수도는 프라하(Praha)이다.

체코슬로바키아는 1918년 탄생하여 1948년 인민공화국으로 바뀐 이후 공산 정권에서는 여느 동구권과 마찬가지로 산업의 국유화와 농업집산화 정책이 시행되었다. 1993년 1월 1일 슬로바키아와 분리되어 이름이 체코 공화국으로 되었다.

1. 체코의 와인

1) 체코의 포도 품종

체코의 와인 생산은 화이트가 70% 정도로 우세하다.

화이트 와인 품종 뮐러 투르가우, 그리너 벨트리너(체코명 Veltlínské zelené) 외에 리슬링(체코명 Ryzlink), 소비뇽 블랑, 피노 블랑(체코명 Rulandské bílé), 샤르도네, 피노 그리(체코명 Rulandské), 게뷔르츠트라미너(체코명 Tramín červený)와 토착종이 몇 개 보인다.

레드 와인 품종 생 로랑(Saint Laurent, 체코명 Svatovavčinecké), 블라우프랭키시(Blaufränkisch, 체코명 Frankovka), 츠바이겔트(Zweigelt, 체코명 Zweigeltrebe), 피노 누아(체코명 Rulandské modré), 카베르네 소비뇽이 사용된다.

2) 품질 등급

체코 와인은 수확할 때의 포도 주스의 당도 측정에 의한 포도와 포도의 성숙도로 규정된다. 와인의 레이블은 다음 사항을 하나 혹은 두 개 표시하게 된다.

* 지역(Vinařská oblast) : 모라바(Morava, Moravia)
* 하위 지역(Vinařská podoblast) : 벨코피블로비카(Velkopavlovická, Velké Pavlovice)

*마을(Vinařská obec)
*포도밭(Trá)
또한 체코 와인은 품질과 구성요소에 대해 레이블에 표시해야 한다.
*특별 품질 와인(Jakostní víno s přívlastkem) : 포도의 품종과 포도밭이 위치한 하위 지역, 체코 농식품부의 검증을 받은 당도

등 급	내 용	당 도
Kabinetní vino	카비네트(Kabinet) 와인	19° NM 이상
Pozdní sběr	늦 수확(Late Harvest) 와인	21° NM 이상
Výběr z hroznů	선별 수확	24° NM 이상
Výběr z bobulí	선별 수확	27° NM 이상
Výběr z cibéb	보트리티스 시네리아 포도	32° NM 이상
Ledové víno	아이스 와인. −7℃의 언 포도	27° NM 이상
Slámové víno	건조 와인(짚에서 3개월 이상 건조)	27° NM 이상

*품질 와인(Jakostní víno) : 체코 내의 와인 생산지역 내 한 곳에서 재배된 포도로 만든 와인으로 생산량이 헥타 당 12톤을 초과하지 않은 것이다. 당도는 15° NM 이상이어야 한다.
버라이어틸 와인[53](Jakostní víno odrůdové)과 블렌드 와인(Jakostní víno známkové)이 있다.
*컨트리 와인(Moravské zemské víno, České zemské víno) : 체코 내에서 재배된 포도로 만든 와인으로 당도가 14° NM 이상인 것이다.
*테이블 와인(Stolní víno) : 유럽 연합(EU) 내에서 재배된 포도로 만든 와인으로 카테고리중 최하위이다.

2. 체코 와인의 생산 지역

체코의 와인 생산 규정에는 두 군데의 생산 지역(체코어 : Vinařská oblast)이 있다.

1) 모라비아(Moravia, Vinařská oblast Morava)

오스트리아와 접경한 동남쪽에 위치한 체코 와인의 주요 생산 지역으로 재배 면적도 가장 넓어서 전체 생산량의 95% 이상이 모라비아의 남쪽 디예(Dyje) 강 주변 지역에서 나온다. 게다가 까베르네 소비뇽 같은 글로벌 품종의 증가로 생산량이 더욱 늘어나고 있으며 이 지역에서 생산되는 와인은 일체의 첨가제를 쓰지 않은 순수한 맛으로 유명하다.

모라비아의 각종 와인은 값싸고 질이 좋아 테이블와인으로 제격이다. 수도인 프라하에서 차로 두 시간 거리인 소도시 발티체(Valtice)는 유네스코 문화유산으로 등재된 도시로 이곳의 '발티체 캐슬' 에는 '체코국립 와인센터' 가 있다. 이곳에서는 포도 경작과 와인 양조에 관한 전문 지식을 교육하며 매년 체코의 최고의 와인 100개씩을 선정하고 있다.

53) Varietal Wine : 와인의 재료가 된 포도품종으로 레이블 상의 와인 이름을 정할 때 75% 이상(혹은 85% ~100%) 그 품종을 사용하여 포도품종으로 이름을 붙인 와인.

하위지역으로 미쿨로프스카(Mikulovská), 츠노임스카(Znojemská), 벨코파블로비카(Velkopav-lovická), 슬로바카(Slovácká)가 있다.

2) 보헤미아(Bohemia, Vinařská oblast Čechy)

독일에 가까운 체코의 북쪽으로 독일 라인가우(Rheingau)의 비스바덴(Wiesbaden)과 같은 북위 50°에 있는 곳이다.

밀러 투르가우, 리슬링, 생 로렝, 블라우 포르티귀저, 피노 누아 품종을 사용하며 수도인 프라하(Prague) 가까이에도 작은 포도밭들이 많으나 생산량은 미미하다.

하위 지역으로 Mělnická, Litoměřická가 있다.

제5절 조지아(Georgia)

조지아(Georgia)는 카프카스 남부의 러시아와 터키 사이에 위치한 공화국으로 서쪽은 흑해와 접해 있으며 북쪽은 러시아 연방, 남쪽은 터키와 아제르바이잔, 남동쪽은 아르메니아에 둘러싸여 있다. 수도는 트빌리시(Tbilisi)로 구 소련 지도자 스탈린의 고향이기도 하다.

조지아 와인 생산의 역사는 약 8,000년으로 추정되며 4,000년 전의 포도씨앗, 와인생산기구, 와인 숙성 통 등이 곳곳에서 발굴되고 있다. 포도씨앗의 연구 결과로 그 당시에 이미 포도는 야생이 아닌 재배가 되고 있었으며 기원전 2,500년 전의 은으로 입혀진 포도가지가 국립박물관에 전시되고 있다.

조지아 정교의 십자가는 포도가지로 만들어 지는데 포도가지를 신성시 했다는 증거로 교회당의 벽화들에서 포도가지 그림들이 발견되며 대주교의 왕관도 포도 모양으로 장식되어 있다. 15세기에서 18세기 오스만의 지배 당시 이슬람 율법에 따라 와인생산이 중단 되었다가 19세기에 와서 다시 와인 경작이 활성화 되었다.

오늘날 조지아는 62,500ha의 포도밭으로 세계 26번째 와인 생산국으로서 몇 와인은 품질 또한 탁월하다.[23] 그러나 이러한 명성이 역설적으로 수출시장에서 위조와인이 나타나 러시아는 2006년에 조지아 와인에 대해 수입 금지 조치를 하게 되자 조지아 정부는 2007년 위조 와인에 관련된 많은 와이너리들을 폐쇄하였다.

러시아는 2008년에 이 금수조치를 해제하였고, 같은 해에 조지아를 침공하여 남 오세티아(South Ossetia)[54)]를 독립시켰지만 1991년에 그루지야는 구 소련의 붕괴로 독립하여 '남 오세티아'를 다시 편입시켰으나 분리 독립하고자 하는 남 오세티아의 분쟁이 간헐적으로 계속되고 있다.

1991년 러시아로부터의 독립과 2000년 세계수출국 기구 가입 등 친 서방정책으로 인해 와인 수출의 70퍼센트를 차지했던 러시아의 수입 금지 조치로 와인 산업은 엄청난 피해를 입었다.

동구권 지역에서 조지아 와인은 최상의 품질을 의미하므로 이러한 명성을 지키고 서방 와인 수입국들의 와인품질 기준에 맞는 와인을 생산하려 노력하고 있다.

54) 러시아어로 유주나야 오세티야(Yuzhnaya Osetiya) 주(州)라고 하며, 주도(州都)는 츠힌발리이다.

1. 조지아 와인의 특성

1) 조지아 와인 문화

조지아에서는 와인이 문화의 한 축으로 자리 잡고 문화생활에 큰 영향을 미치고 있다. 수도 트블리쉬의 상징 조각상인 카틀리스 데다(Kartlis Deda, 위대한 어머니 상)는 한 손에는 적들을 향한 칼, 그리고 또 한 손에는 친구들을 위한 와인 잔을 들고 있다. 결혼 파티에서 신부의 아버지는 전통적으로 약 500리터 이상의 와인을 준비해야 하며 아들이 태어나면 그 해 수확한 포도로 와인을 만들어 묻어 그 아들이 장성해서 결혼을 할 때면 독을 개봉해서 결혼 파티를 여는 전통이 있다.

조지아가 속한 흑해 주변의 코카서스 지방은 세계 3대 장수 지역으로 유명한 곳이다. 경제적으로도 윤택하지 못한 코카서스 지방이 세계적인 장수 지역으로 꼽히는 이유는 때 묻지 않은 자연과 웰빙 음식문화와 관련이 있다. 와인은 독특한 발효법으로 주목 받고 있으며 건강을 유지하고 장수 생활을 위한 필수 조건이며 해마다 많은 관광객들이 찾고 있다.

2) 포도 품종

조지아 와인의 포도 품종은 60~70%가 레드 와인 품종으로 토착 종류가 많다. 가장 오래된 포도 재배 지역인 만큼 자생 포도가 500종이 넘으며 이 중 와인 생산에 적합한 품종으로 38개를 공식적으로 인정하고 있다.

근래에는 국제적인 와인수요에 맞추어 카베르네 소비뇽, 말벡, 메를로, 피노 누아, 그리고 화이트 품종으로 알리고테, 샤르도네, 리슬링이 재배되고 있다.

레드 와인 품종 오야레시[55], 사페라비[56], 타프크베리(Tavkveri), 우사크헬라우리(Usakhelauri), 그리고 알라다스트리(Aladasturi), 알렉잰드리아(Alexandria), 알렉잰드로리(Alexandrouli), 어시어처리(Asuretuli), 츠벨시바(Dzvelshava), 기브타(Gibrita), 이자벨라(Izabella), 티반디디(Mtevandidi), 뮤주리터리(Mujuretuli)

화이트 와인 품종 키크비(Khikhvi), 므츠바니[57], 르카치테리[58], 치누리(Chinuri), 크라키나(Krakhuna), 미나타(Manata), 테트라(Tetra), 시츠카(Tsitska), 솔리코우리(Tsolikauri)

3) 와인 숙성법

조지아 와인의 핵심은 포도를 짜내는 기술이다. 이 전통 방식은 먼저 수확한 포도를 씨와 껍질째로 커다란 항아리인 크베브리(Kvevri)[59]에 넣어 땅에 묻은 후 6개월 동안 자연 숙성시키는데 씨와 껍질이 포함되어 있어서 많은 시간과 기술이 필요하다.

---

55) 오야레시(Ojaleshi) : 트스케니스-트스칼리(Tskhenis-Tskali) 강(江)의 양안의 언덕 경사지에서 재배된다.
56) 사페라비(Saperavi) : 레드품종 중 가장 중요한 견고하고 짙은 색을 띤다. 균형 잡힌 풀-바디 와인을 만들며, 알코올 도수도 높아 장기숙성하며 50년 이상의 장기간의 보존도 가능하다.
57) 므츠바니(Mtsvani) : 므츠바네(Mtsvane)는 그루지아어로 녹색이란 뜻으로 이름대로 신선한 맛이 있다. 방향성과 균형을 잡기 위해 르카치테리(Rkatsiteli)와의 블렌딩에도 많이 사용된다.
58) 르카치테리(Rkatsiteli) : 그루지아의 가장 중요한 품종으로 상쾌한 꽃냄새가 나는 화이트 와인을 만든다. 산도가 높고 좋은 개성을 가진 다수확 품종으로 동유럽에서는 많이 재배되는 품종이다.
59) 크베브리(Kvevri) : 10리터~100리터, 큰 양조장은 2000리터까지의 다양한 항아리들이 있다. 항아리를 땅에 묻어 뚜껑만 땅위에 나와 있게 하고 부패 방지를 위하여 흙과 재로 그 입구를 단단히 봉하여 숙성시킨다.

유네스코에서 조지아의 이러한 전통 와인 숙성 방식을 문화유산(UNESCO Intangible Cultural Heritage)에 등재하기도 했다.

2. 조지아 와인 및 생산지

1) 조지아 와인

조지아 와인은 전통적으로 지역, 세부지역, 마을을 이름으로 삼는데 이는 보르도 방식과 유사하며 두 개나 그 이상의 품종을 블렌딩하는 것도 흡사하다. 와인은 세미 스위트와인이 가장 대중적이다.

(1) 레드 와인

아카세니(Akhasheni) 1958년부터 사페라비(Saperavi) 품종으로 만들기 시작한 진한 자주색의 부드러운 맛의 세미 스위트 와인으로 국제대회에서 금상 6회, 은상 5번을 수상하였다.

크반차카라(Khvanchkara) 알렉산드리아나 무드주레툴리(Mudzhuretuli) 품종으로 1907년부터 만들어 벨벳 같은 촉감과 맛으로 조지아의 가장 인기 높은 대중적인 세미 스위트 와인이다. 역시 국제대회에서 다수 수상했다.

킨즈마라울리(Kindzmarauli) 코카서스 산맥 기슭의 경사진 곳에서 사페라비 품종으로 1942년부터 만든 고품질의 세미 스위트로 국제대회에서 여러 번 수상했다.

무쿠자니(Mukuzani) 100% 사페라비로 오크통에서 3년의 숙성을 거쳐 만든 조지아에서 가장 훌륭한 드라이 레드 와인으로 국제대회의 수상 경력이 많다.

나파레울리(Napareuli) 사페라비로 만든 테이블 와인

오야레시(Ojaleshi) 같은 이름의 품종으로 만든 조지아에서 명성 있는 세미 스위트 와인으로 진한 루비색의 밸런스를 갖춘 풍미가 있다.

피로스마니(Pirosmani) 사페라비로 만든 세미 스위트로 땅에 묻어 숙성시키는 전통방식을 사용하였다.

사페라비(Saperavi) 같은 이름의 품종으로 1886년부터 만든 것으로 개성 있는 부케를 가진 방향성 레드 와인이다. 국제대회에서 여러 번 수상했다.

우사케라우리(Usakhelauri) 같은 이름의 품종으로 만든 세미 스위트이다. 미묘하고 온화한 품질과 루비 색 빛깔 그리고 당도의 조화와 야생 산딸기 향이 다른 와인을 압도한다. 우사케라우리는 조지아 말로 '이름이 없는(nameless)'이라는 뜻이다. 부드러운 맛과 섬세한 부케 그리고 아주 독창적인 짜릿한 맛이 감히 이름을 붙일 수 없게 하였다.

압스니(Apsny) 부드러운 당도를 가진 세미 스위트 레드 와인

리키니(Lykhny) 이자벨라 품종으로 만든 세미 스위트 핑크 와인

므타츠민다(Mtatsminda), 아구나(Aguna), 사치노(Sachino) 사페라티를 비롯한 여러 품종의 블렌딩으로 1984년부터 만든 세미 드라이의 테이블 와인이다.

바라코니(Barakoni) 라이트 루비 칼라의 1981년부터 만든 세미 드라이 와인이다.

살키노(Salkhino) 이자벨라와 여러 품종의 블렌딩으로 1928년부터 만든 리큐어 타입의 디저트 와인이다.

알라베르디(Alaverdi) 같은 이름으로 화이트 와인과 레드 와인이 나온다.

알자니(Alazani) 세메라비를 주로 사용한 세미 스위트의 가벼운 레드 와인이다.

(2) 화이트 와인

피로스마니(Pirosmani) 솔리코우리(tsolikouri) 40%와 시츠카(Tsitska) 60%의 블렌딩인 세미 스위트 와인.

치난다리(Tsinandali) 블렌딩 와인.

트비시(Tvishi) 세미 스위트 와인.

므츠바니(Mtsvani) 같은 이름의 품종으로 만든 드라이 화이트 와인.

아라츠니스 벨리(Alaznis Veli) 여러 지역에서 재배되는 각각 다른 포도의 종류를 혼합하여 만든 세미 스위트. 화이트로, 신선하고 균형잡힌 맛으로 볏짚색이 난다.

아나코피아(Anakopia) 초리카우리 품종으로 1978년부터 만든 세미 드라이의 테이블 와인. 연한 짚 색에서 진한 갈색까지 있는 개성있는 아로마와 묘하게 상쾌한 맛을 지녔다.

트빌리수리(Tbilisuri) 사페라비와 몇 품종의 블렌딩으로 1984년부터 만들었다. 풍부한 과일 맛이 가득한 핑크 색의 세미 드라이 와인이다.

키크비(Khikhvi) 키크비 품종으로 만든 개성 있는 아로마와 섬세한 맛이 나는 호박색의 스위트 화이트 디저트 와인으로 화이트로는 특이하게 알코올 도수가 15도로 높다. 카르다나키 지방에서 생산된다.

사모(Saamo) 르카치텔리 품종으로 만든 화이트 디저트 와인으로 3년간의 숙성을 거친다. 황금색의 이 와인은 꿀 향이 향긋하며 알코올 도수 17%에 이른다.

게라티(Gelati) 여러 품종으로 블렌딩한 드라이한 평범한 와인이다.

카케티(Kakheti) 카케티는 1948년부터 생산된 화이트 테이블 와인이다.

보드베(Bodbe) 르카치텔리 품종으로 만들어 옅은 볏짚색으로 야생화를 연상시키는 좋은 아로마를 가지고 맛은 부드럽다.

디미(Dimi) 평범한 와인이지만 껍질까지 같이 숙성시키므로 진한 볏짚 색의 과일 향이 특별한 부케를 만든다. 트솔리코우리(Tsolikouri)와 크라쿠나(Krakuna)를 블렌딩하여 만든다.

가레이(Gareji) 연한 갈색에서 호박색에 이르기까지 색상이 여러 가지로 부케가 조화로운 일반 와인이다.

에레티(Ereti) 일반적인 균형감이 있는 드라이 화이트 와인이다.

수암타(Shuamta) 과일 아로마가 좋은 드라이 화이트로 호박색에서 진한 호박색이 있다.

알라자니(Alazani, white) 아제르바이잔 국경 근처를 흐르는 강 이름과 같은 와인으로 르카치텔리 100%로 만드는 세미 스위트 와인이다.

(3) 강화 와인

카르다나키(Kardanakhi) 알코올 18%로 오크통에서 3년간 숙성시킨다. 르카치텔리 품종으로 만든 포르투 타입의 화이트 강화 와인이다.

아나가(Anaga) 르카치텔리 외 두 품종을 더 블렌딩한 알코올 19%의 마데이라 타입의 강화와인이다.

시그나기(Sighnaghi) 르카치텔리 품종으로 만든 포르투 타입이다.

베리아(Veria) 알코올 18%의 화이트 포르투로 르카치텔리 외 여러 품종을 블렌딩하여 1977년부터 만들었다.

렐로(Lelo) 알코올 도수 19%의 포르투 타입이다.

마라브다(Marabda) 알코올 19%의 르카치델리 품종으로 만든 포르투 타입 강화와인이다.

콜케티(Kolkheti) 1977년부터 생산한 알코올 18%의 포르투 타입의 화이트 강화와인이다.

타리바나(Taribana) 르카치텔리 품종으로 만든 알코올 19%의 포르투 타입이다. 아름다운 색상에 당도가 약하고 맛이 부드럽다.

2) 조지아 와인의 생산지

조지아 와인은 생산지역이 그 와인의 이름을 대표하며 오래된 전통에 따라 포도의 고유한 품질을 유지하기 위해서 포도 품종의 상호 교배는 금지되어 있다.

카케티(Kakheti) 동부의 아제르바이잔 국경에서 수도인 트빌리시 사이의 넓게 분포된 와인 생산의 70%를 차지하는 중심지이다. 코카서스 산맥 남쪽에 넓게 자리한 카케티 언덕은 대표적인 포도 재배지로 이미 7,000년 전부터 와인을 양조한 세계에서 가장 먼저 포도나무가 재배된 곳이다. 하부 지역은 텔라비(Telavi), 크바렐리(Kvareli)이다.

이메레티(Imereti) 서부 해안가에 위치하여 해안의 습한 기후가 포도 생육에 도움이 된다.

라차 레치구미(Racha-Lechkhumi, Kvemo Svaneti) 이메레티의 북쪽지역으로 코카서스 산맥에 인접하여 서늘한 기후를 보인다.

제6절 그리스(Greece)

문명의 발상지인 그리스는 와인 문화의 발상지이기도 하다. 세계에서 가장 오래된 와인 생산 국가 중 하나로 고대 그리스 와인은 그리스 문명과 함께 지중해 전역으로 퍼져나갔다. 로마 제국 시대에는 그리스 항구에서 북부 유럽으로 전파되었고 히포크라테스는 와인을 의료 목적으로 사용하며 와인을 포함한 처방전을 발행하기도 했다.

중세 시대에 오스만 투르크가 그리스를 지배하면서 와인에 대한 극심한 규제로 와인 산업이 퇴락하였으며 19세기 후반의 필록세라와 두 차례에 걸친 세계 대전, 그리고 그리스 내전으로 와인 산업이 피폐되었다.

현대에 들어 1937년 농림부에 의해 와인협회가 설립되었으며, 1960년에는 송진 풍미의 와인인 레치나(Restina)가 국민적 음료가 되었고 1971년과 1972년 원산지 통제 명칭 법이 제정되어 재도약의 시대를 맞이하였다.

지금은 세계 제 13위의 와인 생산국으로 생산량보다 질을 중요시하여 고품질의 와인이 나오고 있다.

1. 그리스 와인의 특성

그리스는 전반적으로 지중해성 기후에 속하며, 일부 지역은 해양성 기후, 북쪽과 내륙은 대륙성 기후를 보이기도 한다. 이런 내륙 지역의 겨울은 춥고 눈이 오며, 봄은 습도가 많고 서늘하며, 여름 온도가 많이 오르지 않아 포도의 완숙이 와인의 품질을 결정하는 주요 원인이 된다.

그리스의 에게 해에 있는 3,000여개의 섬들 중 사람이 사는 곳은 63군데에 불과하다. 또한 남쪽에 위치하여 태양광선이 포도재배에 적합하며 산이 많은 나라로 많은 포도밭들이 고도가 높은 곳에 위치하고 있다. 화이트 와인이 60% 정도로 우세하며, 스위트 디저트의 화이트 와인도 나오지만 대부분이 드라이 화이트 와인이다.

산토리니 섬은 4천 년 전 화산 폭발로 만들어진 섬으로 시커먼 화산토양에서 토착 품종인 아시르티코(assyrtiko) 품종으로 맛이 강한 화이트 와인을 만들고 있다.

뜨거운 태양과 쉴 새 없는 바람으로부터 보호하기 위해 지면을 움푹하게 파서 포도나무를 심고 위를 천으로 가려 포도를 재배하고 있다. 여기서 생산된 와인은 미네랄이 풍부하여 프랑스의 샤블리 와인과 비슷하게 느껴지기도 한다.

산토리니는 화산섬이라 포도 재배가 가능할까 싶지만 입을 다물 수 없을 정도의 굉장한 와인들이 있고 박물관도 많다, 이 포도나무들은 꽈리 형식으로 꼬아서 굉장히 낮게 재배를 하고 따스한 햇살을 받으며 자란다. 낮은 건조하고 밤은 습도가 많아 바다 이슬이 맺혀 돌들 사이에 숨어 있다가 나무에 공급하여 포도나무가 잘 자라며 공장이 없는 맑은 환경 속에서 성장하여 자연의 포도를 제대로 얻을 수 있다.

1) 그리스의 포도 품종

그리스 와인의 가장 큰 특성은 수천 개의 섬을 가진 독특한 지리적 특징과 400개 가까운 토착품종이 있다는 것으로 이것이 강점이자 약점이 되기도 한다. 이 다양한 품종들이 만들어내는 갖가지의 개성 있는 와인들이 애호가들의 호기심과 관심을 이끌어내기는 하지만 생소한 이름들로 인하여 판매하기 또한 어렵기도 하다.

화이트 와인 품종 아씨르티코[60], 아시리[61], 말라구시아[62], 모스코필레로[63], 로볼라[64], 로디티스[65], 사바티아노[66], 차우시(Tsaoussi), 아이다니(Aidani), 라고르티(Lagorthi), 머스카트

레드 와인 품종 아요르이티코[67], 시노마브로[68], 만디라리야(Mandelaria), 마브로다프네(Mavro-daphne)

2) 와인 규정

그리스는 1971년부터 원산지 표기 제도를 시행하여 정부에서 지정한 지역을 표시하고 있다. 그리스 또한 EU의 회원국이므로 와인은 EU의 규정을 따라 레이블에 내용을 기재하여야 한다.

OPAP(Onomasia Proelefseos Anoteras Piotitos) 품질이 좋은 상품(上品)의 원산지 표기(Appellation of Origin of Superior Quality) 와인이다. 25개의 지명으로 대부분이 드라이 레드나 화이트 와인으로 병의 위쪽에 빨간색 줄무늬가 있어 식별이 용이하다.

OPE(Onomasia Proelefseos Eleghomeni) 원산지 표기(Controlled Appellation of Origin) 와인으로 7개의 지역 대부분이 스위트 와인이다.

TI(Topikos Inos) 로컬 와인이란 뜻으로 프랑스의 뱅 드 빠이(Vins de Pays)에 해당된다. 레이블에 키트마(Ktima : 도멘느, 에스테이트의 뜻), 아촌디코(Archondiko : 샤토), 빌라(Villa)와 같은 생산 와이너리의 명칭을 붙이는 것이 허용된다.

EI(Epitrapezios Inos) 프랑스의 뱅 드 따블에 해당되는 것으로 테이블 와인이다. 생산 지명을 표기하지 않으므로 여러 지역의 와인을 블렌딩할 수 있다.

2. 그리스 와인의 생산 지역

1) 북부 지방

(1) 마케도니아(Macedonia)

북쪽의 마케도니아와 불가리와 가까운 그리스의 북쪽 산악지역으로 서늘한 기후이다. OPAP지역으로 아민테온(Amyntaion)과 나오싸(Naoussa), 그리고 에파노미(Epanomi), 구메니싸(Goumenissa)가 있다.

---

60) 아씨르티코(Assyrtiko) : 그리스의 토착 품종 가운데 가장 중요한 것으로 날카로우며 동시에 우아한 와인으로 리슬링과 비슷하다. 꽃 향과 놀라운 산미에 드라이하고 둥근 구조가 특징이다. 산토리니 지역에서 주로 재배되며 다른 품종과의 블렌딩을 통해 근엄하고 산미가 강하고, 알코올이 높은 아시르티코의 개성을 중화시킨다. 스위트 와인인 빈산토(Vinsanto)를 만든다.

61) 아시리(Athiri) : 과실 풍미가 좋은 신선하고 우아한 와인을 만든다. 복숭아 풍미가 두드러지며, 강한 미네랄을 느낄 수 있다. 숙성될수록 단단한 구조와 복합성을 보이는 품종이다.

62) 말라구시아(Malagousia) : 집중되고 농축된 향과 풍미를 보이는 품종으로 잘 익은 복숭아, 살구, 멜론, 재스민, 신선한 녹색 후추 향이 특징이다. 입 안을 가득 채우는 풍미를 지니고 오크 숙성한 경우 숙성에 따른 변화가 놀라운 품종이며, 스파클링 와인으로도 양조된다.

63) 모스코필레로(Moschofilero) : 펠로폰네소스 기원의 품종으로 장미 꽃잎과 같은 꽃 향이 특징적이며 신선한 감귤 풍미에 바삭한 산미로 스파클링 와인으로도 양조된다.

64) 로볼라(Robola) : 포도송이가 핑크색으로 화이트 파트라스를 만든다. 체파로니아(Cephalonia)의 산악지대의 포도밭에 주로 있다.

65) 로디티스(Roditis) : 분홍빛을 띠는 품종으로 잘 익은 멜론, 꿀 향이 농축된 와인을 만든다. 소비뇽 블랑과 비슷하며 다채로운 풍미에 레몬 느낌의 여운을 남긴다.

66) 사바티아노(Savatiano) : 화이트 품종 중 가장 광범위하게 많이 재배되는 것으로 사바티아노를 발효시키면서 송진을 첨가하면 그리스 테이블 와인의 30%를 차지하는 전통적인 레치나(Restina)가 되어 식전주로 좋다. 아티카(Attica)에서 많이 재배된다.

67) 아요르이티코(Agiorghitiko) : 부드러운 질감의 레드 와인을 만드는 품종으로 오크 숙성을 거치면 색이 짙으지며 농축도와 복합성이 더해진다. 좋은 바디에 타닌이 어울려 마시기 편안하고 보통 어릴 때 마신다. 5년 정도의 숙성 잠재력이 있다. 펠로폰네세(Peloponnese)의 네메아(Nemea)에서 주로 재배된다.

68) 시노마브로(Xinomavro) : 사우어 블랙(Sour Black)이라고도 하며 그리스의 바롤로로 불리는 품종이다. 색은 옅으나 강한 산미와 타닌과 단단한 골격을 지닌 최고 품질의 장기 숙성용 레드 와인을 만든다.

부타리(Boutari)는 4대째 가족 경영을 이어오며 해외로 많이 수출되어 외국에 잘 알려진 곳으로 모스크필레로(Mouschofilero) 품종으로 만든 같은 이름의 와인은 복합적인 꽃향에 높은 산미와 아우러진 깔끔한 뒷맛이 봄여름에 잘 어울리는 와인이다. 키르-야니(Kir- Yianni)는 부타리 와인 중 프리미엄급에 붙이며 나오싸 지역의 시노마브로 100%로 만든 레드 와인이다. 카토기(Katogi Strofilia)도 잘 알려져 있다.

(2) 에피루스(Epirus)

좌측으로 이오니아 해(海)가 있는 알바니아와 가까운 그리스의 서북 지방이다. OPAP 지역으로 칫사(Zitsa), 요엘(Joel)이 있다.

(3) 트라케(Thrace)

위로는 불가리아 그리고 동쪽으로는 터키와 가까운 그리스의 동북지방이다.

2) 중부 지방(Central Greece)

수도 아테네 위의 그리스 중심부로 좌측은 산악지대, 우측은 에게 해를 바라보는 평야지대이다. OPAP 지역은 아티카(Attica)와 테살리(Thessaly) 그리고 안키아로스(Anchialos)와 라프사니(Rapsani)가 있다. 특히 아티카와 그 인근에서 레치나(Retsina)[69] 와인이 나온다.

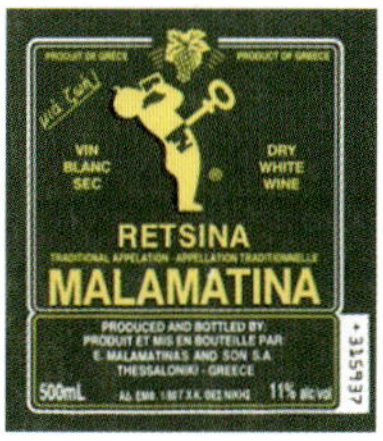

게로바실리우(Domaine Gerovassiliou)는 고대 품종인 말라구시아(Malagousia)를 멸종 위기에서 되살려 말라구시아와 아시르티코를 50%씩 블렌딩하여 와인스펙테이터 톱 100에 꼽힌 와인으로 부드러운 질감에 풍부한 미네랄 풍미를 지닌 화이트 와인이다.

찬탈리(Tsantali)의 화이트 와인과 보르도스타일의 메를로도 좋다.

3) 이오니아 제도(Ionian Islands)

그리스의 서북 지방인 에피루스 앞의 섬들이다. 이오니아 해를 사이에 두고 이태리의 남부지방인 브린디시와 마주 보고 있다. OPAP 지역은 케팔로니아(Kefalonia)가 있다.

4) 펠로폰네세(Peloponnese) 지방

그리스 남부의 넓고 긴 반도 지형으로 기후와 토양이 다양하여 주목할 만한 여러 와인이 나온다. OPAP 지역으로는 부드러운 레드 와인이 나오는 네메아(Nemea) 그리고 드라이 화이트를 만드는 파트라스(Patras)와 만티네이아(Mantineia)가 있다.

가이아(Gaia)는 이요르티이코(Agiorgitiko) 품종으로 만든 깊고 진하며 산도와 타닌이 완벽한 균형을 이룬 세계적 수준의 그리스 와인이며, 로디티스로 만든 레트시나도 나온다.

파트라스(Patras)는 성경에 나오는 코린토스(Korinthos)와 바다가 내려 보이는 아로아니아 산 중턱에 있으며, 파프 요하노(Pape Johannou)도 알려진 곳이다.

5) 에게 해(Aegean Islands)

그리스와 터키 사이의 에게 해, 특히 수도 아테네의 남부 지역 섬들로 이루어져 있다. OPAP 지역으

69) 레치나(Retsina) : 고대 그리스어로 송진을 뜻한다. 와인을 숙성시키거나 이동할 때 새거나 흐르지 않도록 사용하는 암포라 안쪽과 뚜껑에 송진을 발라 송진 냄새가 나는 와인이다.

로는 스위트 화이트가 나오는 사모스(Samos)와 산토리니(Santorini), 림노스(Limnos) 그리고 파로스(Paros), 로데스(Rhodes), 코스(Kos)가 있다.

산토리니에서는 쿨루라(Kouloura)[70]라는 전통방식으로 포도를 재배한다. 가발라스 산토리니(Gavalas Santorini)는 아씨르티코 100%로 만들어 짭짤한 감칠맛을 지녀 해물 요리와 특히 잘 어울린다.

쿠르타키스(D. Kourtakis)는 그리스에서 가장 큰 곳이며, 야니스(Annis)의 아쉬르티코는 스위트 화이트의 매력적인 와인이다.

6) 크레테(Crete)

그리스에서 가장 남쪽으로 에게 해의 가장 큰 섬이다. OPAP 지역으로 아르카네스(Archanes), 다프네스(Dafnes), 페차(Peza), 시티아(Sitia), 야손(Jason)이 있다.

제7절 헝가리(Hungary)

헝가리 와인의 전통과 역사는 이 나라의 폭넓은 기후대와 토양, 고도(高度)로 포도경작에 적합하여 고대의 로마시대 이전으로 거슬러 올라간다. 그러나 헝가리의 좋은 포도밭들은 경사가 급한 경사지에 있었는데 대량 경작을 위한 트랙터들이 진입할 수 없어 수확량을 늘릴 수 없었으므로 공산치하에서 거의 황폐화되었다. 이로 인해 다양한 토착 품종 중의 몇 개는 멸종되어 완전히 사라졌다.

동유럽의 와인 생산국들은 1980년대 후반과 1990년대 초반 공산주의의 몰락과 더불어 와이너리의 개인소유가 허용되어 생기를 되찾았다. 이 중 헝가리는 가장 큰 잠재력을 지닌 나라이다.

헝가리는 위도 상 북쪽에 위치하지만 산에 둘러싸여 상대적으로 따뜻한 기온을 가지고 있으나 화이트 와인이 우세하다.

1. 주요 포도 품종(Szőlő)

헝가리 와인(헝가리어 : 보르, Bor) 생산의 60%가 화이트 와인이다.

화이트 품종

체르세기 퓌세레쉬(Cserszegi fűszeres), 에체르요(Ezerjó), 푸르민트[71], 하르스레베리[72], 이르서이 올리베르(Irsai oliver), 쿠파크(juhfark), 케크네리(kéknyelű), 키와리언니캬, (királyleányka), 라이안캬(leányka), 무스캣 루넬[73], 올라스리즐링[74]

---

70) 쿨루라(Kouloura) : 바람과 햇빛이 강한 섬에서 포도를 보호하기 위해 수천년 전에 개발된 재배방식이다. 포도나무가 땅바닥에 납작 누워 줄기와 가지가 바구니 모양으로 동그랗게 말려 잎과 줄기가 포도송이를 감싸 안으므로 그리스어로 바구니를 뜻하는 말에서 이름을 붙였다.

71) 푸르민트(Furmint) : 잘 알려진 스위트 와인인 토카이(Tokaji)를 만드는 품종으로 헝가리 동북부 지방에서 재배된다. 이 품종으로 만드는 드라이 와인은 산도가 무척 높다.

72) 하시라베루(Hárslevelü) : 역시 토카이를 만드는데 사용된다. 산도와 특히 당도에 있어서 푸르민트에 비해 떨어지지만 스파이시 향과 파워풀에서는 한층 낫다.

레드 품종

캐도르카[75], 스바이겔트(Zweigelt), 그리고 켁프랜코쉬(kékfrankos : 오스트리아의 블라우프랜키시)는 산도가 높은 와인을 만든다.

2. 와인 등급

헝가리 와인의 등급은 국립 와인 평가원(National Wine Qualfying Institude)에서 규정한 네 가지 카테고리가 있다.

* 쿨룅아가슈(Különleges Minöségü Bor) 최상품 와인(extra-quality wine)
* 미너세기 보(Minöségi Bor) 고급 와인(quality wine)
* 타지 보(Taj Bor) 보통 등급 와인(regional wine)
* 아츠탈리 보(Asztali Bor) 테이블 와인

이 중 엑스트라-퀄리티 와인과 퀄리티 와인은 수출시장을 겨냥하여 만들어진 것으로, 엑스트라-퀄리티에만 허용된 삼색 띠는 '와인상인협회'가 수출을 허용한 표식으로서 와인의 병목에 헝가리 국기의 삼색표지인 빨강, 흰색, 그리고 초록의 삼색 띠가 둘러져 있다.

3. 헝가리의 와인 생산지

헝가리는 서쪽으로 오스트리아, 동쪽으로 루마니아, 남으로는 크로아티아와 북으로 슬로바키아에 둘러싸인 내륙국이다. 가운데를 듀나(Duna)[76] 강이 흘러 이 강에 의해 국토가 동서로 이등분되어 있다.

중앙에 있는 수도 부다페스트(Budapest)의 남서쪽에는 유럽에서 제일 큰 호수인 발라톤(Balaton)호가 근처의 포도밭에 온화한 기후를 만들어 주고 있다.

22개의 공식 와인생산지를 가지고 있다.

1) 서북 지방

소프론(Sopron) 오스트리아와 국경을 접하고 있는 노이시델(Lake Neusiedel) 호 남단 지역이다. 노이시델 호는 오스트리아 수도 비엔나의 밑에 있는 호수로 호수의 대부분이 오스트리아 내에 있으며 일부분이 헝가리의 서북 지방에 있다. 오스트리아의 스위트 와인 지역인 노이지에들러지(Neusiedlersee)의 영향을 많이 받았다. 여러 곳[77]이 추천된다.[24]

네스메이어(Neszmély) 부다페스트 북서쪽의 헝가리와 슬로바키아를 나누는 도나우 강의 남안에 위치하며 상쾌한 화이트 와인이 나온다.

에젝크-부다(Etyek-Buda) 부다페스트의 서쪽 인근으로 좋은 향과 산도를 지닌 가벼운 스타일의 화이트 와인이 생산되는 지역이다.

---

73) 무스캣 루넬(Muscat Lunel) : 토카이 와인을 만드는데 세 번째로 중요한 품종으로 무스코탈리(Muskotály)라고도 하며 세미스위트나 스위트와인에 사용된다. 토카이 지역뿐 아니라 헝가리 전역에서 쉽게 보인다.

74) 올라스리슬링(Olaszrizling) : 가장 기본이 되는 주품종으로 곳에 따라 웰시리슬링(Welschriesling)으로 부르기도 한다. 산도가 아주 높으며 스파이시하고, 아몬드향이 난다.

75) 캐더카(Kadarka) : 풀-바디 와인을 만들 수 있는 잠재력을 가졌으므로 헝가리에서 가장 오랫동안 재배되어온 품종이다. 헝가리의 전통적인 헤비한 음식에 가장 잘 어울리는 스파이시한 레드 품종이다.

76) 듀나(Duna) : 다뉴브(Danube) 강의 헝가리식 이름

77) Jandl, Lővér, Luka, Pfneiszl, Ráspi, Taschner, Vincellér, Weninger, Wetzer, Winelife

무어(Mór) 부다페스트 서쪽 지역으로 에서제(Ezerjó) 품종을 사용하여 만드는 풀 바디의 화이트 와인이 나온다.

패넌하우마(Pannonhalma) 부다페스트에서 서쪽으로 오스트리아에 가까운 도나우 강의 하안에 위치하며 풀 바디의 화이트 와인이 생산된다.

2) 벌라톤 호(Lake Balaton)

유럽에서 가장 큰 호수로 헝가리의 중앙부 서쪽인 수도 부다페스트의 남서쪽이다. 주 품종은 올라츠리슬링(Olaszrizling)이다.

바다초니(Badacsony) 호수의 동북 쪽 연안의 서부지역으로 산도가 좋은 풀 바디의 화이트 와인이 나온다. 추천되는 곳[78)]이 있다.[25]

벌라톤보글라(Balatonboglár) 산도가 부드러운 풀 바디의 화이트와 레드 와인이 나오며 여러 곳[79)]이 추천된다.

벌라톤-펠비덱(Balaton-felvidék) 부드러운 산도를 지닌 풀 바디의 화이트 와인이 생산된다. 몇 곳[80)]이 추천된다.[26]

벌라톤푸레드-초팍(Balatonfüred-Csopak) 풀 바디의 화이트 와인이 나오는 지역으로 추천되는 곳[81)]이 있다.

나기-소믈로(Nagy-Somló) 산도가 높은 플 바디의 화이트 와인이 올라츠리슬링, 푸르민트, 하시라베루(hárslevelű) 품종으로 만든다. 추천할만한 생산자들[82)]이 있다.

자라(Zala) 주로 화이트 와인을 생산하며 체자르(Cezar) 와인이 추천된다.[27]

3) 다뉴브강(Danube Riber)

북에서 남쪽으로 헝가리의 중앙을 관통하는 다뉴브 강의 북부는 화이트 와인이 주로 생산되며 남부는 부르고뉴 타입의 레드 와인을 많이 만든다.

대평원(The Great Plain, Alföld) 지역 헝가리 와인 생산의 반 이상을 차지하는 가장 큰 와인지역이다. 세부 지역은 손그라드, 하요스-버여, 쿤사그가 있다.

프리트만(Frittmann)은 대평원 지역에 처음 자리 잡은 양조장으로 화이트나 레드 공히 발군이며 그 밖에 여러 곳[83)]이 알려져 있다.

손그라드(Csongrad) 티서(Tisza) 강 좌안에 위치하며 와인은 알코올 도수는 높은 편이나 산도가 떨어진다.

하요스-버여(Hajós-Baja) 도나우 강 우측 지역이다.

---

78) Ambrus Bakó, Borbély, Csobánc Wine Cooperation, Gilvesy, 2Ha, Laposa Borbirtok, Málik, Sabar, Sandahl, Szószi, Szeremley, Válibor, Villa Tolnay
79) Bujdosó, Garamvári, Ikon, Konyári, Géza Légli-Kislaki, Ottó Légli
80) Káli Kövek, Liszkay, Pálffy
81) Béla és Bandi/Gellavilla, Figula, Homola, Jásdi, Szent Donát, Tamas
82) Barnabás Pince, Imre Györgykovács, Kreinbacher, Meinklang, Somló Apátság, Spiegelberg, Tornai
83) Font, Gál Pincészet, Gedeon, Köpcös, Koch

쿤사그(Kunság) 다뉴브와 티서 강 사이에 위치하는 평원이다. 리슬링, 샤르도네로 생산하는 화이트 와인이 주로 나온다.

섹사르드(Szekszárd)는 카다르카(kadarka), 케크프란코스(kékfrankos) 품종을 주로 사용하여 풀 바디의 레드를 생산한다. 추천할 양조장이 여러 곳[84]이다.[28]

펙스(Pécs) 서남부 산기슭이나 포도밭은 경사면에 있어 생육에 지장이 없는 온화한 지중해성 기후로 화이트 와인이 대부분으로 리시차(Lisicza)에서 소비뇽 블랑을 잘 만든다.

톨나(Tolna) 헝가리 서남부지역으로 생산량이 많아 평범한 테이블 와인으로 취급하나 질은 괜찮아서 다뉴비아나(Danubiana)와 Tűzkő가 추천된다.

빌라니(Villány) 남 크로아티아에 가까운 헝가리의 최남단으로 다뉴브 강의 좌안이다. 풀 바디의 향신료 향이 나는 레드 와인을 생산하는 여러 곳[85]이 추천된다.[29]

4) 에게르, 토카이(Eger, Tokaj)

(1) 북크(Bükk)

생산량의 대부분이 화이트 와인으로 주로 토착 품종을 사용하나 글로벌 화이트 품종도 일부 재배된다.

(2) 에게르(Eger)

부다페스트의 동북쪽 150km 지점으로 토카이로 가는 길목에 위치하고 있다. 비카베르(Bikavér)는 황소의 피(Bull's Blood)라는 뜻으로 케크프랑코스(kékfrankos), 케코포르토(kékoportó)와 카다르카(kadarka)의 블렌딩으로 헝가리에서 가장 잘 알려진 레드 와인이다. 그로프 버틀러(Grof Buttler)는 비카베르 외의 여러 품종으로 와인을 생산하며 그리고 잘 알려진 곳[86]이 많다.

(3) 마트라(Mátra)

부다페스트의 동북부의 마트라 산맥 기슭으로 토착 품종으로 특화하였다. 스위트 혹은 풀 바디의 화이트 와인이 주로 나오며 레드도 조금 나온다.

데브뢰이 하르시레벨뤼(debröi harslevelü)와 같은 화이트품종은 평균 당도가 4.5그램(리터 당)에 이른다.

지온가에스(Gyöngyös), 네자르드(Nagyréde)의 와이너리는 샤르도네나 소비뇽 블랑 같은 글로벌 품종으로 드라이 와인에 집중하기도 하며 바린트 론손치(Bálint Losonci)와 베네데크(Benedek), Centurio, Gábor Karner, N.A.G, Szecskő가 추천된다.

(4) 토카이-헤자야(Tokaj-Hegyalja)

유네스코 세계문화유산으로 2002년 등재된 곳으로 부다페스트의 북동쪽으로 슬로바키아와 가까운

---

84) Bodri, Adrián Bősz, Dúzsi, Eszterbauer, Fritz, Heimann, János Márkvárt, Merfelsz, Mszáros, János Németh, Pastor, Pósta, Remete-bor, Sebestyón, Szeleshát, Takler, Tüske, Vesztergombi, Vida

85) Bakonyi, Bock, Bodor, Csányi, Attila Gere, Tamás & Zsolt Gere, Heumann, Hummel, Gábor Kiss, Jackfall, Janus, Jekl, Levente Kvassay, Linbrunn, Malatinszky, Polgár, Riczu-Stier, Ruppert, Sauska, Szemes, Vinatus, Vylyan, Wassmann

86) Attila Pince, Bolyki, Bukolyi, Gajdos, Lajos Gál, Tibor Gál, Hagymási, Imre Kaló, Nimród Kovács, Orsolya, Tamás Pók, St.Andrea, Sike, Thummerer, István Tóth

곳이다. 티서 강이 구비치는 곳에 있어 효모균(botrytis cinerea)의 영향을 받은 귀부병 포도를 사용한 와인이 당도가 높으며 이 당도에 따라 등급을 매기고 있다.[30] 공산주의의 국유화로 인해 40여년 침체되었던 토카이 와인이 점진적으로 옛 명성을 되찾고 있다.

토카이 아수(Tokaji Aszú)는 세계적 탑클래스의 디저트 와인으로 토카이(Tokaj)라는 도시이름에서 연유되었다. 토카이(Tokay)는 미국화된 말이고 토카이(Tokaji)의 'i' 는 ' ~에서부터, ~에서 온 '이라는 뜻이므로 토카이 아수는 ' 토카이에서 온 아수 ' 와인이라는 뜻이다.

토착 품종인 푸르민트, 하르시레벨루와 Sárgamuskotály, Kabar, Kövérszőlő 그리고 제터(Zéta) 품종의 사용이 공식적으로 허용된다.

포도가 귀부균의 영향을 덜 받았을 때에는 패이스트를 규정에 따라 양을 조절하여 사용하며 10갤런(36리터)들이 작은 배럴의 푸토니(puttony)를 35갤런(136리터)의 큰 통에 섞으면 이를 깐치(gönci)라 부른다.

레이블에는 3에서 6까지의 숫자로 표시되는데 이는 당도가 높은지를 보여주는 것이며 또한 패이스트의 양을 얼마나 늘렸느냐에 따라 구분된다.

레이블의 당도 표시 Kov

명칭	숙성	잔여 당도
3 프토노슈(Puttonyos)	3년 숙성	리터 당 2온스(60g) 이상
4 프토노슈	4년 숙성	리터 당 3온스(90g) 이상
5 프토노슈	5년 숙성	리터 당 4온스(120g)
6 프토노슈	5년 숙성	리터 당 5온스(150g)
토카이 에센치아(Tokaji Eszencia)	5년 이상의 숙성	리터 당 15온스(450g), 영어로 엣센스(essence)의 뜻
토카이 나투레센치아(Natúreszencia)	5년 이상의 숙성	리터 당 250g 이상

(5) 토카이 푸르민트(Furmint), 토카이 하르시레벨루(Harslevelü)

곰팡이가 끼지 않은 푸르민트 포도나 하르시레벨루로 만든 드라이 와인으로 묵직한 느낌이다.

(6) 토카이 자모로드니(Szamorodni)

곰팡이가 부분적으로 낀 포도로 만들어 알코올 함량이 높다. 드라이 타입의 와인은 자라스(Száraz), 스위트와인은 에데슈(Édes)라 하며 잔여 당이 리터 당 30g 이상, 2년 이상 숙성시킨다.

(7) 토카이 에센치아(Tokaji Eszencia)

이 엣센스를 최상급(special quality)의 아수와인에 블렌딩하는 데 사용된다. 이 에센치아를 브로드벤튼은 "세상에서 가장 오래 살아있는 와인" 으로 표현하기도 했다.[31]

와인은 풍부한 당도와 높은 산도가 절묘한 조화를 이룬다. 에센치아는 전체 동유럽에서 가장 진기하며, 가장 복합적이며, 가장 비싼 와인으로 지금도 생산 중이므로 다음 세기에도 맛있는 와인이 될 것이다.

드라이 스타일의 토카이 프루민트 와인은 일반적인 750ml의 병에 들어있는데 반하여 용량은 500ml의 작은 병이다.

토카이 포도 재배 지역은 헝가리와 슬로바키아에 걸쳐 있어 어느 지역에서 나오느냐에 따라 헝가리 토카이(Hungarian Tokaj), 슬로바키아 토카이(Slovak Tokaj)로 각각 브랜드 명으로 사용한다.

토카이 와인은 샤토 뒤켐, 트로켄베렌아우스레제와 함께 세계 3대 귀부와인으로 꼽히며 독일보다 100년, 프랑스보다 200년 빠른 가장 오랜 역사를 자랑하며 '토카이 와인지역 문화 경관' 이 유네스코 세계 문화유산에 등재되었다.

비르살마주 아수(Birsalma' s Aszú)는 1990년 세워진 영국회사인 로열 토카이(Royal Tokaji wine company)에서 생산한 것으로 '세계 100대 와인' 으로 꼽힌다. '지상에서 느끼는 천상의 맛' 이라는 찬사가 명불허전이다.

디스노쾨(Disznókó), 그리고 그뢰프 데겐펠트(Gróf Degenfeld)는 100ha 블록으로 구성된 한 밭에서 하르스레베리 품종, 훼트셸뢰(Hótszőlő)는 50ha 밭에서 푸르민트로 만들어 높은 당도와 긴 피니쉬를 자랑한다.

키랄리유드바르(Királyudvar)의 푸르민트는 진하고 달콤한 환상적인 와인이며, 오레무스(Tokaj Oremus)는 스페인의 베가 시실리아에서 설립한 곳이다. 로얄 토카이(Royal Tokaji Wine)의 에센치아는 당분이 너무 많아 숙성 속도가 느려져 100년도 거뜬하다는 와인이다.

셉시(István Szepsy)는 헝가리 언론이 '토카이 와인의 동의어' 라 표현하며, 프랑스 왕 루이 15세로부터 '왕들의 와인이자 와인의 왕' 이라는 찬사를 받았다. 셉시의 에센치아는 알코올 2%의 가벼운 알코올 함유 음료수준으로 병든 사람도 벌떡 일어나게 한다는 묘약이기도 하다. 그 외 이름난 토카이를 만드는 곳[87]이 많다.

제8절 몰도바(Moldova)

세계의 16번째 와인 생산국인 몰도바는 우크라이나와 루마니아 사이에 위치하고 있으며 흑해에 가까운 곳이기는 하지만 완전 내륙 국가이다.

1812년 러시아에 편입되었다가 제1차 세계대전 이후 루마니아에 병합된 후 1924년에 우크라이나의 일부로 몰도바자치공화국이 되었다가 1991년에 독립하였다. 수도는 키시니프(Kishinëv)이다.

87) Árvay, Alana-Tokaj, Árpád-hegy, Balassa, Bardon, Barta, Basilicus, Béres, Bodrog Borműhely, Bott Pince, Demetervin, Chateau Dereszla, Dobogó, Erzsébet, Füleky, Gizella, Holdvőlgy, Homonna, Kikelet, Lenkey, Nobilis, Chateau Pajzos, Patricius, Pelle, Pendits, Samuel Tinon, Sauska, Szent Tamás, Tibor Ga, Zoltán Demeter

CIS 회원국[88] 중 기후가 가장 온화하며 평야가 많아 농사에 적합하다. 대륙성 기후이지만 흑해와 인접하여 여름이 길고 겨울이 온난하며 강수량도 포도 품질에 영향을 줄 정도가 아니어서 포도나무 재배에 좋다.

호주의 펜폴드사와 같은 외국 투자가들이 자본이나 포도재배, 양조기술에 이르기까지 지원하고 있다. 드라이한 테이블 와인이 다양한 레이블과 적당한 가격으로 수출되고 있으나 러시아를 제외하고는 자체 소비가 많은 편이다. 수출의 대부분은 러시아였으나 2006년에 '질적인 이유'로 조지아와 함께 수출이 금지당하여 많은 피해를 본 후 철회되는 사건을 겪기도 하였다. 그러나 러시아에 의존해 온 와인 산업을 제고하는 계기가 되기도 하였다.

1. 포도의 품종

카베르네 소비뇽이나 샤르도네 같은 글로벌 품종을 일찍 이식하여 포도 재배지역 마다 골고루 보인다.

화이트 와인 품종이 전체의 약 70%를 차지한다. 비유시유어애크 앨프(busuioacă albă), 피터스카우 앨버(fetească albă), 피터스카우 리걸(fetească regală), 플라배(plavai), 르카트시테리(rkatsiteli), 알리고테, 소비뇽 블랑, 샤르도네, 세미용, 리슬링, 게뷔르츠트라미너 등이 있다.

레드 와인 품종은 라러 니거(rară neagră), 피터스카우 니거(fetească neagră), 메를로, 카베르네 소비뇽, 피노 누아, 그리고 말벡, 사페라비(saperavi) 등이다.

2. 와인 생산 지역

포도 재배는 371,000에이커(150,000헥타)에 이른다.[32] 몰도바의 와인 생산은 크게 네 곳으로 나누어, 발티(Balti) 북부, 커드루(Codru) 중부, 푸커리(Purcari) 남동부, 커훌(Cahul) 남부 지방이다.

커훌 지방은 와인 생산에 가장 중요한 지역으로 스위트나 세미 스위트 레드 와인이 나오며, 화이트 와인은 산도가 높다. 하위 지역은 Taraclia, Ciumai, Comrat, Ceadir-Lunga, Baurci, Cazaiac, Tomai, Cimislia 등이다.

디빈(Divin)은 코냑 방식으로 만드는 몰도바의 브랜디이다. 밀레스티 미사이(Mile tii Mici)는 약 1천5백만 병 이상의 와인이 저장 되어 있는 와인 저장고의 지하 길이가 250km로 기네스북에 등재되어 있으며, 크리코바(Cricova) 와이너리의 지하저장고 길이가 120km에 달한다.

제9절 루마니아(Romania)

유럽대륙 동쪽에 위치한 루마니아는 위로는 우크라이나, 오른쪽은 몰도바와 흑해에 면해 있고 남으로는 불가리아 그리고 서쪽으로는 헝가리, 세르비아와 국경선을 맞대고 있다. 1861년 건국하여 부쿠레

88) CIS(Commonwealth of Independent States) : 독립국가연합. 1991년 소련이 소멸되면서 소련에 속해있던 공화국들이 결성한 정치공동체로. 1991년 소련 내의 11개 공화국 대표들이 카자흐스탄의 수도 알마아타에서 회동하여 1992.1.1 부터 독립국가연합을 창설 한다는 알마아타 선언을 채택하면서 출범하였다. 1993년 12월 조지아가 가입함으로써 모두 12개국이 되었다. 아제르바이잔, 우크라이나, 아르메니아, 벨로루시, 카자흐스탄, 몰도바, 러시아, 타지키스탄, 키르키즈스탄, 발트 3국(에스토니아, 라트비아, 리투아니아)

슈티(Bucureçti)를 수도로 정한 루마니아의 국토 면적은 한반도 전체 면적보다 조금 크며 인구는 2,400만명 정도로 남한 인구의 절반에 불과하다.

루마니아의 포도재배는 최소한 4,000년 이상의 재배역사를 가지고 있다. 그리스 신화에 나오는 와인의 신 '디오니소스(Dionysos)' 는 트라키아(Tracia)에서 태어났는데 그 곳이 현재의 다뉴브 강 연안이다.

루마니아의 국명에서부터 '로마인의 후예' 라는 뜻으로 200년 남짓 로마의 지배를 받아 유럽의 동쪽 변방임에도 라틴 사람들이 대부분으로 풍습이 남 유럽과 흡사하다.

프랑스와 같은 위도 상에 있으며 온대기후와 대륙성 기후의 중간 기후대에 놓여 있다. 해안 구릉지역과 중앙에 위치한 카르파티안 산맥의 경사면 지역의 기후와 토양이 와인재배에 적합하여 우수한 와인을 생산하며 와인 수출액은 매년 큰 폭으로 증가하고 있다. 국토는 4개 지역[89]으로 구분한다.

1. 루마니아 와인의 이해

1) 포도품종

(1) 화이트 와인 품종

피디스커 아울버(fetească albă), 피디스커 레글라(fetească regală, 이탈리아 리슬링), 갈베너 디 오도베스티(galbenă de odobe ti), 그라서 디 카트내리(grasă de cotnari), 타마오아서 롬니어스커(tămâioasă românească), 리슬링, 소비뇽 블랑, 피노 그리, 알리고테, 샤르도네(=cramposie), 트라미너, 뮈스캣 오토넬(muscat ottonel), 뮈스캣 디 함부르그(muscat de hamburg)

(2) 레드 와인 품종

피디스커 니그(fetească neagră), 비비스커(băbească neagră), 부시이오아카 디 보히틴(busuioacă de bohotin), 카베르네 소비뇽, 메를로, 피노 누아

2) 와인 규정

루마니아 와인관리 규정은 DOC(Denumire di Origine Controllata)로서 1975년부터 DOC표기를 해왔으나 현재는 AOC표기와 혼용하여 사용하고 있다.

레이블에 표시된 용어

바이(Vie), 비아이얼(Viile)	포도나무, 포도원
스트루기어(Strugure)	포도
벤 알브(Vin alb), 빈 로시우(Vin Rosu)	화이트 와인, 레드 와인
벤 유저(Vin Usor)	라이트 와인
벤 디 마서(Vin de Masa)	테이블 와인
벤 스페리오르(Vin Superior)	수페리어(Superior) 와인

89) 1. 흑해연안 지역과 다뉴브강 삼각주 지역, 2. 카르파티아 산맥이 반원형을 이루며 중북부에 있는 트란실바니아 고원 지역, 3. 산맥아래의 문테니아 & 오르테니아 평원 지역, 4. 몰도바 지역

벤 로즈(Vin Rose)	로제 와인
섹(Sec) / 둘세(Dulce)	드라이 / 스위트
스퓨모즈(Spumos)	스파클링 와인
추이커(Tuica)	주로 자두로 만든 브랜디
팰링서(Palinca)	추이커를 더 증류한 증류주

2. 와인 생산 지역

루마니아의 포도 재배지역은 지역적 특색과 토양의 성질, 기후조건에 따라 7개 지역으로 구분하여 관리되고 있다.

1) 버나트(Banat) 지역

루마니아의 서부에 위치하여 위로 헝가리 아래로 세르비아와 국경을 접하고 있는 곳이다. 이 지역에서는 루마니아 토착 품종과 글로벌 품종을 함께 재배하고 있으나 주로 카베르네 소비뇽, 메를로, 피노 누아와 화이트 와인용으로는 샤르도네, 뮈스카 오토넬 등을 재배하여 외국에 수출하고 있다

리카(Recaş)는 흑해 연안의 해양성기후와 대륙성기후의 완충지대로 이러한 환경이 포도의 생육을 왕성하게 하여 아로마가 풍부하고 부드럽고 섬세한 타입의 와인이 탄생할 수 있는 좋은 환경조건을 가지고 있다. 몰드바 누(Moldova Nouă), 사일라지우(Silagiu), 트레미아(Teremia), 티롤(Tirol) 등이 있다.

2) 시알아이애나, 마라뮤어(Crişana and Maramureş) 지역

다이오사이그(Diosig), Dealurile Silvaniei, 미니-엠디라트(Miniş-Măderat), 볼리어 뤼 미하이(Valea lui Mihai)가 하위 생산 지역이다.

3) 도브지아(Dobrogea Hills)

루마니아의 남동부 지역으로 다뉴브 델타와 흑해 사이에 있는 곳이다. 하위 지역으로 바베이데그(Babadag), 이스트리아(Istria), 무르파틀러(Murfatlar), 사리카-니큘라이엘(Sarica-Niculit el)로 구성된다.

무르파틀러는 동남쪽 해안가에 위치하며 뮈스캣 ,샤르도네, 카베르네 소비뇽, 피노 누아가 많이 재배되고 있다. 이 지역에서 가장 대표적인 와인은 뮈스캣 품종으로 생산되는 부드럽고 스위트한 화이트 와인이나 점차 레드 와인 품종에 비중을 높여 생산하고 있다.

4) 몰다비아(Molavia) 지역

루마니아의 동북부에 위치하는 몰다비아지역은 볼도바와 국경을 접하고 있는 가장 규모가 크며 대표적인 포도재배 지역이다. 이 지역에서 루마니아 포도의 약 1/3이 생산된다. 몰다비아의 북부는 화이트가 나오며 중남부는 화이트와 레드가 고루 나온다.

하위 지역은 10개 산지로 구성된다. 코리넬레 투토베이(Colinele Tutovei), 코테쉬티(Coteşti), 코트내리, 코부루이(Covurlui), 디럴 버조럴리(Dealul Bujorului), 후시(Huşi), 이아시(Iaşi), 이브타이티

니엄(Iveşti), 니코레이타이티니엄(Nicoreşti), 이브타이티니엄 오도업타이티니엄(Ivesti Odobeşti), 팬치눗(Panciu), 젤러딘(Zeletin) 등이다.

코트내리(Cotnari)는 몰다비아를 대표하는 와인으로서 매우 섬세하고 단맛이 풍부한 편이다. 나이코레스티(Nicoresti)에서 생산되는 레드 와인인 비비스커(babeasca) 와인은 정향나무 열매 향이 나며 산도와 신선함이 조화를 잘 이루고 있다.

5) 문테니아(Muntenia)

수도인 부쿠레시티를 포함하는 루마니아 남부의 넓은 지역이다. 하위 지역은 데아리 메어(Dealu Mare), 드릴러 비줄루이(Dealurile Buzăului), ştefăneşti로 구성된다.

데아리 매어(Dealul Mare)는 주로 카베르네 소비뇽과 메를로가 재배되고 있으며 품질이 좋은 편이다. 특히 티마이오아서(Tămâioasă) 품종으로 만든 황금색의 화이트 와인은 훌륭하다. 루마니아 정부의 포도연구소인 볼리아 컬루거레아스커(Velea Calugareasca)가 있다.

6) 올테니아 칼러팻(Oltenia Calafat)

문테니아 좌측의 루마니아 남부지방으로 밑으로 불가리아와 맞대고 있다. 하위 지역은 드릴러 크리오베(Dealurile Craiovei), 드러가샤니(Drăgăşani), 그리카(Greaca), 플리울리어 드랜세(Plaiurile Drâncei), 파조리아(Podgoria), 대설러(Dacilor), 포조리아 세브리니우리(Podgoria Severinului), 사도바-코리비아(Sadova-Corabia), Sâmbureşti로 이루어져 있다.

드러가샤니(Dragasani)는 루마니아의 중남부에 위치. 화이트로는 리슬링, 소비뇽 블랑과 레드 품종으로는 카베르네 소비뇽이 재배되고 있다

7) 트란실바니아 에이아이어드(Transylvania Aiud)

루마니아의 가운데에 있는 넓은 지역으로 카르파티아(Carpathian) 산맥으로 둘러싸여 있는 고원지대이다. 하위 지역은 알바(Alba), 레친아(Lechinţa), 세벡-아폴드(Sebeş-Apold), 타르네이브(Târnave)로 이루어져 있다.

뱀파이어(Vampire), 코트나리(Cotnari) 등의 루마니아 와인은 영국 같은 곳에서는 보편화되어 있을 정도로 유럽 몇 개국에서는 쉽게 눈에 뜨이며 1980년 후반부터는 미국에서도 보이기 시작했다.

제10절 슬로바키아(Slovakia)

슬로바키아 공화국(Slovenský štát)은 독일, 체코, 폴란드, 헝가리와 경계를 이루고 있다. 체코와 같은 나라였으나 1993년에 나뉘어졌다.

유럽의 중심에 위치하며, 중부와 북부 슬로바키아는 산악 지형으로 카타티안 산맥이 통과하고 있다. 남쪽과 동쪽 슬로바키아는 낮은 지형으로 이 나라의 중요한 농업지역이다.

내륙국가로 여름에는 덥고 겨울에는 몹시 추운 기후도 전형적인 내륙성 기후를 보인다. 행정구역

(KRAJ)은 브라티슬라브(Bratislava), 트르나바(Trnavsky), 니트라(Nitriansky), 트렌친(Trencinsky), 질리나(Zilinsky), 반스카비스트리차(Banskobystrisky), 프레쇼브(Presovsky), 코쉬체(Kosicky)의 8개 지역으로 나뉘어진다.

주요 도시로는, 브라티슬라바(Bratislava), 코쉬체(Kosice), 프레쇼브(Presov), 니트라(Nitra), 질리나(Zilina), 반스카 비스트리차, 트르나바(Trnava), 마르틴(Martin), 트렌친(Trencin), 포프라드(Poprad)가 있다.

1. 포도 품종

슬로바키아의 와인생산량은 세계 34위 규모로서 생산량의 대부분을 자체 소모하는 정도로 수출량은 거의 없다. 또한 현대적인 생산시스템을 받아들이지 않고 전통적인 재래식 방법을 사용하고 있으므로 생산량을 늘리기도 쉽지 않다.

포도의 품종은 생산량에 비해 상당히 다양하여 동유럽에서 일반적인 품종들과 자체적으로 개량한 품종, 그리고 글로벌 품종도 재배하고 있다.

슬로바키아는 체코와 한 나라였으므로 포도 품종 또한 체코와 유사하다. 그리고 역사적으로 오랫동안 헝가리의 지배를 받아온 영향으로 도카이 와인을 생산하고 있으며 품종도 헝가리의 영향을 많이 받았다.

1) 화이트 와인 품종

뮐러 투르가우[90], 데빈[91], 팔라바[92], 루란드스케 비엘레[93], 리슬링 블라스키[94], 트라민[95], 소비뇽 블랑은 슬로바키아에 와서 과일향이 나며 적절한 산도를 지닌 좋은 와인을 만든다. 그리고 샤르도네는 유입하여 재배한지는 얼마 되지 않으나 재배와 와인 생산에서 자체적으로 좋은 평가가 나오고 있어 지속적으로 증가될 것으로 보인다.

2) 레드 와인 품종

프랑코브카 모드라[96], 스바토바 브리네케[97], 모드리 포르투갈[98], 알리베르네(alibernet), 루란드스케 모드레(rulandske modre. 피노 누아), 도카이 와인이 있다.

2. 와인 생산 지역

폴란드와 국경을 이루는 타드라(Tadra)산과 카르페티안 산맥이 국토의 대부분을 차지하고 있으므

90) 뮐러 투르가우(Müller Turgau)는 가장 많이 재배되는 품종으로 생산되는 화이트 중에서 가장 파워풀하다.
91) 데빈(Devin)은 슬로바키아 농학자가 자체 개발한 품종으로 산도가 풍부한 비교적 풀 바디의 와인을 만들 수 있는 조생종이다.
92) 팔라바(Palava)는 꽃향과 스파이시한 맛의 역시 슬로바키아 자체 개발 품종
93) 루란드스케 비엘레(Rulandske Biele)는 슬로바키아에서 일반적으로 많이 재배하는 품종으로 피노 블랑의 슬로바키아식 이름. 복합적 풍미가 있다.
94) 리즐링 블라스키(Riezling Vlassky)는 스파클링 와인 양조에 많이 사용되는 아주 대중적인 품종으로 빈티지가 좋은 해는 산도와 아로마가 훌륭한 밸런스를 이룬다
95) 트라민(Tramin)은 게비르츠트라미너를 이르는 품종으로 그다지 많이 재배되지는 않는다.
96) 프랑코브카 모드라(Frankovka Modra) : 타닌과 산도의 적절한 밸런스를 보인다
97) 스바토바 브리네케(Svatova Vrinecke) : 파워풀한 레드를 만드는 품종으로 소량 재배된다
98) 모드리 포르투갈(Modry Portugal) : 라이트 레드를 만드는 오스트리아 원산지의 품종이다. 여름에 차게 칠링하여 테이블 와인으로 많이 이용된다.

로 포도나무의 경작은 서쪽의 오스트리아에서부터 남쪽의 헝가리에 이르는 국경 근처의 남부 평야 지대에 국한되고 있다. 생산지역은 7군데로 나뉘어져있다.

리틀 카르파티안(Littlel Carpathian)은 스몰 카르파티안Smaoo Carpathian)으로도 불리며 오스트리아와 마주하고 있는 곳이다. 수도 브라티슬라바(Bratuslava)의 바로 위 북쪽 지역이 슬로바키아의 최대 와인 생산지이다. 세부구역으로 북 자보리(Nothern Zaborie)가 잘 알려져 있다.

남 슬로바키아(Southern Slovakia)는 헝가리와 국경을 면한 서남부 평야지대이다. 니트라(Nitra)는 남 슬로바키아 바로 위의 내륙지방이다. 중앙 슬로바크(Central Slovkia)는 헝가리와 국경을 면하고 있는 중앙 남부지역으로 미들(Middle) 슬로바키아라고도 일컫는다.

슬로바크 도카이(Slovak Tokay)는 헝가리 도카이와 인접한 헝가리와의 국경을 이루는 동남부 지역이다. 지역 이름 그대로 도카이 와인이 생산된다. 도카이 품종으로 생산되는 도카이 와인으로는 7가지 종류가 있다.[99]

동 슬로바키아(East Slovakia)는 도카이를 사이에 두고 양쪽으로 두 군데로 나뉘어 있는 동남부 지역으로 동쪽으로는 우크라이나가 있다. 세부구역으로 홀호베크 트르나바(Hlohovec-Trnava), 모드리 카멘(Modry Kamen), 스카리카 자호리(Skalica-Záhorie)가 있다.

제11절 슬로베니아(Slovenia)

아드리아해(海)에 면하여 이탈리아반도 최북단의 동쪽으로 좌측으로는 이태리, 아래로는 크로아티아(Croatia)와 국경을 접하고 있다.

로마시대에 포도를 재배하기 시작하여 중세시대부터 소작인들이 주로 농사를 지었으나 제2차 세계대전 후 대형 협동농장체제로 되었다. 1991년 독립 후 중, 소규모 와이너리가 많이 생겼으며, 토양과 기후 등의 여건이 와인의 가능성을 보여 주는 곳이다.[33]

와인생산의 약 75%가 화이트 와인으로 서유럽의 영향을 많이 받으며 생산지역은 해안 쪽과 내륙으로 완전히 구분된다.

1. 포도 품종

레드 와인 품종은 피노 그리(sivi pinot), 피노 누아(modri pinot), 레비울라(rebula), 리퍼크(refošk), 프리울라노(friulano), 브르다(brda)가 있고, 화이트 와인 품종으로는 피넬라(pinela), 젤런(zelen), 루메니 플레이벡(rumeni plavec)이 있다.

2. 와인 규정

제이노 지오그랍스코 포클로(ZGP, Zaščiteno geografsko poreklo)는 EU의 QWPSR (Quality Wines Produced in Specified Regions) 시스템과 같은 것으로 네 개의 등급으로 구분된다.

99) Tokajske Sanorodne Suche, Tokajske Sanorodne Sladke, Tokajsky Vyber, Tokajska Vyberova Esencia, Tokajska Esencia-Nektar, Tokajsky Masalas, Tokajsky Forditas

*나미즈노 비노(Namizno vino)	테이블 와인
*디오노 비노(Deželno vino)	컨트리 와인(Country wine)
*케이코부스티노(Kakovostno)	고급 와인(Quality wine)
*브르헌스크 비노(Vrhunsko vino)	최상급 와인(Premium quality wine)

슬로베니아 와인의 레이블은 당도에 의한 등급까지 포함해서 표기한다.

*수호(suho)	드라이(dry)
*폴수호(polsuho)	미디엄 드라이
*폴슬라코(polsladko)	미디엄 스위트
*슬라코(sladko)	스위트(sweet)

포스노 트레디셔오노 포이메노바니에(PTP, Posebno tradicionalno poimenovanje)는 특정 지역에서 생산된 전통적인 슬로베니아 와인을 이른다.

PTP 와인은 프리모르스카(Primorska. Littoral지역)의 와인 테란(Teran), 사바(Lower Sava)와 커니올라(Lower Carniola)의 크비크(Cviček) 와인, 커니올라의 화이트 와인인 벌로크란젝(Belokranjec)과 메트라이카 르니나(Metliška Črnina) 그리고 비젤지스코(Bizeljsko)의 비젤전(Bizeljčan)은 레드와 화이트 와인이 각각 나온다.

3. 와인 생산 지역

와인 생산 지역은 리터럴(Littoral), 사바(Lower Sava Valley) 그리고 드라바(Drava Valley)의 세 군데로 구분된다.

1) 리터럴(Littoral)

이탈리아와의 국경에 가까운 지역으로 지중해성의 온화한 기후를 보인다. 국제적으로 잘 알려진 와인 생산 지역으로 화이트 와인이 우세하지만 슬로베니아 레드 와인을 책임지는 지역이기도 하다.

(1) 브르다(Brda)

이탈리아의 프리울리-베네치아 줄리아와의 경계 지역으로 슬로베니아 와인이 품질이 국제적인 명성을 처음으로 얻은 지역이기도 하다.

메를로, 카베르네 소비뇽, 피노 누아 그리고 샤르도네, 소비뇽 블랑, 피노 그리를 재배한다. 특히 잘 알려진 브르다(Brda)는 레비울라(rebula)에 메를로와 카베르네 소비뇽을 블렌딩하였다.

(2) 코퍼(Koper)

이탈리아의 베니스와 크로아티아 사이에 있는 이스트리안(Istrian) 반도의 아드리아 해에 면한 곳으로 리퍼크(refošk)와 말바시아 품종이 널리 재배되고 있다.

이탈리아의 트리에스테(Trieste) 시 인근의 카르스트 플래토(Karst plateau) 마을에서 나오는 테란(Teran)은 리퍼크(refošk)로 만든 산도가 높고 색도 매우 진한 와인이다.

(3) 비퍼바(Vipava Valley)

토착 품종인 피넬라(pinela)와 젤런(zelen)으로 만드는 가벼운 화이트 와인이 나온다.

2) 사바(Lower Sava Valley)

슬로베니아에서 레드 와인 생산이 더 많은 유일한 곳이다. 비젤지스코 브라이스(Bizeljsko- Brežice)에서 루메니 플레이벡(rumeni plavec) 품종으로 스파클링 와인과 산도가 높은 화이트 와인을 만든다.

커니올라(Lower Carniola)는 화이트 와인과 레드 와인 품종으로 블렌딩해서 만든 크비크(Cviček)로 알려져 있으며 프리미엄 와인보다 벌크 와인 생산량이 많다.

3) 드라바(Drava Valley)

드라바는 슬로베니아에서 가장 큰 와인 생산 지역으로 97%가 화이트 와인이다. 하부 지역은 7 곳으로 나뉜다.

레지나 케이플러(Radgona-Kapela)는 슬로베니아에서 1852년 처음으로 상파뉴 방식으로 스파클링을 만든 곳이다.

르주도머-오르모(Ljutomer-Ormož)는 다이아이 트러미네크(dišeči traminec)와 레이니너(ranina)로 화이트 와인을 만든다.

프리크머제(Prekmurje), 스렌니에(Srednje), 슬로벤스크(Slovenske), 고리스(Gorice) 그리고 마지-버튼제(Šmarje-Virštanj)는 생산량이 적어 지방에서 거의 다 소모된다.

제12절 우크라이나(Ukraine)

러시아 서부의 흑해 연안 지역으로 흑해를 남쪽에 두고 위로는 벨라루스와 러시아가 있다. 수도는 키에프(Kiev)이다. 흑해 연안과 인접한 남부지방은 온화한 대륙성 기후이며 크림반도는 아열대성 기후를 보이며, 북쪽으로 갈수록 대륙성 기후를 보여 추위가 심하다.

1820년 미하일 부어론소프(Mikhail Vorontsov) 백작이 포도밭을 가꾸고 와인을 만들어 당시의 왕이 이곳에 와인연구소를 만들어 와인을 연구하게 하였다. 19세기 초에 인기 있었던 상파뉴의 영향이 컸기 때문이다. 구 소련 시절 우크라이나에서 만든 스파클링 와인이 '소비에트 샴페인' 으로 명성을 날렸을 만큼 대부분의 화이트 품종들이 스파클링을 만드는데 사용된다.

1. 포도의 품종

화이트 와인 품종은 알리고테[100], 리슬링, 샤르도네, 트라미너 외에 피노 그리, 피노 블랑이 재배된다. 레드 와인 품종은 카베르네 소비뇽, 메를로, 그리고 피노 누아는 블렌딩에 많이 사용된다.

2. 와인 생산 지역

전 국토의 95%가 평지로 그 중에 60%는 비옥하기로 이름난 '흑토' 로 덮여 있다. 카르패디언 루지

100) 알리고테(Aligoté) : 옅은 짚색에서 황금색까지 다채로운 색상이 나오며, 그에 따라 여러 가지의 꽃 향이 발산된다.

니아(Carpathian Ruthenia)는 트랜스카르패디언(Transpcarpathian)이라고도 하며, 카르패디언 산맥 동쪽의 남측 기슭이다. 포프라드(Poprad) 강이 폴랜드, 슬로바키아, 루마니아와의 경계를 이루는 곳이다.

남 우크라이나는 커선(Kherson, 우크라이나어 Херсóн, 헤르손), 드내프로페트로브스크(Dnipropetrovsk), 오데싸 오브라스츠(Odessa Oblasts) 그리고 크리미아(Crimea)는 우크라이나 전체 와인 생산량의 50%를 차지한다.

마산드라(Massandra)[101]는 연간 평균 일조시간이 300일에 이르러 좋은 스위트 와인과 강화와인이 나오므로 러시아 황실에서 지하 1~3층에 길이 150여m의 저장고를 7개 짓고 유럽의 최고급 와인으로 채웠다. 이곳에 보관되어 있던 1775년 빈티지 스페인 셰리 한 병이 2001년 소더비 경매에서 5만 달러(약 5,500만원)에 팔렸다. 2014년 3월 크림반도 합병으로 러시아로 넘어갔다.

미주

1. Kevin Zraly, "Windows On The World Complete Wine Course", Sterling Publishing, 2005, p.147
2. Mitchel Beazley, "Wines of Spain", Octopus Publishing Group Limited, 2005, p.22
3. 닐 베케트, 박홍영. 박누리.김소영 역, "죽기 전에 꼭 마셔봐야 할 와인 1001", 마로니에 북스, 2009, p.538
4. Jan Read, "Wines Spain", Octopus Publishing group, 2005, p.44
5. Karen MacNeil, "The Wine Bible", Workman Publishing, 2001, p.418
6. Oz Clark, "Margaret Rand, "Encyclopedia of GRAPES", Webster International Publishers, 2001, p.36
7. 김혁, "김혁의 스페인 와인 기행", 알 덴테 북스, 2012, p.315
8. Jan Read, "Wines Spain", Octopus Publishing group, 2005, p.38
9. Karen MacNeil, "The Wine Bible", Workman Publishing, 2001, p.439
10. The Culinary Institute of America, Steven Kolpan, Brian H. Smith, Michael A. Weiss, "Exploring Wine", Wiley, Third Edtion, 2010. pp.453~454
11. Robert M. Parker.Jr, 오상용 역, "The Greatest Wine", Barom Works, 2008, p.637
12. Tom Stevenson "The New Sotheby' s Wine Encyclopedia", DK Publishing, Third Edition, 2001, p.376
13. Hiroko Noda(野田), "ベスト ワイン", ナツメ社, 2006, p.121
14. Harriet Lembeck, "Grossman' s Guide To Wines, Beers, & Spirits", Wiley Publishing, Inc, 7th Edition, 2006, p.69
15. Tom Stevenson, "The New Sotheby' s Wine Encyclopedia", DK Publishing, Third Edition, 2001, pp.270~271
16. Ornella d' Alessio, Marco Santini, "Wine Country Europe", Rizzoli International Publications, 2005, p.270
17. 村上 龍, 권남희 역, "와인 한 잔의 진실", 창해, 1999, pp.175~195
18. Armin Diel, Joel Payne, "German Wine Guide", Abbeville Publishing Group, 1999, pp.442~443
19. Tom Stevenson "The New Sotheby' s Wine Encyclopedia", DK Publishing, Third Edition, 2001, pp.295~296
20. Robert M. Parker.Jr, 오상용 역, "The Greatest Wine", Barom Works, 2008, pp.81~82
21. Robert M. Parker.Jr, 오상용 역, "The Greatest Wine", Barom Works, 2008, pp.85~89
22. Steven Kolpan, Brian H. Smith, Michael A. Weiss, "Exploring Wine", Wiley, Third Edition, 2010, p.512
23. Steven Kolpan, Brian H. Smouth, Michael A. Weiss "Exploring WINE Third Edition" The Culinary Institute of America, Wiley, 2011, p.524
24. Robert Smyth, "Hungarian", Blue Guides, 2015, pp.71~77
25. Robert Smyth, "Hungarian", Blue Guides, 2015, pp.89~106
26. Robert Smyth, "Hungarian", Blue Guides, 2015, pp.109~114
27. Robert Smyth, "Hungarian", Blue Guides, 2015, pp.152~153
28. Robert Smyth, "Hungarian", Blue Guides, 2015, pp.162~184
29. Robert Smyth, "Hungarian", Blue Guides, 2015, pp.194~212
30. Harriet Lembeck, "Grossman' s Guide To Wines, Beers, & Spirits", Wiley Publishing, Inc, 7th Edition, 2006, pp.172~175
31. 브로드벤튼(Michael Broadbenton)의 'Great Vintage Wine Book'. Steven Kolpan, Brian H. Smouth, Michael A. Weiss "Exploring WINE Third Edition" The Culinary Institute of America, Wiley, 2011, p.523에서 재인용
32. Steven Kolpan, Brian H. Smouth, Michael A. Weiss "Exploring WINE Third Edition" The Culinary Institute of America, Wiley, 2011, p.525
33. Ornella d' Alessio, Marco Santini, "Wine Country Europe", Rizzoli International Publications, 2005, pp.290~303

---

101) 마산드라(Massandra) : 포도밭 한가운데 있는 단층 석조건물 지하의 와인 저장고에는 97만병 이상의 와인이 저장되어 있다. 100년 이상 된 병에는 차르(러시아 황제)를 상징하는 쌍두(雙頭)독수리가 그려져 있다. 제정(帝政) 러시아의 니콜라이 2세가 세계 최고를 목표로 1894년 건설한 '차르의 와이너리' 이기 때문이다.
스탈린도 이곳을 보호하는 특별법을 제정했고 2차 대전 때에도 각별한 이곳을 지키려고 노력했다.

제5부

신세계 와인

북미, 남미, 호주, 뉴질랜드, 남아공과 같은 유럽이 아닌 와인 생산국들을 흔히 신세계(New World)라 부른다. 반대로 전 세계 와인의 2/3 이상을 생산하고 있는 유럽의 전통적인 와인 생산국들을 구세계(Old World)라고 부르고 있다.

유럽에서는 와인을 몇 천 년 동안이나 생산해 왔으므로 어느 곳이 경작하기에 좋으며 어떤 포도가 잘 자라는지, 어떻게 해야 드라이 와인이 되며 또 스위트한 와인이 되는지를 오랜 세월에 걸쳐 터득해 왔다. 반대로 신세계에서는 와인 메이커 각자가 어떤 포도를 재배하여 어떤 스타일의 와인을 만드는지를 각자가 결정하여야 한다. 따라서 신세계의 와인생산자들의 사고방식과 제조 스타일은 특색이 있다.

신세계와 구세계의 차이

구분	구세계	신세계
포도 경작 시기	4세기 부터	15세기 이후
발전 동기	로마의 세계 정복	신대륙 정복, 종교적 선교의 필요 18세기 이후의 이민자
와인에 대한 규제	성문법에 의한 규제 시스템, 와인의 등급, 품계, 산지 지정	자유 분방, 느슨한 규제
규제의 목적	생산자와 소비자를 함께 보호	오픈 시스템을 통한 창의성 도모
양조	전통 보존, 떼루아의 전통	양조의 혁신 기술, 자본력

신세계의 연보(年譜)

1522년	멕시코 정복자 Corte' s가 포도 경작
1547년	페루에서 포도나무 식재
1554년	칠레에서 포도나무 식재
1655년	남아공 희망봉 일대에서 네델란드인이 포도 경작
1788년	호주. 필립(Arthor Phillip)선장이 포도 경작
1819년	뉴질랜드. 마서든(Samuel Marsden)이 포도 경작
1820년대	미 캘리포니아 내파 밸리, 소노마에서 포도나무 재배
1960년대	캘리포니아 와인의 국제 유통 참여
1973년	호주 와인의 국제시장 진출
1976년	미국 와인의 품질 인정
1980년대	뉴질랜드, 남아공의 국제시장 진출
1990년대	칠레 와인의 국제시장 진출

제1장 미국

18세기에 미사용으로 포도나무를 심었던 게 미국와인의 시작으로 1861년 헝가리 출신 하라지(Agoston Haraszthy)가 유럽에서 포도나무 묘목을 대량으로 가져와 와인 산업의 기초가 마련되었다.

19세기 말 필록세라의 침범, 그리고 1920년대의 금주법으로 침체가 이어지다 2차 대전 이후의 부흥기를 거쳐 몬다비(Robert Mondavi)가 와인에 품종을 표시하며 획기적인 발전을 이루었다.

1976년 파리에서의 와인 테이스팅 대회에서 미국의 화이트와 레드 와인이 공히 1위를 함으로서 세계적으로 품질을 인정받기 시작하였다.

제1절 미국 와인의 이해

1. 미국 와인의 레이블

미국은 등급 표시가 없는 대신 캘리포니아의 내파 밸리, 소노마 카운티, 뉴욕의 핑거 레이크스 등의 지역명이 사실상 와인 등급을 나타내고 있다. 미국 와인은 회사명과 포도 품종이 가장 크게 표시된다.

상표 대체로 포도원 명칭을 붙이며 소유주의 이름을 쓰기도 한다.

빈티지 포도의 95% 이상이 해당 연도에 재배된 것을 의미한다.

생산지 포도가 생산된 지역으로 캘리포니아라고 명시되어 있으면 사용된 포도의 100%가 캘리포니아에서 수확된 것이라야 한다.

포도 품종 레이블에 표시된 품종의 75% 이상 사용해야 한다.

특징 제조업체는 용량과 알코올 함유량, 제조업체명과 지명을 명시한다.[1]

2. 미국 와인의 품질 등급

미국 와인은 연방정부 기관인 재무성 전매국(BATF ; Bureau of Alcohol and Firearms)에서 관리하고 있다. 유럽 와인과 같은 품질 등급에 관한 자세한 규정은 없고 와인 제조에 사용되는 포도의 지역별 사용량에 대해서만 규정하고 있다. 그러므로 미국 와인을 구입할 때에는 제조 회사를 확인하는 것이 중요하다.

카운티 와인(County Wine) 동일한 카운티[1)]에서 재배한 포도를 최소 75% 이상 사용하여야 한다.

AVA(American Viticultural Areas) 와인 '미국 정부 승인 포도재배 지역'이란 뜻으로 연방 정부에 승인되고 등록된 주나 지역 내에 속하는 특정 포도 재배 지역으로 최소한 85% 이상 동일 지역에서 생산된 포도를 사용하여야 한다.

---

1) 카운티(County) : 미국의 스테이트(State) 밑의 행정 단위

스테이트(State) 와인 동일한 주(State)에서 재배된 포도를 전량 사용하여 생산된 와인이다. 캘리포니아라고 표시하려면 사용된 포도의 전량이 캘리포니아 주에서 수확된 것이라야 한다.

어메리칸(American) 와인 미국 내에서 재배된 포도를 사용하여 양조된 와인을 말한다.

3. 미국 와인의 품질

1) 파리의 심판(The Judgement of Paris)

1976년 5월 24일. 프랑스 파리의 인터컨티넨탈 호텔에서 프랑스 와인과 미국 와인을 두고 최고의 와인 전문가들이 와인의 상표를 가리고 하는 블라인드 테이스팅(blind tasting)에서 미국 와인이 완승한 사건으로 이 사건을 다룬 영화가 와인 미러클(2008. 원제 Bottle Shock)이다. 당시 미국의 시사주간지인 타임(Time)이 이를 '파리의 심판' 이란 제목으로 보도하면서 붙여진 이름이다. 이 사건은 신세계 특히 미국 와인에 대한 인식을 완전히 바꾸어 놓은 사건이었다.

이 행사를 주관했던 스퍼리어[2]가 피에르 타리[3], 빌렌[4], 미슐랭[5] 별 세 개의 레스토랑인 타이유방(Taillevent)의 대표인 브리나[6], 레이몽 올리베르[7], 미셀 도바즈[8], 크리스티앙 바네크[9], 피에르 브레쥬[10], 클라우드 드부아 미로[11], 페트리샤 갈래거[12], 오데뜨 칸[13] 등 프랑스 최고의 와인전문가 11명을 모아 시음회를 열었다.

1976년 파리의 심판 결과

순위	화이트 와인			레드 와인		
	와인	빈티지	지역	와인	빈티지	빈티지
1	Château Montelena	1972	CA	Stag' s Leap Cellars	1973	CA
2	Mersault Charms Roulot	1973	부르고뉴	Château Mouton Rothschild	1970	보르도
3	Chalone Vineyard	1974	CA	Château Montrose	1970	보르도
4	Spring Mountain	1973	CA	Château Haut-Brion	1970	보르도
5	Beaune Clos des Mouches	1973	부르고뉴	Ridge Monte Bello	1971	CA
6	Freemark Abbey	1972	CA	Château Léoville-Las-Cases	1974	보르도
7	Bâtard-Montrachet	1973	부르고뉴	Heitz Martha' s Vineyard	1972	CA
8	Piligny-Montrachet	1972	부르고뉴	Clos Du Val	1972	CA
9	Veedercrest	1972	CA	Mayacamas	1971	CA
10	David Bruce	1973	CA	Freemark Abbey	1969	CA

출처 : George M.Taber[2]

2) 스퍼리어(Steven Spurrier) : 프랑스에 이주해 살았던 영국인으로 최고의 와인학교 중 하나인 '아카데미 뒤 뱅' 과 파리 최고의 와인 샵 중 하나인 '까브 들 라 마들렌(Caves de la Madeleine)' 을 운영하고 있었다.
3) 피에르 타리(Pierre Tari) : 그랑 크뤼 클라세 와인협회 사무총장, 샤토 지스쿠르(Château Giscours) 소유주.
4) 오베르 드 빌렌(Aubert de Villaine) : 부르고뉴의 DRC(Domaine de la Romanee Conti) 소유주.
5) 미슐랭(Michelin) : 미슐랭 가이드는 1900년 도로, 식당, 숙박 등 자동차 여행에 필요한 정보를 담은 무료안내서에서 출발했다. 식당은 음식을 별(star) 1~3개로 평가한다. 별을 줄 정도는 아니지만 합리적인 가격으로 훌륭한 음식을 제공하는 식당은 '빕 그루밍(Bib Gourmand)' 이라 부르며 미슐랭 타이어의 마스코트인 비벤덤(Bubendum) 픽토그램이 붙는다. 서비스나 분위기는 별이나 비벤덤 평가대상이 아니나 숟가락과 포크가 X자로 겹쳐진 모양의 픽토그램 1~5개로 표시한다.
6) 장 클로드 브리나(Jean Claude Vrinat) : 미슐랭 별 세 개를 항상 받는 레스토랑 타이유방(Taillevent) 대표.
7) 레이몽 올리베르(Raymond Oliver) : 와인 전문가. 레스토랑 '르 그랑 베푸르(Le Grand V?four) 소유주.
8) 미셸 도바즈(Michel Dovaz) : 프랑스 와인 연구소(the Wine Institute of France).

시음할 와인으로 화이트 와인으로는 샤르도네 품종으로 부르고뉴 산 4종, 캘리포니아 산 6종, 레드 와인은 카베르네 소비뇽 품종으로 보르도 산 4종, 캘리포니아 산 6종이 준비되었다.

시음 결과는 현장에 있던 타임지 기자에 의해 보도되었는데 놀라움을 넘어 경악과 충격이었다. 올리비에르씨가 '바타르 몽라셰(부르고뉴 산)' 를 맛보고 "이건 분명히 캘리포니아 와인이로군, 전혀 향이 없잖아", 캘리포니아 산을 맛보고는 "이제야 프랑스로 돌아왔군"이라는 말을 했다는 사실까지 밝혔다. '프랑스의 장엄함' 이라는 찬사를 받으며 1위에 뽑힌 게 캘리포니아 와인인 것이었다.

프랑스 와인 홍보행사를 위해 품평회를 개최한 스퍼리어는 풋내기 캘리포니아 와인을 자신이 선택한 것에 대해 울분을 터뜨렸다. 프랑스 와인업자들이 사기극이라고 분노했고 스퍼리어는 1년 동안 프랑스 전역의 포도원 출입을 금지당했다.

'파리의 심판' 으로 캘리포니아를 비롯한 신세계 와인들이 보르도와 부르고뉴로 대표되는 구세계 와인을 누르고 모든 신세계에 큰 자극과 용기를 불러일으켜 저마다 와인 산업을 키우고 품질을 높이는데 투자했다. 한편 내파 밸리 인근의 UC 데이비스는 일약 와인 양조학의 세계적 명문대가 되었다. 이 내용을 조지 테이버(George Taber)가 같은 제목으로 책을 썼으며, 영화로는 바틀 샥(Bottle Shock)이 만들어져 선 댄스 영화제(Sundance Film Festival)에 2008년 출품되었다.

2) 심판의 재대결

파리의 심판이 있은지 20개월이 지난 1978년 샌프란시스코 대결(San Francisco Wine Tasting)이 있었고, 10년째인 1986년에는 프랑스 조리대학 대결(French Culinary Institute Wine Tasting)과 와인 스펙테이터 대결(Wine Spectator Tasting)이 있었다. 그리고 30년째인 2006년 5월 심판의 재대결(The Judgment of Paris' 30th Anniversary)이 벌어졌다. 파리의 심판이 열린 후 30년 동안 절치부심하던 프랑스 와인들이 다시 재대결하게 되어 이번에는 내파 밸리의 코피아(Copia) 박물관, 런던의 베리 브로스(Berry Bros & Rudd)에서 열렸다.

캘리포니아의 심사위원[14] 중 바네크(Christian Vanneque)만 1976년 당시의 참가자였고 런던의 심사위원[15]은 전문가들 중의 전문가였다.

런던-내파 밸리 재대결 결과(2006년)

순위	와인	빈티지	지역	1976년 당시
1	Ridge Vineyards, Monte Bello	1971	CA	5위
2	Stag' s Leap Cellars	1973	CA	1위
3	Heitz Wine Cellars, Martha' s Vineyard	1970	CA	7위
4	Mayacamas	1971	CA	9위

9) 크리스티앙 바네크Christian Vanneque) : 투르 다르쟁(Tour D' Argent)의 소멜리어.
10) 피에르 브레쥬(Pierre Brejoux) : the Institute of Appellations of Origin
11) 클라우드 드부아 미로(Claude Dubois-Millot) : Substitute to Christian Millau.
12) 페트리샤 갈래거(Patricia Gallagher) l' Academie du Vin. 미국인
13) 오데뜨 칸(Odette Kahn) Editor of La Revue du vin de France
14) Christian Vanneque, Dan Berger, Anthony Dias Blue, Stephen Brook, Wilfred Jaeger, Peter Marks MW, Paul Roberts MS, Andrea Immer Robinson MS, Jean-Michel Valette MW
15) Michel Bettane, Michael Broadbent MW, Michel Dovaz, Hugh Johnson, Matthew Jukes, Jane MacQuitty, Jasper Morris MW, Jancis Robinson OBE MW and Brian St. Pierre

런던-내파 밸리 재대결 결과(2006년)

순위	와인	빈티지	지역	1976년 당시
5	Clos Du Val	1972	CA	8위
6	Château Mouton Rothschild	1970	보르도	2위
7	Château Montrose	1970	보르도	3위
8	Château Haut-Brion	1970	보르도	4위
9	Château Léoville-Las-Cases	1971	보르도	6위
10	Freemark Abbey	1969	CA	10위

화이트 와인은 저장 기간이 짧아 이번에는 시음하지 않았고 캘리포니아 산 6종, 보르도산 4종의 카베르네 소비뇽으로 이루어졌는데 이번에도 캘리포니아가 완승하였다.

30년 전의 테이스팅을 주관했던 스퍼리어씨가 "당시 프랑스 와인은 맛의 절정에 도달하기까지 숙성기간이 짧았다. 이번에는 프랑스 와인이 이길 것이며 미국 와인은 상위 4위에 끼지 못할 것"이라고 예측한 말을 무색하게 만들었고 캘리포니아 와인도 세월이 흐르면서 훌륭하게 숙성된다는 걸 입증했다.

제2절 캘리포니아(California)

'배를 타고 인생을 항해하고 있던 어느 때
조용한 시(詩)와 같은 훌륭한 음식과 나무랄 데 없는 포도주가 떠올랐다.
음식과 포도주를 같이 즐기면,
그들은 식탁에 기쁨을 주는 서정적인 선물이 된다.'

\- CIA at Greystone

캘리포니아를 한 국가로 간주한다면 세계 6대 와인생산국가로도 충분히 랭크될 정도로서 미국 전체 와인생산량의 약 90%를 점하고 있다. 해안 쪽의 온난한 해양성 지대가 높은 동쪽의 차가운 기후가 만나 낮과 밤의 일교차가 커 포도가 자라기에 좋은 조건을 갖추고 있다.

'캘리포니아 와인의 아버지' 라 불리는 선교사인 세라(Junipero serra)가 1769년 샌디에이고 인근에 포도나무를 처음 심었고 1861년에는 크룩(Charles Krug)이 상업적인 목적으로 세인트 헬레나에 처음 포도밭을 만들었다. 1899년 구스타브 니봄(Gustave Niebaum)의 와인이 파리 국제 박람회에서 금메달을 수상하여 국제 무대에 알려지기 시작한 이래 1976년 파리의 심판으로 프랑스 산 와인을 제치면서 확고한 국제적 명성을 얻었다.

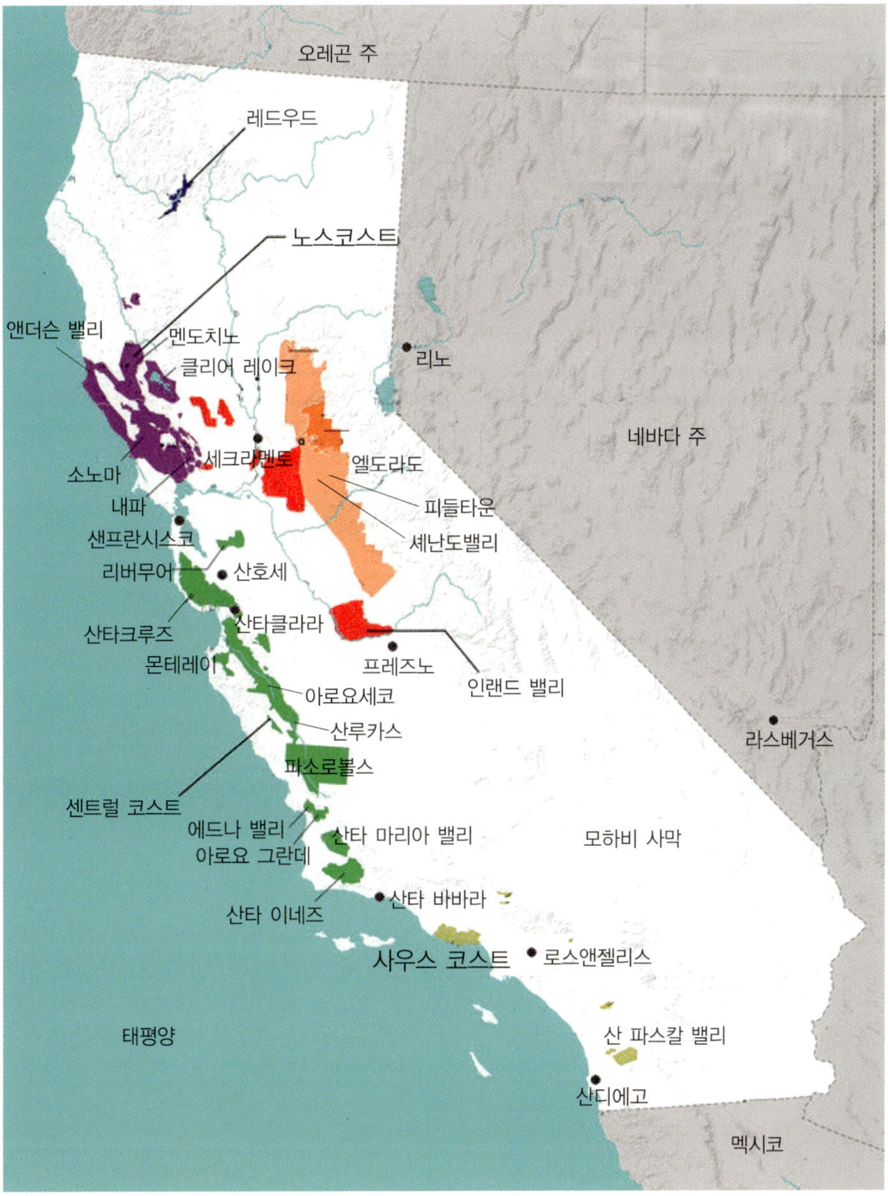

1. 캘리포니아 와인

1) 캘리포니아 와인의 주 품종[3]

레드 와인 품종 카베르네 소비뇽, 메를로, 진판델, 피노 누아, 시라, 카베르네 프랑

화이트 와인 품종 샤르도네, 소비뇽 블랑, 셰닝 블랑, 비오니에, 리슬링

2) 캘리포니아 와인 타입

AVA(American Viticultural Areas. 지정 재배 지역)는 포도의 재배구역을 구분하는 의미에서 1983년부터 시행된 것으로 생산자가 스스로 품질기준을 정하여 자율적으로 관리하고 있다.

캘리포니아 와인법에 의한 와인 타입

이름	품종	성격
Varietal Wine	단일품종을 75% 이상 사용, 레이블에 포도품종을 명시	상급 와인
Properietary Wine	여러 종류의 포도를 섞어 만듦	캐주얼한 것, 보르도 타입의 고급품
Generic Wine	일상적인 테이블 와인	유럽의 유명 산지이름을 붙이기도 한다.

2. 캘리포니아 와인 생산지

지역	AVA	지역(sub-AVA)
북부 해안지대	멘도시노 (Mendocino)	Anderson Valley, Cole Ranch, McDowell Valley, Mendocino, Mendocino Ridge, Potter Valley, Redwood Valley, Yorkville Highlands
	레이크 카운티 (Lake County)	Benmore Valley, Clear Lake, High Valley, Guenoc Valley, Red Hills Lake County
	내파 밸리 (Napa Valley)	Atlas Peak, Calistoga, Chiles Valley, Diamond Mountain, Howell Mountain, Los Carneros, Mount Veeder, Oak Kroll, Oakville, Rutherford, St. Helena, Spring Mountaun, Stags Leap, Wild Horse Valley, Yountville
	소노마 카운티 (Sonoma County)	Alexander Valley, Bennett Valley, Chalk Hill, Dry Creek Valley, Green Valley, Knights Valley, Los Carneros, Northern Sonoma, Rockpile, Russian River Valley, Sonoma Coast, Sonoma Mountain, Sonoma Valley
중부 해안지대 (Central Coast)	Alameda	Central Coast, Livermore Valley
	Contra Costa	Central Coast
	몬터레이 (Monterey)	Arroyo Seco, Carmel Valley, Central Coast, Chalone, Hames Valley, Monterey, San Bernabe, San Lucas, Santa Lucia Highlands
	산 베니토 (San Benito)	Central Coast, Chalone, Cienega Valley, Lime Kiln Valley, Mount Harlan, Pacheco Pass, Paicines, San Francisco Bay
	San Francisco	Central Coast, San Francisco Bay
	산타 클라라 (Santa Clara)	Central Coast, San Francisco Bay, San Ysidro, Santa Clara Valley, Santa Cruz Mountains
	Santa Cruz	Ben Lomond, Central Coast, San Francisco Bay, Santa Cruz Mountains
	San Mateo	Central Coast, San Francisco Bay, Santa Cruz Mountains
	San Luis Obispo	Arroyo Grande Valley, Central Coast, Edna Valley, Paso Robles, Santa Maria Valley, York Mountain
	Santa Barbara	Santa Maria Valley, Santa Rita Hills, Santa Ynez Valley
중부내륙 (Central Valley)	Sacramento	Alta Mesa, Borden Ranch, Clarkburg, Consumnes River, Jahant, Lodi, Sloughouse
	Sierra Foothills	Amador, El Dorado ; Shenandoah, Fiddletown
	Solano County Green, Suisun	
기타	Los Angeles	Leona Valley, Malibu-Newton Canyon, Saddle Rock-Malibu
	Marine	North Coast
	Riverside	Cucamonga Valley, South Coast, Temecula Valley

지역	AVA	지역(sub-AVA)
기타	Humboldt	Willow Creek
	San Bernardino	Cucamonga Valley
	San Diego	Ramona Valley, San Pasqual Valley, South

1) 북부 해안지역(North Coast)

(1) 멘도치노(Mendocino County)

가장 북쪽으로 내파와 소노마의 위에 있다. 캘리포니아 스파클링 와인 중의 최상의 품질이며 뛰어난 진판델도 만들어진다. 시원한 기후로 샤르도네와 소비뇽 블랑이 많으며 유기농 밭이 많이 보인다.

앤더슨 밸리(Anderson Valley) AV 멘도시노에서 바다와 제일 가까운 곳으로 샤르도네, 피노 누아, 게뷔르츠트라미너, 리슬링의 성장에 적합하여 스파클링 와인을 만들기에 아주 좋다. 카베르네 소비뇽과 피노 누아로 만든 좋은 와인도 볼 수 있다.

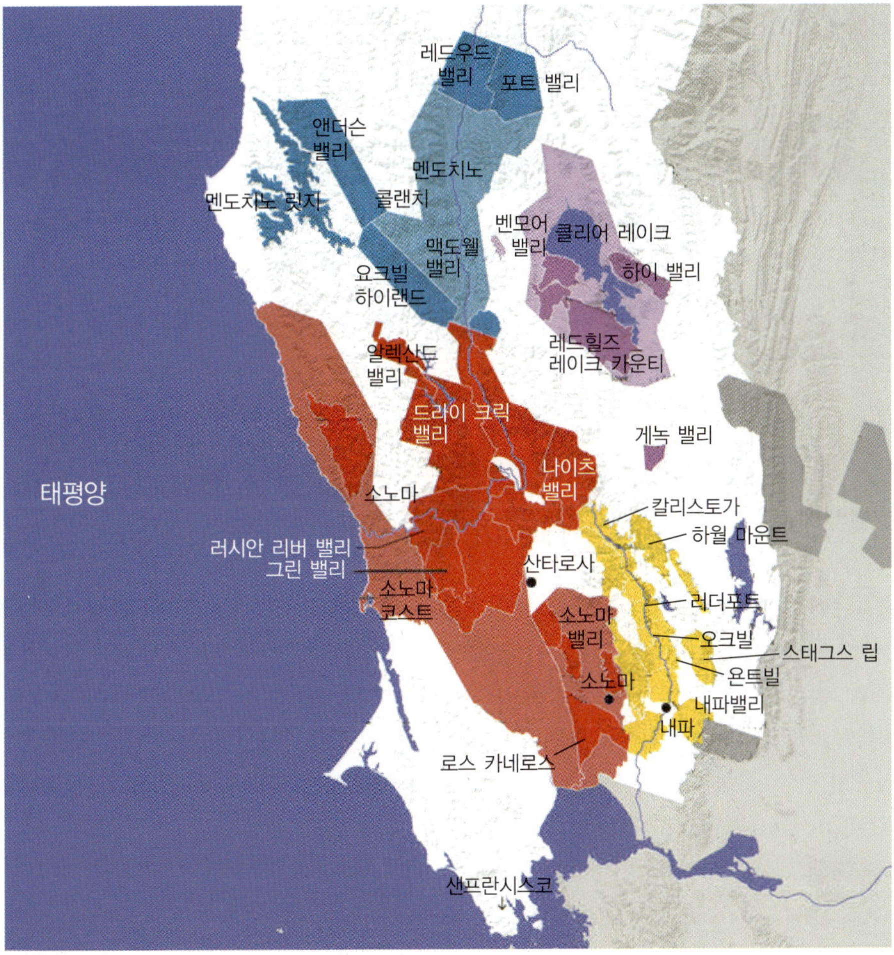

파두치(Parducci)는 멘도시노 와인의 선구자이며, 뢰데레(Roederer Estate)의 스파클링 레르미타주(L' Ermitage)는 샹파뉴의 본질을 잘 담고 있다.

페처(Fetzer Vineyards)[16], Goldeneye Winery 외에 좋은 곳들[17]이 있다. 나바로(Navarro Vineyards)에서 나오는 세 가지 드라이 화이트인 피노 블랑(Pinot Blanc), 뮈스캣 블랑(Muscat Blanc), 루산 블렌딩(Roussanne-Marsanne)도 훌륭하지만 샤르도네는 단연 압권이다.

콜 랜치(Cole Ranch) AV 앤더슨 밸리의 우측에 위치한 좁고 25ha로 작은 규모의 지역으로 모두 콜(Cole family) 가의 소유이다.

맥도웰 밸리(McDowell Valley) AV 콜 랜치의 동남쪽으로 멘도시노에서 가장 남쪽의 길이 300m의 작은 지역이다.

멘도치노 릿지(Mendocino Ridge) AV 포도밭들이 해발 365m 위로 위치해 있어 '하늘 섬(Islands in the Sky)' 로 불리며 10만ha의 넓은 곳이다.

레드우드 밸리(Redwood Valley) AV 멘도시노 호(湖) 위에 위치하며 멘도시노에서 제일 처음으로 포도밭을 만든 곳이다.

멘도치노(Mendocino), 노스 코스트(North Coast), 포터 밸리(Potter Valley), 요크빌 하이랜즈(Yorkville Highlands) AV

(2) 레이크 카운티(Lake County)

멘도시노 밑의 세인트 헬레나 산과 마야카마 산 북쪽으로 클리어 호가 있는 지역이다. 대형 양조장에 포도를 공급하는 밭이 많다. 켄달 잭슨(Kendall-Jackson)은 1982년에 설립하여 1년 만에 전미 와인대회에서 샤르도네Chardonnay Vintner's Reserve)가 플래티넘 상을 받아 백악관 만찬용으로 지정되기도 했다. 클리어 레이크(Clear Lakes) AV는 클리어 호 남단에 위치한다.

벤모어 밸리(Benmore Valley), 하이 밸리(High Valley), 게녹 밸리(Guenoc Valley), 레드 힐스 레이크 카운티(Red Hills Lake County) AV

(3) 내파 밸리(Napa Valley)

인디언어로 '풍요로운 땅' 이란 뜻의 내파는 샌프란시스코 만(灣) 안쪽의 샌 파블로(San Pablo bay) 만 위에 위치한다. 캘리포니아의 800여 개 와이너리 중 300개 가까이가 몰려 있는 캘리포니아를 대표하는 와인산지로서 캘리포니아 와인산업의 중심이다. 최고급 와인을 만드는 '부티크 와이너리' 가 몰려 있고, 고급 와인은 대부분 이 지역에서 나오므로 미국 와인의 중심지 격이 된다. 레드로는 카베르네 소비뇽, 메를로, 피노 누아, 그리고 진판델이 주품종이며, 화이트 와인으로는 샤르도네와 소비뇽 블랑을 많이 사용한다. 최근에 블렌딩 와인이 늘어나는 추세에 있다. 아라우호(Araujo Estate)는 견고한 와인, 코리손(Corison)은 우아하며 파워풀한 와인이다

16) 페처(Fetzer Vineyards)는 위스키 잭 다니엘을 소유하고 있는 브라운 포먼(Brown Forman Corp) 그룹 소유이다.

17) Brutocao Cellars, Christine Woods Vineyards, Edmeades, Greenwood Ridge Vineyards, Handley Cellars, Husch Vineyards, Jepson Vineyards, Lolonis Winery, McDowell Valley, Maple Creek Winery, Meyer Family Cellars, PacificEcho Cellars, Potter Valley

라메이(Ramey Hyde Vinyard)는 캘리스토가와 다이아몬드 마운틴에서 레드를 생산하지만 소노마의 키르로네스(Carneros)에서 두 군데 밭에서 생산하는 샤르도네로 입지를 굳히고 있으며, 스토니 힐(Stony Hill)의 샤르도네는 10년, 적어도 5년이 지나야 복합성이 살아나기 시작한다.

아트라스 픽(Atlas Peak) AV 내파 동쪽의 언덕 지역이다. 아트라스 픽(Atlas Peak)은 볼랭져(프랑스 상파뉴)와 안티노리(이탈리아 키안티) 그리고 소노마에 '클로 뒤 브아', 내파에 '윌리엄 힐'을 가지고 있는 워커(Hiram Walker)가 손잡고 와인을 만든다.

팔메이어(Pahlmeyer Winery)[18]는 1994년 개봉된 영화 '폭로'[19]로 대중적인 인기까지 얻게 되었다. 이곳에서 일했던 와인메이커들이 워낙 유명한 까닭에 팔메이어를 '와인메이커의 사관학교'라고 부를 정도다. 랜디 던(Randy Dunn)[20], 2대인 밥 레비(Bob Levy)[21]는 팔메이어 샤르도네를 탄생시킨 주역이다. 3대인 헬렌 털리(Helen Turley)[22], 그리고 2012년부터 다시 유능한 신예 와인메이커[23]들을 발탁하여 전통적인 보르도 블렌딩 방식으로 와인을 만들고 있다.

캘리스토가(Calistoga) AV 캘리스토가 지역은 세인트 헬레나 산(Mount Saint Helena)이 시작되는 곳이다. 몬텔레나(Chateau Montelena)는 1976년의 '파리의 심판' 때 1등한 샤르도네로 알려졌지만 카베르네 소비뇽 역시 인상적인 것으로 2008년 보르도의 '샤토 코스 데스투르넬'에 매각되었다. 클로 페가스(Clos Pegas)는 그리스 신화에 나오는 날개달린 말인 '페가수스'에서 이름을 따온 곳으로 유명 조각가[24] 작품이 300여 점 전시되어 있다.

다이아몬드 크릭(Diamond Creek Vineyards)의 볼캐닉 힐(Volcanic Hill)은 '세계 100대 와인'으로 생산량 또한 극히 적다. 샌프란시스코의 와인 클럽(Vintners Club)에서 열린 1976년의 블라인드 테이스팅에서 다이아몬드 크릭에서 출품한 와인 세 가지가 1, 2, 3등을 모두 차지한 적이 있다.[4]

쉬람버그(Schramsberg)는 미국 최초로 상파뉴방식의 스파클링을 만든 자타가 공인하는 내파를 대표하는 스파클링 와인의 대명사다. 각국의 스파클링과 상파뉴 블라인드 테이스팅 때 단골로 등장

18) 팔메이어(Pahlmeyer Winery) : 한 해 5000케이스 생산하는 부티크 와이너리로 삼성 이건희회장의 2013년 72세 생일 때 동 페리뇽과 함께 식탁에 오르기도 했다. 1986년 첫 빈티지부터 RP 포인트 94점을 평가받은 이후 지금까지 계속 90점대를 유지하는 보르도 스타일의 미국 와인으로 '캘리포니아의 샤토 무통 로쉴드'라는 명성을 얻고 있다.

19) 인수합병 전문가인 옛 애인이 직장상사로 오게 된다. 예전에 둘은 내파 밸리로 함께 여행을 떠났을 만큼 와인을 사랑했었다. 와인에 심취한 남자(마이클 더글라스)를 유혹하기 위해 여자(데미 무어)는 특별한 와인 한 병을 준비하여 분위기가 고조되다가 남자가 자제력을 되찾고 나가버렸다. 앙심을 품은 여자가 남자를 성폭행범으로 몰아 법정까지 가는데 이 와인이 쉽게 구하기 힘든 희귀와인이라는 것이 여자가 의도적으로 남자를 유혹했다는 증거가 된다. 이 와인이 팔메이어 샤르도네(Pahlmeyer Chardonnay) 1991년 빈티지이다.

20) 랜디 던(Randy Dunn)은 팔메이어의 초대 와인 메이커로 하웰 마운틴(Howell Mountain) 지역을 개척한 선구자이자 미국 카베르네 소비뇽의 대부격인 인물이다.

21) 밥 레비(Bob Levy)는 팔메이어 샤르도네를 탄생시킨 주역으로 유명 컬트 와인인 할란 에스테이트(Harlan Estate)의 와인메이커로 스카우트 되었다.

22) 헬렌 털리(Helen Turley) 여사는 미국 최고가 와인인 스크리밍 이글(Screaming Eagle)과 미국 최정상 화이트 와인인 마카신(Marcassin)의 와인메이커로서 미국 최고의 여성 와인메이커로 꼽히는 인물이다. 그녀는 1993년부터 9년간 와인 메이킹을 맡으면서 팔메이어를 발전시켰다. 헬렌 털리 이후에는 유명 컬트 와인인 콜긴(Colgin), 브라이언트 패밀리(Bryant Family)에서 경험을 쌓기도 했으며 헬렌 털리의 수제자이기도 한 에린 그린(Erin Green)이 팔메이어의 명성을 잘 이어간 인물로 평가 받는다.

23) 케일 앤더슨(Kale Anderson), 비비아나 곤잘레스(Viviana Gonzalez). 앤더슨은 마크 오버트(Mark Aubert), 필립 멜카(Philippe Melka), 데이비드 아브레우(David Abreu) 등 거장들에게 사사하며 함께 10여 년간 일하면서 양조 경력을 쌓았고 보르도 품종을 이용한 파워풀한 양조 스타일을 보여준다. 팔메이어의 나파 밸리 라인업을 총괄하고 있다.

24) 헨리 무어(Henry Moore)의 Mother Earth, 세자르(Cesar)의 Thumb, 로버트 모리스(Robert Morris), 장 뒤부페(Jean Duvuffet), 세라(Richard Serra)

하여 많은 사람들이 샹파뉴와 쉽게 구분을 하지 못하여 당혹스럽게 만들고 재미를 주기도 한다. 피터 마이클(Peter Michael Winery)의 모든 와인은 여과를 하지 않고 병입하며 벨 코트(Belle Côte), 퀴베 엥디젠(Cuvèe Indigène), 라 카리에르(La Carrière), 몽 플레지르(Mon Plaisir)[25], 포인트 루즈(Point Rouge)와 같은 샤르도네는 생생하고 풍부한 풍미가 그대로 남는다.

하월 마운틴(Howell Mountain) AV 던(Dunn Vineyards)은 610m의 고도에서 소량의 고품질인 '위대한 와인'을 만들어 캘리포니아에서 가장 좋은 레드 와인 리스트에서 빠지지 않는다. 하지만 카베르네 소비뇽은 어릴 때엔 거의 손도 대지 못할 정도여서 적어도 10년이 지나야 여러 겹의 향이 겹겹이 닫힌 문 사이로 서서히 뿜어 나오기 시작한다.

라 호타(La Jota Vineyard)는 카베르네 소비뇽으로 무겁고 강인한 그러나 격조 있는 와인을 만든다. 털리(Turley)의 진판델은 16°의 알코올 함유량을 가진 진판델의 정수라기도 하지만 지나치게 과장되어 '스모' 와인이라 낮추어 보는 견해로 엇갈린다. 아무튼 진한 농도에 폭발적인 아로마임에는 틀림없다. 월트너(Chateau Woltner)의 샤르도네 티터스(Titus)는 '세계 100대 와인'으로 꼽힌다.

오크 놀(Oak Knoll District) AV 쿠 드 푸드레(Coup de Foudre)[26] 와인에는 사랑하는 사람을 위한 편지가 붙어 있는 레이블은 손으로 쉽게 뜯어낼 수 있고 뒷면에는 우리가 '첫눈에 반한 그 순간'을 기억하고 기록하도록 디자인 되었다. 친구인 하이디 바렛(Heidi Barrett)[27]과 같이 만든 아뮤즈 부셰(Amuse Bouche)는 메를로를 주 품종으로 만들어 '미국의 샤토 페트뤼스(Château Pétrus)'라고 불린다. 다른 브랜드로 오 소메이(Au Sommet) 와인[28]이 있다. 트레프텐(Trefethen Vineyards)의 샤르도네는 가격에 비해 품질이 뛰어나다.

오크빌(Oakville) AV 파 니엔트(Far Niente)[29]는 카베르네 소비뇽과 샤르도네 두가지만 생산하여 나이가 들 면서 더욱 기품이 돋보이는 와인하며 아름다운 와이너리와 지하저장고도 유명하다. 돌체(Dolce)의 디저트 와인은 내파 밸리의 디저트 와인 중에서 최고라는 평가이며, 댈러 밸(Dalla Valle)는 놀라울 정도로 깊은 향을 지닌 마야(Maya)로 명성을 굳혔다.

헬런(Harlan Estate)의 생산량은 1년에 약 1,500케이스에 불과하여 병당 가격이 200만이 되며, 마이바흐(Maybach)와 메리베일(Merryvale)[30]의 실버 오크(Silver Oak)와 더불어 와인평론가로부터 매년 최상의 평점을 받는다.

스크리밍 이글(Screaming Eagle Winery)[31]의 카베르네 소비뇽은 1992년 생산 첫 해에 파커로부터 99점을 받은 년 500케이스만 생산하는 컬트이며 막델레나(La Magdalena)도 명품 반열에 들어간다.

---

25) 몽 플레지르(Mon Plaisir)의 1988 빈티지에는 퀴베가 두 가지 있다. 하나는 여과를 한 것이고 또 하나는 여과를 하지 않아 레이블에 빨간 점을 찍어 레드 닷 퀴베(red dot Cuvèe)라 했는데 꿀과 같은 느낌의 풍미에 신선한 과일 성분이 그대로 남았다.

26) 쿠 드 푸드레(Coup de Foudre) 와인의 레이블은 언제(when), 어디서(where), 누구(who)와 왜(why) 강렬한 기억을 얻게 되었는지 각 항목을 기입해 평생 간직할 수 있도록 되어 있다. 오너인 존 슈와츠(John Schwartz)가 '첫눈에 반한 그 순간' 느낌을 그의 아내에게 보내는 러브 레터였다.

27) 하이디 바렛(Heidi Barrett). 스트리밍 이글을 만든 장본인으로 로버트 파커가 수차례 100점 만점의 평가를 하여 '와인의 영부인(First Lady of Wine)'이라는 칭호를 얻었다.

28) 오 소메이(Au Sommet). '최정상의'이라는 뜻으로 475케이스만이 생산되며 하이디 바렛이 와인 메이킹을 하였다. 2008년에 첫 빈티지를 선보인 이 와인은 시장에 나오자마자 계속 전량 소진되며 가치를 인정받고 있다.

29) 파 니엔테(Far Niente). '아무런 걱정 고민 없이'라는 낭만적인 뜻의 이태리어 이름으로 에너지를 하나도 쓰지 않는 13,000여 평의 친환경 저장고와 그림 같은 조경 그리고 오너 길 니켈이 수집한 클래식 자동차 수집으로도 유명하다. 박근혜대통령 취임식에 카베르네 소비뇽이, 장동건.고소영 결혼식에 샤르도네가 쓰였다.

30) 메리베일(Merryvale)의 와인은 다양하지만 프로파일과(Profile)과 샤르도네 실루엣(Silhouette)가 더 잘 알려져 있다.

로버트 몬다비(Robert Mondavi)[32]와 몬다비와 로쉴드(Baron Philippe de Rothschild)가 같이 만든 오퍼스 원(Opus One)은 보르도 스타일 와인으로 '무통도 아니고 몬다비도 아닌 것' 이라고 몬다비가 스스로 평가했다. 소비뇽 블랑으로 만든 퓌메 블랑과 30년은 끄떡없을 카베르네 소비뇽도 몬다비의 명성을 한층 돋보이게 만든다.

필립 로스 차일드와 로버트 몬다비가 만든 서해안 최고의 적포도주지. 마셔 보면 알겠지만 보르도에도 부르고뉴에도 토스카나에도 없는 와인이야. 미국 최대의 업적은 할리우드 영화나 비트족의 시, 재즈, 팝 뮤직이 아냐, 오퍼스 원이야. 오퍼스 원은 진정한 의미에서 구대륙과 신대륙의 조화의 상징이지.

역사라는 것은 외부와의 관계를 쌓아가는 거라고 말했다더군요. 그 사람이 일생을 통하여 누구와 관계를 만들어나가는가 하는 것이 그 사람의 역사가 된다는 말도 덧붙여서.

와인글라스에 오퍼스 원을 따릅니다. 서서히 경련이 잦아드는 새의 심장이 떠오릅니다. 저녁놀이 모든 풍경을 녹이고 오퍼스 원이 나의 몸을 안쪽에서부터 녹여갑니다. 확실한 것은 아무 것도 없다. 당신은 그렇게 말했습니다. 나도 그렇게 생각합니다.[5]

바인 클립(Vine Cliff)의 카베르네 소비뇽 와인이 스펙테이터 평점 1998년 91점, 2005년 93점, 2006년 92점을 받은 최상급으로 백악관 만찬 와인으로 선정되기도 했다.

독도 와이너리(Dokdo Winery)[33]의 '799-805 와인' 은 독도의 우편번호이기도 하며 독도가 대한민국의 영토란 사실과 독도의 아름다움을 세계에 알리려 하는 열정과 희망이 담겨져 있다. 카디날(Cadinale)은 잭슨 패밀리 소유로 오퍼스 원보다 상급으로 인정받는 프리미엄와인이다.

---

31) 스크리밍 이글(Screaming eagle)은 고객 명단에 오른 사람에게만 우편판매만 하며 판매량도 1인당 매년 3병으로 제한한다. 판매가격은 병당 500달러이지만 e베이의 경매가격이 3000~4000달러 되며 쉽사리 나오지도 않는다.

32) 로버트 몬다비(Robert Mondavi). 싸구려 와인으로 인식되던 캘리포니아 와인을 세계 최고수준으로 끌어올려 '캘리포니아 와인의 상징', '내파의 성지(聖地)' 로 불린다. 이탈리아에서는 프레스코발디와 루체(Luce)를 만들었고, 칠레에서는 에라수리스와 함께 세냐(Sena)를 만들었다. 2009년 94세로 세상을 떠났고 몬다비사(社)는 형제 간에 경영권 분쟁이 일어나 컨스틸레이션사(社)로 경영권이 넘어갔다.

33) 독도 와이너리(Dokdo Winery)는 내파 밸리(Napa Valley)의 오크빌, 프리챠드 힐과 러시안리버 밸리의 싱글 비녀드를 선정하여 카베르네 소비뇽, 메를로, 피노 누아를 계약 재배하여 30년 이상 와인을 생산해온 와인메이커와 컨설턴트를 통해 2007년 '799-805 와인' 을 탄생시켰다.

러더포드(Ruthford) AV

보리으(Beaulieu Vineyard)는 내파에서 최초로 세워진 곳으로 여기서 와인을 만든 첼리스첼프(André Tchelistcheff)는 '캘리포니아 양조의 아버지', '양조의 교황'이라고 일컬어진다. 케이머스(Caymus Vineyards)의 스페셜 셀렉션(Special Selection)은 '세계 100대 와인'에 포함된다. 다나(Dana Estates)[34]는 한국제분의 이희상씨가 자신의 호인 '단하'에서 따온 이름으로 바소(Vaso)는 레이블에 구본창 작가의 달항아리(조선백자) 사진을 올려 동양적 가치를 전달한다. 다나의 로터스(Lotus vineyard) 2007년산이 로버트 파커의 2009년 평가에서 100점을 받은바 있다. 필립 멜카(Philip Melka)는 무엑스(Moueix)[35]씨와 같이 오래 일해 온 사이로 다나에 와인 메이커로 참여하고 있다.

프리마크 애비(Freemark Abbey)의 사이카모어(Sycamore) 카베르네 소비뇽은 엄청나게 풍성한 향과 농익음으로 밀도와 타닌이 대단한 박력을 보여주며, 프로그스 립(Frog's Leap)의 카베르네 역시 생동감 넘치는 과일이 글래스 안에서 튀어나온다. 그르지치 힐스(Grgich Hills Cellar)[36]는 크로아티아 출신으로 '파리의 심판'에서 1등한 샤토 몬텔레나를 만든 와인 메이커가 만든 곳이다.

잉글눅(Inglenock)[37]의 니바움-코폴라(Niebaum-Coppola Rubicon)는 보르도 타입의 레드로 '세계 100대 와인'이며 영화와 와인에 관한 박물관이 있다.

페주(Peju Province)는 와인의 품질도 훌륭하지만 와이너리의 멋진 정원과 음식과의 조화를 이루는 와인 페어링 투어 프로그램도 잘 되어 있어 인기 높은 곳이다. 퀸테사(Quintessa)는 65ha의 밭을 26개의 구역으로 나누어 카베르네 소비뇽, 메를로, 카베르네 프랑으로 구성하여 보르도식 블렌딩 와인을 만들고 있다.

러더포드 힐(Rutherford Hill)[38]은 우아하고 세련된 캘리포니아 최고의 메를로를 만드는 곳이다. 스태글린(Staglin Family Vineyard)도 빼놓을 수 없는 곳이다.

---

34) 다나(Dana Estates)의 Helms, Hershey, Lotus, Onda D'Oro는 연간 3000병 한정 생산. 로터스(Lotus vineyard 2007)은 2010년 첫 생산되어 파커로부터 평점 100점을 받았다. 바소(Vaso)는 항아리를 뜻하는 이탈리아어. 2010년 G20 정상회의와 2012년 핵안보정상회의에서 '바소'가 쓰였다.

35) 무엑스(Moueix)는 프랑스 페트뤼스의 소유주로 내파(욘트빌)에도 도미너스(Dominus Estate)를 만들어 와인을 만들고 있다. 중국인 부인을 두고, '가와바다 야스나리나 이노우에 야스시의 소설에서 느껴지는 섬세함을 와인에 표현하고 싶다'고 말한다.

36) 그르지치 힐스(Grgich Hills Cellar)는 양조자의 명예의 전당(Vintner Hall of Fame)에 첫번째로 이름을 올려 내파 밸리의 살아있는 역사로 평가받는다.

37) 잉글눅(Inglenock)은 1879년 세워진 곳으로 코폴라 감독이 1975년 산 뒤 루비콘(Rubicon Estate)이라는 이름으로 운영하다 2011년 상표권을 획득하여 원래의 이름인 '잉글눅'으로 복원하였다.

세인트 헬레나(St. Helena) AV

베린저(Beringer Vineyards)는 캘리포니아에서 가장 오래된 곳으로 1876년 금주법으로 모든 포도밭을 다 갈아엎을 때 이곳만 미사주를 위한 합법적인 와인 생산이 허용된 곳이었다. 내파 밸리의 860여ha의 포도밭에서 메를로, 카베르네 소비뇽 등을 재배하여 높은 강도와 복합적인 향, 풍미, 좋은 밸런스를 보여주는 '위대한 와인'을 만든다. 와인 스펙테이터에서 선정하는 '세계 100대 와인'에 레드와 화이트가 각각 뽑힌 프리미엄 와인이다.

콜긴(Colgin Cellars)는 매끄럽고 우아한 와인이며, 브라이언트(Bryant Family Vineyard)는 세계 정상급의 신비로운 '위대한 와인'을 만든다. 샤플렛(Chappellet Winery & Vineyards)[39]은 내파 밸리의 대표적인 부티크 와인(boutique wine)을 생산하여 시그니처(Signature)는 오래 두고 마실 수 있는 와인의 표본으로 숙성될수록 매력적인 와인이 된다.

덕혼(Duckhorn Vineyards)의 소비뇽 블랑과 피노 누아가 오바마 대통령 취임 축하 오찬 행사 때 사용되어 오바마 백악관의 첫 와인이 되었다. 하지만 덕혼의 자랑거리는 누가 뭐래도 메를로의 농익은 과일 캐릭터가 물씬 돋아나는 쓰리 팜스(Three Palms) 메를로이다. 그레이스(Grace Family Vineyards)는 연간 200상자도 안 되는 생산량에 구매 대기자 명단에 4,000명 이상이 기다리는 미국 최초의 컬트와인에 올랐다.

헤이츠(Heitz Wine Cellars)의 마샤즈(Martha's vineyards)는 '파리의 심판'에서 7위, 재대결에서 3위에 오른 '세계 100대 와인'으로 매년 6만여 병의 생산에 몇 번째 병인지 레이블에 명시된다. 메리베일(Merryvale)을 대표하는 와인은 샤르도네 100%의 실루엣(Silhouette)과 보르도 블렌딩의 레드 와인 프로파일(Profile)이다.

뉴턴(Newton Vineyards)은 스프링 마운틴(Spring Mountain) 산 위에 넓게 위치하고 있으며 영국식 정원이 매우 아름답고 깔끔하다. 샤르도네는 언필터드(Unfiltered) 방식[40]으로 생산하여 아로마와 풍미가 탁월하며, 뛰어난 빈티지만을 골라 에픽(Epic)이라는 이름의 메를로 와인도 만든다.

파인 릿지(Pine Ridge)는 그리 비싸지 않은 가격에도 놀라울 정도로 훌륭한 품질을 보여주는 곳으로 플래그십 와인인 포르티스(Fortis) 2012는 RP 포인트 100점으로 평가되었다.

션 택크리(Sean Thackrey)는 엄선한 다른 밭에서의 포도로 론 스타일의 장기 숙성형 와인을 만든다.

스파츠우드(Spottswoode Estate)[41]는 1982년 첫 빈티지부터 컬트라 불렸으며 '가장 수집할 가치가 있는 와인 중 하나'로 인정받으며 파커가 '내파의 마고'라고 칭하고 있다. 카베르네 소비뇽은 2010 빈티지가 RP Point 100점을 받은 것을 비롯해 최근 10년간 와인 애드버케이트(Wine Advocate)에서 평균 97점을 기록하면서 미국에서 가장 우아한 카베르네 소비뇽을 표현해 냈다는 찬사를 듣고 있다.

---

38) 러더포드 힐(Rutherford Hill). '식탁에 고기가 올라올 때면 언제든지 서브할 수 있도록 박스로 구매해 두는 편이 좋은 와인'이라고 와인&스피리츠('Wine & Spirits) 지가 소개하였다.

39) 샤플렛(Chappellet Winery & Vineyards)의 샤르도네 2003은 2005년 만모한 싱(Manmohan Singh) 인도 수상이 미국을 방문하여 정상회담의 공식 행사인 백악관 만찬에서 만찬주로 선정된 와인이다. 와인 스펙테이터(Wine Spectator)에서 선정한 100대 와인의 상위권에 2007~2009년의 3년 연속으로 이름을 올렸다.

40) 언필터드(Unfiltered) 방식. 와인 양조 마지막 단계에서 실시하는 필터링을 하지 않았다는 의미로, 와인의 아로마와 풍미가 더욱 강조되는 효과가 있지만 양조 과정에서 특히 주의를 기울여야 한다.

41) 스파츠우드(Spottswoode Estate). 카베르네 소비뇽 2001년은 디켄터(Decanter)에서 'Highly Recommended(★★★★)' 평가를 받았고, 파커가 95점, 로베(James Laube)가 90점으로 평가했다. CCOF(California Certified Organic Farmers)의 공식인증을 받은 100% 유기농으로 재배한 포도만을 사용한다.

비더크레스트(Veedercrest)는 1972년의 첫 빈티지가 '파리의 심판'에서 화이트 와인 9위에 올랐고 프리마크 애비(Freemark Abbey)는 10위에 들었다. 레일 비녀드(Lail Vineyards)의 다니엘 퀴베(Daniel Cuvee)도 정교하게 잘 다듬어진 와인이다.

스프링 마운틴(Spring Mountain District) AV

어브레유(Abreu Vineyard)에서 나오는 마드로나 랜치(Madrona Ranch)와 토레빌로스(Thorevilos)는 청징과정을 하지 않으므로 포도의 정수를 담은 자연스러운 와인으로 파커의 '위대한 와인'에 이름을 올렸다. 바넷(Barnet Vineyards)의 카베르네 소비뇽과 필립 토그니(Philip Togni Vineyard)의 캘리포니아에서 가장 농도가 높고 잉크 같은 검정색을 띤 카베르네 소비뇽은 병 숙성 시간이 길수록 더 인상적으로 발전한다. 스토니 힐(Stony Hill)도 눈 여겨 봐야 할 곳이다.

스태그스 립(Stags Leap District) AV

내파에서도 특히 카베르네 소비뇽의 고장이라 일컫는다. 침니 락(Chimney Rock)의 카베르네는 화려한 맛으로 스태그스 립의 명성에 힘을 보태었다. 클로 뒤 발(Clos du Val)은 1976년 '파리의 심판'에 참여한 6가지 미국 와인 중 하나로 선택되어 8위를 했지만 2006년에는 5위를 했다.

에이치디비(HdV Wines)는 로마네 콩티 소유주인 빌란(Aubert de Villaine)이 내파의 하이드(Hyde) 가와 만나 Hyde의 Hd, 빌란의 dV를 합쳐 만든 이름이다. 셰이퍼(Shafer vineyards)의 카베르네 소비뇽은 독특한 향미를 가진 컬트와인으로 파커가 '카베르네 소비뇽이 다다를 수 있는 최상의 맛'이라 평가하고 두 번이나 백점을 매겼고 2008년 워싱턴에서의 G20 정상회담 메인 와인으로 또 20년간 백악관 만찬용으로 사용되었다. 세이퍼의 파이어브레이크(Firebreak)는 산지오베제 93%로 캘리포니아의 슈퍼 투스칸으로 알려져 있다.

스태그스 립(Stag's Leap Wine Cellars)[42]은 '파리의 심판' 때 카베르네 소비뇽으로 만든 레드가 1등에 올랐으며 캐스크 23(Cask 23)는 '세계 100대 와인'이다.

욘트빌(Yountville) AV 샹동(Domaine Chandon)은 모에 샹동을 만드는 모에 헤네시(Moet Hennesy) 사에서 만든 와이너리로 상파뉴 방식으로 만드는 스파클링으로 유명하다. 도미누스(Dominus Estate)의 도미누스는 '세계 100대 와인'이며 프랑스의 페트뤼스 소유주인 무엑스씨가 만든 것으로 오델로(Othello)[43]도 소유하고 있다. 찰스 크루그(Charles Krug Winery. Peter Mondavi Family)는 슈냉 블랑이 특히 호평이다.

---

42) 스태그스 립(Stag's Leap Wine Cellar)은 쫓기던 수사슴(stag)이 절벽 사이를 펄쩍 뛰어(leap) 도망갔다는 데서 유래한다. 연세대가 2005년 개교 120주년을 기념하여 선정한 와인으로 학교 휘장과 상징물인 독수리를 형상화한 레이블을 주문 제작해 붙이기도 했다.

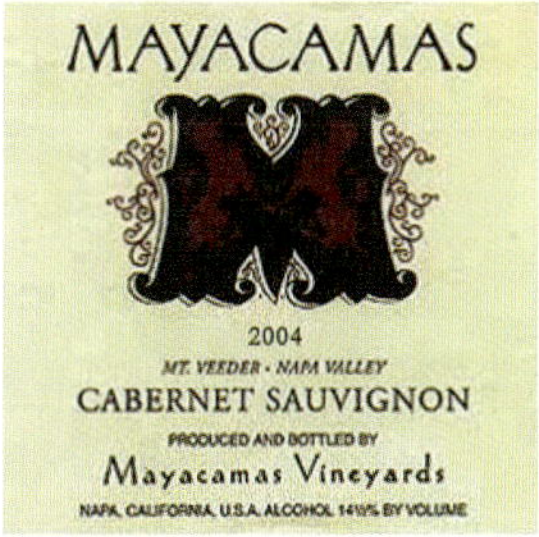

마운트 비더(Mount Veeder) 제이드 마운틴(Jade Mountain)은 론 스타일의 쉬라 위주의 블렌딩 와인이며, 마야카마스(Mayacamas)는 카베르네 소비뇽으로 내파의 클래식 와인을 만들어 명성을 쌓았다.

칠리스 밸리(Chiles Valley), 쿰스빌(Coombsville), 다이아몬드 마운틴(Diamond Mountain District), 로스 캐너로스(Los Carneros), 내파 밸리(Napa Valley), 와일드 호스 밸리(Wild Horse Valley) AV

글로리아 페러(Gloria Ferrer)는 스페인 프레시넷이 소유한 회사로 피노 누아와 샤르도네만 재배하여 스파클링을 만들며 1987년 스페인 국왕 후안 카를로스 1세가 방미하였을 때 진상되기도 하였다. 세인트 수페리(Saint Supéry)도 보르도 타입의 와인을 내놓으며, 실버 오크(Silver Oak)는 고급 카베르네 소비뇽만 생산한다. 셔터 홈(Sutter Home Winery)은 진판델로 80여 개국에 수출하고 있으며, 스털링(Sterling Vineyards)은 카베르네 소비뇽, 메를로, 샤르도네, 소비뇽 블랑 등의 단일 품종을 만들고 있다.

컬트 와인(Cult Wine)

1990년 대 들어 내파 밸리의 몇몇 와이너리에서 생산하기 시작한 최상급 와인을 뜻하며 소규모 농원에서 한정된 양만 생산하므로 부티크 와인이라고도 부른다. 이 시기에 최고급 와인이 잇따라 나오자 와인비평가들이 찬사를 아끼지 않았는데 파커가 게 중 몇 개에 100점 만점을 주어 기름을 부었다. 즉 1992년 첫 빈티지가 나온 스크리밍 이글은 파커가 99점을 부여했지만 일 년에 2500병밖에 나오지 않아 구매자 명단에 이름을 올려야 하는 시스템으로, 이처럼 회원 사망 시에나 구매가 가능한 와인들이 많다.

컬트 와인의 범위는 규정된 것이 아니므로 관점에 따라 달라져 처음에는 내파의 최고급 와인을 지칭했지만 지금은 캘리포니아 주 전체 내에서 소량 생산되는 고품질 와인을 뜻하게 되었다.

현재 내파의 잘 알려진 컬트와인으로는 아라우호(Araujo, 캘리스토가. 3000상자), 브라이언트(Bryant Family, 세인트 헬레나. 800상자), 콜긴(Colgin Cellars, 세인트 헬레나, 200상자), 다야 바에(Dalla Valle, 오크빌. 500상자), 던(Dunn Vineyards, 하우웰 마운틴), 그레이스(Grace Family, 세인트 헬레나, 200상자), 핼런 에스테이터(Harlan, 오크빌, 1,500상자), 마르카신(Marcassin, 소노마 코스트, 100상자), 스크리밍 이글(Screamining Eagle, 오크빌, 500~600상자), 셰이퍼의 힐사이드 셀렉트(Safer Hillside Select, 스태그스 립, 2,000상자), 필립 토그니(Philip Togni, 세인트 헬레나, 1,600상자) 등이 꼽힌다.

43) 오델로(Othello)의 프랑스어 발음인 오텔로는 이는 'Otez l' eau' 로서 ' 물을 치워 주세요 ', ' 와인을 주세요 '라고 해석된다.

내파 밸리 리저브

사교클럽 형식으로 운영되는 '내파 밸리 리저브'는 내파 밸리에 와이너리를 갖고 싶지만 여력이 되지 않는 사람들에게 일정 규모의 밭을 떼어주고 와인을 생산토록 하는 방식이다.

보증금으로만 최소 15만 달러를 내야 하지만 대기번호를 받아야 할 만큼 인기가 높다. 영화배우 로버트 레드퍼드, 축구 스타 데이비드 베컴, 사이클의 암스트롱 등 유명 인사들이 가입해 있고 현재 총 가입자는 한국인 4명을 포함해 450명 정도다.[6]

(4) 소노마 카운티(Sonoma County)

샌프란시코의 바로 북쪽에 있는 '나파 밸리'(Napa Valley)와 태평양 사이에 끼어 있으며, 규모로는 '나파 밸리'의 두 배에 달한다. 캘리포니아에서 가장 역사가 깊은 곳으로 미국 와인의 본고장으로서의 분위기와 환경을 갖추고 있다.[7]

파이퍼 소노마(Piper Sonoma)는 상파뉴의 파이퍼 에이드시크(Heidsieck)와 합작으로 좋은 스파클링을 만들며, 에로우드(Arrowood)는 비오니에(Viognier)가 알려져 있다.

프라이드 마운틴(Pride Mountain Vineyards)은 마야카마스 산맥(Mayacamas Ridge)의 해발 640m 고도의 내파-소노마의 경계선에 숨어있는 곳으로 여과 및 청징을 절대 하지 않는 멋진 카베르네 소비뇽과 메를로 와인을 만들어 '위대한 와인' 반열에 올랐다.

알렉산더 밸리(Alexander Valley) 슈브레인(Chateau Souverain)은 저렴한 와인을 대량 생산하지만 가격만으로 품질을 예상하면 절대 안 된다. 조단(Jordan Vineyard)의 카베르네 소비뇽은 한결같이 좋은 품질로 미국 대통령 취임식 만찬으로 자주 쓰이며 스파클링 와인도 선호된다.

가이저 피크(Geyser Peak)도 알려진 곳이다. 세게지오(Seghesio Winery)는 100년 이상의 축적된 경험과 지식으로 질 좋은 진판델 와인을 만들어 와인스펙테이터 2003의 '100대 와인', 2004년의 11위에 선정되었다. 베리테(Vérite)의 라 주아(La Joie) 2007은 RP포인트 100점을 받았으며 라 뮤즈(La Muse), 라 데지르(Le Désir), 애커래이드(Accolades)도 나온다.

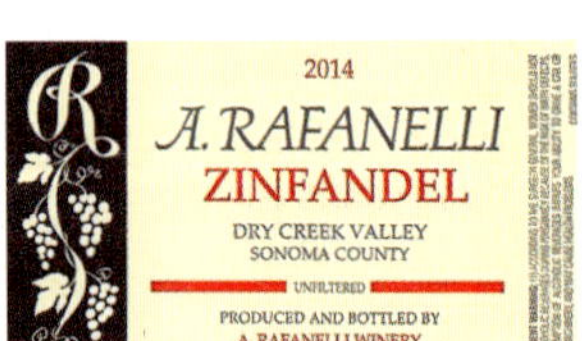

드라이 크릭 밸리(Dry Creek Valley) 갤로(E&J Gallo)는 세계 와인 판매 1위 기업이다. 전 세계 단일 와인 양조사로는 가장 커서 차를 둘러보아도 한 시간 이상 걸리는 농장에서 저렴한 와인부터 고가의 프리미엄 와인까지 다양한 라인을 갖추고 있다. 라파넬리(Rafanelli)의 진판델 그리고 드라이 크릭(Dry Creek Vineyards)도 알려져 있다.

그린 밸리(Green Valley, 러시안 리버 밸리의 하위 AV) 조셉 펠프스(Joseph Phelps)의 플래그 십

와인인 인시그니아(Insignia) 2002는 와인 스펙테이터 매거진의 '올해의 와인' 에 오르고 파커에게 100점을 받은 최고 수준의 장기숙성형 와인으로 시간이 흐르면서 서서히 진가를 드러낸다. 아이언 호스(Iron Horse)는 스파클링 와인으로 잘 알려져 있으며 상파뉴의 로랑 페리에와의 합동 기획하여 브레이스 에이미스(Vrais Amis)를 만들기도 했다.

키슬러(Kistler Vineyards)는 '미국 샤르도네의 제왕' 이라 일컬으며 '세계 100대 와인' 으로 섬세함과 농밀도의 조화가 환상으로 최고의 샤르도네와 피노 누아를 만들어낸다. 2012년 카자흐스탄 대통령 방한 때 쓰였다.

노던 소노마(Nothern Sonoma) AV 켄달 잭슨(kendall jackson)의 빈트너스 리저브(Vintner' s Reserve) 샤르도네는 약간의 단맛과 청량감으로 22년간 미국 레스토랑 판매 1위를 차지한 '레이디 가가 와인' 혹은 '오바마 와인' 으로도 불린다.

러시안 리버 밸리(Russian River Valley) 두톤 골드필드(Dutton Goldfield)의 샤르도네는 오크의 아로마와 조화를 이루며, 매리머(Marimar)의 샤르도네는 폭넓고 풍부한 질감이 피니쉬까지 이어진다. 리토라이(Littorai)는 샤르도네로 만든 메이스 캐년(Mays Canyon) 그리고 로치올리(J. Rochioli)의 피노 누아가 유명하다. 개리 파렐(Gary Farrell)은 피노 누아와 샤르도네의 양조에 탁월한 명성이 있다.

조셉 스완(Joseph Swan), 클로 뒤 부아(Clos du Bois), 켄우드(Kenwood Vineyards)[44], 포피아노(Foppiano), 래디오-코토(Radio Coateau)가 알려져 있다.

소노마 코스트(Sonoma Coast) 플라워스(Flowers)의 샤르도네와 피노 누아는 기본적으로 수준이 높으며, 허쉬(Hirsch Vineyards)의 피노 누아는 테루아를 충분히 살리고 있다. 랜드마크(Landmark)는 샤르도네와 피노 누아를 전문적으로 생산하여 풍부한 아로마가 만개하는 카스타니아(Kastania)를 만들고 있다.

리토레이(Littorai Wines)는 부르고뉴 스타일의 피노 누아와 샤르도네를 생산하며, 마커신(Marcassin)은 스타일리쉬한 컬트 와인을 생산하는 작은 와이너리로 여과 및 청징을 하지 않고 병입하는 샤르도네는 매우 뛰어난 샤르도네 와인의 전형을 보여준다.[8]

페이(Peay Vineards)는 밸런스와 스트럭쳐가 뛰어난 품위있는 피노 누아를 생산한다.

44) 켄우드(Kenwood Vineyards)는 러시안 밸리 외에 Alexander Valley, Dry Creek Valley, Sonomla Valley, Sonoma Mountain에도 밭을 가지고 잭 런던(jack London) 시리즈를 내놓고 있다. 아티스트 시리즈도 유명하다.

래디오-코토(Radio-Coteaux) 세바스티아니(Sebastiani Vineyards)의 세콜로(Secolo)가 좋은 평가를 받고 있으며 멤버십 클럽, 음악회, 디너와 투어 등 각종 이벤트를 활발히 열고 있다. 크러시패드(Crushpad)는 세계 어느 곳에서나 주문에 의해 원하는 스타일로 와인 양조를 대행해 주는 회사이다.[45)]

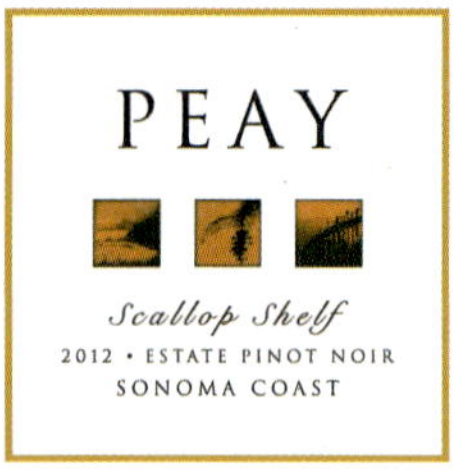

소노마 밸리(Sonoma Valley) 세인트 진(Château St. Jean)은 전 세계 와인 중 수위를 다투는 생크 세파주(Cinq Cépages)로 2003년 와인 스펙테이터 선정 2위의 와인으로 '세계 100대 와인'에 들어간다. 핸젤(Hanzell Vineyards)은 신세계에서 만든 구세계(특히 부르고뉴) 와인으로 알려진 고품질의 샤르도네와 피노 누아를 만드는 부티크 와이너리다. 라벤스우드(Ravenswood)에서 14가지의 품종들이 유기농법으로 재배되지만 진판델이 좀 더 주목받고 있다.

소노마 마운틴(Sonoma Mountain) 벤지거(Benziger Family Winery)는 나날이 향상되는 품질로 주목받는 곳이다.

로스 캐너로스(Los Carneros) 부에나 비스타(Buena Vista)는 미국 와인의 아버지라 일컫는 하라즈시(Agoston Haraszthy)가 설립한 곳으로 피노 누아로 명성이 높다. 캐너로스 크릭(Carneros Creek)도 피노 누아로 알려졌으며 캐너로스의 최초의 와이너리이다. 도멘 캐너로스(Domaine Carneros)는 샹파뉴의 태탱제(Taittinger)와 합작하여 스파클링을 만든다.

나이츠 밸리(Knights Valley)

피터 마이클(Peter Michael)의 소비뇽 블랑으로 만든 라프레-미디(L'Après-Midi)와 샤르도네 몽 플레시르(Mon Plaisir) 그리고 카베르네 소비뇽 블렌딩으로 시간이 지나면서 점점 더 피어나는 레 파보(Les Pavots)가 알려져 있다.

베넷 밸리(Bennett Valley), 초크 힐(Chalk Hill), 포트 로스-시뷰(Fort Ross-Seaview), 문 마운틴(Moon Mountain Disrict), 노스 코스트(North Coast), 파인 마운틴(Pine Mountain-Cloverdale Peak), 락파일(Rockpile) AV

45) 크러시패드(Crushpad)는 프랑스 보르도와 캘리포니아의 50여 곳의 포도밭과 계약하여 와인의 스타일, 품종, 포도 밭, 병, 레이블 및 판매까지 와인 생산의 전 과정을 대행해 준다. www.crushpadwine.com 내파 밸리에는 와인 파운드리(The Wine Foundry) 사가 같은 사업을 하고 있다. 45 Enterprise Court Napa, CA

2) 북중앙 해안지방(The North-Central Coast)

샌프란시스코 만에서 샌프란시스코 남쪽에 있는 몬터레이(Monterey)에 이르는 지역이다. 원래는 몇 개의 큰 회사들이 그리 비싸지 않은 와인을 엄청나게 많이 생산하던 곳이었는데, 지금은 최상품을 만드는 곳으로 자랑하고 있다.[9]

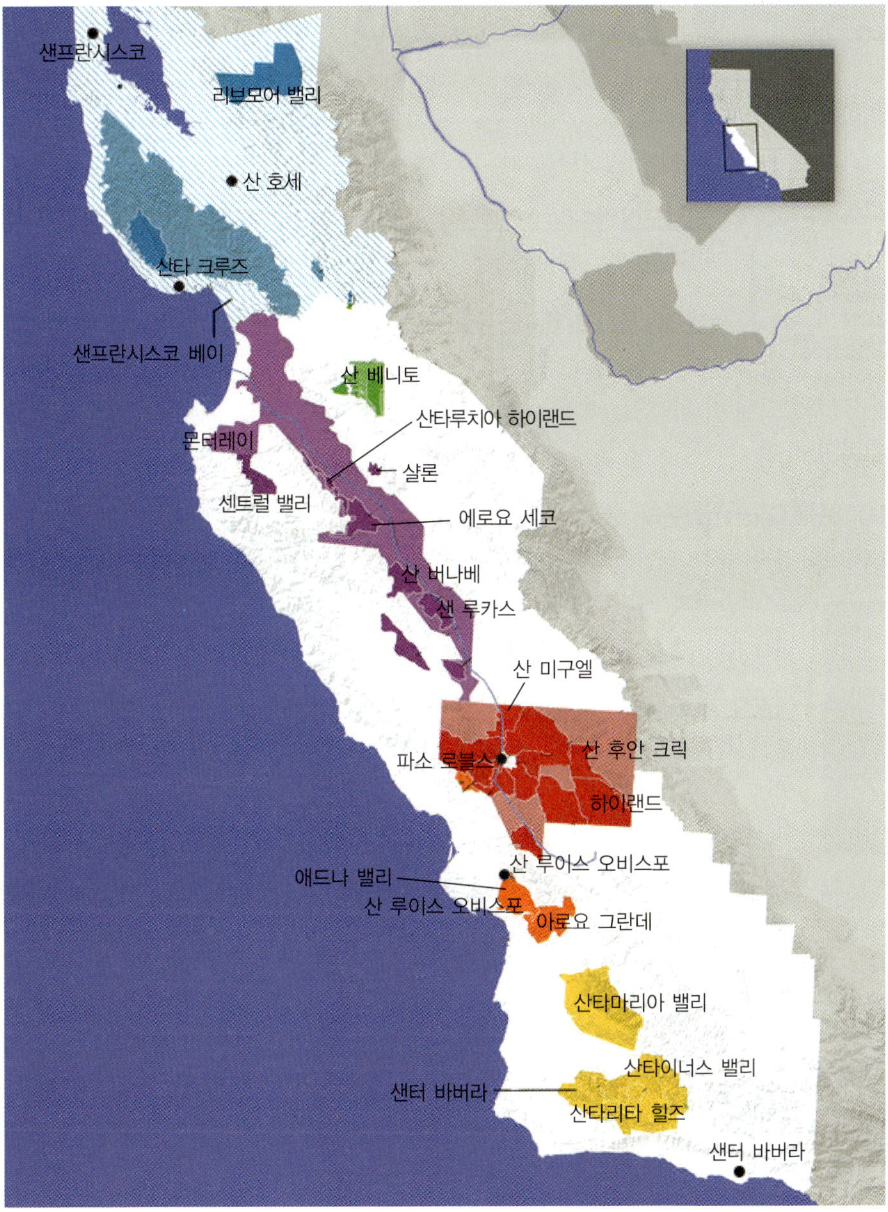

센트럴 코스트(Central Coast) AV. 센트럴 코스트 전체 보니 둔(Bonny Doon)은 론 스타일의 고급 와인을 생산하며, 파이어스톤(Firestone Vineyard)은 리슬링과 피노 누아, 미라소(Mirassou Vineyards)는 리슬링이 명망있다.

(1) 알라미다(Alameda) 카운티

샌프란시스코의 동쪽 지역에 위치한다.

<u>리브모어 밸리(Livermore Valley) AV, 시(市)의 동쪽 지역</u> 캘린(Kalin Cellars)은 세미용으로 진하고 농익은 과일 향을 내는 와인을 만든다.

<u>샌프란시스코 베이(San Francisco Bay) AV</u> 알라미다 외에 콘트라 코스타(Contra Costa), 산타 클라라(Santa Clara), 샌 프란시스코(San Francisco) 그리고 샌 마테오(San Mateo), 산타 크루즈(Santa Cruz)와 샌 베니토(San Benito) 카운티에 걸쳐 있다.

(2) 몬터레이(Monterey) 카운티

산타 크루즈와 산타 클라라 밑의 해변가에 위치하며, 샤르도네가 주 품종이다. 화이트 와인품종으로 리슬링과 게뷔르츠트라미너도 쓰이며, 레드 와인 품종으로는 카베르네 소비뇽과 피노 누아가 우세하다.

<u>애로요 세코(Arroyo Seco) AV</u> 웬티(Wente Vineyards)는 가격 대비 좋은 품질로 특히 샤르도네가 좋으며 소렌스탐[46]과 공동으로 앤니카 와인을 개발하기도 한 명가이다.

카멜 밸리(Carmel Valley), 샬론(Chalone), 햄즈 밸리(Hames Valley), 몬터레이(Monterey), 산 버나베(San Bernabe), 샌 루카스(San Lucas), 산타 루치아 하이랜즈(Santa Lucia Highlands) AV

샬론(Chalone Vineyard)의 샤르도네, 델리카토(Delicato Family Vineyards)의 진판델이 명망있다.

(3) 샌 베니토(San Benito) 카운티

<u>시어니거 밸리(Cienega Valley) AV</u> 칼레라(Calera Wine Co)는 캘리포니아 최고의 피노 누아 생산자 중의 한 곳으로 피노 누아의 성지(聖地) 혹은 파커의 표현으로는 '캘리포니아의 로마네 콩티' 라 한다. '신의 물방울' 8권에 소개되기도 했다.

라임 킬른 밸리(Lime Kiln Valley), 마운트 할란(Mount Harlan), 파체코 패스(Pacheco Pass), 페이신즈(Paicines), 샌 프란시스코 베이(San Francisco Bay) AV

---

46) 앤니카 소렌스탐(Annika Sorenstam) : 미국프로여자골프협회(LPGA) 대회에서 72회 우승한 전 골퍼.

(4) 샌터 클라라(Santa Clara) 카운티

샌 프란시스코의 남쪽 지역이다.

샌프란시스코 베이(San Francis co Bay), 산 이시드로(San Ysidro), 산타 클라라 밸리(Santa Clara Valley), 산타 크루즈 마운틴스(Santa Cruz Mountains) AV

산타 클라라 밸리의 폴 마송(Paul Masson)[47]은 일반적 와인 병 모양을 탈피하여 병입 부분이 벌어진 나팔 모양의 카라프(caraf) 스타일을 적용하여 와인을 마시고 난 후의 병을 다양하게 활용할 수 있게 하였다. 국내에는 '양파와인' 전용이라는 콘셉트로 출시하여 많은 인기를 얻었다.

(5) 산타 크루즈(Santa Cruz) 카운티 AV

샌프란시스코의 바로 남쪽에 있으며, 해변 쪽은 선선한 기후로 피노 누아가 자라기에 적합하고, 샌프란시스코 만 쪽으로는 카베르네 소비뇽이 주요품종이다. 샤르도네는 양쪽 지역에서 다 선호한다.

보니 둔(Bonny Doon)의 르 시가르 블랑(Le Cigare Blanc)은 루산느와 그르나슈 블랑의 블렌딩으로 드라이 화이트, 그리고 뮈스카 뱅 드 글라시에레(Glacière)는 뮈스카로 만든 스위트 화이트 와인, 또한 그르나슈로 만든 론 스타일의 드라이 로제인 뱅 그리 드 시가르가 알려져 있으며 가격 대비 정말 좋다.

산타 크루즈 마운틴스(Santa Cruz Mountains) 데이비드 브루스(David Bruce)는 해발 640m에 자리하여 샤르도네와 피노 누아를 생산하여 '파리의 심판' 화이트에서 10위를 한 곳이다. 마운트 에덴(Mount Eden Vineyards)은 샤르도네로 우아한 숙성이 가능한 화이트를 만들어 캘리포니아의 오리지널 부티크 와이너리 중 한 곳으로 거론된다.

릿지 비녀드(Ridge Vineyard)[48]의 몬테 벨로는 1976년 '파리의 심판'에서 레드 와인 부분 5위를 차지했고 2006년의 재대결 1위를 차지하며 스타덤에 올랐다. "사람들은 우리가 파리의 심판에 불쑥 튀어나와 신데렐라가 되었다고 생각하지만 우리는 이미 오래 전부터 최고의 와인을 생산하고 있었다"라며 그들의 영광이 한 순간에 이루어진 것이 아니라고 말한다.

토머스 포가티(Thomas Fogarty Winery)는 릿지 바로 옆에 있는 곳으로 오너인 포가티는 스탠퍼드대 의과대학 의사였다가 1978년 자신의 이름으로 와이너리를 열었다.

벤 로먼드(Ben Lomond Mountain), San Francisco Bay AV

(6) 샌 마티오(San Mateo) 카운티 AV

남쪽의 샌터 클라라 옆에 위치한다.

샌프란시스코 베이(San Francisco Bay), 산타 크루즈 마운틴스(Santa Cruz Mountains)

---

47) 폴 마송(Paul Masson)은 1878년 프랑스에서 캘리포니아로 이주하여 고품질 가격을 합리적 가격에 판매하고 있다. 1970년대에 영화 '시민 케인'의 감독인 오선 웰스의 '우리는 마실 때가 되지 않은 와인은 팔지 않는다(We will sell no wine before its time)' sms 캐치프레이즈를 이용하여 유명해졌다.

48) 릿지 비녀드(Ridge Vineyard)는 이탈리아 이민자 출신인 닥터 오세아 페로네(Osea Perrone)가 1885년 세워 1959년 스탠포드 대학의 세 과학자들(Hew Grane, Charile Rosen, Dave Bennion)에 의해 부활한 후 1969년 와인메이커 폴 드레이퍼(Paul Draper)를 영입하여 캘리포니아 최고의 반열에 합세하였다. 그는 보르도와 칠레에서 잘 알려진 사람으로 현재까지 릿지에 근무하고 있다. 릿지 와인의 생산지역은 기셔빌(Geyserville) 진판델과 릿톤 스프링(Lytton Springs) 진판델을 생산하는 소노마 북부지역, 그리고 몬테 벨로와 에스테이트 샤르도네, 카베르네 소비뇽을 생산하는 샌프란시스코 남쪽의 샌터 크루즈(Santa Cruz)이다.

3) 남중부 해안지방(The South-Central Coast)

로스앤젤레스 위의 샌터 바버라(Santa Barbara)에서부터 북으로 산타 마리아(Santa Maria)와 오비스포(San Luis Obispo)를 포함하는 지역이다. 급성장하는 지역으로 좋은 와인을 많이 생산하고 있다. 이곳의 피노 누아와 샤르도네, 이태리 품종의 와인들이 차세대 와인으로 주목받고 있다.

(1) 산타 바버라(Santa Barbara) 카운티 AV

산타 마리아, 산타 이네츠(Santa Yinez), 로스 알라모스 밸리(Los Alamos Valley)의 북쪽 지역은 태평양을 면하고 있는 선선한 곳이다. 이러한 기후는 피노 누아와 샤르도네에 이상적이다. 영화 '사이드 웨이' 의 배경이 되는 곳으로 풍광도 좋다.

산타 마리아 밸리(Santa Maria Valley) 태평양의 바람이 여름은 시원하게 겨울은 따뜻하게 하여 샤르도네와 시라를 잘 자라게 한다. 서늘한 지역으로 포도가 익는 기간이 한층 길어 농도가 짙고 과일 향이 풍부한 와인을 생산한다. 바이런(Byron)은 미국 최고의 피노 누아 와인으로 불린다.

오 봉 클리마(Au Bon Climat)는 캘리포니아 내에서도 피노 누아를 한결같이 파고드는 지역인 산타 마리아 내의 어릴 때도 가능하지만 시간이 지나면서 더 성숙해지는 피노 누아 전문 일류 와이너리이다. 피들헤드(Fiddlehead)는 피노 누아, 오자이(Ojai Vineyard)는 시라를 매진하는 곳이다.

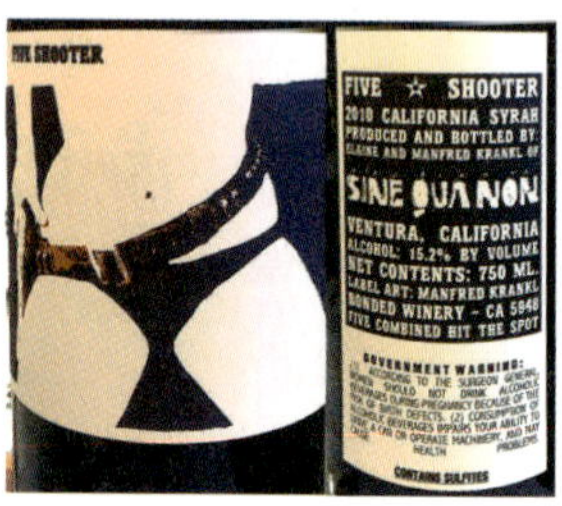

산타 이네스 밸리(Santa Ynez Valley) 남과 북으로 산이 둘러 싸여 있고 오른쪽은 호수, 왼쪽은 낮은 언덕으로 해양이 온화한 기후를 만든다. 카베르네와 진판델의 고향이지만 샤르도네의 품질도 높고 리슬링 품종도 잘 자란다. 시네 쿠아 논(Sine Qua Non)의 론 품종 와인들은 지속적으로 높은 점수를 받은 마셔보기 전에는 그 품질을 가늠할 수 없는 환상적인 신들의 음료와도 같은 '위대한 와인' 이다. 퀴페(Qupé)는 시라, 그르나슈 같은 론 레인지에 속하지만 마르상느로 만든 화이트로 캘리포니아 테루아의 다양성을 입증하였다.

산타 리타 힐즈(Santa Rita Hills) 태평양 연안의 강한 바람과 아침 안개는 서늘한 온도를 제공하여 포도의 성장기를 연장해 주고 견고한 산도와 스트럭쳐를 다져가며 무르익을 수 있게 해 준다. 샌포드(Sanford)의 피노 누아는 섬세한 아로마가 보존되어 여운을 남기며 샤르도네도 생산한다.

(2) 샌 루이스 오비스포(San Luis Obispo) 카운티

아로요 그란데 밸리(Arroyo Grande Valley) AV 해양성 기후의 선선한 곳으로 피노 누아와 샤르도네에 이상적이며 차세대 와인 산지로서 진판델의 명산지이다. 알반(Alban Vineyards)은 캘리포니아 와인을 흑백의 시대(카베르네 소비뇽과 샤르도네)에서 '색채와 미각의 시대' 로 이끌었다고[10] 할 정도로 그르나슈와 시라, 그리고 비오니에와 루산으로 각각의 품종에 내재된 잠재력을 살리고 있다.

에드나 밸리(Edna Valley) AV 산타루치아 산과 작은 언덕에 둘러싸인 해발 120m 정도의 포도밭들은 해안에 근접하여 주변과 달리 여름이 온화하다. 아로요 그란데 밸리와 흡사하다.

파소 로블스(Paso Robles) AV 로스안젤레스 위 해안의 넓은 지역으로 18세기 후반부터 와인을 만들던 곳이다. 언덕이 많으며 해양의 영향으로 기후는 따뜻하고 안개가 많다. 레드 와인이 주로 나오며 진판델과 카베르네 소비뇽 그리고 론 품종을 많이 재배하고 있다. 삭슘(Saxuam Vineyards)[49]에서 그르나슈, 쉬라, 무르베드르를 블렌딩하여 4시간 이상의 디켄팅이 필요한 모두 15° 이상의 강한 와인들이 나온다. 하지만 연간 생산량이 2200~2800병에 지나지 않고 와이너리 방문도 사양하고 있다. 오스틴 호프(Austin Hope)의 트러블메이커(Troublemaker)는 시라/진판델의 각 두 개의 빈티지를 블렌딩한 것으로 '표현력이 강한 조화를 이룬 뛰어난 와인으로 모험 정신과 자유로운 창의성이 낳은 것' 이라는 평을 받았다. 라방투어(L'Aventure)의 코트 아 코트(Côte â Côte)는 쉬라와 그르나슈를 베이스로 무르베드르를 조금 블렌딩한 론 스타일의 와인으로 주목할 만하다. '파소 로블스의 그랑 크뤼' 라는 별명이 있다.

요크 마운틴(York Mountain) AV 산타 루치아 산맥의 동쪽 지역으로 파소 로블스 AV와의 사이에 있다. 해안에서 10여 킬로 떨어진 해발 450m 이상의 지대에서 보르도 품종으로 레드와 화이트 와인을 생산한다.

4) 중부 내륙지방(Central Valley)

길이 300여km, 폭 80~160km에 달하는 광활한 평야지역으로 최대의 와인산지이며, 캘리포니아 포도의 80%를 생산하고 있다. 대규모 와이너리에서는 주로 벌크 와인을 생산한다.

마데라(Madera) 카운티의 마데라 AV 프레스노(Fresno)와 마데라 카운티에 걸쳐 있다. 미국에서 가장 초라한 취급을 받는 벌크 와인의 산지로 무더운 곳이다. 쿼디(Quady)는 뮈스캣 품종으로 스위트 강화 와인인 에센시아(Essensia)로 선풍을 일으켰다.

새크라멘토(Sacramento) 카운티 클락스버그(Clarksburg) AV

샌 호킨(San Joaquin) 카운티 저그 와인 생산지로 유명하며, 프랜치아(Franzia Winery)는 저렴한 와인을 대량 생산한다. AV에는 보던 랜치(Borden Ranch) 외 몇 곳[50]이 있다.

시에라 풋힐즈(Sierra Foothills) AV 시에라 풋힐즈 AV는 시에라 풋힐즈 전체로서 여러 카운티[51]에 모두 걸쳐있다. 엘 도라도(El Dorado) 카운티에는 캘리포니아 셰난도 밸리(Shenandoah Valley), 엘 도라도 AV가 있다. 에마도르(Amador) 카운티에는 피들타운(Fiddletown), 캘리포니아 셰난도 밸리 AV가 있다.

시스키유(Siskiyou) 카운티 Seiad Valley AV

솔라노(Solano) 카운티 North Coast, Clarksburg, Green Valley, Suisan Valley, Wild Horse Valley AV

49) 삭슘(Saxuam Vineyards)의 제임스 베리(James Berry Vineyard) 2007은 와인 스펙테이터 올해의 와인 1위에 오른 것으로 15.8°, Bone Rock 2007은 RP Point 98~100점 15.7°, Booker Vineyards 2007은 RP Point 99점 15.5°

50) Clements Hills, Consumnes River, Jahant, Lodi, Mokelumne River Junction, Tracy Hills

51) 칼베라스(Calaveras), 마리포사(Mariposa), 네바다 플레이서(Nevada, Placer), 톨룸(Toulumne) 카운티

스타니슬라우스(Stanislaus) 카운티 디아블로 그란데(Diablo Grande), 리버 정션(River Junction), 샐러도 크릭(Salado Creek), Tracy Hills

트리니티(Trinity) 카운티 트리니티 레이크스(Trinity Lakes), 윌로 크릭(Willow Creek)

욜로(Yolo) 카운티 Capay Valley, Clarksburg, Dunnigan Hills, Merritt Island AV

유바(Yuba) 카운티 North Yuba, Sierra Foothills AV

제3절 오리건 주(Oregon State)

캘리포니아 바로 위의 북위 45도 위아래에 걸쳐 있는 오리건 주는 1847년부터 포도를 재배하고 와인을 만들었으나 현대적 양조의 시작은 1970년대부터이다. 현재 3000여 개의 와이너리가 있어 미국에서 캘리포니아 다음으로 양조장이 많은 지역이다.

오리건과 워싱턴 주에는 코스탈 산맥(Coastal mountains)과 캐스케이드 산맥(Cascade mountains)이 습한 바다의 영향으로부터 비를 막아주는 역할을 한다. 캐스케이드 산맥을 기준으로 해안과 내륙이 구분되는데 해안 지역은 해양의 영향으로 서늘한 기후를 유지하며, 사막이 펼쳐진 내륙은 무덥고 건조한 기후를 보인다. 오리건 주에 있는 대부분의 와이너리는 해안 지역에 위치하고 있다.

오리건 코스트 하이웨이 101호선[52]은 이보다 아름다운 해안도로가 없다는 말을 들을 정도로 죽기

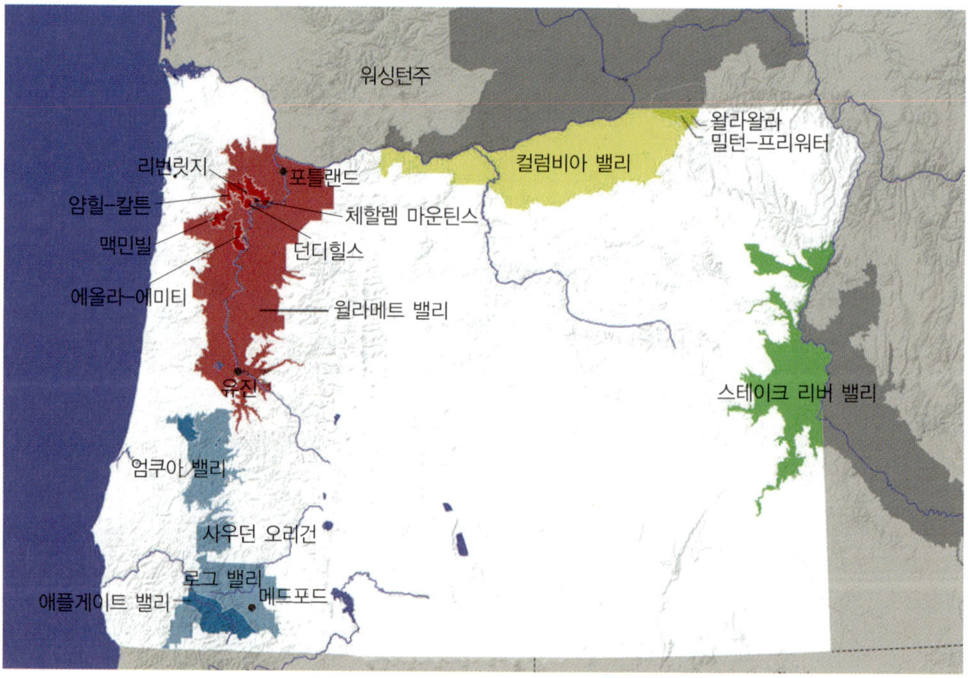

52) Oregon Coast Highway 101. 사이우슬로 강이 호수처럼 배경이 된 플로렌스라는 작은 어촌마을에서 시작하는 것이 권장된다.

전에 꼭 달려야 하는 도로로 유명하다. 또한 해발 3500m의 후드산, 컬럼비아 강을 따라 거슬러 올라가는 경관과 와키나 폭포, 멀티노마 폭포로 연출되는 대자연은 와인과 더불어 오리건의 긴 잔향으로 남는다.

1. 오리건 주의 포도 품종

레이블에 품종을 표시하면 그 품종을 90% 이상 사용하여야 하나 카베르네 소비뇽은 75% 이상이면 된다. 빈티지 표시는 그 빈티지를 95% 이상, 산지명은 그 산지의 포도를 100% 사용하여야 한다.

레드 와인 품종 피노 누아는 재배가 까다롭고 손길이 많이 가는 품종인데 오리건에서는 와인 생산의 약 70%를 점하여 피노 누아로 만든 와인으로 명성을 얻고 있다. 부르고뉴와 같은 위도 상에 있다는 조건과 테루아(terrior)가 적절하기 때문이다.[11] 또한 오리건 유진(Eugene) 이남에서는 온화한 기후의 영향으로 보르도 품종을 재배하고 있다.

화이트 와인 품종 피노 그리는 피노 그리지오(pinot grigio)라고도 하며, 미국 내에서 피노 그리의 최대 생산자는 윌러맷 밸리의 킹 에스테이트(King Estate)이다. 부르고뉴와 유사한 환경으로 샤르도네의 품질이 좋아서 많이 심고 있다. 리슬링, 게뷔르츠트라미너도 좋다.

2. 오리건 와인 생산 지역(Oregon AVA)

1) 윌라메트 밸리(Willamette Valley) 지역

동쪽은 캐스케이드 산맥, 서쪽은 코스트레인지 산맥으로 싸여 있는 미국을 대표하는 피노 누아 생산지역이다.

체할렘 마운틴스(Chehalem Mountains)

던디 힐스(Dundee Hills) 드루엥(Domaine Drouhin)은 부르고뉴의 드루엥(Joseph Drouhin)이 피노 누아를 부르고뉴 스타일로 만드는 곳이다.

에올라-에미티 힐스(Eola-Amity Hills) 베델 하이츠(Bethel Heights)는 부드러운 피노 누아로 알려져 있다.

맥민빌(McMinnville) 오리건 와인의 핵심지역으로서 몇 군데 대형 와인생산자를 제외한 대부분의 와이너리들은 소규모로 영세하다. 생산량이 적고 기르기 힘든 피노 누아의 특징으로 가격이 비싼 면이 있지만 다양한 스타일의 와인을 만들고 있어서 매력적이다. 칼튼 와인메이커스 스튜디오(Carlton Winemakers Studio)는 자본이 부족한 와인메이커들이 서로 양조시설을 공유하는 곳이다.

리번 릿지(Ribbon Ridge) 보 프레레(Beaux Frères)는 피노 누아로만 뛰어난 와인을 생산하며, 드루앵(Domaine Deouhin)의 로렌(Laurène)은 견고한 구조의 피노 누아 와인이다.

윌라메트 밸리(Willamette Valley) 오리건 북서쪽 끝에 위치하며 포트랜드(Portland)를 안고 있는 오리곤 인구의 2/3가 거주하는 지역이다. 해양성 기후로 겨울에는 비가 많이 오고 여름은 온난하고 건조하여 오리곤 주에서 가장 선선한 곳이다. 오리건의 가장 유명한 산지로 와이너리의 70%에 해당하는 320여 개의 와이너리가 와인을 생산하고 있다. 이 지역은 해양 퇴적물(Marine sediment), 화산토(basalt), 충적토(loess)와 같은 다양한 토양의 영향과 더불어 포도가 자라기에 최적의 기후를 가지고 있다.

피노 누아, 피노 그리, 리슬링, 샤르도네가 주로 재배되며 카베르네 소비뇽, 게뷔르츠트라미너, 뮐러 투르가우, 세미용, 진판델도 일부 보인다. 이 중 피노 누아가 차지하는 비율은 50% 정도로 피노 누아의 고장이며 금액으로는 60%를 상회한다.[12]

킹 에스테이트(King Estate)는 피노 누아 품종을 100% 유기농으로 재배하며 방문센터는 자체가 레스토랑으로 재료가 거의 유기농으로 직접 재배하는 오리건에서 손꼽히는 곳이다. 아델셰임(Adelsheim)과 아가일(Argyle), 크리스톰(Cristom), 엘크 코브(Elk Cove), 에르스(Erath), 팬더 크릭(Panther Creek)의 피노 누아는 종류가 다양하지만 품질도 명성에 어울린다.

폰지(Ponzi Vineyards)는 피노 누아도 좋지만 피노 그리로 정평이 나 있다. 이리(Eyrie Vineyards)는 오리건에서 최초로 피노 누아를 개척한 곳으로 피노 누아가 부르고뉴에서만 좋은 와인을 만든다는 고정 관념을 깨게 한 곳이다.

얌힐-칼튼(Yamhill-Carlton District) AV 오리건 주에서 한 군데 만을 가야 한다면 선택해야 할 곳으로 캘리포니아의 내파나 소노마와 같은 고품질의 와인 생산지역으로 포도밭은 대개 평지이지만 양조장은 언덕에 위치한다.

2) 사우던 오리건(South Oregon) 지역

애플게이트 밸리(Applegate Valley) AV 로그 밸리 내의 새로운 명칭이 붙은 지역으로 건조하고 따뜻하여 메를로, 카베르네 소비뇽, 세미용에 적합한 지역이다.

로그 밸리(Rogue Valley) AV 오리건 주에서 가장 남쪽으로 오리건 포도 재배 지역 중 가장 건조하고 따뜻한 곳이다. 지역 내의 밸리가 각기 다른 특성을 보여 베어 크릭(Bear Creek valley)은 따뜻하고 건조하며, 서쪽의 일리노이즈 리버(Illinois River valley)는 차갑고 습도가 높다. 피노 그리, 리슬링, 샤르도네, 게뷔르츠트라미너도 생산한다. 샤르도네는 대표적 화이트 와인 품종이다.

하부지역으로는 Bear Creek Valley, Ashland, Talent, Medford and Central Point,

Applegate River Valley, Jacksonville, Grants Pass, Illinois River Valley, Cave Junction, Gold Hill 지역이 있다.[13]

레드 힐 다글라스(Red Hill Douglas County) AV 엄쿠아 밸리의 하부 AVA이다.

사우던 오리건(Southern Oregon) AV

엄쿠아 밸리(Umpqua Valley) AV 해양성 기후로 남쪽에 있어 따뜻한 기후와 배수가 잘 되는 곳이다. 포도 품종은 템프라니요, 피노 누아, 카베르네 소비뇽과 피노 그리, 샤르도네, 리슬링이 재배된다. 와인생산 하부지역으로는 Roseburg Area, Elkton 지역이 있다.[14] 오리건 최초의 와이너리인 힐크레스트(Hillcrest, 1962년)가 있는 곳이다.

3) 컬럼비아 고어지(Columbia Goerge) 지역

컬럼비아 고어지(Columbia Goerge) AV 오리건 주와 워싱턴 주에 걸쳐 AVA가 형성되어 있다. 건조한 기후와 바람이 많은 곳으로 양조장은 적으나 재배하는 포도 품종이 다채롭다. 시라, 피노 누아, 진판델, 카베르네 소비뇽, 산지오베제, 샤르도네, 게뷔르츠트라미너, 피노 그리, 리슬링이 재배된다.

4) 왈라왈라 밸리(Walla Walla Valley) 지역

컬럼비아 밸리(Columbia Valley) AV 오리건 북쪽으로 AVA는 오리건과 워싱턴 주 양쪽에 걸쳐서 있는 곳으로 아주 건조하여 세미용, 진판델, 카베르네 소비뇽들과 잘 조화된다.

밀턴-프리워터(The Rocks District of Milton-Freewater) AV 2015년에 신설된 곳으로 왈라왈라 AVA 지역 내에서 분리되었다.

왈라왈라 밸리(Walla Walla Valley) AV 컬럼비아 밸리와 인접한 곳으로 1984년에 컬럼비아 밸리 AVA에서 분리된 곳이다. AVA는 오리건과 워싱턴 주에 걸쳐 있으며 기후나 특성이 컬럼비아 밸리와 비슷하다. 특히 이런 기후가 극대화된 워싱턴 최동단 와인산지인 이곳은 고품질의 시라가 주목을 받고 있다. 쉬라, 메를로, 카베르네 소비뇽 그리고 산지오베제가 보인다.

5) 스네이크 리버 밸리(Snake River Valley) 지역

스네이크 리버 밸리(Snake River Valley) AV AVA는 오리건 주와 아이다호 주에 걸쳐 있는 곳으로 2007년 신설된 곳이다. 리슬링, 게뷔르츠트라미너, 샤르도네 품종을 주로 키우며 카베르네 소비뇽과 매를로도 보인다. 특히 기후가 아이스와인 생산에 아주 적합하다.

제4절 워싱턴 주(Washington State)

오리건의 북부에 위치하여 캐나다와 국경을 맞대고 있다. 프랑스의 유명 와인산지인 부르고뉴 지역과 같은 위도 상에 위치해 좋은 포도생산이 가능한 곳이다. 일교차가 심하여 신맛이 강하고 생동감 있는 와인을 생산한다. 그러나 이 지역은 일조량이 충분하지만 강수량이 모자라 물을 공급해 주어야 한다. 워싱턴은 컬럼비아 리버와 캐스케이드 산맥(Cascade Mountains)의 영향을 많이 받는다. 캐스케

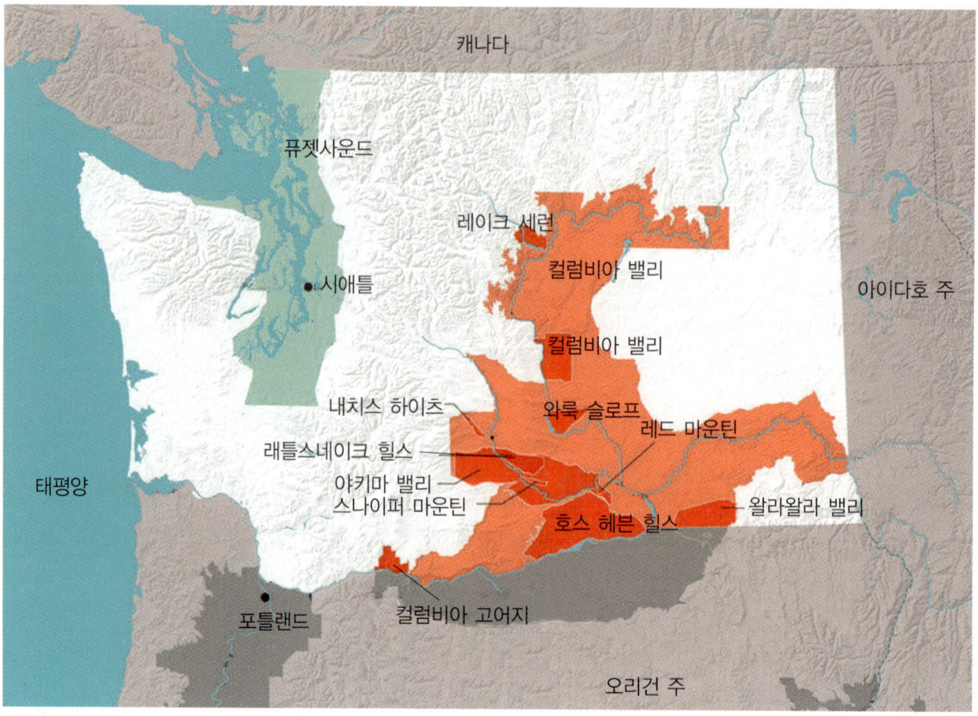

이드 산맥을 기준으로 서부의 시애틀과 같은 지역은 우중충한 기후인 것에 비해 동부지역인 워싱턴은 매우 덥고 건조하다. 콜럼비아 리버의 찬 기운이 이런 기후에서 포도가 잘 자랄 수 있는 온도로 식혀준다. 와인 생산량이 캘리포니아 다음으로 미국 내에서 2위를 점하는 곳이다.

1. 포도 품종

와인용 포도는 다른 작물과 달리 건조하고 척박한 기후에서 좋은 포도를 얻게 된다. 수분과 자양분을 얻으려는 포도나무는 땅 깊숙이 뿌리를 내려 다양한 토양의 특징과 영양분을 머금은 포도를 생산하는데, 이런 척박한 땅에서 자란 포도로 만든 와인은 아로마가 풍부하면서도 높은 당도로 인해 충분한 알코올과 좋은 집중도를 갖는다.

예전에는 화이트 품종이 대세였으나 1990년 대 이후에는 레드 품종에 초점을 맞추어 메를로가 유행을 리드하고 있으며 80여 종의 많은 품종이 재배되고 있다.

레드 와인 품종 메를로, 카베르네 소비뇽, 카베르네 프랑 그리고 쉬라, 말벡, 템프라니요, 바르베라, 네비올로, 피노 누아, 산지오베제, 진판델

화이트 와인 품종 샤르도네, 리슬링, 세미용, 피노 그리, 소비뇽 블랑, 세미용, 비오니에, 셰닝 블랑, 게뷔르츠트라미너

2. 워싱턴 주의 AVA 와인 생산 지역

1) 컬럼비아 밸리(Columbia Valley) 지역

(1) 컬럼비아 밸리(Columbia Valley) AV

1984년 지정된 곳으로 면적이 워싱턴 주의 1/4이 넘는 넓어 워싱턴 지역 와인의 대부분을 이곳에서 생산한다. 북으로는 캐나다의 오카나간, 동으로 아이다호 주 그리고 남으로는 오리건 주와 겹쳐 있다.

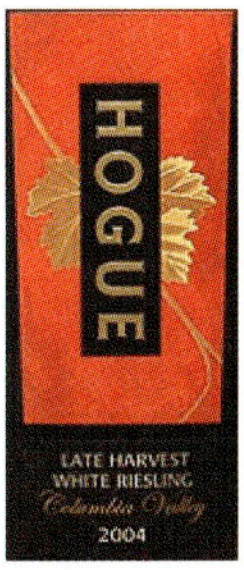

포도밭은 대부분 해발 300~600m의 위치에 있다. 대륙성 기후와 사막 지형으로 인해 연간 강우량이 20cm 정도(우리나라의 연간 강우량은 약 120cm 정도)로 포도가 자라기에 부족한 편으로서 관개시설을 통해 물의 양을 조절해 다양한 스타일의 와인을 생산하고 있다.

호그(Hogue Cellars)는 화이트도 좋지만 리슬링 레이트 하비스트는 정평이 나있으며, K 빈트너스(K Vintners)는 쉬라로 밀브란트(Milbrandt)라는 균형잡힌 구조를 가진 와인을 만들어낸다. 파워스 와이너리(Powers Winery)의 창시자인 파워스(Bill Powers)[53]는 워싱턴 와인산업의 아버지로 유명하며 워싱턴에서 최초로 와인 양조용 포도를 심은 이 지역 와인산업의 선구자다.

생 미셸(Chateau St. Michelle)[54]은 워싱턴 주에 와인 바람을 몰고 온 주역으로서 1920년 이전부터 있던 오래된 곳으로 1960년대에 워싱턴 주 최고의 와이너리로 도약하여 워싱턴 주의 혁신 이미지를 상징하는 아이콘이 되었다. 생 미셸의 에로이카(Erocia)는 베토벤의 세 번째 교향곡 이름을 따 독일의 루센(Dr. Loosen)과 파트너로 만든 화이트와인으로 구세계와 신세계의 이상적 조화라는 이미지를 가지고 있다.

(2) 앤시언 레이크스(Ancient Lakes) AV

2012년 지정된 곳으로 리슬링, 샤르도네, 피노 그리를 주 품종으로 사용한 화이트 와인 특히 벌코 와인이 나온다.

(3) 호스 헤븐 힐스(Horse Heaven Hills) AV

2005년에 지정된 곳으로 워싱턴 주에서 가장 오래되고 큰 와이너리들이 있다. 컬럼비아 강의 우안을 따라 있는 포도밭들에 간간이 센 바람이 포도의 생장에 지장을 초래하지만 포도 껍질을 단단하게 만들어 준다. 샴푸(Champoux Vineyard. 원 이름 Mercer Ranch)는 워싱턴에서 가장 명성이 높은 곳이다. 컬럼비아 크레스트(Columbia Crest)는 보르도 품종을 워싱턴에 퍼뜨린 곳으로 메를로가 좋다.

(4) 레이크 세런(Lake Chelan) AV

2009년 신설된 컬럼비아 밸리의 하위 AVA지역으로 슈란 호 인근에 있다. 레드와 화이트의 다양한 품종이 재배된다.

(5) 와룩 슬로프(Wahluke Slope) AV

따뜻하고 건조한 편인 새들 산(Saddle Mountains) 기슭의 남쪽에 위치한다. 따뜻하고 건조하여 대

53) 빌 파워스(Bill Powers). 오가닉 와인이란 정의가 없던 시절부터 오가닉을 추구하며 태양광 에너지와 바이오 디젤 연료를 사용했던 자연 친화적 인물이다. 수리시설이 낙후된 개발도상국에 위생적인 물 공급을 하기 위해 몽드 오(Monde Eau) 브랜드를 만들어 수익금 전액을 기부하고 있다.

54) 생 미셸(Chateau St. Michelle). Sea Ridge Zinfandel은 짙은 컬러에 상큼한 과일향이 넘치고 마신 후도 뒷맛과 여운이 오래 간다. White Zinfandel은 가볍고 싱그럽고 단 스타일로 인디언 핑크색의 환상적 무드로서 연인에게 사랑을 고백할 때 어울린다. Obsession Symphony는 화이트 진판델과 같은 계열, Cava Freixenet는 스파클링 와인으로 축하 무드를 띄워 준다.

부분이 레드 와인으로 특히 메를로, 카베르네 소비뇽, 시라 품종을 재배한다. 2006년에 지정된 곳으로 와인 생산량이 주 전체의 20%에 이른다.

(6) 내치스 하이츠(Naches Heights) AV

2012년 신설된 곳으로 워싱톤 주에서 처음으로 환경친화적인 농법을 적용한 15ha의 제일 작은 곳이다.

2) 야키마 밸리(Yakima Valley) AV 지역

(1) 야키마 밸리(Yakima Valley)

1983 AVA로 지정된 곳으로 캐스캐이드 산의 동쪽에 있으며 컬럼비아 밸리보다는 기온이 좀 낮다. 워싱턴 주 내에서 포도 재배가 오래된 곳이며 워싱턴 생산량의 40%에 달한다. 와인생산지로는 Wapato, Zillah, Granger, Outlook, Sunnyside, Prosser가 있다. 드릴 셀러즈(DeLille Cellars)는 여러 밭에서 수확한 품종 즉 타닌이 살아있는 카베르네 소비뇽, 원숙한 메를로, 풍부한 향의 카베르네 프랑과 모두를 조화시키는 프티 베르도를 블렌딩하여 격조있는 와인으로 탄생시킨다.

(2) 래틀스네이크 힐스(Rattlesnake Hills)

야키마밸리에서 분리되어 2006년에 지정된 곳으로 야키마 카운티 내의 서니사이드 운하 북쪽 연안에 있다. 포도밭들은 해발 260~940m 사이의 높은 곳에 위치한다. 테루아가 야키마 벨리 AVA와 확연히 달라 포도가 한참 익을 무렵에는 온화한 기후를 보이다가 겨울에는 따뜻하지만 안개의 우려가 있다.

(3) 레드 마운틴(Red Mountain)

야키마밸리 내의 벤튼(Benton) 카운티에 있으며 2001년 야키마에서 분리 지정된 작은 곳이다. 주로 레드 와인이 나온다. 헤지스(Hedges Family Estate)에서 보르도 스타일 와인을 만든다.

(4) 스나이프스 마운틴(Snipes Mountain)

야키마밸리에서 2009년 분리된 야키마밸리 내의 스나이퍼 산에 위치한다. 레드 마운틴 AVA 다음으로 작은 AVA로 피노누아와 세미용을 제일 먼저 들여온 곳이기도 하다.

(5) 레드 마운틴(Red Mountain)

야키마강이 북쪽으로 흘렀다가 다시 남쪽으로 내려오는 커다란 반원 안에 위치하여 여름에는 덮고 겨울에는 추운 큰 기온차를 보인다. 이런 기후가 포도의 산도와 당도에 좋은 영향을 끼쳐 양질의 와인을 만들어낸다. 레드 와인 지역이다.

3) 왈라 왈라 밸리(Walla Walla Valley) 지역

오리건 주에 같이 걸쳐 있는 워싱턴 주의 남단에 위치하여 매우 건조한 곳이다. 레드 와인에 주로 집중하여 메를로와 시라를 집중적으로 생산한다. 와인생산지로는 West of Walla Walla, Downtown Walla Walla, South of Walla Walla, Airport Wine Ghetto, East of Walla Walla로 나누고 있다.[15] 레콜 41(L' Ecole No. 41)은 슈냉 블랑, 세미용으로 이름을 얻었으나 최고의 레드 와인은 보르도식 블렌딩으로 만들고 있다. 레오네티(Leonetti Cellar)도 고품질의 보르도 스타일 와인으로 알려져 있다.

4) 워싱턴의 기타 AVA

(1) 컬럼비아 고어지(Columbia Gorge) AV

2004년 신설된 곳으로 오리건과 겹친다. 컬럼비아강 북쪽 연안의 캐스케이드 클립(Cascade Cliffis) 주변에 와이너리들이 많이 위치하고 있다. 강의 서쪽지역은 습한 초지이며 동쪽은 건조한 황무지이다. 현무암가루로 토양이 이루어져 포도나무 뿌리가 수분을 찾기 위해 땅속 아주 깊이 내린다.

샤르도네, 게뷔르츠트라미너, 비오니에 등이 많이 재배되며 피노 누아와 피노 그리가 대표적인 품종이다.

(2) 퓨젯 사운드(Puget Sound) AV

퓨젯 해협(Puget Sound은 워싱턴 주의 서쪽 지역으로 시애틀과 가까운 교통이 좋은 곳이다. 해협의 해양성 기후로 시원하여 화이트 와인 품종에 탁월하고 특히 샤르도네, 피노 그리와 피노 누아가 훌륭하며 리슬링도 잘 자란다. 와인생산지로는 Seattle, Kirkland, Woodinville, Redmond, Snohomish, The Islands, Bainbridge Island, Whidbey Island, Lopez Island, San Juan Island, The Northwest Interior, South Sound, The Southern Lowlands 지역들이 있다.[16]

베츠(Betz Family Winery)는 워싱턴 와인산업의 거물인 밥 베츠(Bob Betz)[55]가 설립한 곳으로 최상급 프랑스 와인 스타일을 지향한다. 여러 농가에서 나온 포도를 테이스팅한 뒤 최상이라고 판단되는 비율로 포도 품종과 와인을 블렌딩해 만들어 소량 생산하여 고가에다 쉽사리 보기도 힘들다. 킬세다 크릭(Quilceda Creek)은 오직 카베르네 소비뇽 한 가지에만 집중하여 세계 정상급의 경이로운 와인을 만들어 '위대한 와인' 에 이름을 올렸다.

미국 동북부지역(The Northeast)은 미시건호수를 포함한 그레이트 레이크(Great Lakes)와 대서양 사이의 폭넓은 지역이다. 17세기 중반에 맨하탄과 롱 아일랜드에 처음으로 포도원이 생겼지만 1957년이 되어서야 와인을 만들 수 있는 품종이 재배되기 시작했다.

제5절 미국 기타 지역

1. 뉴욕 주(New York States)

미국 내에서 캘리포니아, 워싱턴 다음으로 세 번째 와인 생산 지역이다. 포도 품종은 비티스 라부르스카(Vitis labrusca) 품종이 83%로 지배적이다.

화이트 와인 품종 리슬링 와인의 품질이 제일 나으며 샤르도네로 부르고뉴 스타일 화이트를 생산하고 있다. 케이유가(Cayuga)는 프랑스계열의 잡종으로 블렌딩, 디저트용으로 쓰인다. 세이블 블랑(Seyval blanco)

레드 와인 품종 피노 누아, 카베르네 소비뇽, 카베르네 프랑, 메를로, 콩코드(Concord)

55) 밥 베츠(Bob Betz). 1988년 미국 최초의 마스터 오브 와인(Master of Wine)으로 워싱턴을 대표하는 생 미셸(Chateau Ste. Michelle)에서 28년간 와인메이커로 근무했다.

1) 서부 AVA 지역

레이크 이리(Lake Erie) AV 이리 호 하안의 뉴욕 주의 서쪽 끝으로 뉴욕 주에서 가장 큰 AVA 지역이다.

나이아가라(Niagara Escarpment) AV 버팔로(Buffalo) 시 오른쪽으로 온타리오 호 아래에 있다.

2) 중부 AVA 지역

캐이유가 레이크(Cayuga Lake) AV 온타리오 호 밑의 캐유가 호와 이타카(Ithaca) 시를 포함하는 지역이다. 낮은 해발과 다소 따뜻한 기후로 포도가 잘 익어 구조가 탄탄한 와인이 나온다.

핑거 레이크스(Finger Lakes) AV 캐유가 호 좌측의 핑거 호를 포함한 지역이다. 작은 지역이지만 뉴욕 주 와인의 85%를 생산하고 있다. 샤르도네와 리슬링의 화이트가 지배적이고 레드 와인의 생산량은 적지만 빠르게 신장하고 있다. 프랭크(Chateau Frank)는 화이트와 특히 스파클링, 닥터 콘스탄틴 프랭크(Dr. Konstantin Frank)는 게뷔르츠트라미너, 그리고 리슬링은 맑고 깨끗하며 높은 산도가 균형을 이룬다.

세네카 호(Seneca Lake) AV 핑거 레이크 AV 안의 작은 지역이다. 카베르네 프랑의 레드 와인이 이끌고 있다. 피노 누아, 카베르네 소비뇽, 메를로가 보이며 시라와 산지오베제도 화제에 오른다. 화이트로는 샤르도네와 리슬링이 기대된다.

허드슨 리버(Hudson River Region) AV 뉴욕 주 동부 지역으로 미국에서 가장 오래된 와이너리들이 몇 군데 있다. 브라더후드(Brotherhood)가 오래된 곳이지만 밀브룩(Millbrook Vineyards)이 가장 눈에 띈다.

3) 롱 아일랜드(Long Island) 지역 AVA

2001년에 지정된 곳으로 두 군데의 하위 지역 햄튼스(The Hamptons, Long Island), 노스 포크(North Fork), 채닝 도터즈(Channing Daughters)의 토카이 프리울라노(Tocai Friulano)는 같은 이름의 품종으로 만들어 각기 다른 통에서 발효시켜 서로 다른 성격을 배합한 와인으로 다양한 향이 발산된다.

렌즈(Lenz)의 메를로도 매력적이지만 게뷔르츠트라미너는 롱 아일랜드 최고의 와인이다.마카리(Macari Vineyard)의 메를로 리저브는 기온이 높은 해에만 생산되어 메를로의 정수를 보여준다.

포마녹(Paumanok)의 카베르네 소비뇽 그랜드 빈티지는 일관성 있게 여물지 못하는 카베르네를 빈티지가 좋은 해에만 보르도 스타일의 블렌딩으로 만들어 롱 아일랜드의 가장 위대한 와인이라고 주장한다.

2. 아이다호(Idaho)

주도(州都)는 오리건과 가까운 주의 서남부에 있는 보이지(Boise)이며 좌로 오리건 주, 워싱턴 주, 위로는 캐나다와 국경을 접한다. 오른쪽으로는 몬태나(Montana) 주, 아래로는 네바다와 유타 주가 있다.

포도 품종 추운 기후로 리슬링, 셰닝 블랑, 샤르도네, 게뷔르츠트라미너 품종만 있는 것으로 알려졌지만 근래에는 레드 와인 생산에 초점을 맞추어 카베르네 소비뇽, 메를로와 시라 품종을 육성하고 있다.

와인 생산 지역 아이다호 주의 주요 와인 생산 지역은 주도인 보이지(Boise)의 서쪽에 있는 스네이크 밸리로서 오리건 주와 걸쳐 있는 AVA 지역이다.

3. 미시건(Michigan)

디트로이트(Detroit)가 주도(州都)인 미시건은 아래로 인디애나 주와 오하이오 주와 경계하며 위로는 좌에서 우로 미시건 호가 둘러싸고 있다. 포도밭은 5,500ha에 이르지만 와인 양조용 밭은 불과 600ha밖에 되지 않고 나머지는 다 포도주스용 밭이다.[17]

포도 품종은 주로 찬 기후대에 잘 적응하는 것을 재배하며 리슬링, 피노 그리, 샤르도네가 선호된다. 피노 누아는 계속 노력 중이나 구조나 향에서 미흡하지만 스파클링 와인에서는 성과를 내고 있다.

AVA는 미시건 주 남서쪽 코너의 미시건 호 우안에 펜빌, 레이크 미시건 쇼어, 그리고 북쪽의 호수로 돌출한 반도(半島)인 리러나우 퍼닌슐러, 올드 미션 퍼닌슐러에 위치한다.

- 펜빌(Fennville) AVA
- 레이크 미시건 쇼어(Lake Michigan Shore) AV
- 리러나우 퍼닌슐라(Leelanau Peninsula) AV
- 올드 미션 퍼닌슐러(Old Mission Peninsula) AV

주 북쪽의 올드 미션 반도와 리러나우 반도를 나누는 트레버스(Traverse) 만 안쪽의 그레이터 트레버스(Greater Traverse) 시의 기후가 아이스 와인을 만들기에 좋아 1983년부터 생산되기 시작한 아이스 와인의 양이 점차 늘고 있다.

4. 텍사스(Texas)

남쪽으로 멕시코와 국경, 멕시코 만을 접하여 해안을 끼고 있다. 위로는 뉴멕시코 주, 오클라호마, 루이지애나가 둘러싸고 있으며 멕시코 국경과 가까운 남부의 오스틴(Ausin)이 주도이다.

포도 품종 카베르네 소비뇽과 샤르도네가 주력 품종이며 메를로, 시라, 뮈스캣 카넬리(Muscat Canelli)가 그 뒤를 따른다. 또한 진판델과 템프라니요, 산지오베제, 비오니에, 소비뇽 블랑도 재배된다. 근래에는 시라와 뮈스캣 카넬리의 재배량이 늘어남에 비해 소비뇽 블랑과 샤르도네의 생산량은 줄어들고 있다.

와인 생산 AVA 지역 메실라 밸리(Mesilla Valley)는 뉴멕시코 주에 있으며 일부가 텍사스 주로 뻗어 있다. 벨 마운틴(Bell Mountain)은 중부 지역으로 텍사스에 최초로 1986년에 지정되어 카베르네 소비뇽이 두드러진다.

프레드릭스버그(Fredericksburg)는 텍사스 힐 컨트리 AVA 내에 있는 지역으로 카베르네 소비뇽과 샤르도네로 알려져 있다. 텍사스 힐 컨트리(Texas Hill Country). 오스틴(Austin)의 바로 서쪽에 있는 1991년에 지정된 곳으로 360만 ha의 미국 내에서 두 번째로 큰 AVA 지역이지만 불과 320ha만 포도가 재배되고 있다.

에스콘디도 밸리(Escondido Valley). 텍사스 주 서쪽의 페코스(Pecos) 카운티를 흐르는 페코스 강을 따라 형성되어 있는 1992년 AVA로 지정된 지역이다. 텍사스 하이 플레인스(Texas High Plains). 1993년에 지정된 텍사스 북부의 해발 1,000m 이상의 고지대로 특히 카베르네 소비뇽으로 떠오르는 곳이다.

야노 에스타카도(Llano Estacado)는 1976년 텍사스 주립대 원예학자들이 설립하여 현대적인 기법을 활용하여 생산하는 곳으로 와인들은 대부분이 저렴하지만 카베르네와 샤르도네는 매력적이다.

텍사스 데이비스 마운틴스(Texas Davis Mountains). 텍사스 서부의 치후아후안(Chihuahuan) 사막에 둘러싸인 해발 1,400~2,500m의 고지대로 1998년 AVA로 지정된 곳이다. 카베르네 소비뇽과 소비뇽 블랑을 재배하는 플레전트 힐(Pleasant Hill Winery) 한 군데만 있다. 텍소마(Texoma)는 텍사스 북부의 2005년에 지정된 곳이다.

5. 주별 AVA

- 애리조나(Arizona)에 단 하나있는 소노이타(Sonoita) AV는 아리조나 동남쪽의 멕시코와 가까운 투손(Tucson) 시 인근에 있다.
- 알칸사스(Arkansas) ; Altus, Arkansas Mountain, Ozark Mountain AV
- 콜로라도(Colorado) ; Grand Valley, West Elks AV
- 코네티컷(Connecticut) ; Southeastern New England, Western Connecticut Highlands AV
- 일리노이즈(Illinois) ; Shawnee Hills AV
- 아이오와(Iowa) ; Upper Mississippi Valley AV
- 켄터키(Kentucky) ; Ohio River Valley AV
- 매릴랜드(Maryland) ; Catoctin, Cumberland Valley, Linganore AV
- 미네소타(Minnesota) ; Alexandria Lakes, Upper Mississippi Valley AV
- 미시시피(Mississippi) ; Mississippi Delta AV
- 미주리(Missouri) ; Augusta, Hermann, Ozark Highlands , Ozark Mountain AV
- 뉴 멕시코(New Mexico) : Mesilla Valley AV, Middle Rio Grande Valley, Mimbres Valley AV
- 노스 캐롤라이나(North Carolina) : Haw River Valley, Swan Creek, Upper Hiwassee Highlands, Yadkin Valley AV
- 오클라호마(Oklahoma) ; Ozark Mountain AVA
- 테네시(Tennessee) ; Mississippi Delta AVA
- 위스콘신(Wisconsin) ; Upper Mississippi Valley, Lake Wisconsin, Wisconsin Ledge AV
- 버지니아(Virgina) : Middleburg, Monticello, North Fork of Roanoke, Northern Neck George Washington Birthplace, Rocky Knob, Shenandoah Valley, Virginia's Eastern Shore AV

제2장 캐나다(Canada)

1859년에 처음으로 포도밭을 일구어 성찬주를 빚기 시작하였고, 1866년에 이리(Erie) 호 인근 필리(Pelee) 섬에서 최초의 상업적 와이너리인 벨 빌라(Vin Villa)가 탄생하였다.

1929~1945년까지는 1, 2차 세계 대전과 금주법도 시행되어 정체기에 해당된다. 그 후 1970년대 중반부터 와인 산업의 새로운 여명기가 시작되었다. 캐나다의 주요 포도원들은 서부의 브리티시 컬럼비아(Bristish Columbia) 주, 밴쿠버의 오카나간 밸리(Okanagan Valley)와 그 곳에서 3,200km 떨어져 있는 동부의 온타리오(Ontario) 남서쪽에 있는 나이아가라반도 등 미국과 국경을 접하고 있는 캐나다의 남부 지역들이다. 그 외에 노바 스코티아(Nova Scotia)와 퀘벡(Quebec)에서도 포도가 재배된다.

제1절 캐나다의 와인

북위 41°~50° 사이에 위치한 와인 산지는 북방 한계선 지점에 있어 냉해를 잘 견디고 빨리 익는 조생종이 필요한 곳으로 생명력이 강하고 껍질이 두꺼운 잡종이 강세를 보인다.

화이트 와인 추위에 강한 혼합종(hybrid)이 이곳의 테루아에 잘 적응하고 있다. 비달 블랑(vidal blanc)[56], 세이블 블랑, 그리고 리슬링, 샤르도네, 게뷔르츠트라미너, 피노 그리, 소비뇽 블랑을 사용한다.

레드 와인 카베르네 소비뇽, 카베르네 프랑, 피노 누아, 메를로, 시라, 가메이 외에 혼합종으로 마레샬 포크(Maréchal Foch)와 바코 누아(Baco Noir), 렘브그(lemberge), 츠바이겔트(Zweigelt) 등이 있다.

브리티시 컬럼비아와 온타리오에서는 캐나다에서 재배되는 포도로만 만든 와인을 구별하기 위해서 우량품질연합(VQA: Vinters Quality Alliance)이라 불리는 명칭 시스템을 만들어 사용하고 있다. 이는 '질 좋은 캐나다 와인' 이라는 뜻으로 캐나다의 퀄리티 와인에 대한 정부의 인증 표기인 것이다. 즉, 와인상표에 붙는 지역명의 사용을 규제하며, 어떤 품종이 사용될 수 있는지와 테이스팅 받을 것을 요구하고 있다. 따라서 캐나다 국내에서 생산되는 포도를 사용하고 해당하는 주(州)명칭을 상표에 표기하여야 한다.

1988년 온타리오 지역에서 이 제도가 처음 시작된 이후 B.C지역이 1990년 받아들였고 그 전까지는 권고사항이던 VQA를 1999년 온타리오에서 입법화하고 다시 2000년 6월 29일 VQA 법을 연방정부 차원에서 제정 공표하여 이때까지의 임의적 기준 설정 시스템이 법령의 효력을 갖게 된 것이다.

- 포도의 품종 사용을 제한한다. 원칙적으로 비티스 비니페라(Vitis vinifera) 품종을 써야 한다. 예외적으로 비달과 같은 몇 가지 잡종이 허용된다.
- 포도 수확 시 익은 포도를 사용한다. 이 경우 포도당의 내용이 성숙도를 정한다.
- 레이블에 표시된 포도는 적어도 85% 이상 해당 품종이어야 한다.

56) 비달 블랑(vidal blanc). 프랑스의 우니 블랑과 독일의 세이블의 교배종

- 레이블에 표시된 포도 산지에 적합하기 위해서는 공식적으로 인정된 지정산지(DVA ; Designated Viticultural Area)의 포도를 95% 이상 사용하여야 한다.
- 특정 포도밭을 표기할 때에는 100% 그 포도밭에서 생산된 것이어야 한다.
- 375VQA를 지정받고자 하면 당해 와이너리가 독립된 평가단의 시음 평가서를 제출하여야 한다. 이 경우 평가단의 블라인드 테이스팅을 거친다.

제2절 생산지역

1. 브리티쉬 컬럼비아(Bristish Columbia)

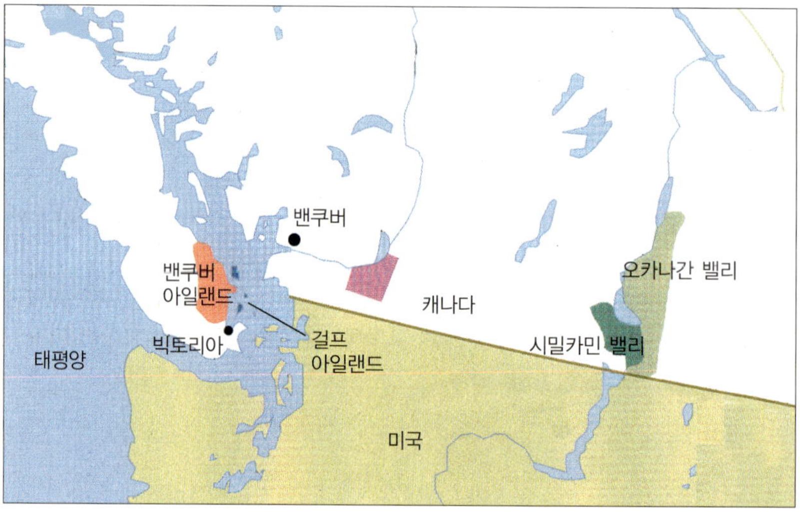

밴쿠버(Vancouver)를 중심으로 한 캐나다의 서부 지역이다. 북위 50도로 와인산지 중에서 가장 북쪽에 이지만 온타리오보다 오히려 더 온화한 편이다. 이곳 와인의 80% 이상은 화이트 와인으로서 오세로(Auxerrois)와 게뷔르츠트라미너, 독일에서 개발된 비니페라(vinifera)의 교배종인 바쿠스(Bacchus)와 에렌펠서(Ehrenfelser)를 사용한다.

레드 와인은 피노 누아와 메를로가 주 품종으로 차츰 증가되는 추세에 있다.

1) 프레이저 밸리(Fraser Valley)

밴쿠버 남동쪽의 미국 워싱턴 주와의 국경 인근 지역이다. 강우량이 적고 건조해 관개가 필요하며 해안지역으로 습도가 높아 포도 질병이 우려된다. 비옥한 프레이저 강의 퇴적층으로 토양은 미사토(微砂土)가 많다. 주로 독일 품종을 재배하며 일반적으로 조기 수확되는 편이다. 샤베르통(Domaine de Chaberton)은 1991년 이 지역에서 처음으로 문을 연 와이너리이다.

2) 걸프 아일랜드(Gulf Islands)

여름에 가뭄과 홍수 등의 피해가 내재해 있지만 포도 경작에 알맞은 기후를 보인다. 밴쿠버 시와 밴쿠버 섬 사이의 섬 지역으로 Thetis, Galiano, Saltspring, Mayne, Saturna 섬이 포함된다.[18]

3) 오카나간 밸리(Okanagan Valley)

벤쿠버에서 동쪽으로 400km 떨어진 지역으로 아래로 미국의 워싱턴 주와 경계하고 있다. 북위 49~50도에 걸친 곳으로 유럽의 샹파뉴나 라인가우 지역과 같은 위치다. 오른쪽의 모나쉬 산맥(Monashee Mountains)이 강우량을 차단해 주고 소노라 사막(Sonora Dessert)의 열기로 여름이 건조하고 더운 기후를 보인다. 오캐니건 호가 144km에 걸쳐있어 여름의 넉넉한 일조량으로 데워진 호수의 방사열이 포도나무의 겨울 냉해를 막아준다.

호반을 둘러싸고 포도밭이 형성되어 있으나 북쪽 지역은 경사가 심하고 남쪽이 완만하여 많은 와이너리들이 남쪽에 산재해 있다. 풍부한 일조량과 적은 강수량이 포도의 당도를 한껏 높여주는 지역이다. 캐나다 전역의 많은 생산지 중 오카나간 밸리와 나이아가라 지역이 아이스와인의 양대 산맥으로 꼽힌다. 매년 1월 캠룹스(Kamloops)에 있는 선픽스(Sunpeaks) 리조트에서 열리는 '오카나간 아이스와인 페스티발'에서 흥미로운 프로그램이 선 보이며 아이스와인을 비롯한 B.C지역의 모든 와인을 한 자리에서 볼 수 있다.

하위 지역으로 골든 마일(The Golden Mile)이 있다. 딥 크릭 & 하인리(Deep Creek & Hainle Vineyard)는 1978년 아이스와인의 첫선을 보여 캐나다 아이스와인이 시작된 곳이다.

이니스킬린(Inniskillin)의 비달 아이스와인은 '세계 100대 와인'에 포함되며 1989년 빈티지가 1991년 6월의 보르도 VINEXPO에서 그랑프리에 올랐다. 또한 비달은 2009년 노벨 평화상 축하만찬에 등장한 것으로 15년 이상의 보관이 가능하다.

미션 힐(Mission Hill)은 캐나다의 대표적 와인 반열에 오른 곳으로 아이스와인은 잔류당이 225g에 이르지만 산도와 잘 조화를 이루어 상큼하고 개운한 피니쉬를 이끌어낸다. 서머힐 피라미드(Summerhill Pyramid Winery)[57]는 이집트 쿠푸왕의 피라미드를 1/8로 축소한 형태의 저장고를 만들어 상징으로 삼는다.

4) 시밀카민 밸리(Similkameen Valley)

오카나간의 아래 서쪽으로 붙어 있는 작은 지역이다. 겨울이 오카나간보다 다소 추우며 여름도 계곡의 높은 산으로 인해 일몰 후에도 대기의 열기가 남아 있으며 바람이 계속 있어 늘 건조한 곳이다. 토양은 자갈과 진흙이 많다.

1984년에 현재의 세인트 라스글로(Saint Lasglo, 당시의 Keremeos Vineyard)가 최초로 이 지역에서 포도밭을 가꾸면서 시작되었다.

5) 밴쿠버 아일랜드(Vancouver Island)

밴쿠버 앞의 밴쿠버 섬 지역으로 1970년대 던칸(Duncan) 남쪽에서 와인을 빚기 시작했다. 1983년부터 1990년대에는 지방정부가 자금을 지원한 던칸 프로젝트로 오세르와(auxerrois), 오르테가(ortega)

57) 서머힐 피라미드(Summerhill Pyramid Winery). 피라미드 저장고는 여름의 외부 온도가 38℃일 때도 내부는 11~14도를 유지하며 통풍이나 온도 습도 등 와인 숙성을 위한 최적의 조건을 제공한다.

등 100여 종의 다양한 품종을 마련했다. 서리와 냉해의 위험이 비교적 적으며 코위챈 밸리(Cowichan Valley)는 주변의 산들이 태평양의 바람을 막아 포도의 생육에 좋다.[19]

2. 온타리오(Ontario)

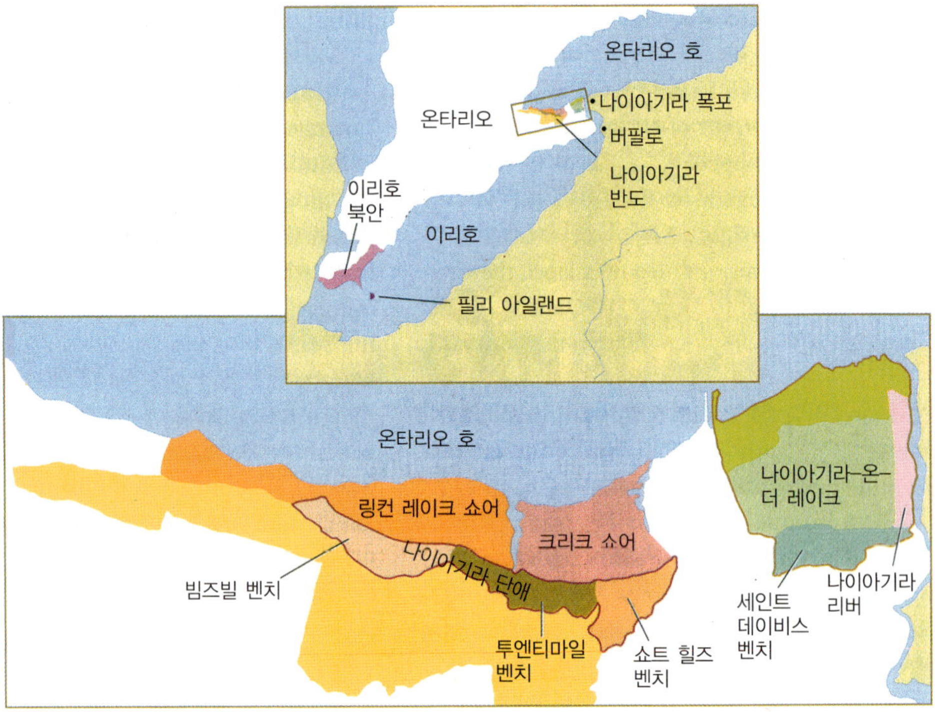

캐나다 동부의 남쪽으로 이리(Erie) 호와 온타리오 호를 끼고 있는 곳으로 캐나다 제 1의 도시인 토론토(Toronto) 인근 지역이다. 이러한 호수들과 나이아가라 단애(斷崖)[58]가 찬 대륙성 기후를 조절해 준다.

이 지역은 서늘한 기후로 화이트 와인이 60% 이상을 차지하며, 샤르도네, 리슬링, 게비르츠트라미너, 피노 블랑, 오세로(auxerrois)를 사용한다. 레드 와인은 카베르네 프랑과 메를로를 사용한다.

온타리오에서는 VQA(Vintners Qaulity Alliance) 규정 외에 DVAs(Designated Viticultural Areas : 지정포도 재배지역)로 3군데를 정하고 있다. 지역명(Regional Appellation)을 표시하기 위해서는 최소한 85% 이상의 그 지방포도를 사용하여야 한다.[20]

온타리오 와인 협회에서 발행하는 '온타리오 와인 가이드 북', '와인 루트 맵'은 와이너리 투어에 많은 도움이 된다.

잭슨 트리거스(Jackson-Triggs Winery)는 달콤쌉싸름한 게뷔르츠트라미너가 일품으로 매년 여름에 유명 뮤지션을 초청하여 초대 콘서트를 개최하고 있다.

58) Niagara Escarpment. 나이아가라 폭포 근처의 높이 335m의 절벽이다. 퀸스톤(Queenstone)에서 톰버모리(Tombermory)에 이르는 길이 725km에 걸쳐 있다.

1) 나이아가라 반도(Niagara Peninsula)

캐나다에서 규모가 제일 큰 와인 산지로 335m의 거대한 절벽이 지나고 있다. 이 단애에 부딪힌 대기가 환류해 들어와 포도나무의 냉해를 막아주고 여름에는 서늘한 바람이 일어 포도의 조숙을 막아준다. 기후가 선선하여 리슬링, 비달 등을 이용하여 독일식 와인을 만든다. 필리터리(Pillitteri)의 레드 품종을 이용한 아이스 와인이 독특하다.

(1) 나이아가라 단애(Niagara Escarpment)

하위 지역으로 쇼트 힐즈 벤치(Short Hills Bench), 투엔티 마일 벤치(Twenty Mile Bench), 빔즈빌 벤치(Beamsville Bench)

(2) 나이아가라(Niagara-on-the-Lake) DVA

하위 지역으로는 나이아가라 리버(Niagara River)외 몇 곳[59]이 있다.

(3) 이리 호 북안(Lake Erie North Shore) DVA

좌측으로 미국의 디트로이트가 있는 나이가라 반도의 남쪽으로 이리 호의 북쪽 호안(湖岸)을 따라 자리 잡은 곳이다. 모래, 진흙, 유기물이 혼합된 양토(壤土)와 사토(沙土)의 토양으로 5대호에서 생성된 온난한 기후의 영향을 받고 풍부한 일조량으로 포도 수확이 빠른 곳이기도 하다. 좋은 레드 와인을 생산하며 질적으로나 양적으로도 빠르게 성장하는 생동감 있는 지역이다. 콜리오(Colio Estate Winery)는 2005년도에 온타리오의 '올해의 와인 메이커' 로 선정된 곳이다.

(4) 필리 아일랜드(Pelee Island) DVA

이리 호의 캐나다에서 가장 남쪽에 있는 작은 섬으로 육지에서 25km 떨어져 있으며 바로 밑으로 미국과의 국경선이 지나간다. 비교적 온난한 곳으로 여러 종류의 와인이 생산된다. 1866년 캐나다에서는 최초의 와이너리가 이 지역에서 탄생하여 처음으로 와인이 양조된 곳이다. 필리 아일랜드(Pelee Island Winery)는 북위 41.5°로 이탈리아 피에몬테 아스티와 같은 위도로 화이트 품종과 피노 누아 그리고 비달 아이스 와인이 나온다.

(5) 프린스 에드워드(Prince Edward County) DVA

온타리오 호 북단의 프린스 에드워드 반도에 해당되며 2007년 DVA로 지정되었다. 피노 누아와 샤르도네 그리고 리슬링이 재배된다.

2) 기타 지역

(1) 노바 스코샤(Nova Scotia)

캐나다 남동부의 대서양의 섬으로, 미국 동북부 메인 주의 인접 지역이다. 포도 재배 지역은 앤너폴리스 밸리(Annapolis Valley), Gaspereau Valley, 사우스 쇼어(South Shore), Malagash Peninsula 의 네 군데로 나눈다.

재배하는 품종은 교배종으로 10여 종 중에 L' Acadie blanc, 세비벨 블랑, Baco Noir, 메리첼 파쉬가 주 품종이며, 글로벌 품종(Vinifera)으로는 샤르도네, 피노 누아, 피노 그리, 리슬링, 소비뇽 블랑,, 카베르네 프랑, 샤슬라(chasselas)가 있다.

---

59) Niagara Lakeshore, Four Mile Creek, St. David's Bench, Vinemount Ridge, Creek Shores, Lincoln Lakeshore

(2) 퀘벡(Quebec)

몬트리얼 위의 생 로랭(Saint Laurent)만이 내륙으로 깊숙이 들어와 있는 곳에 위치한 퀘벡 시를 포함하는 지역이다. 40여 종의 포도품종이 보이며, 레드는 주로 생 크로이(Sainte-Croix), 메리첼 파쉬(Maréchal Foch), 프론티낵(Frontenac), 새브레브와(Sabrevois) 그리고 디 쇼낵(De Chaunac)이 사용되며, 화이트 품종으로는 비달, 세이벨 블랑(Seyval blanc)으로 레드가 60%로 우세하다.

3. 아이스 와인(Ice Wine)

와인이 '신이 주신 선물' 이라면 아이스 와인은 '날씨의 선물' 인 셈이다. 아이스 와인이 독일에서 시작된 점에서는 전혀 이견이 없지만 기후변화 등 여러 현상으로 유럽의 아이스 와인이 정체되어 있는 반면 캐나다는 비약적인 발전을 보여왔다. 캐나다의 아이스 와인은 1978년 B.C지역에 있는 하인리(Heinle Vineyards)에서 처음 빚은 것으로 공인되고 있다.

1) 아이스 와인용 포도 품종

아이스 와인을 만드는데 쓰는 포도 품종에 대한 규정은 없으며 일반적으로 리슬링과 비달이 사용된다. 리슬링은 독일 원산지인 글로벌 품종이며 독일에서도 아이스 와인을 생산하는데 보편적으로 쓰인다. 비달은 이탈리아가 고향인 위니 블랑과 자이벨(seibel)의 교배종이다. 껍질이 두꺼워 내한성(耐寒性)이 좋은 편으로 캐나다에서 가장 많이 쓰이는 아이스 와인용 포도 품종이다. 이외에도 아이스 와인용 포도는 화이트 외에 레드도 쓰이고 있는데 샤르도네, 카베르네 프랑, 게비르츠트라미너, 피노 블랑, 피노 누아, 메를로, 쉬라즈, 츠바이겔트, 케르너, 에흐렌필저(ehrenfelser), 메리첼 파쉬이다.

2) 수확

북반구의 와인 산지들은 대체로 9월이면 포도를 수확한다. 그러나 아이스 와인은 얼은 포도로 빚는 것이므로 포도를 그대로 방치해 두었다가 얼기를 기다려 이르면 11월 늦게는 다음 해 2월이 되어 수확한다.

아이스 와인을 만들기 위해서 캐나다는 당국(Wine Institute)에 포도 수확에 관해 사전 신고를 하여야 하며 VQA규정에 따라 섭씨 8℃ 이하일 때에만 허용된다. 따라서 생산자들은 기후의 변화에 민감하며 실제 수확은 한밤 중이나 새벽에 동이 트기 전에 이루어진다. 돌처럼 딱딱한 포도송이를 압착하면 고농축 과즙이 한 방울씩 떨어지고 당분 수치도 35브릭스(brix) 이상이 되어야 한다.

3) 아이스 와인의 VQA 양조 요건

캐나다의 퀄리티 와인을 상징하는 VQA(Vintners Quality Alliance)는 특히 아이스 와인 양조에 대해 매우 엄격하여 충족 요건을 요구하고 있다. 와인 생산은 VQA 혹은 이의 대리인이 모니터링해야 한다. 수확 시의 기온이 적어도 섭씨 8℃ 이하여야 하며 이를 상회하면 즉시 수확을 중지한다.

포도 품종은 반드시 승인받은 것이어야 한다. 포도는 포도나무에서 자연 현상으로 얻은 것이어야만 하며 수확과 양조는 섭씨 8℃ 이하에서 일관된 작업으로 이루어져야 한다. 아이스 와인용 포도는 100% 지정된 산지에서 난 것이어야 하고 이를 레이블에 표시한다.

과즙의 평균 당도는 최저 35브릭스 이상이어야 하고 양조된 알코올과 잔류 당은 반드시 자연적인 것이어야 한다. 인위적이거나 투입된 것은 일체 용인되지 않는다.

4) 아이스 와인의 서빙

반드시 칠링해서 마시는 것이 좋다. 버켓을 이용하면 15분 정도, 냉장 시에는 서빙 2시간 전에 칠링하는 것이 바람직하다. 디저트 와인으로 쓸 때에는 디저트가 와인보다 덜 달아야 한다. 과일이나 덜 숙성된 소프트 치즈는 훌륭한 궁합이 된다.

마시다 남은 와인은 다시 봉한 후 냉장해 두면 일반 와인보다 오래 맛의 손상 없이 보관이 가능하다. 아이스 와인 병은 375ml가 가장 보편적이며 750ml 혹은 200ml, 50ml 병도 나오고 있다. 글라스에는 한 잔 당 1.5온스가 적당하다(375ml의 병은 8잔 정도).

빠테(paté)나 푸아그라(fóie gras) 요리에는 아페리티프로 사용하여 식전주로 마셔도 좋다.

제3장 남미, 중남미

제1절 칠레(Chile)

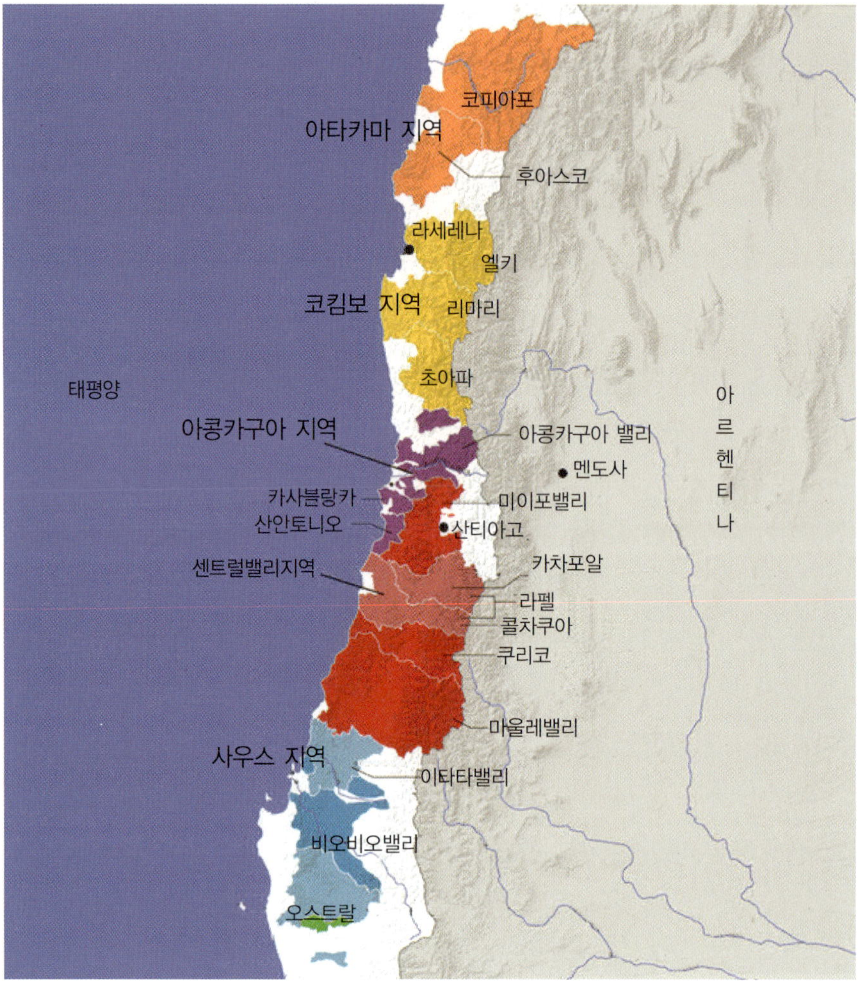

북쪽 페루국경의 무더운 아타카마 사막지대에서부터 남쪽 얼음이 덮인 '티에라 델푸에고'까지 4,329km에 폭은 177km로 좁고 기다란 밴드형태의 특수 자연조건을 가지고 있다. 또한 서쪽으로는 남태평양과 경계를 이루는 해안선, 동으로는 안데스산맥이 있어 필록세라(Phyloxera)의 침투로부터 온전할 수 있을 만큼의 격리된 지리조건을 갖추고 있다.

남위 35도를 중심으로 위치한 칠레의 포도밭은 1,300km에 이르는 태평양 연안을 따라 길게 형성되어 있으며 산티에고(Santiago) 남부에 포도밭이 집중되어 있다. 태평양의 바닷바람은 병충해를 예방하기도 하면서 선선한 기후를 좋아하는 품종에게는 더할 나위 없는 조건을 제공한다. 포도가 완숙하기에 충분한 일조량과 온화한 기후를 가지고 있어 와인양조에 적합한 나라이다.

칠레 와인은 유럽 와인에서 느낄 수 있는 섬세한 밸런스와 신세계 와인의 특징인 풍부한 과일 향과 힘을 동시에 느끼며 다양한 풍미를 맛볼 수 있는 뛰어난 와인이다.

1548년에 데아귀레(Don Francisco de Aguirre)에 의해 처음으로 코피아포(Copiapo)에 포도나무가 심어졌고, 1551년에 최초로 수확이 이루어졌다.

16세기 후반 이후부터 와인생산량이 증가되어 이웃 페루에까지 수출(Pais 품종)하기 시작하였다. 1830년 정부가 종묘원을 설립(Quinta Normal)함으로서 19세기 후반 필록세라[60]병이 창궐했을 때 피해를 입지 않은 나라가 되어 와인산업의 발전에 중요한 이정표가 되었다. 1850년대에 프랑스의 고급 품종을 수입하여 와인을 본격적으로 생산하기 시작했다.

20세기로 와서 1902년에 알코올규제법이, 1938년에는 와인생산량규제법, 제2차 세계대전 이후 정부의 수입 규제조치, 사회주의 정권 하에서 토지개혁으로 포도원이 없어지는 등의 어려움이 있었다. 1985년 VINEXPO에 칠레에서 4개 업체가 처음 참가하였고, 포도재배기술의 향상과 질 좋은 품종에 적합한 최적의 포도원 및 산지 탐색 등을 위해 와인 생산업계의 품질 향상을 위한 노력이 시작되었다.

1995년 포도 재배지역에 대한 규정, 레이블링 가이드라인 등 와인생산 선진화에 필요한 법이 마련되는 등 1980년대 중반 이후 투자가들이 칠레에 와이너리를 설립하거나 합작 또는 기술제휴로 와인산업 발전에 크게 기여하고 있다.

칠레의 여름은 무덥고 태양이 뜨겁지만 습기가 별로 없다. 태평양의 해류와 특히 훔볼트 한류(寒流)의 영향과 더불어 밤이 되면 안데스산맥의 영향으로 기온이 많이 내려간다. 선선한 태평양의 바닷바람은 병충해 예방효과와 또한 낮과 밤의 온도차이가 질 좋은 포도로 와인을 제조할 수 있는 자연적 환경을 만들어 주므로 포도재배에 유리한 기후조건을 갖추고 있다.

지중해성 기후로 겨울에 비가 내리며, 여름은 다소 건조하고 일조량이 많은 가운데 포도성장기간에 거의 비가 오지 않아 개화시기로부터 수확기까지 약 150일 정도의 행 타임(Hang Time)[61]을 유지시켜 줌으로써 균질하고 완숙한 포도를 수확할 수 있게 해 준다. 아울러 이와 같이 이상적인 기후 덕택에 칠레는 다른 어느 나라보다도 환경 친화적인 포도재배가 가능하다고 할 수 있다.

포도 품종은 20여 종으로 다양하여 여전히 파이스(Páis)를 재배하고는 있지만, 프랑스 포도 품종이 주종을 이루어 카베르네 소비뇽의 재배가 제일 많다.

레드 와인 품종 카베르네 소비뇽, 메를로, 카르미네르(Carmenère)[62], 카베르네 프랑, 시라, 말벡, 피노 누아, 산지오베제, 바르베라, 파이스(Páis)[63], 카리냥(Carignan)

화이트 와인 품종 소비뇽 블랑, 샤르도네, 머스캣, 세미용, 리슬링, 비오니에, 슈넹 블랑, 또론텔(Torontel)

1967년부터 포도밭의 지역별 구분과 면적제한 등을 시행하다가 1995년부터 원산지 명칭통제제도가 시행되어 레이블에 표시하도록 하고 있다. 1998년 보완된 내용으로는 원산지, 품종, 수확연도, 병입 등의 사항을 규제하고 있다.

---

60) 필록세라(Phylloxera). 포도에 기생하는 병균이름으로 나무 전체를 완전히 죽이므로 포도에 있어서는 제일 나쁜 병이다. 1870년대에 유행성 전염으로 만연하여 유럽 전체의 포도원들이 거의 전멸되었다. 다행히도 미국 토종 포도나무들은 이에 영향을 받지 않아서 미국 나무의 뿌리줄기를 이식받은 유럽 품종이 면역을 갖추고 되살아나게 되었다.

61) Hang Time. 체공시간, 미식축구에서 땅에 닿기 전에 공을 차는 펀트〈Punt〉한 공의 체공시간.

62) 카르미네르(Carmenère). 칠레를 대표하는 품종으로 생산량으로도 단일 국가로 제일 많다. 19세기 말 보르도에서 들어와 미디엄 바디의 레드를 만든다.

63) 파이스(páis). 칠레에서 제일 먼저 재배된 품종으로 현재는 저그와인 양조에 많이 쓰인다.

칠레 와인의 분류는 다음과 같다.

원산지 표시 와인(Denomination de Origen) 해당지역에서 생산된 포도를 75% 이상 사용하여야 하며, 품종을 표기할 때에는 해당 품종을 75% 이상 사용하여야 한다. 여러 품종을 블렌딩할 때에는 비율 순서대로 세 가지만 표시한다. 레이블에 표기할 경우에는 해당 연도의 포도(빈티지)를 85%, 해당 품종을 75% 이상 사용하여야 한다. 생산자 병입(Estate Bottled)은 포도의 수확과 양조, 병입, 보관이 자기 소유의 시설에서 일괄적으로 이루어질 때에 표시할 수 있다. 즉 공장소유의 포도밭이 있으며, 병입 공장과 포도밭이 원산지 내에 위치하는 것을 말한다.

원산지 표시 없는 와인 품종과 생산년도에 대한 규정은 원산지표시 와인과 같지만 원산지에 대한 표시만 없다.

비노 데 메사(Vino de Mesa) 포도의 품종과 생산 연도를 표시하지 않는 것으로 식용 포도로 만드는 경우가 많다.

수출 와인은 알코올 도수를 표시하여 화이트 와인은 12% 이상, 레드 와인은 11.5% 이상이어야 한다. 원산지를 표기할 경우 해당지역의 포도를 85% 이상 사용하여야 한다. 숙성에 대한 규정으로는 레이블의 특별(especial)은 2년, 리제르바(reserva)는 4년, 그랑 비노(gran vino)는 6년 이상이 되어야 표기할 수 있다.

와인생산은 대부분 남위 32도에서 38도 사이의 지대에서 이루어진다. 산티아고에서 북으로 100km 내외, 남으로 300km 이내의 275,000에이커의 포도원이 칠레 와인의 주 원산지이다.

칠레 와인의 생산지

지역	하위 지역	세부 지역
아타카마(Atacama)	Copiapó Valley, Huasco Valley	
코킴보(Coquimbo)	Elqui Valley	Vicuna, Paihuano
	Limari Valley, Choapa Valley	
아콩카구아 (Aconcagua)	Aconcagua Valley	Casablanca, San Antonio
센트럴 밸리 (Central Valley)	Alto Maipo, Central Maipo, Pacific Maipo, Cachapoal Valley	
	Colchagua Valley	Curicó Valley, Maule Valley
사우던 칠레 (Southern Chile)	Itata Valley, Bio-Bio Valley, Malleco	Chillan, Quillon, Yumbel, Mulchem

1. 아타카마 지역(Atacama Region)

칠레의 제일 북쪽에 위치하며 강수량이 부족한 거의 사막수준의 지역으로 브랜디인 피스코(Pisco)와 식용 포도, 건포도용 포도 재배지로 알려져 있다.

하위 지역으로 코피아포(Copiapó Valley), 후아스코(Huasco Valley)가 있다.

2. 코킴보 지역(Coquimbo Region)

안데스산맥 기슭으로 강수량이 부족한 곳이며 대부분 브랜디용을 생산한다. 알코올함량이 높고, 산도가 낮다.

엘키(Elqui Valley(Areas: Vicuna, Paihuano) 샌티아고에서 북쪽으로 530km 지점으로 아티캐마 사막의 남쪽 끝 지점이다. 식용 포도와 칠레에서 가장 대중적인 피스코를 생산하지만 칠레 북부지방에서 상업적으로 가능성 있는 와인 생산 지역으로 주목된다.

리마리(Limari Valley(Areas: Ovalle, Monte Patria, Punitaqui, Rio Hurtado) 기후가 뉴질랜드의 말보로와 비슷하여 소비뇽 블랑과 샤르도네의 지역으로 알려졌지만 시라와 피노 누아의 품질도 좋다.

초아파(Choapa Valley(Salamanca, Illapel) 샌티아고 북쪽 400km의 지점으로 코킴보 지역의 남단이다. 역시 식용 포도와 피스코의 지방이다. 소량 생산되는 시라와 카베르네 소비뇽의 산도는 높은 편이지만 질은 좋아서 관심이 높아지는 지역이다. 드 마르티노(De Martino)의 시라가 알려져 있다.

3. 아콩카구아 지역(Aconcagua Region)

안데스 산맥 최고봉(6,958m)에서 따온 이름으로 아르헨티나의 멘도사와 연결된 산티아고(Santiago) 북부지역이다. 고급 와인을 만드는 곳 중에서 가장 따뜻한 곳이기도 하다.

바예 델 아콩카구아(Valle del Aconcagua) 산티아고(Santiago)에서 북쪽으로 100km 정도에 있는 작은 지역으로 온화한 지중해성 기후를 보이고 있다. 진한 색과 과일 향이 풍부한 양질의 레드 와인을 생산해낸다. 카베르네 소비뇽, 카베르네 프랑, 메를로를 재배하며 시라의 생산량이 늘어나는 추세이다. 에라수리스(Viña Errázuriz)[65]의 세냐(Seña)는 몬다비와 합작하여 칠레 토양의 정수를 담아낸 것으로 2004년 베를린에서의 블라인드 테이스팅에서 샤토 라피트와 샤토 마고를 제치고 1등에 올라 인정받은 것으로 레이블에는 두 가문의 제휴를 상징하는 문장과 사인이 담겨져 있다. 맥시미아노(Don Maximiano Founder's Reserve)는 창업자의 이름과 같은 와인으로 보르도 스타일로 유명하다.

바예 델 카사블랑카(Valle del Casablanca) 화이트 와인과 섬세한 피노 누아에 적합한 지역을 찾던 양조학자인 파블로 모란데(Pablo Morandé)가 발견한 곳으로서 1982년에 포도가 처음 재배되었다. 해발이 높은 곳에 위치하여 선선한 기후를 가지고 있다. 샤르도네와 소비뇽 블랑으로 매력적인 화이트 와인을 생산해 내는 곳으로 유명하다. 레드 와인은 피노 누아를 많이 쓰며 국제적으로 많이 알려져 있다.

카사블랑카(Via Casablanca)는 화이트 와인으로 알려졌지만 네블루스(Neblus)는 카르메네르가 블렌딩된 프리미엄 레드 와인도 내놓는다. 마테틱(Matetic Vineyards)는 재배에서 수확, 숙성, 병입까지 농약은 물론 일체의 화학합성물을 사용하지 않고 바이오 다이나믹 방식으로 와인을 만들고 있다. 산타 카롤리나(Santa Carolina)의 샤르도네는 80년 이상 된 나무에서 수확한 포도로 양조된다.

산 안토니오(San Antonio) 산티아고에서 서쪽으로 90km 떨어진 태평양 연안의 카사블랑카 밸리 남쪽의 작은 지역이다. 피노 누아, 소비뇽 블랑과 샤르도네를 생산한다. 가르세 실바(Viña Garces Silva)는 레이다 밸리(Leyda Valley)에서 소비뇽 블랑을 비롯한 4종의 명품으로 만드는 아마이나(Amayna) 와인만을 고집하며 'Top of Top'을 추구한다. 마테틱(Matetic)은 크로아티아 출신의 오너가 유기농으로 만드는 EQ (Equilibrium, 균형)시리즈로 알려졌다.

4. 바예 센트랄(Valle Central)

칠레 전체 와인 생산량의 65%를 차지하는 곳이다. 레드 와인으로 유명한 마이포 밸리를 비롯한 센트럴 밸리 지역은 고온 · 건조한 최적의 지중해성 기후를 보이고 있다. 낮에는 뜨거운 태양이 포도를 충분히 익게 해 주며, 밤이 되면 안데스산맥과 차가운 남태평양 한류의 영향으로 기온이 급강하하는데, 이는 포도의 산도를 보존시키는 데 도움이 된다. 따라서 당도와 산도의 밸런스가 완벽한 양질의 포도가 생산된다.

산티아고가 있는 온화한 날씨의 이곳은 카베르네 소비뇽 와인에 최상의 지역이라고 할 수 있을 만큼 카베르네 소비뇽을 주 품종으로 생산하고 있다. 칠레의 거의 모든 전통적인 와이너리의 탄생지로 알려져 있다.

카르멘(Viña Carmen)은 1850년에 설립된 역사가 가장 오래된 곳으로 레드 품종으로 카베르네 소비뇽과 메를로, 화이트 와인 품종으로 샤르도네와 소비뇽 블랑을 기본으로 사용한다.

콘차 이 토로(Concha y Toro)[65]는 알마비바(Almaviva)와 돈 멜초(Don Melchor)[66]와 같은 프리미엄 와인 외에 마르케스[67], 트리오, 선라이즈 등의 다양한 가격대의 와인들 생산하고 있다. 쿠시뇨-마쿨(Cousiño-Macul)은 최고급 블렌딩 레드 와인인 피니스 테라에(Finis Terrae), 카베르네 소비뇽 와인을 만드는 고전적인 보르도 스타일의 와이너리이다.

산 페드로(Viña San Pedro)는 5개 칠레 최고급 레드 와인이 병합한 유닛의 이름이며[68], 이곳의 카보 데 오르노스(Cabo de Hornos)는 칠레 최초의 아이콘 와인으로 카베르네 소비뇽으로 만들어 18개월의 오크통 숙성을 거치는 칠레의 대표적인 프리미엄급 와인으로 포도나무의 평균수령이 60년이다. 또한 '1865'도 널리 알려져 있다. 폴 브루노(Viña Aquitania Domaine Paul Bruno)는 프랑스의 코스 데스투르넬(Château Cos d'Estournel)과 마고(Château Margaux)에서 투자한 와이너리로 고급 카베르네 소비뇽 한 가지 와인만을 생산하고 있다.

---

64) 에라수리스(Viña Errázuriz)는 1870년 설립된 곳으로 한 사람이 갖고 있는 단일 포도밭(single vineyard)으로 세계에서 제일 큰 700ha가 된다. 에라수리스 가문은 4명의 대통령을 배출한 명문으로 '대통령의 와인'이라고 부르기도 한다.

65) 콘차 이 토로(Concha y Toro). 3,300ha 면적의 포도밭에서 연간 1,100만 케이스의 와인을 생산하며 미국에 가장 많이 수출하고 있다. 카사블랑카를 비롯한 여러 지역에서 카베르네 소비뇽, 샤르도네, 메를로, 소비뇽 블랑 등을 재배하고 있는데,

66) 돈 멜초(Don Melchor). 부드럽고 원숙한 맛, 그리고 균형 잡힌 격조 높은 맛을 느낄 수 있는 의심의 여지없이 칠레에서 제일가는 풀 바디 와인으로 '세계 100대 와인'에 당연히 들어간다.

67) 마르케스 데 카사 콘차(Marqués de Casa Concha)는 1718년 스페인 국왕인 펠리페 5세가 수여한 작위명에서 따온 이름으로 2010년 칠레 건국 200주년 기념식에서 건배주로 쓰였고, 2012년 53개국 국가와 4곳의 국제기구 정상이 모인 핵안보정상회의에서 테이블에 올랐다.

68) 그란데스 비노스 데 산 페드로(Grandes Vinos de San Pedro)는 카보 데 오르노스(Cabo de Hornos), 알타이르(Altair), 시데랄(Sideral), 칸카나(Kankana), 티에라스 모라다스(Tierras Moradas)의 5개 칠레 최고급 레드 와인이 병합한 유닛의 이름으로 2013년 출범하여 와인생산 및 마케팅을 공동으로 진행한다.

마이포(Alto Maipo) 안데스 산맥과 마이포 강의 영향으로 주변보다 서늘한 기후를 보이며 낮과 밤의 온도 변화가 크게 변하면서 포도나무는 더욱 높은 함량의 폴리페놀을 생성하여 카베르네 소비뇽의 독특한 품격을 만들어내는 이상적인 재배지이다. 춥고 비가 많은 겨울과 여름 동안 뜨거운 태양과 서늘한 밤 기온을 보이는 이곳의 또 다른 특징은 자갈질 토양이다.

알마비바(Viña Almaviva)[69]는 1997년 프랑스의 로쉴드(Baron Philippe de Rothschild)와 칠레의 '콘차이 토로'가 합작하여 만들어 칠레를 대표하는 프리미엄 와인 중 하나이다. 이는 프랑스의 와인 양조 기술과 칠레의 토양이 빚어낸 걸작으로 와인의 이름은 모짜르트의 '피가로의 결혼'에 나오는 주인공의 이름에서 유래한다.

에스쿠도 로호(Escudo Rojo)는 보르도의 바롱 피립 로쉴드가 칠레에서 생산하는 와인이다. 하라스 데 피르케(Viña Haras de Pirque & Antinori)[70]는 이탈리아의 안티노리와 같이 칠레와 이태리의 합작 명품 와인인 알비스(Albis)를 내고 있다.

산타 리타(Viña Santa Rita)는 칠레에서 두 번째로 큰 와인회사이며, 일찍이 앞선 기술을 도입하여 고품질의 와인을 만들기 시작했다. 타라파카 엑스-사발라(Viña Tarapacá Ex-Zavala)에서 나오는 부르고뉴 샤블리 스타일의 와인은 칠레 국내시장에서는 막강한 인지도를 가지고 있다.

센트럴 마이포(Central Maipo) 마이포 강으로 둘러싸인 비교적 온화한 곳에서 카베르네 소비뇽이 탁월하다. 도무스 아우레아(Domus Aurea)의 농축된 카베르네(Clos Quebrada de Macul)는 힘이 넘친다. 산타 리타(Viña Santa Rita)의 까사 리알(Casa Real)은 바디감이 매우 뛰어나며, 타닌은 풍부하고 견고하다.

퍼시픽 마이포(Pacific Maipo) 태평양 연안의 해양성 기후가 소비뇽 블랑 품종 재배에 도움이 되며 카베르네 소비뇽과 메를로로도 유명한 지역이다. 이곳의 라펠 밸리(The Rapel Valley)는 라펠 강과 라펠 호에서 따온 것으로 강고 호수의 영향으로 마이포의 다른 지역보다 기후가 선선하다. 칠레 와인의 1/4을 생산하는 넓은 곳이다. 안티얄(Antiyal)은 칠레 최초의 친환경 와이너리이다. 몬테스(Montes)의 폴리(Folly)는 시라로 만든 몬테스의 자부심이며, 알파 엠(Alpha 'M')은 칠레의 가장 유명한 레드 와인으로 생산량의 95%를 세계 42개국에 수출한다. 엘 프린시팔(Viña El Principal)은 1998년 보르도의 샤토 파비를 팔고 문을 연 곳이며, 하라스 데 피르케(Viña Haras de Pirque)는 마이포 밸리에서 시라로 성공한 곳이다. 라포스토예(Casa Lapostolle)는 메를로에 강하지만 이곳의 '클로 아팔타 콜차구아'(Clos Apalta Colchagua)는 보르도식 블렌딩 와인으로 2001년 빈티지가 2004년 '와인스펙데이터'의 'Top 100'에 95점으로 2위로 선정된 바 있는 세계 절정의 와인이다.

---

69) 알마비바(Via Almaviva). 극작가 보마르쉐(Beaumarchais, 1792~1799)의 희곡이 원작인 모차르트의 오페라 '피가로의 결혼'의 주인공 '알마비바 백작'에서 유래되었고, 레이블은 보마르쉐의 친필로 작성된 'Almaviva' 와인명과 '지구'와 '우주'를 뜻하는 칠레 원주민 마푸체족의 문양으로 디자인되었다.

70) 하라스 데 피르케(Via Haras de Pirque & Antinori). '피르케의 종마장'이라는 의미의 이름으로 와이너리는 말발굽 형태로 설계되었으며 레이블은 인상파 화가인 '에드가 드가'의 작품 '기수'에서 따왔다.

카차포알(Cachapoal) 라펠 밸리 북쪽의 안데스 산맥 기슭으로 태평양의 해양성 기후 영향을 받아 카르미네르 품종이 잘 자란다. 세부 지역으로는 란카구아(Rancagua ; Graneros, Mostazal, Codegua, Olivar), 레퀴노아(Requinoa), 렝고(Rengo ; Malloa, Quinta de Tilcoco), 페우모(Puemo ; Pichidegua, Las Cabras, San Vicente)가 있다.

콜차구아(Colchagua Valley) 라펠 밸리의 남쪽으로 풀 바디의 말벡, 카베르네 소비뇽, 카르미네르 그리고 시라 품종이 칠레에서 가장 잘 알려져 있다. 세부 지역으로는 산 페르난도(San Fernando), 침바롱가(Chimbaronga), 낭카구아(Nancagua ; Placilla), 산타 크루스(Santa Cruz ; Chpica), 팔미야(Palmilla), 페랄리요(Peralillo)가 있다.

코노 수르(Viña Cono Sur)[71]는 친환경 생산으로 자전거를 심볼로 삼아 자연보호를 위하여 인조 코르크를 사용한다. 오키오(Ocio)는 피노 누아로 만든 코노 수르의 아이콘 와인이다. 에밀리아나(Emilliana)는 칠레 최초의 대규모 친환경농법을 도입하여 보르도와 론 품종을 블렌딩한 코얌(Coyam)이라는 걸작을 만들어내었다.

라포스톨레(Casa Lapostolle)는 메를로에 강하지만 클로스 아팔타(Clos Apalta)는 보르도식 블렌딩 와인이며, 로스 바스코스(Viña Los Vascos)는 18세기 중반 스페인에서 온 미구엘(Miguel Echeñique)이 만든 후 1988년 프랑스의 바론 로쉴드(Baron de Rothschild)가 투자하여 재탄생한 곳이다. '레세르바 데 파밀리아' (Reserva de Familia)가 유명한 제품이다.

운두라가(Viña Undurraga)는 마이포와 콜차구아에 있다. 1988년에는 칠레 전체 수출량의 40%를 차지하였다가 2003년에는 무려 60%를 차지하였는데, 1947년에 12ha의 포도밭이 2003년에는 995ha로 대폭 확대된 것이 주된 요인이다.[21]

뷰 마넨(Viu Mament)은 2004년 'Wine & Spirits' 에서 3대 베스트 칠레 와이너리' 로 선정된 곳으로 1980년대부터 이미 품질을 인정받아 2000년대부터는 특히 주목받는 곳이다.

몽 그라스(MontGras)에서 나오는 좋은 와인들 중에는 메를로가 더 인정받는다.

71) 모 회사가 '콘차 이 토로' 로 '남회귀선 아래 남아메리카 최남단 지역', '남쪽의 고깔' 이란 말에서 이름을 따왔다.

쿠리코(Curicó Valley) 산티아고 남쪽 200km의 지점으로 일교차가 약 18℃ 정도로서 충적토 지형으로 배수가 잘되는 지역이다. 샤르도네와 소비뇽 블랑의 화이트 와인의 품질이 좋으며 카베르네 소비뇽과 메를로도 생산된다.

세부지역으로 테노 지역(Teno ; Rauco, Romeral)과 론투에(Lontu ; Molina, Sagrade Familia)가 있다. 스페인의 미구엘 토레스가 이 지역의 가능성을 확인하고 1970년대 신기술을 도입한 이후 외국의 투자가 줄을 이었다. 지금은 와인 생산량도 많을 뿐더러 가장 큰 양조장도 이곳에 있다. 칼리테라(Viña Caliterra)는 1995년 캘리포니아의 로버트 몬다비가 새 파트너로 합류하여 칠레 와인 수출의 세 번째를 차지하는 곳으로 '칠레 와인의 새로운 세대' 라 표현하고 있다.

미구엘 토레스(Sociedad Vinicola Miguel Torres)는 스페인의 토레스(Torres)에서 투자한 곳으로 카베르네 소비뇽, 샤르도네, 피노 누아와 게뷔르츠트라미너를 만들고 있으며, 스파클링 와인도 생산하고 있다.

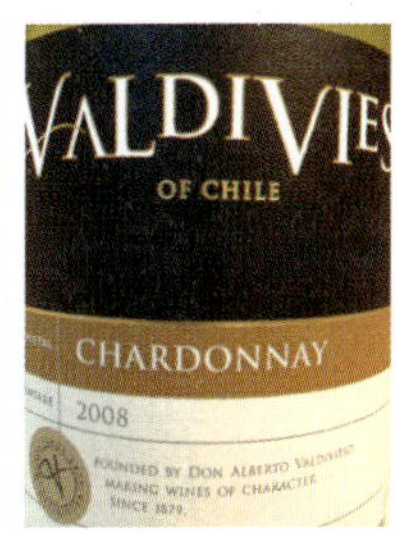

산 페드로(San Pedro), 산타 카로리나(Santa Carolina), 콘차이 토로(Concah y Toro), 발디비에소(Valdivieso)[72]와 라 포르투나(Viña La Fortuna)와 같은 칠레의 가장 큰 와이너리들이 이곳에서 반경 1~2km 내에 있어 칠레 와인거래의 중심지 역할을 하고 있다.

마울레 밸리(Maule Valley) 수도인 산티아고에서 남쪽으로 250km 떨어진 칠레에서 포도 재배지역이 가장 넓은 지역이다. 약간 습한 지중해성 기후로 겨울에 비가 많으며 이 지역 특유의 포도인 파이스(páis)를 많이 재배한다.

레드와 화이트가 고루 있지만 레드 와인이 좋으며 특히 카베르네 소비뇽과 카르미네르가 좋다. 화이트 와인은 세미용을 많이 사용하나 모리나(Molina) 동쪽은 선선한 지역으로서 소비뇽 블랑과 샤르도네를 생산하는 데 있어 최상의 지역이다. 칠레에서 포도가 처음 재배된 곳으로 질보다 양이 앞서지만 1990년대 중반 이후에는 신기술의 도입으로 질적 향상이 이루어지고 있다. 하위 지역으로는 클라로(Claro ; Talca, Pencahue, San Clemente), 론코미야(Loncomilla ; San Javier, Villa Alegre, Parral, Linares), 투투벤 지역(Tutuven Valley Zone ; Cauquenes)이 있다.

72) 발디비에소(Valdivieso) : 철로가 지나고 있어 '칠레 최악의 포도밭' 으로 알려졌지만 스파클링 와인으로 유명하며 Éclat와 Caballo Loco가 대표 와인이다. 칠레 국내 스파클링 시장의 80%를 점하고 있다.

5. 남부 지역(Region Sur O Meridional)

바예 델 이타타(Valle del Itata) 칠레 최초의 와인 산지이다. 봄에 서리의 피해가 우려되는 차가운 해양성 기후로 파이스와 뮈스캣, 카리냥에 적합하지만 근래에는 이타타 강을 따라 샤르도네와 카베르네 소비뇽 재배가 늘고 있다. 세부지역으로 칠란(Chillan), 키욘(Quillon), 포르테수엘로(Portezuelo), 코엘레무(Coelemu)가 있다.

바예 델 비오-비오(Valle del Bio Bio) 서늘한 기후로 벌크와인의 생산지이다. 칠레 고유의 파이스와 모스카텔을 주로 재배하며, 게뷔르츠트라미너도 재배한다. 세부지역으로 염벨(Yumbel), 물첸(Mulchen)이 있다.

제2절 아르헨티나(Argentina)

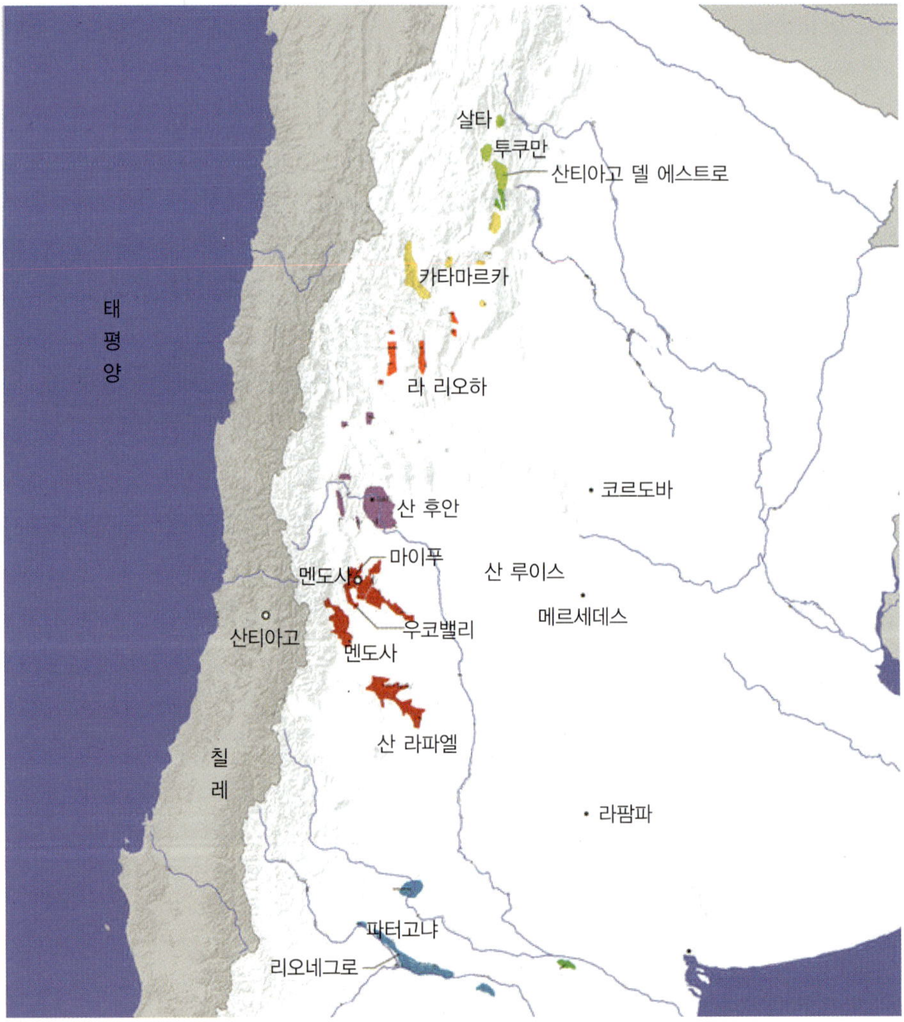

남미에서 브라질 다음으로 두 번째로 큰 나라로 국토 면적이 277만km^2, 남북이 3,700km, 동서가 1,400km에 이르며 인구는 3,700만 정도이다. 북에서 동으로 볼리비아, 파라과이, 브라질, 그리고 우루과이와 국경을 접하고 있으며 그 밑의 동남 방향으로 대서양에 면해 있다.

서쪽은 1,600km에 이르는 안데스 산맥이 길게 뻗어 있으며 그 너머로 칠레가 있다. 1516년 스페인의 솔리스(Juan de Solis. 1471~1516)가 세상에 알린 후 스페인의 식민 통치로 이어지다 1816년 독립되었다.

아르헨티나 와인의 역사는 칠레와 흡사하여 스페인 정복자들이 비니페라(vinifera) 품종을 가지고 온 데서 비롯되었다. 1541년에 스페인에서 가지고 온 포도나무의 재배와, 1550년 스페인의 남미 원정대가 페루에서 가지고 온 포도 묘목, 그리고 1556년 칠레에서 안데스를 넘어 포도나무를 가지고 온 것을 시초로 보고 있다.

당시의 포도는 검은 껍질의 크리오야 치카(Criola chica) 종으로 캘리포니아의 미션(Mission), 칠레의 파이스(Páis)와 같은 종으로 300여 년간 남미 포도의 근간을 이룬 품종이다. 1820년 대 식민지 통치가 종식되고 부에노스아이레스와 멘도사 간에 철도가 부설되자 많은 이민자의 유입으로 프랑스, 스페인, 이탈리아의 양조기법도 들어와 와인 산업이 크게 부흥하였다. 그러나 20세기 중반부터 경제 기반의 몰락과 인플레이션으로 이어져 침체되었다.

1990년대부터는 나라의 안정과 해외 투자의 유입으로 와인 산업도 새로이 도약하였다.

칠레의 대표 품종이 카르미네르(Carmenere)라면 아르헨티나를 대표하는 것으로는 말벡(Malbec)이 있다.

칠레가 품질이 뛰어나다면 아르헨티나는 칠레의 네 배와 세계의 다섯 번째 와인 생산국으로써 양(量)으로 승부한다. 칠레가 질(質)에 중점을 두기 위해서 포도재배 면적을 줄여왔다면 아르헨티나는 그 반대다. 1990년대까지는 구태의연한 생산방법을 고수했지만 이제는 세계 와인 생산국으로 무시할 수 없는 존재로 바뀌고 있다.[22]

로제 와인을 50% 가까이 생산하며, 화이트 와인은 30%, 레드 와인은 20% 정도이나 일반적으로 레드 와인이 화이트 와인보다 질이 높다.

레드 와인 품종 카베르네 소비뇽은 아르헨티나의 거의 모든 지역에서 재배되는 품종으로 특히 멘도사의 마이푸(Maipú)와 루항 데 꾸요(Luaján de Cuyo)에서 최상품이 난다.

말벡(Malbec)은 아르헨티나의 대표품종으로 카베르네 다음으로 많이 생산되는 품종이다. 말벡의 생장에 가장 좋은 기후와 조건으로 그 중에서도 멘도사의 말벡을 최고로 친다.

메를로는 카베르네와 블렌딩하여 순하고 고상한 풍미를 지닌 와인을 만들며, 피노 누아는 스파클링 용으로 사용된다. 시라도 많이 보이며 바르베라 다스티, 람부르스코, 산지오베제, 템프라니요, 가르나차, 가메이 등도 재배된다.

화이트 와인 품종 샤르도네는 해마다 생산량이 늘고 있으며, 슈냉 블랑은 미묘한 풍미로 다른 품종과의 블렌딩에 써야 할 의무적 품종으로 간주되기도 한다. 소비뇽 블랑은 산도를 유지하기 위해 일찍 수확하며, 독특한 향을 지닌 토론테스는 아르헨티나 특유의 품종이다.

이외에도 세미용과 위니 블랑 및 비오니에 등이 있으며, 전통적인 재배품종으로 크리오야 그란데(Criolla grande)와 끄리오야 치카(Criolla chica) 및 세레사(Cereza)가 있다. 아르헨티나는 남미에서 유일하게 DOC(Denominacin de Origin Controlada) 시스템을 갖춘 나라이다.[23]

와인에 대한 규제의 주 대상은 포도의 생산과 와인의 수출이다. 그러나 다른 신세계국가들과 마찬가지로 와인관련 법령은 까다롭지 않은 편으로, 포도종의 원산지 확인이나 재배 · 수확 · 양조 등에 관한 규제는 없다. 레이블 규제의 일환으로 포도의 품종을 나타낼 때에는 80% 이상을 당해품종이어야 한다는 법규는 정해져 있다. 감독의 주체는 INVA(Instituto Nacional de Vitivinicultura Argentina)이다.

대표적인 와인 산지로는 북부, 중부, 남부 및 기타 지역으로 중부의 멘도사는 아르헨티나 와인 생산량의 90% 이상을 차지하는 곳이다.

아르헨티나의 와인 산지

<table>
<tr><th>지방</th><th>지역</th><th>세부지역</th><th>하부지역</th></tr>
<tr><td>북부지방</td><td colspan="3">살타(Salta), 카타마르카(Catamarca), 라 리오하(La Rioja), 투쿠만(Tucumán)</td></tr>
<tr><td rowspan="8">중부지방</td><td colspan="3">산 후안(San Juan)</td></tr>
<tr><td rowspan="7">멘도사
(Mendoza)</td><td>북 멘도사</td><td>Las Heras/Lavalle ; El Borbollón, El Plumerillo</td></tr>
<tr><td rowspan="2">어퍼 멘도사</td><td>Godoy Cruz, Guaymallén</td></tr>
<tr><td>마이푸(Maipu), 루한 데 꾸요(Luján de Cuyo)</td></tr>
<tr><td>우코 밸리</td><td>Tupungato, Tunyán, San Carlos</td></tr>
<tr><td>동부 멘도사</td><td>San Martin, Junin(Medrano), Rivadavia(Palmira), Santa Rosa(Las Catitas), La Paz(Alto Del Salvador)</td></tr>
<tr><td>남부 멘도사</td><td>San Rafael, 헤네랄 알베아르(General Alvear)</td></tr>
<tr><td>남부지방</td><td>파타고냐</td><td colspan="2">리오 네그로(Rio Negro), 라 팜파(La Pampa), 네우켄(Neuquén)</td></tr>
</table>

1. 북부 지역(레히온 노로에스테, Región Noroeste)

살타(Salta) 가장 북쪽에 위치하고 있어 좌측으로는 칠레, 위쪽으로는 볼리비아의 국경과 가깝다. 아르헨티나에서 가장 오래된 와인산지로 17세기 선교사들이 처음으로 포도나무를 식재한 곳이다. 카파야테(Cafayate)가 와인 생산의 중심지로 포도 재배는 해발 1,500~1,800m 지역에 주로 위치한 모래토양에 있다. 강우량이 적고 일조량이 많으며 밤낮의 기온차가 높아 포도나무 경작에 적지로 꼽힌다. 토착 품종인 토론테스 리오하노가 주 품종이며 카베르네 소비뇽도 많이 재배된다. 야코추야(Yacochuya)의 말벡뿐 아니라 콜로메(Bodega Colomé)의 피노 틴토(템프라니요)도 발군이다.

카타마르카(Catamarca) 살타 남서쪽으로 칠레 쪽으로 더 다가간 해발 1,200~2,100m의 곳에 위치한다. 토론테스, 시라, 카베르네 소비뇽 등의 포도의 대부분을 로컬 브랜디에 사용한다.

라 리오하(La Rioja) 카타마르카 밑에 위치하며 해발 800~1,400m 지역이다. 1995년 DOC 지역으로 지정된 곳이다. 주요 와이너리들은 거의 법인체제로 운영되고 있어 엄격한 품질관리를 하고 있으며, 이 지역에 잘 맞는 토론테스 화이트 와인의 명산지이다.

2. 중부지역(레이혼 센트로-오에스떼. Reg on Centro-Oeste)

1) 산 후안(San Juan)

멘도사와 라 리오하 사이에 있는 비교적 더운 곳이다. 사토(沙土)와 자갈이 많은 토양으로 배수가 잘 되고 산 후안 강에서 물을 풍부하게 얻고 있다. 아르헨티나에서 두 번째로 큰 와인산지로 아르헨티나 와인의 20% 가까이를 차지하며, 이곳에서 생산하는 포도의 반 이상이 식용과 건포도용 및 농축주스로 많이 사용되고 있다. 아페리티프 와인으로 버머스, 뮈스카델, 셰리 등이 많이 나왔으나 최근에 레드 와인의 생산이 늘고 있다.

그라피냐(Graffigna)는 말벡도 좋지만 시라도 그에 뒤떨어지지 않는다.

2) 멘도사(Mendoza)

칠레국경에 가까운 지역으로 안데스 산맥 동쪽의 해발 600~1500m에 자리 잡고 있다. 아르헨티나 와인의 80%가 이곳에서 나는 대표적 와인산지로 36만 에이커에 달하는 세계에서 가장 큰 와인산지로도 알려져 있다. 수출용 우량 와인의 생산이 활발하다. 레드 와인 품종으로는 말벡, 메를로, 바르베라, 템프라니요, 피노 누아, 카베르네 소비뇽을 사용하며, 화이트 와인 품종으로는 슈냉 블랑, 리슬링, 샤르도네, 뮈스캣, 팔로미노, 페드로 히메네스를 사용한다.

북부 멘도사 라스 에라스(Las Heras), 라바예(Lavalle)를 포함하는 지역으로 해발 600~700m에 위치하고 있다. 슈냉 블랑, 토론테스 등으로 싼 가격의 화이트를 생산하며 더운 곳은 템프라니요, 말벡, 시라로 레드 와인을 많이 만든다.

어퍼 멘도사 리버(Upper Mendoza River) 고도이 크루스(Godoy Cruz), 과이말옌(Guaymalln), 루한 데 꾸요(Luján de Cuyo), 마이푸(Maipú)지역을 포함하고 있다. 카테나 자파타(Catena Zapata)[74]는 '루한 데 꾸요'의 해발 1500미터 고도에 있는 아르헨티나 말벡 혁명의 선구자로서 말벡으로만 만든 아르헨티노 말벡(Argentino Malbec)이 2004년 첫 빈티지가 RP 포인트 98점으로 로버트 파커의 '위대한 와인'에 뽑힌 유일한 남미 와인이기도 하다.

보데가 노통(Bodega Norton)은 말벡으로 만드는 중저가 와인이 많았지만 스와로브스키 사가 인수하여 프리미엄 와인으로 나서고 있으며 이곳의 프리바다(Privada)는 '프라이빗 브랜드'라는 뜻으로 '당신만을 위한 와인'이라는 의미를 담고 있다. 또한 비냐 마이푸 그랑 데보션(Vina Maipo Gran Devocion)의 레이블 속 교회는 외세 침략 때 피신했던 곳으로 자신들을 지켜준 신에 대한 존경의 메시지를 담았다.

보데가스 샹동(Bodegas Chandon)은 보르도의 샤토 슈발 블랑과 LVMH 사가 같이 만들어 스파클링 와인을 생산하는 곳으로 아르헨티나 스파클링 와인의 70~80%를 점하며 브라질에서도 자매회사와 더불어 시장 점유율이 가장 높다. 테라사스(Bodega Terrazas)는 포도의 품종에 따라 최적의 위치를 찾아 고도를 달리해 재배한다.[75] 슈발 데 장드(Cheval des Andes)는 보데가스 샹동이 남미 와인을 재정립하고자 설립하였다.

74) 카테나 자파타(Catena Zapata) : 3년 연속 와인 스펙테이터(Wine Spectator) '100대 와인'에 들었으며, 영국의 디캔터(Decanter)로부터 '세계 50대 레드 와인'으로 뽑히기도 했다. 아르헨티나에서 가장 큰 와이너리로 에스메랄다(Bodegas Esmeralda), 라 루랄(Bodega la Rural)과 더불어 아르헨티나의 3대 와이너리이다.

카로(Bodegas Caro)의 카베르네 소비뇽은 연간 4만 병 이하로 생산되는 소량의 고품질 와인으로 보르도의 라피트 로쉴드와 아르헨티나의 카테나(Catena)에서 출자한 곳이다. 카테나의 Ca, 로쉴드의 Ro를 따서 Caro로 이름 지었다. 트라피체(BodegasTrapiche)의 이스카이(iscay)는 말벡과 메를로를 블렌딩해 적당한 타닌에 따른 균형과 구조로 명성을 얻고 있다. 파스칼 토소(Pascual Toso)는 카베르네 소비뇽으로 평균 이상의 질을 훌쩍 넘는 와인을 만들고 있다.

알타 비스타(Alta Vista)는 말벡 품종을 첨단설비에서 프랑스식으로 다양한 와인을 생산하고 있다. 바이네르트(Bodega Weinert)는 아르헨티나의 최고 품질로 그란 비노(Cavas de Weinert Gran Vino)가 정평이 나 있다.

타피스(Tapiz)는 켄달 잭슨 사 소유로 말벡 리저브는 80년 이상 된 나무 수확 포도로 만든다. 아차발(Achával-Ferrcr)도 멘도사의 부티크 와이너리도 자신의 성격을 분명하게 느러낸다. 알토스(Altos Las Hormigas)의 말벡들도 단연 돋보인다.

동부 멘도사 산 마르틴(San Martin), 후닌(Junin), 리바다비아(Rivadavia), 산타 로사(Santa Rosa), 라 파스(La Paz)를 포함하는 지역으로 해발 750m의 지점에 있다. 투누탄(Tunutn)강에서 물을 끌어와 사용하기도 한다.

우코 밸리(Uco Valley) 투풍가토(Tupungato), 투누얀(Tunuyán), 산 카를로스(San Carlos)를 포함하는 높은 지대로 비교적 고급 와인을 생산하고 있다. 안델루나(Andeluna)는 투풍가토의 1,300m 고지대에서 '1300' 시리즈를 내놓아 가격대비 최상의 품질을 보여준다.

피에드라 네가라(루르통, Bodega Piedra Negra Franc ois Lurton)의 토론테스(Torrontés) 품종이 유명하며, 로스 시에테(Clos de los Siete)는 미셸 롤랑 등 일곱 사람이 같이 만든 곳으로 고급와인을 생산한다. 루티니(Rutini)의 말벡은 누구나 인정하지만 펠리페 루티니(Felipe Rutini)는 더욱 의심의 여지가 없다.

남부 멘도사 가장 더운 곳으로 산 라파엘(San Rafael), 헤네랄 알베아르(General Alvear ; Carmensa)와 같은 생산지가 있다. 세부 지역으로는 Las Paredea, Cuadro, Benegas, Cañada Seca, El Cerrito, Jaime Prats, Goudge, la Llave, Las Malvinas, Rama Caida, Villa Atuel가 있다. 발렌틴 비안치(Valentin Bianchi)도 멘도사 지역에서 명망 있는 곳이다.

3. 남부 지방(Patagonia)

리오 네그로(Rio Negro) 남위 39° 인근으로 아르헨티나 와인 산지 중 가장 남쪽 지역으로 포도 외에도 각종 과일이 풍부하게 나오는 곳이다. 대륙성 기후로 차고 건조하며 겨울에 습도가 높다. 강우

75) 테라사스(Bodega Terrazas) : 소비뇽은 980m, 말벡은 1067m, 샤르도네는 1200m. 샤르도네는 다른 품종들을 다 수확하고 나서 30일이 더 지난 뒤에 수확한다.

량은 적은 편이며 일교차가 크다. 산도가 높은 화이트를 많이 생산하며 스파클링 와인도 나온다. 노에미아(Bodega Noemia de Patagonia)의 말벡은 말벡이 가진 특징을 그대로 보여주는 걸작이다.

네우켄(Neuquén) 메를로, 피노 누아, 소비뇽 블랑, 말벡이 재배된다.

제3절 중남미 국가

1. 볼리비아(Bolivia)

브라질 남서쪽에 위치하여 좌측으로는 페루와 칠레, 아래로는 아르헨티나와 파라과이에 둘러싸여 있다. 남미의 와인생산국 중 별로 중요하지 않으며, 테이블 와인의 범주를 벗어나지 못한다. 와이너리 중의 일부는 지구상의 가장 높은 곳에 위치하는 것도 있으며, 대부분은 아르헨티나와 파라과이와 국경을 접하고 있는 국토의 동남쪽인 타리하(Tarija) 지방에 위치한다.

따리하(Central Valley of Tarija) 해발 1,600m~2,100m에 이르는 안데스 산맥 기슭으로 아르헨티나와의 국경에 가까운 볼리비아의 남부지방이다. 카베르네 소비뇽과 시라, 메를로, 말벡, 탄나트, 가르나차 그리고 바르베라 품종이 자란다. 화이트로는 뮈스캣, 소비뇽 블랑, 리슬링, 프랑 코롱바르(Franc Colombard)와 세닝 블랑이 보인다. 이 지역에서 볼리비아 전체 와인의 약 93%를 생산한다.

신티(Valley of Cinti) 따리하 위의 까마르고(Camargo) 마을 인근을 일컬으며 해발 2,220m~2,414m로 역시 고지대이다. 따리하에 있던 와이너리가 생산 원가를 낮추기 위해 개발한 지역으로 프렌치 계열의 글로벌 품종을 재배하고 있다.

산타 크루즈(Valleys of Santa Cruz) 볼리비아의 남동쪽으로 브라질과 국경과 맞닿아 있는 넓은 지역이지만 포도를 재배하는 면적은 아주 작다. 해발 1,600m~2,300m로 따리하와 비슷한 고도이다. 수도는 라 파스(La Paz)이지만 볼리비아에서 가장 큰 도시인 산타 크루즈 시 인근에 투자가 이루어지고 있어 발전이 기대된다.

2. 브라질(Brazil)

남위 5도에서 33도에 이르는 넓이로는 중국과 비슷한 광대한 지역이다. 다양한 품종을 재배하고 있으며, 남미에서 세 번째로 중요한 와인생산국으로서, 이렇게 넓은 곳에서 포도재배에 적합한 토지도 반드시 있을 터이지만 와인은 아직 빈약하다.

1999년 세워진 브라질 포도연구소(IBRAVI: Instituto Brasileira do Vinho)는 정부의 주도하에 47군데의 지역대표들이 참가하여 테이블 와인과 스파클링 와인에 대한 규정을 만들고 와인의 질적 향상을 주도하고 있다.

재배하는 포도 품종은 프랑스 계열, 스페인 계열, 이탈리아 계열의 품종들이 있다. 브라질은 특이하게 화이트 와인과 스파클링이 강세를 보이고 있으며 1970년대에 이미 모에 샹동, 바카르디, 오로라(Aurora), 울라이드 도멕 등의 다국적 기업들의 투자가 시작되었다.

덥고 습도가 많아 브라질의 포도밭의 대부분은 우루과이(Uruguay)와 아르헨티나의 국경에 인접한 남부지방인 '히우 그란지 두 숰(Rio Grande do Sul) 가까이에 몰려 있다.

1) 사웅 프란시스꼬(Vale do São Francisco) 지역

바이아(Bahia) 브라질의 동북부 살바도르(Salvador) 시의 북쪽으로 사웅 프란시스꼬(Vale do São Francisco) 강의 북단에 위치한다. 미국 북부 지역에서 많이 보이는 라부루스카(labrusca) 품종이 95% 이상을 차지하며 평범한 테이블 와인을 만들지만 좋은 와인을 만들기 위해서 시라 같은 글로벌 품종이 시도되고 있다.

하위 지역으로 쿠라(Curaçá), 이레(Irecê), 후아제로(Juazeiro)가 있다. 와인은 오우로 베르지(Ouro Verde), 비니브라질(Vinibrasil. Vitivinicola Santa Maria)이 추천된다.[24]

페르남부꾸(Pernambuco) 브라질의 제일 동쪽의 해안 지방이다. 하위 지역으로 카사 노바(Casa Nova), 페트로리나(Petrolina), 산타 마리아 다 보아 비스타(Santa Maria da Boa Vista)가 있다.

2) 파라나(Paraná)

마토 그로소, 미나스 게라이스(Minas Gerais) 그리고 1532년 포르투갈에서 처음으로 포도나무가 들어와 식재되었던 사웅 파울루(São Paulo)를 포함하는 지방이다.

파라나(Paraná) 하위지역으로 반데이란츠스(Bandeirantes), 마리알바(Marialva), 마링가(Maringá), 호시우 두 아바(Rosário do Ava)가 있다.

마토 그로소(Mato Grosso do Sul) 사웅 파울루 밑의 파라나 지방 쿠리티바(Curitiba)를 감싸고 있는 지역으로 콜롬보(Colombo), 사웅 호세 도스 폰하이(São José dos Ponhais), 깜뽀 라르고(Campo Largo)에 와이너리들이 집중되어 있다. 카베르네 소비뇽과 샤르도네가 좋은 와인을 만든다. 하위 지역으로 노바 무툼(Nova Mutum)이 있다.

미나스 제라이스(Minas Gerais) 사웅 파울루 위에서 브라질리아(Brazilia) 시에 이르는 넓은 지역이다. 하위 지역으로 안드라다스(Andradas), 칼다스(Caldas), 피라포라(Pirapora), 산타 리타 디 칼다스(Santa Rita de Caldas)가 있다.

사웅 파울루(São Paulo) 하위 지역으로 윤다이아(Jundiá), 사웅 라퀘(São Roque)가 있다.

3) 산타 카타리나(Santa Catarina)

산타 카타리나(Santa Catarina) 브라질 남부의 히우 그란지 두 숰(Rio Grande do Sul) 바로 윗 지역이다. 해발 900m~1400m에 이르는 고지대로 평균온도가 겨울은 9℃, 여름은 22℃ 정도 되는 브라질에서 가장 선선한 곳이다.

사웅 와킴(São Joaquim)에 이 지방 포도밭들의 대부분이 있으며 아이스 와인이 나오는 남미의 유일한 곳이다. 하위 지역으로 핀히어로 프리토(Pinheiro Preto), 사웅 와킴(São Joaquim), 탱가(Tangará)가 있다. 크란스(Kranz), 킨타 산타 마리아(Quinta Sant Maria), 산조(Sanjo), Panceri, Pericó Vinhos, Suzin, Villa Francioni, Villaggio Grando Boutique Winery, Vinicola Santa Augusta의 와인이 추천된다.

히우 그란지 두 술(Rio Grande do Sul) 브라질의 가장 남쪽 지역으로 브라질 와인의 90%가 여기서 나온다. 남동부 해안의 포르투 알레그레(Porto Alegre) 시에서 북으로 120km 떨어진 해발 1000m에 가까운 바카리아(Vacaria) 인근이 브라질에서 가장 중요한 와인 지역이다.

하위 지역으로 벤토 곤알베스(Bento Gonçalves), 카시어스 두 술(Caxias do Sul), 코티포라(Cotiporã), 가리발지(Garibaldi)가 있다.

Aurora, Basso Vinhos e Espumantes, Boscato, Casa Valduga, Cavalleri, Chandon, Courmayeur, Dal Pizzol, Dom Cândido, Don Giovanni, Don Laurindo, Garibaldi, Geisse, Grupa Decima, Laurentia, Lidio Carraro, Miolo Winery, Perini, Peterlongo, Pizzato, Salton의 와인이 추천된다.[27]

제4절 멕시코(Mexico)

컬럼버스가 2차 항해 때에 포도나무를 가지고 와 재배한 곳이 히스파뇰라(Hispaniola)섬으로서 미주대륙에서 가장 오래된 와이너리가 있는 곳이다. 멕시코에 스페인으로부터 와인이 들어 온 것은 1521년으로 미주지역의 최초였다. 1524년 뉴 스페인(New Spain: 현재의 멕시코) 총독이었던 '헤르난 코르테스'(Hernan Cortes)가 포도경작을 지시하여 1595년에는 이미 와인의 자급자족이 이루어졌다.

북쪽의 '바야 캘리포니아'(Baja California)에서부터 남쪽의 '산 후안 댈 리오'(San Juan del Rio)에 이르기까지 8개의 주(州)에서 포도를 경작하고 있다. 전체적으로 50,000ha(125,000에이커)에 이르는 포도밭들이 있지만, 이 중의 40%가 테이블 와인이나 건포도용으로 쓰인다. 나머지의 대부분도 증류하여 브랜디로 만들고 있다. 멕시코에서 와인생산의 애로사항은 기후가 더운 지역이라거나 이웃한 미국으로부터 값싼 와인이 물밀듯이 몰려온다는 것이 아니다. 가장 큰 장애물은 와인을 마시는 문화가 없다는 것이다.[28] 하지만 어떤 곳의 와인들은 스페인에서 가장 좋은 와인보다 결코 떨어지지 않는 품질을 보이기도 한다.

멕시코 와인 소비량의 40%가 국내 생산으로 충당되고 나머지는 60%는 유럽이나 칠레, 호주, 뉴질랜드와 미국에서 수입된다.

화이트 와인 품종 셰닝 블랑, 샤르도네, 소비뇽 블랑, 비오니에

레드 와인 품종 카베르네 소비뇽, 카베르네 프랑, 메를로, 피노 누아, 시라, 그르나슈, 템프라니요, 돌체토

멕시코 와인 생산 지역

지방	지역	세부지역	하부지역
북부지방	Baja California	Valle de Guadalupe	Valle de Calafia, Valle de Mexicali, Valle de San Vicente, Valle de Santo Tomás, Zona Tecate
	Sonora	Caborca, Hermosillo	
동북지방	꼬아우일라(Coahuila), 두랑고(Durango)		

지방	지역	세부지역	하부지역
중부(Center)	Querétaro	떼키스키아빤(Valle de Tequisquiapan)	
	Zacatecas	아르키나스(Valle de las Arcinas)	
	아구아스깔리엔테스(Aguascalientes), 누에보 레온(Nuevo León)		
	구아나후아토(Guanajuato), 이달고(Hidalgo)		

1. 북부(North) 지방

바하 칼리포니아(Baja California) 미국 캘리포니아와 국경을 접한 멕시코의 최북단 지방이다. 겨울 습도가 높고 건조하고 더운 여름과 바닷바람의 영향으로 캘로포니아와 비슷한 레드와 화이트 품종을 재배하여 멕시코 전체 와인 생산량의 90%를 점한다.

하위지역인 바예 디 과달루페(Valle de Guadalupe)에는 깔라피아(Valle de Calafia), 멕시칼리(Valle de Mexicali), 산 빈센테(Valle de San Vicente), 산토 톰(Valle de Santo Tomás), 소나 테카테(Zona Tecate)의 5개 세부지역이 있다.

중요 와인 생산자로는 세토(Vinos L.A. Cetto. Calafia Valley), 페드로 도메크(Vinos Pedro Domecq), 산토 톰(Bodegas de Santo Tomás. Santo Tomás Valley)이 있다.

소노라(Sonora) 지방 위로 미국 애리조나 주와 국경을 접하며 크로테스 해를 사이에 두고 바하 칼리포니아와 마주보고 있는 멕시코의 북부 지방이다. 하위 지역으로 카보르카(Caborca), 에르모시오(Hermosillo)가 있다. 엔세나다(Ensenada) 지역은 부티크 와인 생산지역으로 대표적인 와이너리로는 도냐 루페(Doña Lupe), 피에드라(Casa de Piedra), Viña de Liceaga, Casa Adobe Guadalupe가 있다.

2. 동북 지방(La Laguna)

멕시코 동북부 몬테레이(Monterrey) 시 인근의 멕시코에서 가장 오래된 와인 생산지역으로 해발 1500m에서 카베르네 소비뇽, 시라, 메를로, 템프라니요가 많이 재배된다.

하위 지역으로 바예 디 파라스(Valle de Parras)가 있다. 뉴 월드에서 가장 먼저 1597년에 생긴 마데로(Casa Madero)는 샤르도네와 셰닝 블랑, 시라로 좋은 와인을 만들며 멕시코에서 가장 좋은 브랜디도 생산한다. 꾸아트로 시네가스(Cuatro Ciénegas) 인근의 페리노(Bodegas Ferrino)도 알려져 있다.

꼬아우일라(Coahuila) 몬테레이 시 북쪽의 미국 텍서스 주 인근 지역이다.

두랑고(Durango) 몬테레이에서 서쪽으로 태평양 인근 지역이다.

3. 중부(Center) 지방

해발 2000m의 이곳은 대배분이 스파클링 와인을 생산하지만 소비뇽 블랑이나 카베르네 소비뇽, 피노 누아도 재배하고 있다. 스페인의 가장 큰 와인생산사인 프렉시넷(Freixenet)이 샹파뉴 방식으로 만드는 'vinos espumosos'가 가장 잘 알려져 있다.

에세키엘 몬테스(Ezequiel Montes) 시에 있는 로스 에우칼립토스(Compan a Vin cola Los

Eucaliptos. Ezequiel Montes) 사가 레드 와인으로 알려져 있고, 라 론다(La Ronda)는 코셔(Kosher) 와인을 생산한다.

케레따로(Querétaro) 멕시코 시 북쪽 지방으로 하위 지역으로 떼키스키아빤(Valle de Tequisquia-pan)이 있다.

사카데까스(Zacatecas) 멕시코 시 서쪽의 인근 지방으로 하위 지역으로 아르키나스(Valle de las Arcinas)가 있다. 카베르네 소비뇽과 메를로 그리고 진판델이 잘 자라며 이곳의 소규모 와이너리 중 까사 까촐라(Casa Cachola)가 외부에 알려져 있다.

아구아스깔리엔테스(Aguascalientes) 멕시코 중부의 산 루이스 포토시(San Luis Potosi) 시 인근 지역이다.

누에보 레온(Nuevo León) 몬테레이 시를 포함하는 미국의 텍서스 주와 맞닿아있는 멕시코 만 인근지역이다.

4. 기타 지방

구아나후아토(Guanajuato) 멕시코 시티와 산 루이스 포토시(San Luis Potosi) 사이 지역으로 하위 지역으로는 산 미구엘 데 아옌데(San Miguel de Allende), 돌로레스 이달고(Dolores Hidalgo)가 있다.

이달고(Hidalgo) 멕시코 시티를 포함하는 시의 북쪽으로 구아나후아토의 오른쪽 지역이다.

제5절 우루과이(Uruguay)

남미에서 네 번째로 와인 생산량이 많은 나라이다. 바스크와 이탈리아가 주축이 된 이민자들에 의해 1870년부터 와인 생산이 시작되었다.

와인에 관한 규정은 두 가지로 구분한다.

VCP(Vino de calidad preferente)는 퀄리티 와인(quality wine), VC(Vino común)은 테이블 와인의 범주에 들어간다.

레드 와인 품종 탄나트(Tannat)를 가장 많이 쓰며 메를로, 카베르네 소비뇽, 카베르네 프랑

화이트 와인 품종 샤르도네, 소비뇽 블랑, 알바리뇨(Albariño)와 코코(Cocó)를 사용한다.

주요 생산 지역은 카네로네스(Canelones), 몬테비데오(Montevideo), 콜로니아(Colonia)와 산 호세(San José)이다. 카라우(Bodegas Carrau)에서 만드는 타나 품종의 아마트(Amat)는 미디엄에서 풀바디의 짙은 과일 향의 와인이다.

제4장 오세아니아

제1절 호주(Australia)

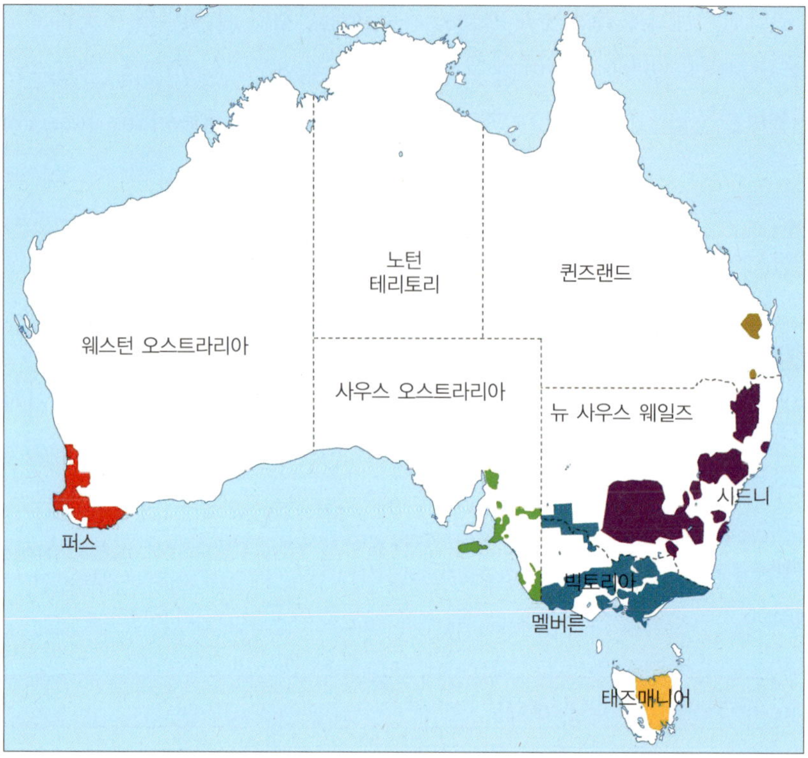

덥고 일조량이 풍부한 호주에서는 북반구의 나라들과는 달리 골짜기나 고도가 높은 선선한 곳을 택해 포도를 재배한다. 포도품종의 고유의 향기가 살아 있는 신선하면서 부드러운 포도주, 향과 맛의 감각이 돋보이며 병에 넣은 그 상태대로 바로 마셔도 지장 없는 포도주가 호주 와인의 이미지다. 그래서 누구나 부담 없이 찾을 수 있는 와인으로 자리를 굳히고 있다

1985년경부터 영국으로 수출할 정도로 와인산업이 성장하다가 그 10년 후부터는 미국에서도 호주산 와인이 대중화되었다. 20세기 중엽 이후로 기술혁신으로 양질의 와인이 생산되어 현재는 천 곳이 넘는 와이너리에서 연간 600만 병을 생산하며, 이 중 1/4이 수출된다. 가격에 비해서 품질이 좋은 와인을 매년 생산하고 있으며, 생산량도 거의 변동이 없다.

호주의 거의 모든 포도밭은 겨울과 봄에 강수가 있는 온화한 기후대에 위치한다. 전반적으로는 온화하지만 서늘한 기후에서 더운 기후까지 세분할 수 있다. 초기 포도원은 인구가 많은 지역 근처에 설립되었고, 헌터밸리, 야라밸리, 맥라렌베일, 바로사 밸리를 예로 들 수 있다. 이후 철도노선, 도로, 인프라스트럭쳐가 구축되며 서호주 마가렛 리버와 쿠나와라가 개발되었다.

기후는 미국 캘리포니아와 비슷한데 주요 포도 재배지역은 뉴 사우스 웨일즈(New South Wales)의 약간 서늘한 지방인 남부지역, 빅토리아 (Victoria)와 호주 남부 지역이다.

레드 와인 품종 쉬라즈(Shiraz)는 오스트레일리아 와인의 40%를 만드는 주품종이다. 프랑스의 론(Rhône)과 미국 캘리포니아에서 시라(Syrah)라고 부르는 것으로 장기보관이 가능한 바디가 강한 와인을 만들며 진하고 자극적인 맛이다. 카베르네 소비뇽은 전체 생산량의 30%에 이르며 메를로는 10%를 상회한다. 그리고 피노 누아, 메를로, 그르나슈, 무르베드르가 뒤를 잇는다.[29]

화이트 와인 품종 샤르도네가 40%로 주 품종이며, 세미용 10% 그리고 리슬링, 소비뇽 블랑이 재배된다.30 호주 전체 6개 주(州) 중의 4개 주에서 20개 회사가 호주 와인의 90% 이상을 생산하고 있다.

호주는 와인 등급이나 기재사항을 법으로 특별히 정하고 있지는 않지만 1990년부터 LP(Label Integrity Program)가 시행되어 미국과 유사하게 빈티지, 생산지역, 포도의 품종, 상호, 알코올함유량, 용량 등을 표기한다. 레이블의 와인이름은 일반적으로 포도의 품종 명을 쓰나 이럴 때에 반드시 명기된 품종이 85% 이상 함유되어야 한다.

펜폴즈, 린더만, 윈담 에스테이트 등 호주를 대표하는 대부분의 와인회사가 빈 시리즈를 생산하고 있다. Penfolds Bin 389, 407, Lindeman' s Bin 65, Wyndam Bin 222, 555, 888과 같은 식이다. 이러한 빈 시리즈의 숫자에 대한 설은 다양하나 와인 이름을 정하지 않았던 1930년대 이전에 와인의 저장 탱크 번호를 상표에 사용했다는 설이 가장 유력하다. 그 당시에 문맹이 대부분이었던 노동자들이 수확한 포도를 저장고에 넣을 때 글자를 쓰지 않고 간편한 숫자로 표기하여 쉽게 구별하였다는 설도 있다.

랑턴(Langton' s) 랑턴은 1991년 창간된 호주 최고급 와인의 참고서로 호주의 와인을 '등급 분류 I(Classification of Distinguished Australian Wine I)' 에서 (A) 특별함(Exceptional), (B) 뛰어남(Outstanding), (C) 우수함(Excellent)의 세 개의 카테고리로 나누어 34개의 와인을 선정하였는데 (A)에는 펜폴즈(Penfolds Grange Shiraz) 와인 하나만 해당되었다.

이는 1885년의 프랑스 보르도의 와인 등급 분류를 참고하였지만 내용은 생-테밀리옹과 흡사하다. 1996년에 발간된 '등급 분류 2(Langton' s Classification of Distinguished Australian Wine II)' 에서 64개의 와인을 선정하였고,

2000년의 '등급 분류 3' 에서는 89, 2005년의 '등급 분류 4' 에서는 총 101개의 와인 중 11개가 (A)등급이었다.

최근의 2014년의 '등급 분류' 중 A(특별함) 카테고리에 오른 것은 모두 21개다.

Bass Phillip, Brokenwood Graveyard Vineyard, Chris Ringland Dry Grown, Clarendon Hills, Clonakilla, Cullen Wines, Giaconda, Grosset Wines, Henschke Hill, Henschke Mount Edelstone, Jim Barry Wines, Leeuwin Estate, Moss Wood, Mount Mary Vineyard, Penfolds Bin 707, Penfolds Bin 95, Rockford Wines, Seppeltsfield 100 Tawny, Torbreck RunRig, Wendouree, Wynns Coonawarra Estate,

랑턴은 평가와 분류 체계가 정교하여,

❶ 최소 10년 이상 빈티지와 함께 오픈 마켓에서 통용되는 와인

❷ 경매 실적과 같은 실질적인 자료를 기초로 한 와인
❸ 5년마다 변경되는 등급
❹ 콜로니얼 바인(Colonial Vine)[76)]
❺ 비전(Vision)
❻ 단일 포도밭(Single Vineyard)
❼ 지역적 특색(Regional Provenance)을 잘 담은 와인이어야 한다.

호주 와인은 6개 주(州) 중의 4개 주에서, 20개 회사가 호주 와인의 90% 이상을 생산한다.

호주의 와인 생산지

<table>
<tr><th>지방</th><th>지역</th><th>세부지역</th></tr>
<tr><td rowspan="8">New South Wales (N.S.W)</td><td>Big Rivers</td><td>Murray-Darling, Perricoota, Riverina, Swan Hill</td></tr>
<tr><td>Central Ranges</td><td>Cowra, Mudgee, Orange</td></tr>
<tr><td>Hunter Valley</td><td>Hunter(Broke Fordwich)</td></tr>
<tr><td>Nothern Rivers</td><td>Hastings River</td></tr>
<tr><td>South Coast</td><td>Shoalhaven Coast, Southern Highlands</td></tr>
<tr><td>Southern NSW</td><td>Canberra District</td></tr>
<tr><td colspan="2">Nothern Slopes, Western Plains</td></tr>
<tr><td colspan="2">Gundagai, Hilltops, Tumbarumba</td></tr>
<tr><td rowspan="7">South Australia (S.A)</td><td>Barossa</td><td>Barossa Valley, Eden Valley</td></tr>
<tr><td>Far North</td><td>Southern Flinders Ranges</td></tr>
<tr><td>Fleurieu</td><td>Currency Creek, Kangaroo Island, Langhorne Creek, McLaren Vale, Southern Fleurieu</td></tr>
<tr><td>Limestone Coast</td><td>Coonawara, Mount Benson, Padthaway, Wrattonbully, Robe</td></tr>
<tr><td>Lower Murray</td><td>Riverland</td></tr>
<tr><td>Mounty Lofty Ranges</td><td>Adelaide Hills(Lenswood), Clare Valley</td></tr>
<tr><td colspan="2">Adelaide Plains, Clare Valley, Piccadilly Valley, The Peninsulas</td></tr>
<tr><td rowspan="6">Victoria (Vic)</td><td>Central Victoria</td><td>Goulburn Valley(Nagambie Lakes), Bendigo, Heathcote, Strathbogie Ranges, Gippsland</td></tr>
<tr><td>North East Vic</td><td>Alpine Valleys, Beechworth, Glenrowan, Rutherglen</td></tr>
<tr><td>North West Vic</td><td>Murray-Darling, Swan Hill</td></tr>
<tr><td>Port Phillip</td><td>Geelong, Mcaedon Ranges, Sunbury, Mornington Peninsula, Yarra Valley</td></tr>
<tr><td>Western Vic</td><td>Grampians, Henty, Pyreness, Ballarat</td></tr>
<tr><td>Tasmania</td><td>North Coast, East Coast, Hobart Region</td></tr>
<tr><td rowspan="3">Western Australia (W.A)</td><td>Perth</td><td>Peel, Perth Hills, Swan District</td></tr>
<tr><td>S-West Australia</td><td>Margaret River, Blackwood Valley, Geographe, Great Southern</td></tr>
<tr><td colspan="2">Central Western Aus, Eastern Plains, Inland & North of WA</td></tr>
<tr><td>Queens Land</td><td colspan="2">Granite Belt, South Bernett, Darling Downs</td></tr>
</table>

76) 콜로니얼 바인(Colonial Vine). 호주의 초기정착민과 호주 와인의 아버지로 불리는 제임스 버스비(James Busby)가 유럽 필록세라 재앙 이전인 1830년대에 유입한 포도나무. 시드니에 있는 보태니칼 가든에 상당수가 보존되어 있다.

1. 뉴 사우스 웨일즈(New South Wales. N.S.W)

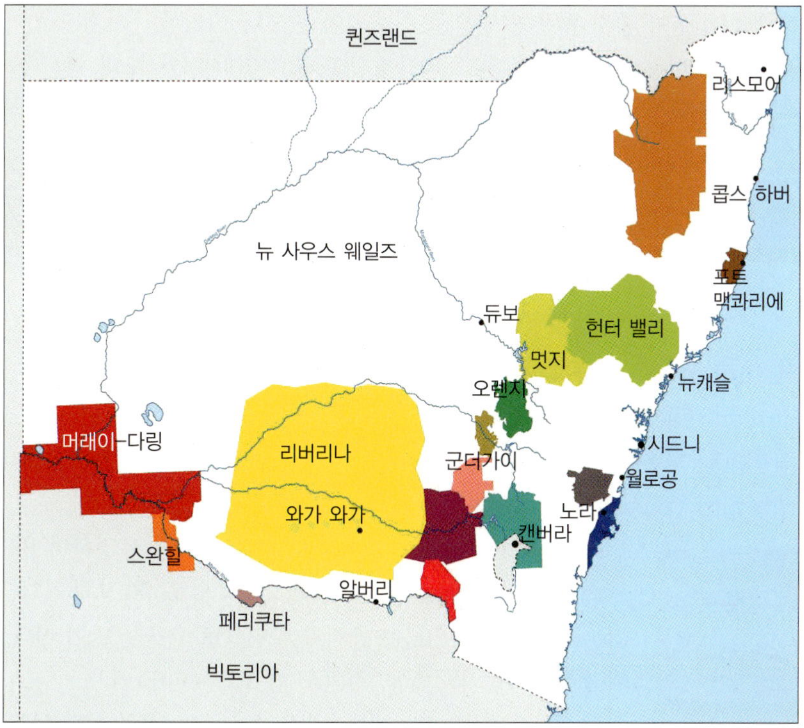

호주 동남쪽에 위치하며, 시드니(Sydney)와 행정수도인 캔버라(Canberra)를 포함하고 있다. 뉴 사우스 웨일즈는 호주에서 가장 오래된 와인 생산지역이기는 하지만, 점점 커나가는 남부호주나 빅토리아 주에 비해 그 중요성은 점점 떨어지고 있다. 조금 열악한 기후조건 때문이기는 하지만, 역사적 명성의 뒷받침으로, 호주의 유명한 와인 중 대부분은 이곳에서 생산되며 호주 전체생산량의 약 30%를 차지한다.

1) 빅 리버(Big Rivers)

샤르도네를 주로 한 화이트 와인을 많이 생산하며, 쉬라즈와 카베르네 소비뇽도 생산된다.

리버리나(Riverina) NSW의 와인 생산량의 55%, 오스트레일리아 전체의 15%를 생산하는 대규모 산지이다. 덥고 건조한 기후로 강우량이 적으나 레드에서 화이트, 보트리티스, 강화와인에 이르기까지 다양한 와인이 나오며 특히 화이트의 비중이 70%에 이른다. 보르톨리(De Bortoli)의 노블 원(Noble One)은 랭턴 분류에 올라 있는 유일한 디저트와인으로 세미용으로 만든 노블 랏 와인이다.

머래이 다링(Murray-Darling) 빅토리아 북서쪽으로 건포도의 고장으로 알려져 있다.

페리쿠타(Perricoota) 주 품종은 샤르도네로 레드는 쉬라즈와 카베르네 소비뇽을 재배한다.

2) 센트럴 레인지(Central Ranges)

카우라(Cowra) 빅토리아 주와 경계하고 있으며 디저트 와인이 유명하다. 화이트 와인의 비중이 크며 주로 샤르도네로 만들고, 레드 와인은 쉬라즈와 카베르네 소비뇽을 사용한다.

멋지(Mudgee) '언덕의 둥지' 라는 뜻으로 지역 원주민에게서 온 말이다. 1858년부터 시작된 포도 재배는 건조하고 뜨거운 곳이지만 해발 450~660미터에 위치하여 이 나라의 가장 고지대로 밤 기온은 차다. 오랫동안 질이 좋지 않은 와인으로 인식되어 왔으나 이러한, 기후 조건에 걸맞게 아주 프루티한 카베르네 소비뇽과 쉬라즈가 레드 와인을 리드하고 있다. 샤르도네 역시 풀-바디로서 계속 유명해지며 세미용도 많이 사용된다.

오렌지(Orange) 센트럴 하이랜드(Central Highland)로 알려진 곳으로, 대체로 덥지만 고도에 따라 기온차이를 보인다. 1983년에 포도재배를 시작한 늦은 시작에도 불구하고 뉴 사우스 웨일즈(N.S.W)의 다른 지역보다 높은 위치와 선선한 기후로 소비뇽 블랑과 샤르도네가 훌륭하며 쉬라즈와 카베르네 소비뇽도 재배한다.

3) 헌터 밸리(Hunter Valley, Broke Fordwich)

헌터 밸리(Hunter Valley)에서는 강하고 스위트하며 흙냄새 비슷한 맛을 지닌 시라즈 와인이 유명하다. 이 와인의 특유한 향은 계곡의 화산 현무암 토양에서 비롯된다. 브로큰우드(Brokenwood)의 그레이브야드(Graveyard Vineyard Shiraz)는 랑턴 분류의 A등급이다.

린더만(Lindemsmans)은 빈(Bin)시리즈가 유명하며 1960년대 사우스 오스트레일리아(S.A)의 여러 지역으로 확장하였다. 로즈마운트(Rosemount Estate)는 중저가 와인으로 수출을 많이 한다고 알려졌지만 쉬라즈 종류는 품질도 인정받으며. 로스버리(Rothbury Estate)도 최고의 쉬라즈로 인정받는다. 에로우필드(Arrowfield)의 쉬라즈도 괜찮지만 화이트 와인이 더 좋다.

맥윌리엄스(Mcwilliams)의 플레즌트 엘리자베스(Pleasant Elizabeth)와 러브데일(Lovedale), 그리고 티렐(Tyrrell' s)은 세미용으로 유명하며, 레이크스 폴리(Lake' s Folly)의 샤르도네도 인정받고 있다.

헌터벨리하부(Lower Hunter Valley)는 시드니 북쪽의 100km에 위치하여 매우 따뜻하고 습도가 높은 지역으로 시라즈로 만든 농후한 레드 와인과 세미용으로 드라이 화이트의 좋은 와인을 만들며 샤르도네와 카베르네 소비뇽도 많이 사용한다. 기후의 악조건에도 불구하고, 이 지역은 호주에서 가장 유명하고 방문객이 해마다 늘어가는 곳이다.

헌터 밸리 상부(Upper Hunter Valley)는 하부보다 조금 건조한 기후로 레드보다는 화이트 품종의 생산이 많지만 역시 기후조건이 좋은 와인을 만드는 것을 어렵게 한다. 헌터(Hunter)강 북쪽의 해변에서는 먼 지역으로 매우 건조한 곳이다. 좋은 샤르도네 와인을 위주로 한 고급의 드라이 화이트 와인을 주로 생산하고 있다.

4) 노던 리버(Nothern Rivers)

해이스팅스 리버 지역(Hastings River Region)에 있고 여름이 온난하고 강우량이 많아서 습도가 높고 병충해가 많은 편이다. 피노 누아, 카베르네 소비뇽, 샤르도네, 세미용 등을 재배하며, 병충해에 강한 레드 와인용 샹부르생(chambourcin)을 많이 재배한다.

5) 사우드 코스트(South Coast)

숄헤이븐 코스트(Shoalhaven Coast) 태평양 연안으로 샤르도네, 쉬라즈, 카베르네 소비뇽과 높은 습도에 잘 견디는 상부르생(Chambourcin)을 재배한다.

사우던 하이랜즈(Southern Highlands) 숄헤이븐과 북쪽으로 붙어있는 해발 700m로 샤르도네, 리슬링, 소비뇽 블랑으로 만드는 화이트가 우세하다.

6) 사우던 뉴 사우스웨일즈(Southern NSW)

수도인 캔버라 주변지역으로 대륙성 기후를 보인다. 샤르도네와 리슬링 및 카베르네 소비뇽을 재배한다.

캔버라(Canberra District) 클로나킬라(Clonakilla)의 시라즈 비오니에(Shiraz Viognier)는 랑턴의 분류에서 A등급에 들어간다.

7) 기타

군더가이(Gundagai)는 쉬라즈, 카베르네 소비뇽으로 레드 와인을 생산한다. 힐탑스(Hilltops)는 해발 400~500m로 1970년대부터 발전한 곳으로 화이트와 레드 와인이 나온다. 텀바럼바(Tumbarumba)는 빅토리아 주와의 경계에 있으며 해발 300~800m에 자리잡은 선선한 곳으로 화이트와 스파클링이 나온다. 노던 슬로프, 웨스턴 플레인스(Nothern Slopes, Western Plains)

2. 사우스 오스트레일리아(South Australia, SA)

호주 남단의 중앙에 위치하며, 포도원들은 애들레이드(Adelaide)를 중심으로 북쪽으로 있다. 호주에서 생산량이 가장 많아 전체 생산량의 60%를 차지한다. 저급 와인에서부터 호주 최상급의 값비싼 와인도 일부 생산하며 다양한 종류의 와인이 나온다.[31]

와인 생산이 가장 활발한 지역은 주도(州都)인 애들레이드(Adelaide) 근처인 남쪽에 위치하고 있다. 펜폴즈(Penfolds) 빈 707(Bin 707), 셉펠츠필드(Seppeltsfield)의 파라 토우니(Para 100 Vintage Tawny)는 랑턴의 분류에서 A등급에 속한다.

1) 바로사(Barossa)

애들레이드의 북쪽에 위치한 이곳은 호주의 와인 생산지역 중 가장 유명한 지역 중의 하나다. 시라즈나 카베르네 소비뇽의 생산이 가장 확립되어 있으며 화이트 와인으로는 리슬링이나 세미용 품종이 사랑받고 있다.

바로사 밸리(Barossa Valley) 애들레이드의 북쪽에 있다. 독일이나 폴란드로부터 온 이민자들이 일찍부터 정착한 곳으로 오스트레일리아에서 좋은 와인을 만드는 가장 오래된 곳이다. 덥고 건조한 기후로 인하여 해발 200~300m에 포도밭이 있다. 연간 강우량은 무난하나 겨울에 집중되어 포도가 영그는 데 아주 좋다.

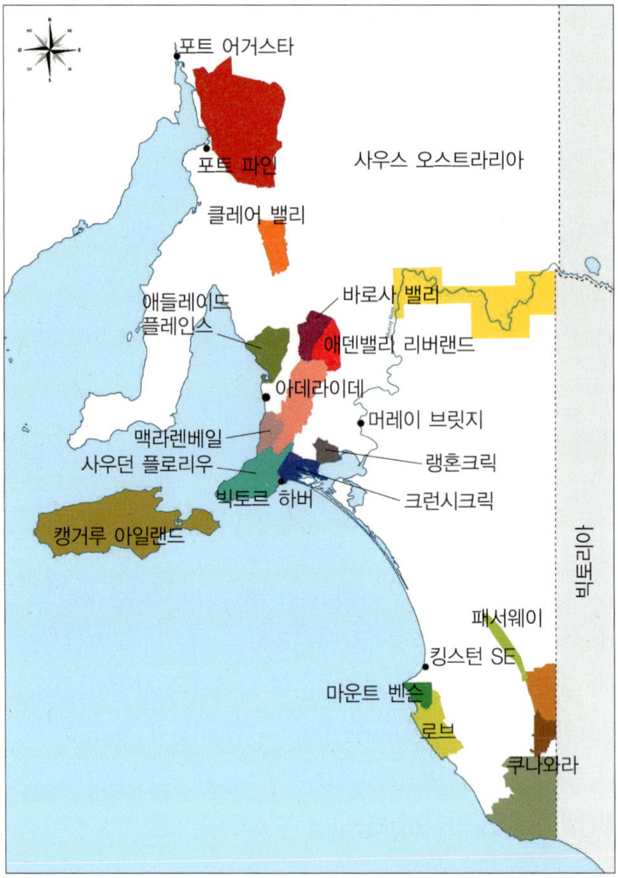

드라이 레드, 가벼운 드라이 화이트, 강화 와인 등 여러 종류가 나오며 대체로 품질이 좋고 믿을 만하다는 평을 듣고 있다. 버지 패밀리(Burge Family Winemakers)의 드레이코트(Draycott Shiraz)는 1930~1980년대까지는 디저트와인이 대표적 제품이었으나 고급 테이블 와인으로 전환하여 파커의 '위대한 와인' 반열에 올랐다.

찰스 멜톤(Charles Melton)의 나인 포프즈(Nine Popes)은 남부 론 와인의 스타일이며, 크리스 링그랜드(Chris Ringland)의 드라이 그로운(Dry Grown Barossa Ranges)은 랑턴 분류의 A등급이다. 그랜트 버지(Grant Burge)의 메샤크(Meshach)시라즈는 원기왕성한 남성적인 스타일이다.

그린녹 크릭(Greenock Creek)은 품종에 따라 연간 수천 병씩밖에 생산하지 않아 가격이 비싸지만 품질은 그 가격을 상회하여 파커의 '위대한 와인' 리스트에도 당연히 이름을 열렸다.

랑메일(Langmeil)은 프리미엄 와인으로 호주의 와인 평론가 '제임스 할리데이' 가 최고점인 '5 STAR' 로 평가하며 8년 연속 '호주 프리미엄 와인 생산자 TOP 5' 에 선정되었다.

펜폴즈 그랜지(Penfolds' Grange)는 10년 이상의 숙성을 요하는 풀 바디 와인이고, 호주에서 가장 좋은 와인으로 전설적인 맥스 슈버트(Max Schubert)의 작품이다. 1976년 빈티지는 '지구상에 존재한 가장 뛰어난 와인' 이라는 평을 받았다.

록포드(Rockford Wines)의 배스킷 프레스(Basket Press)는 핸드 메이드 와인의 정수를 보여주며, 세인트 할레트(St. Hallett)는 바로사 쉬라즈 와인의 모범으로 가격대비 가치도 뛰어난다. 살트

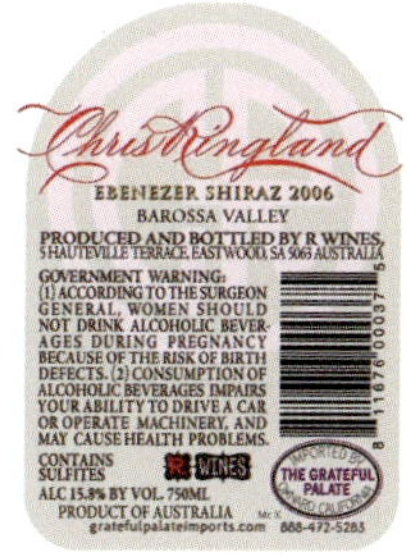

램(Saltram Winery)은 1862년 No. 1 쉬라즈(No. 1 Shiraz)를 시작으로 지금까지 많은 와인을 생산하고 있으며 넘버원은 부산 APEC 행사 때 영부인 식사용으로 제공된 와인으로 약간 매콤한 맛이 나며 여성들이 선호한다.

토브렉(Torbreck)의 플래그십 와인인 런릭(RunRig)은 수령 40~160년의 나무에서 열리는 포도의 잠재력에 프랑스 론 지방의 와인 기법을 접목하여 만든 세계 정상의 와인이다. 파커로부터 4년 연속 99점을 받았고 2010년은 만점으로 한 번도 와인 애드버케이트(Wine Advocate)에서 95점 이하로 내려간 적이 없어 '파커 장학생' 이라는 별명이 붙었다. 2011년에 전경련 회장단 만찬에 정몽구 현대차그룹 회장이 내기도 하였다. 당연히 랑턴 A등급이며, 매해 단 1,500케이스만 생산되어 높은 가격과 보기 힘들다는 게 단점이다.

터키 플랫(Turkey Flat)은 바로사에서 가장 오래된 포도밭의 명성을 병 속에 담아내며, 베리타스(Veritas Winery)의 하니쉬(Harnisch)와 헤이센(Heysen) 두 쉬라즈 와인은 세계 정상급 와인으로서의 뛰어난 향과 차원 높은 풍미를 보여준다. 울프 블라스(Wolf Blass)의 이글호크(Eaglehawk Sparkling Cuvee Brut)는 깊은 향과 묵직한 느낌을 주며 국내에서 판매하는 스파클링 중 으뜸으로 평가받기도 했다.

호주에는 현재 비알엘 하디(BRL Hardy), 올란도(Orlando), 사우드코프(SouthcorpI), 베린저-블라스(Beringer-Blass)의 'Big 4' 가 있다. 이들 'Big 4' 는 산하에 숱한 와이너리를 거느리면서 보통 수준에서부터 고급 와인에 이르기까지 다양한 와인을 생산하며, 호주생산량의 80%를 점하고 있다. 얄룸바(Yalumba)는 가족경영 와이너리로 시라즈뿐 아니라 화이트와

인과 스파클링 와인이 고품질이며, 피터 레만(Peter Lehmann)의 스톤웰(Stonewell) 시라즈도 바로사의 모습을 잘 반영하고 있다.

에덴 밸리(Eden Valley)

바로사 밸리의 동쪽에 있는 호주에서 가장 오래 된 포도재배 지역 중 한 군데다. 해발 400m 지점에 위치하여 기온이 좀 낮으며 강우량은 많으나 평균적으로 겨울에 520밀리리터 정도 내리며 포도가 익는 10월에서 3월까지의 여름은 180밀리리터에 불과하다. 바로사가 쉬라즈임에 비하여 이곳의 품종은 리슬링과 쉬라즈로 대별된다. 즉 화이트 와인은 리슬링과 샤르도네, 레드 와인은 쉬라즈, 메를로, 카베르네 소비뇽이다.

헨쉬커(Henschke)의 힐 오브 그레이스(Hill of Grace)와 마운트 에델스톤(Mount Edelstone)은 각각 랑턴 분류 A등급의 컬트와인급이며 시리(Cyril) 헨쉬커도 유명하다. 레오 버링(Leo Buring)과 마운타담(Mountadam)은 리슬링으로 요약된다. 제이콥스 크릭(Jacob's Creek)은 올랜도(Orlando)그룹의 소유로 샤르도네는 맛도 가격도 만족한다.

사우던 플린더스 레인지(Southern Flinders Ranges)

온화하지만 건조한 기후로 1990년대부터 와인 생산이 시작되어 쉬라즈, 리슬링이 재배된다. 크리스 링랜드(Chris Ringland)의 쓰리 리버즈(Three Rivers)는 매년 1,000병 이하만 생산하는 바로사의 컬트와인으로 RP포인트 100점을 세 번이나 받았다.

2) 플로리우(Fleurieu)

애들레이드의 남쪽으로 지형에 따라 변화가 심하지만 대체로 해양의 영향을 받는 부드러운 기후의 지역이다.

커런시 크릭(Currency Creek) 해양성 기후로 온화한 곳이다. 소비뇽 블랑으로 화이트를, 레드는 카베르네 소비뇽, 메를로, 쉬라즈가 쓰인다.

캥거루 아일랜드(Kangaroo Island) 전형적인 해양성 기후인 섬으로 관광객이 많이 찾는 곳이다. 카베르네 소비뇽과 시라즈 등으로 미디엄 바디의 레드 와인을 만든다. 화이트 와인용은 샤르도네를 재배한다.

랭혼 크릭(Langhorne Creek) 기후 조건이 좋은 곳으로 와인은 캥거루 아일랜드와 성격이 흡사하다. 지대가 낮고 평지가 많아 대량 생산이 가능하여 대형 와이너리의 포도 공급원이다. 쉬라즈, 카베르네 소비뇽으로 미디엄 바디의 레드를, 샤르도네 등이 화이트 와인에 쓰인다.

맥라런 베일(McLaren Vale) 애들레이드의 정남쪽에 위치하여 샤르도네와 카베르네 소비뇽은 물론 질 좋은 쉬라즈와 그르나슈도 생산하고 있다. 색이 진하고 무거운 맛의 레드 와인이 많이 나오며 산지오베제, 쁘티 베르도(petit verdot), 메를로, 템프라니요, 카베르네 프랑도 보인다. 화이트 와인은 꽉 찬 느낌을 주는 좋은 것이 나오는데 샤르도네와 리슬링 그리고 세미용, 비오니에, 마르산, 루산도 보인다.

배틀 오브 보스워스(Battle of Bosworth)의 화이트 보어(White Boar)는 포도나무를 줄기 째 잘라 열매가 나무에 달린 채 말려 발효시킨 알코올 15°의 쉬라즈 와인이다.

클라렌던 힐즈(Clarendon Hills)의 아스트렐리스(Astralis)는 랑턴 분류 A급으로 파커의 '위대한 와인' 반열에도 이름을 올린 힘과 우아함을 겸비한 와인을 만들어내는 곳이다.

코리올레(Coriole)와 대런버그(d' Arenberg)의 쉬라즈 그리고 마운트 허틀(Mount Hurtle)의 그르나슈 로제도 SA의 이름을 빛낸다.

눈(Noon Winery)은 파커의 '위대한 와인' 중의 하나로 그르나슈 70%와 쉬라즈 30%의 블렌딩인 이클립스(Eclipse)가 프레그십 와인이다. 세 종류의 와인을 내는데 모두 합쳐 연간 2만 여 병밖에 되지 않지만 다른 부티크 와인들에 비해 가격은 저렴한 편이다.

사우던 플로리우(Southern Fleurieu) 하디(Hardys)[77]는 호주 와인을 가장 처음 세계에 알린 곳으로 호주 와인 브랜드 중 가장 영향력 있는 이름이다. 이곳에서 1853년 토마스 하디(Thomas Hardy)에 의해 설립되어 '셀러 넘버원(Cellar no 1)'이라 불리는 호주의 내셔널 트러스트(National Trust)로 지정된 문화유산으로서 그 가치를 인정받고 있다.

몰리두커(Mollydooker)의 카니발 오브 러브(Carnival of Love)[78]는 호주 컬트 와인의 종착지로 완벽을 뛰어넘는 와인으로 일컫는다. 와인 스펙테이터 2014의 'Top 100와인'에서 2위 선정되었다. 1위를 수상한 와인이 포르투 와인이라는 점을 감안하면 사실상의 1위인 셈이다.

3) 마운티 롭티 레인지(Mounty Lofty Ranges)

애들레이드 시의 일부 지역으로 바로사와 맥라렌 사이의 이곳은 지대가 높고 선선하여 고급 테이블 와인과 스파클링 와인이 생산된다. 피노 누아, 샤르도네, 리슬링, 소비뇽 블랑으로 만든 와인들이 좋다. 레드 와인품종으로는 카베르네 소비뇽을 사용한다.

그로셋(Grosset Wines)의 워터베일(Watervale)과 폴리시 힐(Polish Hill) 리슬링은 어릴 때도 좋지만 10년 정도 지나면 숨어있던 진가가 드러난다. 페탈루마(Petaluma)는 샤르도네와 피노 누아로 부르고뉴 스타일을 만들며 리슬링과 스파클링와인도 이름나 있다.

---

77) 하디(Hardys). 2013년 영국 브랜드 평가 기관인 인텐저블 비즈니스(Intangible Business)의 브랜드 파워 조사에서 전 세계 와인 브랜드 중 2위, 호주 와인 브랜드 중 1위에 올랐다. "우리가 블렌딩을 선호하는 이유는 블렌딩을 할 때 '완벽'을 생각하게 되기 때문입니다. 싱글 비너드는 한 곳의 떼루아를 담고 있어 독특함을 간직할 수는 있겠지만 그게 곧 최고나 완벽을 의미하지는 않습니다. 여러 다른 비너드에서 자란 포도를 섞을 때, 어떻게 하는 것이 완벽을 향한 것일까, 혹은 더 흥미롭고 복합적인 스타일이 될까를 고민하게 되죠. 그래서 결과적으로 더 뛰어난 밸런스와 구조감을 갖추게 된다고 생각합니다. 어느 것 하나 튀지 않으면서 여러 가지 요소들이 어우러지는 스타일을 말하고 있다. 그것이 다양한 테루아를 담아내는 블렌딩으로 가능하다는 것이다.

78) 카니발 오브 러브(Carnival of Love). 호주 최고 권위의 와인 어워즈(Australasian Winestate Awards) 1위. 2014 올해의 와인(Wine of the Year) 및 '2014 올해의 베스트 쉬라즈(Shiraz Wine of the Year)' 선정

애들레이드 힐즈(Adelaide Hills, Lenswood) 애들레이드의 바깥쪽으로 약간 벗어나 해발 400m 위에 위치한 곳으로 화이트 와인과 스파클링 와인으로 유명한 곳이다. 다른 곳보다 서늘한 기후 조건은 샤르도네나 리슬링 재배에 있어서 최적의 조건을 주며 피노 누아 같은 레드 품종 또한 점점 향상되고 있다. 쇼 스미스(Shaw and Smith)의 M3는 궤도에 오른 샤르도네의 모습을 보여준다.

애들레이드 플레인스(Adelaide Plains) 기계화에 의한 대량 생산으로 단위 면적당 수확량이 많은 곳이다. 화이트 와인은 샤르도네와 소비뇽 블랑을, 레드 와인은 쉬라즈와 카베르네 소비뇽을 사용한다.

피카딜리 밸리(Piccadilly Valley) 마운트 롭티 레인지의 남쪽으로 애들레이드 시 동쪽지역이다.

4) 라임스톤 코스트(Limestone Coast)

빅토리아의 멜버른(Melbourne)과 남 호주(South Australia)의 애들레이드 사이에 있는 남 호주의 동남부로 남쪽 해변을 따라 있는 곳이다.

이곳에서 마운트 벤슨(Mount Benson)을 제외한 전 지역이 지중해성 기후와 비슷한 해양성 영향을 받아서 낮에는 덥지만 밤에는 해풍으로 선선해진다. 따라서 포도의 성숙기에 낮에는 높은 기온이었다가 밤에는 뚝 떨어지는 양상을 보이는데 늦은 3월부터 이른 5월 사이의 수확기 때까지 낮에는 41℃까지 오르다가 밤에는 10℃까지 떨어지는 큰 일교차를 보인다.

래튼벌리(Wrattonbully) 지역의 타파나파(Tapanappa)는 보르도 스타일 양조로 뛰어난 밸런스를 보이는 와인을 만든다.

쿠나와라(Coonawara) 애들레이드에서 남쪽으로 300km 떨어진 남부 호주의 가장 남쪽에 위치하여 기후가 서늘하고 선선한 곳으로 1890년에 최초로 포도 재배가 시작되고 그 이후로 계속 테이블 와인에서 프리미엄 와인 그리고 강화와인까지 생산하며 계속 발전하고 있다.

전 호주에서 가장 훌륭하다는 테라 로사(Terra Rossa)라는 붉은 토양을 가지고 있어 호주에서 가장 좋은 카베르네 소비뇽의 고장으로 호주의 보르도로 일컫기도 한다. 쉬라즈도 많이 재배하고 화이트 와인용으로는 샤르도네와 리슬링을 재배한다.

발네이브스(Balnaves)의 더 탤리(The Tally)와 카트눅(Katnook Estate) 그리고 펜리(Penley Estate)는 카베르네 소비뇽으로 만든 강골찬 와인이라 불린다. 홀릭(Hollick)과 파커(Parker)는 보르도 스타일의 와인으로, 마젤라(Majella)는 카베르네와 쉬라즈로 정평 나 있다. 윈즈 쿠나와라(Wynn 's Coonawarra Estate)의 존 리독(John Riddoch Cabernet Sauvignon)은 랑턴 분류A등급으로 최상의 엄선된 와인이다.

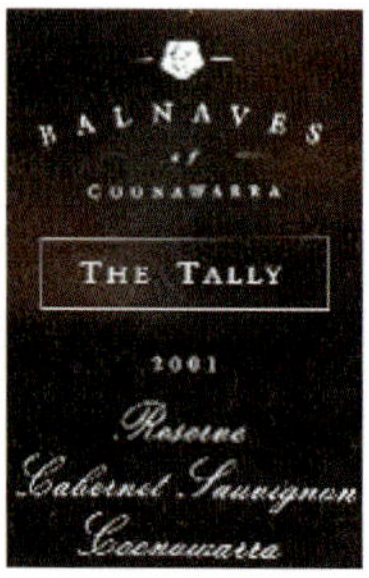

마운트 벤슨(Mount Benson) 쉬라즈와 메를로는 블렌딩용으로 폭넓게 쓰인다. 화이트 와인은 소비뇽 블랑과 리슬링 및 샤르도네 품종으로 생산한다.

로브(Robe) 마운트 벤슨의 남쪽으로 서늘한 기후이다.

마운트 갬비어(Mount Gambier) 라임스톤 코스트의 최남단으로 주로 피노 누아와 소비뇽 블랑을 재배한다.

패서웨이(Padthaway) 쿠나와라에서 북쪽으로 100km의 위치에 있는 곳이다. 쿠나와라의 명성에 가려져 있지만 테라 로사(Terra Rossa), 즉 붉은 토양과 기계화에 의한 포도재배로 알려져 있고 규모가 큰 와이너리들이 많다. 이곳도 역시 선선한 지역으로 샤르도네와 소비뇽 블랑, 리슬링으로 만든 화이트 와인이 특히 좋다. 레드 와인용으로는 쉬라즈와 카베르네 소비뇽을 재배한다. 원래 Keppoch이라 불리던 지역으로 샤르도네로 유명하지만, 리슬링과 스파클링 와인이 점점 유명세를 타고 있다.

5) 라우어 머리(Lower Murray)

리버랜드(Riverland) 내륙 쪽에 위치하여 여름은 덥고 건조하며 밤은 선선한 전형적인 대륙성 기후를 지닌 곳이다. 품질은 다소 떨어지지만 호주 전체 포도 재배량의 약 23%를 차지하는 지역이다. 생산하는 와인의 양이 많아서 벌크 와인도 많이 나오고 종류도 다양하여 레드와 화이트 와인뿐만 아니라 특히 강화 와인(Fortified Wine)을 만드는데 좋은 기후이다.

화이트 와인 품종으로는 샤르도네 외에 리슬링과 소비뇽 블랑 및 세미용이 있고, 레드 와인 품종은 시라즈 외에 카베르네 소비뇽과 메를로를 많이 재배한다. 리버랜드(Riverland)로 알려져 있지만, 와인의 병에는 거의 '라우어 머리' 도, '리버 랜드' 도 그리고 '사우드 오스트레일리아' 도 아닌 '사우드 이스턴 오스트레일리아(South Eastern Australia)' 로 표기되어 나온다.

6) 기타지역

퍼닌슐러(The Peninsulas) 에어 반도(Eyre Peninsula)는 대체로 지중해성 기후이며 남쪽은 해양성 기후의 영향권으로 대체적으로 선선한 곳이다. 샤르도네와 리슬링으로 화이트 와인을 만들고 카베르네 소비뇽과 메를로로 레드 와인을 생산한다.

클레어 밸리(Clare Valley) 바로사 밸리의 바로 북부이지만 강우량도 비교적 많은 기후적으로는 완전히 다른 서늘하고 건조한 기후를 가지고 있는 곳이다. 그래서 리슬링으로 만든 품질이 좋고 짙은맛의 드라이 화이트 와인이 나온다. 레드는 쉬라즈와 카베르네 소비뇽 및 말벡으로 풀 바디의 좋은 와인이 나온다. 오래된 건물들은 유럽의 풍취를 느끼게 하고, 와이너리들은 중소 규모가 대부분이다.

하디스(Hardys)의 쉬라즈도 가격 이상의 품질이며, 짐 배리(Jim Barry Wines)의 아르마(Armagh)는 풀-바디가 어디까지 가느냐는 의문을 자아내는 남성적인 쉬라즈이며 리슬링 플로리타(Florita)도 그에 걸맞는다. 마운트 호락스(Mount Horrocks)의 리슬링 코돈 컷(Cordon Cut)은 강한 풍미를 10년까지 간직하며, 웬도우리(Wendouree)의 시라즈 또한 랑턴 분류에서 A등급에 속하는 컬트 와인이다.

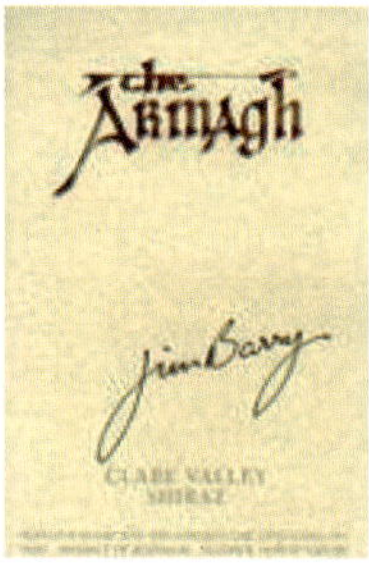

3. 빅토리아(Victoria, VIC)

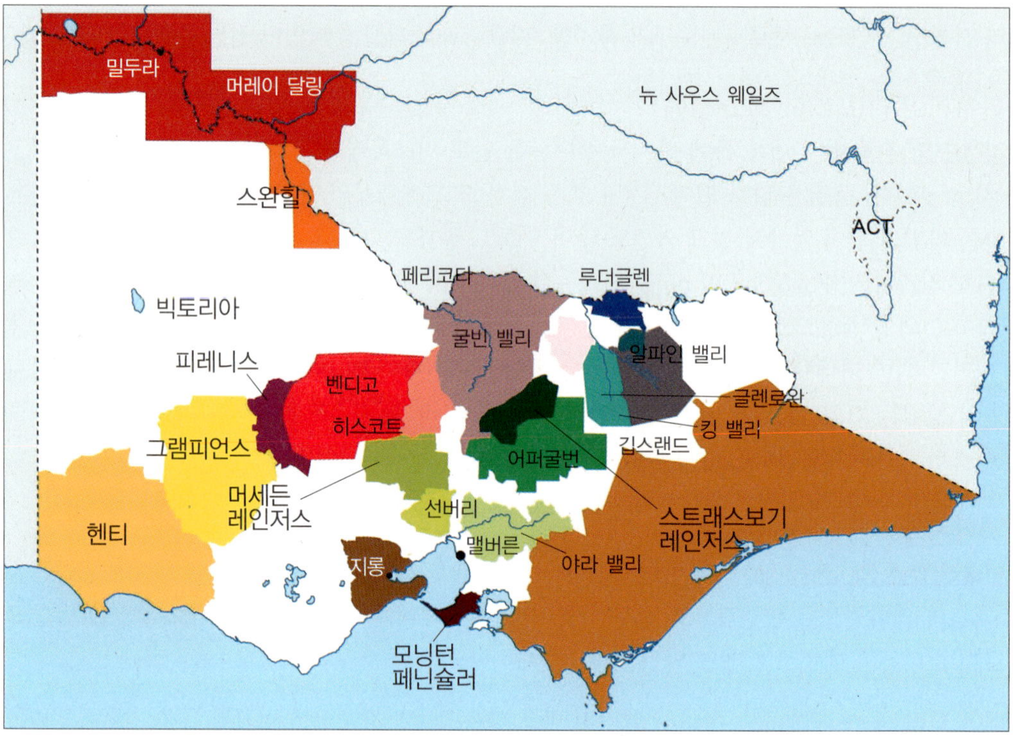

빅토리아는 호주에서 가장 작은 주(州)이지만 호주 와인의 15%를 점하고 있는 곳으로, 오래되고 전통적인 지역이다. 와이너리가 많기로는 호주에서 첫째이며 300곳이 넘는 와이너리가 대부분 소규모이다.

호주의 다른 주들의 포도 재배 가능지역이 한정되어 있는 것에 비해 빅토리아 주는 한 쪽 끝에서 다른 한 쪽 끝까지 그리고 그 사이 사이에도 포도 재배가 가능하다. 가장 남쪽에 있어 서늘한 기후에서 품질 좋은 와인을 생산하고 있다.

1) 센트럴 빅토리아(Central Victoria)

브라운 브라더스(Brown Brothers)는 레드보다 화이트, 화이트보다 머스캣으로 만든 스위트와인이 그리고 미첼턴(Michelton)은 론 스타일의 와인으로 인지도가 높다.

굴번 밸리(Goulburn Valley, Nagambie Lakes) 멜버른 북쪽으로 120km 떨어진 나감비

(Nagambie) 호 인근으로 빅토리아 주의 중앙에 위치한다. 복합적인 향미와 바디가 있는 레드 와인을 만들며 풀 바디의 쉬라즈가 잘 알려져 있다. 그 외에 카베르네 소비뇽, 리슬링, 그르나슈와 무르베드르도 보인다.

태빌크(Tahbilk)는 드문 품종인 마르산느(Marsanne) 품종을 단일 와이너리로 전 세계에서 최대 규모로 재배하여 10년이 지나도 여전히 싱싱한 화이트와인을 만들고 있으며, 미첼톤(Michelton)도 마르산느, 루산느, 비오니에 등 론 품종으로 블렌딩한 보기 드문 와인을 만든다. 데이비드 트레이거(David Traeger)는 마데이라의 클래식 품종인 베르델료(Verdelho)로 훌륭하기 이를데 없는 드라이 화이트를 보이고 있다.

벤디고(Bendigo) 기후는 따뜻하지만 여름에는 무덥다. 와이너리는 모두 개인 가족소유로 작으며 낮은 곳에 위치해 있어 빨리 익는다. 단위 면적당 수확량은 적으나 색깔이 짙고 향미가 풍부한 레드 와인은 쉬라즈와 카베르네 소비뇽, 화이트 와인용으로는 샤르도네를 재배한다.

히스코트(Heathcote) 굴번 밸리와 벤디고 사이에 있는 곳으로 강우량이 몹시 적다. 카멜 산맥이 북에서 남으로 뻗어 터널 효과를 주어 기후가 서늘한 편이다. 깊은 맛의 쉬라즈가 주 품종이며 카베르네 소비뇽, 메를로도 재배한다. 재스퍼 힐(Jasper Hill)과 와일드 덕 크릭(Wild Duck Creek)의 시라즈는 농익은 향이 배어난다.

스트래스보기 레인저스(Strathbogie Ranges) 비교적 시원하여 샤르도네, 소비뇽 블랑, 피노 누아를 재배하고 지대가 낮은 곳은 쉬라즈로 풀 바디 레드 와인을 만든다.

깁스랜드(Gippsland) 넓은 지역으로 남부는 서늘하고 서부는 온화하며 동부는 지중해성 기후로 세미용, 샤르도네, 리슬링 그리고 레드 품종은 카베르네 프랑, 메를로, 카베르네 소비뇽, 피노 누아, 쉬라즈가 재배된다. 바스 필립(Bass Phillip) 와인의 대부분이 피노 누아로서 랑턴 분류의 A등급이자 컬트 와인으로 취급된다.

2) 노스 이스트 빅토리아(North East Victoria)

봄이 서늘하고 여름이 더워 라이트 와인과 스위트 디저트 강화 와인의 주산지이다. 레드 와인용은 쉬라즈와 카베르네 소비뇽이며 화이트 와인용으로는 리슬링과 뮈스카델을 재배한다. 테이블 와인도 점차 많이 생산하고 있다.

알파인 밸리스(Alpine Valleys) 전형적인 대륙성 기후로 카베르네 소비뇽으로 풀 바디 레드를, 샤르도네로는 스파클링 와인을 생산한다.

비치워스(Beechworth) 멜버른과 캔버라 시 사이로 흄(Hume) 호의 남서쪽 작은 곳으로 언덕과 구릉이 많다. 스파클링 와인용 샤르도네 그리고 쉬라즈와 피노 누아를 재배한다. 지아콘다(Giaconda)의 샤르도네는 랑턴 분류 A급으로 카스타냐(Castagna)와 더불어 컬트 와인으로 칭송받는다.

글렌로완(Glenrowan) 비치워쓰의 바로 좌측에 았는 빅토리아 주에서 따뜻한 곳으로 깊고 풍부한 맛의 쉬라즈와 카베르네 소비뇽으로 유명하고 뮈스캣도 생산된다. 2003년까지 와이너리가 불과 4개 밖에 없던 작은 지역이지만 전통적으로 강화와인이 유명하다.

킹 밸리(King Valley) 카베르네 소비뇽과 샤르도네의 생산성이 좋아 와이너리들에 포도를 공급하고 있다. 해발 800m까지의 고지대에서 재배되는 피노 누아와 샤르도네로는 양질의 스파클링 와인을 생산한다.

루더글렌(Rutherglen) 비치워스 위의 북동지역으로 무더운 이곳은 호주 와인의 전초기지이다. 강화 와인으로 유명하지만 레드 또한 알아줄만하며 뮈스캣과 토카이가 주를 이룬다. 챔버스 로즈우드(Chambers Rosewood)는 강화 와인으로 유명한 곳으로 젊은 나무에서는 볼 수 없는 수령이 80년 이상의 포도나무들이 가진 독특한 성향의 와인을 만들어내어 파커의 '위대한 와인'에 이름을 올렸다.[32] 마스카델르Muscadelle)로 만드는 스위트 강화 와인들은 너무 오래되어 평균 나이를 짐작할 수가 없다.

모리스(Morris)는 뮈스캣(Muscat)과 토카이(Tokay)의 리큐어로 알코올 18°에 이르는 당의 점도가 높은 강화 와인으로 유명하며, 스탠톤 & 킬린(Stanton & Killeen)의 솔레라 시스템으로 만드는 무스카트는 500ml 병으로 일년에 2,000상자, 클래식은 1,000상자, 그랜드는 100상자, 레어는 375ml짜리 350병만 생산된다.

3) 노스 웨스트 빅토리아(North West Vic)

머레이 강(Murray River)은 빅토리아와 뉴 사우드 웨일즈 사이에 있는 곳으로 밀두라(Mildura) 지역을 포함하고 있다. 호주에서 가장 큰 와이너리들 중의 하나인 린드만(Lindemans)이 이곳에 있으며, 샤르도네의 판매량으로 세계에서 수위를 달리는 곳이다.

머레이-다링(Murray-Darling) 빅토리아 북서쪽으로 여름이 덥고 일조량이 많은 대륙성 기후로 샤르도네가 주종이고 레드는 카베르네 소비뇽과 쉬라즈를 블렌딩한 와인을 생산한다.

머레이 리버(Murray River) 야라 벨리와는 반대로 이 지역은 생산량은 많지만 그 품질은 그리 높지 않은 편이다.

스완 힐(Swan Hill) 더운 곳으로 건포도를 생산하는 지역이었으나 1930년대부터 와인을 만들고 있다. 화이트 샤르도네는 부드럽고 쉬라즈, 카베르네 소비뇽으로 미디엄 바디의 레드를 생산한다.

4) 포트 필립(Port Phillip)

지롱(Geelong) 반대편에 있는 모닝턴 반도와 함께 필립(Phillip) 만을 만들어 멜버른을 감싸고 있는 지역이다. 예전에는 빅토리아 최대의 산지였으나 필록세라로 인하여 한 때 폐쇄되었다가 1970년대부터 되살아난 곳이다. 서늘하고 건조한 가을이 길어 샤르도네와 피노 누아에 적합한 기후이다. 카베르네 소비뇽, 쉬라즈, 소비뇽 블랑도 재배한다.

머세든 레인저스(Macedon Ranges) 멜버른의 북서쪽으로 레이더더그 주립공원의 남측지역이다.

오스트레일리아에서 가장 서늘한 곳으로 피노 누아와 샤르도네를 재배한다. 빈디(Bindi)의 피노 누아와 샤르도네는 빅토리아의 컬트와인으로 명망있다.

선버리(Sunbury) 멜버른의 바로 북쪽지역에 있는 서늘한 곳이다. 피노 누아와 샤르도네, 시미용을 재배하며 쉬라즈와 카베르네 프랑으로 미디엄 바디의 레드를 만든다.

모닝튼 퍼닌슐러(Mornington Peninsula) 멜버른 남쪽 근교의 서늘한 곳이다. 소규모 와이너리가 많아 연중 많이 찾는 관광객들에게 직접 판매를 한다. 바다로 돌출해 나온 곳이므로 해양성 기후로 인해 포도가 늦게 익어 전체적으로 숙성기간이 긴 편이고 알코올 도수도 높은 편이다. 샤르도네가 주 품종이며, 피노 그리, 비오니에를 재배한다. 레드는 피노 누아와 카베르네 소비뇽, 메를로로 보르도 타입의 와인을 생산한다. 스토니어(Stonier Estate)의 샤르도네와 피노 누아는 호주 내에서 위상을 떨치는 와인들이다.

야라 밸리(Yarra Valley) 멜버른 우측의 근교로 해양성 기후를 가지며 더운 여름과 추운 겨울이 확연하지만 비교적 서늘한 곳이다. 1960년대부터 재배되기 시작한 피노 누아로 고급 와인을 만들고 장기 숙성용 샤르도네도 인정받는다. 카베르네 소비뇽, 메를로, 쉬라즈도 훌륭하다.

세부지역으로 콜드스트림(Coldstream), 야라 글렌(Yarra Glen), 세빌르(Seville), 다이아몬드 밸리(Diamond Valley)가 있다. 생산량이 제한되어 있기는 하지만 품질은 비교적 높아서 이곳에서 생산 된 와인은 신뢰를 받으며 인기 또한 높다. 마운트 메어리(Mount Mary Vineyard)의 퀸텟(Quintet Cabernet Blend)은 랑턴 A급인 컬트 와인이며, 콜드스트림 힐스(Coldstream Hills)는 부르고뉴 스타일로 당연히 피노 누아와 샤르도네가 일품이다.

도멘 샹동(Domaine Chandon)은 모에 샹동이 호주에서 NV 블렌딩 제품을 내놓고 있다. 마운트 메어리(Mount Mary)는 호주 내에서 컬트 와인으로 인정받고 있으며, 야라 예링(Yarra Yering)은 병입 10년이 되어야 최상의 상태가 된다.

5) 웨스턴 빅토리아(Western Vic)

그램피언스(Grampians) 200m 이상의 지대로 비교적 서늘하여 쉬라즈가 주 품종이며 카베르네 소비뇽도 사용하며, 샤르도네, 리슬링, 소비뇽 블랑으로 섬세한 화이트 와인을 만든다. 마운트 랑지(Mount Langi)의 쉬라즈는 파워풀하지만 5년 이상 숙성하면 우아해지는 와인이다.

헨티(Henty) S.A와의 경계에 있는 시원한 곳이다. 리슬링이 주 품종으로 산도 높은 샤르도네와 보트리티스 와인도 나온다. 카베르네 소비뇽, 카베르네 프랑, 메를로를 블렌딩하는 보르도 타입 레드도 생산한다.

피레니스(Pyreness) 비교적 온화한 기후로 인하여 보르도 스타일의 풀 바디 드라이 레드 와인이 생산되며 작지만 어느 정도의 수준을 갖춘 최근에 고급생산지로 주목받는 곳이다. 쉬라즈, 카베르네 소비뇽으로 레드 그리고 샤르도네, 리슬링, 뮈스까델을 사용하여 화이트 와인을 생산한다. 세펠트(Seppelt) 그레이트 웨스턴은 1890년 호주에서 처음으로 화이트뿐만 아니라 레드로도 병속 발효과정을 거쳐 스파클링 와인을 생산한다.

6) 태즈매니어(Tasmania)

태즈매니아는 빅토리아에서 동남쪽으로 160km 떨어진 섬으로 찬 기후와 깨끗한 공기로 알려져 있으며 와인산업은 질적으로 이미 본토와 버금가고 있다. 색이 짙고 맛이 강한 카베르네 소비뇽, 라이트하고 섬세한 맛의 라인 리슬링, 스파이시한 트라미너, 진하고 오크 향이 나는 샤르도네와 세미용, 높은 품질의 발포성 와인에 이르기까지 아주 다양한 와인을 생산한다. 그리고 피노 그리, 게뷔르츠트라미너, 피노 누아도 많이 재배하며 스파클링 와인 또한 많이 생산된다.

북부 해안(North Coast) 타마르 밸리(Tamar Valley)와 파이프스 리버(Pipers River)를 포함하는 지역으로 태즈매니어 와인의 70% 정도가 이곳에서 생산된다.

동부 해안(East Coast)

호버트(Hobart Region) 뉴질랜드의 오타고(Otago)에 이어 세계에서 두 번째로 남쪽에 위치하며 태즈매니어에서 두 번째로 큰 와인 생산지역이다. 도멘 에이(Domaine A)는 전통적인 보르도 블렌딩 방식으로 좋은 빈티지의 와인만 생산하고 있다.

4. 서 호주(Western Australia. W.A)

호주의 서쪽에 위치하여 북으로는 타나미(Tanami) 사막으로부터 남으로는 눌라보어(Nullarbor) 평원에 이르기까지 광활한 지역이다. 호주 전체의 4% 밖에 안 되는 생산량이지만 높은 품질로 명성을 얻고 있다. 와인 생산 지역은 호주에서 가장 규모가 큰 곳으로 세 군데의 가능성이 풍부한 재배지역이 자리 잡고 있다.

1) 퍼스(Perth)

서 호주의 주도(州都)이고 따뜻하고 건조한 스완 밸리(Swan Valley)를 포함한 퍼스 배후지역에서 포도들이 자란다.

스완(Swan District) 스완 벨리 지역은 스완(Swan)강 옆의 평원에 자리하고 포도재배의 역사로 따지자면 빅토리아나 남부호주를 150여 년 정도를 앞선다. 기온이 선선한 지역인 모닝턴 반도나 빅토리아에서의 수확 철은 3월 말임에 비하여 이곳의 여름은 덥고 건조하여 1월 중순에 수확하는 이 나라에서 포도를 가장 빨리 수확하는 곳이다. 일조량이 많고 더운 날씨로 포도가 빨리 익으므로 오랫동안 강화 와인을 많이 생산하였으나 지금은 드라이 테이블 와인의 생산량이 압도적이다.

재배 품종으로는 짙은맛의 레드와 화이트 몇몇으로 세닝 블랑과 쉬라즈를 많이 사용한다. 와이너리들은 에이본(Avon)강을 따라 퍼스의 도심에서 북쪽으로 불과 20여분이면 갈 수 있는 곳이다.

퍼스 힐즈(Perth Hills) 퍼스의 동쪽으로 가까이 붙어 있는 곳이다. 1970년대까지는 대부분이 과수원이었으나 1980년대부터 포도를 재배하기 좋은 곳으로 인식되었다. 와이너리는 대개 해발 200~400m에 위치하여 기온이 바로 옆 지역과도 차이가 난다. 구름이 산 중턱에 걸려 습하며 수확하기 이전에 여름에서 가을에 걸쳐 비가 많이 오므로 상대적으로 단점으로 꼽힌다. 많은 품종이 있지만 쉬라즈와 카베르네 소비뇽이 주품종이며 산지오베제, 템프라니요, 그르나슈, 메를로도 자주 보인다.

필 지역(Peel Region) 퍼스에서 남쪽으로 70km 떨어진 곳으로 하루 일정으로 다녀오기에 적당한 거리이다. 기후도 퍼스와 비슷하다. 쉬라즈가 주품종이며 화이트 품종으로는 샤르도네를 많이 재배한다.

2) 사우스 웨스트 호주(South West Australia)

호주의 가장 유명한 지역 중 한 곳으로 인도양에 가까운 상대적으로 온화한 지역이다. 훌륭하고 섬세한 카베르네 소비뇽과 피노 누아, 그리고 유명하지는 않지만 어느 정도의 수준을 가진 샤르도네나 세미용도 생산된다. 그리 높은 수준의 와인이 아니더라도 적은 공급량 때문에 가격은 높은 편이다.

마가렛 리버(Margaret River) 바다가 가까운 곳으로 게다가 마가렛(Margaret)강 유역은 비할 데 없는 원숙함과 균형이 잡힌 포도를 생산할 수 있게 해 주는 기후와 토양으로 우수한 와인이 생산된다. 1970년대 포도재배가 시작된 곳으로 카베르네 소비뇽이 주 품종이며 샤르도네, 세미용으로도 훌륭한 와인을 만든다. 세미용, 소비뇽 블랑, 쉬라즈, 메를로도 많이 재배되는데 메를로는 카베르네 소비뇽을 파트너로 하는 블렌딩에 많이 사용된다.

케이프 멘텔(Cape Mentelle)은 세미용과 비오니에의 보트리티스 와인, 각 품종의 블렌딩 와인 등 혁신적인 다양한 시도로 유명하고 쉬라즈 또한 소홀히 하지 않는다.

컬렌(Cullen Wines)의 다이애나 메들린(Diana Madeline)은 랑턴 분류의 A등급이며, 르윈(Leeuwin Estate)의 샤르도네는 특히 '전설의 100대 와인'에 당당히 이름을 올렸고 아트 시리즈에는 현대 회화 대가들의 그림이 레이블에 인쇄되어 있다.

모스 우드(Moss Wood)와 피에로(Poerro)의 샤르도네 그리고 바쎄 페릭스(Vasse Felix)의 카베르네 소비뇽은 성공작으로 인정받는다.

블랙우드 밸리(Blackwood Valley) 마가렛 강의 남쪽 지역으로 잘 알려진 고품격의 와인을 생산하는 지역이다. 케이프 멘텔(Cape Mentelle)은 호주 와인의 혁신가로 꼽히는 호넌(Mark David Hohnen)이 1970년에 만든 와이너리이지만 지금은 프랑스의 유명한 샹파뉴회사인 모에 헤네시 사의 소유로 되어 있다.

조그래피(Geographe) 퍼스 남쪽의 조그래피 만(Bay)의 안쪽에 위치하는 지역으로 와이너리는 몇 개 안되지만 좋은 품질을 나타낸다.

그레이트 사우던(Great Southern) 지오그래피의 남쪽으로 남쪽 바다에 면하여 선선한 기후의 덴마크(Denmark)와 알바니(Albany) 시, 북쪽 내륙으로 들어가 있는 마운트 바커(Mount Barker)시 그리고 해변에서 100km 정도 들어간 프랭크린 리버(Franklin River)의 세 지역에 와이너리들이 있다.

하위 지역으로 앨버니, 덴마크, 마운트 바커, 프랭클랜드, 포롱구룹스의 5개 지역이 있다. 마가렛 리버보다 선선하여 화이트 와인에 어울리는 곳으로 샤르도네와 특히 장기 숙성될수록 좋은 리슬링이 나온다. 레드 와인은 카베르네 소비뇽과 쉬라즈로 대표되며 피노 누아로도 좋은 와인을 만든다. 하워드 파크(Howard Park)의 20년도 보관 가능한 리슬링은 그레이트 사우던 지역을 단숨에 명망있는 와인 산지로 만든 와인이다.

맴지멉(Manjimup), 팸버튼(Pemberton) 호주의 최 서남단 지역으로 각각 보르도 타입, 부르고뉴 타입의 와인을 생산한다.

5. 퀸즈 랜드(Queens Land)

호주의 동북쪽에 위치하며, 동쪽으로는 코럴(Coral) 해와 서쪽의 노던 테리토리(Nothern Territory) 사이에 있다. 노던 테리토리를 포함한 퀸즈랜드의 면적은 호주의 거의 반에 육박하지만 인구는 15%에 지나지 않는다.

그래니트 벨트(Granite Belt) 퀸즈랜드 남단의 주도(州都)인 브리즈번과 골드 코스트 사이에 위치하여 양쪽에서 차로 세 시간 거리에 있다. 해발 700~1000m에 이르는 고도로 열대 기후에 속하는 지역임에도 불구하고 겨울에는 눈이 내리는 시원한 기후를 보이고 있다.

시로메트(Sirromet)는 퀸즈랜드에서 가장 큰 규모의 와이너리로서 큰 레스토랑과 마운트 코트라는 복합문화공간을 보유하고 있다.

사우스 버넷(South Burnett) 션샤인 코스트 뒤의 브리즈번 북서쪽에 위치하여 아열대성 기후로 여름이 길고 겨울은 온화하다. 그레이트 디바이딩 레인지(Great Dividing Range)의 경계선에 있으며 붉은 토양의 킹가로이(Kingaroy) 마을이 중심에 있다.

제2절 뉴질랜드(New Zealand)

세계의 와인 생산국 중 최남단에 위치하는 섬나라 뉴질랜드는 호주에서 1600km 떨어진 호주의 남쪽에 위치한다. 일반적으로 선선한 기후의 뉴질랜드는 북 섬과 남 섬의 기후가 차이를 보인다.

좋은 와인이 생산되고 있는 뉴질랜드는 알코올에 대한 좋지 않은 선입견으로 인하여 와인의 역사가 상대적으로 짧다. 1980년대에 와인에 대한 투자와 질 좋은 와인을 생산하기에 이상적인 해양성 기후로 1980년대 말부터 지금까지 와이너리의 수는 3배 이상으로 늘었지만 이웃하고 있는 호주에 비하여 와인의 생산량은 1/10에 불과하나 매년 증가하고 있는 추세이다.

포도가 숙성하는데 적합한 해양성 기후로써 양질의 포도와 와인이 생산되는데 적당한 비와 강한 햇살이라는 좋은 자연 조건을 갖춘 포도 재배 지역이다. 특히 기후가 섭씨 10~12도 정도이고 여름철에는 섭씨 30도 정도이며 연간 강수량은 700~1,000㎜ 정도여서 화이트 와인의 생산에 아주 좋다.

1839년에 뉴질랜드로 이주해온 영국인 제임스 버스비(James Busby)가 빚은 와인이 시초인 것으로 기록되어 있으며, 1910년대에는 뉴질랜드 전역에 금주 법안이 채택되면서 많은 와이너리들이 문을 닫아 와인 산업의 암흑기를 보냈다.

1960년대 말 금주 법안이 폐지되고, 1970년대에 이르러 뉴질랜드는 비로소 와인 산업의 부흥을 맞는다. 1960년대에는 와인 재배 면적이 120만 평이었으나 1980년대에는 1,700만 평으로 무려 14배가 증가해 와인 산업에서 단기간에 경이로운 발전을 이루었다.

뉴질랜드의 와인 산업이 이렇듯 빠르게 발전할 수 있었던 배경에는 그들만의 독특한 자연환경이 있다. 뉴질랜드의 토양은 사질 표토와 자갈로 이루어진 척박한 땅이다. 하지만 이것은 특유의 신선한 아

로마를 지닌 와인 생산을 위한 기본이 되는 조건이며, 배수가 잘되어 포도나무의 뿌리가 깊게 내릴 수 있게 해 더욱 복합미가 있으며 미네럴리티가 살아있는 와인을 생산할 수 있도록 한다. 또한 뉴질랜드는 여름 평균 기온 25도, 겨울 평균 기온 영하 2도로 프랑스, 이탈리아와 비슷한 지중해성 기후를 지닌 호주의 평균 기온(여름 평균 기온 30도, 겨울 평균 기온 10도)보다 훨씬 낮아 소비뇽 블랑과 피노 누아 재배에 가장 적합한 지역으로 알려져 있다.

뉴질랜드 와인은 원칙적으로 별다른 규정이 없다.

빈티지 표기는 그 해에 수확한 와인으로 만들었을 때에만 표기한다. 최소한 포도 품종이 75% 이상 들어갔을 때에만 품종을 레이블에 표기할 수 있다.

뉴질랜드에 처음 정착한 영국인들은 와인보다 맥주를 즐겼지만 근래에는 신흥 와인 생산국으로서 좋은 품질의 화이트와인을 생산해 세계시장에서 주목받고 있다. 뉴질랜드의 와인 붐은 1960년대에 시작되어 기후가 독일과 유사했으므로 초기에는 뮐러-투르가우(Muller-Thurgau)를 많이 재배했다. 그러나 세계 와인 시장에서 주목을 끈 것은 소비뇽 블랑(Sauvignon Blanc)으로 현재 뉴질랜드를 대표하는 와인이 되었다.

레드 와인보다 화이트 와인으로 훨씬 유명하며 맛이 매우 풍부하고 산도가 강한 편인 뉴질랜드의 소비뇽 블랑은 세계 최고 수준이다. 신선하고 질 좋은 샤르도네와 드라이한 타입의 리슬링, 게뷔르츠트라미너도 성공적이다. 또한 뉴질랜드는 포도 외에 키위, 피조아 등 열대 과일로 만든 와인들도 생산한다.

화이트 와인 품종 소비뇽 블랑이 대표적이며, 그리고 샤르도네, 뮐러-투르가우, 피노 그리, 리슬링, 슈냉 블랑으로서 화이트와인의 비율이 75%를 상회하고 있다.

레드 와인 품종 피노 누아 외에 카베르네 소비뇽, 메를로, 쉬라즈, 피노 타주, 생소가 재배된다.

세계에서 가장 남단에 위치한 뉴질랜드의 와인 산지는 남위 36°~45°까지에 걸쳐 있다.

와인 생산 지역은 남 섬, 북 섬으로 크게 나누어진다. 말보로 지역은 소비뇽 블랑으로 유명하며 샤르도네로 유명한 기즈본과 프리미엄급 레드와인이 많이 나는 혹스베이, 피노 누아에 가장 적합한 마틴보로, 독일 스타일의 와인을 생산하는 오타고(Otago)를 비롯한 여러 지역에 와이너리들이 산재해 있다.

뉴질랜드의 와인 생산 지역

<table>
<tr><th>구분</th><th>생산 지역</th><th>세부 지역</th></tr>
<tr><td rowspan="5">북섬</td><td colspan="2">노스랜드(Northland)</td></tr>
<tr><td>오클랜드
(Auckland)</td><td>마타카나, 마후랑기(Matakana & Mahurangi), 쿠무, 후아파이 및 와이마우쿠(Kumeu, Huapai & Waimauku), 헨더슨(Henderson), 와이헤케 아일랜드(Waiheke Island), 사우스 오클랜드(South Auckland)</td></tr>
<tr><td colspan="2">와이카토와 배이 오프 플렌티(Waikato & Bay of Plenty)</td></tr>
<tr><td colspan="2">기즈본(Gisborne), 호크 배이(Hawke's Bay)</td></tr>
<tr><td>와이라라파(Wairarapa)</td><td>매스터톤(Masterton), 마틴버러(Martinborough)</td></tr>
<tr><td rowspan="4">남섬</td><td>넬슨(Nelson)</td><td>와이미아 플레인스(Waimea Plains), 어퍼 무티어(Upper Moutere)</td></tr>
<tr><td>말버러(Marlborough)</td><td>와이라우 밸리(Wairau Valley), 아와티어(Awatere Valley)</td></tr>
<tr><td>캔터버리(Canterbury)</td><td>와이파라(Waipara), 캔터배리 플레인스(Canterbury Plains)</td></tr>
<tr><td>오타고(Otago)</td><td>와나카(Wanaka), 깁스톤(Gibbston), 크롬웰 배이신(Cromwell Basin), 알렉산드라(Alexandra)</td></tr>
</table>

1. 북섬(North Island)

남섬에 비하여 따뜻한 편으로 토양이 비옥하여 수학량을 제한하고 있다. 카베르네 소비뇽 같은 레드 와인 품종과 화이트 와인 품종으로는 뮐러-투르가우와 샤르도네 및 소비뇽 블랑을 재배한다.

1) 노스랜드(Northland)

북섬의 최북단에 위치하며 뉴질랜드에서 제일 오래된 와인 생산지이다. 많은 강수량, 높은 기온, 상대적으로 따뜻한 기온의 아열대성 기후로 포도재배에 적합하지 않아 뉴질랜드 전체생산량의 불과 0.1%에 불과하다.

2) 오클랜드(Auckland)

뉴질랜드의 가장 큰 도시인 오클랜드 인근으로 카베르네 소비뇽보다 메를로가 늘어나고 있으며, 따뜻한 기후로 보르도 스타일의 레드 와인이 많이 나온다. 몬타나, 빌라 마리아, 노비로, 바비키, 델리개트, 마투아 밸리, 쿠퍼스 크릭과 같은 뉴질랜드의 큰 와인생산사들이 거의 이곳에 본사를 두고 있다.

마타카나와 마후랑기(Matakana & Mahurangi) 카베르네 소비뇽과 메를로의 레드 와인 생산 지역이었으나 최근에는 피노 그리와 샤르도네가 늘어나 레드 와인과 거의 비슷한 수준이다.

쿠무와 후아파이 및 와이마우쿠(Kumeu, Huapai & Waimauku) 오클랜드 시의 서북지역으로 와이테마타(Waitemata) 만이 서북쪽으로 깊숙이 들어간 곳에서부터 쿠무, 후아파이, 와이마우쿠가 서쪽 내륙으로 늘어서 있다. 질적으로 다양한 와인을 지향하는 곳으로 뉴질랜드의 최상품의 와인들이 다수 이곳에서 나온다. 쿠무 리버(Kumeu River)의 메이트스(Mate' s)는 부르고뉴 스타일의 샤르도네로 '와인 스펙테이터' 의 90점 이상 평점을 매년 받아 '세계 100대 와인' 22위에 오른 와인이다. 2000년부터는 출시되는 와인 전부를 스크류 캡으로 하고 있다.

헨더슨(Henderson)

오크랜드 시내에서 서쪽으로 불과 20km 떨어진 곳으로 1902년 창립되어 뉴질랜드에서 제일 오래된 플레전트 밸리(Plesant Valley)를 비롯한 오래된 와이너리들이 많다. 대개 중 · 소규모들이다.

와이헤케 아일랜드(Waiheke Island)

공기는 부드럽고 기온은 온화하며 푸른 초목이 뒤덮인 구릉은 자연스럽게 구비친다. 그런 곳을 오클랜드에서 바다로 나가자마자 바로 만날 수 있다. 뉴질랜드 최고 수준의 보르도 스타일 레드 와인을 생산하는 곳이다. 골드워터(Goldwater)와 스토니릿지(Stonyridge)는 카베르네 소비뇽과 메를로로 오크 영향이 짙은 와인을 만든다. 테 모투(Te Motu) 와인의 진가를 알려면 인내력 시험이 요구된다.

사우스 오클랜드(South Auckland)

와이너리들은 오클랜드 시의 남서쪽 마누카우(Manukau) 만을 따라 주로 위치하며, 일부는 반대방향인 동쪽의 타마키(Tamaki) 해협을 가운데 두고 와이헤케 섬을 마주 보고 있다. 뉴질랜드의 가장 큰 몬타나 사와 빌라 마리아사가 이곳에 있다. 몬타나(Montana)[79]는 크로아티아(Croatia) 말로 산이라는 뜻으로 이런 말이 어울릴 만큼 몬타나는 거대한 기업이다. 해외 수출용에는 미국의 몬타나 주와 혼동되는 것을 피하기 위해 브랜코트(Brancott)라

79) 몬타나(Montana). 오클랜드, 기스본, 호크스 베이, 말버러 4군데에 3,000헥타 이상의 포도밭을 가지고 있고, 전체 뉴질랜드 와인의 50% 정도를 생산하며, 전체 수출량의 50% 이상을 차지하고 있다. 또한 1980년대 초부터는 '말버러 소비뇽 블랑' 및 '말버러 라인 리슬링' 과 같은 뉴질랜드의 최상품의 와인도 생산하고 있다.

는 레이블을 부착하여 출시되고 있다. 빌라 마리아(Villa Maria)는 뉴질랜드의 3대 와인 메이커로 또 다른 3개의 와이너리를 가지고 있다.

3) 와이카토, 베이 오프 플렌티(Waikato & Bay of Plenty)

정부에서 포도재배연구소를 와이카토의 카우화타(Kauwhata)에 1897년 세워 포도 재배가 일찍 시작된 곳이다. 과수농업과 낙농이 발달한 곳으로 샤르도네와 소비뇽 블랑을 많이 재배하고 있다.

4) 기즈본(Gisborne)

오클랜드 동남쪽의 태평양으로 돌출한 반도지형이다. 뉴질랜드 와인의 1/4 이상을 생산하는 지역으로 예전에는 벌크와인의 대량 생산 위주였지만 지금은 샤르도네가 생산량의 반 이상을 차지하는 샤르도네의 고장이다. 게뷔르츠트라미너도 보이며 몇 군데의 레드 와인 또한 뛰어난 곳이다.

밀튼(Milton Vineyard)은 뉴질랜드 최초로 공인된 유기농 와인 생산자로 드물게 슈냉 블랑으로 10년 이상의 숙성잠재력이 있는 드라이 화이트를 생산하지만 부담없는 가격으로도 놀래킨다.

5) 호크스 베이(Hawke's Bay)

기즈본의 바로 아래 있으며 1890년대부터 샤르도네와 소비뇽 블랑 그리고 카베르네 소비뇽과 메를로를 재배한 뉴질랜드의 선도적 지역이다. 파워풀한 샤르도네와 메를로 베이스의 레드가 뉴질랜드 국내에서는 최상의 품질이라는 명성으로 프리미엄급 레드 와인이 많이 생산된다. 크래기 레인지(Craggy Range)의 플래그 십은 단연 시라즈이며, 테 마타(Te Mata)의 콜러레인(Coleraine)은 보르도 스타일의 레드로 뉴질랜드의 정상급 와인이다.

트리니티 힐(Trinity Hill)은 시라에 소량의 비오니에를 첨가하여 꽃향기를 더하고 질감을 매끄럽게 하며 호미지(Homage)는 숙성 잠재력이 뛰어난다.

6) 와이라라파(Wairarapa)

북섬의 제일 아래쪽에 와이라라파 호 우측에 위치하며 재배면적은 작으나 명성은 큰 지역이다. 피노 누아를 40% 이상 재배하는 피노 누아의 지방이고, 화이트 와인으로는 소비뇽 블랑이 샤르도네보다 조금 우월하다. 오하우(Ohau Vineyards)의 우븐 스톤(Sauvignon Blanc Woven Stone) 2012는 코리아 와인 챌린지 트로피 수상작이다. 레몬 풍미가 두드러지며 단단한 골격에 산미와 미약하게 느껴지는 단 맛이 와인을 돋보이게 한다.

매스터톤(Masterton) 매스터톤 시(市)는 루아마항가(Ruamahanga) 강과 와잉가와(Waingawa) 강 사이에 위치하며, 와이너리는 두 강이 합쳐져서 아래로 흐르는 도시 남쪽의 강 연안에 흩어져 있다. 피노 누아와 카베르네 소비뇽을 선호하는 지역이며, 소비뇽 블랑은 열대과일의 특성을 보이고, 샤르도네와 리슬링 및 메를로도 많이 보인다.

마틴버러(Martinborough) 후앙가루아(Huangarua) 강은 북서쪽으로 흘러가다 마틴버러 시(市) 바로 위에서 루아마항가(Ruamahanga) 강에 합류되어 방향을 꺾어 남서쪽으로 흐르게 된다. 마틴버러 시는 이 두 강 사이에 있는 도시로 시의 왼쪽에 있는 루아마항가 강 너머로는 와이라라파호(湖)가 있다. 와이너리들은 두 강 사이의 도시 북쪽에 주로 위치한다. 지난 20년 이래로 질 좋은 와인을 생산하는 뉴질랜드에서 부상하는 지역으로 피노 누아의 생장에 적합하여 질 좋은 피노 누아 와인을 생산한다.

아타 랭기(Ata Rangi)는 '동트는 새벽 하늘' 이란 뜻이지만 명성이야 로마네 콩티에 비할 수 없으나 슈퍼프리미엄 산지인 마틴버러의 대표 피노 누아 생산자임은 분명하며 상당한 장기 숙성 잠재력을 지닌다. 드라이 리버(Dry River Wines)는 부르고뉴, 론, 알자스, 루아르 등의 다양한 스타일을 생산하며 피노 누아와 피노 그리가 탁월하다. 팔리서(Palliser)는 또 다른 슈퍼프리미엄 와인 생산자로 피노 누아의 진한 풍미는 깜짝 놀라게 한다. 테 카이랑가(Te Kairanga)는 소비뇽 블랑보다 피노 누아에 점수를 더 준다.

2. 남섬(South Island)

대체적으로 선선한 곳으로 1973년까지는 공식적인 와이너리가 없었지만, 지금은 말버러(Marlborough)가 뉴질랜드에서 제일 큰 상업적으로 중요한 지역으로 샤르도네와 소비뇽 블랑의 생산이 가장 많은 곳이다. 말버러뿐 아니라 남 섬 전체에서 피노 누아는 소중한 품종으로 생산량에서 이미 카베르네 소비뇽을 앞질렀고, 리슬링 또한 기후에 적합하다.

겨울은 몹시 추우며 봄에 서리까지 있지만 여름은 매우 더워 온도가 40℃까지 오르기도 하는 지역이다. 레드 와인의 대표적인 품종은 피노 누아로 이곳의 와인은 과일의 풍미가 아주 짙고 좋은 구조감과 질감이 특징이다.

근래에는 작은 부티크 와이너리들이 늘어나고 있으며 뛰어난 와인들을 생산하고 있다.

1) 넬슨(Nelson)

남섬의 최북단으로 뉴질랜드 전체생산량의 3%에 불과하지만 부티크 와이너리로 유명한 곳이다. 오랜 기간 진취적인 두 곳, 즉 중간규모의 세이프라이드(Seifried Estate)와 작지만 재기 넘치는 뇌도르프(Neudorf Vineyards)가 이 지역을 선도해 왔다.

와이미아 플레인스(Waimea Plains) 19세기에는 잡초와 관목류 그리고 고사리 같은 양치류로 덮여 있던 곳이 사과, 배, 핵과(核果)류의 과수원, 딸기류와 키위를 재배하는 곳으로 바뀌었다. 그 후 지난 10여 년 동안에는 마치 들불 번지듯이 포도를 재배하는 와이너리로 바뀌었던 곳이다. 소비뇽 블랑과 리슬링이 주된 품종이며, 피노 누아 또한 남섬에서는 빼놓을 수 없다.

어퍼 무티어(Upper Moutere) 남쪽으로 오목한 타스만(Tasman)만을 사이에 두고 넬슨과 마주보고 있는 곳이다. 과수원에서 과일이 익어가는 모습과 푸른 초지들 사이로 와이너리가 간간히 보인다. 샤르도네와 피노 누아가 인상적이다.

2) 말버러(Marlborough)

남섬의 최북단에 위치한 넬슨의 바로 우측에 있다. 햇볕이 쨍쨍한 낮이 길고 밤에는 서늘하며 가을이 길어 포도가 천천히 오래 익어가는 전형적인 한대 기후(cool climate)이다.

뉴질랜드 와인생산량의 40% 이상, 포도원의 반이 이곳에 몰려있는 최대 와인 산지로 소비뇽 블랑이 재배되기 시작한 1973년부터 소비뇽의 본거지이자 성지로 불리우며 뉴질랜드 전체 소비뇽 블랑의 80% 이상을 점한다. 프랑스 루아르의 상세르, 뿌이 퓌메와 어깨를 견주는 명실 공히 세계 양대 소비뇽 블랑 고장이다.

피노 누아는 생산량에서 이미 카베르네 소비뇽을 앞질렀고, 리슬링 또한 기후에 적합하다.를 차지하는 지역으로 스파클링 와인도 함께 생산하고 있다. 클라우디 배이(Claudy Bay)는 프랑스 샹파뉴의 뵈브 클리코(Veuve Clicquot. LVMH그룹)와 합작하여 만든 곳으로 '뉴질랜드에서 맛본 최상의 포도주이다(Robert Parker)[33]라는 평을 받았다.

프라밍햄(Framingham)의 리슬링은 독일이나 오스트리아산에 버금간다. 프롬(Fromm Winery)은 단일 품종 와인을 생산하며 그 중 절반 이상이 피노 누아이다.

그로브 밀(Grove Mill)의 소비뇽 블랑도 유명하지만 피노 그리도 주목받고 있으며, 노틸러스(Nautilus Estate)는 소비뇽 블랑 외에 보르도 스타일 레드도 생산한다.

허조그(Herzog)는 이탈리아 밖에서 그다지 성공을 거두지 못하는 몬테풀치아노로 승부를 걸고 있으며, 이사벨(Isabel)의 소비뇽 블랑은 클라우디배이의 자리를 넘보고 있다.

잭슨(Jackson Estate)에서 부르고뉴의 양조 기술을 사용하여 만든 빈티지 위도우(Vintage Widow Pinot Noir)는 입맛을 돋우는 산미와 농축미를 지닌 와인으로 음식과 매칭하기에 좋으며, 소비뇽 블랑은 빼어난이란 형용사가 조금도 아깝지 않은 와인이다.

세레신(Seresin Estate)의 오너인 세레신(Michael Seresin)[80]은 촬영 감독으로 소비뇽 블랑으로 깊이와 복합미가 어우러진 와인을 만든다.

스파이 밸리(Spy Valley)는 냉전시대에 비밀문서 송수신용 안테나가 위치했던 곳이라 스파이 밸리로 불리며 상당한 바디감을 보이는 리슬링(Riesling)은 산미와 단맛이 조화를 이룬다.투 리버스(Two Rivers)의 컨버전스(Sauvignon Blanc Convergence)는 깔끔과 청량함으로 수많은 수상 경력을 자랑하며, 세인트 클레어(Saint Clair Family)도 말버러 소비뇽 블랑의 대표주자 중 하나이다.

듀츠(Montana Deutz Marlborough)는 상파뉴의 듀츠와 제휴하여 스파클링 와인을 만든다. 빌라 마리아(Villa Maria)는 '뉴질랜드에서 가장 많은 상을 받은 와이너리(New Zealand's Most Awarded Winery)'라는 명칭을 공식적으로 사용할 만큼 각종 상을 휩쓸어 '뉴질랜드 와인의 대명사'라 일컫는다. 또한 기업이 아닌 개인 소유 와이너리 중 최대 규모를 자랑한다.

와이라우 밸리(Wairau Valley) 몬타나(Montana)사가 1973년 처음 포도를 재배하기 시작한 이래 와인생산자들은 이곳의 다양한 토양을 개발하고 기후를 이용하여 각각의 특색 있는 와인을 만들고 있다. 앙리(Clos Henri)는 앙리 부르주아(Domaine Henri Bourgeois. 루아르 상세르)가 세운 와이너리로 2011년 정몽구 현대자동차 회장이 전경련 회장단 만찬에서 건배주로 쓰인 화이트 와인이다.

아와티어(Awatere Valley) 와이라우 밸리의 동남쪽으로 위더 힐스(Wither Hills)산 아래 계곡의 가운데에 작은 도시인 세던(Seddon)이 있다. 물살이 빠른 아와트리 강을 따라 와이너리가 산재한다. 소비뇽 블랑이 주류이며, 리슬링과 샤르도네 및 피노 누아도 보인다. 마히(Mahi)는 토착민 언어로 '힘, 성장, 삶'을 의미하며, 마히 바운더리 팜(Mahi Boundary Farm Sauvignon Blanc)은 소량 생산되어 가슴이 후련할 청량감과 소비뇽 블랑 고유의 풍미와 농축과 균형을 지니고 있다. 복합성, 장기 숙성 잠재력도 좋다.

3) 캔터버리(Canterbury)

크라이스트처치 시를 중심으로 바다를 향해 양쪽으로 펼쳐진 지역이다. 남쪽에 있어 건조하고 선선한 기후가 특징으로 뉴질랜드의 포도 재배면적의 4%에 불과하나 생산자는 10%에 달한다.

와이파라(Waipara) 크라이스트처치(Christchurch)에서 북쪽으로 한 시간 거리에 있다. 피노 누아는 최상급 레드 와인으로 인정받으며 리슬링과 샤르도네 및 소비뇽 블랑이 많이 재배된다.

캔터버리 플레인스(Canterbury Plains) 크라이스트처치에서 서남쪽으로 180km나 길게 뻗은 지역으로 피노 누아와 샤르도네 및 리슬링이 주 품종이다.

80) 세레신(Michael Seresin). 해리포터와 아즈카반의 죄수, 미드나잇 익스프레스, 페임, 벅시 말론의 촬영감독.

4) 오타고(Otago)

해안도시인 밀포드 사운드(Milford Sound) 근처에 있으며, 남섬의 남쪽에 위치하고 있다. 퀸즈타운(Queenstown)은 오타고 지역의 주요 도시로 와카티푸(Wakatipu) 호수를 끼고 있고 도시 전체가 만년설에 뒤덮인 산들로 둘러싸여 있다. 포도밭은 뉴질랜드에서 가장 높은 곳으로 세계에서 가장 남쪽에 위치하고 있다. 전체 포도 재배의 60% 이상을 차지할 만큼 피노 누아의 지역으로 그 다음은 샤르도네가 뒤를 잇고 있다. 그 외에 피노 그리와 리슬링 및 소비뇽 블랑이 일부 보이며 독일 스타일의 와인을 생산한다.

펠튼 로드(Felton Road)는 피노 누아로 특히 유명한 오타고 지역의 유명 와이너리이며, 포레스트(Forrest Estate)의 피노 누아는 가늘지만 뚜렷한 골격을 가졌고, 마운트 디피컬티(Mount Difficulty)는 싱글 비녀드의 순도 높은 과일이 표현된다. 페레그린(Peregrine)도 예외없이 이 지방 포도밭의 75%를 점하는 피노 누아를 생산하지만 재배 면적 4%에 불과한 리슬링으로 만든 와인이 뉴질랜드 리슬링의 품질 중심으로 만들었다.

와나카(Wanaka) 와나카 호(湖)의 남쪽에 면해 있는 도시이름이 와나카로서 산악지역 특유의 경치가 매혹적이다. 리폰(Rippon)은 호숫가의 아름다운 경치와 더불어 바이오다이내믹의 피노 누아를 생산하다.

깁스톤(Gibbston) 퀸즈타운의 바로 우측에 위치하는 지역이다. 와카티푸(Wakatipu) 호로 흘러가는 카와라우(Kawarau) 강을 따라 와이너리들이 산재해 있다. 역시 피노 누아 품종을 많이 재배한다.

크롬웰 배이신(Cromwell Basin) 북쪽의 와나카 호(湖)와 하웨아(Hawea) 호에서 흐르는 물이 만나 만든 크루타(Clutha) 강이 남쪽으로 흘러 좁고 긴 던스탄(Dunstan) 호를 만든다. 이 던스탄 호를 면하여 있는 와이너리를 따라 남으로 내려가면 크롬웰 시를 만나며, 크롬웰 시 인근에 와이너리들이 많이 위치하고 있다.

알렉산드라(Alexandra) 던스탄 호(湖)에서 내려오는 물을 막은 클라이드(Clyde) 댐을 통과한 크루타 강이 동남쪽으로 흐르면 바로 만나는 곳이 알렉산드라이다. 동북쪽에서 오는 마누헤리카(Manuherika) 강이 이곳에서 합류되며 와이너리들은 두 강이 합류되는 삼각지역 내에 많이 위치한다. 화이트 와인은 대체로 향이 짙으며, 레드 와인은 역시 피노 누아 품종으로 생산한다.

제7장 남아프리카 공화국

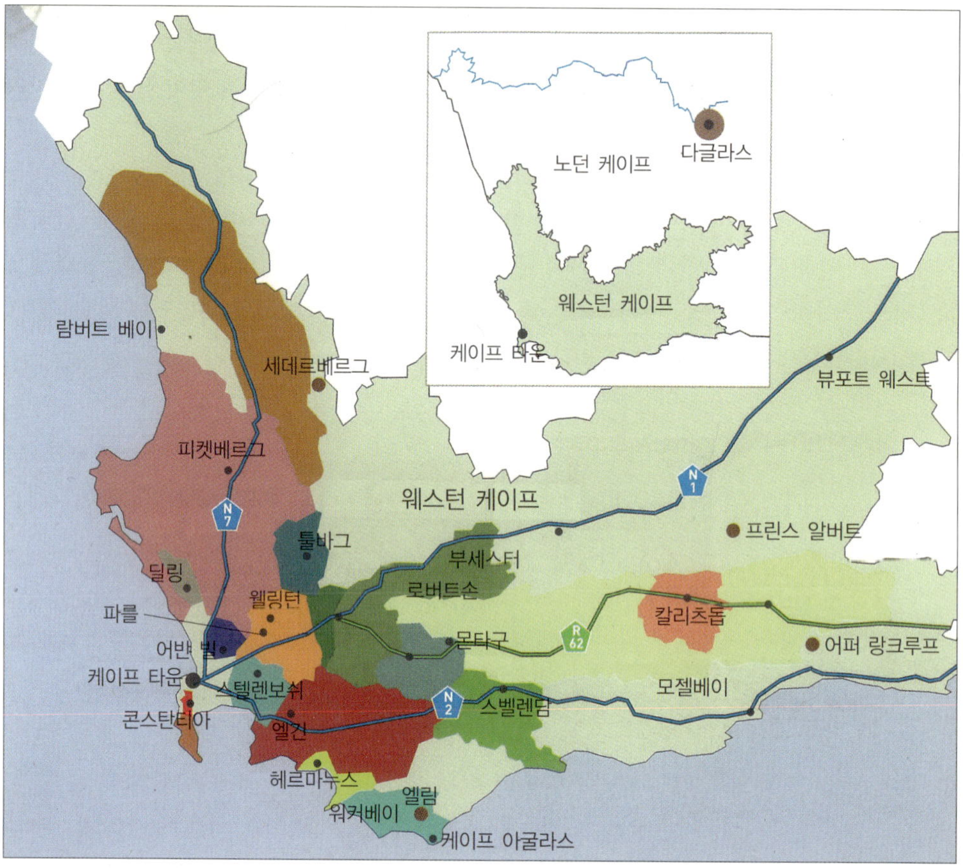

남아공은 아프리카 대륙의 최남단에 자리 잡고 있는 나라로 네델란드 동인도 회사가 오랜 항해의 식량공급, 선박수리 역할을 하도록 정착한 곳이다. 1650년 포도밭을 조성하여 와인을 만들기 시작하여 지금도 와인 생산에서 세계 9위를 차지하고 있는 나라다.

유럽인들은 세계 어디를 가도 포도나무를 심었는데 이곳으로 이주한 네델란드, 영국인들도 마찬가지였다. "하느님 감사합니다. 오늘 케이프에서 자란 포도로 와인이 처음 만들어졌습니다". 남아공 와인 산지의 관문인 케이프 주의 첫 총독이었던 네델란드인 리벡(Jan van Riebeck)이 1659년 2월 2일의 일기에 쓴 글이다. 이후 와인은 계속 생산되었지만 품질은 형편없었다.

개선의 노력은 항상 있어 프랑스에서 온 기술자들에 의해 비약적인 발전을 이루었고 1970년대 이후 품질이 빠르게 향상되었다. 1994년 넬슨 만델라가 대통령에 당선된 민주화가 이루어진 이래 와인의 르네상스 시대가 활짝 열렸다는 평가와 함께 해외 수출의 길도 열렸다.

한국으로의 수입은 2004년 시작되어 가격 대비 높은 품질로 수입 물량이 크게 늘고 있다.

남아공 와인은 화이트 와인의 생산량이 레드보다 조금 많다.

화이트 와인 품종 슈냉 블랑은 세계에서 가장 많이 생산하고 있는 곳으로 스파클링 와인과 브랜디 생산에 적합하다. 레이블에 스틴(Steen)으로 표기되기도 한다. 리슬링은 독일, 프랑스에 이어 세계 3위의 생산량을 보이며 소비뇽 블랑, 샤르도네, 콜롬바르도 재배된다.

레드 와인 품종 카베르네 소비뇽이 역시 가장 많이 재배된다. 시라, 메를로, 카베르네 프랑이 뒤를 잇고 있다. 피노타주(pinotage)는 남아공 와인의 정체성을 잘 보여주는 토착 품종이다. 다른 나라에서는 재배하지 않아 남아공만의 품종으로 자리 잡았지만 인기는 갈수록 하락하고 있으며 메를로 등의 다른 와인에 블렌딩용으로 특히 카베르네 소비뇽과의 블렌딩으로 좋은 와인이 나온다. 스텔렌보쉬 대학(Stellenbosch Univ)의 페롤드(Perold) 교수가 피노 누아와 생소를 교배하여 1925년 태어난 것으로 베리 향이 풍부한 진한 레드 빛 와인을 만든다.

원산지 표시제도 WO(Wine of Origin)는 1973년부터 시행되고 있다. 위치, 지역(region), 구역(district)으로 구분하여 표기한다. 빈티지는 해당 연도의 포도가 85% 이상 사용되어야 하며, 포도의 품종의 표시는 85% 이상 해당 포도가 사용되어야 한다. 원산지 표시는 해당 지역 내에서 재배한 포도를 100% 사용하여야 한다. 또한 에스테이트 보틀드(estate bottled)라는 문구는 해당 포도밭에서 재배한 포도를 100% 사용하여 양조한 와인이어야 한다.

남아공 와인의 생산지는 크게 웨스턴 케이프와 노던 케이프로 구분되며, 여기에 지역(region), 구역(district), 구획(ward)으로 나누어진다.

1. 해안 지역(Coastal Region)

케이프타운을 감싸고 있는 대서양에 면한 지역이다.

스텔렌보쉬(Stellenbosch) 케이프 타운(Cape Town) 인근으로 남아공의 생산지 가운데 가장 중요한 곳이며 와이너리가 가장 많다. 와인 교육 기관과 연구소가 있어 와인 산업과 교육 연구의 중심지이다. 레드로는 카베르네 소비뇽, 메를로, 피노 타쥬, 시라즈를 재배하며, 화이트는 샤르도네와 소비뇽 블랑으로 와인을 만들거나 혹은 두 개를 블렌딩하기도 한다. 일부 지역에서는 셰닝 블랑이 보이기도 한다.

WO(Wine of Origin)는 방호크(Banghoek), 보털래리(Bottelary), 디본 밸리(Devon Valley), 헬더버그(Helderberg), 존커스호크(Jonkershoek), 파퍼하이베르그(Papegaaiberg), 폴카드라이 힐스(Polkadraai Hills), 시몬스베르그(Simonsberg)가 있다.

브레델스(Bredell' s)에서 틴타 바로카로 포르투식 강화 와인이 나온다.

데 트라포드(De Trafford)는 보르도 스타일에 시라를 포함시켜 명성을 얻었고, 디스텔(Distell. Ltd)그룹의 아마룰라(Amarula) 외 여러 와인들은 가격 대비 품질로 경쟁한다. 어니 엘스(Ernie Els)는 프로 골퍼가 만든 베스트 레드 와인 상을 수상하였으며, 르 리슈(Le Riche)는 카베르네 소비농 한 품종 만으로 완벽함을 보여준다.

켄 포레스터(Ken Forrest)는 남아공 셰닝 블랑의 아버지라 불리우며 쁘티 셰닝 블랑(Petit Chenin Blanc)은 가격 대비 맛과 품질이 매우 뛰어나다. 맨 빈트너(MAN Vintners)는 세 명의 남자가 각자 아내의 이름인 M(Marie), A(Anette), N(Nicky)의 머릿글을 따 만든 곳으로 가정이 평온해야 모든 일이 잘 된다는 마음을 담았다. 미어루스트(Meerlust)는 'Love of the Sea)라는 뜻으로 보르도 블렌딩 방식으로 양조된 루비콘이 대표 와인이다.

모르겐스터(Morgenster)의 와인은 무언지 모르게 슈발 블랑과 닮았다는 말을 들을 정도면 생-테밀리옹 스타일 와인을 만들려했던 원래의 의도가 적중한 셈이다. 카논콥(Kannonkop)은 피노타주도 좋지만 카베르네 블렌딩의 폴 사우어(Paul Sauer)의 인지도가 높다.

루데라(Rudera)는 최고의 슈냉 블랑을 생산하는데 그 중 하나가 로버스터(Robusto)이다.루스텐베르그(Rustenberg)는 메를로 블렌딩의 존 엑스 메리만(John X Merriman) 그리고 루스트 엔 브레데(Rust en Vrede)는 카베르네를 주로 한 블렌딩인 에스테이트 와인에 중점을 둔다. 텔레마(Thelema)는 메를로나 카베르네의 레드 와인으로 정평이 나 있다. 베르겔레겐(Vergelegen)은 보르도식 블렌딩 레드뿐 아니라 화이트 와인도 자기 목소리를 낸다.

파를(Paarl) 케이프 타운에서 50km 떨어진 스텔렌보쉬 바로 위 내륙으로 뻗어있는 곳으로 스텔렌보쉬와 더불어 쌍벽을 이루는 곳이다. WO인 프란스호크(Franshoek)는 프랑스인 거주지였으므로 포도원 이름이 프랑스식이 많으며 고급 와인을 생산한다.

박스베르그(Backsberg Estate)는 시몬스베르그(Simonberg) 산맥의 각기 다른 고도의 경사지에서 가꾼 포도로 남아공에서 가장 탁월한 와인을 만들어낸다.

벨링햄(Bellingham)은 좋은 와인을 적당한 가격에 파는 것에서 고품질의 와인을 비싸게 파는 것으로 브랜드 이미지를 바꾸었지만 그래도 가격 이상의 좋은 품질이라는 정평이다.

포큐파인 릿지(Boekenhoutskloof Syrah Porcupine Ridge)는 시라 품종 특유의 남성적이고 강렬한 테이스트를 부드럽게 중화시킨 맛이 특징으로 남아공와인 애호가들의 사랑을 가장 많이 받고 있다. KWV의 제레피고(Jerepigo)와 네데르부르그(Nederburg)의 슈냉 블랑으로 만든 스위트 강화 와인으로 귀부 정도가 심해 당도가 강한게 흠이다.

웰링턴(Wellington) WO 시원한 곳으로 고급와인 산지이다. 부켄하우츠클루프(Boekenhoutskloof)는 남아공 내의 탑 5에 드는 곳으로 시라는 절제미가 있는 잘 익은(14.6°) 와인이다.

달링(Darling)과 소속지구인 그뢰네클루프(Groenekloof) 소비뇽 블랑 산지이다.

스와르틀랜드(Swartland) '검은 땅'이란 의미대로 케이프 타운 바로 위의 기름진 넓은 땅이다. 진취적인 협동조합이 여러 곳으로 풀 바디 레드와 강화 와인을 생산한다. 피노타주, 카베르네 소비뇽, 슈냉 블랑을 재배한다. 소속 지구(Ward)로 리비크베어그(Riebeekberg), 맘스버리(Malmesbury)가 있다. 페어뷰(Fairview)와 사디(Sadie Family)는 남부 론 품종으로 일가를 이루어 페어뷰의 칼데라(Caldera), 사디의 콜루멜라(Columella)와 펠러디어스(Palladius)가 개성이 두드러진다.

툴바그(Tulbagh) 높은 산에 둘러싸여 덥고 건조하고 일교차가 심하다. 고급 쉬라즈와 스파클링 와인을 생산한다.

티제르베르그(Tygerberg) 더반빌(Durbanville), 필라델피아(Philadelphia)는 시원한 바닷바람과 큰 일교차로 카베르네 소비뇽, 메를로, 화이트로는 소비뇽 블랑, 샤르도네를 재배한다.

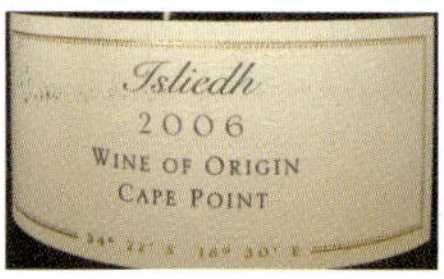

케이프 포인트(Cape Point) 케이프 타운 밑의 남측 해안으로 돌출한 작은 반도 지역으로 소비뇽 블랑과 세미용을 재배한다. 케이프 포인트(Cape Point Vineyards)의 여러 품종 중 화이트, 화이트 중 세미용에 중점을 둔다.

콘스탄티아(Constantia District) 콘스탄티아는 소속 지역이 없는 별도의 지구이다. 소비뇽 블랑과 뮈스카를 많이 재배하는 지역으로 지역의 장점을 제대로 살린 소비뇽 블랑은 좋은 소비뇽 블랑이 무엇인지 알게 해 줄만큼 맛이 깊고 깔끔하다. 뷔텐바흐탱(Buitenverwachting)은 화이트 종류가 전문이지만 카베르네도 만만치 않다.

콘스탄티아 위찌그(Constantia Uitsig)의 화이트 와인은 모두 스크류캡 마개로 남아공 스크루캡 마개 사용을 선도하는 곳이다. 포도원 내의 세 개의 레스토랑이 있다.[81]

클라인 콘스탄티아(Klein Constantia)는 1684년에 만들어진 케이프타운의 최초의 와이너리이다. 이곳의 뱅 드 콘스탄스(Vin de Constance)는 최소 5년 이상 숙성 후에 시음해야 하는 스위트 와인으로 당도가 지나치지 않는다는 느낌을 주며 모든 게 완벽하게 조화를 이룬 '전설의 100대 와인'이다. 500ml의 병이 찌그러져 있는 것은 입으로 불어 만든 18세기 방식으로 만들어 형태가 고르지 않기 때문이다. 스틴베르그(Steenberg)는 대서양의 서늘한 해풍으로 재배한 소비뇽 블랑을 만든다.

2. 클레인 카루(Klein Karoo Region)

아프리카 대륙 남단으로 케이프 타운에서 동쪽으로 180km 들어가 동서로 펼쳐있는 준 사막 지역으로 강화 와인이 나온다.

칼리츠돕(Calitzdorp) 뮈스캣으로 스위트 와인과 메를로로 가벼운 레드와인을 생산한다. 포르투와인과 브랜디도 유명하다.

81) 고급 레스토랑인 라 콜롱브(La Colombe), 네델란드 풍의 콘스탄시 위찌그(Constantia Uitsig), 캐주얼한 분위기의 더 리버 카페(The River Café) 그리고 16개의 객실을 갖춘 호텔, 크리켓 경기장, 사우나도 구비하고 있다.

랜저베르그-가르시아(Langerberg-Garcia) 랑크루프(Upper Langkloof)는 와인 생산지로는 명성이 그리 높지 않으나 골퍼인 '레티프 구센 구즈'의 와이너리가 있다. 기타 지구(Ward)로 몬타귀(Montagu), 오테니콰(Outeniqua), 트라도우(Tradouw), 트라도우 하일랜드, 어퍼 랑크루프가 있다.

3. 브리드 리버(Breede River Valley Region)

드라켄스타인(Drakenstein) 산맥의 우측 지역으로 온화한 기후를 보이지만 대체적으로 건조하며 어떤 지역은 아주 메마르기도 하다. 강물을 이용하여 관개수로를 만듬으로 용수 걱정이 없어 포도의 대량 재배로 벌크와인을 생산한다.

로버트슨(Robertson) 해양성 기후로 낮에는 덥지만 밤에는 기온이 떨어져 소비뇽 블랑, 리슬링 재배에 적합하다. 레드 품종은 시라, 카베르네 소비뇽을 재배한다. 하위 지역인 보니베일(Bonnie-vale)은 샤르도네와 시라 산지로 괄목할만하다.

부세스터(Worcester) 남아공 와인 생산량의 1/4을, 세미용 품종은 남아공 생산량의 반을 책임지는 지역으로 대부분이 벌크로 판매된다. 브랜디도 많이 생산된다.

브리드크루프(Breedekloof) 파를 지역의 우측에 위치한다.

4. 케이프 사우스 코스트(Cafe South Coast)

오버베르그(Overberg) 케이프 타운 남쪽으로 남아공에서 가장 시원한 곳이다. 소비뇽 블랑, 샤르도네, 피노 누아를 재배한다. 소속 지구로 엘렌드스쿨루프(Elandskloof), 그레이톤(Greyton), 클레인 리버(Klein River), 스리 워터(Three Water)가 있다.

엘긴(Elgin) 케이프 타운에서 동남쪽으로 한 시간 거리로 샤르도네, 리슬링, 피노 누아를 재배한다. 오크 밸리(Oak Valley)의 소비뇽 블랑은 루아르와 뉴질랜드의 장점을 모은 와인이며, 폴 클러버(Paul Cluver)의 와인들 중 사랑스러운 귀부와인(Noble Late Harvest)이 유명하다.

워커베이(Walker Bay) 바닷바람의 영향으로 시원한 곳이다. 샤르도네, 피노 누아, 피노타주, 소비뇽 블랑, 시라로 고급 와인을 만든다. 부샤르 핀라이손(Bouchard Finlayson)은 부르고뉴의 부샤르와 같이 만든 곳으로 작지만 부르고뉴 스타일의 와인들이 쟁쟁하다. 해밀튼 러셀(Hamilton Russel Vineyards)의 샤르도네와 피노 누아는 모두 뉴 월드 최고 와인 중의 하나로 인정받는다.

케이프 아굴라스(Cafe Agulhas) 아프리카의 최남단으로 강한 바람이 불어 여름에도 시원하다. 소비뇽 블랑, 세미용의 화이트 지역이다. 소속 지구(Ward)로 엘림(Elim)이 있다.

스벨렌담(Swellendam) 내륙으로 들어간 곳으로 오버베르그 우측 지역이다. 소속 지구로 버펠약스(Buffeljags), 말가스(Malgas), 스트롬스블레이(Stromsvlei)가 있다.

플레텐베르그(Plettenberg Bay) 웨스턴 케이프에서 오른쪽으로 멀리 떨어진 해안으로 포도재배의 역사가 오래 된 곳이다.

5) 기타 지역

피켓베르그(Picketberg) 스바틀란드와 털바그 사이의 넓은 지역으로 덥고 강우량은 적어 포도를 재배하기에 적당하지 않은 지역이다.

올리판츠 리버(Olifants River Region) 스와르트랜드에서 북으로 뻗은 지역으로 강우량이 적고 건조하다. 구역(district)으로 시트러스달 마운틴(Citrusdal Mountain), 시트러스달 밸리(Citrusdal Valley), 루츠빌 밸리(Lutzville Valley)이 있다.

노던 케이프(Northern Cape regions) 오렌지(Orange) 강을 따라 있는 남아공에서 가장 더운 지역이다. 대형 협동조합에서 남아공 와인의 12% 이상을 생산하여 벌크 와인으로 나온다.

제8장 아시아

아시아의 포도 재배 역사는 2,000여 년 전으로 거슬러 올라가야 한다. 그만큼 와인 생산 역시 오래 계승되어 왔다.

아시아는 11개국에서 와인을 생산하고 있다. 그 중 절반은 중국으로 26군데의 주요 지역에서 생산하며, 그 다음은 일본으로 북쪽 홋카이도에서 아열대에 가까운 미야자키에 이르기까지 와이너리가 산재해 있다. 이 외에도 한국, 베트남, 태국, 인도, 인도네시아에 이어 미얀마, 부탄, 스리랑카, 대만 등에서도 와인이 생산되고 있다. 세계에서 가장 높은 포도밭이 네팔과 부탄에 있으며 홋카이도는 가장 추운 곳이기도 하다. 가장 더운 곳은 인도네시아 발리에 있다.

재배하는 포도 품종은 카베르네 소비뇽, 메를로, 샤르도네와 같은 유럽 품종이 제일 많지만 슈냉 블랑과 시라는 인도와 태국에서 많이 볼 수 있고 소비뇽 블랑은 인도와 중국에, 리슬링과 카베르네 프랑은 중국, 피노 누아는 일본과 중국, 독일 품종인 케르너(kerner)는 일본, 템프라니요는 태국처럼 여러 품종들이 나라마다 다양하게 재배되고 있다.

특이한 점은 아시아 와인의 성장 배경에는 호주가 있다는 점으로서 지역적으로 호주와 매우 가깝다는 점이 작용했을 것이다. 중국 산뚱(山東) 지방의 화뚱(華東) 양조장은 고품질의 와인을 중국에서 처음 생산한 곳으로 호주인들의 지원이 있었고 그 외에도 호주인들이 중국의 와인 산업을 계속 후원해 왔다. 일본의 미야자키와 부탄과 인도, 태국은 호주의 영향을 받아 시라즈 품종을 도입한 곳으로 알려져 있다.

제1절 중국(China)

중국 와인의 역사는 실크 로드와 함께 하고 있다. 이 길을 따라 신장 위그루 자치구를 거쳐 내륙으로 전파되었다. 당(唐. AD 618~907년) 대에 이르러 오늘날의 우즈베키스탄의 타슈겐트로부터 포도의 유입이 많아져 짱수(江蘇), 싼시(山西), 산뚱(山東) 지방으로 퍼져 나갔다. 긴 역사와 더불어 문헌상에 나타난 와인은 오래 되었지만 중국술의 중심은 수수, 기장, 쌀 등의 곡식으로 만든 증류주였다. 따라서 전통주의 측면에서는 증류주가 대세를 이루었다.

서양 문물이 도입되며 접하기 시작한 맥주가 거대 시장이 되었으며 1892년에야 비로소 산뚱(山東)성에 양조장이 나타났고 이어 베이징(北京)과 칭따오(青島), 허베이(河北)에서 와인이 생산되기 시작하였다. 경제 성장이 본격적으로 이루어지기 시작하는 1980년대 초부터는 서구의 와인들이 수입되기 시작하여 1980년 프랑스의 코냑회사 레미 마르탱이 합자회사 다이내스티(Dynasty. 王朝)를 세웠고 1983년 짱청(長城)이 출범하였다.

중국은 이미 2011년에 세계 와인 시장의 5위에 오를 정도로 와인의 소비가 많으며 포도밭이 지속적으로 확장되고 있어 이 같은 추세로는 21세기 중반에는 세계 최대의 와인 생산국이 될 것으로 예상된다. 생산량과 소비량은 매년 20%의 신장을 보이고 있으며 꾸준한 성장세를 유지하고 있고 프랑스, 호주, 미국에서 투자하면서 기술적인 보완을 해 가고 있다.

산뚱성 옌타이(烟台) 시에서 차로 한 시간 거리인 펑라이(蓬萊) 시는 중국 와인 산업의 발전상을 한 눈에 보여준다. 중국의 와인 메이커가 다 이곳에 들어와 있으며 7,000ha가 넘는 재배 면적에서 4만 가구 이상의 농가가 포도 재배에 전념하고 있다.

이러한 성공은 이곳이 사토(沙土)와 바닷가의 강렬한 햇볕 등 포도 재배에 알맞은 기후 조건과, 시(市) 당국에서 포도주 국(局)까지 만드는 적극적인 지원이 있었고, 무엇보다 중국 와인 시장의 팽창이라는 요인이 있기 때문이다.

1. 포도 품종

용안(龍眼), 뮈스캣 함부르그(muscat hamburg)와 카베르네 소비뇽, 샤르도네 등 레드 와인이 80%로 대부분이 레드 와인 일색이다.

2. 와인 생산 지역

옌타이(烟台市)는 중국 와인 생산량의 40%를 점하는 가장 큰 생산지역이다.

창유(烟台張裕葡萄釀酒有限公司)[82]는 민간 합작기업으로 연간 10만 톤 이상을 생산하는 아시아 최대 규모의 양조장이다. 짱청(長城)과 더불어 중국 와인 생산의 40%를 점하는 중국의 양대 산맥이다. 독일의 루프트한자 항공사의 1등석 메뉴에 들어갔고 특급 호텔의 와인 리스트에도 이름을 올리며 하루가 다르게 발전하고 있다. 유럽 16개국에 30만 병의 와인을 수출하고 있다. 2013년 박근혜대통령이 방중하여 시진핑 주석과의 만찬 시 1992년산 레드와 2008년산 화이트가 식탁에 올랐다. 화뚱(青島華東葡萄釀酒有限公司)은 옌타이 인근의 칭따오에 위치하며 중국 최초의 유럽형 와이너리로 샤르도네의 화이트가 유명하다.

신찌앙(新疆吾尔自治区) 위구르의 전통방식으로 각 가정에서 만들던 무세레스(museles)가 상품화되어 메르셀레스(Merceles)라는 브랜드로 나오고 있다. 로우란(Loulan)은 실크 로드(Silk Road)라는 브랜드로 신짱(新疆) 투루판(吐魯蕃)에서 레드와인은 카베르네, 화이트는 리슬링, 소비뇽 블랑, 샤르도네로 유럽 스타일 와인을 만들어 호평을 받는다.

닝시아(宁夏回族自治区) '보르도에 필적할 닝시아'라 스스로 칭할 만큼 중국 내의 고품질의 와인이 나온다. 베이징, 쟝쟈커우(張家口, 허베이), 이빈(宜宾, 쓰치안), 퉁화(通化, 지린), 타이위안(太原, 샨시)

허베이(河北) 베이징 드레곤 실(Beijing Dragon Seal Wines)은 페르노 리카르와 합작하여 카베르네 소비뇽, 베를로, 시라로 레드 와인을 만들고, 샤르도네, 리슬링 소비뇽 블랑으로 만드는 화이트는 20%가 채 안된다. 그레이트 월(Great Wall, 長城)은 프랑스의 막텔(Martell)과의 합작으로 생산하는 화이트 와인이 좋은 품질이며 가벼운 스타일의 레드도 만들고 있다. 2008년

82) 중국에서 현대적인 와인 산업의 시초로 1892년 짱삐스(張弼士)가 유럽에서 유학을 마치고 귀국 길에 150그루의 비니페라(vinifera) 품종의 포도나무를 들여와 재배하였으며 오스트리아인을 와인 메이커로 고용하여 와이너리를 설립하였다.

베이징 올림픽 때 독점 와인 공급업체였고 2010년 상하이 엑스포에서 와인 공급업체로 선정되었다. 다이내스티(Dynasty. 王朝)는 프랑스 래미 마르탱과 합작하여 카베르네 소비뇽, 샤르도네로 와인을 만든다.

마카오 와인 박물관

110년 동안 포르투갈의 지배령이었던 마카오에 전해진 포르투갈 와인에 대한 모든 것을 알려주며 1,000여 종이 넘는 포르투갈의 지방별 특산 와인과 와인 문화를 한 눈에 보기 좋게 전시하고 있다. 입장할 때 소믈리에가 추천하는 와인을 맛보며 다양한 가격대의 포르투갈 와인을 구비하고 있다.

제2절 일본(Japan)

일본 와인의 역사는 1876년(明治 10年)부터 시작된다. 야마나시(山梨)현에서 '祝村 葡萄酒釀造會社'가 설립되어 프랑스의 와인기술을 배우기 위해서 두 명의 기술자[83]를 선발하여 유학 보낸 2년 후에 기술자들의 귀국과 더불어 와인양조가 개시되었다. 그러나 당시 일본의 나쁜 경제상황과 더불어 단맛에만 길들여져 있던 소비자들이 프랑스식 와인 맛을 선호하지 않았던 이유로 10년 만에 문을 닫았다.

그 후 프랑스에 와인양조를 배우기 위해 유학갔던 2명 중의 한 사람인 츠지야가 만든 '大泉葡萄酒'(현재의 達磨葡萄酒)가 창업 100년의 역사를 자랑하고 있다(豊田眞維 外, 2006: 142~143).

최북단인 홋까이도(北海道)에서 최남단인 규우슈우(九州)까지 포도를 재배하여 좋은 와인들을 만들고 있다. 특히 야마가타(山形), 이와데(岩手)현, 도후꾸(東北) 지방, 간토(關東) 지방과 야마나시(山梨), 나가노(長野), 니이가타(新潟)현과 긴키(近畿) 지방에 와이너리들이 많다.

아직 일본에서 재배되는 대부분의 포도품종은 식용이지만 최근 젊은 사람들이 와인에 관심을 보이며 양조용 포도품종의 비중이 점점 높아지고 있는 추세다.

1. 포도 품종

화이트 와인용 품종 고슈(甲州)는 껍질이 얇고 신맛이 강한 일본 고유의 품종이다. 드라이 화이트를 만들지만 스위트 와인용으로도 많이 쓰인다. 네오 머스캣(Neo Muscat), 델라웨어(Delaware), 카이 블랑(Kai Blanc), 나이아가라 및 샤르도네, 리슬링, 케르너, 세미용, 소비뇽 블랑, 뮐러-투르가우도 재배된다.

레드 와인용 품종 뮈스캣 베일리 A와 블랙 퀸은 가와가미 젠베이[84]가 개발한 품종으로 특히 블랙 퀸은 베일리와 골든 퀸의 교배종으로 글로벌 품종과 블렌딩하여 신맛과 떫은맛이 강한 장기 숙성용

83) 츠지야(土屋龍憲)와 다카노(高野正誠)

와인을 만든다. 콩코드, 아뮤렌시스(Amurensis), 블랙 퀸(Black Queen), 에디론닥(Adirondack), 카이 누아(Kai Noir) 그리고 카베르네 소비뇽, 메를도, 카베르네 프랑, 쁘띠 베르도, 시라 등도 재배된다. 뮈스캣 베일리 A(Muscat Bailey A)는 가와가미 젠베이(川上善兵衛)가 니이가타의 이와노하라(岩の原) 와이너리에서 일본의 기후에 적합한 품종으로 개발한 교배종이다.

2. 와인 생산 지역

야마나시(山梨) 현 수도인 도오쿄오에서 서쪽으로 100km에 야마나시 현 현청 소재지인 고후(甲府)가 있다. 야쓰가타케(八ケ岳), 아카이시(赤石) 산맥 그리고 일본의 상징인 후지산(富士山) 등 해발 2천m가 넘는 산악지대로 둘러 싸여 있는 해발 200~400미터의 분지로 오래 전부터 포도, 복숭아, 자두 등의 과일 생산지역으로 유명하였고 일본 와인이 처음 시작된 곳이다.

후지 산을 안고 있는 곳으로 일본 전체 와인 생산의 70%를 차지하고 있는 일본 최대의 와인 생산지이다. 일본 내의 와이너리 중 반이 이곳에 있어 어느 곳을 가도 쉽게 포도밭을 볼 수 있을 정도로 후지 산과 함께 포도가 야마나시 현을 상징하고 있다.

카츠누마(勝沼)는 고슈(甲州) 시에 속한 곳으로 고슈 와인의 메카이다. 고슈 시에서 운영하는 '카츠누마 포도의 언덕' 은 1977년 8월에 오픈 되어 현재는 매년 60만 명의 관광객들이 찾아올 정도로 유명해진 곳이다. 주변이 포도밭들로 둘러 쌓인 높은 언덕에 위치한 이곳에는 온천과 레스토랑 그리고 숙박 시설이 마련되어 있고, 4만 병 이상의 와인을 저장할 수 있는 지하 셀러도 갖추고 있다. 이곳에 서장된 와인들은 모두 야마나시 현에서 발급한 품질 인증 스티커가 부착된 200여 가지 와인들로 관광객들은 1인당 1,100엔만 지불하면 이 와인들을 무제한으로 맛볼 수도 있다.[34]

그레이스(Grace)는 1923년에 설립된 와이너리로 2011 디캔터 월드 와인 어워드(Decanter World Wine Awards)에서 '그레이스 고슈 카야가타케(Grace Koshu Kayagatake) 2010' 빈티지가 일본 와인으로는 처음으로 실버 메달을 수상하였다. 그레이스의 고슈(koshu)는 아로마가 짙지는 않으나 단맛이 느껴지며 신맛은 적다.

로리앙 와인(L' orient Wine)은 1939년에 설립되어 신의 물방울에 소개된 품질 좋은 고슈 와인을 만드는 곳으로 식용 벚꽃을 넣어 만든 '사쿠라 와인' 도 잘 알려진 일본 와인 중 하나다.

마루후지(Marufuji Winery)의 루바이야트(Koshu Rubaiyat Sur Lie)는 투명에 가까우며 경쾌한 신맛과 균형감이 입에 머금으면 바로 느껴진다.

메르시앙(Château Mercian)은 1877년 시작된 곳으로 와인 품질에 있어서 일본 최고의 와인으로 손꼽힌다. 일본 내의 와인 판매 1위를 달리며 국제대회에서 많은 상을 수상한 명성 높은 와이너리다. 메르시앙의 키이로카(Kiiroka)는 상쾌한 과일 향과 산도의 조화가 스시나 튀김요리에 좋은 조화가 된다. 토미 노 오카(登美の丘)[85] 와이너리는 일본 최대의 주류 회사인 산토리(Suntory)[86]가 운영하는 곳으로 1975년에 일본에서 처음으로 귀부(roble rot) 와인을 만들기도 하였다.

모리타(盛田 甲州)와이너리, 세인트-네쥬(Ste, Neige), 소류(蒼龍 葡萄酒), 후짓코(Fujicco Winery), 혼보 슈조(本坊酒造 山梨 Mars), 야마토(大和葡萄酒)도 현지에서 알려진 곳이며 산토리(Suntory)는 위스키뿐 아니라 와인도 이곳에서 생산하고 있다.

84) 가와가미 젠베이(川上善兵衛. 1868~1944)는 니이가타의 이와노하라(岩の原) 와이너리에서 일본의 기후에 적합한 품종을 만들기 위해 뮈스캣 베일리 A(Muscat Bailey A)와 블랙 퀸(black queen)을 교배종으로 개발했다. 1932년과 1933년에 '포도 사전' 이란 제목의 책 3권을 출판하는 등 일본 와인산업에 지대한 영향을 주어 '일본 와인의 아버지' 로 불리고 있다.

나가노(長野) 식용 포도를 많이 재배하지만 메를로와 샤르도네 재배면적이 일본에서 가장 넓어 일본 전체의 반 이상을 점하고 있다. 메르시안(Château Mercian), 만즈(Manns Wine) 같은 대형 양조장의 메를로도 질이 좋다. 이즈츠(井筒) 와이너리도 카베르네 소비뇽, 카베르네 프랑 등이 좋으며, 하야시 노엔(林農園)도 현지에서 이름이 나 있다.

이와데(岩手)

니이가타(新潟) 까브 도치(Cave D' occi)[87]는 니이가타 시 외곽의 사구(砂丘) 해안 근방에 조성된 와이너리로 사장인 오차키 이치로씨가 독일 양조학교에서 3년간 배운 기술로 와이너리를 조성해 니이가타의 명소가 되게 만들었다.

야마가타(山形)

도쿄 북쪽의 니이가타와 센다이 사이의 지역으로 특산물로 체리와 배 같은 과일이 많이 나온다. 이와노하라(岩の原) 양조장은 레드 품종인 뮈스캣 베일리 A와 블랙 퀸의 고향이다. 텐도(天童)와인, 다카하타(Takahata Wine)도 알려져 있다.

기타

홋카이도의 도가치(十勝), 후라노(ふらの) 와인, 시가의 히토미(Hitomi) 와인, 도치기의 나스(那須) 와인, 교토의 단바(丹波), 오사카(大阪)의 가와우치(河内) 와인, 효고(神戸)의 고오베(神戸) 와인, 미야자키의 아야(綾), 츠노(都農) 와인이 지역별로 잘 알려져 있다.

제3절 한국(Korea)

1906년 서울 뚝섬에 원예모범장이 설립되어 포도를 재배하기 시작하였고 1970년대에 정부에서 곡류로 만든 술 대신 과일로 만든 술을 장려하여 포도단지가 조성되었다. 국내에서는 포도를 비롯해 감, 배, 복분자, 석류 같은 과일도 다양하게 와인을 만들고 있으나 우리나라의 테루아가 와인용 포도 재배에 적합지 않고 재배나 양조 기술이 미진하여 국산 와인은 세계적 기준에 미흡한 실정이다.

---

85) 2003년 보르도에서 열린 시타델 와인 국제 대회(International Les Citadelles du Vin)에서 '토미 레드(Tomi Red) 1997' 빈티지가 골드 메달을 받았고, 2012년도에 열린 같은 대회에서는 '토미 노블 도르(Tomi Noble D' or) 2002' 빈티지와 '토미 노 오카 샤르도네(Tomi No Oka Chardonnay) 2011' 빈티지가 골드 메달을 받았다.

86) 산토리(Suntory)는 와인 숙성에 알맞은 13℃의 온도를 유지하는 동굴에 150만 병의 와인을 저장하며 압축기, 분쇄기, 발효소 등 와인 제조과정의 견학과 시음 및 구매도 할 수 있다. 보르도의 샤토 라그랑주(Château Lagrange, 포므롤), 샤토 베슈벨(Château Beychevelle, 생-쥴리앵)의 소유주이기도 하다.

1. 포도 품종

전 국토의 대부분에서 포도 재배가 가능하지만 와인 양조용 포도 재배로는 토양, 기후 등에서 적합하지 못하다. 캠벨 얼리(campbell early)[88], 거봉(巨峰), 머스캣 베일리 A, 시이벨 9110(seibel)[89], 네오 뮈스캣 등을 재배한다.

2. 와인

충북 영동 포도 생산량도 많으며 인지도도 높은 곳이다. '와인 코리아'의 샤토 마니가 잘 알려져 있으며, 샤토 미소, 컨츄리 와인 등이 있다.

경북 영천 1977년 두산그룹이 경산에 마주앙 공장을 신축하면서 영천지역에 양조용 포도를 계약 재배하기 시작한 게 영천와인의 시초라 할 수 있다. 포도 재배 면적과 생산량이 우리나라에서 제일 많으며 와인용 포도 재배도 가장 적합한 곳이다. 공동 브랜드인 씨엘(Ciel)과 '한국 와인' 외 농가형, 공장형의 와이너리에서 와인을 만들며 와인 투어와 와인 학교도 운영되고 있다.

충남 천안 두레 양조에서 거봉을 사용하여 두레앙(Duraean)이라는 브랜드로 와인과 브랜디를 만들고 있다.

경기 안산 대부도에 있는 그랑 꼬또(Grand Coteau)에서 캠벨얼리로 만든 레드 와인이 나온다.

경북 경산 마주앙은 1977년 동양맥주(지금은 롯데 주조)에서 최신의 설비를 갖춘 현대식 공장을 건설해 국내에서 재배된 양조용 포도로 개발한 것으로 레드, 화이트 와인이 나온다.

88) 캠벨 얼리(campbell early). 1892년 미국에서 개발된 것으로 생식용으로 좋으며 병충해 및 내한(耐寒)에 강하다.
89) 시이벨 9110(seibel). 양조용으로 좋지만 조기 수확하면 신맛이 강하며 껍질이 얇다.

미주

1. Harriet Lembeck, "Grossman's Guide to Wines, Beers & Spirits", Wiley Publishing Inc, 7th Revised Edition, 2006, pp.200~202
2. George M.Tabe, "Judgement of Paris", Scribner,2005,pp.202~203, p.305
3. Kevin Zraly, "Windows on the world Complete Wine Course", Sterling Publishing Co, 2005, pp.71~72
4. Charles Lewis Sulliva, "A Companion to California Wine", University of California press, 1998, p.89
5. 村上 龍, 권남희 역, "와인 한 잔의 진실", 창해, 1999, pp.9~30
6. 조선일보, 2010, 10월 19일, B5
7. Don W. Martin, Betty Woo Martin, "The Best of Wine Country", Discover Guide, 2005, pp.53~121
8. Robert Park, 오상용 역, "The Greatest Wine", Wine Books, 2005, p.729
9. Tom Stevenson, "The New Sotheby's Wine Encyclopedia", A Dorling Kindersley Book, 3rd Edition 2001, pp.469~471
10. Robert Park, 오상용 역, "The Greatest Wine", Wine Books, 2005, p.673
11. Tom Stevenson, "The New Sotheby's Wine Encyclopedia", A Dorling Kindersley Book, 3rd Edition 2001, p.481
12. John Doerper, "Oregon Wine Country", Compass American Guides, 2004, pp.163~172
13. John Doerper, "Oregon Wine Country", Compass American Guides, 2004, pp.192~206
14. John Doerper, "Oregon Wine Country", Compass American Guides, 2004, pp.174~190
15. John Doerper, "Washington Wine Country", Compass American Guides, 2004, pp.182~202
16. John Doerper, "Washington Wine Country", Compass American Guides, 2004, pp.21, 98~118
17. Steven Kolpan, Brian H. Smouth, Michael A. Weiss "Exploring WINE Third Edition" The Culinary Institute of America, Wiley, 2012, p.189
18. John Schreiner, "British Colimbia Wine Country", Whitecap Books, 2004, pp.37~47
19. John Schreiner, "British Colimbia Wine Country", Whitecap Books, 2004, pp.17~35
20. Rod Phillips, "Ontario Wine Country", Whitecap Books, 2006, p.26
21. Christopher Fielden, "The Wines of Argentina, Chile and Latin America", Faber and Faber, 2001, pp.176~178
22. Tom Stevenson, "The New Sotheby's Wine Encyclopedia", A Dorling Kindersley Book, 3rd Edition 2001, p.509
23. Christopher Fielden, "The Wines of Argentina, Chile and Latin America", Faber and Faber, 2001, p.15
24. Evan Goldstein, "Wines of South America", University of California Press, 2014, p.186
25. Evan Goldstein, "Wines of South America", University of California Press, 2014, p.186
26. Evan Goldstein, "Wines of South America", University of California Press, 2014, p.187
27. Evan Goldstein, "Wines of South America", University of California Press, 2014, p.189
28. Tom Stevenson, "The New Sotheby's Wine Encyclopedia", A Dorling Kindersley Book, 3rd Edition 2001, pp.502~503
29. Maryann Egan, "Australian & New Zealand Wine for Dummies", Wiley Publishing Australia, 2004, p.25
30. Maryann Egan, "Australian & New Zealand Wine for Dummies", Wiley Publishing Australia, 2004, p.27
31. Clarke, 2004: 58~75)
32. Robert Park, 오상용 역, "The Greatest Wine", Wine Books, 2005, pp.42~44
33. Michael Cooper, "Wine Atlas of New Zealand", Hodder Moa Beckett Publishers, 2002, pp.211~242.
34. 豊田眞維 外, "世界が認めた 日本のワイン", リイド社, 平成 18年(2006), pp46~49

제6부

와인 즐기기

제1절 와인 테이스팅

1. 와인 품질

와인의 맛이 천차만별인 것은 우선 다양한 품종으로 만들기 때문이다. 재료가 다르니 그 재료에 따라 맛이 달라지게 마련이다. 다음으로는 기후와 토양이 달라서 같은 지역의 같은 품종의 포도라 할지라도 해에 따라 날씨가 달라지므로 빈티지에 따라 품질이 달라진다.

그리고 재배방법이나 수확기가 다르며, 발효나 숙성, 저장 등의 와인 양조상의 과정에 의해서도 많은 차이가 나게 된다.

와인 품질 결정 요소

품종	색상, 맛, 향의 특성이 있어 와인 맛을 결정하는 기본 요소 레드와 화이트 품종이 상이하다.
테루아 (토양, 기후, 지형 등)	포도가 익는데 영향을 미친다. 빈티지의 좋고 나쁨을 결정하는 요소가 된다.
양조 기법(know-how)	발효, 숙성, 정제, 블렌딩 등의 양조상의 일련의 과정 경험과 경륜이 필요하다.

1) 외관(Appearance)

외관이란 시각(sight, look)을 뜻하며 와인의 색깔, 투명도, 유동성을 이른다.

(1) 색깔(Colour)

와인을 마시기 전에 글라스를 비스듬히 기울여 와인 가장자리의 빛깔과 투명도, 점도 등의 외관을 확인한다. 색의 농도는 와인 성분이 고루 포함되어 있는지를 나타낸다. 레드 와인은 처음에 자주 빛이었다가 숙성되면서 루비나 석류 색으로 변하고 마지막에는 초콜릿 색깔이 된다. 오크통에서 오래 숙성시킨 와인은 벽돌색이 되기도 한다. 질이 떨어지는 와인은 깨끗하지 못하고 뿌옇게 보인다.

화이트 와인은 일반적으로 숙성이 덜 된 상태에서는 색이 엷고 초록빛이나 연두빛을 띤 노란색이지만 숙성이 될수록 짙어져 노랑이나 황금색 빛을 띠다가 최종적으로 옅은 갈색으로 변하게 된다.

(2) 투명도(Clarity, Limpidity)

색깔과는 별도로 와인의 투명도를 보고 와인을 평가할 수 있다. 침전물은 레드 와인에는 병의 밑 부분에 가라앉아 있어야 하며 화이트 와인은 없어야 한다. 와인이 탁하거나 미세한 불순물이 보인다면 보관 중 와인이 변질되어 있을 우려가 많으며 마실 때 좋지 않은 느낌이 든다.

투명도는 선명한(clear), 혹은 흐린(dull)으로 표현한다. 농담(濃淡)과 청징도(淸澄度)도 관찰하여야 할 사항으로 농담이란 색의 농도로서 숙성 타이프인지 프레시 타이프인지를 살펴보고, 청징도란 탁한 여부를 가늠하여 품질을 살피는 것이다.

스파클링 와인은 기포의 상태를 확인한다. 섬세한 기포가 계속 올라오는 것이 좋은 와인이다.

(3) 유동성(fluidity)

와인 잔을 가볍게 돌려서 와인을 출렁이게 하면 잔의 내측을 타고 흘러내리는 흔적을 볼 수 있다. '와인의 다리', 혹은 '와인의 눈물' 이라고도 하는 것으로 흘러내리는 것이 빠르면 와인의 점도(粘度)가 낮은 것이고, 느리면 점도가 높은 즉 여러 성분을 다량 함유하고 있는 와인이다. 이는 와인의 유질 성분인 알코올, 글리세롤, 과당 등이 풍부한 좋은 와인이다.

2) 향(Aroma, Bouquet)

와인의 향을 맡으면 포도 품종, 토양과 기후, 생산 과정, 숙성 과정을 알 수 있다. 특히 포도 품종은 와인의 스타일과 특징에 가장 중요한 영향을 미친다. 하지만 포도 품종의 종류가 수천여가지가 넘고 토양과 기후, 양조 과정에 따른 다양한 와인들의 스타일을 향을 한번 맡는 것만으로 분류하기는 어렵다. 그러나 와인의 향은 실제의 맛만큼이나 많은 정보를 담고 있으므로 향의 분류법을 익히는 것이 와인을 제대로 아는 것이다.

(1) 아로마(Aroma)

와인의 외관을 보고난 후에 글라스에서 올라오는 그윽한 향을 코로 맡아보고 느끼게 되는데 이때 나오는 과일 향이 포도가 원래부터 지니고 있던 것으로 아로마라 한다. 포도 품종이나 숙성도에 따라 여러 향이 느껴지는데 와인의 향기가 그 와인의 질을 나타내며 과일 향이 물씬 풍기는 것이 좋은 와인이다.

아로마 향이 풍부하면 '진한 향', '탐스런 향'으로 표현한다. 향의 종류를 나타내는 말은 꿀과 같은 향, 꽃향기, 과일 향, 허브 향으로 표현된다. 오크통에서 장기 숙성된 레드 와인은 오크통에 의해 생기는 바닐라 향도 느낄 수 있다.

향이 좋지 않은 와인은 당연히 질이 떨어지는 와인이다. 곰팡이가 핀 오래된 통에 저장되었던 와인은 썩은 버섯냄새가 나고 코르크로 꼭 막지 않은 와인은 젖은 톱밥냄새가 난다. 아황산가스를 방부제로 많이 사용한 와인은 썩은 양배추 냄새가 나기도 한다.

(2) 부케(Bouquet)

글라스에 와인을 따라 테이블 위에 둔 상태로 혹은 손에 잡은 채 한두 번 회전시켜 보는 것을 스월링(swirling)이라 하며 이렇게 하면 와인이 공기와 접촉하여 잠자고 있던 향의 성분이 올라오면서 퍼진다. 이때의 향을 부케라 하며 스월링 후 바로 코에 대고 부케를 확인하여야 한다.

부케는 와인이 숙성되는 과정에 내부에서 생기는 향으로 숙성의 정도와 방법에 따라 다양한 향이 생겨나게 된다. 레드 와인은 비교적 진한 향으로 야생 딸기, 나무딸기, 버찌와 같은 과일 향, 피망과 같은 야채 향, 장미나 제비꽃 같은 꽃 향, 허브, 정향나무나 감초 같은 향신료 향, 마른 잎, 홍차, 부엽토, 버섯, 가죽 냄새, 담배 냄새 등으로 표현한다. 오크통에서 장기 숙성된 레드 와인은 바닐라, 토스트 향, 삼목나무 향 등으로 많이 표현된다.

화이트 와인은 레드 와인보다 가벼운 느낌의 향으로 레몬, 라임, 사과와 같은 신선한 과일향이 나는 것이 많다. 그리고 장미, 백합, 라일락 등의 꽃향기, 박하, 바질 등의 허브 향, 흰곰팡이, 버섯, 건초, 말린 과일 등으로 표현한다. 또한 꿀 같은, 버찌 같은, 식물 같은, 꽃과 같은, 복합적인, 과일 향, 미네랄 등으로 나타내기도 한다.

(3) 향 분석 방법

향 분석법

향	향의 성질	향을 맡는 방법
1차 향	포도품종 고유의 향	글라스가 흔들리지 않게 맡는다.
2차 향	와인 양조과정에서 나타나는 향	잔을 흔들어 돌린 후 향을 발산하게 해 맡는다.
3차 향	1, 2차 향이 산화되면서 진화되는 향	와인을 마시고 난 후 빈 글라스의 향을 맡는다.

3) 향의 종류

와인 향의 분류

과일 향	자두, 베리(berry)류, 무화과, 바나나, 블랙커런트, 복숭아, 배, 사과, 살구, 포도, 자몽, 오렌지, 레몬, 감귤류, 파인애플, 딸기, 산딸기, 오디, 말린 과일, 체리
식물 향	건초, 잔디, 풀, 피망, 콜리플라워(양배추꽃), 익은 양배추, 유칼리나무, 짚, 차(茶) 등
꽃 향	아카시아, 제라늄, 제비꽃, 장미, 라벤더, 아이리스, 오렌지꽃, 리나로올 등
향신료 향	허브, 스파이시향, 흑색후추, 감초, 박하, 바닐라, 커리
동물 향	사향, 피냄새, 고양이오줌 냄새, 고기, 베이컨, 가죽 등
미생물	사우어크라우트, 부티르산, 땀내, 젖산, 효모 등
화학적 냄새	고무, 석유, 알코올, 벤젠, 식초, 요오드, 산화 냄새, 황하수소, 황
광물질 향	철, 인, 유황
흙 냄새	earthy, 버섯, 먼지, 곰팡이, 부식토
나무 향	woody, 참나무, 삼나무, 소나무 등의 여러 가지 나무
탄 내	burnt, 커피, 연기, 고무 탄내, 굽는 냄새, 구운 토스트, 담배
감미로운 향	꿀, 버터, 초콜릿, 모카, 비스킷, 당밀 등
견과류	밤, 호두, 헤이즐넛, 아몬드 등

(1) 바나나(banana)

잘 익은 바나나 향은 화이트 와인이나 갓 양조했거나 가벼운 레드 와인에서 나온다. 샤르도네, 가메이, 시라 품종에 주로 포함되어 있다.

(2) 그레이프프루트(grapefruit)

감귤류 가운데 가장 큰 과일로 말레이시아가 원산지다. 보르도의 샤토 뒤겜, 소테른이나 바작의 스위트 와인, 알자스의 게뷔르츠트라미너, 리슬링, 루아르의 푸이 퓌메, 그리고 오스트리아의 스위트 와인, 뉴질랜드와 캘리포니아의 소비뇽 블랑에서도 보인다.

(3) 레몬(lemon)

숙성되지 않은 화이트 와인에서 맡을 수 있는 향으로 특히 소비뇽 블랑이나 논-빈티지 샹파뉴 리슬링에서 가장 두드러진다.

(4) 라임(lime)

호주의 좋은 세미용이나 리슬링에서 나타나는데 리슬링은 병입 후에 라벤더향으로 바뀌기도 한다.

(5) 릿치(lychee)

천연상태의 릿치는 무화과 향과 비슷하며 통조림으로 가공되어 중국요리의 디저트로 많이 쓰인다. 알자스의 게뷔르츠트라미너에서 장미향과 더불어 나오는 전형적인 향이다.

(6) 메론(melon)

아시아가 원산지로 유럽에 전해져 교황을 위시해 식도락가들이 즐긴 과일이다. 프랑스의 프로방스, 오스트리아의 리슬링, 호주와 미국의 샤르도네에서 두드러진다.

(7) 오렌지(orange)

주로 보르도의 소테른과 바작, 루아르, 트로켄베렌아우스레제와 같은 좋은 스위트 와인에서 나타나며 블라인드 테이스팅에서 뮈스카 와인과 구별하는 단서가 된다.

(8) 파인애플(pineapple)

15세기에 브라질에서 처음 발견된 것으로 강한 신맛과 더불어 지방 분해 성분이 있어 과식했을 때 소화 촉진으로도 쓰인다.

와인에서 열대과일 향이라고 할 때 파인애블 향을 의미할 때가 많다. 보트리티스 시네리아의 세미용으로 만든 스위트 와인이나 늦 수확 스위트에서 두드러진다. 리슬링에서 레몬향과 섞여 나타나기도 하며 일반적으로 숙성되지 않은 와인에서 드러나지만 시간이 지나면서 사라져 버린다.

4) 후각적 표현

순도(refinement)는 맑은(clean), 탁한(unclean)으로, 농도(intensity)는 약한(weak), 미디엄(medium), 진한(pronounced), 강한(intensive), 강렬(powerful)의 순으로, 숙성도(development)는 미숙성 혹은 어린(youthful), 숙성(mature)으로 표현한다.

5) 아로마 휠(Aroma Wheel)

아로마 휠은 노블(Ann C. Noble) 교수가 캘리포니아 대학교 데이비스 캠퍼스(University of California at Davis)에서 행해진 '와인 지각 연구결과' 를 통해 개발한 기준표이다.

아로마 휠에는 와인에서 나는 복잡한 향을 쉽게 표현할 수 있도록 기준을 제시해 주어 테이스팅 기술 향상과 요어를 개발하는데 도움을 준다. 아로마 휠을 이용하는 방법은 먼저 제일 안쪽의 기본 분류를 이용하여 일반적인 향을 구분하고 바깥 족으로 나가면서 세분화된 향을 찾는다.

아로마 키트(Aroma Kit) 향(액)이 담긴 작은 유리병과 와인에서 나오는 여러 향의 개요와 설명, 사진, 와인과의 연관성 등을 공부하기 위한 키트다. 종류가 많지만 부르고뉴 출신의 장 르누아르가 1981년 내 놓은 '와인의 코(Le Nez du Vin)' 의 선호도가 가장 높다.
레드, 화이트 각 12가지, 24가지 향, 54종 세트, 오크통 숙성을 거친 와인 향 등의 종류가 있다.

아로마 휠

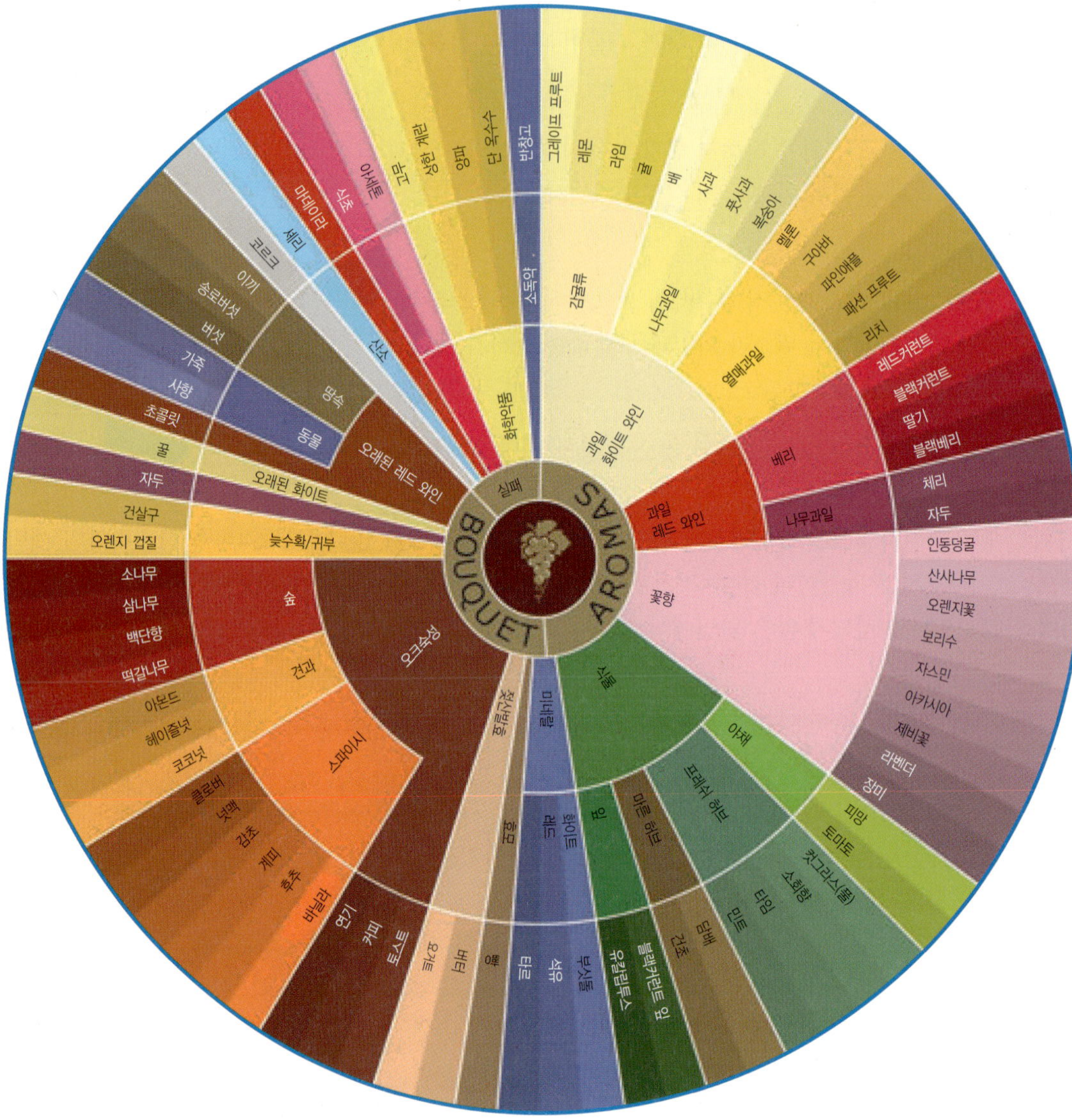

2. 맛(Taste)

미각은 혀에 분포되어 있는 맛 감각과 입천장, 잇몸 등 입안 전체에서 다양한 맛을 느끼게 된다. 이에는 기본적으로 와인을 구성하고 있는 주요 요소인 알코올과 타닌, 당분 그리고 산을 통해 신맛, 단맛, 떫은 맛, 쓴맛, 짠맛을 식별할 수 있다. 이밖에 촉감이나 유질성, 수렴성 등을 느낄 수 있다.

맛을 식별하기 위해서는 와인을 입에 약간 머금고 혀로 굴려가며 입안 전체로 퍼뜨려 맛을 음미해 본다. 입술을 오므려 "슷 ~~~"하고 공기를 들이마시면 입 안에서 맛과 향이 퍼져 효과적으로 맛을 볼 수 있다. 혀는 끝부분에서 단맛을, 양 옆 부분에서 신맛을, 안쪽 부분에서 쓴맛을 느낀다.

레드 와인은 레드 품종의 씨와 껍질을 통째로 발효시킴으로서 떫은맛을 내는 타닌과 색소가 추출된다. 포도껍질과 씨에 들어있는 타닌은 떫은맛과 신맛의 미묘한 조화로 깊은 맛을 자아내게 하므로 레드 와인의 맛을 결정하는 주요요소가 된다. 레드 와인에서 단맛은 별로 느끼질 못하지만 입을 오므라들게 하는 것은 이러한 타닌 때문이다. 레드 와인을 만들 때에도 프랑스 일부 지방에서는 일정 비율 화이트 품종을 섞기도 한다.

화이트 와인은 산(酸)이 많으므로 일반적으로 신맛이 느껴진다. 와인과 혀끝이 처음 만나는 순간을 어택크(attack)라 한다.

1) 단맛(Sweetness)

와인에서 단맛을 내는 물질은 발효가 안되고 남아있는 당분, 글리세롤(glycerol), 알코올 등이며 글리세롤은 발효의 부산물로 단맛에 기여한다. 당도에 따라 와인을 스위트, 미디엄스위트, 드라이로 구분한다.

2) 신맛(Acidity, Sourness)

모든 와인은 신맛을 가지지만 종류에 따라 강하게 느껴지는 것이 있다. 와인의 신맛은 주로 사과산, 젖산, 구연산이며 레드보다는 화이트 와인에 많이 포함되어 있다. 화이트 와인에서의 신맛은 와인 테이스팅의 핵심이 된다. 즉 신맛이 적당한 화이트는 상큼한 맛이 느껴지는 반면 신맛이 없는 화이트 와인은 늘어져서 맥이 빠진듯한 느낌이 들기 때문이다.

산도(酸度)는 낮은, 미디엄, 높은으로 표현한다.

3) 떫은맛(Tannin, Astrigency)

타닌은 포도의 껍질과 씨와 줄기에 들어있는 자연 성분이다. 레드 와인에 많이 느끼게 되는 떫은맛은 껍질과 씨를 함께 발효시키기 때문이다.

타닌은 적은, 미디엄, 많은으로 구별하고, 이러한 타닌의 정도에 따라 수렴성(astrigent. 收斂性), 탄탄한, 견실한(firm), 부드러운(軟性. soft)이라 표현한다.

4) 짠맛(Saltness)

와인에 들어있는 염(鹽)은 산과 금속의 결합 형태로 와인에 독특한 맛을 형성시키고 신선감을 주기도 한다.

3. 좋은 품질의 와인

1) 균형(Balance)

단맛과 신맛, 타닌이 와인의 맛을 구성하는 세 요소로서 이러한 요소가 다른 요소와의 연관관계를 균형이라 한다. 즉 와인을 마실 때 어떤 특정 요소 하나만 강하지 않고 고루 느끼는 것이다. 타닌과 신맛은 중성(重性)요소이며 단맛은 연성(軟性)요소가 된다. 균형이란 이 강하고 연한 현상이 서로 잘 조화된 것으로 품질을 나타내는 핵심이 된다.

균형이 잘 잡힌 고급 와인에 대한 찬사는 기품있는, 우아한, 세련된 이라는 말을 쓰며 최고의 찬사는 위대한(great)라는 말이다.

2) 길이(Length)

지속성을 표현하는 것으로 짧다(short), 오랜, 길다(long) 등으로 나타낸다. 혀에서의 느낌이 오래 가거나 테이스팅 중에 그 맛이 금방 사라지지 않은 것을 가리킨다. 길이가 긴 와인은 와인의 질이 좋은 것을 나타내주는 신호가 된다.

3) 깊이(Depth)

깊이는 좋은 와인임을 나타내주는 계량할 수 없는 다른 표현으로 맛이 깊다, 얕다고 표현된다. 입안에서 와인이 평평하거나 일차원적으로 느껴지는 것은 결코 좋은 와인이 되지 못한다.

4) 복합성(Complexity)

와인을 마실 때마다 새로운 향이나 인상을 준다면 그것은 좋은 와인으로 평가된다. 와인은 스스로가 다양한 성질을 가지고 있어 여러 가지 향과 맛을 가진 와인은 그것을 전체적으로 느껴야 한다.

5) 질감(Body)

입안에서 느껴지는 무게(weight)와 크기(size)의 질감을 말한다. 즉 혀로 느끼는 와인의 무게로서 '깊은 정도' 의 의미다.

맛이 진한 장기 숙성형 타이프의 와인을 풀 바디(full body), 가벼운 타이프는 라이트 바디, 그 중간은 미디엄 바디가 된다. 가볍다 혹은 무겁다, 풀 바디라는 말을 많이 쓴다. 또한 맛이 깊다, 힘이 있다, 뼈대가 좋다, 뼈대가 튼튼하다, 조직이 탄탄하다, 맛이 깊다 라는 말도 무거운 와인에 표현한다.

와인을 마실 때의 느낌은 가벼운 것에서부터 무거운 것까지 다양하여 이런 무게의 차이는 포도의 종류나 숙성도에 의한 차이이다. 침용(浸溶. maceration)은 '물에 담구어 부드럽게 하다' 라는 뜻으로 껍질과 씨가 포도즙 속에 잠겨있는 채로 잠시 더 발효시키는 것을 말한다. 이 침용도 무게의 차이와 연관이 있어 침용 시간이 짧으면 가벼운 와인이 되고 시간이 길면 색이 진한 무거운 와인이 된다. 침용 후의 껍질과 씨는 오크통에 넣기 전에 완전히 제거한다.

숙성이 덜 되었으면 거칠다. 그런 와인 영(young, 어린)하다. 미숙한, 덜 익은 와인이라고도 한다. 숙성이 진행 중인 와인은 예리한 신맛이 나는데 같은 신맛이라도 기분 좋은 청량감을 느끼게 되면 발랄한, 개운한, 상큼한 와인이라고 한다.

타닌이 많이 느껴지면 하드한 느낌이라 하지만 간단하게는 그냥 떫다라고 하면 된다. 좋은 샹파뉴나 섬세한 양질의 화이트 와인은 레이스와 같다. 실키(silky)하다는 표현을 쓴다. 색다르게 어떤 맛이 확실하게 느껴지면 개성이 강하다고 하며, 힘이 넘치는 와인은 남성적, 복합적이고 우아한 맛은 여성적이라 한다.

6) 풍미(Flavour)

입 안에서 느끼는 향과 맛은 와인에 따라 마실 때 차이가 난다. 즉 과일 맛이 나거나 매운 맛, 흙냄새나 허브향이 나기도 한다.

감촉이란 혀로 느끼는 매끄러움을 뜻한다. 와인의 성분 입자가 섬세할수록 매끄럽게 느껴지며 좋은 와인은 혀의 감촉이 좋아서 '벨벳 같은 느낌' 으로 표현하기도 한다. 끊는 맛은 드라이한 와인에 대해 평가할 때 많이 사용된다. 좋은 화이트 와인은 끊는 맛이 상쾌하다. 이와 함께 자주 쓰는 말이 '목으로 넘길 때의 감촉이 좋다' 는 것으로 섬세한 양질의 드라이 화이트 와인은 '산뜻한 목 넘김' 등의 표현이 쓰인다.

무거운 느낌이라도 풍미의 풍성함이 있으면 리치(rich)하다는 것이 더 어울린다.

7) 마감(Finish)

와인을 마시고 나서 목이나 입에 남은 여운을 마감(finish), 뒷맛(aftertaste)이라 한다. 좋은 와인이라면 과일이나 향신료의 향 같은 것을 계속 감지할 수 있다. 어떤 와인은 강한 알코올로 인해 뒷맛이 얼얼하기도 하고 어떤 것은 타닌으로 인하여 쓰기도 하는데 이는 바람직하지 않은 것이다. 또는 마시고 나서 아무런 느낌이 없는 뒷맛이 없는 것도 있다.

여운이 길 때는 'long finish' 라고 표현된다.

8) 전형성(Typicity)

와인이 스스로 가지고 있는 타이프에 맞는 것인가를 판단하기 위해서는 그 와인이 어떤 타이프인지 알아야 한다. 그러기 위해서 다양한 포도 품종에 따라 만들어지는 와인의 성격과 세계 각국의 와인 생산지역과 특성을 알아보는 것이다.

4. 와인 테이스팅(Tasting)

와인의 맛은 품종과 재배지역과 블렌디으즉 양조한 와이너리에 따라 너무나 다르다. 제각기의 독특한 향과 맛의 특성을 지니고 있는데 기본적으로 단맛, 신맛, 짠맛, 쓴맛이다. 또한 와인의 맛을 결정하는 요소는 품종, 테루아, 양조법을 들 수 있다.[1]

1) 테이스팅 순서

와인을 테이스팅할 때는 드라이한 와인에서 스위트한 와인으로, 어린 와인에서 오래 숙성된 와인으로, 스위트 혹은 숙성된 와인부터 마시면 다음 것의 향이나 맛을 가리기 때문이다. 또한 화이트에서 레드 와인으로, 알코올 도수는 낮은 것에서 높은 것 순으로 마신다.

(1) 색 관찰

투명성, 유동성을 관찰한다.

(2) 향 맡기

일차로 와인의 향을 맡아보고, 스월링 후에 재차 향을 음미해 본다. 다시 입 속에서 한 모금 머금은 상태로 입속으로 공기를 약간 들이마셔 혀끝으로 와인을 천천히 굴리며 음미한다. 혀에 분포되어 있는 여러 군데의 맛 감각과 입 내부의 천장, 잇몸 등에 골고루 접촉시킨다. 그러면서 입에 들어와 있는 공기를 코로 내쉬면 와인이 갖고 있는 복합적인 맛을 제대로 느낄 수 있다.

테이스팅 전에는 담배나 향수는 예민한 향을 덮어버리므로 금물이다. 테이스팅 후에는 깨끗한 물로 입을 헹구어내어 다음 테이스팅 준비를 한다. 입 속에서 이루어지는 테이스팅은 와인의 맛뿐 아니라 그 와인이 지니고 있는 전반적인 품격을 평가할 수 있다.

(3) 균형(Balance)

와인을 구성하고 있는 요소인 타닌, 산도, 알코올, 감미가 총체적으로 상호 균형을 이루고 있는 것을 말한다. 타닌이나 산은 와인의 성격을 강건하게 하고 알코올과 당은 부드러움을 느끼게 하는 요소로 이 강건함과 부드러움의 관계를 와인의 균형이라 이른다.

조화와 균형이 이루어진 와인이란 이러한 성분들의 적절한 배합으로 각각의 균형이 잘 이루어져 있으면 전체적인 맛이 부드럽다. 밸런스가 나쁜 와인은 신맛이 강하거나 떫은맛이 강하여 한쪽으로 치우쳐 있어 불쾌한 느낌이 들게 한다.

(4) 지속성(Length)

혹은 뒷맛(finish)이라고도 하며 와인을 마신 후 입속에 아련한 풍미가 남는 것으로 맛이 얼마동안 입안에 남아있는 것은 롱 피니쉬(long finish)라 한다.

무거운 와인은 진하고 향이 짙으며 질이 좋은 와인은 깊이 있는 풍미를 오래동안 느끼게 한다. 모젤처럼 가벼운 와인은 향이 좋지만 빨리 시들어 버린다.

(5) 깊이(Depth)

맛이 평면적인 아닌 입체적인 여러 두께가 느껴지는 와인이 깊이 있는 좋은 와인이다.

(6) 복합성(Complexity)

단순한 맛이 아닌 여러 가지 복합적인 풍미와 인상을 느끼게 하는 와인이다.

(7) 특성(Characteristic)

자신만이 가지고 있는 개성으로 보르도의 메독이나 부르고뉴 와인은 각각 다른 품종과 지역적 차이로 맛과 향에 차이가 나는 자신의 타이프를 가지고 있다.

2) 와인 테이스팅의 표현

와인의 향과 맛을 표현하는 방법은 다양하지만 품질이나 각 품종별로 많이 나타나는 특색의 표현은 다음과 같다.

(1) 와인 향의 표현

미각에 앞서 후각이 일차적으로 와인을 평가할 때 감지되는 느낌이다. 따라서 좋은 와인이란 맛에 앞서 좋은 향을 발산하는 와인이다.

동물 냄새(animal)는 레드 와인이 병 안에서 숙성되면서 나타나는 냄새로 모피, 사향, 가죽 냄새, 땀내 등이 나타나게 된다. 탄내(burned smell)는 볶거나 태울 때 나는 냄새로 탄내, 구운 내, 연기, 담배 냄새, 초콜릿이나 커피, 캐러멜 냄새로 좋은 와인에서 자주 나타난다.

나무 냄새(woody)는 숙성이나 보관 중에 나무에서 와인으로 스며드는 냄새로 타닌은 와인 구조와 관련된다. 향신료(spicy)는 계피, 감초, 후추, 박하향, 생강 향 등이 감지된다. 송진 향(balsamic)은 소나무에서 나는 테레벤틴(terebinthine) 냄새와 유사하며 보르도의 특급와인이나 론, 프로방스 와인, 디저트 와인에서 발견된다.

식물 냄새 중 좋은 냄새는 까막까치밥(black current) 나뭇잎, 고사리, 건초 등을 이르며, 송로버섯 향은 특등급 와인 일부에서 나타난다. 부엽토나 이끼 및 풀 냄새는 나쁜 냄새에 속하나 잘 숙성된 특급 와인에서 나타나는 것은 품질의 상징이 되기도 한다.

과일 향은 체리, 딸기, 나무딸기(raspberry), 까막까치밥나무와 같은 붉은 과일, 망고, 바나나, 릿치, 파인애플, 오렌지, 감귤류, 레몬, 자몽 등의 열대과일류, 아몬드, 호두, 밤, 헤이즐넛과 같은 견과류가 있다. 그리고 자두, 살구, 무화과, 복숭아, 배와 같은 과일향도 있다.

꽃 향기는 재스민, 국화, 제비꽃, 붓꽃, 히아신스 등과 같은 꽃 향기로 주로 영(young)한 와인에서 감지되며 숙성되면서 점차 사라진다.

(2) 품질 표현

거칠다, 기분 좋은 향, 고상하다(noble), 훌륭하다(great), 섬세하다(elegant), 그리고 닫혀있다(closed)는 말은 아직 숙성이 되지 않아 맛과 향이 제대로 나타나지 않은 것이다.

맛이 없을 때나 무슨 맛인지 모를 때는 개성이 강하다, 독특하다(unique) 라고 둘러 포현하지만 상대방이 극구 칭찬하면 잠재력(potential)이 있을 것 같다고 배려하는 것도 필요하다.

(3) 구조 표현

구조(structure)는 와인을 입에 넣었을 때 느끼는 입체감(volume), 농도(consistency)를 일컫는 것으로 형태(body), 밀도(density), 뼈대(architecture)와 관련된다.

꽉 찬(full), 꽉 짜인(full-bodied), 듬직한(voluminous), 잘 조직된(well-build), 지속감이 있는(consistent), 풍만한(corpulent), 조화를 이룬(harmonious), 구성이 좋은(well- constituted), 균형 잡힌(well-balanced) 등이 구조가 좋은 와인에 쓰이는 말이다.

빈약한(tiny), 깡마른(thin), 왜소한(petit), 형태가 명확치 않은, 균형감이 없는, 조화를 못 이룬 등은 구조가 빈약할 때 사용되는 말이다.

(4) 품종별 감지되는 향

카베르네 소비뇽은 블랙 커런트(보르도나 뉴 월드 와인), 민트(미국, 남 호주 산), 초콜릿(뉴 월드 와인), 깍은 연필(메독, 그라브 와인), 메를로는 자두, 과일, 장미 향, 케익 그리고 약간의 민트 향이 난다.

시라(쉬라즈)는 블랙베리(호주 산), 블랙 커런트, 라즈베리, 허브(론 와인), 검은 후추(북부 론, 호주 빅토리아 산), 초콜릿(호주 와인), 스파이스(오크통 숙성 와인), 피노 누아는 라즈베리, 야생 딸기, 장미, 바이올렛(부르고뉴의 고급 레드), 송로버섯, 샤르도네는 버터, 복숭아, 호두, 토스트 향, 소비뇽 블랑은 열대 과일향, 풀 냄새(프랑스 산), 커런트와 나뭇잎(루아르 와인), 스모크/부싯돌(상세르, 푸이 퓌메 산 와인) 향이 난다.

(5) 알코올 함량에 대한 표현

힘 있는(powerful), 기운찬(vigorous), 강건한(robust) 등은 힘을 느끼게 하는 표현으로 어느 정도 알코올 함량을 갖추어야 한다.

알코올 도수가 낮은 와인은 낮은(lower), 가벼운(light), 빈약한(weak), 허약한(thin), 물기 있는(watery), 희석된(diluted)과 같은 표현을 쓴다.

제2절 와인 보관과 서빙

1. 와인 보관

와인을 보관할 때의 기본은 병을 옆으로 뉘어놓는 것이다. 이렇게 하면 코르크가 와인에 젖어 팽창하여 유해한 미생물 등의 침입을 막아주기 때문이다. 와인 보관의 최대의 적은 고온, 온도 변화, 빛, 건조, 냄새, 진동이다.

1) 온도

와인의 보관 온도는 6℃~18℃ 정도가 무난하기는 하나 최상의 적합한 온도는 12℃~15℃(55°F~60°F) 정도가 좋다. 온도가 너무 낮으면 숙성을 멈추고 반대로 높게 되면 쉽게 증발하고 빨리 숙성되어 변질되기 쉽다.[2]

온도의 변화가 크면 변질될 우려가 많으므로 되도록 온도 변화가 적은 장소가 이상적이다. 또한 연중의 온도 변화보다 일교차가 큰 것이 와인 보관에 더 해롭다.

와인은 공기와 접촉하게 되면 산화가 진행되어 풍미를 잃게 되므로 마개를 딴 그 날에 다 마시는 것이 원칙이다. 그러나 마시고 남았을 때에는 코르크로 단단히 막고 냉장고에 보관하여야 한다.

2) 빛

와인이 햇볕에 노출되면 품질이 떨어지는 가장 큰 요인이 된다. 직사광선을 쬐게 되면 온도가 상승케 되어 품질이 떨어지기 때문이다. 형광등이나 그 외의 다른 불빛도 와인의 질을 떨어뜨리게 되는데 빛에 노출되는 와인은 쉽게 산화되어 아스크로브산 함량이 낮아져 와인이 어두워지고 맛이 떨이지게 된다.

이를 방지하기 위해서 와인 병 자체에 빛을 차단하는 물질을 넣어 갈색이나 녹색으로 토닝하고 있지만 어느 정도 뿐으로 따라서 와인 보관 창고에는 창문을 만들지 않는다.

3) 습도

습도가 낮아 건조한 곳에서는 와인이 쉽게 증발되거나 코르크가 건조해져서 미생물이 침투하여 와인의 질을 떨어뜨리게 된다. 코르크나 캡슐로 병 입구를 단단히 막아도 미세한 공기의 유출입이 이루어지게 된다.

습기가 많으면 코르크나 레이블에 손상을 주게 되고 냄새가 좋지않은 곳에서는 와인의 향을 잃어버리게 된다. 그러나 양조자에 따라서는 습도가 많을수록 좋다고 하나, 와인에 적당한 습도는 70%~85% 정도가 좋다.

4) 진동

보관하는 와인 가까이에 냉장고나 세탁기, 식기 세척기 등의 기기가 있어 진동이 전해 오면 와인에 좋지 않은 영향을 미치므로 와인 보관 시에는 진동을 피하는 것이 좋다.

5) 마시다 남은 와인

와인을 개봉하게 되면 와인에 따라 일시적으로 질이 더 향상되는 경우도 있지만 마시다 남은 와인은 시간이 지나면서 산화되어 맛이 변화된다. 산화에 의한 변화를 조금이라도 늦추고자 진공펌프와 같은 소품들을 사용하기도 한다.

이러한 와인을 요리에 조금씩 사용하면 와인의 풍미가 더해져 요리의 맛이 살아나는 경우가 많다. 칵테일을 만드는 방법도 있는데 소다수와 진저엘을 섞고 레몬을 짜 넣으면 풍미가 색다르다.

6) 와인의 운송과 유통

일반 상품도 유통과정아 짧은 것이 좋지만 특히 와인은 생산지에서 소비자에게까지의 이동거리가 짧으면 짧을수록 좋다.

와이너리에서 배에 선적될 때까지의 소요기간이 대략 1주일, 선적 후의 선박 운항기간이 미서부(캘리포니아)에서 2주일, 유럽이나 미 동부에서는 1개월, 칠레나 아르헨티나 등의 남미에서는 40일 가까이 걸린다. 그 이후에도 통관 절차가 또 며칠 소요된다.

그리고 유럽이나 남미와 호주, 뉴질랜드에서 오는 선박은 모두 적도를 통과하게 된다. 이 과정에 선박 갑판의 상단이나 엔진 가까운 장소의 컨테이너에 실린 화물은 50°~60°를 넘나드는 온도에 다다른다. 와인을 구매한 후의 보관만 신경 쓰다보면 이렇게 운송 중의 열악한 환경 속의 와인이 이미 품질이 떨어졌을 우려가 크다. 따라서 항공 운송이 가장 좋은 방법이나 운송 단가가 올라가므로 고가의 와인만 이용하게 된다.

냉장선(reefer)은 대형냉장고, 냉동트럭, 냉동선이라는 뜻으로 냉동 컨테이너를 이용하여 와인이 운송되었다는 의미다. 근래에는 와인에 'Reefer' 라는 문구의 스티커를 따로 더 붙이는 게 보이기 시작했다. 이는 운송에 신경 쓰고 비용을 더 들였다는 뜻으로 그만큼 와인의 품질을 신뢰할 수 있다.

2. 장기 보관

와인을 일반 냉장고에 보관하게 되면 온도가 너무 내려가 숙성이 멈추게 된다. 또한 코르크가 건조해지며 다른 식품의 냄새 또한 배게 된다.

와인을 장기 보관하려면 적절한 온도와 습도, 진동, 빛의 침투 등을 고려하여야 하며 이에는 와인보관용 냉장고인 셀러(cellar)에 보관하는 것이 좋다.

와인에 따라 시간이 지나면서 품질이 오르기도 혹은 떨어지기도 하는데 맛이 제일 좋은 시기를 전성기라 한다. 전성기가 지나면 질이 조금씩 떨어지기 시작하며 이 시기를 지나면 불쾌한 냄새가 나고 급격하게 손상되어 마실 수 없게 된다.

일반적 와인은 오래되면 품질이 떨어지므로 생산된지 1년 내에 거의 소비된다. 대부분의 로제와 화이트 와인은 6개월에서 1년이 지나면 색이 변하면서 신선한 맛과 향이 떨어지기 때문이다.

특정 빈티지 와인의 저장이나 장기 보존에 대한 정보는 와이너리에서 제공하는 정보, 와인 비평가의 의견, 와인상, 그리고 와인 잡지나 정기간행물의 빈티지 차트에서 얻을 수 있다. 그리고 이름난 와인은 오래되면서 품질이 좋아지므로 특별 취급을 받게 된다. 품종에 적합한 토양에서, 수확량을 제한하고, 오크통에서 적절한 기간 동안 숙성도 거치기 때문이다. 이러한 와인들은 기후가 나쁜 해에는 와인을 생산하지 않는 등의 명성을 지키기 위한 노력도 병행하고 있다. 장기 보존이 가능한 와인이 되기 위해서는 여러 조건이 충족되어야 한다.

1) 높은 타닌 함량

포도 껍질과 씨앗에서 추출된 타닌은 오크 숙성 중에 더해진다. 타닌은 숙성되면서 맛이 부드러워지고 색도 벽돌색으로 변하게 된다. 오크 숙성 중에 생긴 향에 병 숙성 중에 형성되는 부케로 다양한 향이 형성되며 이 타닌이 와인 속의 다른 성분과 반응하여 헤드 스페이스(병 목 부분)의 공기를 소비하므로 병입 후 한 달 내에 병 내부의 공기가 없어지게 된다.

2) 포도의 당도와 산도 높아야 한다

당도와 산도는 품종과 테루아에 달려있다. 품종에 적합한 토양과 햇볕을 충분히 받고 수확기에 비가 없어야 하며 배수가 잘 되는 땅에 자란 포도로서 단위 면적 당 수확량도 적절히 제한한다. 이렇게 자란 포도 자체의 당도가 충분해야 알코올 농도를 높일 수 있다.

3) 적절한 보관 조건

와인 보관의 온도가 높으면 숙성이 빨라져 수명을 앞당긴다. 온도의 변화가 심하면 와인의 팽창과 수축이 심해져 코르크에 영향을 주게 되어 와인의 성격을 변화시키는 산소의 유입이 우려된다.

따라서 와인 보관에는 일정한 온도가 중요하여 낮고 적정한 온도(13℃~18℃)와 햇볕이 차단된 어두운 곳에서는 빛의 반응과 산화작용도 막아 숙성을 천천히 진행시킬 수 있다. 그리고 진동이 없어야 와인이 안정되어 와인의 전성기를 오래 유지할 수 있다.

3. 와인 기물

1) 와인글라스

와인의 좋은 향과 맛의 복합성은 좋은 글라스에서 살아나기 때문에 와인의 맛은 글라스의 종류에 따라 달라진다고 한다.

드라이한 레드 와인이나 화이트 와인에는 작은 잔은 상극이다. 향을 맡기 힘들기 때문이다. 작은 잔은 향도 강할 뿐 아니라 양 또한 작은 셰리나 디저트 와인에나 어울린다. 대부분의 경우 잔은 클수록 좋으며 레드 와인용은 12온스 이상이 되어야 하며 좋은 글라스는 용량이 16~24온스 혹은 그 이상이 된다.

화이트 와인용은 10~12 온스, 스파클링용 글라스는 8~12온스 정도의 용량이면 알맞다.[1] 글라스의 두께는 두껍지 않고 투명한 것이 바람직하다. 재질이 두꺼우면 입술에 닿았을 때의 감촉이 좋지 않고, 색이 들어간 글라스는 보기에는 좋으나 와인의 색을 있는 그대로 보여주지 못하고 색상을 식별하는데 방해될 따름이다.

글라스의 모양은 와인들 각각이 지니고 있는 본연의 성격을 잘 드러낼 수 있게 해 줄 수 있도록 해야 해당 와인의 독특한 향취와 맛이 살아난다.

튤립형(tulip glass) 샴페인글라스로도 불리는 거품이 이는 스파클링 와인에 이상적인 글라스다. 가늘고 길며 좁고 키가 큰 형으로 튤립 꽃과 같은 모양이다. 이러한 형태는 와인 속에 있는 기포가 천천히 기화되어 잔속에서 오래 남도록 한다.

플루트 형(flute glass) 플루트 악기처럼 가늘고 길게 생겨 스파클링 와인에 좋은 글라스이다. 튤립 형처럼 입구를 좁게 하지는 않았다.

---

1) 온스(oz)는 야드, 파운드 법의 질량, 부피의 단위이다. 단위는 OZ로서 질량을 표시하는 1oz는 28.35g이다. 따라서 10온스는 283.5g.

트럼펫 형(trumpet glass) 트럼펫처럼 입구가 벌어져 있어 기품이 있어 보여 분위기에 적합하나 와인용으로는 바람직하지 않으며 스파클링 와인용으로 더욱 그렇다. 목(stem)이 거의 없는 디자인의 경우에는 와인을 손으로 와인을 데우게 된다.

타원형(oval glass) 잔의 입구를 타원형으로 좁혀 놓은 것이다. 보르도 와인이나 카베르네 소비뇽, 메를로, 키안티, 진판델과 같은 레드 와인에 적합하다.

부르고뉴형(bourgogne glass) 부르고뉴 와인, 피노 누아, 바롤로와 같은 레드 와인들은 몸통(bowl)이 큰 글라스가 좋다.

이색 글라스 팁시(tipsy) 글라스는 와인 시음용 잔으로 3.8온스(약 107g) 용량의 잔을 38도 각도로 기울여 놓은 형태이다. 유리의 왜곡 현상을 방지하고 와인의 색상을 확인할 수 있다. 또한 향이 한군데로 모여져서 코로 쉽게 맡을 수 있다. 에어레이팅(Aerating) 글라스는 잔에 따르며 공기와 접촉하여 디켄팅의 효과를 누릴 수 있으며, 블랙(black) 글라스는 속의 와인이 보이지 않도록 블라인드 테이스팅용이다.

2) 와인글라스 제조사

아크 인터내셔널(Arc International) 프랑스 서북부 아크 시에서 1825년 설립되어 강화유리를 이용해 그릇, 접시, 머그 컵, 와인 글래스 등 친환경적인 제품을 생산하고 있다.

바카라(Baccarat) 1764년 설립된 프랑스 정통 크리스털 브랜드이다. 빨강, 검정 등의 유색 크리스털과 투명한 것을 조합한 디자인으로 유명하며 크리스털 세공품을 예술의 경지로 올려놓았다.

리딸라(Littala) 핀란드 생활용품 디자인 브랜드로 초록, 빨강, 파랑 색이 들어간 다양한 글라스를 출시하며 어떤 내용을 담더라도 고유의 색과 형태를 감상할 수 있도록 군더더기 없는 깔끔한 디자인이 특징이다.

LSA 1972년 설립된 영국 브랜드로 폴랜드의 전통 수제기술로 글라스를 제조한다. 매년 100여가지의 새로운 라인을 출시하며 간결하고 현대적인 디자인이 장점이다.

리델(Riedel) 모차르트가 태어난 해인 1756년 보헤미아(현 체코)에서 창업해 오스트리아 쿠프슈타인에 본사를 두고 세계 70 여 개 국에 진출해 있는 와인글라스의 최강자이다.

5대 손(孫)이 글라스에 형광색을, 7대손은 600여 가지의 컬러를 유리에 입히고, 8대손은 입으로 불어 만드는 고급 와인 잔을 만들어 당시로서는 모두 획기적인 일이었다. 9대손 클라우스는 오스트리아 티롤에 공장을 세우고 긴 다리에 얇고 섬세한 민짜 와인글라스와 표면에 조각을 새긴 잔을 만들어 혀에 닿는 감촉이 좋도록 하였다. 10대손 조지는 와인의 맛과 향, 균형과 여운이 잔의 크기와 모양에 따라 달라진다는 사실을 밝혀 다양한 잔을 만들었다.

11대손이 가업을 이어가며 '와인 잔은 골프채와 같다. 드라이버, 아이언, 퍼터로 바꾸어가며 쳐야 좋은 점수가 나오듯 와인도 종류에 따라 잔을 구분해 제대로의 맛을 즐길 수 있다' 고 한다. 이 외에도 위스키, 브랜디, 보드카, 럼에 이르기까지 모든 술에 적합한 각각의 잔과 디켄터도 생산하고 있다.

로가스카(Rogaska) 1665년 설립된 슬로베니아 회사로 다양한 글라스, 특히 크리스탈 글라스를 제조하고 있다.

생 루이(Saint Louis) 1782년 프랑스에서 크리스털을 처음 만든 회사로 1995년 에르메스 그룹이 인수했다.

슈피겔라우(Spigelau) 16세기부터 독일에서 가내 수공업 형식으로 와인 잔을 만들어 '가볍고 강한 잔' 이라는 이미지를 가지고 있다.

츠비젤(Zwiesel) 독일의 와인글라스 브랜드로 납이 들어가지 않은 무연 크리스털을 만들고 있다. 중저가 라인인 '쇼트 츠비젤(Shott Zwiesel)' 과 중간 라인은 '포티시모 시리즈', 그리고 고급 라인은 츠비젤 1872로 용도에 따라 소비자가 선택할 수 있다.

3) 글라스 세척

글라스를 세척할 때 세제를 잘못 쓰면 미세한 잔류 성분이 글라스의 표면에 얇은 막을 형성하여 와인의 맛과 향에 영향을 끼칠 수 있다. 따라서 기계로 하는 자동 세척보다 사람의 손으로 일일이 씻기를 권장한다. 세제로는 세척용 소다나 혹은 중탄산나트륨[2)]을 사용하면 좋다. 일반적 세제나 비누를 사용하여 좋은 와인의 품질을 떨어뜨리면 곤란하다.[3]

유리잔은 오래 쓰다 보면 물때가 생기게 되는데 일반 식기세척제를 쓰면 물에 헹구어도 잔재가 남게 되므로 이럴 때엔 깨끗한 행주에 식초와 소금을 묻혀 닦거나 젖은 스펀지에 소다가루를 뿌려 세척한다. 또 오렌지나 레몬처럼 산성을 띠는 과일을 이용하여 즙을 짜서 스펀지에 묻혀 씻으면 효율적이며 평소에도 한 번씩 해주면 윤기가 나고 투명한 상태를 유지한다.

볼이 긴 샹파뉴 잔이나 디켄터처럼 손이 안까지 들어가지 않는 유리는 식초와 굵은 소금을 넣고 잘 흔들어주면 된다. 식기 세척기를 이용할 때엔 수온은 40° 이하로 수압은 약하게 하는 편이 좋다.

세척 후에는 뒤집어 천 위에 올려놓아 어느 정도 자연 건조가 되면 얇은 면이나 부드러운 린넨으로 물기를 닦아 보관하면 잔에 얼룩이 남지 않는다.

---

2) 중탄산나트륨 : 빵 만들 때 사용하는 베이킹 소다로 중조라고도 한다.

4) 코르크 스크류(Cork Screw)

보통 와인 병 인구 지름은 18mm이며 코르크 마개의 지름은 24mm로 코르크가 병에 삽입된 채로 강하게 압축되어 있다. 스파클링 와인은 17.5mm의 입구에 31mm의 코르크가 끼워져 있어 탄산가스에 의한 팽창을 방지하고 있음을 여실히 보여주고 있다.

병에서 코르크를 빼내기 위한 코르크 스크류는 손잡이 부분과 스핀들로 이루어져 있다.

코르크 스크류의 구성

스핀들	내용	
길이	6cm 이상	가장 긴 코르크보다 길어야 한다.
두께	가늘어야 한다.	관통할 때 코르크에 생기는 흠집을 최소화한다.
나선	많아야 좋다.	많을수록 코르크 빼기가 쉽다.
	나선의 너비	성냥개비 하나의 크기, 더 크면 코르크가 부서질 확률
삽입	코르크 속으로	열에 강한 합성수지, '테플론'으로 코팅

코르크 스크류의 종류

스크류	특성
T 자(字)형	가장 단순, 저렴, 사용 시 힘이 많이 들어간다.
버터플라이(Butterfly)	힘들이지 않고 부드럽게 빼낸다.
웨이터 친구(Waiter's Friend)	단순, 안전, 지렛대 원리
풀탭(Pulltap)	지렛대 역할, 레버가 두 단계
보틀 풀(Bottlepull)	오스트리아에서 개발
스크류풀 엘리트(Screwpull Elite)	병위에 올려놓고 스핀들을 돌려주는 방식
집게형(Butler's Friend)	오래 되거나 젖은, 쉽게 부러지는 코르크에 용이
레버풀(Leverpull)	레버를 돌리지 않고 눌렀다가 놓는 방식
프로세코	권총 모양의 손잡이, 이탈리아에서 개발
바쿠 빈	크고 작은 레버가 있는 큰 사이즈
코르크 팝스	압축 가스식 코르크 제거기

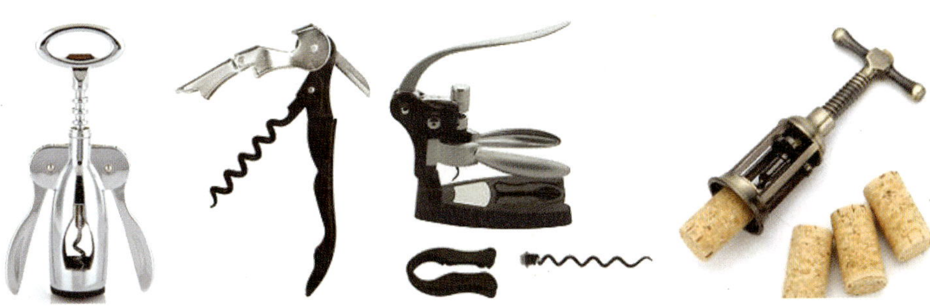

1994년 기자회견 기념품으로 쓰려는 전자회사 필립스의 의뢰로 멘디니(이탈리아, Alessandro Mendini)가 디자인하여 연인이었던 '안나 질리'에서 이름을 따 왔다. 2003년까지 10년 동안에 1000만개나 팔렸고 '짝을 만들어 달라'는 요구에 자신의 이름을 딴 '알레산드로 M'을 만들었다.

5) 호일 커터(Foil Cutter)

병 입구에 덮여 있는 알루미늄 호일을 쉽게 벗길 수 있도록 만든 기물이다. 병 입구를 호일 커터 안에 넣고 손에 힘을 주어 살짝 돌리면 알루미늄 호일이 쉽게 벗겨진다. 안나(Anna)[3], 샤토 라기욜(Château Laguiole) 사의 제품이 유명하다.

6) 와인 보관, 서비스 액세서리

진공 펌프 병속의 산소를 뽑아내고 진공 상태로 만들어 보관하기 위해 사용하는 것으로 2~3일이나 길게는 1주일까지도 비교적 좋은 상태로 보관이 가능하다.

산화된 와인은 신맛이 너무 강하거나 맛이 떨어지게 되므로 마시다 남은 와인을 보관할 때엔 가능한 산소의 접촉을 피해야 하며 이 때 사용하는 것이 진공 펌프이다. 마시다 남은 와인을 그대로 두면 산화되므로 한번 오픈한 와인은 가능한 다 마시는 편이 제일 좋다.

장기 숙성된 와인이나 민감한 와인은 효과가 거의 없는 경우도 있다.

바개스(Bargas) 탄산가스의 증발을 방지하면서 병 속의 기압이 떨어지는 것을 막아주기 위한 스테인리스 마개이다.

드롭 스톱(Drop Stop) 와인을 서빙하면서 잔에 따르고 병을 들어올릴 때 병을 타고 흘러내리거나 한 방울씩 떨어지게 된다. 이 때 드롭 스톱을 이용하면 이를 방지할 수 있다. 작은 고무 링 같이 생겨 병 입구 쪽으로 밀어 넣어 사용한다.

제3절 와인 서빙(Wine Serving)

좋은 서빙이란 와인을 마시기 위한 최적의 조건을 미리 마련하여 와인이 지니고 있는 본연의 성품을 마음껏 발휘하게 해 주는 것이다.

1. 칠링(Chilling)

와인에 따라 적절한 온도에서 맛과 향이 살아나므로 서버할 와인을 미리 차게 해 두는 것이다. 레드 와인은 실내의 온도에 맞추어 서브하는 것이 일반적이나 라이트 바디의 레드 와인은 여름에는 가볍게 칠링해서 서브한다.

화이트 와인의 서빙 온도는 와인의 성격에 따라 5℃~8℃ 사이의 낮은 온도가 적절하며 글라스 내의 와인은 실내온도와 어우러지므로 음용온도는 통상 1~2℃ 올라가게 됨을 참고해야 한다. 정찬 시의 화이트나 스파클링 와인은 두 세 시간 전에 미리 냉장고에 넣어두거나, 마시기 30~40분 전에 와인 쿨러에 얼음을 넣어두고 와인을 병째 담근다.

보관되어 있던 와인을 이렇게 서브 온도에 맞추고 음용 중에도 온도의 변화가 일어나지 않도록 하려면 아이스 버켓에 와인을 보관하며 서빙하게 된다. 스파클링 와인은 거의 이런 방법을 사용한다.[4]

3) 안나(Anna) : 밀라노 출신의 건축가인 멘디니(Allessandro Mendini)가 디자인한 알레시(Allessi) 사의 제품

2. 워밍(Warming)

레드 와인은 통상 실온보다 차가운 곳에서 보관하고 있다. 이런 와인을 서빙할 때에는 실온에 맞추어 주는 것이 좋으므로 서빙하기 전에 미리 셀러에서 꺼내 실온에 30분~1시간 정도 두었다가 하는 것을 이른다.

3. 와인의 시음 온도

예민한 맛을 지닌 와인은 마실 때 적절한 온도를 맞추어야 와인이 가진 본연의 맛을 제대로 음미할 수 있다. 모든 음식을 먹을 때 각각의 적당한 온도가 있으며 음료는 더욱 그러하다. 맥주와 콜라는 차게 마시고, 커피나 차는 뜨겁게 마셔야 하는 법이다.

와인은 온도가 낮으면 신선하고 생동감이 느껴지며 신맛과 쓴맛, 떫은맛이 강해진다. 반대로 온도가 높으면 복합성과 단맛이 강해지고 신맛, 쓴맛, 떫은맛이 부드러워져 상쾌하게 느껴지며 향도 더 살아나지만 섬세한 맛은 없어진다.

레드 와인은 너무 차가우면 거칠어지고 텁텁해지지만 보졸레나 루아르의 가벼운 레드는 조금 차게 마신다. 화이트 와인은 온도가 높아지면 밋밋하고 무덤덤하여 생동감이 없어지며 온도가 낮을수록 신선하고 섬세하지만 아로마나 부케가 덜 느껴지므로 와인에 따라서 혹은 기호에 따라서 마시는 온도가 달라질 수 있다.

와인의 적정 시음 온도

와인	적정 온도	주요 와인
스파클링 와인	6℃~8℃	대부분의 샹파뉴, 스파클링 와인, 크레망
스위트 와인	10℃~12.8℃	비싸지 않은 스위트 와인, 로제, 핑크 빛 와인
	8℃~10℃	소테른, 루아르, 프로방스 와인, 타벨
화이트 와인	9℃~10℃	비싸지 않은, 단순한, 손쉬운 화이트 와인
	8℃~12℃	샤블리, 뮈스카데, 상세르 와인, 리슬링, 고급 화이트
	14℃~16.5℃	고급 드라이 화이트 와인
셰리	12℃~13℃	드라이 셰리, 피노(fino), 만자니야(manzanilla)
	14℃~16.5℃	일반적인 셰리
디저트 와인	14℃~16.5℃	소테른, 고급 디저트 와인
레드 와인	10℃~13℃	가벼운 레드와 로제 와인
	13℃~15℃	3년~5년 숙성된 중간급 와인
	16℃~18℃	5년 이상 된 중후한 와인

4. 시즈닝(Seasoning)

글라스에 와인을 따라 마시고 난 후 다른 와인을 마시고자 할 때 글라스에 새 와인을 조금 따라 흔든 후 버리면 처음 와인의 맛을 완전히 가시게 되어 새 와인의 맛을 제대로 음미할 수 있게 하는 방법이다.

식사 중에 다른 와인을 마시고자 하는데 여분의 글라스가 없는 경우에는 시즈닝을 하여 마시고 있던 와인의 맛을 없애주면 되지만 화이트에서 레드로 바꾸는 등의 다른 종류의 와인을 마실 때에는 글라스도 반드시 교체해 주어야 한다.

코스별로 나오는 음식을 먹으며 와인을 여러 종류 마실 때에는 빵을 조금 잘라 먹으면 입속에 남아 있던 이전의 와인이나 음식의 흔적을 지워 새 와인의 온전한 맛을 제대로 느낄 수 있다.

입가심용으로는 블랑주리(boulangerie) 빵이 제격으로 블랑주리는 밀가루, 이스트와 소금, 물만으로 만든 빵이다. 파티세리(pâtisserie)는 밀가루에 설탕, 우유 그리고 버터 등으로 만든 과자류로 입가심용으로는 적합하지 않다.

5. 디켄팅(Decanting)

데캉타주(decantage, 불어)라고도 하며, 병에서 바로 나온 와인을 한동안 산소와 마음껏 접하게 하여 자신이 가지고 있는 매력을 마음껏 발휘하게 하는 것을 이른다.

오래 숙성되지 않았거나 타닌이 많이 느껴지는 와인은 바로 마시게 되면 입안이 거칠거나 좋지 않은 냄새가 나는 경우가 있어 이럴 때 디켄팅을 하게 된다.

디켄터(Decanter)는 유리나 크리스털로 만든 입구가 길고 좁으며 내부는 넓은 항아리 모양이다.[4]

4) 오스트리아의 리델(Riedel), 프랑스의 레스프리 에 르 뱅(L'esprit et le vin), 독일의 스피겔라우(Spiegelau), 스페인의 풀텍스(Pulltex), 이탈리아의 피덴자(Fidenza), 미국의 레녹스(Lenox)가 잘 알려져 있다.

1) 디켄팅 하는 와인

(1) 타닌이 있는 영(young)한 레드 와인

카베르네 소비뇽과 같은 타닌이 많은 와인은 개봉 후 공기와 접촉시키면 부드러워진다. 마시기 한 시간 혹은 서 너 시간의 공기 접촉이 필요하기도 하다. 프랑스 보르도, 론 와인, 이탈리아 피에몬테의 바롤로나 바르바레스코와 같은 와인들이다.

(2) 침전물이 있은 오래된 레드 와인

레드 와인이 8년 이상이 되면 대부분 타닌과 다른 물질이 응고되어 침전물이 생긴다. 타닌 성분이므로 맛도 쓰며 검은 침전물이 보기에도 좋지 않다. 마시기 하루 이틀 전에 병을 바로 세워두었다가 조심스럽게 디켄트하여 와인을 따르면 병 목 부분에 침전물이 남게 된다.

(3) 풀 바디의 화이트 와인

부르고뉴나 보르도, 매우 좋은 알자스 와인 역시 공기 접촉이 필요하다. 예를 들어 부르고뉴의 코르통 샤를르마뉴가 향이나 맛이 덜 할 때는 디켄트가 반드시 필요하다는 반증이 된다. 한 시간 이상 공기 접촉을 하고 다시 디켄트를 한다면 향과 맛이 반드시 환상적으로 변하게 된다.

(4) 빈티지 포트 와인

강화와인인 포트(Porto, 포르투)도 공기 접촉이 필요한데 아직 세련되지 못한 어린 포트는 8시간 이상, 장기 숙성된 오래된 포트도 네 시간 이상의 공기접촉이 필요하다. 또한 오래된 포트의 어떤 것은 용량의 10% 가까이 침전물이 있는 경우도 있어 반드시 디켄팅이 필요하므로 개봉 전 며칠은 병을 세워두는 것이 바람직하다.

2) 디켄팅 하면 안 되는 와인

가격이 싼 타닌이 많지 않은 와인, 그리고 라이트 바디의 타닌이 적은 레드 와인은 디켄팅이 필요없다. 예를 들면 피노 누아, 보졸레, 론, 라이트 진판델, 그리고 돌체토, 바르베라, 라이트 키안티와 같은 라이트 바디의 이탈리아 와인들이다. 빈티지 포트를 제외한 갈색 포트는 침전물이 없으므로 개봉하여 바로 마셔도 좋다.

3) 와인 침전물과 레이블 손상

좋은 레드 와인은 향과 맛을 위해서 여과를 거치지 않는 경우가 많으므로 침전물이 생기게 되며, 화이트 와인 중에도 이물질처럼 보이는 것이 있다. 불투명한 하얀 부유물 같은 것은 효모찌꺼기일 수 있으며 작은 유리 알갱이처럼 보이는 것은 숙성 중에 포도의 주석산이 칼륨과 칼슘과의 반응으로 결정화(結晶化)되었을 가능성이 크다. 이 성분은 주석산염 또는 주석(酒石)이라는 것이다.

어느 쪽이든 인체에는 무해하지만 보기에나 마실 때에 좋지 않으므로 마시기 몇시간 전에 세워 두어 침전물이 병 바닥에 가라앉으면 살며시 따라 마시는 것이 좋다. 이러한 침전물은 와인에 따라 맛과 향을 복합적으로 상승시키므로 완전히 거르지 않는 양조장이 있다.

습도가 높은 곳에 장기간 와인을 보관하면 와인 병 표면 특히 레이블에 곰팡이가 피기도 하여 장기 보관용 와인은 레이블을 떼 내어 따로 보관하기도 한다. 따라서 레이블이 손상되었다고 해서 내용이 손상된 것은 아니다.

6. 이색 와인

1) 플라이트 서비스(Flight Service)

다양한 와인을 이것저것 조금씩 맛볼 수 있는 것이 플라이트 서비스이다. 와인은 병 단위로 주문하지만 '잔 술' 을 시킬 수 있는 것은 '하우스 와인' 정도이다.

'비행' 을 뜻하는 플라이트(flight)라는 단어는 이 저역에서 저 지역으로 날아다니듯이 한 자리에서 프랑스 와인, 미국 와인, 그리고 이탈리아로 호주로 날아다니듯 여러 지역의 와인을 다양하게 마실 수 있는 방식에서 유래 되었다. 유럽에서는 없는, 미국식 스타일로 이것저것 마시며 와인을 다양하게 알면 매출이 늘어나게 되므로 마케팅 차원에서 개발된 것이다.

와인 플라이트에 나오는 잔에 담긴 와인의 량은 50ml 정도로 호텔이나 레스토랑에서 와인 한 잔을 130~150ml로 계상하니 1/3 정도 되는 분량이다.

2) 박스 와인

(1) 박스 와인(Box Wine)

BIB 와인 즉 'Bag in Box' 혹은 캐스크 와인(Cask wine)으로도 부르는 것으로 종이로 만든 진공팩에 담겨져 마개가 박스 밑에 있어 마개를 빼낸 뒤 마개에 부착된 버튼을 누르면 와인이 나오는 방식이다.

와인은 개봉과 동시에 공기와 접촉하게 되어 산화가 급속히 시작하게 된다. 이러한 폐해를 줄여보고자 개발된 것으로 와인이 나오는 구멍이 바닥에 있어 개봉 후에도 산소가 유입되지 않는 구조로 4주에서 6주까지 맛이 변하지 않는다.

BIB 와인의 대부분이 3~5리터로서 양이 많아 급이 낮은 와인이라는 오해를 받지만 품질이 높은 와인도 상당히 많아 북구의 와인 소비의 절반 가까이가 BIB 와인으로 미국과 호주도 21세기에 들어 BIB 판매의 비중이 점진적으로 늘고 있다.

(2) 캐주얼 와인(Casual Wine)

맥주 캔 사이즈(250ml)에 담은 캔 와인과, 187ml 생수병 크기 용기에 담은 일명 '스트리트 와인' 으로 부르는 미니 와인이 있다. 옐로 테일, 바로크 캔 와인 등이며, 팩 와인도 나오고 있다. 스페인 프레시넷(Cavas Freixenet)의 코든 니그로(Cordon Negro)는 빨대를 꽂아 마시는 와인으로 유명하다.

(3) 페트병 와인

호주의 울프 블라스(Wolf Blass. 바로사 밸리, 남 호주)에서 페트병 와인을 판매 중에 있으며 부르고뉴의 부아세(Boisse) 그룹에서 미국 수출용 보졸레 누보를 페트병에 담아 2008년 출시하여 매년 수량을 늘리고 있다. 그 외 프랑스의 여러 곳에서 페트병 와인을 내놓고 있다.

와인 병의 무게는 보르도 지역의 테이블 와인이 보통 400g, 고급 와인은 550g, 혹은 그 이상이 되어 고급 와인일수록 병의 중량이 무거워 중후한 느낌이 든다. 부르고뉴의 로마네 콩티, 소노마의 키슬러(Kistler Vineyards)는 800g이 넘기도 한다.

이렇게 페트병을 사용하면 수송 중량을 40% 이상 줄여 제조 원가와 운송 비용을 낮출 수 있게 된다.

3) 유기농 와인(Organic Wine)

유기농 와인이란 일반적으로 화학비료나 제초제, 살충제를 쓰지 않고 재배한 포도로 만든 와인을 의미한다. 미국에서는 병입 때 보존제를 첨가하지 않은 와인을 일컫기도 한다.

바이오 다이내믹(bio dynamic) 와인은 유기농보다 한층 더 적극적으로 유기농 비료마저 사용하지 않으며 퇴비도 소량만을 사용한다. 해충을 잡을 때는 무당벌레와 같은 천적을 사용하여 산업화 이전의 방식을 따르는 복고적(復古的) 방식이다.

일반적으로 와인 생산은 농약이나 화학비료가 많이 사용되지 않으며 발효과정을 거치면서 인체에 해로운 농약성분이 대부분 소멸되어 잔존량이 거의 없어지게 된다. 또한 농약이나 살충제를 사용하면 포도의 생산은 늘어나더라도 각각의 와인이 지닌 개성이 없어지므로 와인생산자들은 품질을 높이고자 가능하면 농약과 살충제의 사용을 억제하고 있다.

7. 와인 매너

와인을 마실 때 너무 매너에만 치우쳐서 스트레스를 받느니 자신의 취향대로 편하게 마시면 된다. 그러나 여러 사람이 어울리는 자리에서는 최소한의 예의를 지켜야 서로가 편하며 좋은 분위기를 만들 수 있다.

테스팅(testing)이 아닌 테이스팅(tasting)은 여러 명이 외부에서 서빙 받을 때는 호스트나 그룹 리더가 먼저 와인의 향과 맛을 보고 결함이 있는지를 확인하여 오케이 사인을 내는 것이다. 테이스팅은 여성과 손님을 보호한다는 취지에서 비롯되었으므로 반드시 초청 당사자인 남성이 해야 한다.

초대받은 자리에서 와인을 선택하는 경우 와인 한 병의 가격이 1인의 식사 값을 넘지 않는 것이 예의다.

좌빵우물이란 테이블에 앉았을 때 빵은 왼쪽, 음료는 오른쪽 것이 내 몫이다. 내가 잘못해서 왼쪽 음료를 마시게 되면 옷 입을 때 첫 단추를 잘못 낀 것처럼 연쇄반응을 일으켜 테이블 전체가 잘못되게 된다.

잔 한가운데서 병을 높이 들어 따른다. 와인이 잔에 들어가는 동안 공기와 접촉하여 향이 살아나도록 하기 위해서이다. 스파클링 와인은 잔 옆면으로 흘러내리도록 조용히 따라 기포가 없어지지 않도록 한다.

와인을 따를 때 윗사람이 와인을 따르더라도 와인 잔을 들게 되면 따르는 사람이 병을 더 높이 들어야 하므로 불편해진다. 가만히 앉아있기가 불편하다면 잔의 밑바닥 받침 위에 손을 살짝 올려 누르는 정도로만 하면 된다.

건배는 가슴 높이로 와인 잔을 들고 모인 사람들과 눈을 마주치는 게 좋다. 와인 잔을 돌리거나, 와인을 입에 머금고 가글하는 것은 제한된 시간 내에 많은 와인들을 시음하는 자리에서 와인의 맛과 향을 빨리 파악하기 위한 방법이다. 여러 사람이 같이 식사를 하거나 대화를 즐기는 자리에서는 삼가야 하는 행동이다.

여성들은 가능한 진한 향수를 피하고 와인을 마시기 전에 내프킨으로 립스틱을 살짝 닦는 것이 좋다. 와인 고유의 향과 맛을 음미하는데 방해가 되며 잔에 묻은 립스틱은 보기에도 좋지 않지만 씻기에는 더욱 힘들다.

코스 요리를 먹으며 와인의 종류가 바뀌면 새로운 글라스를 사용하여야 한다. 와인이나 음식이 바뀌는 사이 빵을 먹으면 다음에 먹는 음식이나 와인 본연의 맛을 잘 느끼도록 해 준다.

상대방의 잔이 비게 되면 적절히 채워야 한다. 상대방이 내 빈 잔을 채워주지 않으면 먼저 상대방 잔을 채우고 자신의 잔을 채운다.

8. 와인과 건강

1) 발효의 건강 원리

(1) 발효작용을 하는 원재료 자체가 건강에 좋다

와인의 재료가 되는 포도, 김치의 재료가 되는 배추, 무, 파, 마늘, 된장의 원료인 콩, 그리고 치즈와 요구르트의 원재료인 우유는 재료 그 자체로도 좋다.

(2) 발효과정에 생기는 유산균의 작용

원재료가 소화가 잘 될 수 있도록 유산균이 어느 정도 분해하므로 몸에 흡수가 잘 된다. 이 유산균은 또한 장 내에서 다른 잡균이 음식물을 이상 발효하지 못하도록 억제하여 장의 건강을 유지시킨다. 장에 서식하는 유산균의 하나인 비피더스는 소화 흡수작용을 도우며 이 균이 장 내에 부족하면 설사를 하게 된다.

(3) 균의 증식과 생성

발효 과정이나 후에는 좋은 균을 증식시키거나 전에 없던 새로운 물질이 생겨나게 된다. 바실러스균은 항암, 항 당뇨에 효과가 있고, 치즈에는 우유에 없던 CLA(체지방 분해 성분)이 생겨나고, 청국장에는 콩에 없는 낫토키나아제 효소와 글리감마글루탐산, 레빈이라는 물질이 생성된다.

이러한 균들은 혈전 용해효과와 칼슘 흡수의 촉진, 인슐린과 유사한 작용을 하여 혈당을 낮추는 것으로 알려져 있다.

2) 와인과 건강

와인은 올리브유와 함께 지중해 연안의 대표적 장수 식품으로 알려지면서 웰빙과 연관지어 졌다. '프렌치 패러독스' 는 육류를 즐기는 프랑스 사람들의 심장별 발병률이 다른 서구인에 비해 절반 수준인바 이는 와인에 함유된 폴리페놀 등 항산화물질이 혈관에 쌓인 활성 유해산소를 없애준다는 현상을 이른다.

와인을 하루에 2~3잔 마시면 이 폴리페놀이 콜레스트롤의 산화를 막아 심장관상동맥 경화증을 막아주며 동맥경화를 방지하는 고밀도 지방단백질(HDL)은 증가하고 동맥경화를 촉진하는 LDL은 감소한다고 보르도 대학이 발표한 적 있다.

와인은 수분이 85%를 차지한다. 알코올이 8~14%이며 나머지는 당분, 비타민, 유기산, 미네랄, 폴리페놀로 구성되어 있으므로 마시는 야채라고 한다. 이 폴리페놀은 레드 와인에 리터 당 1~3g, 화이트에는 리터 당 0.2g이 들어있다.

한의학에서는 와인의 재료인 포도를 '기혈이 허약한 사람에게 유효하며 폐가 약해서 해수 및 천식을 잘 일으키는 사람에게 효력을 나타낸다' 고 본다. 또한 가슴이 뛰고 잘 놀라면서 식은땀이 흐를 때에도 사용한다. 그러나 포도를 많이 먹으면 열이 생기는 부작용이 있으며 와인은 어디까지나 술이므로 특히 조심해야 한다.

3) 와인의 역효과

심장 등의 혈관 건강에는 와인을 1~2잔 정도의 적당량을 마시면 유익하나 그 이상 마시면 오히려 해롭다. 와인의 알코올 도수는 10~14% 정도로 4~6%인 맥주보다도 몇 배 높으며 와인 한 잔의 알코올 량은 약 17g이다. 세계보건기구(WHO)의 알코올 하루 섭취 권장량이 성인 남자가 30g이다.

와인은 과실주로 포도당, 과당 등의 당분을 함유하고 있어 구강 내에 충치균의 온상이 되므로 양치질이 필수다. 또한 와인을 포함한 과실주들은 서서히 취하고 늦게 깬다. 그래서 과음을 삼가야하지만 피치 못하게 과음하여 숙취가 심할 때에는 소회향과 자소엽을 끓여 마시면 좋다.

소회향은 한방에서 성질이 따뜻하고 간, 신, 비위의 기능을 도우므로 기(氣)를 통하게 하는 식물로 보고 있으며 소화를 돕기도 한다. 서양에서는 펜넬(fennel)이라는 식물로 허브차로 즐겨 마시는 것 중의 하나이다. 저소엽은 차조기 잎이다. 정신을 맑게 하고 진정, 발한, 이뇨효과가 있어 숙취의 예방과 효소에 탁월하다. 감기를 초기에 잡는데 뛰어나며 일본에서는 우메보시(청매실)을 빨갛게 물들일 때 사용한다.

혈중 알코올 농도

- 0.01~0.05% 일반적으로 사람이 영향을 거의 받지 않는다.
- 0.05~0.12% 기분 좋은 상태가 되어 말이 많아지고 자신감이 커지며 억제력이 떨어진다. 또한 주의 판단력이 떨어지므로 이때부터는 운전을 삼가야 한다.
- 0.1~0.25% 흥분상태가 되어 감정이 불안정해지고 기억력, 이해력, 반응속도가 현저히 떨어진다.
- 0.18~0.3% 방향감각 상실, 정신 혼미, 현기증, 사물의 겹쳐 보임 현상이 생긴다.
- 0.27~0.4% 몸의 마비증상이 일어나 서 있기가 힘들어진다.
- 0.35~0.5% 무의식 혼수상태가 되어 반사작용과 감각이 사라져 호흡과 혈액순환이 잘 안되어 사망 우려가 생긴다.
- 0.45% 이상 호흡이 마비되며 사망에 이를 확률이 매우 높아진다.

혈중 알코올 농도는 음주와 더불어 올라가다가 최종 음주시각부터 30분~90분 사이에 최고수준에 다다르게 된다. 그 후 시간당 약 0.03~0.08%씩 감소하게 된다.

9. 와인의 활용

마시다 남은 와인은 공기 접촉으로 급격한 산화현상을 보이며 맛이 변한다. 이럴 때 남은 와인은 나름대로 활용하는 법이 있다.

1) 요리에 사용

고기를 재울 때 와인을 활용하면 좋다. 통상 육류에는 레드, 닭고기에는 화이트를 사용한다. 고기가 약간 잠길 정도로 와인을 붓고 반시간 정도 재우는데 기호에 따라 허브나 생강을 추가해도 좋다.

와인을 식초로 만든 것이 발사믹 식초이다. 이탈리아의 유명 발사믹은 최소 4년에서 몇 십 년을 숙성시킨 것이다. 샐러드의 드레싱으로, 올리브유와 섞어 빵을 찍어 먹어도 좋다. 남은 와인에 물을 2~30% 섞어 따뜻한 곳에 2개월 정도 놓아두면 알코올이 날아가고 식초로 변한다. 이를 커피 필터로 걸러 사용한다.

2) 상그리아와 글루바인

상그리아는 레드 와인에 각종 과일을 넣은 것으로 유럽 특히 스페인에서 식전주로 즐겨 마신다.

글루바인(Gluwein)은 독일어로 '따뜻한 와인' 이란 뜻으로 말 그대로 와인을 끓여 따뜻하게 마시는 것이다. 겨울이 긴 유럽에서 몸을 따뜻하게 하기 위하여 끓여 마시는 와인으로 주전자에 담아 가스버너로 끓이며 길거리에서도 팔기도 한다.

오렌지를 반으로 잘라 끓이고 난 뒤 거르기 좋게 껍질에 정향(glove)을 꽂고, 냄비에 레드 와인과 함께 계피와 오렌지를 넣고 센 불에 끓인다. 끓으면 불을 줄이고 설탕과 바닐라 엣센스를 조금 넣고 저어 불을 바로 끄면 된다.

프랑스에서는 뱅쇼라고 부르는 이 글루바인이 감기에 걸리면 민간치료법이며 스키장에서는 특히나 없어서는 안 된다. 겨울철에 마시면 혈액순환과 감기예방에 좋다. 숙면을 유도하는 효과도 있으며 심한 운동 뒤에 마시는 피로회복용으로도 쓰인다.

3) 목욕과 빨래

남은 와인은 각질제거제 스크러브, 팩, 목욕제 등으로 다양하게 사용할 수 있다. 포도의 폴리페놀 성분이 각질을 제거하고 피부 생성을 촉진하며 피부 미용기능이 뛰어나기 때문이다.

거즈에 와인을 적셔 얼굴에 덮고 가볍게 두드리고 거즈가 마르면 물로 씻으면 된다. 팩을 만들 때는 와인에 꿀, 레몬을 넣어 얼굴에 펴 바르고 10~20분 후에 물로 씻어내면 된다. 또한 욕조에 물을 받고 와인을 반 병 정도 넣은 다음 목욕하면 피로를 푸는데 좋다.

레드 와인 특유의 떫은맛인 타닌은 기름때를 빼주는 세정기능이 있어 천연세제로 사용할 수 있어 빨래를 마지막으로 헹굴 때 몇 방울 떨어뜨리면 삶는 효과도 있지만 흰색 옷은 화이트 와인이 좋다.

마른 행주에 와인을 묻혀 사용하면 기름때가 낀 가스레인지 주변을 깨끗이 닦아내며, 화이트 와인과 식초를 조금 섞으면 유리 세정제로 좋다.

제4절 와인 구매와 전문가

와인을 사려는 사람이 관심을 가지는 것은 '싸고 맛있는 와인' 이다. 일반적으로 좋은 물건은 비싸게 마련이지만 와인은 기초 상식을 가지면 때와 장소, 취향에 따라 싸고 맛있는 와인을 찾을 수도 있다.

1. 와인 구매

1) 와인 지식을 숙지한다

스위트하거나 드라이한 화이트, 부드럽거나 떫지 않은 가벼운 레드, 타닌이 많은 짜임새있는 강건한 와인을 구별한다.

2) 와인 선택의 폭을 좁힌다

와인 스타일을 정하여 가격대와 나라, 산지를 결정하면 어떤 장소, 어떤 음식과 같이 마실 것인지 생각하면 폭이 줄어든다.

2. 와인 투자

특급 와인들의 좋은 빈티지는 몇 억 원을 호가하기도 한다. 2007년 5월 크리스티 경매장에서 로마네 콩티 1985년산이 23만 7천 달러에 팔렸는데 이 와인이 다시 나온다면 더 비싼 가격이 될 것이다. 1982년산 샤토 르 팽이 1999년에 200만 원 정도 거래되었는데 2006년에는 2,400만 원까지 치솟았다. 이렇게 와인 가격이 급등하므로 와인 투자도 인기를 얻고 있다.

와인 가격이 뛰는 이유는 특급 와인 생산량의 증가가 쉽지 않고 주요 생산사나 생산국이 공급량을 제한하기도 하며 로마네 콩티는 일 년에 5000병 정도로 명품 와인의 생산량은 극히 제한하고 있기 때문이다. 따라서 해가 갈수록 그 희귀성은 더해지기 마련이다.

또한 가격의 변동성이 낮아 외부 환경의 변화에 영향을 그리 받지 않는다는 안정성이 있다. 하지만 와인 투자가 쉽지만은 않다. 될성부른 와인을 고르거나 구하기 그리고 보관도 쉽지 않기 때문이다.

1) 실물 투자

와인은 해마다 품질이 달라지고 그에 따라 가격도 달라지며 좋은 와인은 시간이 지날수록 숙성되면서 그만큼 가격도 올라간다. 게다가 수요는 계속 늘지만 생산량이 거의 정해져 있다. 따라서 좋은 빈티지의 와인은 오랫동안 잘 보관하면 그 가치는 해가 지남에 따라 점차 높아가게 마련이다.

와인 실물에 직접 투자하는 실물펀드는 영국이 와인 재(財)테크의 중심도시로 명성을 이어가고 있으며 우리나라도 지난 2007년부터 선보여 SK네트웍스와 하나은행 등 금융권에서 상품을 내놓아 최상급 와인을 구매하여 런던의 보세창고에서 5년 이상 보관한 뒤 되팔아 수익을 남기는 형식이다.

투자의 3대 조건으로는 숙성력, 희소성, 지명도를 꼽는다.

(1) 숙성력

와인은 장기보관이 가능한 숙성력이 있어야 투자 대상으로 가능하다.

(2) 희소성

품질이 우수한 와인이 생산량이 적다면 당연히 가격도 올라간다. 부티크 와이너리의 와인들이 이에 해당된다.

(3) 지명도

와인 이름 자체가 하나의 브랜드가 된 경우로 보르도의 그랑 크뤼, 페트뤼스와 르 팽, 생-테밀리옹의 프러미에 크뤼, 디켐, 부르고뉴의 DRC, 앙리 자이에, 르로아(Leroy), 루미에(Roumier), 콩트 라퐁(Comtes Lafon), 코슈 뒤리(Coche Dury), 뒤가-피(Dugat-py), 이탈리아의 슈퍼 투스칸, 바롤로의 지아코모 콘테르노(Giacomo Conterno), 브루노 지아코자(Bruno Giacosa), 브루넬로 디 몬탈치노의 비욘디 산티(Biondi Santi), 솔데라, 바르바레스코의 안젤로 가야, 미국의 스크리밍 이글, 할란, 그레이스 등은 투자 실패의 우려가 없는 확실한 와인들로 알려져 있다.

2) 와인 경매

세계의 와인 경매시장 규모는 년간 3억 달러에 이르며 이 중 미국이 50% 이상을 차지하여 영국의 4배 수준이다.

세계 경매 시장의 양대 회사인 크리스티(Christi)와 소더비(Sothebys)가 미술품뿐 아니라 와인에서도 각 30%씩 차지하여 세계시장을 주도해 왔으며 크리스티가 영국 런던에서 1766년 문을 연 날에 보르도 레드와 마데이라 와인을 경매했다는 기록이 남아있다. 그러나 근래에는 애커 매럴 & 콘디트(Acker Merrall & Condit), 재키스(Zachys) 등의 신흥회사들의 활동이 두드러지고 있으며 비주류인 영국 본햄스(Bonhams)는 지난 2008년 홍콩에서 와인과 관련된 모든 세금이 완전히 사라지자 홍콩에 경매시장을 열었다. 세금을 없애도 음식과 숙박을 비롯한 관광시장의 활성화와 와인 입출입에 따른 선적과 항만사용, 창고, 여행객 증가 등의 주변산업이 덩달아 발전하기 때문이다.

와인 경매의 3D라는 말이 있다. 사망(death), 빚(dept), 이혼(divorce)라는 말로서 경매에 등장하는 비싸고 오래되고 귀하여 상품가치가 큰 와인이 시장에 나오는 세 가지 이유라는 뜻이다. 와인이 많아 저장하기 곤란하거나 와인의 구성을 다양하게 하기 위해서 기존의 물건이 나오는 경우가 많다. 영국 뮤지컬계의 유명인사인 앤드류 웨버가 1997년 소장 와인 1만 8천병을 내놓아 당시 돈으로 약 70억 원 어치가 경매되기도 했었다.[5]

오스피드 드 본느(Hospoes de Beaune)는 부르고뉴에서 열리는 와인경매로 세계에서 가장 오래된 자선 와인경매이다. 부르고뉴공국의 재상인 롤랭(Nicholas Rolin)이 세운 병원을 지원하기 위해 귀족들이 포도밭을 기부했는네 너 많은 시원을 확보하기 위해 1859년 소유한 포도밭에서 생산되는 와인을 경매하기 시작했다. 이 경매는 병에 든 와인이 아니라 숙성되기 전의 오크통(일반병 기준 300병) 단위로 거래되므로 오크통 값, 세금, 네고시앙 수수료를 따로 더 내야 한다.

한국에서는 주류 판매허가가 있어야 거래가 가능하며 되팔기가 아려워 유동성이 떨어지는 등의 이유로 경매가 쉽지 않아 아트 옥션이 유일하다.

와인 샵

파리의 와인 샵

라비니아(Lavinia)는 파리를 안내하는 관광책자에 세계에서 가장 큰 와인 샵이라고 나와있는 곳으로 6,000여종의 와인들이 진열되어 있다. 구입한 와인은 2층의 레스토랑에서 와인과 어울리는 요리와 함께 마실 수 있다.

3 blvd de la Madeleine 75001 Paris France Concorde/Madeleine, 9éme 3

5) 앤드류 웨버(Andrew R. Webber)는 뮤지컬 '오페라의 유령'의 작곡가로 평생 모은 와인 1만8천병이 1997년 출품되었는데 보르도 와인은 최고의 빈티지라는 1982년 산이 슈발 블랑 37상자, 오-브리옹이 20상자, 라투르 10상자, 마고 24상자였다. 1947 페트리스 매그넘 12병, 1900년 마고 6병, 20세기 최고의 와인이라는 1947년산 슈발 블랑도 여러 병이었다.
당시 경매를 주관했던 소더비의 와인경매사 세레나 서클리프는 '만약 술의 신인 바쿠스가 셀러를 가진다면 아마도 그것은 웨버의 것과 같았을 것'이라고 극찬했을 정도로 온도와 습도가 안정적으로 유지되는 이상적인 지하저장소에 보관되고 있었다.

홍콩의 와인 샵

베리 브라더스(Berry Brothers & Rudd) 1698년 문을 연 세계에서 가장 오래된 와인 거래상으로 1999년 홍콩 지점을 열었다. 오래된 빈티지의 귀한 와인이 많다.

올리버스(Oliver's) 가격대비 맛이 뛰어난 중간 가격대 와인이 많은 고급 식료품점

폰티(Ponti Food & Wine Cellar) 중 · 고가의 와인 특히 보르도 와인 전문

스리식스티(ThreeSixty) 홍콩에서 가장 큰 유기농매장이나 와인의 종류가 적다.

왓슨스(Watson's Wine Cellar) 대형 드러그 스토어인 왓슨스에서 운영하는 홍콩에서 가장 큰 와인 샵이다.

3. 와인 전문가

프랑스는 와인 대국답게 전 국민 중 10% 이상이 와인관 관련된 직업에 종사하며 이에는 포도 재배나 와인 양조 등의 생산에서부터 소비자와 직접 만나는 소매자나 소믈리에까지 다양한 직업군이 이루어져 있다.

1) 소믈리에(Sommelier)

중세 유럽에서 식재료 보관을 담당하던 솜(somme)이라는 직책에서 유래된 말이다. 소믈리에는 호텔이나 레스토랑에서 고객의 입맛이나 음식에 어울리는 와인을 추천하는 것을 주 업무로 하고 있다. 그리고 와인의 주문, 품목 선정, 구매와 저장, 재고관리, 목록 작성, 판매까지 담당한다. 그러므로 각종 와인의 종류와 맛을 알아야 하고 포도 품종이나 숙성 방법, 원산지, 수확연도 등의 와인의 특징에 대한 지식도 풍부히 갖춰야 한다.

우리나라에서는 2001년에 직업분류에 등재되었으며 호텔이나 레스토랑, 와인 바 그리고 와인을 취급하는 일반 음식점이나 와인 수입회사, 와인 판매점에 근무한다.

로봇 소믈리에는 일본 전자회사 NEC가 2008년 개발한 '건강과 식품 조언 로봇'으로 전자코와 혀를 갖추고 음식 맛을 보는 역할을 대신하고 있다. 와인에 다양한 파장의 적외선을 조사(照射)하여 포도 종류와 숙성도에 따라 파장이 달라지는 원리를 이용하고 있다. 미리 입력해 놓은 와인의 특성치와 비교하여 품종과 재배 장소, 당도의 정도를 알아내게 한 것이다.

기키자케시(利き酒師)는 일본 술인 사케(酒)의 가이드를 뜻한다. 수수보리(須須保理)는 일본에 술 빚는 법을 전해준 백제사람으로 '술 빚는 사람'을 뜻하는 말이다.

소믈리에 대회는 프랑스, 이탈리아, 미국, 일본은 국가 공인 소믈리에 자격증이 나온다. 1969년 설립된 국제 소믈리에협회(ASI)에서 3년에 한 번씩 국제대회(The World Best Sommelier)를 개최하는데 2010년의 13회 대회는 칠레의 2주간 개최되어 최종 결승 3인에게 주어진 문제는 다음과 같았다.

* 레드 2종과 화이트 1종 그리고 디저트와인 1 종류를 테이스팅하여 그 품종과 빈티지는?(제한 시간 12분)
* 10개의 와인 리스트를 보고 잘못된 부분의 수정(제한 3분)
* 5개의 사진을 보고 어느 나라의 무슨 와인인지?(제한 3분)

2013년의 14회는 일본, 2016년의 15회 대회는 아르헨티나에서 열렸다.

2) 와인 교육기관

소믈리에 전문학교인 CFPPA는 부르고뉴의 본(Beaunne)에 있다. CAFA(École de sommellerie)는 1986년 보르도에 설립된 와인 전문 교육기관이다. ONAV(Organizzazione Nazionale degli Assaggiation di Vino)는 1951년에 만들어진 이탈리아 최초의 와인 교육기관으로 아스티(Asti) 지방의 와인전문가들이 이탈리아 와인의 질적 향상을 도모하고자 만든 비영리기관이다.

교육은 두 단계로 1단계의 수강료는 300유로 정도로 이론 코스로서 이탈리아 와인의 역사와 양조방법, 평가 등을 배우며 수료하면 시음가(Assaggiatore) 자격을 얻는다. 2단계는 실기코스로 계절에 따른 포도재배와 양조과정을 현장에 나가 체험하며 와이너리 견학시마다 20유로 정도의 실비만 받는다.

AIS(Associazione Italina Sommeliers)는 1965년 ONAV에서 분리되어 밀라노에 생긴 곳으로 현재는 이탈리아를 대표하는 와인 교육기관이다. 강사진이 약 1,800명으로 1년 반 이상의 3단계 과정을 이수하고 시험을 통과하면 소믈리에 칭호를 받게 되고 일년간 레스토랑에서 실무경험을 거쳐야 전문 소믈리에(Professionista)가 된다.

FISAR(Federazione Italina Sommelier Albergation Ristoration)는 '호텔 식당 이탈리아 소믈리에 연맹' 이라는 뜻으로 AIS와 교육 내용이 유사하지만 호텔이나 레스토랑의 종사자들만 교육을 받을 수 있는 이탈리아의 전문 직종 교육기관이다. 피렌체에 본부가 있으며 '일 소믈리에(Il Sommelier)' 란 격월간 잡지도 발행하고 있다.

영국 와인 전문 교육기관은 AWE(Association of Wine Education), BBR(Berry Bros. & Rudd), Christie's Education, CMS(The Court of Master Sommelier), Connoisseur Wine School, DWS (The Docklands Wine School), Institut Francais, IMW(The Institute of Master of Wine of Mapre House), London Wine Academy, Newcastle Wine School, Sotheby's Wine Department, Taste-In, Tim Atkin Wine School at Vinoteca, Wine & Food Academy, Wine & Spirit Education Trust School, Winfield Wine Events가 있다.

3) 와인 평가와 와인 전문가

와인에 대한 평가는 주로 와인 평론가들이 와인 전문잡지를 통하여 하고 있다. 와인 평가에서 좋은 점수를 받은 와인은 그 명성이 좀처럼 떨어지지 않는다. 실제로 와인 품질이 떨어졌다고 해서 그 점수를 받은 사실에는 변함이 없고 소비자는 그 사실을 오래 기억하기 때문이다.

(1) 와인 잡지

와인 스펙테이터(Wine Spectator)는 1976년 미국에서 창간되어 와인의 질, 가격, 생산량을 주요기준으로 하여 점수를 매기는데 부르고뉴나 컬트와인들은 연간 생산량이 적어 높은 점수를 받기 힘들다. 현재 약 40만명 이상의 정기 구독자가 있다. 2000년 1위에 오른 솔라이아(Solaia)는 투스카나 와인 열풍을 몰고 왔고, 2006년에는 역시 투스카나 와인인 브루넬로 테누타 누오바(Brunello Tenuta Nuova)가 1위로 선정되어 금세 유명 와인이 되자 가격이 급등하였다.

와인 애드버키트(Wine Advocate)는 1978년 미국의 로버트 파커가 발행하여 세계의 와인들을 100점 만점으로 점수를 매기는 파커 포인트(RP Point)를 도입하였다. 그의 평가에 따라 와인 가격이 출렁이므로 '파커가 시음한 와인을 뱉는 순간 와인업자들이 전율한다' 는 말이 있을 정도로 파커는 '볼티모어의 독재자' 로도 불린다. 90점 이상이면 고급와인 범주에 들어간다.

디켄터(Decanter)는 영국에서 출간되는 주류전문 잡지로 와인이 비중이 크며 별 5개가 최고 점수로 20점 만점 시스템을 동시 적용하고 있다. QRW(Quarterly Review of Wines)는 1977년 미국에서 발행된 잡지로 와인 외에 음식과 여행에 관련된 내용도 싣고 있다.

W & S(Wine & Spirits)는 영국에서 출간되는 주류 잡지이며, RVF(Bevue du Vin de France)는 프랑스의 와인 전문 잡지이다.

(2) 와인 전문가

로버트 파커(Robert Parker) 법대 출신 변호사로 일하다 프랑스에 머물던 1967년 와인을 본격적으로 공부하여 보르도의 1982 빈티지를 대부분의 비평가들과 달리 높이 평가하여 최고의 비평가로 군림하게 되었다.

로버트 파커 점수(RP Point)를 90점 이상 받아야 고급와인으로 간주되며 와인 구매자 안내서(Wine Buyer' s Guide)를 발간하여 전 세계 8,000여종의 와인에 대해 설명하고 있다. 하지만 파커의 점수로 와인을 평가하는 데 익숙해진 현실에서 반(反) 파커의 바람[6]도 만만하지 않다.

젠시스 로빈슨(Jancis Robinson) 1975년부터 'Wine & Spirits' 에 기고하면서 평론가로 데뷔하여 와인 가이드 북인 'The Oxford Companion to Wine' 의 주간(主幹)이다. 하루에 30여종 150가지 이상의 와인을 시음하며 '파이낸셜 타임즈(Financial Times)' 에 와인 평을 기고하고 있다. 1984년 마스터 오브 와인(MW)을 취득하고 2003년 대영제국훈장도 받았다.

버튼 앤더슨(Burton Anderson) 'Wines of Italy' 의 저자로 이탈리아 와인 전문가이다.

클라이브 코트(Clive Coates M.W) 와인 사업가로 활동하다 1971년 M.W(Master of Wine)를 취득한 후 와인 컬럼니스트로 그리고 1985년부터 'The Vine' 이라는 와인 월간지를 발간하고 있다. '코트 도르(Côte D' or)', 'The Wines of Bordeaux' 의 저자로 특히 부르고뉴 와인에 대해 해박한 지식을 가지고 있다.

휴 존슨(Hugh Johnson) 'The World Atlas of Wine' 을 젠시스 로빈슨과 같이 펴내어 전 세계의 와인 산지를 폭 넓고 깊이 있게 다루어 와인 이해에 많은 도움을 준 평론가이다. 'The Story of Wine' 도 출간했다.

제임스 서클링(James Suckling) 1981년부터 30년간 '와인 스펙테이터' 에서 편집장과 유럽지부장을 지내고 2010년 멕시코에서 원 와인 원 월드(One Wine One World)라는 자선 와인을 여러 나라에서 생산된 포도를 섞어 만들어 수익금은 자선단체에 기부하고 있다.

미셸 롤랑(Michel Rolland) 프랑스의 와인 컨설턴트로 자신의 와이너리로 포므롤의 Château

---

6) 2004년 나온 다큐멘터리 '몬도비노' 에서 파커는 획일적인 맛을 전파하는 '악의 축' 으로 그려지고, 2007년 나온 '로버트 파커 ; 신화의 해부, 더는 받아들일 수 없는 역사상 가장 위대한 와인 감정가의 실체' 는 파커의 직원이 쓴 책으로 파커의 평가는 신뢰할 만한 것이 못된다고 폭로했다.
2007년 '몬도비노' 의 감독 조너선 노시터는 '미각과 권력' 이란 책에서 양조가와 저널리스트, 비평가, 와인 유통업체가 서로 연결되어 사람들의 입맛을 왜곡한다고 피력했으며, 2008년 출간된 '와인과 사랑을 위한 전쟁 ; 파커 스타일 와인 트렌드에서 세상을 구해낸 방법' 은 파커의 싸구려 입맛이 가진 영향력으로 전통적인 와인의 세계가 파괴된다고 주장했다.
타일러 콜만(Tyler Colman)은 2008년 저서 '와인 정치학(Wine Politics)' 에서 아침마다 100여종의 와인을 시음하며 점수를 매기는 게 공정한지, 개인에 따라 다른 맛의 평가를 파커점수로 마구 받아들이는 게 옳은지, 와인 생산자들이 파커 입맛에 맞는 와인만 생산하려는 것 등을 지적했다.

Bertineau Saint-Vincent, Château Le Bon Pasteur, 프롱삭의 Château Fontenil, 생-테밀리옹의 Château La Grande Clotte, Château Rolland-Maillet를 가지고 있다.

마이클 브로드벤트(Michael Broadbent) 영국적인 전통을 바탕으로 와인 평가를 내리며 크리스티 와인경매를 책임지고 있다. 올드 빈티지에 대한 최고의 전문가로 알려졌다.

케빈 즈랠리(Kevin Zraly) 'Complete Wine Course', '와인 바이블'의 저자로 100개가 넘는 교육기관에서 '와인 바이블'을 교재로 사용하고 있다.

오즈 클라크(Oz Clarke) 'Encyclopedia of Grapes', 'New Encyclopedia of Wine'의 저자이다.

(3) 마스터(MW. Master of Wine)

와인 마스터는 영국의 와인마스터 협회(Institute of Masters of Wine)에서 시행하며 1955년 처음 시험이 치러진 후 현재까지 200여명[7]이 탄생하였다. 아시아인으로는 처음으로 1995년 일본의 다사키 신야(田岐眞也)가 등록되었다.

(4) 와인 수입상

좋은 와인을 찾아 합리적인 가격으로 구입해 소비자에게 제공하는 곳이 와인수입상이다.

알랭 융귀넷(Alain Jungenet) 미국 뉴 저지에서 1984년부터 와인 수입을 하며 프랑스 와인 특히 론 지방의 샤토뇌프 뒤-파프에 조예가 깊어 로버트 파커로부터 '미스터 샤토뇌프'라는 말을 들었다. 그가 수입한 와인은 레이블에 'Alain Jungenet Selection'이란 스탬프를 찍어 이는 곧 신뢰할 수 있는 와인이란 표시가 되었다.

닐 로젠탈(Neil Rosental) 뉴욕에 와인 샵이 있는 수입상으로 프랑스나 특히 이탈리아의 가족경영의 작은 와이너리들에 대한 안목이 높다. 테루아에 의한 와인의 부케, 향, 색상으로 와인의 차이를 강조한다.

RWM(Rosenthal Wine Merchant)를 포함한 'Mad Rose'를 운영하고 있으며 'Reflections of a wine merchant'란 책도 저술했다.

베리 브러더스 앤 러드(Berry Brothers & Rudd) 1698년에 세운 영국의 와인/증류주 수입상으로 커티 삭(Cutty Sark)의 소유주이기도 하다.

에릭 솔로몬(Eric Solomon) 'European Cellars'를 만들어 프랑스 론 와인에 주목했으며, 특히 '뉴 스페인'으로 불릴만큼 스페인 와인에 대해 인정받고 있다.

4) 유명인과 와인

와인을 즐기는 사람들 중 많은 사람이 골프도 즐리고 있으며 와인은 매너와 품격을 중시한다는 점에서 골프와 비슷하다. 프로 골퍼들은 대회 직전에 열리는 파티에 참석하고 있으므로 자연스럽게 와인문화와 접하게 되고 친숙해져 와인을 직접 만들게 되는 경우가 많다.

---

7) Pierpaolo Petrassi, Patrick Farrell, Tim Atkin, Gerard Basset, Nicolas Belfrage, Michael Broadbent, Clive Coates, Mary Ewing-Mulligan, Ned Goodwin, Doug Frost, Anthony Hanson, Jeannie Cho Lee(한국명 이지연), Benjamin Lewin, Brian McGrath, Jasper Morris, Jonathan Pedley, David Peppercorn, Jancis Robinson, Arne Ronold, Igor Ryjenkov, Jennifer Simonetti-Bryan, Roderick Smith, Serena Sutcliffe, Simon Field

애니카 소렌스탐(Annika Sörenstam) 스웨덴 태생 미국의 여자 골프 선수로 샌프란시스코 만 근처의 리버모아 밸리에서 5대째 140여년 와인을 만들어온 웬트 비녀드(Wente Vineyard)와 협업으로 '애니카' 를 출시했다.

아놀드 파머(Arnold Palmer) 보르도의 샤토 팔메르가 매년 그 해 최고의 골퍼에게 그 해 생산 와인을 선물하는데 이를 받은 게 계기가 되어 와인 컬렉터가 되어 내파 밸리의 루나 비녀드(Luna Vineyard)와 손잡고 2006년부터 아놀드 파머라는 이름의 카베르네 소비뇽과 샤르도네를 출시하고 있다.

클리프 리처드(Cliff Richard) 포르투갈의 남단에 칸토르(Adega do Cantor) 와이너리를 소유하고 비다 노바(Vida Nova), 온다 노바(Onda Nova) 시리즈를 생산하고 있다.

밥 딜런(Bob Dylan) 싱어송 라이터인 밥 딜런은 이탈리아 중부 마르케에 있는 파토리아 레 테라제(Fattoria Le Terrazze)와 같이 본인 이름의 레이블로 몬테풀치아노 DOC 와인을 내고 있다. 1974년 발표한 곡인 '플래닛 웨이브(Planet Waves)' 와 같은 이름의 IGT 블렌딩 와인도 나온다.

데이비드 프로스트(David Frost) 남아공의 골퍼. 1994년 와이너리 설립하여 1997년부터 카베르네, 메를로, 시라즈 등을 내놓고 있다.

어니 엘스(Ernie Els) 남아공 출신의 골프선수로 '스윙의 교과서' 라고 불리우며 2011년 세계 골프 명예의 전당에 헌액되었다. 친구인 와인생산자 장 엥겔브레히트(Jean Engelbrecht)와 같이 '엥겔브레히트 엘스 에스테이트' 를 세워 자신의 이름으로 와인을 만들고 있다.

프란시스 코폴라(Francis Ford Coppola) 영화 '대부' 의 감독으로 알려진 코폴라는 1975년 내파 밸리에 자리 잡은 후 그의 딸 소피아 코폴라가 '소피아(Sofia)', '소피아 미니 블랑 드 블랑' 등의 와인을 내놓고 있다.

게리 플레이어(Gary Player) 골프계의 전설로 불리우는 남아공의 전 골프선수. 2004년 남아공 스텔렌 보쉬의 'Bochendal Estate' 를 인수했다.

제라르 드파르디외(Gérard Depardieu) 와인을 하루에 14병 마시는 걸로 유명한 프랑스 영화배우다. 1979년 와인 생산에 나서 뉘-생-조르주(Nuit-St-Georges)와 콩드리으(Condrieu, 나중에 기갈(E. Guigal)에 매도), 그리고 소뮈르의 샤토 티뉴(Château de Tigné)도 매입하였다. 2005년에 랑그독-루시옹에 레스프리(L' Esprit de la Fontaine)를 설립하였다.

그레그 노먼(Greg Norman) 호주의 대표적 골퍼인 노먼은 자신의 아이콘인 '백상어' 를 남 호주 라임스톤 코스트(Limestone Coast)의 쿠나와라(Coonawara)에 있는 그레그 노먼(Greg Norman Estate)에서 만들고 있다.

잭 니클라우스(Jack Nicklaus) 미국 골퍼로 내파밸리에서 털라토그룹과 파트너십을 하고 있다.

닉 팔도(Nick Faldo) 영국 출신으로 호주 쿠나와라의 야라밸리에 카트눅 에스테이트(윙가라 그룹)와 파트너십

마이크 위어(Mike Weir) 골프선수. 고향인 캐나다 온타리오 주 나이아가라 페닌슐러에 2005년 와이너리를 설립하여 좋은 아이스와인을 생산한다.

올리비아 뉴튼 존(Olivia Newton-John) 1983년 호주의 멜버른에 코알라 블루(Koala Blue Wines)를 설립하여 샤르도네와 쉬라즈로 화이트와 레드 와인을 만들고 있다.

리티프 구슨(Retief Goosen) 남아공의 골퍼로 카베르네 소비뇽과 시라즈를 반씩 블렌딩한 더 구스(The Goose)로 2005년 디켄터의 동상을 수상했다. 남아공 케이프 멘털의 랑크루프(Upper Langkloof)에 있다.

털라토 와인 그룹(Terlato Wines International) 1947년 설립되어 3대째 운영되고 있는 가족회사로 50여개의 브랜드를 가진 와인의 생산, 수입, 수출, 도소매, 와인제조 컨설팅을 하며 인터넷 와인 쇼핑 몰에는(uncorked.com)에는 '골프와 와인 코너' 도 개설되어 있다.

5) 와인 관련 행사

(1) 와인 박람회

빈엑스포(Vinexpo) 1981년부터 열린 전 세계에서 가장 큰 와인박람회로 보르도에서 격년제로 열린다. 매년 50여 개 국의 2~3,000천개 업체와 와인수입상, 전문가, 애호가들이 참가하는 행사이다.

프로바인(ProWein) 독일 뒤셀도르프에서 매년 3월 열리는 와인&스피리트 무역박람회로 1994년부터 개최되었다.

비니탈리(Vinitaly) 로미오와 줄리엣의 도시로 유명한 베로나에서 열리는 행사로 이탈리아의 위상을 높이고 홍보하기 위해서 열린나.

홍콩 와인박람회(Vinexpo Hongkong) 포도밭이 하나 없는 홍콩은 2008년 2월 와인 면세제를 도입한 이후 오랜 무역 경험을 바탕으로 매년 50~70%씩 와인 산업이 급성장하여 세계 최대 와인 시장 중 하나로 부상했다.

홍콩 와인박람회(www.hktdc.com/hkwinefair)는 보르도의 빈엑스포가 매 홀수 해에 열림에 비해 매 짝수 해의 11월에 열린다. 홍콩관광청은 11월 한 달을 '와인과 음식의 달' 로 정해 10여개의 관련 행사를 열고 있다.

미슐랭 스타 레스토랑 축제(www.FestivalOfRestaurant.hk)는 미슐랭에 소개된 홍콩 식당 중 별점을 받은 곳들이 나오며 이 중 세파쥬(Cepage)는 와인저장고에 2000여종 8000병 이상의 와인을 보관하는 곳으로서 와인 특성에 맞는 음식을 맞춰내고 있다.

홍콩 와인 & 음식축제(www.DiscoverHongKong.com/WineDineFestival)는 20여 개 국 2000종에 달하는 와인이 나온다.

(2) 와인축제

보르도 와인 축제(The Bordeaux Wine Festival) 보르도 관광청과 보르도 와인협회(CIVB), 보르도 시청이 주재하는 축제로 매년 6월 하순에 열린다. 와인 시음과 양조장 투어는 물론 디너 파티, 워크 샵, 재즈와 클래식 음악공연이 있다.

카팔루아 와인 · 음식 축제(Kapalua Wine and Food Festival) 하와이 마우이섬에서 매년 6월이나 7월 초에 열리는 축제로 저명한 와인 제조가 로버트 몬다비(Robert Mondavi)가 와인 사업 종사자들과 와인 감정가 50명을 초청해 마우이의 아름다운 풍경에서 와인을 즐기고자 시작된 것이 세계적인 축제로 자리 잡았다.

제5절 와인과 음식의 궁합

마리아주(marriage)는 와인과 음식의 만남, 즉 결혼이라는 말이다. 포도 품종, 국가별 지역별 생산지, 와인의 종류, 이 모든 것은 마지막으로 테이블에 앉기 위한 과정이다. 궁극적으로 와인은 우리의 생활을 풍요롭게 하기 위한 것으로 음식과 와인은 서로에게 중요한 의미를 지닌다.

일찍이 에피큐로스가 말했다. "만약 미각(味覺)의 즐거움을 빼앗는다면 나는 행복의 본질을 어떻게 이해해야할지 모르겠다".

1. 음식궁합과의 기본

사람마다의 기호가 다르듯 입맛도 제각각이다. 선입견을 버리고 내 입에 맞는 것이 가장 좋은 궁합이다. 따라서 책이나 전문가들은 오래 경험하고 말하는 일반적이고 보편적인 사항이라는 것을 염두에 두고 단지 참고사항으로만 하여야 한다.

1) 같은 성질을 조화시킨다

조화의 기본원칙은 음식이 가지고 있는 고유의 맛과 질감이나 느낌에 따라 와인을 달리하는 것이다.

음식의 맛이 진하고 강렬하다면 진하고 힘 있는 와인, 음식이 가벼운 것이라면 와인도 그에 따라 가벼운 것으로 한다.짠 음식에는 스위트 와인, 신 음식에는 드라이 화이트 와인, 쓴 맛의 음식은 진한 풀바디로 매칭한다.

음식의 소스(sauce)가 무엇인지 확인한다. 단순한 닭고기 요리라면 라이트-바디의 화이트가 어울린다. 그러나 닭에 크림소스나 치즈소스가 들어갔다면 미디엄-바디나 풀-바디가 더 잘 맞는다. 토마토 페이스트 소스라면 라이트-바디의 레드가 더 잘 어울린다.

2) 압도한다

단맛이 강한 디저트에는 더 진한 스위트와인으로, 식초가 많이 들어간 샐러드에는 산이 많은 드라이 화이트로 짝을 짓는다.

2. 코스별 음식과의 조화

1) 애피타이저

애피타이저에 어울리는 일반적인 두 가지는 스파클링 와인과 드라이 셰리이다. 가벼운 논-빈티지 샹파뉴나 캘리포니아산, 뉴질랜드산이 좋다.

새우류 참 새우, 작은 새우, 잔 새우 등에는 소비뇽 블랑의 상큼한 드라이 화이트가 좋고 마요네즈를 곁들인다면 산이 좀 강한 것이 좋다. 오크통 숙성의 헤비한 와인은 피해야 된다.

아스파라가스 뉴질랜드의 풍부한 스타일의 소비뇽 블랑

훈제 연어 알자스의 게뷔르츠트라미너, 피노 그리와 같은 튼튼한 화이트. 꼬트 드 본이나 캘리포니아의 오크통 숙성 샤르도네가 좋다.

멜론 신선하고 스위티한 강한 향의 노블랏 무스카데나 리슬링, 캐나다나 워싱턴 산의 아이스 와인이 어울린다.

카나페, 올리브, 너트 육류를 먹기 전의 카나페나 올리브, 너트를 먹는다면 셰리가 제일이다.

2) 첫 번째 코스

스프(soups) 스프에는 통상 와인을 곁들이지 않지만 크림이 들어간 진한 스프는 '블랑 드 블랑' 같은 스파클링이 좋다. 육류로 만든 콘소메 스프에는 강화와인이 맞으며, 채소가 들어간 미네스트론 스프에는 이탈리아 와인을 곁들이면 겨울에 특히 잘 어울린다.

파스타류 파스타라면 당연히 이탈리아 와인이 최상이다. 크림소스나 해산물 파스타는 베르나차, 아르네이스, 소아베와 같은 잘 응축된 화이트가 좋다. 토마토 소스의 파스타는 이탈리아 토착품종으로 만든 라이트나 미디엄-바디의 레드가 안성맞춤이다. 산지오베제나 바르베라, 키안티 와인도 권할만하다.

생선 빠테(pâtés)[8] 향이 짙지 않은 라이트, 드라이 화이트로 샤블리, 알자스의 피노 블랑, 무스카데, 독일 리슬링 카비네트와 어울린다. 고등어와 같이 기름이 많은 생선은 셰리가 권장된다.

닭, 돼지 간 빠테 강하고 자극적인 향의 화이트로 알자스의 게뷔르츠트라미너, 캘리포니아 푸메 블랑, 호주의 세미용, 가벼운 레드가 좋다.

3) 육류와 가금

(1) 소

갈비 양념이 가미되고 기름기가 배어있어 육류의 질감을 받쳐주는 레드가 좋다. 남부 론(Rhone)의 레드 와인, 샤토뇌프 뒤파프, 이탈리아 바르바레스코. 화이트는 아로마가 풍부하면서 드라이한 와인이 어울린다.

곱창구이 세미 스위트의 상큼한 스파클링, 부드러운 카르메네르, 호주의 레드 스파클링이 잘 어울린다.

내장 간이나 콩팥은 개성이 강한 영(young) 레드와 잘 조화된다. 송아지 췌장은 알자스의 숙성된 강건한 화이트를 곁들이면 맛이 더 잘 살아난다.

떡갈비 양념이 진한 떡갈비는 강하고 육감적인 풀-바디의 보르도 레드, 시라(쉬라즈)가 어울린다.

불고기 달면서 적당히 짠 불고기는 적당한 산도와 부드러운 레드로 메를로가 제일 권장되며 피노누아, 진판델, 카베르네 소비뇽도 추천된다. 화이트로는 단맛이 얼핏 비치지만 드라이한 소비뇽 블랑, 리슬링, 슈냉 블랑이다.

---

8) 빠테(pâtés) : 짓이긴 고기나 간을 요리한 것.

등심이나 우둔살 탄탄한 레드라면 어떤 것이라도 좋다. 에르미타주, 코트-로티, 진판델, 바롤로, 바르바레스코, 쿠나와라 시라즈가 어울린다. 안심에는 좀 부드러운 와인 즉, 보르도나 미드-웨이트(mid-weight)의 샤토뇌프, 후추를 뿌린 스테이크나 겨자, 서양고추냉이가 들어간 고기는 시라, 그르나슈, 혹은 산도가 높은 이탈리아의 블렌딩 와인이 어울린다.

수육, 편육 담백한 편인 수육과 편육은 부드러운 레드 와인이 어울린다.

육회 강한 품종으로 알려진 카베르네 소비뇽이라도 신세계 와인은 타닌이 덜하여 유순한 편이다. 캘리포니아와 칠레산 카베르네 소비뇽이 좋다.

(2) 돼지

얇게 저며 석쇠에 구울 때나 오븐에 구울 때는 풀-레드가 제격이다. 론 남부, 호주 쉬라즈, 캘리포니아 시라, 비노 노빌레나 브루넬로와 같은 토스카나 레드 와인이 좋다.

돼지머리 부드러운 레드, 메를로, 카르메네르. 향이 두드러지는 화이트, 게뷔르츠트라미너

보쌈 돼지고기의 기름기와 맵고 자극적인 김치에 조화되는 스위트 스파클링, 세미 스파클링 와인, 모스카토 다스티

삼겹살 양념보다 고기 맛에 치중하므로 레드 특히 섬세한 느낌의 와인

순대, 찹쌀 순대 돼지고기 요리와 하몬(건조시킨 햄)으로 유명한 스페인 템프라니요와 같은 레드 와인이 맞는다.

제육볶음 진한 농축미와 부드러움이 어우러지는 칠레산 카르메네르.

족발 새우젓을 곁들인 족발은 입안을 개운하게 하는 화이트 와인이 좋다, 샤르도네

(3) 닭, 토끼

오븐에 구울 때는 숙성된 부르고뉴, 캘리포니아의 메를로, 리오하 리제르바와 같은 부드러우면서 날카로운 느낌의 레드가 좋다. 소스에 따라 리치(rich)한 화이트도 좋다.

구운 닭(그릴 치킨, 로스트 치킨) 석쇠에 구운 닭은 레드 와인이 강한 고기 맛을 더욱 풍부하게 한다. 메를로, 피노 누아. 오븐에 구운 로스트 치킨은 굽는 동안 지방질이 아래로 흘러 기름기 없는 담백한 맛을 내게 한다. 육즙이 나오는 고기는 레드와 궁합이 맞지만 오크향이 배어나오는 오크숙성 화이트 와인도 잘 맞는다.

닭도리탕 매운 육류와 가금류에는 쌉살한 레드 와인, 샤토뇌프 뒤파프

삼계탕 부드러운 질감의 화이트와 스파클링이 담백한 기름기에 어울린다.

삶은 닭(백숙) 화이트 와인으로 사르도네, 비오니에, 리슬링

훈제 닭(smoke chiken) 달콤한 과일 맛의 화이트 와인이 안성맞춤이다. 리슬링, 게뷔르츠트라미너, 비오니에. 레드를 선호한다면 진판델은 식후의 입안에 남아있는 훈제 맛을 말끔히 없애준다.

(4) 양

잘 익은 카베르네 소비뇽이라면 보르도에나 내파밸리, 뉴질랜드 어디서든 좋은 것을 찾을 수 있다.

(5) 오리

크로제-에르미타주, 키안티 클라시코, 캘리포니아와 뉴질랜드의 피노가 어울린다.

(6) 칠면조

크리스마스나 추수감사절의 칠면조는 보르도 레드, 생-테밀리옹이나 포므롤, 샤토뇌프-뒤-파프, 미국이나 호주 산의 카베르네-메를로나 카베르네-쉬라즈 블렌딩 와인이 권할 만하다.

4) 생선, 조개, 해산물류

생선이 주된 재료이거나 소스가 강하지 않다면 단맛이 조금 느껴지는 화이트 와인이 좋다.

가리비 부르고뉴의 코트 샬로네와 같은 부드럽고 라이트한 화이트, 독일이나 뉴질랜드의 리슬링, 알토-아디제의 샤르도네가 잘 맞는다.

골뱅이 무침 식초가 들어간 음식은 당도와 도수가 높은 포르투 와인이 좋다.

굴 와인과 궁합이 잘 맞아 화이트는 다 무난하지만 특히 샤르도네, 루아르의 뮈스카데는 산도가 높으나 신선한 맛이 잘 어울린다. 스파클링 와인이 좋다.

낚지(볶음, 전골) 약간 스위트한 화이트나 로제와인. 진판델 화이트나 로제 와인이 좋다.

도미 깔끔하고 드라이한 샤르도네가 여러 생선찜 요리에 잘 맞는다.

바다가재 샐러드와 같이 나오는 바다가재는 뿌이-퓌메(Pouilly-Fumé), 드라이 부브래(Vouvray), 샤블리, 남아공의 셰닝 블랑, 호주 리슬링과 같은 산도가 조금 있는 강한 화이트가 어울린다.

살이 두툼한 생선 바다농어, 넙치, 대구 등에는 풀-바디의 화이트가 제격이다. 보르도의 화이트 크뤼, 리옹 화이트, 캘리포니아의 푸메 블랑과 오크통의 샤르도네가 제격이다.

생선구이, 생선튀김 소비뇽 블랑의 산미가 튀김옷과 생선이 가진 기름기를 반감시켜 입안을 산뜻하게 만든다.

아귀 에르미타주나 콩드리외, 호주의 샤르도네와 같은 헤비하고 도수가 높은 화이트 와인이 어울린다.

연어 산도가 있는 미드 웨이트 화이트 와인 혹은 가벼운 레드도 괜찮다. 그랑 크뤼 샤블리, 미국, 뉴질랜드의 샤르도네, 알자스나 독일의 드라이한 리슬링. 레드로는 크뤼 보졸레나 피노 누아

연한 흰색 생선 가자미, 송어류에는 오크통 숙성이 아닌 화이트, 오크통 숙성일 경우 아주 가벼운 화이트 와인이 어디서나 거의 잘 어울린다.

장어구이 강하며 부드러운 보르도 레드, 이탈리아의 브루넬로 디 몬탈치노가 기름진 질감과 어울린다.

참치 향이 강한 레드가 화이트보다 더 어울리는 편이다. 미국, 코트 드 본의 피노 누아, 잘 숙성된 루아르 레드, 워싱턴 주의 메를로, 호주의 쉬라즈 그리고 진판델도 좋다.

해물찜(아구탕 등) 매운 양념과 콩나물 등 채소가 버무려진 해물요리에는 매운 맛을 덜어주는 드라이 로제 혹은 진판델이 좋다.

5) 디저트

과일 타트[9]는 늦게 수확한 독일이나 호주의 리슬링, 북미의 뮈스캣, 리슬링이 제일이다. 머랭[10]이나 크림이 들어간 과자 케이크는 스위티한 스파클링 와인이 좋다. 신선한 과일 샐러드는 산이 많은 와인과 같이 즐기면 좋다.

아이스크림이나 셔벡과 같은 얼린 디저트는 입안을 무디게 해서 와인의 맛에 영향을 끼치게 된다. 초코리트는 풍성하고 알코올 도수가 높은 것이 어울린다.

커스터드[11], 무스[12]와 같이 계란이나 크림으로 만든 디저트에는 소테른, 바작, 몽바지약(Monbazillac), 부브래의 노블 랏, 혹은 유럽 외의 이와 비슷한 성격의 와인이 잘 맞는다.

생크림 케이크에는 달콤하면서 산도가 튀는 로제와인이 생크림의 부드러운 식감을 살린다. 치즈케이크는 레몬향이 나는 상큼한 와인이 치즈의 짠맛을 잡으며 감칠맛을 더한다. 당도가 있으면서 아로마가 있는 스파클링 와인이 추천된다.

한과(韓菓 : 떡, 유과, 약식 등)에는 당도가 있는 와인, 특히 마르살라가 잘 어울린다.

6) 한식

한식은 마늘 고추가 많이 들어가고 간장, 된장, 고추장, 참기름 등 기본양념 가짓수가 복잡하다. 게다가 발효음식이 다양해 와인과의 매칭이 조심스럽다. 또한 여러 가지 반찬에 다양한 식재료가 섞인 한식은 와인에 맞추기가 까다로운 편이지만 화이트 와인이 대체로 두루 어울리는 편이다.

오스트리아산 그뤼너 펠트리너(Gruner Veltliner) 품종이 무난한 경우가 많다. 단맛이 약간 도는 리슬링이나 슈냉 블랑의 단맛은 한식에서 어렴풋이 느껴지는 단맛과 유사성을 띠며 조화를 이루기도 한다.

7) 기타

김치 다양한 재료가 섞이고 맵고 짠맛이 발효되므로 이를 순화시키는 소비뇽 블랑, 리슬링, 슈냉 블랑 등의 화이트나, 피노 누아가 매칭된다.

낙지볶음 탱탱한 낙지의 식감과 매운 맛을 고려한다면 다소 리치한 와인으로 소비뇽 블랑, 리슬링, 혹은 피노 누아나 진판델이 매칭이 좋다.

냉면 담백한 면과 쇠고기 편육, 찬 육수와 조화를 이룰 수 있는 섬세한 소비뇽 블랑, 비오니에, 샤르도네의 드라이 화이트나 로제 와인, 레드로는 피노 누아

떡볶이 달고 매콤한 음식에 어울리는 포르투갈의 포르투, 청량감이 있는 로제와인

된장찌개 발효한 콩의 구수함과 짠맛이 의외로 치즈와 유사점이 많다. 따라서 효모와 염도를 이겨내면서 강하지 않은 와인이라면 소비뇽 블랑, 샤르도네와 같은 화이트, 피노 누아나 메를로 같은 와인을 들 수 있다.

비빔밥 여러 식재료가 어우러지므로 복합미가 풍부한 레드나 매운 맛을 덜어주는 향기로운 로제와인. 화이트 진판델. 리슬링, 레드는 강하지 않는 메를로나 피노 누아

9) 타트(Tart) : 과일 등을 얹은 작은 과자 파이, (영국에서는)속에 싼 것.
10) 머랭(Meringue) : 거품을 일게 한 계란 흰자위와 설탕 등을 섞어 파이 등에 얹은 과자.
11) 커스터드(Custard) : 우유와 계란에 설탕 향료를 넣어 구운(찐) 과자. custard pudding
12) 무스(Mousses) : 거품이 인 크림에 젤라틴, 설탕 등을 섞은 차가운 디저트

빈대떡 과일향이 강한 알자스산 게뷔르츠트라미너를 차게 마시면 기름기를 커버한다.

순두부찌개 국물이 흥건하고 매워서 단맛이 나는 와인이 매운 맛을 순화시키며 두부의 감칠맛을 살려준다. 리슬링, 슈냉 블랑, 비오니에, 샤르도네와 같은 화이트나 로제 와인

자장면 밝고 선명한 색감과 절제된 향의 부드러운 타닌, 밝은 산도를 지닌 레드 와인. 이탈리아 키안티, 키안티 클라시코

잡채 양념이 강하지 않지만 기름기가 많으므로 깔끔한 맛의 화이트나 스파클링 와인

튀김 산도가 강한 화이트의 신맛이 튀김류의 기름기를 씻어낸다. 베네토의 소아베 와인

파전(전, 부침개) 화이트 와인의 상큼함이 파전의 기름기와 입안에 남아있는 파 냄새를 없애준다. 오크통 숙성의 샤르도네

돼지, 닭고기 향신료가 많이 들어간 음식이나 돼지, 닭고기는 스파클링 로제

3. 와인과 음악과의 궁합

와인과 음식에 궁합이 있다면 음악과도 잘 맞는 조화가 있다. 영국 에딘버러의 헤리엇 와트 대학(Heriot-Watt University)의 에이드리언 노스 교수팀이 음악이 와인 맛에 영향을 미친다는 연구 결과도 발표하였다.

음악을 들으면서 와인을 마시면 뇌의 특정부위들이 왕성하게 활동해 듣는 사람의 호응 정도에 따라 와인 맛을 달리 느끼게 된다는 것이다. 특정 음악을 들었을 때 해당 와인의 품질을 최대 60%까지 높게 평가했는데 카베르네 소비뇽은 웅장한 클래식 음악, 메를로는 오티스 레딩의 'Sitting on the Dock of the Bay', 샤르도네는 생동감있고 경쾌한 곡이 조화를 이룬다고 추천된다.

또한 와인을 구매할 때 어떤 음악을 듣고 있느냐에 따라 와인의 종류나 어떤 가격대의 와인을 선호하고 선택하는지에 대해서는 여러 연구 결과가 나와있다.

4. 치즈와의 조화

치즈는 주로 소나 양, 염소의 젖으로 만드는데 우유로 만든 치즈는 진하고 크림같이 풍부한 맛을 가지고 있으며 양젖으로 만든 치즈는 깔끔한 맛을 그리고 염소젖은 진한 향을 느낄 수 있다.

치즈의 종류는 2,000가지가 넘는다. 어떤 동물의 젖인가와 그 동물의 사육 장소와 먹이, 치즈를 만드는 계절, 그리고 원유의 지방함량, 발효기간, 천연 이스트 첨가 여부, 원유의 살균 여부에 따라 종류 및 맛과 색깔이 달라진다. 치즈를 맛있게 먹으려면 냉장고에서 먹기 전 1시간 전에 실온에 꺼내 놓아야 한다.

와인과 치즈는 포도와 우유라는 자연식품에서 다 나온 것이므로 서로 잘 맞을 뿐 아니라 맛이나 풍미, 효능에서 서로 상승작용을 이루나 우리에게는 그다지 친숙하지 않아 와인과의 조화를 맞추기 어렵다. 또한 대부분의 이름이 생산지의 지명을 따 지으므로 그 특색이 생산지 수 만큼이나 다양하여 더 어렵게 느껴진다.

그러나 근래에 국내에서 판매되는 치즈도 다양해지고 있으며 우리에게도 차츰 가까워지고 있어 치즈가 보편화된 곳에서 일반화된 와인과의 궁합을 살펴보고자 한다.

1) 치즈의 분류

치즈는 가공 치즈와 자연산으로 나뉘는데 가공 치즈는 노란색 낱장 형태의 체다 치즈나 피자에 뿌려 먹는 파마산 치즈 등이 있다. 짜지 않고 오래 보관할 수 있는 것이 특징이다.자연산 치즈는 단단한 정도에 따라 분류한다.

(1) 생 치즈(Fresh Cheese)

숙성과정을 거치지 않은 후레쉬 치즈로 수분이 55~80%나 된다. 맛이 부드럽고 지방이 적다. 이탈리아의 후레쉬 모짜렐라, 모짜렐라 버팔라, 리코타, 그리고 마스카르포네는 빵에 발라 먹거나 티라미수 케이크의 재료로 쓰인다.

미국의 코티지(cottage)는 연두부 처럼 물에 담아 팔므로 순가락으로 떠먹으며, 그리스에서 나오는 페타, 할로미도 있다.

(2) 연질 치즈(Soft Cheese)

솜털 같은 흰 곰팡이로 덮여있다. 우유, 양유, 염소젖을 이용하여 만든 것으로 각각의 원료에 따라 독특한 냄새와 맛을 가지고 있다. 연질치즈가 부드러운 이유는 유장(乳漿)을 완전히 배출시키지 않았으므로 수분을 45~55% 정도로 많이 함유하고 있기 때문이다.

연질 치즈의 종류 Banon, Bel Paese, Brie, Brousse, Camenbert, Coulommiers, Cream Cheese, Curd Cheese, Feda, Gaperon, Gorgonzola, Langres, Livalot, Maroilles, Mascarporne, Mozzarella, Murol, Port-Salut, Reblochon, Ricotta, Saint-Marcellin, Saint-Maure, Saint-Nectaire, Stracchino

(3) 준경성 치즈

수분이 35~55% 정도의 치즈로 탄력있는 질감이 좋아 씹는 즐거움이 있다. 빨간 왁스에 쌓여있는 너트향이 나는 네덜란드의 에담(edam), 고우더(gouda), 구멍이 뚫려있는 스위스의 에멍딸(Emmenthal)이 유명하다.

(4) 경질 치즈

수분 함량이 35% 미만으로 박테리아로 숙성된다. 단단해서 슬라이스 혹은 강판에 갈거나 가루로 만들어 먹으며 단백질과 지방이 농축되어 있어 열량이 매우 높다. 조직의 굳기에 따라 체더(chedder. 영국)와 같은 일반 경질치즈와 파마잔(parmesan), 로마노(romano), 사프사고(sapsago)와 같은 초경질치즈가 있다.

경질 치즈의 종류 영국의 대표적 치즈인 체다(Cheddar)와 랭카셔(Lancashire), 체스터(Cheshire), 풍부한 호두향으로 퐁듀 요리에 많이 쓰이는 스위스의 그뤼에르(Gruyère), 진한 치즈맛과 곰팡이 향을 가진 블루치즈로는 프랑스의 블루 도베르뉴(Bleu d' Auvergne), 녹색 곰팡이가 대리석 같이 박혀있는 이탈리아의 고르곤졸라(Gorgonzola)가 대표적이다.

또한 Appenzell, Beaufort, Bel paese, Boerenkass, Burrino, Cantal, Carphilly, Comte, Derby, Double gloucester, Edam, Friese, Leyden, Limberger, Pecorino, Provolone, Roquefort, Samsoe, Tilsit, Wensleydale 등이 있다. 그리고 이탈리아 경질치즈인 파마잔에는 이탈리아의 Parmigiano-Reggiano, Giovane/ Fresco, Vecchio, Tipico, Stravecchio 등의 종류가 있다.

2) 와인과의 조화

와인과 치즈는 사람의 취향과 호불호에 따라 달라 어떤 것이 제일 좋다고 단정할 수 없다. 따라서 이 둘의 조화는 본인의 경험에 의존하여 판단할 따름이고 전문가나 일반적인 사회통념은 단지 참고로 할 뿐이다.[5]

와인과 치즈와의 조화는 맥칼먼/깁슨스의 치즈(Cheese)[13] 중 잘 어울리는 와인을 발췌 설명한 것이다.(R ; 레드 와인, W ; 화이트 와인, S ; 스파클링)

Abondance	R. 메를로, 산지오베제, 페리퀴타(periquita) 블렌드[14]
Afuega'l Pitu	W. 리슬링
Aisy Cendré	W. 샤르도네, (풀-바디의 향이 진한)토론테스 R. 바르바레스코, 네비올로, 카베르네 소비뇽/메를로
Ardrahan	W. 샤르도네, 리슬링/토카이 피노그리 R. 네비올로, 시라 블렌드, 카베르네 소비뇽/피노누아/진판델 블렌드
Appenzeller	스위스의 대표치즈 중 하나인 반경질 치즈. 독특한 매운 맛. W. 알자스 피노 그리, 게뷔르츠트라미너, 그뤼너 벨트리너, 토카이 R. 바르베라, 카베르네 소비뇽, 메를로
Azeitão	W. 피노 블랑, 셰닝 블랑 R. 바르베라, 피노누아/진판델, 시라 블렌드, 뗌프라니요
Banon	프랑스 프로방스 산으로 밤나무 잎으로 겉을 싼 부드럽고 촉촉하여 크림같다. 소젖보다 염소젖으로 만들어야 하얗고 진한 본연의 맛을 느낄 수 있다.[6] W. 샤르도네, 소비뇽 블랑, 셰닝 블랑, 루시옹의 카시스 드라이 화이트[7]
뷰포트 (Beaufort)	갈색 껍질에 연노란색으로 다양한 향과 가장자리가 오목하게 들어갔다. W. 샤르도네, 리슬링 스패트레제. S. 블랑 드 누아, 로제 R. 피노누아, 시라, 시라/그르나슈 블렌드
Berkswell	W. 게뷔르츠트라미너, 스패트레제, 리슬링 스패트레제 R. 네비올로, 산지오베제, 피노누아, 뗌프라니요, 시라 블렌드
Big Holmes	W. 리슬링, 소비뇽 블랑, 셰닝 블랑 등 여러 타입의 화이트 R. 산지오베제, 메를로
Bleu De Gex	프랑스 쥐라 지역에서 나는 소젖 치즈로 파슬리가 들어있고 청록색의 곰팡이 줄이 생긴다. 부드럽지만 깊은 맛과 약간 쓴 맛이 난다. 쥐라 지방의 뱅 존(Vin Jaune)과 포르투. W. 샤르도네, 셰닝 블랑. R. 메를로, 가메이
Bleu d'Auvergne	오베르뉴 지역에서 나는 소젖치즈로 푸른 곰팡이가 끼어 있다. 톡 쏘는 맛에 짭짤하고 강한 향. 리슬링, 뮈스카 등의 화이트 와인.
Blue des Causses	동굴 숙성 치즈로 페니실린을 주입해 푸른곰팡이 줄. W. 산도가 적당한 화이트 와인 게뷔르츠트라미너 와인. R. 포므롤

13) Max McCalman, David Gibbons, "Cheese", Random House, 2005
14) 뗌프라니요, 시라, 메를로의 포르투갈 레드

치즈	어울리는 와인
브라(Bra)	향이 깊은 레드 와인이 특히 잘 조화된다. R. 네비올로, 카베르네 소비뇽, 돌체토 달바, 가메이
Brebis	브르비는 암양이라는 의미로 바스크지방에서 만들어져 프로방스, 보졸레 등 여러 군데서 나오며 브르비 뒤에 지방이름이 붙는다. W. 프로방스의 카시스, 사브아, R. 코트-드-레옹, 보졸레, 카오르(바스크), 루시옹, 에르미타주, 방돌(프로방스)
브리 (Brie, Brie de Meaux)	연질치즈, 크림맛이 진해 치즈의 여왕이라 한다. R. 론의 에르미타주, 보르도 생-줄리앵, 브루고뉴 본-로마네
Brin D'amour	여러 타입과 고루 맞으나 화이트와 더 잘 어울린다. W. 샤르도네, 리슬링, 리슬링 아우스레제/스패트레제, 소비뇽 블랑
Cabrales	디저트, 강화와인으로 마데이라, 셰리, 스위트 와인
Caerphilly	W. 샤르도네, 비오니에, 셰닝 블랑, 게뷔르츠트라미너/리슬링 R. 시라, 피노누아
까망베르(Camenbert)	프랑스 노르망디의 연질치즈로 외피에 하얀 곰팡이가 피어나 버섯향이 가득하다. W. 샤르도네(단, 소비뇽 블랑은 피하는게 좋다) R. 가메이, 카베르네 소비뇽, 피노누아, 산지오베제, 템프라니요, 진판델
깡탈(Cantal)	딱딱한 껍질로 오랜 역사를 지닌 큰 치즈로 오래 보관이 가능하다. W. 소비뇽 블랑. R. 가메이, 카베르네 소비뇽, 메를로, 피노누아
Cardinal Sin	W. 여러 타입과 어울리나 특히 스위트 와인 R. 가메이, 카리냥, 피노누아
Cashel Blue	디저트 와인이나 샤르도네가 좋으며 레드로는 피노누아도 무방하다.
Catahoula	화이트 와인으로 특히 피노 블랑
Chaource	W. 샤르도네, 피노 블랑 R. 네비올로, 가메이, 메를로, 템프라니요 외에 어떤 타입과도 무난하다.
체다(Cheddar)	껍질이 왁스에 싸여있는 가장 대중적인 영국 치즈로 오래 숙성될수록 색과 향이 진해진다. 여러 타입의 와인과 두루 잘 조화된다. W. 샤르도네, 게뷔르츠트라미너 스패트레제, 피노블랑, 리슬링 등 R. 네비올로, 카베르네 소비뇽/블렌드, 메를로, 시라, 피노누아
Cheshire	W. 샤르도네, 소비뇽 블랑. R. 산지오베제, 가메이

Classic Blue	R. 산지오베제, 시라
Coolea	과일향이 나는 부드러운 화이트나 레드와 조화. W. 알바리뇨, 셰닝 블랑 R. 시라/그르나슈/무르베드르 블렌드, 가메이, 피노누아/진판델, 쉬라즈
콤테(Comté)	프랑스 쥐라 지방의 치즈로 Gruyère(그뤼에르)라고도 흔히 부른다. 프랑스인들이 가장 즐기는 치즈로 평편한 원반형의 40~70cm 정도의 지름과 9~13cm 정도의 두께이다. 노란색 내부는 촉촉하고 신선하며 약간 단맛이 난다. 쥐라의 뱅 존, 뱅 드 파이으 와인
Coulommiers	표면에 흰 곰팡이를 입힌 치즈 W. 샤르도네, 소비뇽 블랑의 드라이 화이트 R. 네비올로, 가메이, 카베르네 소비뇽/메를로 블렌드, 피노 누아
Durrus	W. 게뷔르츠트라미너 스패트레제/리슬링 아우스레제, 셰닝 블랑
에담(Edam)	네델란드에서 고다에 이어 두 번째로 생산량이 많은 단단한 치즈로 짭짤하고 맛이 진하다. 파란핀으로 코팅되어 있어 고다와 혼동되기 쉽다. R. 피노 누아, 메를로, 카르미네르
에멘탈(Emmental)	스위스 수도 베른 인근 에멘탈에서 생산. 스위스의 대표적 경질치즈로 호두 맛이 나며 구멍이 나 있다. 주로 갈아서 쓴다. W. R. 향이 풍부한 드라이 화이트나 쉬라즈
Époisses de Bourgogne	안은 부드러운 크림타입이며 갈색빛이 나는 노란색은 성숙 정도에 비례하며 향이 상당히 진하다. W. 알자스의 리슬링이나 피노 블랑, 콩드리외의 비오니에 R. 카베르네 소비뇽(캘리포니아), 피노누아(캘리포니아나 오레건), 템프라니요(리베라 델 두에로), 폼마르, 꼬트 드 뉘, 마디랑 와인
Evora	W. 소비뇽 블랑, 소비뇽 블랑/세미용 블렌드 R. 말벡, 템프라니요/그르나슈 블렌드, 시라즈, 산지오베제
Flixer	W. 샤르도네, 게뷔르츠트라미너/리슬링, 피노 블랑, 소비뇽 블랑
Fougerus	W. 소비뇽 블랑/세미용 블렌드, 피노 블랑, 셰닝 블랑 R. 가메이, 산지오베제, 메를로
Gamonedo	W. 샤르도네. R. 가메이, 페리퀴타(periquita ; 포르투갈), 템프라니요
고르곤졸라(Gorgonzola)	밀라노를 위시한 이탈리아 북부지방에서 나온다. 비안코(Bianco)는 영 치즈, 돌체(Dolce)는 중간 상태, 피칸테(Piccante)는 푸른곰팡이가 속살에 박힌 강한 맛. R. 카베르네 소비뇽, 론 레드, 디저트 포티파이드 와인 
고다(Gouda)	네덜란드 원산지의 경질치즈로 젖산균 숙성치즈의 대표적인 것이다. 식사용이나 디저트용으로도 좋다. W. 샤르도네, 토카이 피노 그리, 스파클링 와인 R. 카베르네 소비용, 시라/그르나슈/무르베드르 블렌드, 메를로 

Gruyère	스위스 퐁듀나 샌드위치에 사용하는 치즈로 에멘탈과 비슷하지만 구멍이 더 크다. W. 소비뇽 블랑, 상파뉴 등 신선한 화이트 R. 가벼운 레드. 시라/그르나슈 블렌드, 카베르네 블렌드, 쉬라즈, 진판델
Gubbeen	W. 게뷔르츠트라미너 슈패트레제, 리슬링, 셰닝 블랑. R. 코르나스
Havarti	W. 후레쉬 레드
Ibores	W. 알바리뇨, 샤르도네, 소비뇽 블랑 R. 네비올로, 피노 누아, 메를로, 시라
Laguiole	R. 가메이, 피노 누아, 시라, 진판델
Lancashire	W. 게뷔르츠트라미너 슈패트레제, 리슬링 카비네트 R. 네비올로, 피노 누아, 시라, 카베르네 소비뇽
Langres	W. 알바리뇨, 소비뇽 블랑, 리슬링 R. 피노 누아, 진판델
Lavort	W. 소비뇽 블랑 R. 카베르네 소비뇽 블렌드, 캘리포니아 메를로
Le Moulis	R. 네비올로, 가메이, 카베르네 소비뇽, 피노 누아, 메를로, 진판델
L' Etivaz	그뤼에르와 비슷한 스위스 치즈. 3년 이상 숙성하면 대패로 깎아 먹는다.
Livarot	향기와 맛이 강하며 화이트 와인이 어울린다. W. 알자스와 독일의 리슬링, 게뷔르츠트라미너. R. 가메이 품종의 보졸레 크뤼, 물랭 아방, 뽐마르, 꼬르비에르
Mahón	W. 샤르도네. R. 네비올로, 카베르네 소비뇽 블렌드, 템프라니요 블렌드
Manchego	과일 향의 레드 와인, 특히 가메이, 피노 누아
Maroilles	노란색의 부드러운 페이스트 질감의 내부와 부드럽고 빛나는 붉은 갈색의 껍질을 가지고 있다. W. 스위트 화이트 와인, 특히 게뷔르츠트라미너, 쉬농
Mimolette	딱딱한 껍질에 부드러운 속살을 감춘 반경성 치즈 R. 카리냥, 말벡, 그리고 깔끔한 디저트와인
Montasio	W. 피노 블랑, 게타리아코(getariako txakolina) R. 부드러운 레드로 네비올로, 카베르네 소비뇽의 블렌드, 카리냥, 메를로
Morbier	프랑스 쥐라 지방의 콩테 치즈를 만드는 곳에서 생산된다. 치즈를 자르면 단면의 한 가운데 검은깨를 갈아 넣은 듯한 무늬가 들어가 있다. R. 피노 누아, 가르나챠 블렌드
모짜렐라(Mozzarella)	나폴 근처에서 나는 작고 하얀 연질치즈로 물기가 많아 물컹거리므로 소금을 넣은 유청에 보관한다. 신선한 디저트 와인, 스파클링, 가벼운 화이트 와인

Munster	프랑스 알자스, 로렌 지방의 것으로 엷은 벽돌색의 자극적인 냄새와 황금색 속살에서는 부드럽고 매끈한 감촉에 끈적거리며 달콤한 우유 맛을 지닌다. 소금물이나 브랜디로 씻은 치즈로 스파이시한 화이트나 디저트와인 W. 게뷔르츠트라미너, 피노 블랑, 리슬링(카비네트, 아우스레제) R. 시라즈, 가메이
Neufchâtel	프랑스 노르망디 산. 겉은 짠맛이 느껴지나 속은 진 반죽, 한 가운데는 백설기처럼 퍼석거린다. 6가지 종류가 있다. R. 포므롤, 생-테밀리옹 와인[8, 9]
Nisa	W. 뮈스캣, 무스카델러 카비넷 R. 무르베드르/시라 블렌드, 말벡, 가메이, 피노 누아
Pau	W. 셰닝 블랑, 세미용
Parmesan	 파르미지아노-레지아노(Parmigiano-Reggiano). 이탈리아 북부 파르마(Parma) 인근에서 나오며 숙성기간에 따라 프레스코(Fresco, 18개월 이하), 베키오(Vecchio, 18~24개월), 스트라베키오(Stravecchio, 24~36개월)로 나뉜다. R. 드라이한 보르도나 이탈리아 레드
Pavé D'auge	W. 게뷔르츠트라미너, 리슬링, 샤르도네 R. 카베르네 소비뇽 블렌드, 메를로, 산지오베제, 까오르(남 프랑스)
페코리노(Pecorino)	페코리노 토스카노, 페코리노 포그리 노체(Foglie Noce). 이탈리아 전역에서 나오는 양젖으로 만든 경질 치즈로 종류가 아주 다양하다. R. 이탈리아 남부, 프랑스 남부(샤토뇌프 뒤파프, 카오르), 템프라니요, 시라 W. 캘리포니아나 프랑스 남부의 소비뇽 블랑
Peñamellera	W. 소비뇽 블랑/세미용 블렌드, 샤르도네, 소비뇽 블랑 R. 카베르네 소비뇽, 남부 론 레드, 진판델, 템프라니요/가르나차 블렌드
Pérail	W. 비오니에, 샤르도네 R. 카베르네 소비뇽, 카리냥, 카르메네르/메를로 블렌드, 가메이, 시라
Piave	W. 리슬링 스패트레제 R. 메를로/진판델, 마디란, 산지오베세/메를로 블렌드
Pont L'évêque	하얀 껍질 속에 크림색으로 소금물이나 브랜디로 워싱했다. 오렌지색이 돌며 냄새는 좋지 않지만 부드럽고 감칠맛이 난다. 라이트 혹은 미디엄-바디 와인 R. 메를로, 시라, 메독, 가메이, 알자스의 피노. W. 셰닝 블랑(루아르)
Prättigauer	W. 리슬링, 리슬링 스패트레제. R. 아그리아니코, 메를로, 마디랑
Provolone	이탈리아의 바실리카타의 반경질 치즈. 분말이나 샌드위치용 R. 강하거나 어린 레드. 보졸레, 말벡, 시라
Raclette	얇게 빚은 조각을 녹여 요리에 사용하는 프랑스 사브아 산의 경질치즈 W. 뱅 드 사브아, 코트 드 본

Reblochon	딱딱한 껍질 속의 크림 같은 풍미의 감칠맛이 나는 부드러운 맛. W. 게뷔르츠트라미너/토카이 피노 그리, 가메이, 리슬링 카비네트 R. 피노 누아, 진판델
Red Hawk	W. 게뷔르츠트라미너, 소비뇽 블랑 R. 아그리아니코, 시라, 마디랑
리코타(Ricotta)	로마에서 매일 만들어 먹던 것으로 양이나 물소 젖으로 치즈를 만들 때 나오는 유장(乳漿, whey)으로 만드는 희고 부드러운 치즈. 리코타 살라타(Salata)는 리코타를 숙성시킨 강한 맛의 경질치즈로 시칠리에서 만들었다.[10] 파스타나 디저트에 이용된다.
Robiola	종류가 많은 치즈이다. W. 샤르도네, 소비뇽 블랑, 셰닝 블랑, 피노 블랑 R. 발폴리첼라, 무르베드르/생소/그르나슈 블렌드, 카베르네 소비뇽 블렌드, 메를로, 피노 누아, 산지오베제
Roncal	W. 알바리뇨, 소비뇽 블랑 R. 산지오베제, 캘리포니아 메를로/진판델
Roomano	R. 카베르네 소비뇽, 카리냥, 시라 블렌드, 메를로/진판델
로크포르(Roquefort)	치즈의 황제로 불리며 스틸턴, 고르곤졸라와 함께 세계 3대 블루 치즈로 양젖을 3~6개월 천연동굴에서 숙성시켜 만든다. 스위트 화이트 와인과 잘 어울린다. W. 토카이 피노 그리, 소테른 화이트. R. 진판델, 숙성된 레드 와인
Roucoulons	W. 독일 리슬링 카비네트 R. 카베르네 소비뇽 블렌드
Saint-Maure de Touraine	산양 젖으로 만든 치즈로 드라이 화이트 와인. 세미 스파클링, 스파클링 와인, 루비 포르투
Saint-Nectaire	프랑스 오베르뉴(Auvergne) 산. 호두 껍질 같이 딱딱한 외피에 독특한 향의 약간 신맛이 나는 부드러운 속살을 가지고 있다. R. 생-테스테프 레드, 라이트-바디의 부드러운 레드로 가메이, 피노 누아 W. 샤르도네, 꽁드리으 화이트 와인
Salet	프랑스 오베르뉴 산. 전 과정이 수공으로만 이루어지는 젖소의 미살균 여름 우유만 사용한다. 무게 35~50kg.
Sapsago	분말로 만들어 사용하는 녹색의 작은 스위스산 경질치즈. 정향(clove)잎 가루를 넣어 향이 강하며 파스타, 샐러드에 뿌리거나 사우어크림이나 요거트에 섞어 먹는다. 일명 샤브지거(Glarner Schabzieger)라고도 한다.[11]
Sbrinz	W. 샤르도네, 뿌이-퓌메 소비뇽 블랑, 리슬링 카비네트 R. 바르베라 달바, 바롤로/바르바레스코, 네비올로, 카베르네 소비뇽/메를로
Serpa	W. 소비뇽 블랑 R. 메를로, 그르나슈/시라, 뗌프라니요
Spenwood	W. 게뷔르츠트라미너 스패트레제, 토카이 피노 그리, 부브레 셰닝 블랑 R. 카베르네 소비뇽, 키안티 클라시코, 산지오베제, 피노 누아, 코르나스/지공다스/코트 로티/에르미타주의 레드 와인

Stilton	연한 미황색에 푸른 무늬가 있는 영국에서 나는 세계 3대 블루치즈. 포르투, 마데이라 같은 강화와인이 어울린다.　R. 가메이, 진판델
Taleggio	이탈리아 롬바르디아에서 나오는 반경질치즈로 지방이 많아 촉감이 부드럽다. 디저트 치즈로 사용된다. R. 네비올로나 바르베라 품종의 이탈리아 북부지방 와인이 어울린다. W. 알자스의 게뷔르츠트라미너/피노 그리지오, 샤르도네, 셰닝 블랑
Tarentaise	미디움-풀 바디의 과실향 레드 와인이 가장 잘 어울린다. 시라즈, 시라/그르나슈 블렌드, 메를로, 피노 누아, 산지오베제
Taupiniére	W. 샤르도네, 소비뇽 블랑　R. 피노 누아
Tête de Moine	벨르레이(Belleray)라고도 불리는 반경질 스위스 치즈. 지롤(Girolle)이라는 도구를 사용해 치즈를 빙빙 돌리며 꽃잎 같은 모양으로 벗겨내어 먹는다. 신선한 과일과 견과류에 어울린다.[12]
Ticklemore	미디움 바디의 향이 강한 와인이 가장 잘 어울린다. W. 알바리뇨, 샤르도네, 리슬링 카비네트, 세미용/비오니에, 피노 그리 R. 아마로네 델라 발폴리첼라, 카베르네 소비뇽
Tilsit	지방 함량이 많은 반경질 스위스치즈. 단 과일, 외피가 딱딱한 빵. R. 파워풀한 레드 와인, 론의 시라.[13]
톰므(Tomme)	프랑스 농가에서 만들어지는 소형 치즈로 우유 종류에 따라 '톰므 OO"라는 이름이 붙거나 지방 이름이 끝에 붙는다. 톰므 드 쉐브르(Tomme de Chèvre), 톰므 드 쉐브르 피레네(les Pyrénées)와 같이 된다.[14] R. 사브아, 코트 드 본의 레드는 톰므 드 사브아(Tomme de Savoie) 와인.
Torta Del Casar	W. 셰닝 블랑　R. 가메이, 피노 누아, 카베르네 소비뇽/메를로 블렌드, 산지오베제, 시라
Triple Crémes	R. 가메이, 카베르네 소비뇽 W. 샤르도네, 비오니에, 게뷔르츠트라미너/리슬링, 토카이 피노 그리
Tumalo Tomme	W. 셰닝 블랑, 피노 블랑　R. 가메이, 메를로/진판델
Valen ay	산양 젖으로 만들어 라이트-바디의 화이트나 스파클링 와인이 조화된다. 소비뇽 블랑(상세르, 보르도, 캘리포니아), 알바리뇨, 그뤼너 발트리너, 알자스의 리슬링, 피노 그리, 셰닝 블랑

3) 치즈의 보관

3~5℃의 냉장 보관이 이상적이다. 고온에서 보관하면 지방이 분리되고 산화되어 맛이 변한다. 그리고 0.5℃ 이하에서는 푸석해진다.

자연 치즈는 젖산균이 그대로 살아있어 장기간 보관하면 숙성이 지나쳐 품질이 떨어진다. 가공 치즈는 개봉하지 않으면 6개월 정도의 보존이 가능하다.

미주

1. Stuart Walton, "The Encyclopedia of Wine", Lonenz Books, Updated edition, 2006, pp.10~11.
2. Kevin Zraly, "Windows on the World Complex Wine Course", Sterling Publishing Co, 2005, p.206
3. 豊田眞維 外, "世界が認めた 日本のワイン", リイド社, 2006, P.70
4. Harriet Leimbeck, "Grossman' s Guide to Wines, Beers, & Spirits", Wiley Publishing Inc, 7th Revised Edition 2006, pp.428-429
5. Max McCalman, David Gibbons, "Cheese", Random House, 2005, pp.47~50.
6. 이민희, "치즈에 빠져 유럽을 누비다", 고즈윈, 2007, pp.101~102. pp.297~302
7. Masui Kazuko, Yamada Tomoko, "French Cheese", Dorling Kindersley, 2000, p.24
8. Masui Kazuko, Yamada Tomoko, "French Cheese", Dorling Kindersley, 2000, p.162
9. 이민희, "치즈에 빠져 유럽을 누비다", 고즈윈, 2007, pp.141~150.
10. Steven Jenkins, "Cheese Primer", Workman Publishing, 1996, pp.258~260
11. Steven Jenkins, "Cheese Primer", Workman Publishing, 1996, p.235,270,288
12. 이민희, "치즈에 빠져 유럽을 누비다", 고즈윈, 2007, p.221
13. Steven Jenkins, "Cheese Primer", Workman Publishing, 1996, pp.285~287
14. Masui Kazuko, Yamada Tomoko, "French Cheese", Dorling Kindersley, 2000, pp.188~210

제7부

주류

제1장 맥주(Beer)

맥주는 다른 알코올에 비하여 알코올 농도가 낮으며 탄수화물, 단백질, 비타민, 미네랄 등의 많은 영양분을 함유하고 있어 액체로 된 빵이라고까지 일컫는다.

기원전 약 4000년경 메소포타미아 수메르인들이 남긴 문자판에 보리로 맥주를 만드는 그림이 그려져 있었고 기원전 3000년경의 이집트 벽화에도 맥주를 만드는 그림이 있다. 기원전 1770년경의 바빌로니아 함무라비 법전에는 맥주에 관한 조항이 4개나 들어있다. 기원후 1세기경의 게르만족은 지금의 맥주 만드는 방법과 비슷하였지만 호프를 사용하지 않고 자연발효를 시켰다.

호프는 맥주에 거품을 잘 만들고 구수한 맛과 향을 낸다. 호프를 사용한 맥주가 일반화된 것은 15~16세기경의 유럽이었다.

제1절 맥주의 성분과 종류

1. 맥주의 성분

맥주는 물, 보리, 호프(hop), 효모가 원료가 된다. 물은 맥주 성분의 90% 이상을 차지하므로 물에 따라 맥주의 맛이 달라지며 맥주를 만드는 양조용 물은 무색, 무취, 무미하여야 한다.

맥주의 구성[1]

물	85~90%	중량 대비
알코올	3.2~8%	
탄수화물(당분)	3~6%	
단백질	0.3~0.5%	
칼로리	10~17%	온스 당

보리(baley)는 발아할 때 효소를 생성하여 전분을 분해하고 당분을 만들어낸다. 껍질이 얇고 담황색으로 발아율이 95% 이상 되는 알맹이가 고르고 윤택이 나며 잘 건조된 것이 좋다.

호프(hop)는 맥주 고유의 맛인 쌉쌀한 맛과 향과 거품을 내는 성분이다. 단백질과 결합하여 침전 혼탁 방지, 효모 이외의 미생물 발육을 억제한다.

효모(yeast)는 당(糖)을 분해하여 알코올과 탄산가스로 변화시키며 향과 영양소를 생성시키는 미생물이다. 또한 맥주의 알코올 도수와 맛을 결정하는 필수요소가 된다.

2. 맥주의 분류

맥주는 발효방법이나 살균 처리에 따라 구분한다.

1) 발효방법에 따른 분류

(1) 하면 발효

하면발효는 맥아즙의 온도가 비교적 저온인 7~12° 일 때 효모를 넣어 발효가 끝난 무렵 효모가 양조통 아래로 가라앉는 것을 말한다. 세계 맥주의 70% 정도가 이러한 하면발효 방식을 사용하며 저온에서 발효시켰으므로 맥주에 탄산가스가 많아 가벼운 느낌을 준다.

라거 비어(Lager Beer) 가장 보편적인 스타일로 맛이 깨끗하고 부드럽다. 저장기간이 길고 향이 좋다. 알코올은 4° 정도이다.

필스너(Pilsner) 황금색 맥아를 사용하므로 색상이 짙고 쓴맛이 강하다.

뮌헨(Munchener) 맥아향이 짙고 감미로운 흑맥주로 알코올 4° 정도

도르트문트(Dortmunt) 향미가 산뜻하고 쓴맛이 적은 황금색 맥주

보크(Bock) 독일, 오스트리아에서 생산되며 색과 향미가 짙다. 알코올 함유량이 6~11° 로 높은 편이다.

(2) 상면 발효

맥아즙의 온도가 15~18° 일 때 효모를 넣으므로 발효가 끝날 무렵 효모가 양조통 위로 올라오는 방식을 말한다.

상면발효의 대표주자는 독일의 밀 맥주로서 독일 북부지방에서 바이첸비어(Weizenbier), 남부에서는 바이스비어(Weissbier)라고 부르며 발효에 쓰인 효모를 거르지 않아 씁쓸한 맛이 난다.

독일어 '바이스' 는 영어의 '화이트' 에 해당되지만 바이에른의 사투리로 '밀' 을 의미하기도 하여 '흰 맥주' 라는 뜻이 아니고 밀 맥아를 사용하여 만든 밀 맥주라는 의미이다.

스타우트(Stout) 흑맥주의 대명사 격으로 맥아를 검은 색이 날 때까지 볶아 향과 색이 짙다. 알코올 8~11°

에일(Ale) 보통 맥주보다 호프를 1.5~2배 정도 더 넣은 쓴맛이 강한 편이다. 색깔은 짙으나 탄산가스와 거품이 적다. 페일(Pale Ale), 브라이트(Bright Ale), 마일드(Mild Ale), 스카치(Scotch Ale)이 있다.

포터(Porter) 에일과 같은 영국식 타입으로 알코올이 스타우트보다 조금 약한 편이다.

랑비크, 람빅(Lambic) 벨기에의 브뤼셀 지역에서 생산되는 맥주. 전통적 제조방식인 자연발생적 발효에 의하므로 발효기간이 2년 이상 되어야 음용할 수 있다.

트라피스트(Trappisters) 프랑스 혁명으로 탄압받게 된 트라피스트 수도회 수사들이 박해를 피해 벨기에와 네델란드로 숨어 생계를 위해 만든 최고급 맥주로 벨기에의 쉬메이, 오르발, 로슈포르, 베스트말, 베스트블레테렌 수도원, 네델란드의 코닝슈벤 수도원(틸부르흐 소재)에서 생산된다.[2]

2) 살균처리에 의한 분류

(1) 열처리 맥주(Pasteurized Beer)

저온에서 살균하여 효모활동을 중지시켰으므로 장기간 보존이 가능한 맥주로 병이나 캔에 담아 판매하며 병 색깔을 갈색이나 녹색으로 짙게 하여 직사광선을 차단한다.

(2) 비열처리 맥주(Draft Beer)

생맥주라 부르기도 하는 열처리를 하지 않아 효모가 살아있어 맥주 고유의 맛과 향이 느껴지는 맥주다. 발효가 끝나서 숙성된 맥주를 살균하지 않고 그대로 통에 담은 것으로 신선한 맛을 느낄 수 있으나 효모 활동으로 변질될 우려가 있어 운반과 보존에 유념해야 한다.

3. 맥주의 제조

맥주는 보리와 호프, 물의 적절한 화학작용으로 만들어지므로 양조 과정도 중요하다. 호프는 유럽이나 아시아 온대지방에서 자라는 덩굴성 다년초이다.

❶ 보리 낟알을 깨끗이 씻고 부드럽게 하기 위해서 미지근한 물에 담가 발아시킨다(10일).

❷ 푸른 맥아로 발아된 보리를 가마에 넣어 열기로 건조시켜 볶는다. 볶는 정도에 따라 맥주의 빛깔이 달라진다.

❸ 건조된 맥아를 씻어 저장 숙성시킨 후 숙성된 맥아를 분쇄기로 빻아 가루로 만든다. 보리맥아는 껍질이 손상되지 않도록 하며 밀 맥아는 잘게 분쇄한다.

❹ 빻은 맥아와 가루를 적당히 혼합하고 따뜻한(35~55℃) 물로 섞는다. 풀처럼 곤죽이 된 용액은 맥아당으로 전환되어 액체인 맥아즙으로 변한다.

❺ 곡류(穀類) 당화액(糖化液)에서 맥즙을 걸러내는 그물눈 층(層)이 달린 탱크인 맥즙 여과기를 통해 걸러진다. 맥아즙을 100℃ 이상의 온도에서 한 시간 동안 양조탕관에서 끓인다. 이때 홉을 첨가하여 맥주 특유의 향이 생성되게 한다.

❻ 양조탕관이 비면서 호프가 맥아즙에서 분리하게 된다. 맥아즙이 냉각기를 통과하며 맥주의 종류에 따라 9~15℃로 냉각시켜 효모를 미리 넣어둔 수집탱크에서 맥아즙이 식는다. 발효탱크에서 효모가 당 성분을 변환시키는 발효가 이루어지며 탄산가스도 같이 생성된다.

❼ 종류에 따라 상면발효 맥주는 3~6일, 하면발효는 6~10일 발효와 숙성을 진행시킨 후 저장 탱크에 넣어 에일 계통은 2주, 라거 계통은 30일 정도 저온 저장으로 부드럽고 원숙해진 맥주를 용기에 담는다. 맥주의 맛은 캐스크-케그-병-캔 순이다.

발효되지 않은 어린 맥주를 저온에서 서서히 발효시키면 풍미가 생긴다.

4. 맥주 즐기기

온도는 맥주를 마시기 한 시간 전에 10?C 미만으로 차게 하면 좋지만 냉동고에서 식히면 살짝만 얼어도 탄산이 바로 빠져 나가게 되어 맛이 떨어진다. 여름에는 4°, 겨울에는 7°일 때 가장 맛이 좋다.

거품은 잔에 부을 때에는 거품이 30% 정도 되게 충분히 살리는 게 좋다. 거품이 적당히 있는 맥주는 탄산이 밖으로 빠져 나가지 않으므로 신선한 맛을 느낄 수 있다.

맥주 잔은 기름기가 있거나 깨끗하지 않은 잔은 사용하거나 바람 부는 곳에서는 거품이 잘 일어나지 않는다. 병을 개봉했거나 오래된 맥주는 단백질이 파괴되고 탄산이 다 빠져 특유의 맛을 느낄 수 없다.

여러 종류를 마실 때는 도수가 낮은 것에서 높은 것으로, 색깔이 옅은 것에서 진한 순서로 마시면 좋다.

제2절 세계의 맥주

1. 유럽과 아프리카 맥주

1) 서부 유럽

벨기에(Belgie) 랑비크(람빅, Lambic)는 5번의 발효와 수년간의 숙성으로 만들어지는 장기 보관이 가능한 맥주다. 브뤼셀 인근의 젠느(Zenne) 강 서남부지역의 토속맥주로 자연 상태의 효모를 사용한다. 괴즈(Gueuze), 크릭(Kriek), 프람브와즈(Framboise)

후가르덴(Hoegaarden)는 밀을 보리 몰트와 같이 사용해 색이 옅으며 안개처럼 뿌연 느낌이다. 오렌지 껍질, 코리엔더 같은 향을 더해 상큼하면서 스파이시한 독특한 부드러운 맛을 낸다.

후퍼스 후치(Hooper' s Hooch)는 발효 중에 과일을 넣어 과일 맛과 향이 우러났다. 레페(Leffe)는 세계 최대의 맥주회사인 AB 인베브가 생산하는 수백 종의 맥주 중 최고의 프리미엄급 맥주다. 깊은 금빛이며 고소한 뒷맛과 호프 맛이 진하다. 스텔라 아르투아(Stella Artois)는 맛도 좋으며 저렴하여 부담 없는 맥주다.

트라피스트(Trappist)는 상면 발효 맥주로 아첼(Achel), 쉬메이(Chimay), 오르발(Orval), 로쉐포르트(Rochefort), 베스트브레테렌(Westvleteren), 베스트말레(Westmalle)

벨기에 에일은 레이블에 '에일'이 붙기도 하고 스페시알레 벨쥐(Speciale Belge)라 부르기도 한다. 드 코닉(De Konnick), 팜(Palm)

스트롱 골든 에일(Strong Golden Ale)은 꽃 향과 맛이 강한 황금색 맥주로 알코올 7~11°, '악마'라는 뜻의 두블(Duvel), 라 쇼페(La Chouffe), 델리리움 트레멘스(Delirium Tremens)

영국(Britain) 에일(Ale) 맥주는 네델란드와 프랑스 북부에서 양조되기 시작했지만 오늘날에는 상면발효로 만들어 미지근한 맥주를 일컫는다. 로즈메리의 향을 첨가했다. 비터[1] 페일(Pale)[2], 스코티시[3], 스카치[4], 발리 와인[5], 브라운[6], 인디언 페일[7], 올드 에일[8], 배스(Bass), 라스페리, 다크 에일 등이 있다.

풀러스(Fuller' s)의 세 가지 비터 맥주 중 중간 맛의 런던 프라이드(London Pride)는 영국에서 가장 많이 팔리는 캐스크(cask) 맥주이다. 스코티시 앤 뉴캐슬, 바스 셰링턴, 글라스고 히더, 트라퀘어 하우스가 있다.

블랙프라이어(Blackfrair) 펍은 캄라(CAMRA)[9]가 인정한 표시와 국가에서 보존가치가 있는 '역사적인 펍' 으로 인증한 표시가 붙어있다.[3]

프랑스(France) 비에르 스페시알레(Bière Spèciale)는 벨기에와의 국경 마을인 '생 오메르' 에서 나오는 250ml 용량으로 영국 테스코(Tesco)의 PB 상품이기도 하다. 젤랑 암브레(Jenlain Ambré e)는 효모를 거르지 않은 상면발효의 에일식 맥주이다.

크로넨부르(Kronenbourg)는 알자스의 주도인 스트라스부르에서 생산되는 세련되고 풍부한 느낌의 황금빛으로 프랑스 맥주 점유율의 40%를 차지한다. '1664' 는 크로넨부르 맥주 중 하나로 깨끗하고 부드러운 맛이 일품으로 과일향이 진하게 풍긴다.

라 슈레트 암브레(La Choulette Ambrée Bière de Garde)는 상면발효의 에일 맥주로 묵직한 느낌이다. 라 구달(La Goudale), 3 Mont, Desperados, Kanterbrau, Fisher, Brassin de Garde가 있다.

독일(German) 알트(Altbier)는 뒤셀도르프 인근에서 상면발효법의 저온 숙성으로 만든 흑맥주이며 쾰른의 쾰쉬(Klsch), 도르트문트 엑스포트(Export)는 각 지역을 대표하는 토속맥주로 서로 가까운 지역이다. 베를리너 바이제(Berliner Weisse)는 맥주 중의 샴페인이라 일컫는 베를린 맥주가 있다.

벡스(Beck' s)는 브레멘(Bremen)이 주생산지로 시원하고 깔끔한 맛의 흑맥주로서 해외로 가장 많이 수출된다.

보크(Bock)는 독일과 오스트리아에서 생산되는 하면발효 맥주로 금빛이나 갈색을 띠고 강한 맛을 지니며 알코올 6° 혹은 7° 로 쓴맛이 나지 않으면서 진한 맛을 지녔다.[4] 엑스포트(Export)는 필스 타입의 맥주로 쓴 맛이 덜하다. 화가르덴 화이트(Hoegaarden White)는 기품 있는 마일드한 맛이 향긋한 맥주다. 필즈너(Pilsner)는 라거 계열의 대표주자로 전 독일의 70% 이상의 시장점유율이다.

라우흐비어(Rauchbier)는 바이에른 북쪽의 밤베르크 시에서 맥아를 발효시키기 전에 너도밤나무 장작불에 그슬려 독특한 향미를 지녔다. '라우흐' 가 훈제하다는 뜻이다.[5]

뮌헨은 바이에른 지역을 대표하는 곳으로 빅 식스(Big Six)[10]로 불리는 6대 양조장이 시장을 지배하

1) 비터(Bitter) : 약간의 탄산기가 느껴지고 알코올 도수가 그리 강하지 않은 라이트 바디로서 오늘날의 영국 에일의 표준이 되는 맥주이다.
2) 페일(Pale) : 영국 남부 잉글랜드의 버튼 온 트렌트(Burton on Trent)에서 생긴 에일맥주.
3) 스코티쉬(Scottish Ale) : 전통적 스코틀랜드 맥주로 몰트의 풍미가 강하고 홉의 맛이 약하다. 도수의 차이에 따라 라이트, 헤비, 엑스포트로 나뉜다.
4) 스카치(Scotch Ale) : 스코틀랜드 에딘버러에서 수출용으로 개발된 맥주로 알코올 도수가 높고 풀바디로서 농후한 맛을 지닌다.
5) 발리 와인(Barley Wine) : 영국과 미국에서 생산되는 순수맥주 타입의 보리술로 알코올이 6~11° 인 에일 맥주로 와인의 풍미를 가지고 있다.
6) 브라운(Brown Ale) : 마일드 에일처럼 쓴 맛을 억제한 에일 맥주. 잉글랜드 북부 뉴캐슬에서 생겼다.
7) 인디언 페일(Indian Pale) : 인도가 영국령일 때 만들어진 것으로 홉의 쓴 맛이 강한 페일 에일을 지칭한다. IPA로 줄여 부른다.
8) 올드 에일(Old Ale) : 숙성기간을 오래 거친 옛 방식으로 만들어진 색이 짙고 오래 보관할 수 있다. 알코올 도수가 5% 이상으로 높아몸을 데우는 겨울용 맥주로 꼽힌다.
9) 캄라(CAMRA) : Campaign for Real Ale. '진짜 에일을 지키기 위한 운동' 이란 단체로 영국에서 1971년 시작되어 현재 8만 명이 넘는 회원을 거느린 에일 맥주의 전통을 이어가고 있다.

고 있다.[6] 엷은 노란색을 가진 골든 라거인 헬레스(Helles), 밀 맥주를 뜻하는 바이젠(Weizen), 불에 태운 몰트를 사용하므로 검은 색깔을 띤 라거 맥주인 둥켈(Dunkel), 둥켈레스(Dunkles), 슈바르츠(Schwartz)가 있다.

아일랜드(Ireland) 스타우트(Stout)[11] 맥주는 상면발효로 만들어지며 검은색에 가까운 짙은 빛깔이 특징이다. 기네스(Guiness stout)는 스타우트 맥주의 대표로 아일랜드의 아이콘이다. 세계 최고(最古)이자 최고(最高)의 맥주라는 걸 알리기 위해 세계적 기록을 수록한 '기네스 북'을 1955년부터 만들었다. 비미시, 머피, 카프레이, 스미스위크, 킬케니가 있고, 하프(Harp)는 기네스에서 만든 라거 맥주이다.

네덜란드(Netherland) 하이네켄(Heineken)는 65개 국에서 130개가 넘는 양조장을 운영하며 170여 개 국에서 32억 갤런의 맥주를 판매하고 있다.[7]

룩셈부르크(Luxembourg) 맥주 역사는 1083년부터 시작되어 현재는 5개의 주요 양조회사를 통해 주로 라거 맥주를 생산하고 있다.

2) 중부, 동부 유럽

오스트리아(Austria) 스티겔(Stiegel)은 잘츠부르그에 있는 맥주회사로 오스트리아에서 가장 많이 팔리는 스티겔 골드브로이(Goldbraü)를 만든다. 알코올 4.9° 이고, 에델바이스(Edelweiss), 카이저(Kaiser), 치퍼(Zipfer)가 있다.

체코(Czech Republic) 프라하에서 서쪽 90km 떨어진 필젠(Pilsen)에서 라거 맥주의 효시인 필즈너 우르켈이 탄생했다. 필즈너 맥주역사 박물관, 하루 12만 병을 생산하는 맥주공장에는 9km 정도 뻗은 지하터널에 수십 년 된 나무 맥주 통이 가득하다. 필즈너 페스트(Pilsner Fest) 맥주 축제는 매년 가을 이틀 동안 열린다.

필즈(Pils), 필즈너(Pilsner), 필즈너 우르켈(Urquell)은 투명한 황금빛을 띠고 씁쓸한 맛이 강조된 알코올 4.5~5° 이고, 부드바이저 부드바(Budweiser Budvar), 프리마토르(Primator), 라데가스트, 브라니크, 벨케포포비체, 스타로프라멘, 스타로브르노, 플라탄, 파르두비체, 카르사이가 있다.

폴란드(Poland) 레흐(Lech Premium), Okocim, 티스키에(Tyskie), Zywiec, Zywiece Niskoal-koholowe가 있다.

루마니아(Romania) 우르서스(Ursus)는 레이블에 왕관을 쓴 곰과 'King of beer in Romania' 라고 표기되어 있다.

3) 북유럽(Scandinavie)

노르웨이어로 아울(Aul)이라 부르는 맥주는 스웨덴어로 욀(öl), 핀란드어로 올루트(Olut), 덴마크어로 올(Ol)이라 한다.

---

10) 뮌헨의 빅 식스(Big Six), 스파텐브로이(SpatenBräu), 아우구스티너 브로이(Augustiner Bräu), 학커-프쇠르 브로이(Hacker-Pschrr Bräu), 뢰벤브로이(Löwenbräu), 파울라너브로이(Paulanerbräu), 호프브로이(Hofbräu)

11) 스타우트(Stout). 볶은 몰트나 보리를 사용하므로 진한 초콜릿 색을 띤다. 1721년 짐꾼(porter)들에게 인기있던 포터 맥주에서 비롯되었으나 스타우트로 불여 부른다.

덴마크(Denmark) 칼스버거(Carlsberg)는 스칸디나비아 맥주시장 전체를 장악하고 있다. 칼스버거의 계열사로 투보그(Tuborg), 비브로에가 있으며, 한콕크에서 상면발효 맥주 중 하나인 올드 강브리뷔스를 생산하고 있다. 미켈레(Mikkeller)의 흑맥주는 알코올 17.5° 이다.

노르웨이(Norway) 데 링네스(Ringness), 아스, 막크가 있다.

스웨덴(Sweden) 프립스 사의 카네기 포터는 6개월간 숙성시키고 양조 연도를 표시한 것으로 포르투갈의 포르투 맛을 지녔다. 스펜드루프, 팔켄, 마리에스타드가 있다.

핀란드(Finland) 하트웰의 라핀 쿨타, 시네브리초프, 사티가 있다.

4) 지중해, 남유럽

사이프러스(Cyprus) 터키 남쪽 지중해 연안으로 KEO가 이 나라 유일의 맥주다.

그리스(Greece) 하이네켄, 크로낭부르, 헤닝거 헬라스, 뢰벤브로이 같은 외국계열 회사가 선점하고 있다. 마라톤(Marathon)은 레이블에 마라톤하는 사람들이 보이는 라거 맥주이다. 미소스(Mythos), 알파(Alpha), 파토스(Pathos)가 있다.

이탈리아(Italy) 포르스트, 페로니, 모레티가 주요 맥주회사이다. 페로니의 나스트로 아추로는 고전적 라거 타입이다. 모레티의 바포 도로는 순수 맥아로 빚은 호박색 맥주. 비라 모레티(Birra Moretti). 330ml의 일릭서(Elixer), K-Beer[12], 매나브레아(Menabrea), 뻬로니(Perroni Nastro Azzurro), 레 에일, 라포가 있다.

몰타(Malta) 영국에서 호프와 맥주를 수입해 에일 맥주를 만든다. 호프 리프, 브루어르즈 초이스, 락토(검은 색 밀크 스타우트)가 있다.

포르투갈(Portugal) 파로(Faro)[13] 맥주는 가을~겨울에만 제조되는 벨기에의 특수맥주인 랑비크와 맛이 담백하고 추운 계절에 만들어지는 '3월 맥주'를 배합하여 만든 것으로 시큼한 향과 진한 맛을 내는 알코올 2~3°.8 세르베쟈스 센트럴(리스본 소재)의 황금빛과 갈색의 두 가지의 사그레스가 있으며, 우니세르(포르투 소재)는 칼스버거(덴마크)에 합병되었다.

스페인(Spain) 크루스 캄포, 산 미구엘, 크로낭부르 사(社) 소속의 마우 양조장이 주요 맥주회사이다. 에스트렐라 담(Estrella Damm)은 바르셀로나를 대표하는 맥주이다. 마오 싱코 에스트렐라(Mahou Cinco Estrellas)는 다섯 개의 별이라는 뜻이다.

터키(Turkey) 에페스 사의 에페스 필스너(Efes Pilsner)가 있다.

5) 아프리카

케냐(Kenya)의 터스크(Tusker), 화이트 캡, 짐바브웨의 윈드 호크, 가봉의 모카프, 콩고의 크로커다일, 코트디부아르의 망바, 모리스의 페닉스, 남아공은 아프리카 대륙 전체의 50% 이상의 생산량을 보이고 있다. 사우스 아프리카(South Africa) 사의 라이언, 캐슬 라거가 있다.

12) K-Beer : 깻잎의 맛과 향을 우러내어 배합하여 밀라노에서 나오는 맥주. 한국의 허브란 뜻으로 K란 코리아(Korea), 깻잎(Kkennip)의 의미이다.
13) 파로(Faro) : 포르투갈 최남단 알가르베 지방에 있는 작은 도시

2. 미주 맥주

1) 캐나다(Canada)

퀘벡의 맥오슬란에서 스타우트 맥주를 생산한다. 알렉산더 케이스(Alexander Keiths), 칼링(Carling), 라바트(Labatt Brewing), Nothern Goose, Oland, Schooner Molson, Moosehead가 있다.

2) 미국(USA)

버드와이저(Budweiser), 쿠어스(Coors), 밀러(Miller), Michelob가 있으며, 흑맥주로는 Brown Bear, Henry Weinhards가 있다. 스팀 비어는 버몬트 주의 매직 해트에서 스타우트맥주인 피스트 오브 폴스를 생산한다.

3) 라틴 아메리카 맥주

아메리카 인디언들은 옥수수나 치차 혹은 '말타' 라는 이름의 맥주를 만들었다. 카사바 즙을 타액과 혼합하여 발효시킨 히마로스족의 '코스미케 맥주' 가 그 예이다.[9]

아르헨티나(Argentina) 아프리카나는 초콜릿 향의 하면발효 맥주

브라질(Brazil) 브라마, 안타록티카, 투피사(社) 축제용 맥주, 제사용 맥주, 카라쿠 스타우트

자마이카(Jamaica) 레드 스트립(Red Stripe)

멕시코(Mexico) 모델로사(社) 코로나(Corona)는 실크 스크린으로 처리한 병이 특징이다. 쿠아우테목사(社)의 테카테는 소금과 신선한 레몬을 곁들여 마신다. Carta Blanca, Dos Equis, Negra Modelo가 있다.

베네주엘라(Venezuela) 폴라 라거, 안데스

4) 아시아 대양주

호주(Australia) 스타우트 맥주. 레조벡, Cooper' s Sparkling Ale, 포스터 사(社) 칼톤, 섹스턴 마틸다 베이 사(社) 레드백, 캐스케이드(Cascade), 쿠퍼스(Cooper' s), 디앤에이(DNA), 포스터스(Foster' s), 보그스 드라우트(James Boag' s Draught), 테킬라 슬램머(Tequila Slamma), 투 도그스(Two Dogs), 포 엑스(XXXX Lager), 빅토리아 비터(Victoria Bitter)

캄보디아(Cambodia) 앙코르

중국(China) 칭타오(青島), 하오먼(豪門一道鮮), 옌칭(燕京), 홍콩 선릭, 광저우(廣州)에서 좋은 생맥주가 나온다.

인도(India) 인디아 페일 에일, 코브라(Cobra), 이글(Eagle), 마하라자(Maharaja), 발레, 짐카나

인도네시아(Indonesia) 빈탕(Bintang)

일본(Japan) 아사히, 삿뽀로, 산토리, 에비스, 기린

한국(Korea) 하이트, 오비 라거

미얀마(Myanma) 만다레이

네팔(Nepal) 에베레스트(Everest), Nepal Ice

뉴질랜드(New Zealand) 더미니언(Dominion), 라이언 내이션 사(社)의 캐슬메인, 투헤이스, Export Gold, Monteith' s Black, KGB, 태즈메니아의 캐스케이드, 론서스턴

필리핀(Philippine) 라거 산 미구엘(San Miguel), San Miguel Dark

싱가포르(Singapore) 스타우트 맥주 타이거(Tiger), 안코르, ABC 스타우트

스리랑카(Sriranka) 라이온 스타우트(Lion Stout)

타일랜드(Thailand) 싱하는 알코올 도수가 높고 홉을 많이 사용했다. 아마리트. 과일향이 짙은 맥주 생산

베트남(Vietnam) 333

제2장 증류주

증류주란 양조한 술을 증류한 주류의 총칭으로서 스피리츠(Spirits)라 부르며 알코올 도수가 높아 칵테일의 주재료로도 쓰이는 것이다.

증류는 액체의 비점(沸點) 즉 끓기 시작할 때의 온도의 차이를 이용하여 성분을 분리하는 것이다. 물의 비점은 100℃이지만 에틸알코올은 가열하면 78.325℃에서 알코올이 증기로 변화되는데 이를 냉각시켜 다시 액체 상태로 바꾸어주면 알코올 농도가 높은 액체가 추출되며 이것이 바로 증류주가 된다.

제1절 위스키(Whisky)

위스키는 옥수수, 밀, 보리 등의 곡류를 주원료로 하여 만든 술을 발효시켜 증류한 술로 통에 담아 숙성시킨 것이다.

위스키 제조는 원료를 당화시켜 효모를 섞는다. 그런 후에 발효시키고 몇 번의 증류를 반복하여 오크통에 넣어서 숙성시킨다. 숙성기간은 짧게는 2 ~ 3년에서 길게는 몇 십 년을 숙성시키기도 한다. 오크통에 넣기 전까지는 무색이지만 통 안에서 숙성하는 동안에 호박색으로 변한다.

위스키는 제조방식이나 숙성연도에 따라 분류되지만 일반적으로 산지에 따라 구분하고 있다. 숙성연도에 따라 보통은 6~7년의 스탠더드, 12~16년의 프리미엄, 17~30년의 수퍼 프리미엄급으로 나뉘어진다. 맥켈란(Macllan Fine & Rare)은 생산년도를 표기하므로 빈티지위스키로도 불린다. 스코틀랜드에서는 3년 이하로 숙성된 술은 위스키라는 말을 쓸 수 없다.

위스키는 숙성과정에 오크통 속에서 매년 3% 정도가 증발해 버리는데 이를 '천사의 몫(angle's share)'이라 부른다. 따라서 오래될수록 희소성과 특유의 맛이 생성되므로 가격이 비싸진다.

'발렌타인 17'에서 17이라는 숫자는 17년 된 원액으로 만들었다는 게 아니고 블렌딩할 때 17년 이하의 원액을 섞지 않았다는 뜻이다. 숙성기간이 12년, 17년, 21년 식으로 가는 이유는 그 술의 향이 12년, 17년 되었을 때 급격히 좋아지므로 그렇게 정하는 것이다.

위스키를 숙성시키면 색은 더욱 진해지면서 맛은 부드러워진다. 숙성이라는 물리적, 화학적 변화의 결과이다.

오크통의 목질부(木質部)에 원액이 흡수되고 통의 표면에서 증발이 일어나 연 평균 2~3%의 위스키가 증발된다. 이처럼 증발에 의한 손실로 오래된 위스키 값이 당연히 비싸진다.

색깔은 무색투명하던 원액이 나무에서 우러난 색소에 의해 점점 짙은 호박색으로 변해간다. 오크통을 만들 때 내부를 태우는 과정이 있는데 이 때 표면은 완전히 타서 3mm 정도의 숯으로 막이 형성되고 그 이면에는 5mm 정도 나무가 구워진다. 여기에서 색이 우러나는 것이다.

향과 맛의 변화는 원액을 숙성시키는 진짜 이유이다. 향과 맛은 위스키에 있는 약 400여 가지의 성분 조합에 의해 평가된다. 잘 숙성된 위스키는 향과 맛이 풍부하면서 조화를 이루어 균형감이 느껴진다.

1. 아이리쉬 위스키(Irish Whiskey)

위스키는 아일랜드에서 탄생한 것으로 아일랜드 위스키는 아일랜드의 남성적 풍미와 향기가 깃들어 있다.

원료로 발아시킨 보리 25~50%, 발아하지 않은 보리, 밀, 귀리, 호밀(rye) 그리고 옥수수를 섞어 사용한다. 몰트(malt)[14]와 그레인 위스키를 블렌딩하며 단식증류기에서 3회 증류하므로 향과 색이 가볍고 부드럽다.

숙성기간을 최소 3년으로 보며, 보통 5년에서 12년 정도를 숙성시킨다.[10] 아이리쉬 위스키는 특별함을 강조하기 위해 'Whiskey' 로 쓴다. 미국산 위스키의 철자도 아이리쉬의 이 방법을 따라 쓴 것이다.

부시 밀즈(Bush Mills) 1608년에 설립된 가장 오래된 아이리쉬 위스키로 보리 맥아만으로 원주(原酒)를 만들어 그레인위스키를 섞는다. 맛이 가볍고 상쾌하다. '숲속의 물레방아간' 이란 뜻으로 블랙 레이블은 프리미엄급이다.

제임슨(Jameson) 중후한 맛의 위스키로 1780년부터 오랫동안 아이리쉬의 고전적인 증류법을 지켜오고 있는 톱 브랜드다.

존 파워 앤 선(John Power & Son) 알코올 도수 40° 로 아이리쉬 커피에 넣어 마시기 위해 아일랜드에서 많이 판매된다.

패디(Paddy) 알코올 도수 40° 의 오크통에서 최소 7년 이상의 숙성을 거친다.

털러모어 듀(Tullamore Dew) 부드럽고 가벼운 맛이 특징으로 아일랜드 중앙부의 도시인 '털러모어' 의 이슬이란 뜻이다.

기타 Black Bush, Connemara Peated(S.M)[15], Greenore(Single Grain), Green Spot, Irish Turk Beg(S.M), Kilbeggan, Knappogue, Castle(S.M), Locke' s, Midleton Barry Crockett Legacy, Midleton Very Rare, Paddy, Powers, Redbreast, Tyrconnell(S.M) 등

위스키 레이블에 나타나는 문구

- **Single Malt Whisky** 한 증류소에서 만든 몰트위스키
- **Vatted Malt Whisky(Pure Malt Whisky)** 그레인위스키를 섞지 않고 여러 증류소의 몰트위스키를 섞어 만든 위스키(vatted ; 큰 통에서 처리되었음)
- **Single Cask(Single Barrel)** 병에 넣을 때 여러 통[16]의 위스키를 섞지 않고 한 통에 든 위스키만 담았다.
- **Cask Strength** 병에 넣을 때 통 속의 위스키를 물과 섞지 않고 그대로 담았다(통 속의 알코올 도수를 그대로 유지했다는 뜻).

14) 몰트(malt) : 맥아(麥芽), 엿기름. 싹을 틔운 보리.
15) S.M ; Single Malt
16) 술통의 명칭으로는 163.7L 짜리의 배럴(barrel), ahems 통을 지칭하는 캐스크(cask), 매우 큰 통인 배트(vat)가 있다.

- ■ **Single Wood** 증류 후 숙성을 거쳐 병에 넣기까지 한 종류의 술통을 썼다.
- ■ **Double Wood** 증류와 숙성을 거쳐 병입할 때까지 두 종류의 술통을 사용했다.
- ■ **Oak Cask Matured & Port Cask Finished** 오크통에서 숙성한 뒤 포트와인을 담았던 통에 단기간 숙성했다.

2. 스카치 위스키(Scotch Whisky)

위스키는 아일랜드, 스코틀랜드, 미국, 캐나다, 일본의 다섯 나라에서 만든다. 이 중 스코틀랜드에 증류소가 가장 많으며 그 중에서도 하이랜드(High Land), 하이랜드 중의 스페이사이드(Speyside) 지역에 가장 많이 몰려있다.

발렌타인(Ballantine) 1827년 만들어져 영국 빅토리아 여왕에게서 왕실 위스키 인증을 받았다. 지금은 연간 약 6천만 병이 판매되며 6년산 '발렌타인 Finest', 12년산은 'Gold Seal' 그리고 17년, 21년, 30년산 등 다양하며 30년산은 한정 수량만 판매한다.

발베니(Balvenie) 증류소 소유의 밭에서 경작한 보리와 직접 생산한 모트를 사용한다. 글렌피딕을 소유하는 윌리엄 그랜트(William Grant) 사 소속이다.

벨스(Bell's) 블렌디드 위스키로 알코올 도수가 40?이다.

블랙 앤 화이트(Blakc & White) 개싸움에서 승리한 스카치 데리아 견(犬)을 상표에 넣어서 검은 병에 흰 상표를 붙였다.

시바스 리갈(Chivas Regal) '시바스 가문의 왕자' 라는 뜻으로 '국왕을 지키는 기사들' 이라는 의미가 있다. 빅토리아 여왕 시대에 기사들이 충성을 다한다는 표시로 레이블에 방패와 칼 두 자루가 그려져 있다. 12년 숙성한 프리미엄급 위스키이다.

클랜 캠벨(Clan Campbell) 12년산 미만은 라이트 타입으로 여성들에게 인기 있고 12년산은 남성적인 풍미를 지니고 있다.

글렌리벳(Glenlivet) 12, 15, 18, 21년의 숙성기간 별로 레인지가 있는 싱글 몰트위스키로, 18년산이 2009년 세계 주류대회(World Spirits Competetion)에서 금상을 받았다.

커티 샥(Cutty Sark) '짧은 속치마' 란 뜻으로 18세기에 가장 빠른 범선[17]의 이름이기도 하였다. 6년산 스탠다드, 12년산 에메랄드, 18년산인 디스커버리(Discovery), 스톰(Storm, 40%), Prohibition Edition 50%, 46.5°의 탐 오셴터(Tam o'Shanter) 그리고 33년산인 올드 아트 데코(Old Art Deco) 한정판(41.7%)이 있다.

듀어스(Dewar's) 몰트 그레인 위스키로 최소 12년 이상의 숙성을 거친다.

17) 범선(帆船) 커티 샥은 길이 64m, 높이 46.3m(주 돛대 기준)로 1869년 제작되어 희망봉을 돌아 중국까지 8번 왕복하며 차(茶)를 실어 날랐고 2차 대전 때는 해군 사관생도 교육용으로 쓰였다. 1950년대 초부터 런던 동남부 그리니치 선착장에 정박하여 관광용으로 개방되어 일반인이 1500만 명 이상 방문하기도 하였다.

딤플(Dimple) 특이한 삼각병 모양에 보조개라는 이름으로 병을 감싸고 있는 금색 그물망은 코르크 마개 보호용이었지만 코르크가 캡으로 대체된 이후에도 상징으로 계속 사용되고 있다.

패이머스 그라우스(Famous Grouse) '꿩과(科)의 새'의 이름으로 레이블에 그림이 그려져 있으며, 중후한 맛이다.

글렌피딕(Glennfiddich) '사슴(fiddich)이 있는 골짜기(glen)'라는 뜻으로 세계 최고의 싱글 몰트 업체라는 명성이다. 12, 15, 18, 21년산과 30년산이 나온다.

그랜츠(Grants) 부드러운 삼각형 모양의 병이 독특하다.

제이 앤 비(J & B) 1760년 이래 영국왕실의 공식 위스키로 지정받아 왕실 문장이 레이블에 있다. 캐러멜 색소를 사용하지 않는 연한 색의 부드러운 여성적인 위스키로 6년 레어((Rare), 12년산의 젯(Jet), 15년산의 리저브(Reserve)가 있다.

존 헤이그(John Haig) 블렌디드 스카치 위스키.

자니 워커(Johnnie Walker)[18] 6년산의 레드, 12년산의 블랙, 15년산의 스윙, 18년산의 골드 그리고 블루는 30년산 이상을 숙성시킨 것이다.

킹덤(Kingdom) 위스키 명가 에드링턴 그룹의 최고 마스터였던 존 램지가 은퇴 전에 마지막으로 블렌딩하여 최고의 위스키라는 의미로 붙인 이름이다.

맥켈란(Macallan) 증류소 주변 교회의 이름을 붙인 위스키로 품질이 뛰어난 숙성 원액은 다른 오크통의 원액과 섞지 않고 바로 병에 넣는데 이것이 '파인 앤 레어(Fine & Rare)' 싱글 몰트 위스키다.

올드 파(Old Parr) 토마스 파(Thomas Parr)는 80세에 결혼하여 102세에 재혼할 정도로 건강하여 152세 때 찰스 1세가 왕궁으로 초대하여 초상화를 그리게 하였고 이것이 상표 모델이 되었다.

올드 스마글러(Old Smuggler) 알코올 도수 40°의 블렌디드 스카치.

로얄 살루트(Royal Salute)[19] '왕에게 바치는 예포'라는 의미로 1953년 6월 2일 엘리자베스 2세 여왕의 즉위식을 위하여 제조된 것으로 대관식 때 21발의 예포를 발사한 것을 기념으로 21년산 이상만 생산한다.

로얄 스티어링(Royal Stirling) 17년 및 25년산이 있으며 25년산은 100% 프리미엄 몰트위스키로 크리스탈 병에 일련번호를 부여하며 한정 생산하고 있다.

티처스(Teacher's) 블렌디드 스카치 위스키

---

18) 자니 워커(Johnnie Walker)의 '걸어가는 신사'는 유명 만화가 브라운(Tom Brown)dl 조지 워커에게 선물한 그림에서 유래되었는데 조지는 '1820년에 탄생해 아직 계속 가고 있다(born 1820 going striding)'이라는 문구를 첨가했다.

19) 로얄 살루트(Royal Salute) : 도자기 병은 에딘버러 성을 방어하는데 쓰인 '몽즈 메그' 대포를 본떴는데 스코틀랜드 사람들이 수호의 상징으로 여기는 것이다. 용감한 전사인 '로버트 더 브루스'의 모습이 말을 타고 돌진하는 모습으로 병에 새겨져 있다. 로얄 살루트가 탄생한 해에 에베레스트를 최초로 정복한 에드먼드 힐러리 경, 그리고 한국의 산악인 엄홍길씨에게도 '로얄 살루트 50'을 헌정한 바 있다.

화이트 호스(White Horse) 유명한 사교장 이름에서 유래하였다.

윈저(Windsor) 영국의 현 왕조 윈저 가문에서 유래하였으며 보는 각도에 따라 색이 바뀌는 홀로그램 레이블은 차별화된 디자인으로 위조 방지 역할도 한다. 레이블과 병, 뚜껑에는 영국 왕실을 상징하는 문장(紋章)으로 쓰이는 앞발을 든 사자가 있다. 1999년 엘리자베스 2세 여왕이 방한했을 때 축하 만찬에 올랐다.

뱃(Vat) 69 69번째 통이란 뜻으로 100종류에 이르는 원료를 블렌드하여 각각의 통에서 숙성시켰는데 감정자가 69번째 통을 선택하였으므로 통 번호가 그대로 상표명이 되었다.

3. 미국 위스키(American Whiskey)

미국 위스키는 1795년 켄터키 주에서 만들기 시작하여 1920년부터 시작된 금주법이 1933년 풀리고 그 다음해에 증류주에 관한 규정이 생겼다.

사우어 매쉬(sour mash)는 발효를 마친 액을 증류기로 옮길 때 시큼한 발효액을 일부 남겨두었다가 다음의 맥아즙과 함께 발효시켜 발효액의 품질과 맛을 일정하게 유지시키는 것을 말하며 레이블에 표기되기도 한다.

1) 버번 위스키(Bourbon Whiskey)

켄터키 주의 버번 카운티를 중심으로 생산되는 위스키이다. 옥수수를 51% 이상 80% 미만으로 사용하고 보리나 호밀 등을 섞어 만든다. 통의 안쪽을 태운 오크통에서 2년 이상 숙성시키며 한 번 숙성에 쓴 통은 다시 사용하지 않는다.

얼리 타임스(Early Times) 켄터키 주에서 링컨 대통령이 취임한 1860년에 나온 것으로 미국에서 인기가 많다.

하퍼(L.W.Harper) 알코올 43°의 4년 숙성, 스트레이트 버번 위스키이다.

짐 빔(Jim Beam) 알코올 40.3°의 맛이 부드러운 소프트 버번의 대명사 격으로 블랙 레이블은 101개월(8년 5개월)이라 적혀있다.

시그램(Seagram's 7 Crown) 캐나다 시그램 사가 미국에 진출하면서 1934년 출시한 마일드 타입으로 알코올 43.4°의 블렌디드 위스키이다. 3년 이상 오크통 숙성하며 12년, 15년산도 나온다.

션리(Schenley Reserve) 알코올 40°의 진한 황금색을 띠며 200ml, 750ml, 1리터, 1.75리터의 네 종류가 있다.

와일드 터키(Wild Turkey) 사우스캐롤라이나 주에서 매년 열리는 야생 칠면조 사냥에 모이는 사람들을 위해 제조된 것으로 '야생 칠면조'란 뜻이다. 풍미가 강해 혀에 톡 쏘는 맛이 있다.

2) 테네시 위스키(Tennessee Whiskey)

버번위스키를 단풍나무 숯으로 한 번 더 여과시켜 만든 것으로 마일드한 맛이 특징이다.

잭 다니엘(Jack Daniel) 위스키의 이름이자 이를 만든 잭 다니엘(Jack Daniel)[20]의 이름이다. 1904년 세인트루이스 세계박람회에서 금상을 받아 '세계 최고 위스키'의 명성을 얻었고 술에 올드 넘버 7(Old No.7)이라는 브랜드를 붙여 판매하고 눈에 쉽게 띄는 사각형(square) 병은 정직한(square) 판매상을 상징한다고 주장하여 오늘날까지 독특한 스타일로 남아있다.[11]

조지 디컬(George Dickel) 테네시 주 달라호마에서 1870년 제조된 것으로 잭 다니엘과 같은 타입이다.

3) 기타 아메리칸 위스키

라이 위스키(Rye Whiskey) 원료로 호밀을 51% 이상 사용한 것으로 오크통에 2년 이상 숙성시킨다. 버번보다 맛이 진하다. 버번위스키 중의 새저랙(Sazerac)이 이에 속하며 알코올 50°의 리튼하우스(Rittenhouse Straight Rye) 등이 있다.

콘 위스키(Corn Whiskey) 원료로 옥수수를 80% 이상 사용한 것으로 맛이 부드럽다.

본드 위스키(Bottle in Bond Whiskey) 정부 감독 하에 생산, 분류, 보관되는 것이지만 정부에서 품질을 보증하는 것은 아니다. 버번과 라이 위스키에 해당되며 4년 이상 숙성해야 한다.

4. 캐나다 위스키(Canadian Whisky)

캐나다 위스키는 경쾌하고 특별한 상쾌함을 느낄 수 있다. 독특한 향이 없어서 칵테일 베이스로 많이 사용되며 알코올 도수는 내수용이 40°, 수출용은 43°이다.

귀리, 호밀, 옥수수, 보리 등을 재료로 만든 것으로 이 중 어느 하나가 50%를 상회하면 안 된다. 캐나다 법으로는 곡물류로만 만들어야 한다고 규정되어 있다.

제조방법은 아메리칸 위스키와 비슷하지만 숙성 공정은 다소 달라서 미국위스키보다 가볍고 밝으며 블렌딩한 위스키만을 생산하고 있다. 숙성기간은 최소 4년으로 한다.

블랙 벨벳(Black Velvet) 보드카와 비슷한 맛의 위스키

캐네디언 클럽(Canadian Club) CC라는 애칭으로 영국 왕실에 납품하고 있어 레이블에 왕실 문장이 있다.

캐네디언 미스트(Canadian Mist) 보리와 맥아로 만들어 오크배럴에서 숙성시켰다.

크라운 로얄(Crown Royal) 1930년 영국왕 조지 6세가 캐나다를 방문했을 때 만든 진상품이다.

시그램(Seagram's V.O) 호밀과 옥수수로 만들어 6년 숙성한 마일드 타입 블렌디드 위스키이다.

선리 세븐 크라운(Schenley's Seven Crown) 시판 전의 시음 과정에서 10여 종의 증류주 중 7번째 것이 가장 품질이 우수하여 7이라는 숫자와 왕의 상징인 왕관을 레이블에 표시하였다.

20) 잭 다니엘(Jack Daniel). 1849~1911. 본명은 재스퍼 뉴턴 다니엘로 미국 테네시 주에서 스코틀랜드계 아일랜드 이민 집안의 10남매 중 막내로 태어났다. 15세 때 고아가 되어 옥수수농장 일을 거들며 살아가다 1846년에 사탕단풍나무 숯을 통해 증류한 위스키를 한 방울씩 여과시키는 '링컨 카운티 공법'으로 제조한 술이 명성을 얻어 사업가로 크게 성공하였다.

5. 일본 위스키(Japanese Whisky)

일본에서 예전부터 만든 술은 정종류와 소주류가 있었다. 증류법의 기술이 스코틀랜드와 프랑스에서 도입된 이후 위스키의 제조가 발달되었다.

히비키(響) 교토 교외의 야마자끼 증류소의 화이트오크 통에서 20년 이상 숙성시킨 몰트 30여 종을 중심으로 오크통에서 오래 숙성시킨 그레인위스키를 블렌딩했다. 우아하고 밸런스 좋은 화려한 향이 특징으로 그윽한 여운이 은은하다.

츠루(鶴) 숙성된 몰트와 그레인을 섞은 위스키로 깊은 맛이 있다.

야마자끼(山崎) 세 강이 합류하는 곳인 야마자끼의 몰트를 저장하기에 이상적인 조건에서 오크통 12년 이상 숙성 몰트만을 사용한다. 맥아 본래의 독특한 맛과 오크 나무향이 어우러져 스트레이트나 온더락으로 음용하기에 좋다.

로얄 산토리 사에서 창업 60주년을 기념하여 내놓은 호박색 프리미엄 위스키이다. 화려한 향과 실크같은 부드러운 맛을 자랑한다.

가꾸빈 평균 8년산인 몰트와 그레인을 블렌딩한 알코올 40?로 어떤 요리와도 잘 아울려 테이블 위스키로 적당하다.

제3장 브랜디(Brandy)

과일을 발효시켜 증류한 술의 총칭이나 일반적으로는 협의로 포도를 발효시켜 만든 와인을 증류하여 숙성, 블렌딩한 것이다. 브랜디가 네덜란드어로 '불에 태운 와인'을 뜻하며 보통 와인 8병을 증류하면 브랜디 1병이 나온다.

브랜디는 사용되는 원료에 따라 다음과 같이 구분한다.

＊포도 코냑, 알마냑, 일반 브랜디

＊사과 칼바도스(Calvados), 애플 잭(Apple Jack)

＊체리 커쉬 바세르(Kirsh Wasser), 미라벨르(Mirabelle), 시보비츠(Sivowitz), 퀘치(Quetch)

＊살구 애프리코트 브랜디(Appricot Brandy)

1. 코냑(Cognac)

브랜디는 프랑스 의사 빌뇌브(Arnaud de Villeneuve, 1225~1312)가 처음 와인을 증류하여 약으로 팔던 것으로 네델란드어로 'Brande wijin' 즉 'Brunt wine(불에 구운 와인)'이 프랑스어로 'Brande Vin'이라 하고 다시 이 말이 영어화되어 브랜디(Brandy)가 되었다.

와인으로 만든 증류주인 브랜디는 여러 나라에 있지만 포도 재배와 브랜디 생산지역이 공식적으로 지정되어 배타적 권한을 가진 곳은 프랑스의 코냑과 알마냑 그리고 스페인의 헤레스 뿐이다.

코냑은 1909년 제정된 원산지 통제 명칭법에 따라 코냑지방에서 생산된 브랜디만을 지칭하는 것으로 코냑 지방에서 생산되는 포도는 산도가 높아 와인을 만들면 신맛이 강한 하급품이 되지만 이것을 증류하면 독특하고 미묘한 향을 풍기는 고급 브랜디인 코냑이 된다. 코냑은 지역과 증류과정과 양조방법 등을 엄격하게 규제하여 규격에 맞지 않으면 코냑이라는 명칭을 사용할 수 없게 하고 있다.

코냑에 사용하는 포도 품종은 위니 블랑(Ugni Blanc)이 95% 이상을 차지하며 그리고 콜롱바르(Colombard) 등의 품종으로 만든 화이트 와인 만을 증류한 것으로 1차 증류에서 알코올 도수 30%, 2차 증류에서 70%의 도수로 만들어진다. 그 후 오크통에서의 숙성과정에서 참나무 성분이 추출되고 산화되면서 착색과 섬세한 맛이 생성된다. 병입하기 전에는 새로 제조된 원액과 오래된 것을 블렌딩하여 도수를 40° 정도로 희석시키며 설탕을 태운 캐러멜로 착색하게 된다.[12]

1) 코냑 레이블

코냑이란 이름을 붙이려면 최소한 1년 이상의 숙성기간을 거쳐야 하며 상표를 보면 이를 바로 알 수 있다. 그러나 프랑스에서 생산되지만 오래 전부터 영어권에 수출되어 레이블에 쓰는 약어는 영어로 표기한다.

또한 1738년부터 프랑스 정부는 가장 좋은 코냑 포도를 생산하는 '그랑 상파뉴'의 와인 증류 원액 50% 이상을 함유한 코냑에 '피느 상파뉴 코냑(Fine Champagne Cognac)'라고 표기하여 다른 곳과 구별하여 왔다.

C.	Cognac
E.	Extra, Especial

F.	Fine
O.	Old
P.	Pale
S.	Superior
V.	Very
V.O.	Very Old
V.S.O.	Very Superior Old
V.S.O.P.	Very Superior Old Pale(색이 맑은). 4년 반 이상의 숙성
X.	Extra
X.O.	Extra Old
Napoleon, XO, Ville Reserve(빌레 레제베).	6년 이상의 숙성을 거친 코냑[13]

브랜디 제조사별로 등급을 달리 표시하기도 하며 같은 등급이라도 저장년도가 달라진다. 코냑은 ★★★(3 스타, 법적 기준 3년 이상)만이 법적으로 보증되는 연수이고 그 외는 법적 구속력이 없다.

2) 코냑 생산지역

코냑은 7군데의 생산지 혹은 크뤼를 가지고 있으며 다음과 같다.

그랑 상파뉴(Gran Champagne)[21]	1st Cru
쁘티 상파뉴(Petit Champagne)	2nd Cru
보르드리(Borderies)	3rd Cru
핑 브와(Fins Bois)	4th Cru
봉 브와(Bons Bois)	5th Cru
브와 조디네르(Bois Ordinaires)	6th Cru
브와 코뮨(Bois Communes)	6th Cru

이 중 그랑 상파뉴, 쁘티 상파뉴 지역에서 생산되는 것에만 지역을 표기하고 이 두 지역의코냑을 블렌딩한 것을 '피느 상파뉴 코냑(Fine Champagne Cognac)' 이라 하여 고급으로 간주된다.

3) 유명 코냑

오지에(Augier) 1643년 창립된 회사로 오크통 향의 적절한 배합의 코냑.

비스키(Bisquit) 감미로운 뒷맛과 부드러운 맛을 보여준다.

까뮈(Camus) 나폴레옹 탄생 200주년을 기념하여 1969년 고급 코냑을 시판하여 세계적 명성을 얻었다.

샤토 폴레(Château Paulet) 프랑스 대통령 관저의 귀빈 접대에 오래 사용되었다.

꾸르브와지에(Courvoisier) 오크통에서 우러난 달콤한 향과 뒷맛에 강한 여운이 남는다.

21) 그랑 상파뉴(Gran Champagne)와 쁘티 상파뉴(Petit Champagne)는 샴페인 생산지인 상파뉴(Champagne)와는 관련이 없는 코냑지방의 생산지들이다.

고티에르(Gautier) 묵직하면서 원만하게 부드러운 맛. 병 모양이 비행기, 범선 등 독특한 것이 많다.

하디(Hardy) 엑스트라급은 상파뉴지방의 크뤼급 와인을 엄선하여 오크통 50년 이상 숙성 후 가장 좋은 것을 추출하여 크리스탈 병에 한정 생산한다.

헤네시(Hennesy) 코냑이라는 명칭을 최초로 상품명으로 하여 병에 표시하였다.

막뗄(Martell) 고전적인 독특한 블렌딩 방식을 세습한 가장 전통적인 코냑이다.

오타르(Otard) 길쭉한 병 모양으로 향과 맛이 섬세하다.

레미 마르탱(Remy Martin) 증류한 원주를 10개월 ~ 1년 정도 오크통에서 숙성하고 그 후 매년 블렌딩하여 5년간 더 숙성시킨다.

2. 알마냑(Armagnac)

프랑스 남서부 가스코뉴(Gascony) 지역에서 생산되는 브랜디로 코냑과 쌍벽을 이룬다. 이 지역은 대서양 기후의 영향으로 습도가 높아 생산되는 와인의 알코올 함량이 10% 이하로 낮아서 와인의 질은 낮지만 브랜디 생산에는 적합하다.

포도 품종은 '위니 블랑'으로 코냑과 같지만 연속 증류법을 사용하여 한 번 증류된 50° 정도의 무색 알코올을 오크통에서 숙성시킨다. 코냑에 비해 숙성이 빨라 25년 된 알마냑은 코냑 최고급품과 맞먹으며 향도 더 진하고 독한 편이다. 캐러멜로 착색하지 않으므로 드라이하고 짜릿한 맛이 오래 남는다.

알마냑의 생산지는 1909년 팔리에르(Fallière) 강령으로 세 군데의 AOC로 규정하였다.

바-알마냑(Bas-Armagnac) 가스코뉴의 수도 오즈(Eauze)와 랑드(Lande)와 제르(Gers)에 펼쳐져 있으며 알마냑의 대표적 생산지로 생산량의 약 57%를 차지한다.

트나레제(Ténarèze) 론과 갸론의 남쪽의 콩돔(Condom) 주변으로 알마냑의 약 40%를 차지하며 향이 풍부한 브랜디를 만들어낸다.

오-알마냑(Haut-Armagnac) 제르(Gers) 동쪽으로 론과 갸론의 일부분도 포함된다. 알마냑 블랑(흰 알마냑)으로도 불린다.

1) 알마냑의 유명 브랜드

샤토 드 브리아(Château de Briat) 보르도 포이약(오-메독)의 피숑 롱그빌(Pichon Longueville)의 라울 백작(baron Raoul)이 1864년 주인이 되어 알마냑의 전통을 더욱 발전시켰다.

샤보(Chabot)[22] 1회만 증류하여 오크통 숙성하므로 부드러운 풍미를 자아낸다.

자뉴(Janneau) 감칠맛과 높은 향기로 알마냑의 특질을 잘 표현하고 있다.

생 비방(Saint Vivant) 목 부분에 밀랍으로 새겨진 인장 및 양피지 레이블과 병목이 휘어져 있다.

22) 샤보(Chabot) : 16세기 초 프랑스 최초의 해군 원수인 '필립 드 샤보'가 오랜 항해기간 중에 변질되지 않도록 증류하여 통 속에 넣고 다니던 방식을 계승하여 제조하여왔다.

3. 오드비(Eau de Vie)

오드비는 프랑스어로 '생명의 물'이라는 뜻으로 알자스 지방에서 과일을 발효시켜 만든 브랜디로 통상 포도 이외의 다른 과일로 만든 것을 이른다. 가장 인기 있는 오드비는 배로 만들어지며 나무 통의 향이 배는 것을 막기 위해 탱크에서 숙성되므로 무색투명하다. 좋은 품질은 따로 선별해 오크통에서 10년 이상 숙성하면 황갈색으로 변하면서 맛과 향이 더욱 두드러지게 된다.

오드비는 원료로 사용된 과일의 종류에 따라 이름이 달라진다.

오드비 드 시드로(Eau de Vie) 사과를 원료로 한 브랜디로 알코올 54° 인 노르망디의 칼바도스가 알려져 있다.

오드비 드 마르(Eau de Vie Marc) 와인 양조과정에서 생긴 포도찌꺼기를 재발효하여 증류한 것이다.

오드비 드 뱅(Eau de Vie Vin) 와인을 증류하여 만든 브랜디.

브롬베아가이스트(Brombeergeist) 검은 딸기를 원료로 한 독일, 스위스 등에서 생산하는 브랜디.

키르쉬바서(Kirschwasser) 체리로 만든 브랜디로 산뜻한 향미가 특색이다.

이 외에 살구, 자두, 체리, 복숭아, 야생 딸기 등이 원료로 쓰인다.

4. 그라빠(Grappa)

와인을 담그고 남은 찌꺼기를 증류해서 얻은 무색의 맑은 술로 알코올 35° 에서 70° 에 이른다. 오스트리아, 독일, 그리스 등에서 나오며 이탈리아가 특히 유명하다.

와인을 만들 때 포도송이를 압착해 나온 즙으로 와인을 만들고 남은 찌꺼기인 껍질, 씨와 잔가지들을 '비나키아'라 부르며 이를 발효시킨 후 가열하여 증류하면 무색의 증류액이 나온다. 이 액을 통 속에서 몇 개월 혹은 1년 이상 다시 숙성시켜 만든 것이다.

프랑스에서는 그라빠와 같은 '마르'를 만들지만 그라빠와는 인지도가 다르다. 이런 차이는 '노니노' 사(社)[23]에서 19세기 말부터 고급화된 그라빠를 생산함에 기인한다.

23) 노니노(Orazio Nonino) : 1897년 설립된 곳으로 단일 품종으로 그라빠를 만들고 포도찌꺼기에 순수한 포도즙을 첨가해 풍부한 향과 부드러운 맛을 만들어내어 품질 향상에 획기적인 기여를 했다.

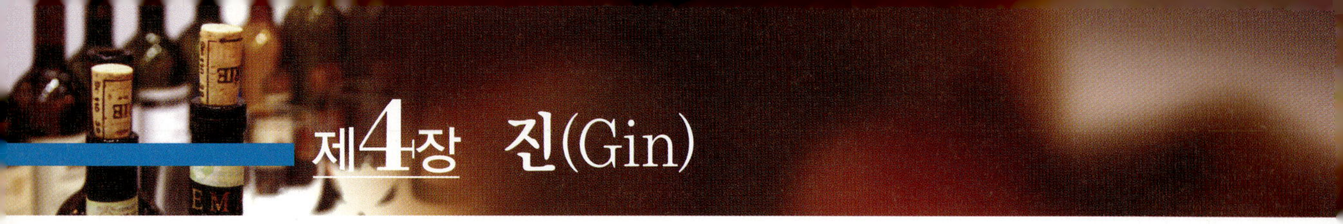

제4장 진(Gin)

옥수수, 보리, 대맥(大麥), 라이 맥(麥), 맥아 등의 곡물을 주원료로 만들어 1차 증류한 것에 주니퍼 배리[24]와 코리엔더[25], 안젤리카[26] 등의 허브를 첨가해 다시 증류한 맑은 색 증류주다. 무색투명하고 상쾌한 허브 향과 드라이한 맛이 특징이다.

다른 술과 달리 진은 의도적으로 만들어진 술로 네덜란드의 보 박사[27]가 만든 것[28]으로 증류 후 물로 희석하여 38°~45° 정도의 알코올 도수를 유지하며 영국의 드라이진은 보통 40°이다.

1. 네덜란드 진

곡류를 당화시켜 발효한 후 단식증류기로 3회 증류하여 55°의 알코올로 만들며 병입할 때 희석하여 45°로 완성한다. 향미가 짙고 맥아의 향취가 남아있는 중후한 스타일로 스트레이트용으로 많이 음용된다.

볼스 제네버(Bols Genever) 검은 빛이 도는 긴 병이 특징으로 오랜 전통을 자랑한다.

그랑주네버(Graanjenever) 37.5°의 저렴한 가격으로 칵테일에 많이 쓰인다.

2. 영국 드라이진(Dry Gin)

옥수수, 대맥, 맥아, 호밀 등의 곡류를 원료로 당화, 발효시킨 뒤 연속식 증류법으로 증류하여 90°~95°의 주정으로 만든다. 이를 희석하여 두송실을 넣고 다시 증류하여 알코올 도수를 40°~47°로 만들면 향기 높은 진이 완성된다.

런던 드라이진은 깔끔하고 부드러워 진의 대명사로 통하고 있다.

비피터(Beefeater) 런던탑의 근위병이 레이블에 있는 런던에서 탄생한 브랜드다.

봄베이(Bombay Sappire) 약초 향을 배합한 것으로 쌉쌀한 맛과 스파이시 풍미 속에 부드러운이 있는 드라이진이다. 은은한 푸른 빛의 사각형 병에 담겨 있다.

고든스(Gordon's) 런던 진의 정통파로 런던에서 생산하는 가장 대표적 브랜드로 1769년 창업된 드라이진 회사로는 가장 오래된 곳이다. 전통적 스타일의 진이 나온다.

길비스(Gilbey's) 우윳빛이 빛나는 네모난 병이 특징이었으나 투명한 병으로 바꾸었다. 레드 레이블은 37°, 그린 레이블은 47.5°이다.

---

24) 주니퍼 배리(Juniper berry) : 노간주나무 열매, 두송실(杜松實) 과.
25) 코리엔더(Coriander) : 미나리과의 초본 식물
26) 안젤리카(Angelica) : 2년생의 내한성 식물로 줄기는 색깔이 약간 자주 빛을 띠며 굵게 자란다. 속이 비어 있고 크기는 2.5m 정도에 달한다. 꽃은 7~8월에 연초록색을 띤 백색으로 피어 향이 꿀 향기와 같다. 강장, 소화촉진에 효과가 있으며, 빈혈증, 이뇨작용, 발한작용, 구충작용에도 좋아 잎을 씹는 것이 널리 알려져 있다. 향도 좋아 향수로도 쓰인다.
잎은 레몬과 꿀을 섞어서 감기에 걸렸을 때 허브차로 마신다. 설탕으로 절여 케이크의 장식용으로 이용하고, 샐러드에 사용하고 생선, 닭과 함께 조리하여 이용한다. 뿌리는 차로 이용된다. 종자유는 향료나 방향제로 이용한다.
27) 보 박사(Franciscus de la Boe), 1614~1672. Sylvious 박사라고도 한다. 레이든(Leyden) 대학교의 의학교수.
28) 재료가 주니퍼 배리로 주니에브르(Geniévre)로 이름 붙였으나 네델란드에서 제네버(Genever)로 불렀고 이를 영국인이 다시 영국식 발음으로 줄여 진(Gin)으로 불렀다.

탱커레이(Tanqueray) 런던 시내를 흐르는 지하수를 이용해서 만든 것으로 상쾌한 허브향의 맛이 예리하고 날카로우며 가장 우수한 품질로 평가된다.

3. 혼성 진

올드 탐 진(Old Tom Gin) 드라이진에 약 2% 정도의 당분을 첨가하여 만들었으며 영국과 폴랜드가 대표적이다.[14]

가향 진 주니퍼 배리 대신에 여러 가지의 과일, 씨, 허브와 식불 뿌리 등으로 향을 낸 것으로 슬로 진이 있다.

슬로 진(Sloe Gin) 일반 진에다 오얏나무 열매 향을 첨가한 것으로 혼성주에 속한다.

제5장 보드카(Vodka)

보드카는 감자, 고구마 외에 밀, 보리, 옥수수, 호밀 등으로 만든 증류주이다. 이러한 재료를 작게 썰어 물에 불린 다음 몰트(맥아)를 첨가해 당화 발효시켜 '세비라식'이라는 연속 증류기로 최소한 두 번 이상 증류를 하면 알코올 도수가 높아진다. 그 다음 자작나무 활성탄과 모래에 여러 번 통과시켜 정제(淨濟)하고 물로 희석하여 최소 40° 이상 되는 깨끗한 술로 탄생하게 된다. 여과 횟수가 많을수록 뒷맛이 깨끗하고 부드러워 좋은 보드카로 인정받는다.

12세기 러시아의 키에프 공작이 만들어 14세기에 러시아 전역으로 퍼져 나갔다. 원래 이름은 '지즈네나 보다(생명의 술)'이었지만 15세기에 물이란 뜻의 러시아어인 보다(Voda)에 작은 것을 의미하는 접미사 '카'가 붙어 보드카가 되었다.

처음에는 주로 벌꿀과 호밀이 사용되었으나 신대륙 발견 뒤부터 감자와 옥수수가 주로 사용되었다. 러시아는 원래 감자만 사용하고 네델란드는 감자와 곡류를, 영국과 미국은 곡류를 주로 사용한다. 스웨덴의 엡셀루트는 소맥, 대맥, 호밀을 주원료로 사용한다.

19세기 후반에는 알코올 도수가 40°~65°였으나 1902년 40°로 정해졌다. 원소주기율표를 만든 멘델레예프[29]가 인간의 입맛에 가장 적합한 알코올 도수는 40°란 내용의 논문을 발표했기 때문이다.

보드카는 맛이 중성이고 깨끗하며 부드러워서 무색, 투명, 무취, 무미하여 순순한 알코올에 가까운 밋을 지닌 특성을 가지고 있다. 따라서 원재료의 맛을 변화시키지 않으면서 나른 새료와 조화를 이루므로 칵테일 베이스로 많이 쓰이고 있다.

보드카는 품질이나 등급에 대한 표준이 없으나 러시아에서는 수출 제품 중 우수한 품질의 것을 스페셜(osobaya)로 표시하고, 스트롱(krepkaya)은 알코올 도수가 표준 이상인 것을 나타낸다. 폴란드에서는 순도에 따라 디럭스, 프리미엄, 스탠다드로 나누고 있다. 보드카를 스트레이트로 즐기려면 냉동고에 차게 보관해 마시는 것도 좋은 방법이다.

1. 러시아 보드카

스톨리치나야 모스크바에서 태어나 '수도(首都)'라는 뜻이다. 향이 섬세하며 병째로 냉동실에 넣어 차게해서 캐비어와 함께 마시는 것이 최상이라 한다.

모스코프스카야 러시아에서 생산되는 명품 중의 하나로 품질이 뛰어나다.

스트로바야(Stolovaya), 보르조이(Borzoi)

2. 미국 보드카

스미노프(Sminorf) 세계에서 가장 많이 팔리는 보드카이다. 러시아의 알렉산더 황실에 독점 공급하면서 유명해졌는데 곰이 보드카를 서빙하게 하는 기발한 착상으로 황제가 흡족하게 여겨 칭찬했다 한다. 러시아 혁명 때인 1933년 미국인에게 양도하였다.

---

29) 멘델레예프(Dmitri Mendeleyev). 1834~1907. 러시아 화학자로 주기분류법(주기율표)를 개발했다. 물과 알코올의 섞는 비율에 따라 보드카의 질이 달라진다는 사실을 여러 번의 실험으로 증명했다.

이 외에 프리쉬맨스(Freischman' s), 모나크(Monarch) 등이 있다.

3. 영국 보드카

길비스(Gilbey' s), 고든스(Gordon' s), 워커스(Walker' s) 등이 있다.

4. 다른 나라들의 보드카

앱솔루트(Absolut) 스웨덴 남부에서 나온 것으로 입안 감촉이 부드럽고 은은한 단맛이 나며 품질이 가장 우수하다. 상표를 병에 직접 인쇄하여 맑고 투명한 액이 보인다.

볼스(Bol' s) 네델란드 산

핀란디아(Finlandia) 핀란드산으로 레이블이 고드럼이 배경이다.

그레이 구스(Grey Goose) 프랑스산으로 향수병 같은 디자인으로 기존의 보드카 이미지와 차별화하고 있다.

5. 가향 보드카

보드카는 무색, 무취가 특성이나 폴란드나 러시아에서는 향을 가미한 보드카도 많이 나온다. 가향 보드카는 허비나 씨, 나뭇잎들을 섞어 우려내기도 하며 때로는 색깔이 있기도 하다.

즈브로우카(Zubrowka) 폴란드 동부의 삼림지역에서 나는 즈브로우카라는 향초에서 향미 성분을 추출해 섞는다. 달콤한 향과 소 그림이 그려진 병이 특징이다.

스타카(Stáka) 소량의 브랜디를 첨가해 풍미가 좋으며 오크통에서 10년 정도 숙성한다.

날리우카(Naliuka) 과일을 배합하여 다양한 맛을 낸다.

리모나나야(Limonaya) 레몬 향을 첨가하여 향이 좋은 황색 보드카이다.

유비레이니야 오소바야(Yubileyneya osobaya) 브랜디와 꿀과 다른 성분들도 넣으며 일명 주빌리 보드카(Jubilee Vodka).

페르초브카(Pertsovka) 탄 냄새와 함께 기분좋은 향이 느껴지는 흑갈색 러시아 산.

오코트니치야(Okhotnichya) 갖가지 향료 냄새가 나며 일명 헌터스 보드카(hunter' s Vodka)라고도 한다.

골드 보드카 보드카를 증류하여 여과시킨 다음 일정기간 오크통에서 숙성시킨다. 품질이 좋은 것은 10년 이상 숙성시키며 이렇게 오랫동안 오크통 속에 있으면 연한 황갈색이 색이 우러난다.

제6장 테킬라(Tequila)

용설란의 일종인 아가베(Agave, 마게이라고도 한다)라는 상록초 잎을 원료로 사용하는 멕시코를 대표하는 술이다. 태양이 작열하는 건조한 대지의 용설란의 모습이 선인장과 흡사하여 오해하는 경우가 있으나 용설란은 알로에와 비슷한 백합과이다. 아가베의 뿌리인 피냐(pina)가 테킬라의 주재료로서 녹말이 풍부한 피냐를 36시간 동안 증기로 찐 뒤 12시가 식힌 다음 짓이겨 아과미엘(꿀물이라는 뜻)이라는 설탕물을 추출한다. 이를 이스트로 충분히 발효시키고 단식 증류기로 2회 증류하여 만든다.

마시는 방법에 따라 이름을 달리하는데, 슈터(Shooter)는 레몬즙을 손등에 문지르고 그 위에 소금을 뿌려 그 소금을 혀로 핥으며 원 샷으로 마신 후 레몬이나 라임을 무는 방법이고, 보디 샷(Body Shot) 자신의 손등이 아닌 함께 술을 마시는 파트너의 손등에 레몬을 문지르고 소금을 뿌려 즐긴다.

알코올 도수는 40°~52° 로 색에 따라 화이트와 골드로 나뉘어진다.

1. 화이트 테킬라(White Tequila)

55° 이하의 숙성시키지 않은 것으로 맛이 가볍고 무색투명하여 칵테일 베이스로 주로 사용된다.

카사 노블 크리스탈(Casa Noble Crystal) 샌프란시스코 세계 스피리츠 대회에서 금상을 수상한 테킬라이다.

사우자(Sauza) 쿠에르보와 함께 테킬라의 2대 브랜드로 사우자 실버는 멕시코에서 가장 유명한 화이트 테킬라이다. '콘메모라티보' 는 창사 100주년인 1975년 발매되어 매 6년마다 새로 출시된다.

멕시코 시그램(Seagrams de Mexico) 시그램의 '마라아치' 는 2년 숙성으로 부드러우며 올메카는 3년 이상 숙성의 고급품이다.

2. 골드 테킬라(Gold Tequila)

오크통에서 1년 이상 숙성시킨 것으로 황금색이며 맛이 중후하여 주로 스트레이트용으로 이용된다.

레포사도(Reposado) 오크통에서 2년 미만 숙성된 것으로 연한 황색이며 레이블에는 숙성연도를 표시하지 않는다.

호세 쿠에르보(Jose Cuervo) 멕시코의 대표적 테킬라 메이커로 미국에서 인기높은 브랜드이다. 쿠에르보 1800은 풍미가 좋은 장기숙성 테킬라이다.

아네호(Anejo) 3년 이상, 좋은 품질은 10년 이상 숙성시킨 것으로 향이 강하며 스트레이트로 이용된다.

시에라(Sierra) 지역 특산주로 병뚜껑 모양이 멕시코 전통모자 솜브레로(ombero) 모양이다.

제7장 럼(Rum)

사탕수수 즙을 농축시켜 설탕결정을 분리하고 남은 액인 당밀(molasses)로 만드는 알코올 40° ~75° 정도의 술이다. 사탕수수 줄기를 으깨어 즙을 만든 다음 농축시켜 95%의 시럽으로 추출하여 설탕을 제조하고 나머지 5%의 침전물인 당밀을 발효하여 증류시켜 만든 것이다.

17세기 서인도제도(諸島)의 쿠바, 푸에르토리코 등에 정착한 영국인이 개발하였으며 풍미와 색으로 분류하여 럼에 물을 탄 것은 그로그(Grog)라 한다.

1. 라이트 럼(Light Rum)

화이트 럼(White Rum)이라고도 하며 향취가 적고 감미가 없어 칵테일 재료로 많이 쓰인다. 2~3일 정도 발효하여 연속식 증류로 증류하여 풍미가 연하고 무색으로 부드럽고 섬세하다.

라이트 럼의 주 생산지는 푸에르토리코(Puerto Rico), 버진 아일랜드(Virgin Island), 쿠바(Cuba)이며, 도미니카(Dominica), 베네주엘라(Venezuela), 멕시코, 브라질, 아르헨티나, 페루, 파라과이에서도 생산된다. 자마이카(Jamaica), 버뮤다(Bermuda)와 필리핀, 하와이에서도 생산되고 있다.[15]

바카디 라이트(Bacardi Light) 부드러운 풍미의 라이트 럼을 탄생시킨 쿠바 브랜드, 럼 출하량이 세계 제1이다.

하바나 클럽(Havana Club) 쿠바의 오래된 브랜드로 실버 드라이는 칵테일에 베이스로 많이 사용된다.

론리코 화이트(Ronrico White) 부드럽고 산뜻한 풍미의 라이트 럼이다.

2. 미디엄 럼(Medium Rum)

대량 소비되는 대중적인 럼으로 아이티(Haiti), 마르티니크(Martinique. 서인도제도 남동부의 프랑스령 섬)에서 나온다.[30)]

딜런(Dillon) 마르티니크 산으로 '딜런 트레 비외(Dillon Tres Vieux)' 는 12년 이상 숙성시켜 맛이 부드럽다.

가이아나(Guyana) 남미 동부부 공화국인 가이아나(Guyana)의 데미레어러 강 연안을 따라 자라는 사탕수수로 만들어 일명 데머레어러(Dameraran) 럼이라 한다.

이 외에 바카디 골드(Bacardi Gold), 도미니카(Dominica), 올드 오크(Old Oak), 마르티니크(Martinique)가 있다.

30) 트레 비외(Tres Vieux) : Very Old 라는 뜻.

3. 헤비 럼(Heavy Rum)

약 20일 간의 발효기간을 거쳐 장기간 저장하여 만들므로 풍미가 높고 색이 짙은 갈색으로 농후한 맛이 특징인 개성적인 술이다.

자마이카(Jamaica) 산이 유명하며 트리니다드 타바고(Trinidad Tobago), 뉴 잉글랜드(New England), 데미레어러(Demerara), 바르바도스(Barbados), 마르티니크(Martinique) 등에서 생산된다.

마이어스(Myers's) 자마이카 산으로 캐러멜을 태운 듯한 향이 나는 다크 럼이 인기로 8년 숙성이다.

론리코(Ronrico 151) 알코올 75.5°의 강렬한 맛이다.

이 외에 올드 자메이카 골든(Old Jamaica Golden), 엘도라도 럼 15(El Dorado Rum 15 Years)가 있다.

제8장 혼성주와 칵테일

제1절 혼성주(Liqueur, Cordial)

혼성주란 증류주에 향미를 첨가하여 별도의 맛을 가진 술의 총칭이다. 즉 증류주를 베이스로 꽃, 과일, 식물, 뿌리 등을 배합한 후 다시 감미료, 착색료 등을 첨가하여 만든 술이다.

고대 그리스의 히포크라테스가 약초를 와인에 녹여 만든 물약이 리큐어의 기원이라고도 한다. 치료나 사랑의 음료 등의 다양한 용도로 이용되다가 18세기부터 향상되기 시작한 서구의 식생활이 발전하여 식후주로 널리 사용되었다.

영미 지역에서는 코디얼(Cordial)이라 하며 밤(balm, 향유, 진정제), 크렘(créme, 과일향이 나는 부드러운 리큐어), 이릭서(elixir, 만능약) 그리고 오일 등으로도 사용되고 있다.[16]

1. 혼성주의 분류

1) 과실 리큐어

과실류를 증류주에 넣어 오래두면 과실의 색과 향취, 향미가 술에 침출된다. 이것을 여과하여 설탕 등을 가미한 것이다.

보통 식후주로 애용되는 큐라소(Cura ao), 꾸엥트로(Cointreau), 트리플-섹(Triple-sec), 슬로 진(Sloe Gin), 마라스키노(Maraschino) 같은 것들이다.

2) 식물 리큐어

약초나 향초 등의 식물류를 증류주에 넣어두고 그 성분이 우러 나온 것을 증류시켜 캐러멜 등으로 착색하고 감미료를 첨가한 것이다.

3) 종자(種子, Seed) 리큐어

과실의 씨에 함유되어 있는 성분을 이용하여 향취를 높인 것이다. 이에는 크렘 드 카카오(Créme de Cacao), 크렘 드 모카(Créme de Moka), 티아 마리아(Tia Maria) 등이 있다.

2. 혼성주의 제조

1) 증류법(蒸溜法, Distillation)

주정(酒精)을 향료에 넣어 증류하는 것으로 이 때 감미나 향으로 착색한다. 증류기의 아랫부분에 증류주를 넣고 윗부분에 과실이나 향초를 놓아 열을 가하여 증류주가 다시 기화하며 윗부분을 통과하면서 맛이 배게하는 방식이다.

2) 침출법(浸出法, Leaching)

주정에 과실이나 초근목피를 직접 넣어 그 향이 우러나게 하는 방법이다.

3) 에센스(Essence)

천연 에센스나 합성 에센스로 향미를 내는 방법으로 품질이 다소 떨어지나 시설비나 인건비가 절약되어 시간도 단축된다.[17]

4) 여과법(濾過法, filtration)

원료에 뜨거운 물을 부어 향을 추출하는 방법이다.

3. 혼성주의 종류

1) 과일 향 리큐어

애프리코트(Apiricot) 리큐어 살구 향으로 알코올 15°~21°. 애프리(Apry), 비네스(Vinnese)로도 불린다.

블랙베리(Blackberry) 리큐어 블랙베리가 주원료이나 레드 와인이나 다른 과일의 추출물을 섞기도 한다. 알코올 15°

칼바도스(Calvados) 프랑스 서북부 노르망디에서 생산되는 과일 증류주. 오크통 숙성이 2~5년이나 엑스트라나 나폴레옹은 최소 6년 이상 숙성한다.

체리(Cherry) 리큐어 술통에 체리를 반 정도 넣고 주정을 채워 약 40일 쯤 저장 숙성하여 향을 흡수케 한다. 덴마크와 네델란드 산이 알려져 있고 알코올은 8°~15°.

체리-스위스(Cherry-Suisse) 스위스에 만든 초코렛-체리 리큐어로 알코올 15°

코코넛(Coconut) 리큐어 코코넛으로향을 얻으며 럼이나 초콜릿향을 첨가하기도 한다.

크랜베리(Cranberry) 리큐어 신선한 크랜베리 주스로 만든다.

크램 드 바나나(Créme de Banana) 바나나향을 넣은 것으로 알코올 10°~15°

크램 드 카카오(Créme de Cacao) 브랜디에 과일, 약초 등을 넣어 감미를 더했다. 코코아와 바닐라 향이 특징이며 갈색과 무색의 두 종류가 있다. 크램(Créme)이란 '최상' 이란 뜻이다.

샹보르(Chambord) 프랑스의 랩스베리 리큐어로 알코올은 16.5°

브랜디(Brandy) 리큐어 과일 향이 나는 모든 리큐어가 이에 포함되며 일반적으로 살구, 체리, 배로 만든 유형이 있다. 알코올은 20° 정도이다.

말리부(Malibu) 코코넛 향의 리큐얼 알코올은 28°

마라스키노(Maraschino) 야생버찌인 마라스카 체리의 씨를 으깨어 브랜디에 넣어 만든 리큐어. 과일과 잘 조화되어 감미로운 맛으로 디저트용으로 쓰인다.

미도리(Midori) 멜론 향이 나는 일본에서 만들어진 리큐어로 알코올 23°

피치(Peach) 리큐어 신선한 복숭아나 말린 복숭아에서 향을 얻는 알코올 15°~25°

피터 히어링(Peter Heering) 덴마크의 코펜하겐에서 최상의 체리로 만들므로 체리 히어링으로도 알려진 알코올 9°

뽀와 윌리엄(Poire William) 스위스와 프라스 동부, 오스트리아에서 만들며 알코올 30°

프루넬(Prunelle) 유럽 산사나무나 사양자두나무에서 향을 얻는 알코올 15°~26°

랩스베리(Raspberry) 리큐어 프랑스 나무딸기에서 향을 얻는다.

슬로 진(Sloe Gin) 슬로(sloe)라는 야생 매실을 주정에 침출시켜 만든 약간 신맛이 아는 연붉은 감미주다. 독특한 향과 매혹적인 색으로 소화불량 등에 좋은 약주로도 사용된다. 알코올 21°~30°

사우던 컴포트(Southern Comfort) 버번위스키에 복숭아 등의 과일 향미를 가미한 호박색으로 미국을 대표하는 미국에서는 보편적인 리큐어로 35°와 50°의 두 가지가 있다.

스트로베리(Strawberry) 리큐어 딸기에서 향을 얻는 알코올 4°~15°

위시냑(Wishniak) 이스라엘, 러시아, 폴란드, 체코에서 나오는 야생 체리 리큐어. 8°~15°

2) 오렌지향 리큐어

오럼(Aurum) 브랜디를 베이스로 한 오렌지 리큐어. 세 번의 증류를 하지만 마지막 증류 때는 오렌지 향을 첨가하지 않는다. 이탈리아 산. 알코올 40°

캄파리(Campari) 오렌지 껍질과 여러 가지 식물 뿌리, 씨, 향료 등 70여종의 재료로 만든 이탈리아 밀라노 산. 소다수나 오렌지 주스를 섞어 식전주로 많이 사용된다.

꾸엥트로(Cointreau) 오렌지 꽃의 휘발성 향을 주정에 넣고 증류한 것으로 디저트 용으로 많이 애용된다. 프랑스에 루아르에서 만들어져 소화작용이나 강장제 역할도 하는 것으로 알려졌다. 알코올 40°

크램 드 바이오렛(Créme de Violette) 제비꽃 추출액과 큐라소 섬의 파란 오렌지에서 향을 얻은 알코올 12°~26°

큐라소(Curaçao) 오렌지 껍질을 브랜디나 럼 등에 담가 감미를 더하여 만든 리큐어로 베네주엘라 인근의 큐라소 섬에서 생산된다. 그린, 화이트가 있으며 특히 화이트 큐라소를 '트리플 섹'이라 한다. 알코올 25°~40°

포비던 프룻(Forbidden Fruit) 왕귤나무를 브랜디 속에 담구어 만드는 미국산 알코올 17°

그랑 마니에(Gran Marnier) 작고 파란 큐라소 오렌지 껍질을 벗겨 말리면 향이 응축된다. 이것을 프랑스로 가져와 증류하고 최고품질의 코냑을 베이스로 사용한다. 적색(알코올 39.4°)과 황색(26°)의 두 종류가 있으며 적색은 향이 강하고 병에 리본이 달려있다. 브랜디 잔으로 서버해야 한다.

아이리쉬 미스트(Irish Mist) 아이리쉬 위스키에 오렌지 껍질과 각종 약초, 향초의 엑기스를 섞고 꿀로 가미했다.

크레올 슈럽(Creole Shrubb) 서인도 제도 남동부의 프랑스령인 마르트니크(Martinique) 섬에서 오렌지 껍질과 럼으로 만들며 알코올은 26°

만다린 나폴레옹(Mandarine Napoleon) 만다린 귤나무의 껍질에서 향을 얻어 프렌치 브랜디를 베이스로 만들었다. 알코올 38°

사브라(Sabra) 이스라엘 산의 알이 크고 껍질이 두꺼운 자파오렌지와 초코렛을 블렌드한 이스라엘의 대중적 리큐어.

트리플 섹(Triple Sec) 화이트 큐라소로 세 번 증류 했다는 뜻에서 붙여진 이름이다.

반 데르 훔(Van der Hum) 귤처럼 생긴 나트지에(naartjie)라는 아프리카 토종 오렌지로 만든 알코올 25°

3) 커피 향 리큐어

칼루아(Kahlúa) 테킬라나 럼에 커피와 코코아 열매, 바닐라 캐러멜, 시럽 등으로 블렌딩한 것으로 커피를 원료로 하였으므로 아주 향기로운 커피향이 난다. 아라비아 말로 커피라는 뜻의 칼루아는 그 자체로 그냥 마시기도 하지만 블랙 러시안, 화이트 러시안, 칼루아 밀크 같은 칵테일 베이스로 쓰이며 제빵이나 캔디를 만들 때도 사용된다. 알코올 26.5°

파샤(Pasha) 터키에서 만든 것으로 알코올 11°

티아 마리아(Tia Maria) 럼을 베이스로 블루마운틴 커피를 넣어 만든 최초의 커피 리큐어이다. 자메이카에서 생산되며 알코올 16.5°

4) 감초 향 리큐어

앙고스트라 비터(Angostura bitter) 럼에 각종 약초를 넣어 만든 것으로 좋은 향과 풍미로 칵테일에 많은 쓰이고 있다. 앙고스트라란 베네주엘라의 옛 명칭으로 근래에는 트리니다드타바고에서 많이 제조하고 있다. 알코올 48°로 열대지방에서는 말라리아 예방제로도 사용된다.

애니셋(Annisette) 지중해 연안에 재배되는 애니스(대회향, 大茴香) 씨에 브랜디를 넣고 감미를 더해 증류한다. 프랑스를 중심으로 유럽 전역에서 생활 속에 자리 잡고 있는 건강 식전주로 30여 가지의 몸에 이로운 약초로 구성되므로 피로회복에 좋다.

독특한 향기로 물을 넣으면 오팔 색을 띠고 햇볕을 쬐면 7가지 색으로 변한다. 알코올 27°이지만 스페인과 라틴 아메리카에서는 22°~43°이며 애니스(Anis)라고도 부른다.

애니손(Anesone) 애니스와 감초 향이 나는 것으로 이탈리아, 미국에서 생산된다.

갈리아노(Galliano) 긴 병이 특징으로 증류주에 애니스, 바닐라 등 70여 종의 약초와 향미를 더하여 이탈리아 밀라노에서 생산한다. 노란색(알코올 35°), 적색(28°)의 두 종류가 있다.

골드바서(Goldwasser, Danziger Goldwasser) 애니스, 캐러웨이(caraway) 씨, 오렌지 껍질과 각종 방향성 허브로 향을 만든 단맛의 알코올 35°~40°. 작은 반점이 있는 황금색 잎이 들어있는데 마실 때 인체에 무해하다.

이자라(Izarra) 브랜디를 베이스로 프랑스 피레네 산맥의 초목으로 향을 얻는다. 그린(알코올 37°), 옐로우(30°)의 두 가지가 나온다.

라키(Laki) 무화과 열매와 건포도를 효모로 발효시키고 두 번 증류하여 애니스 향을 첨가한 투명한 리큐어로 얼음이나 물에 타서 희석해 마신다. 터키 산.

우조(Ouzo) 애니스 향을 넣어 만들며 물을 넣으면 투명하던 색이 아주 묽은 우유처럼 뿌옇게 변하는 특징이 있다. 알코올 40°가 넘으면 물에 희석해 마시기도 한다.

파스티스(Pastis) 애니스의 프랑스 버전인 감초향 리큐어. 알코올 45°이다.

삼부카(Sambuca) 검보라색의 말오줌나무열매(elderberry)에서 얻는 감초향의 투명한 이탈리아 리큐어로 삼부카는 라틴 명이다. 알코올 40°

우니쿰(Unicum)[31)] 쓴 한약과 단맛이 섞인 짙은 갈색의 헝가리를 대표하는 리큐어이다. 우니쿰 오리지널은 20여 가지의 약초가 들어가 있어 짙은 갈색에 걸쭉하며 액상 소화제와 비슷한 쓰고 떫은 맛이 난다. 알코올 40°로 소화촉진의 기능이 있어 식후에 마시면 좋다.

우니쿰(Unicum) 넥스트는 젊은 소비자를 겨냥하여 2004년 새로 선보인 것이다. 허브향과 레몬향이 어우러져 상큼하고 단맛이 나며 색깔도 연 노란색이다. 알코올은 35°로 낮췄다.

운데르베르그(Underberg) 우니쿰과 비슷한 독일 산으로 한 병의 용량이 40ml이다.

애거마이스터(Jägermeister) 독일에서 1935년에 나온 약초주로 알코올 35°

5) 허브, 스파이스 리큐어

압생트(Absinthe, Absente) 1790년대 스위스인들이 약초를 알코올에 담가 만든 것으로 19세기 말부터 고흐[32)], 랭보[33)] 등 예술가들[34)]에게 인기가 높았다. 스위스에서 압생트에 취한 노동자가 처자를 살해하자 환각작용을 우려해 판매금지를 내렸으며 체코와 스페인도 1차 세계대전 이후 금지령을 내렸다. 1981년 유럽공동체(EU)가 압생트 합법화를 결정하자 잇달아 생산이 재개되었다.[18]

베헤로프카(Becherovka) 식욕 및 소화 촉진의 기능이 있는 체코의 허브 리큐어

베네딕틴(Bénédictine) 브랜디에 엔젤리카(angelica), 박하, 애니카(anica) 등을 첨가하여 황금색 리쿠어 중 가장 우수한 것으로 알려진 15세기 베네딕틴 수도원에서 제조되었다. 술병에 쓰여진 D.O.M은 라틴어로 '신에게, 최선의, 최고의 이 술을 드린다(Dio Optimo Maximo)'라는 뜻이다. 알코올 40°

비터스(Bitters) 쓴 맛과 방향 요소와 향미가 서로 합쳐진 알코올로 과일과 식물, 씨, 꽃, 잎, 나무껍질, 뿌리, 줄기 등에서 향미를 추출한다.

쓴맛이 있어 스트레이트로 마시지 않고 칵테일에 많이 사용되며 건위강장의 효과가 있다고 알려져 있다. 앙고스트라비터(Angostra Bitters), 오렌지 비터, 캄파리 비터, 진자노 비터 등이 있다.

---

31) 우니쿰(Unicum) : 1790년 오스트리아 함부르크 왕가의 주치의가 여러 가지 약초를 증류시켜 황제 요제프 2세에게 올린 술을 맛보고 감탄사로 한 말이 "이건 둘도 없이 진기한 거로군(Das ist ein Unicum)", 이 말이 그대로 술 이름이 되었다.
1840년 주치의의 아들이 대량생산하기 시작하여 전해오는 주조법은 공산정권(1948~1989)에서도 최부에 알려지지 않았다.
32) 고흐(Vincent van Gogh) : 1853~1890. 네델란드의 후기 인상주의 화가. 압생트를 마시고 자신의 귀를 자른 기행을 한 것으로 알려졌다.
33) 랭보(Arthur Jean Nicolas Rimbaud) : 1854~1891. 프랑스의 천재 시인. 압생트를 가장 우아하고 하늘하늘한 옷으로 예찬했다.
34) Ernest Miller Hemingway, Edgar Allan Poe

크램 드 멘트(Créme de Menthe) 일명 페퍼민트(Pepper Mint)로 박하 향을 가미하여 달콤하고 시원한 리큐어로 유명하다. 그린, 핑크, 화이트가 있다.

드람뷔(Drambuie) 스카치위스키에 봉밀과 향초, 스파이스 등의 60여 가지를 넣어 만든 감미주로 스코틀랜드 산이다. 알코올 40°

피오르 달페 이소라벨라(Fior d' Alpe Isolabella) 병 속에 어린 잔가지가 들어있는 향긋한 이탈리아 리큐어. 알프스에서 나는 주니퍼(juniper. 곱향나무), 박하, 백리향(thyme), 아르니카(arnica), 마조람(majoram)과 박하의 일종인 히섭(hyssop) 풀과 같은 많은 허브가 들어간다. 알코올 35°

길카 베르리네르 킴멜(Gilka Beriner Kümmel) 회향풀의 일종인 캐러웨이(caraway) 씨와 미나리과의 애기회향 씨로 만든 독일산. 알코올 30°

글래이바(Glayva) 스카치위스키와 꿀, 허브로 만든 호박색 리큐어. 알코올 40°

킴멜(Kümmel) 캐러웨이 씨를 물에 담그고 주정을 넣어 증류하여 킴멜 향료로 만든 후 다시 주정을 더해서 만든다. 일코올은 21°~27°

페퍼민트 슈내프(Peppermint schnapps) 박하향 리큐어로 '크렘 드 멘트' 보다 스위트하다. 알코올 4°~37°

페르노(Perno) 앱생트 메이커였던 페르노 사가 앱생트 판매금지 조치 이후 앱생트의 유해 성분을 애니스 농축액으로 바꾸어 만들었다. 얼음물에 5배 정도 희석하거나 오렌지 주스에 타 마신다.

핌스 컵(Pimm's Cup) 영국 핌스 레스토랑의 바텐더가 만든 것으로 방향과 향초와 과일향이 난다. 핌스 넘버 원(No.1)은 진을 베이스로 만들고, No.2는 스카치위스키, No.3는 브랜디, No.4는 럼, No.5는 라이위스키, No.6는 보드카, No.7은 테킬라, 버번, 앱생트를 베이스로 생산된다.

스트레가(Strega) 향신 식물로 만든 노란색의 이탈리아 리큐어. 알코올 40°

만데르민트(Vandermint) 네델란드 산의 초코렛 민트 리큐어이다.

비에일 큐어(Vielle Cure) 코냑과 알마냑을 블렌딩한 방향 식물 리큐어로 그린과 옐로우 두 가지가 있다.

6) 견과향 리큐어

아마레토(Amaretto) 살구 씨를 물과 함께 증류하여 각종 향초와 추출액을 알코올과 혼합하여 숙성시킨 후 시럽을 첨가해 만든다. 갈색에 가까운 진한 오렌지 색으로 알코올 25° 정도의 이탈리아 산.

아쿠아비트(Aquavit, Akvavit) 주로 감자를 원료로 하여 익힌 다음 맥아로 당화하여 연속식 증류로 95°의 알코올을 추출하고 물로 희석하여 회향초 씨(Caraway seed)를 첨가한 것으로 도수 40°의 술이다.

숙성을 위해 일부러 배에 싣고 적도를 통과하며 통과 날짜를 병에 표시하기도 한다. 덴마크에서 아카비트라 하고 노르웨이 스웨덴, 아이슬랜드에 여러 종류가 있다. 유명제품으로 봄머룬더(Bommer-lunder), 알보르그(Alborg)가 있으며 냉동고에 보관하여 차게 마신다.

크램 드 노야(Créme de Noyaux) 아몬드 향으로 알코올 10°~15°

너트(Nut) 리큐어 아몬드, 호두, 헤이즐넛 등의 견과류 향을 내는 리큐어의 총칭이다. 알코올 20°~40°

7) 기타 리큐어

아드보카(Advocaat) 네델란드에서 만든 것으로 달걀노른자와 설탕을 넣은 브랜디로 에그 브랜디라고도 한다. 카스타드 크림과 같은 맛이 난다.

배일리스(Baileys) 위스키에 생크림과 카라멜 등의 향료를 넣어 만든 아일랜드산 리큐어

비 앤 비(B & B) 베네딕틴에 브랜디를 반씩 섞어 만들었다.

샤르트로즈(Chartreuse) 브랜디에 각종 약초, 벌꿀 등을 넣어 리큐어의 여왕이라고 하며 프랑스의 샤르트로즈 수도원에서 생산되었다.

베르(Vert) 향이 강하며 알코올 43°의 녹색으로 드라이하다. 존느(Jaune)는 부드러운 맛으로 알코올 26°~30°의 황색이다.

초콜릿 스위스(Chocolat Suisse) 초콜릿향이 나는 스위스 산으로 병에 작은 초코레트 조각을 띄운다. 알코올 15°

코디얼 메독(Cordial Médoc) 여러 가지 좋은 브랜디를 블렌딩하고 오렌지 큐라소, 크램 드 카카오를 칵테일 한 프랑스 보르도 산. 알코올 26°

크램 드 카시스(Créme de Cassis) 검은 까치밥나무 열매로 만든 검붉은 색의 약간 산미가 있는 리큐어다.

키르 로얄(Kir royal) 상파뉴에 크램 드 카시스를 혼합한 칵테일로 식전주로 좋다.

크램 드 로제(Créme de Rose) 장미꽃 잎 추출액과 바닐라 향으로 알코올 15°

크램 드 바닐라(Créme de Vinille) 브랜디에 최상의 멕시코산 바닐라 원두를 침출시켜 만든다. 알코올 15°

파르페 아모르(Farfait Amour) 제비꽃, 계피, 클로버, 코리엔더(미나리과의 고수풀) 씨와 감귤류에서 향을 추출하고 식물에서 딴 푸른 빛을 띤 보라색 리큐어이다. 이름은 '완전한 사랑'이라는 뜻의 프랑스어이나 원산지는 독일이다.

진저(Ginger) 생강뿌리에서 향을 추출한 알코올 21°의 리큐어

그라빠(Grappa) 와인을 만들 때 생기는 부산물인 포도껍질과 씨를 압착해 증류하여 만든 알코올 35°~50°의 독한 술이다. 이탈리아 북부가 주산지이며 깔끔한 풍미의 후식주로 예쁜 공예품 병에 넣어 선물용으로 선호된다.

브루넬로 지역 한 군데만 보아도 아르지아노(Argiano Grappa di Brunello)) 알테지노(Altesino Grappa di Brunello), 카스텔로(Castello Banfi), 포지오 안티코(Poggio Antico), 테누타 카파르지오(Tenuta Caparzo) 등 수없이 많다.

이탈리아 그라빠에는 역시 낭만적인 이탈리아 음악이 어울린다. 클래식 작법과 연주가 대폭 도입된 아트 록 밴드나[35] 싱어송 라이터[36]도 좋겠다.

락 앤 라이(Rock & Rye) 라이(호밀)위스키를 베이스로 하지만 곡물이나 슈거 캔디, 때로는 레몬, 오렌지, 체리와 같은 과일이 들어간 애매한 리큐어이다.

제2절 칵테일(Cocktail)

1. 칵테일의 분류와 조주 기법

1) 칵테일의 분류

(1) 기주(基酒. Base) 별 분류

주재료가 되는 베이스에 따라 분류하는 것으로 위스키, 브랜디, 진, 보드카, 럼, 테킬라베이스, 그리고 와인베이스 칵테일로 나뉜다. 와인베이스는 또한 와인, 샹파뉴, 포르투, 셰리 베이스로 더 자세하세 나뉘어진다.

(2) 용도별 분류

식전 칵테일(Aperitif Cocktail) 식욕을 돋우기 위해 식사 전에 마시는 칵테일로 대체적으로 신맛과 쓴맛이 난다. 마티니, 맨하탄이 대표적인 것이다.

식중 칵테일(Dinner Cocktail) 식사 중에 마시는 것으로 신맛, 쓴맛, 단맛이 섞여 있으며 테이블 칵테일이라고도 한다.

식후 칵테일(After Dinner Cocktail) 식후에 소화를 돕기 위한 소화 촉진이나 입가심으로 마시는 단맛이 나는 칵테일로 알렉산더가 대표적이다.

(3) 용량에 의한 분류

숏 드링크(short drink) 알코올에 알코올을 더해 만든 것으로 도수가 강하고 비교적 용량이 적다. 즉 6온스(180ml) 미만의 역삼각형 칵테일 잔에 제공된다. 숏(short)이란 용량의 뜻도 있지만 마시는 시간의 의미도 있다. 글라스가 짧으면 마시는 시간도 당연히 짧아진다.

---

35) 안젤로 브란두아르디(Angelo Branduardi), 카테리나 카셀리(Caterina Caselli), 라테 에 미엘레(Latte E Miele), 뉴 트롤스(New Trolls), 오산나(Osanna), 퀘벨라 베키아 로칸다(Quella Vecchia Locanda), 리카르도 코치안테(Riccardo Cocciante), 론도 베네치아노(Rondo Veneziano)

36) 아메데오 밍기(Amedeo Minghi), 루카 나포리타노(Luca Napolitano), 루치오 바티스티(Lucio Battisti), 안젤로 브란두아르디(Angelo Branduardi), 레나토 제로(Renato Zero), 카틸레나 카셀리

롱 드링크(long drink) 알코올에 비알코올 음료를 혼합하여 만든 것으로 도수가 비교적 약하다. 8온스(240ml) 이상의 큰 잔에 제공된다.

2) 칵테일의 조주법

(1) 조주 방법

스티어링(stirring) 글라스에 넣은 음료를 잘 섞이게 하기 위해서 바 스푼이나 머들러로 휘젓는 것을 말한다. 얼음은 음료보다 먼저 넣어야 하고 발포성 음료를 함께 넣을 경우 짧게 마쳐야 한다.

셰이킹(shaking) 셰이커 속에 음료를 넣고 잘 흔들어 만드는 방법이다. 서로 잘 섞이지 않는 음료를 칵테일할 때 쓰는 방법이다.

플로팅(floating) 알코올 도수가 높은 증류주나 향을 내기 위한 리큐어 등은 다 만든 칵테일 위에 서로 다른 비중을 이용하여 소량 띄우는 것을 말한다. 바 스푼 뒷면을 글라스 안쪽에 대고 기존의 술과 섞이지 않게 조심스럽게 넣어야 한다. 레인보우, 엔젤스 키쓰가 대표적이다.

빌딩(building) 글라스에 얼음과 재료를 직접 넣고 저어서 만드는 방법이다. 재료의 비중이 가볍고 잘 섞이는 술이나 음료수를 혼합한다.

블렌딩(blending) 칵테일에 계란이나 과일이 포함되어 잇을 경우 믹서기 등의 전동기를 사용하여 만드는 방법이다. 얼음이 필요할 때는 믹서기 날이 손상되지 않도록 잘게 깨어 사용하며 소다수와 같은 발포성 음료는 블렌딩을 마친 후에 넣어야 기포가 살아있다.

(2) 칵테일의 기법

에이드(ade) 과일즙에 설탕시럽과 물을 혼합하는 것이다. 비알코올성 칵테일로 레모네이드(lemonade)가 대표적이다.

벅(buck) 증류주(주로 진)에 레몬, 과즙, 과육, 진저엘을 넣는다.

칼린스(collins) 증류주(주로 진)에 레몬주스, 설탕시럽 등을 넣고 소다수로 채운 것이다. 12온스 정도의 잔에 제공되며 탐 콜린스(Tom Collins)가 대표적이다.

쿨러(cooler) 차고 시원한 음료라는 뜻으로 베이스에 라임주스, 설탕 시럽 등을 넣고 소다수나 진저엘 같은 탄산수로 채워 갈증해소나 청량감을 느끼게 하는 칵테일이다. 베이스로 증류주 외에 양조주도 쓰이는데 와인 쿨러(wine cooler)가 대표적이다.

크러스타(crusta) 글라스 가장자리에 레몬즙을 두르고 설탕이나 소금을 묻힌 다음 레몬이나 오렌지 껍질을 나산형으로 벗겨 장식한다. 마가리타(magarita)가 대표적이다.

데이지(daisy) 증류주에 리큐어나 레몬주스, 그레나딘 시럽 등을 첨가하고 하이볼 글라스에 분쇄된 얼음을 채운 다음 과일을 장식하여 스트로를 꽂아 제공하는 방법이다. 이름은 '귀여운 여자' 라는 뜻으로 칵테일 이름은 사용하는 증류주에 따라 달라진다. 예를 들어 위스키를 베이스로 사용하면 위스키 데이지가 된다.

에그녹(eggnog) 계란과 우유를 사용하는 기법으로 브랜디 에그녹이 대표적이며 올드 패션드 글라스를 사용한다.

피즈(fizz) 진을 베이스로 레몬주스, 설탕 시럽, 소다수를 혼합하고 과일 장식을 한다. 진 피즈가 대표적이다.

플립(flip) 증류주나 와인에 계란 노른자와 시럽 등을 섞은 후 넛맥을 뿌려 만드는 기법이다. 넛맥은 계란 특유의 비린내를 없애준다.

프라페(frappé) 칵테일글라스나 샹파뉴 글라스에 잘게 부순 얼음을 채워 원하는 리큐어를 넣고 스트로를 꽂아 제공하는 기법이다. 프라페는 차갑게 냉각시킨다는 의미로서 민트 프라페가 대표적이다.

하이 볼(high ball) 텀블러글라스나 하이볼글라스에 얼음을 넣고 증류주를 넣은 후 소다수나 탄산음료를 채워 부풀어 오르게 하는 방식이다. 버번 콕, 진 토닉이 대표적이다.

하프 앤 하프(half & half) 두 종류의 음료를 반반씩 섞는 기법으로 브랜디와 베네딕틴을 반반씩 섞는 비앤비(B & B)가 대표적이다.

줄렙(julep) 민트 잎을 넣고 스푼으로 으깨어 향이 배어 나오게 한 다음 잘게 부순 얼음을 채우고 음료를 넣어 만드는 기법이다. 민트 줄랩이 대표적이다.

미스트(mist) 미스트가 안개라는 말이듯이 글라스 속의 얼음으로 인하여 표면이 하얗게 서리가 지는 것에서 붙여진 이름이다. 만드는 방식이 프라페와 비슷하며 증류주를 사용한다. 대표적인 것으로 스카치 미스트, 버번 미스트가 있다.

온 더 락스(on the rocks) 올드 패션드 글라스에 얼음을 넣고 증류주만 그 위에 채우는 단순 기법으로 얼음을 바위에 비유한 이름이다.

펀치(punch) 펀치 볼(punch bowl)에 음료, 증류주, 양조주, 과일, 설탕 시럽 등을 혼합하고 큰 얼음을 띄워 만드는 기법이다. 파티에서 여러 사람이 각자 떠서 마시는 방식으로 알코올 성분을 빼기도 한다.

릭키(ricky) 증류주에 라임 즙을 넣고 소다수를 채우는 방법으로 레몬을 쓰기도 한다. 당류(糖類)를 사용하지 않아 상쾌한 신맛이 특징으로 진 릭키가 대표적이다.

상그리아(sangria) 레드 와인에 탄산수와 설탕, 계절 과일을 썰어 넣어 먹는 스페인의 대중적인 방법이다. 취향에 따라 증류주를 넣어 도수를 높이기도 한다.

슬링(sling) 진을 베이스로 레몬주스, 설탕 시럽, 소다수를 혼합하고 과일 장식을 하는 피즈(fizz)와 비슷하나 피즈보다 용량이 많고 맛을 부드럽게 하기 위해 리큐어를 사용한다. 싱가포르 슬링이 대표적이다.

스노 스타일(snow style) 글라스에 눈이 얼어붙어 있는 것 같이 보인다고 해서 붙여진 이름으로 술잔에 붙어 있는 소금이나 설탕을 핥아 술맛을 부드럽게 하는 것이다. 소금이나 레몬은 알코올의 세기를 무디게 느끼게 하는 작용을 한다. 대표적인 것으로 마가리타, 솔티 독이 있다.

사우어(sour) 각종 증류주에 레몬주스와 설탕시럽을 혼합한 형태로 과일 장식을 한다. 위스키 사우어가 대표적이고 '시큼한 산미' 라는 뜻이다.

스쿼시(squash) 과일즙에 소다수를 넣어 만드는 방법이다. 오렌지 스쿼시가 대표적이다.

토디(toddy) 따뜻한 드링크로 하이볼 글라스에 설탕을 넣고 위스키나 럼 등을 넣은 다음 뜨거운 물로 채우는 방식이다. 대부분의 칵테일이 차가운 것에 반하여 이색적이다.

트로피칼(tropical) 럼에 각종 과일주스, 시럽 등을 넣고 과일로 장식하여 만드는 열대성 칵테일로 달고 시원한 과일 맛이 특징이다.

(3) 칵테일 제조의 기본 원칙

정확한 량과 제조방식 계량컵(measure cup, jigger cup)을 사용하여 재료를 정확하게 측정하고 제조방식은 레시피대로 정확하게 따른다.

다른 재료를 소량으로 탈 때(dash)는 대셔 스토퍼(dasher stopper)를 사용하면 알맞은 양을 사용할 수 있다. 1 대시(dash)는 1/6 티 스푼이다.

좋은 재료 과일은 신선한 것을 사용한다. 오렌지나 레몬을 너무 얇게 썰면 뒤틀리거나 축 늘어지는 일이 생기게 된다. 썰어둔 과일은 마르지 않고 신선함을 유지하기 위해 내프킨을 축축하게 적셔 덮어 둔다. 오렌지나 레몬은 한 번 짠 후에 따뜻한 물에 넣어두면 과즙이 더 나오게 된다. 가니쉬(garnish)로 사용하기 위해 껍질을 벗긴 오렌지나 레몬은 과육에 붙어 있는 흰 표피에서 쓴맛이 나므로 다 제거해야 한다.

얼음 사용 얼음은 깨끗하고 신선한 새 얼음을 사용하도록 하고 한번 사용된 얼음은 재사용하면 안 된다. 얼음이 뿌옇게 보이면 미지근한 물을 살짝 뿌려 뿌연 부분이 사라지도록 해 사용한다.

3) 칵테일 조제 도구

(1) 바 스푼, 머들러(bar spoon, muddler)

바 스푼이나 머들러는 글라스 속의 칵테일이나 재료를 혼합하기 위해 저을 때 사용하는 긴 스푼으로 나무나 프라스틱, 스테인리스 재질이다.

(2) 계량 컵(measure cup, jigger cup)

재료량을 측정하는 금속성 컵으로 30ml와 45ml의 용기가 아래위로 나뉘어져 있다.

(3) 비터 보틀, 포어러(bitters bottle, pourer)

비터는 칵테일에 들어가는 향료의 이름으로 비터처럼 칵테일에 들어가는 부재료들을 넣어두어 필요한 양만큼 한 방울씩 나오게 하는 도구이다.

(4) 오프너(bottle opener)

병 뚜껑을 따는 도구로 캡 리프트(cap lift)라고도 부른다.

(5) 코스터(coaster)

잔의 받침대로 두꺼운 종이나 천으로 되어 있으며 물기 흡수나 품위를 높이는데 도움된다.

(6) 칵테일 픽(cocktails pick, pin)

이쑤시개 모양으로 체리나 올리브 등에 꽂아 먹기 좋게 한다. 색, 재질, 디자인이 다양하다.

(7) 칵테일 셰이커(shaker)

보디에 재료와 얼음을 넣고 닫아 양 손으로 흔들어 칵테일을 만드는 기구로 뚜껑(cap), 여과기(strainer), 몸통(body)의 세 부분으로 되어있다.

(8) 코르크 스크류(cork screw)

입구가 코르크로 된 병의 코르크를 빼는데 사용하며 모양과 형태가 다양하다.

(9) 믹서기, 블렌더(electric mixer, blender)

여러 가지 재료를 잘 섞어 혼합하거나 내용물을 분쇄하는데 쓰인다.

(10) 과도, 페티 나이프(fruit knives, petty knife)

(11) 집게(tong)

과일이나 얼음을 집을 때 사용하는 도구로 끝이 톱 모양으로 들쭉날쭉하여 물건을 쉽게 집을 수 있게 되어 있다. Fruit tong, Ice tong

(12) 얼음 통, 얼음 주걱(ice bucket, ice scoops)

얼음 통은 얼음을 넣어 두는 용기로 플라스틱이나 스테인리스 재질로 되어 있다. 위스키에 얼음을 섞어 마실 때 필요한 얼음을 넣어두거나, 와인을 서버 중에 차게 보관하기 위해서 사용되기도 한다. 얼음 주걱은 얼음을 뜰 때 사용하며 아이스 샤벨(ice shavel)이라고도 한다.

(13) 얼음 분쇄기, 아이스 픽(ice crusher, ice pick)

얼음을 필요한 크기대로 깨는데 사용되며, 아이스픽은 송곳 같은 모양이다.

(14) 믹싱 글라스(mixing glass)

바닥의 안쪽이 둥근 대형 글라스로 재료를 넣고 저어 칵테일을 만드는 일명 바 글라스라 한다. 크고 작은 종류가 있다.

(15) 스퀴저(squeezer)

과일즙을 내기 위해 사용하는 것으로 레몬이나 오렌지를 반으로 자르거나 슬라이스로 잘라 즙을 만들어 낸다.

(16) 스트레이너(strainer)

믹싱 글라스에서 만든 칵테일을 잔에 따를 때 얼음이나 다른 내용물이 같이 쏟아지지 않도록 받쳐서 걸러주는 역할을 한다. 스테인리스 판에 가느다란 용수철이 둘러져 있다.

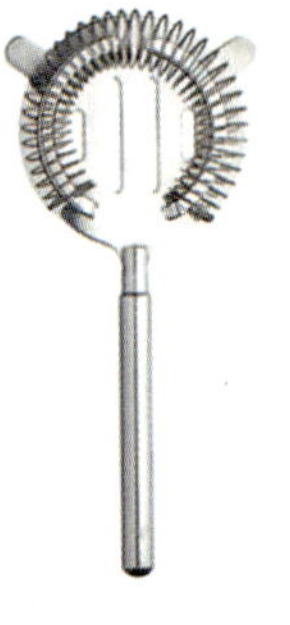

4) 칵테일 글라스 류

(1) 글라스의 재질

소다석회 글라스 일반적인 글라스로 주 재질이 규사와 산화나트륨(소다회) 및 산화칼슘(석회석)으로 산화하면 글라스에 푸른빛이 돈다.

보헤미언 크리스털 글라스 주 재질이 규사, 산화칼슘, 산화칼륨으로 색의 변화가 적고 투명감이 있다.

크리스털 글라스 산화연을 25% 이상 포함하며 규사와 칼륨이 주 재질이다. 투명하고 빛이 찬란하게 보이며 중량감이 있다.

(2) 글라스의 종류

텀블러(tumbler), 하이볼 잔 소프트 음료를 마실 때 주로 사용되며 180, 240, 300, 360ml의 용량이 있으며 240ml가 주로 사용된다.

칵테일(cocktail) 잔 크기와 형태가 여러 가지이나 역삼각형 모양의 75ml가 일반적이다.

위스키(whisky) 잔 스트레이트(straight) 글라스라고도 하며 싱글은 30ml, 더블은 60ml가 표준이다.

리큐어(liqueur) 잔 글라스가 특별히 지정되지 않는 보드카, 럼 등에 사용되며 용량은 30ml이다.

브랜디(brandy) 잔 튤립 꽃과 같은 형태로 용량은 240~300ml로 손으로 잔을 감싸 손의 온기로 따뜻하게 데우며 마신다.

샹파뉴(champagne) 잔, 플루트(flute) 스파클링 와인 전용으로 120ml 용량으로 길게 생긴 잔이다. 천천히 마시며 기포가 떠오르는 것을 감상하기 위함이다.

콜린스(collins) 잔 톨(tall) 콜린스로 불리는 원통형의 큰 컵으로 양이 많은 롱 드링크에 사용된다. 300ml.

마가리타(magarita) 잔 소서(saucer) 형의 샹파뉴 잔과 비슷하나 더 크다. 바닥은 오목하게 들어가 있다.

고블렛(goblet) 생수, 맥주, 청량음료 등 찬 음료에 사용되며 240~300ml 용량.

레드 와인 잔 레드 와인 용으로 120~150ml의 용량이 표준이나 근래에는 차츰 커지는 경향이다.

화이트 와인 잔 90ml 용량이 표준이나 근래에는 120ml도 사용되고 있다.

셰리(sherry) 잔 용량이 60~75ml인 셰리와인 전용 잔이다.

포르투(port) 잔 셰리보다 좀 큰 90~120ml 용량의 잔이다.

사우어(sour) 잔 셰리 잔을 크게 한 모습으로 120ml가 표준 용량이다.

올드 패션드(old fashioned) 잔 올드 패션드 칵테일용이나 위스키를 온더락스 혹은 소프트를 조금 넣어 마실 때 사용한다. 용량이 180~300ml.

필스너(pilsner) 잔 맥주 전용 잔으로 사용되었으나 근래에 롱 드링크 등의 칵테일용으로도 쓰이고 있다. 240~360ml 정도의 용량이다.

텀블러 칵테일 플루트 올드 패션드 레드 와인 화이트 와인

(3) 글라스 세척법

글라스를 씻어서 그대로 말리면 물방울 자국이 남아 보기에 좋지 않다. 물로 씻은 후 마나 면으로 된 깨끗한 천으로 닦아 물기를 없앤 후 보관하여야 한다.

5) 칵테일 부재료

칵테일을 만들 때 쓰는 술이 주재료(base)이며 이에다 색과 향, 맛을 내게 하는 부재료를 넣게 된다

(1) 혼성주(liqueur)

혼성주에는 과일 향, 오렌지 향, 커피 향, 감초 향, 견과 향, 허브 스파이스 향 등의 여러 종류가 있어 칵테일 주조 시에 적절히 배합하게 된다.

(2) 음료 및 시럽류

탄산음료에는 토닉 워터[37], 콜린스[38], 진저엘[39], 콜라, 사이다, 소다수가 있다. 비 탄산음료에는 생수(mineral water), 비키(vicky), 에비안(evian) 등이 있다. 주스류에는 오렌지, 포도, 레몬, 라임, 파인애플, 토마토 주스가 쓰인다.

시럽(Syrup)류에는 플레인 시럽[40], 그레나딘 시럽[41], 메이플[42], 고메 시럽[43] 등이 사용된다.

(3) 과실류

올리브, 체리, 레몬과 라임이 사용되며 드물게 양파도 쓰인다. 체리는 대개 붉은 마라스키노 체리(maraschino cherry)가 사용된다.

---

37) 토닉 워터(Tonic Water) : 무색투명한 음료로 퀴닌(quinine) 성분이 들어있다.
38) 콜린스(Collins) : 소다수에 레몬주스와 설탕 등을 혼합하여 만든 음료로 증류주에 잘 섞인다.
39) 진저엘(Ginger ale) : 소다수에 생강의 맛과 향을 가미한 것으로 식용증진이나 소화촉진에 좋다.
40) 플레인(plain) 시럽 : 설탕을 녹여 만든 단순한 시럽으로 심플 시럽이라고도 한다.
41) 그레나딘(grenadine) 시럽 : 과일향의 풍미를 지닌 적색 시럽이다.
42) 메이플(maple) 시럽 : 캐나다가 주산지로 핫케이크 등에 뿌려 먹으며 칵테일에도 드물게 사용된다.
43) 고메(gomme) 시럽 : 끓는 물에 설탕을 용해하여 만든 투명한 시럽으로 슈가 시럽이라고도 한다.

(4) 향초류(Herb & Spice)

칵테일의 풍미를 더 살리기 위해 첨가하는 방향성(芳香性) 식물로 천연 그대로의 것을 쓰거나 가공된 것을 사용하기도 한다.

계피(cinnamon) 녹나무과의 나무껍질을 건조시킨 것으로 달콤하고 매운 맛이 섞인 독특한 향으로 스틱 상태와 가루 상태가 있다.

클로버(clover) 클로버의 꽃봉오리를 건조시킨 것으로 핫 드링크에 넣으면 달콤한 향이 나고 강한 냄새를 억제해 준다.

넛맥(nutmeg) 육두나무과의 나무 종자 속을 건조시킨 것이다. 우유나 생크림, 계란의 비린내를 제거해 주므로 크림계의 칵테일에 많이 사용된다.

민트(mint) 시소과의 허브로 상쾌한 청량감이 입안에 퍼진다. 칵테일에는 으깨거나 장식으로 쓰인다.

후추(pepper) 검은 후추는 미숙한 과실로 만들며 흰 후추는 완숙한 과실 종자로 만드는데 칵테일에는 주로 흰 후추를 사용한다.

(5) 가니쉬(Garnish)

칵테일을 보기 좋게 꾸미는 것으로 가능한 신선함이 유지되도록 해야 한다. 과일로 된 가니쉬는 언제 먹어도 좋지만 먼저 먹는 편이 칵테일을 즐기기에 좋자. 먹은 후에 껍질이 있는 것은 잔 받침이나 테이블 위 혹은 재떨이에 놓아도 된다. 레몬 등 짜야 하는 것은 짠 후 그 껍질을 그대로 글라스 속에 넣어 마셔도 된다.

오렌지 미국산 오렌지의 경우 플로리다산은 과즙이 많이 나오며 캘리포니아산은 색깔이 좋아서 슬라이스(slice)할 때 좋다.

레몬 과즙을 만들려면 반 토막 내어 사용하고 슬라이스하여 사용할 경우 반 토막의 꼭지부분을 잘라서 버리고 1/4인치(약 0.6cm) 정도의 두께로 썰면 좋다.

라임(lime) 라임은 짜거나 손으로 쥐기 좋게 8조각의 쐐기모양으로 자르며 과즙을 사용하고자 하면 반으로 잘라서 쓴다.

과일 껍질 오렌지나 레몬의 나선형 껍질이 필요하면 두껍게 벗겨내어 사용한다.

파인애플 펀치나 특별한 음료에 사용되며 파인애플의 경우 7~8cm 정도로 껍질을 두껍게 벗겨야 한다.

올리브와 체리(olive, cherry) 씨를 발라낸 파란 올리브가 칵테일에 종종 사용된다. 디저트나 칵테일에서 안주로 쓰이는 마라스키노 체리는 시럽에 절인 버찌로 씨를 발라내고 줄기는 옆에 같이 두어 장식한다.

(6) 얼음(Ice)

칵테일에 사용되는 얼음은 냄새가 없고 투명해야 하며 물에 잘 녹지않는 단단한 것이어야 한다. 얼음 속에 공기가 들어있어도 좋지 않다.

큐브(cube) 아이스 입방체 모양의 네모반듯한 각 얼음

크랙(cracked) 아이스 아이스 픽으로 깬 얼음

럼프(lump) 아이스 직경 5인치 정도 크기의 얼음으로 화채와 같은 것을 오랫동안 차게 유지시키기 위해 사용된다.

셰이브드(shaved) 아이스 가루얼음으로 프로즌 스타일(frozen style), 프라페 스타일(frape style)의 칵테일을 만들 때 사용된다.

크러쉬드(crushed) 아이스 얼음을 으깨어 부스러기로 만든 것으로 열대성 칵테일을 만들 때 주로 사용된다. 얼음을 으깰 때는 수건 같은 것으로 잘 싸서 망치로 두들겨 깬다.

블록(block) 아이스 1kg 이상의 덩어리 얼음으로 파티나 축제 때 대량으로 만들어 둔 펀치를 오래 차게 하기 위해서 사용된다.

(7) 와인

버머스(Vermouth)는 와인에 약초와 향초를 넣고 여과하여 통속에서 1~2년간 저장한 것으로 알코올 약 15~16°, 당분은 약 12~15%로 시판된다.

6) 칵테일 단위

칵테일의 알코올 도수 계산법은 다음과 같다.

$$\frac{(\text{A 재료의 알코올 도수} \times \text{사용량}) + (\text{B 재료의 알코올 도수} \times \text{사용량})}{\text{총 사용량}}$$

대쉬, 더블, 드롭, 온스, 티 스푼, 파인트, 핑거, 센티리터

2. 칵테일의 종류

1) 위스키 베이스 칵테일

(1) 위스키 베이스의 인기 칵테일

맨해튼(Manhattan), 올드 패션드(Old Fashioned), 러스티 네일(Rusty Nail), 민트 줄렙(Mint Julep)

(2) 위스키 베이스 칵테일

Banana Bird, Blood & Sand, Bourbonella, Brooklyn, California Lemonade, Churchill, Cura?ao, Derby Fizz, Dry Manhattan, God-Father, High Hat, Hole in One, Honi Honi, Hot Whisky Toddy, Hunter, Ink Street, Irish Coffee, King's Valley, Milk Punch, Millionare, Monte Carlo, Morning Glory, Morningglory Fizz, Mountain, New York, Old Pale, Orient, Rob Roy, Saint Andrews, Scotch Kilt, Snowball, Ward Eight, Whisky Daisy, Whisky Float, Whisky Mist, Whisky & Soda, Whisky Sour

2) 브랜디 베이스 칵테일

(1) 브랜디 베이스의 인기 칵테일

알렉산더(Alezander), 비앤비(B & B), 스팅어(Stinger), 브랜디 에그넉(Brandy Egg Nogg)

(2) 브랜디 베이스 칵테일

America Beauty, Baltimore Egg nogg, Between the Sheets, Black & Fall, Boston Classic, Dream, Brandy & Ginger, Brandy Cobbler, Brandy Crusta, Brandy Fancy, Brandy Horse's Neck, Brandy Sour, Bulldog, Caf? Royal, Cherry Blossom, Chicago, Chinatown, Depth Bomb, Devil 1.2, Diabolo, East India, Egg Sour, French Connection, Harvard Cooler, Harvard Hight Life, Honeymoon, Horse's Neck, Indian, Jack Rode, Metropolitan, Milk Punch, Moonlight Cooler, Mr.K, Night Cap, Nikolaschika, Olympic, Pick Me Up, Pouse-Caf?, Queen Elizabeth, Rocky Mountain, Ruby, Saratoga, Sun, Tiger Milk, Three Millers, Tom & Jerry, Valencia, Whip, Widows Kiss, Young Man

3) 진 베이스 칵테일

(1) 진 베이스의 인기 칵테일

진 피즈(Gin Fizz), 진 토닉(Gin Tonic), 마티니(Martini), 핑크 레이디(Pink Lady), 싱가포르 슬링(Singapore Sling), 탐 칼린스(Tom Collins)

(2) 진 베이스 칵테일

Acacia, Addison, Adimiral, Alaska, Alexander Sister, Amber Dream, Amer Picon, Amsterdam, Angel Face, Angler, Anisette, Appetizer, Around the World, Astoria, Aviation, Bijou, Blackhorn, Blonde Venus, Bloodhound, Blue Coral Reef, Blossom, Blue Monday, Breakfast, Bronx, Bronx Silver, Bronx Golden, Café de Paris, Caruso, Casino, Charleston, Cherry Blossom, Clover Club, Coronation, Dempscy, Deep Sea, Dog's Nose, Dream, Dubonnet, Dunhill, Eagles Dream, Earthquake, Elephant, Emerald, Emerald Fizz, Empire, Frankenstein, French 75, Gibson, Gimlet, Gin & Bitters, Gin & French, Gin & It, Gin Ricky, Golden Girl, Goodmorning Fizz, Hawaii, Hongkong, Honolulu, Houla Houla, Imperial, Jewel, John Collins, Knockout, Little Devil, Laud Speaker, London, Marbe, Merry Widow, Million Dollar, Monkey Gland, Morning Glory, Negroni, Opera, Orange Blossom, Paradise, Parisian, Perfect, Pink Garter, Pink Rose, Princess, Princess Mary, Roose, Royal Fizz, Royal Smile, San Francisco, Silver Fizz, Snowball, Spring, Spring Feeling, Submarine, Sweet Dream, Tango, Texas Fizz, Vancouver, Virgin, Virginia, Wedding Bell, White Lady, White Lily, White Rose, Yokohama

4) 보드카 베이스 칵테일

(1) 보드카 베이스의 인기 칵테일

블랙 러시안(Black Russian)[44], 블러디 메어리(Bloody Mary), 키쓰 오브 화이어(Kiss of Fire), 솔

티 독(Salty Dog), 그레이 하운드(Grey Hound), 스크류드라이버(Screwdriver), 하비 월뱅어(Harvy Wallbanger)

(2) 보드카 베이스 칵테일

Abdough, Apple Martini, Balalaika, Barbara, Bloody Bull, Bull I, Blue Monday, Bull Shot, Chi Chi, Cosmopolitan, Czarine, Emerald Martini, Godmother, Gulfstream, High Life, Kami-Kaze, Long Island Iced Tea, Moscow Mule, Red Bird, White Russian, Sex on the Beach, Seabreeze, Sledge, Soviet, Vodka Ricky, Volga Boatman, Yukiguni

5) 럼 베이스 칵테일

(1) 럼 베이스 인기 칵테일

바카디(Bacardi), 모히토(Mojito)

(2) 럼 베이스 칵테일

Bahia, Boston Cooler, Bulldog, Blue Hawaii, Chinese, Columbia, Cuban, Cuban Libre, Daiquiri(Banana, Strawberry, Peach), Daivas, Domani, El Presidente, Frozen Daiquiri, Green Eyes, Havana, Havana Beach, Hollywood, Hot Buttered Rum, Last Kiss, Lemon Hart Cocktail, Little Princess, Mai-Tai, Miami, Millionare, Monkey, Naked lady, National, Oriental, Per Paradise, Peach Amour, Pina Colada, Pineapple Fizz, Planters Punch, Rum Cooler, Rum Rickey, Scorpion, September Morn, Sky Diving, Sonora, Spanish Town, Strawberry Daiquiri, XYZ

6) 테킬라 베이스 칵테일

(1) 테킬라 베이스 인기 칵테일

마가리타(Margarata)

(2) 테킬라 베이스 칵테일

Bloody Bull 2, Frozen Blue Magarita, Long Island Ice Tea, matador, Mexicola, Mockingbird, Sloe Tequila, Straw Hat, Tequila Sunrise, Tequila Sunset

7) 기타 칵테일

(1) 와인 베이스 칵테일

Adonis(Dry Sherry base), America Lemonade, Bamboo, Bellini, Black Velvet, Brazil, Buck's Fizz(Mimosa), Champagne Cocktail, Champagne Fraise, Champagne & Framboise, Champagne Julep, Champagne Punch, Coffee, Devils, Kir, Kir Royale, Mimosa, Port Flip, Rosé wine Daiquiri, Sangria, Sherry Cobbler, Sherry Flip, Spritzer, Wine Cooler

44) 블랙 러시안(Black Russian)에 우유를 첨가하면 화이트 러시안이 된다. 블랙 러시안에 칼루아 대신 아마레토를 넣으면 갓 마더(God Mother)가 되며, 베이스인 보드카를 브랜디로 바꾸면 더티 마더(Dirty Mother)가 된다.

(2) 리큐어 베이스 칵테일

Americano, Angel's Kiss, Boccie Ball, Cacao Fizz, Kahlúa & Milk, Campari & Orange, Campari & Soda, Grasshopper, Green Fields, Melonball, Mint Frappé, Spumoni, Valencia[45]

(3) 기타 칵테일

Absinth American, Absinth Dripe, Absinth Frappe, Angel Kiss, Angel's Tip, Cherry Blossom, French Vermouth, Fuzzy Navel, Garibaldi, Glad Eye, Golden Cadillac, Golden Dream, Grasshopper, Highball, Hot Eggnog, Kahlua & Milk, Kiss Me Quick, May Blossom, 파나셰(Panaché), 레드 아이(Red Eye)[46], 샌디 갭(Shandy Gaff)[47], Snowball, Swisses, Swiss Absinth, Victory Highball

(4) 비알콜 칵테일

신데렐라(Cinderella), 플로리다(Florida), 레모네이드(Lemonade), 푸시 풋(Pussy Foot), 파슨스 스페셜(Parsons Special), 사라토가 쿨러(Saratoga Cooler), 셜리 템플(Shirley Temple)

미주

1. Harriet Lembeck, "Grossman's Guide to Wines, Beers & Spirits", Wiley Publishing Inc, 7th Revised Edition, 2006, p.295
2. 장 루이 스파르몽, 장 클로드 클랭, 크리스티앙 드글라, 김주경 역, "맥주(Bi?re)", 창해 ABC북, 2001, pp. 112~113
3. 이기중, "유럽 맥주 견문록", 즐거운 상상, 2009, pp.29~31
4. 장 루이 스파르몽, 장 클로드 클랭, 크리스티앙 드글라, 김주경 역, "맥주(Bi?re)", 창해 ABC북, 2001, p.72
5. 장 루이 스파르몽, 장 클로드 클랭, 크리스티앙 드글라, 김주경 역, "맥주(Bi?re)", 창해 ABC북, 2001, p.43
6. 이기중, "유럽 맥주 견문록", 즐거운 상상, 2009, p.131
7. 이기중, "유럽 맥주 견문록", 즐거운 상상, 2009, p.288
8. 장 루이 스파르몽, 장 클로드 클랭, 크리스티앙 드글라, 김주경 역, "맥주(Bi?re)", 창해 ABC북, 2001, p.114
9. 장 루이 스파르몽, 장 클로드 클랭, 크리스티앙 드글라, 김주경 역, "맥주(Bi?re)", 창해 ABC북, 2001, p.43
10. Harriet Lembeck, "Grossman's Guide to Wines, Beers & Spirits", Wiley Publishing Inc, 7th Revised Edition, 2006, p.32
11. 피터 크래스, 박수현 역, "잭 다니엘, 신화가 된 사나이(Blood and Whiskey ; The Life and Times of Jack Danniel)", 모티브 북, 2004년
12. Harriet Lembeck, ibid, pp.311~317
13. Harriet Lembeck, ibid, p.317
14. Harriet Lembeck, ibid, pp.350~351
15. Harriet Lembeck, ibid, p.362
16. Harriet Lembeck, ibid, pp.371~372
17. Harriet Lembeck, ibid, pp.372~374
18. Harriet Lembeck, ibid, pp.365~366

---

45) 파나셰(Panaché) : 맥주와 탄산음료를 반씩 섞은 것. 프랑스어로 '혼합' 이란 뜻이다.
46) 레드 아이(Red Eye) : 맥주와 토마토 주스를 반씩 섞은 것
47) 샌디 갭(Shandy Gaff) : 맥주에 진저엘을 반씩 섞은 것.

찾·아·보·기

ㅇ

저·자·소·개

■윤 용 보

- 경희대 호텔경영학과, 광주대 관광통역학과
- 경희대와 명지대의 경영대학원에서 석사 및 박사 학위
- 서울대학교 보건대학원 외식경영최고경영자과정

- CAFA(프랑스 보르도), Deakin Univ(호주), CIA(미 내파밸리), ICIF(이탈리아 토리노)에서 와인 소믈리에
- UNLV(미 라스베가스), CIA(미 뉴욕), Johnson & Wales Univ(미, 로드 아일랜드), Cornell Univ(미 뉴욕), Cordon Bleu(프랑스 파리)에서 호텔, 외식 연수

- AHLA(미 호텔협회) Diploma, 영어, 일본어 관광통역안내사 자격 취득

- 서울 힐튼, 소피텔 앰베서더, 임페리얼 팰리스, 설악파크호텔 등 근무
- 경희대, 경원대, 명지대, 충북전문대 강사
- 을지대, 극동정보대 겸임교수, 대경대 전임 강사

현) 가톨릭 관동대학교 호텔경영학과 교수

[저 서]

- 주류학, 와인과 주류, 외식서비스론 등

[논 문]

- 원산지증명제도 명칭을 이용한 와인제품 브랜드화 전략에 관한 사례연구
- 치유관광의 식음료서비스상품 및 서비스품질이 방문객만족에 미치는 영향
- 호텔 식음료서비스 이용자의 평가에 의한 호텔 서비스 품질 결정요인에 관한 연구
- 힐링관광의 구성요소에 따른 서비스품질이 쾌락적 가치 및 고객충성도에 미치는 영향 등

■안 성 근

- 경기대학교 경영대학원 호텔경영학과 관광학박사
- 경희대학교 경영대학원 호텔경영학석사

- 국외여행인솔자 자격인정증
- Bar and baverage Management
- AH&LA 전임강사 자격증
- Certified Hotel administrator(미국호텔협회 총지배인)
- 마스터 소믈리에 · 와인컨설턴트 1급자격증 외 다수
- Bartender
- Managing Front Office Operations

- GRAND HYATT HOTEL(F & B Manager)
- 한국와인 소믈리에 학회 회장/한국관광 레저학회 부회장
- 한국외식경영학회 이사
- 경희대학교, 숭의여자대학, 신흥대학, 전주대학교 겸임교수, 한성대학교 경영대학원, 성신여자대학교 대학원 외래교수

현) 청운대학교 호텔경영컨벤션학과 교수

[저서 및 논문]

- 소믈리에 자격증 · 소믈리에 경기대회 문제집
- 식음료서비스실무
- 메뉴관리론
- 커피세계와 바리스타
- 칵테일 · 조주기능사&주장관리 외 다수
- 관광호텔 식음료 판매촉진에 관한 실증적 연구: 특1급 호텔 coffee shop 중심으로
- 호텔 레스토랑 서비스 인카운터에서 서비스회복 공정성지각이 고객감정을 통한 고객태도에 미치는 영향 연구
- 호텔 레스토랑 불평처리에 대한 고객반응에 관한 연구 외 다수

■박 근 도

- 경기대학교 일반대학원 호텔경영학과(관광학박사)
- 경기대학교 일반대학원 호텔경영학과(관광학석사)

- 호텔신라 식음료 캡틴
- Acqualina Rosewood Hotels and Resorts in Miami, F&B Captain
- Artisee, Superviser
- Cucina' e, GM
- 이랜드파크 호텔레저사업부 식음팀장
- 매일유업 외식사업부 운영팀장
- 강변바리스타아카데미 대표

현) 오산대학교 관광외식사업과 교수

[수상내역]

- 대한민국을 이끄는 신지식교육 혁신인 호텔관광외식서비스부문 전문교육 창의혁신 전문교육부문(2016)
- 대한민국을 이끄는 혁신리더 창의혁신전문교육발전연구부문(2015)
- 대한민국 신지식교육혁신인 호텔관광외식서비스 전문교육발전연구혁신부문(2014)
- 혁신한국인 & POWER KOREA 대상 교육관광외식서비스부문(2014)
- 대한민국 인물 대상 호텔관광 외식부문(2014)

■박 종 철

- 배재대학교 호텔관광경영학전공 관광학박사
- 경기대학교 호텔경영학전공 관광학석사

- 조주기능사 자격시험 심사위원(실기)
- 카페바리스타 전국 실기시험 심사위원
- 트리아관광호텔 총지배인

- 와인소믈리에 자격증 취득
- 호텔경영사 자격증 취득

현) 백석대학교 호텔경영학과 교수

[저서 및 논문]

- 호텔식음료경영실무(한올출판사, 2008)
- 호텔마케팅실무(백산출판사, 2008)
- 최신 주장관리(대왕사, 2009)
- 주장관리의 이해(대왕사, 2011)
- 호텔경영의 이해(대왕사, 2011)
- 매너와 에티켓(대왕사, 2011)
- 최신관광법규(백산출판사, 2012)
- 호텔현관 객실업무론(이프레스, 2013)
- 호텔식음료종사원의 직무불안정성이 경영진의 신뢰 및 조직냉소주의에 미치는 영향 外 多數

■정 용 해

- 경희대학교 대학원 호텔관광학과 관광학 박사
- 경희대학교 경영대학원 관광경영학과 경영학 석사

- ALBA(SWISS Hotel Executive Training Center)
- ServSafe Certification(National Restaurant Association EDUCATIONAL FOUNDATION)

- 쉐라톤그랜드워커힐 식음료팀 부장
- (사)한국외식경영학회 부회장
- 한국와인소믈리에학회 산학관협력 부회장/한국국제소 믈리에협회 부회장
- 와인소믈리에 교육 수료증
- 한국와인 · 소믈리에 학회/대학생 와인 · 전통주 제안서 발표대회 우수지도교수상
- (사)한국호텔외식경영학회 학술운영 이사
- 동양미래대학 겸임교수, 경희대학교 강사, 우송대학교 강사, 워커힐 아카데미 사내 강사, 수원 장안대학 강사

현) 인덕대학교 관광서비스경영학과 교수

[저 서]

- 외식사업론(기문사, 2007)
- 현대 호텔 식음료서비스실무(기문사, 2008)
- 와인주장관리실무론(기문사, 2009)
- 칵테일 주장관리실무(대왕사, 2007)
- 식음료서비스실무(학술연구 교재, 2009)
- 식음료서비스실무(기문사, 2010)

[논 문]

- 와인구매동기 세분화에 따른 와인선택속성 및 구매 후 만족의 차이, 한국외식경영학회 논문집
- 와인의 아로마 항목개발에 관한 연구, 한국외식경영학회 논문집
- 한국전통주 관광객 동기유형군집별 관광지 선택 속성 차이연구, (사) 한국호텔외식경영학회
- 경험재의 구매의도에 영향을 주는 요인에 관한 연구, (사) 한국호텔외식경영학회
- 와인 바 이용 고객의 관계몰입 수준에 따른 관계유지의도 차이 및 시장세분화 연구, 한국와인 · 소믈리에학회

Exploring Wine 와인

2016년 9월 10일 초 판 인쇄
2016년 9월 20일 초 판 발행

저 자 윤용보 · 안성근 · 박근도 · 박종철 · 정용해
발행인 한 인 환
발행처 도서출판 기 문 사
등 록 1978. 8. 9. NO. 6-0637
주 소 서울시 동대문구 안암로 50-1(용두동) 홍신빌딩 3층
전 화 02) 2265-7214/922-8662~8663
팩 스 02) 922-8772

homepage : www.kimoonsa.co.kr
e-mail : book@kimoonsa.co.kr

ISBN : 978-89-7723-724-7 93590

정가 : 35,000원

저자와의 협의하에 인지생략